조선인민군

북한 무력의 형성과 유일체제의 기원

일러두기

1. 이 책에 실린 사진들 중 출처가 적혀 있지 않은 사진은 미국 국립문서기록관리청(NARA)에 소장되어 있는 것이다.
2. 미국 국립문서기록관리청 소장자료 중 소장위치를 알 수 없는 자료는 국내의 소장기관을 표기하였다.
3. 인명(人名)은 당대의 한글맞춤법에 따라 두음법칙을 적용하지 않았다.

한양
학술총서
009

KOREAN PEOPLE'S ARMY : THE MAKING OF THE NORTH KOREAN ARMY AND THE ORIGIN OF THE KIM IL-SUNG REGIME

조선인민군

북한 무력의 형성과 유일체제의 기원

김선호 지음

한양대학교 출판부

머리말

1. 연구의 목적

1945년 해방은 식민지 조선이 제국일본의 지배에서 벗어나 미국과 소련이 주도하는 전후의 냉전체제(Cold War system)로 편입되는 계기였다. 해방된 한반도가 편입된 새로운 세계질서는 연합국의 전범국(戰犯國)에 대한 국제적 분할과 식민지·반식민지 국가의 독립으로 나타났다. 그러나 그 이면에는 과거의 제국주의질서를 대체하는 새로운 냉전질서가 구축되고 있었다. 한반도는 일본제국주의의 식민지였으므로 새로운 국제질서 속에서 자주적 근대국가로 독립하는 길이 예비되어 있었다. 그러나 연합국의 두 축인 미국과 소련이 각각 한반도를 분할 점령함으로써 자주적 근대국가의 수립은 연기되었다.

1945년 해방 당시 북위 38도선은 일제를 축출하기 위한 연합국의 군사적 분할선이었다. 그러나 연합국에게 공동의 적인 일제가 패망한 후 38선은 군사적 분할선에서 점차 냉전의 대결점으로 변화하기 시작했다. 한반도에서 연합국의 군사적 목적은 일본군의 무장해제와 일본제국주의적 요소의 척결이었다. 그러나 미국과 소련은 점령지역의 정치적 상황을 자국에 유리하게 재편하기 시작했고, 이것이 서울과 평양을 중심으로 활동하던 조선의 정치세력과 결합하면서 한반도의 미래는 새로운 방향으로 전개되었다. 해방 직후 조선인 공산주의자들은 한반도의 분할선인 38선이 가지는 냉전적 의미를 예감하고 있었다. 그들은 "38도 경계선은 사멸하여가는 제국주의와 전진하는 사회주의와의 동아(東亞)에서 제일 심각하고 첨예한 전초선(前哨線)이다"라고 이해하였다.[1]

해방으로 조선총독부의 통치행위가 종료되고 한반도에 주둔한 일본군이 무장해제되면서 남과 북에는 자생적으로 고향과 직장을 경비하기 위해 무장단체가 조직되었다. 이와 함께 해방 이전 해외에서 활동해온 각종 무장세력이 귀국하기 시작했고, 외국 군대에서 복무했던 군인들도 귀국하기 시작했다. 일본군과 일제경찰의 활동이 금지된 후 한반도의 유일한 합법적 군사력은 남과 북에 주둔한 미군과 소련군이었다. 그러나 미군과 소련군은 한반도에 진주한 부대만으로 점령지역의 치안문제를 해결할 수 없었다. 그들은 점령지역의 자생적 무장단체, 귀국한 무장세력과 군인들의 활동을 금지·허용·재편하는 방식으로 남과 북에 초보적 형태의 군대를 조직하였다. 남한지역에는 미군정의 관할 하에 국방경비대가 조직되었고, 북한지역에는 소련군사령부의 관할 하에 경비대·보안대·보안간부훈련소가 조직되었다. 이 부대들은 분단 이후에 각각 국군과 인민군으로 변화하였다. 그러므로 남과 북에 창설된 군대에는 미국과 소련이 추구한 대한반도정책의 본질적 특성이 담겨 있다.

해방과 함께 남과 북에서 활동을 시작한 조선의 정치세력들도 해방조선의 중요과업 중 하나로 군대를 창설하고자 했다. 이것은 일제시기 당시부터 민족운동세력이 독립의 방편으로 무장투쟁을 중시하였고, 민족군대를 조직하기 위해 분투하였기 때문이다. 예컨대, 중국 관내(關內)에서 항일운동을 펼친 조선독립동맹(朝鮮獨立同盟)은 강령에서 "금일 조선민족해방운동에 있어서 무장투쟁은 가장 중요한 임무의 하나이다. 우리들은 전민족의 반일무장투쟁을 전개하

---

1 朱明, 「建國青年運動論-陣營內의 討論을 爲한 草案」(1945.11~12), 국사편찬위원회 편, 『북한관계사료집』 26권, 국사편찬위원회, 1997, 36쪽. 『북한관계사료집』은 다음부터 간행정보를 생략한다.

기 위하여 국내, 중국(만주와 관내), 소련, 미국 경내의 조선인 반일무장역량의 통일을 촉진해서 급속히 통일된 민족해방군대의 건립을 도모할 것"이라고 천명하였다.[2] 또한 만주(滿洲)의 동북항일연군(東北抗日聯軍)에서 활동한 조선인 공산주의자들도 "왜노(倭奴)와 중한주구(中韓走狗)의 재산 및 무장을 탈취하여 재만한인(在滿韓人)의 자치와 조국광복의 결전을 위해 각종 무장대를 조직할 것"을 주장하였다.[3]

특히 해방 이후 북한으로 귀국한 정치세력들은 사회주의사상에 입각해 건국(建國)·건당(建黨)과 함께 건군(建軍)을 독립국가 건설의 3대 과업으로 명시하였다. 이 같은 인식에 따라 북한의 정치세력[4]은 해방 직후부터 자체적으로 군대를 창설하기 위해 노력하였다. 북한의 정치세력들이 군대 창설을 중시한 이유는 이들이 일제시기에 주로 공산당의 당원이자 공산당군대의 군인으로 성장했기 때문이다. 해방 이후 입북한 3대 정치세력은 동북항일연군 출신, 조선의용군(朝鮮義勇軍) 출신, 소련의 고려인(Корё Сарам)이다. 김일성(金日成)을 비롯한 동북항일연군 출신은 주로 중국공산당 만주성위원회의 당원이자 동북항일연군의 군인이었다. 무정(武亭)을 비롯한 조선의용군 출신들도 다수가 중국공산당 당원이자 팔로군(八路軍) 총부가 지휘하는 조선의용군의 군인이었다. 그리고 리동화(李東華)를 비롯한 고려인의 중심간부들도 대부분 소련공산당 당원

---

2 朝盟第三次代表大會 在延籌備委員會, 「朝鮮獨立同盟綱領 草案」, 『북한관계사료집』26권, 59~60쪽.

3 「在滿韓人祖國光復會目前十大綱領(草案)」, 『思想彙報』14號, 朝鮮總督府 高等法院 檢事局 思想部, 1938.3, 64쪽.

4 해방 직후 북한지역에서 활동한 정치세력은 크게 분류해 국내에서 활동해온 민족주의세력·공산주의세력, 해방 이후 입북한 동북항일연군 출신, 조선독립동맹·조선의용군 출신, 소련에서 입북한 고려인 등으로 구분할 수 있다. 이 책에서 '북한정치세력'은 이들을 포괄하는 개념으로 사용되었다. 그런데 해방 직후에 북한지역에서 활동한 정치세력은 1946년 1월부터 모스크바3상회의 결정을 둘러싸고 3상회의 결정 지지세력과 반대세력으로 분열되었다. 이후 3상회의 결정 반대세력은 소련군과 공산주의자들의 공세로 인해 정치적 주도권을 상실하였고, 3상회의 결정 지지세력이 정치적 주도권을 확보하였다. 이 같은 정치상황에 따라 1946년 이후부터 사용된 '북한정치세력'은 국내공산주의자, 동북항일연군 출신, 조선독립동맹·조선의용군 출신, 소련에서 입북한 고려인을 지칭하는 개념으로 사용되었다.

이자 소련군 군인이었다.

입북한 정치세력들은 공통적으로 조선혁명을 위해 해외에서 군대를 조직하고 이를 기반으로 항일운동을 전개한 경험을 가지고 있었다. 이들은 일제시기에 공산당원이자 군인으로서 당활동과 전투를 동시에 수행하였다. 따라서 해방 이후 북한정치세력의 건국활동은 당원이면서 군인이었던 이들의 역사적 경험을 동시에 고려해야 한다. 예를 들어 동북항일연군 출신은 북한으로 귀국한 이후, 다른 분야에 비해 군사분야에서는 처음부터 자파 중심의 항일무장투쟁의 역사를 '혁명전통(革命傳統)'으로 내세우며 자신들이 주도하는 군대를 창설하고자 노력했다.[5] 조선의용군 출신도 해방 이후에 새롭게 "동북혁명기지론(東北革命基地論)"을 천명하고, 동북지방을 "조선혁명의 병참(兵站)기지"로 활용하고자 했다. 이들은 동북지방에 자신들의 군대를 확대·강화해 이를 기반으로 "조선혁명"을 완수하고자 노력했다.[6]

해방 이후 북한지역에 진주한 소련군은 치안을 유지하고 점령임무를 수행하기 위해 조선인들로 구성된 무장단체가 필요했다. 북한에 진주한 소련 극동군 제25군은 주요 도·시·군 소재지에 위수사령부를 설치하고 일본군의 무장해제와 치안유지 임무를 수행했다. 그러나 제25군의 병력은 미군과 맞닿아 있는 38선 경계지역과 북한지역 전체의 치안을 유지하기에 부족했다. 이에 따라 제25군사령부는 해방 직후부터 자생적으로 조직된 무장단체를 통합하고, 새로운 무장단체를 조직해 점령임무를 수행하는 데 활용하였다. 이처럼 보안무력의 창설은 소련군에 의해 시작되었다. 소련군은 1946년부터 보안무력의 관

---

5 김광운, 「전쟁 이전 북한 인민군의 창설과정」, 『한국전쟁사의 새로운 연구』1, 국방부 군사편찬연구소, 2001, 7쪽.

6 朱明, 「建國青年運動論-陣營內의 討論을 爲한 草案」(1945.11~12), 『북한관계사료집』26권, 37쪽. 이 문건은 1945년 11~12월경에 조선독립동맹 북만특위에서 작성한 것이다. 집필자는 "주명(朱明)"으로 나와 있는데, 조선의용군 제3지대 정치위원 주덕해(朱德海)와 제3지대장 김택명(金澤明, 본명 李相朝)에서 각각 한 글자씩 따온 것이다. 염인호는 이 문건의 사실상 집필자를 리상조로 추정했다. 염인호, 『또 하나의 한국전쟁: 만주 조선인의 '조국'과 전쟁』, 역사비평사, 2010, 408~410쪽.

할권을 점차 조선인들에게 이양하였고, 이와 동시에 북한정치세력이 인민군을 창설하는 과정에 적극 개입하였다. 소련은 1946년 3월부터 1947년 10월까지 미·소공동위원회를 진행하면서 대미관계를 고려해 인민군의 창설 속도를 조절하였다. 그리고 소련군은 1948년 9월 9일 북한지역에 친소(親蘇)정부가 수립되자 점령임무를 종료하고 그해 12월에 공식적으로 철수하였다.

한편 해외에서 귀국한 북한정치세력은 국내에서 활동해온 정치세력과 연합하거나 충돌하면서 식민잔재를 청산하고 사회개혁을 추진하였다. 이들에게는 친일파와 지주(地主) 등 식민잔재의 청산과 사회개혁을 반대하는 세력을 진압하며, 사회개혁을 추진하고 개혁의 성과를 보위할 수 있는 군대가 필요하였다. 즉 북한의 군대는 민주기지론(民主基地論)의 무력적 기반이었다. 북한정치세력은 한반도의 정세가 단독정부 수립으로 선회하자 인민군을 창설해 북한지역에 인민민주주의국가의 수립을 본격적으로 추진하였다. 그리고 1948년 9월 9일에 북한정부가 수립되자 정규군의 무력을 기반으로 국토완정론(國土完整論)에 입각해 한반도의 무력통일을 추구하였다.

이처럼 인민군의 창설과정은 한반도를 둘러싸고 미국과 소련 사이에 냉전체제가 형성되는 과정이자 북한지역의 정치질서가 재편되고 구축되는 과정이었다. 해방 직후 북한의 정치질서는 제2차 세계대전 이후에 구축되기 시작한 냉전체제의 규정력 아래 한반도에 근대적 독립국가가 건설되는 과정이었다. 나아가 이 과정은 현대 북한의 국가건설과정이며 분단의 역사적 기원이다. 북한에서 군대는 사회주의체제를 보위하는 최고의 물리력일 뿐만 아니라 사회주의체제 발전의 기반으로써 국가운영방식의 창출과 실현, 당조직·간부의 확대재생산, 공산주의적 인간형의 창출에 이르기까지 국가를 유지·발전시키는 모체이다.[7]

---

7 북한현대사를 '군사국가'의 관점에서 일관되게 해석한 대표적인 연구자는 와다 하루끼(和田春樹)이다. 그는 북한 전체가 김일성을 수령으로 하는 확대된 '유격대국가'라고 정의했다. 그리고 김일성 사후(死後)인 1995년부터는 북한 전체가 인민군을 모범으로 따라 배우는 '정규군 국가'로 전환했다고 평가했다. 와다 하루끼 지음, 서동만·남기정 옮김, 『북조선: 유격대 국가에서 정규군 국가로』, 창작과비평사, 2002, 296~317쪽.

그러므로 인민군의 창설과정과, 이것이 북한의 국가건설과정과 가지는 상관관계는 현대 북한을 이해하는 출발점이다.

2. 연구의 역사

인민군의 창설과정에 대해서는 한국전쟁 직후부터 오랫동안 연구되었으며 연구주제도 다양하다. 인민군의 창설과정에 대한 연구는 1990년대 이후에 본격적으로 시작되었다. 선행연구는 주제별로, (1) 1945년부터 1970년대까지 인민군의 당군관계(黨軍關係)에 관한 연구, (2) 1945년부터 한국전쟁 직후까지 인민군과 중국·소련과의 관계에 관한 연구, (3) 해방 이후 인민군의 창설과정에 관한 연구로 구분할 수 있다.

첫째, 인민군의 당군관계에 대한 연구는 주로 소련의 당군관계에 관한 연구·이론을 바탕으로 인민군과 조선로동당의 관계를 정치학의 관점에서 분석한 연구성과들이다.[8] 둘째, 인민군과 중국·소련의 관계에 관한 연구는 특정한 시기나 분야에 대한 연구가 주로 진행되었다. 특히 해방 이후부터 전후시기까지 인민군 건설과정에서 소련군과 소련군사고문단이 수행한 역할을 러시아자

8 Suck-Ho Lee, *Military Relations in North Korea*, Reserch Center for Peace and Unification(평화통일연구소), 1989; 安燦一, 「北韓軍의 創建과 軍部엘리트變化에 關한 研究」, 고려대학교 정책과학대학원 석사학위논문, 1990; 최완규, 「조선인민군의 형성과 발전」, 『북한체제의 수립과정: 1945-1948』, 경남대 극동문제연구소, 1991; 서동만, 「북한 당·군관계의 역사적 형성: 한국전쟁 이후부터에서 1961년 전후 시기까지를 중심으로」, 『통일문제연구』8-2, 평화문제연구소, 1996; 서동만, 「북한 당·군관계의 역사적 형성: 창군기에서 한국전쟁 직전까지를 중심으로」, 『외교안보연구』3, 외교안보연구원, 1998; Miyamoto Satoru, 「朝鮮人民軍과 朝鮮勞動黨의 權力關係(1945년~1972년)」, 서울대학교 정치학과 석사학위논문, 1999; 이대근, 『북한 군부는 왜 쿠데타를 하지 않나』, 한울아카데미, 2003; 서동만, 『북조선사회주의체제성립사』, 선인, 2005; 차두현, 『북한 당·군관계의 변화과정』, 연세대학교 정치학과 박사학위논문, 2006; 백학순, 「당·정·군 관계」, 세종연구소 북한연구센터 엮음, 『북한의 당·국가기구·군대』, 한울아카데미, 2007; 장성진, 「북한군 창설기 당-군관계의 형성과 의미」, 『현대북한연구』15-3, 북한대학원대학교, 2012; 김보미, 「북한의 당군관계, 그 결과」, 『현대북한연구』20-3, 북한대학원대학교, 2017.

료를 통해 정리한 연구성과가 제출되었고,[9] 한국전쟁 전후 중국과 북한의 군사적 관계에 대한 연구성과가 제출되었다.[10] 이러한 연구들은 기존에 정치학의 일부로 연구되었던 인민군의 역사를 독립적인 인민군 창군사이자 인민군 전사(前史)로써 연구했다는 점에서 그 의미가 있다.

셋째, 인민군의 창설과정에 관한 연구는 주로 인민군의 창군·확군과정을 군사제도의 형성·변화를 통해 살펴본 것이다. 이 연구가 본격적인 군사제도사 연구이며 인민군 창군사에 대한 연구이다. 인민군 창군사에 대한 초기 연구는 인민군의 육군·해군·공군과 내무성군대의 창설과정을 분석하는 데 집중되었다.[11] 이 같은 연구성과를 바탕으로 인민군의 간부양성과정에 대한 연구성과가

---

9 정성임, 『소련의 對북한점령정책에 대한 연구』, 이화여자대학교 정치외교학과 박사학위논문, 1998; 안정애, 「소련의 대북한 군사원조 정책의 성격에 관한 연구(1945-1950)」, 『軍史』38, 국방군사연구소, 1999.10; 양영조, 「소련의 대북한 군사정책(1948-1950)」, 『軍史』39, 국방군사연구소, 1999.12; 안승환, 「주북한 소련군사고문단의 북한군 지원활동(1946~1953년)」, 『한국전쟁사의 새로운 연구』2, 국방부 군사편찬연구소, 2002; 기광서, 『북한 국가의 형성과 소련』, 선인, 2018.

10 Bruce Cumings, *The origins of the Korean War*, volume 2, Princeton University Press, 1990; 백학순, 「중국내전시 북한의 중국공산당을 위한 군사원조」, 『한국과 국제정치』10-1, 경남대 극동문제연구소, 1994; 김중생, 『조선의용군의 밀입북과 6·25전쟁』, 명지출판사, 2000; 이종석, 『북한-중국관계』, 중심, 2000; Kim Sang Won, "The Chinese Civil War and Sino-North Korea Relations, 1945-50", *Seoul Journal of Korean Studies*, Vol.27, No.1, Kyujanggak Institute for Korean Studies, 2014; 이상숙, 「국공내전 시기 북한과 중국공산당의 경제사회적 관계에 대한 연구」, 『北韓硏究學會報』20-1, 북한연구학회, 2016; 김선호, 「해방 이후 북·중 군사협력관계의 형성과 '혁명'의 경계-북한의 중국내전 지원과 군대창설을 중심으로」, 『軍史』102, 국방부 군사편찬연구소, 2017; 션즈화(沈志華) 지음, 김동길·김민철·김규범 옮김, 『최후의 천조: 모택동·김일성시대의 중국과 북한』, 선인, 2017.

11 장준익, 『북한인민군대사』, 서문당, 1991; 최완규, 「조선인민군의 형성과 발전」, 『북한체제의 수립과정: 1945-1948』, 경남대 극동문제연구소, 1991; Hak-Soon Paik, *North Korean State formation, 1945-1950*, Thesis(Ph.D): University of Pennsylvania, 1993; 김용현, 「북한 인민군대의 형성과정에 관한 연구(만주사변-한국전쟁 이전을 중심으로)」, 동국대학교 정치학과 석사학위논문, 1994; 박명림, 『한국전쟁의 발발과 기원』Ⅱ, 나남, 1996; 김광운, 「전쟁 이전 북한 인민군의 창설과정」, 『한국전쟁사의 새로운 연구』1, 국방부 군사편찬연구소, 2001; 김광수, 「조선인민군의 창설과 발전, 1945~1990」, 『북한군사문제의 재조명』, 한울아카데미, 2006; 정병준, 『한국전쟁-38선 충돌과 전쟁의 형성』, 돌베개, 2006.

제출되었으며,[12] 인민군 군사교리의 형성과정에 대한 연구도 제출되었다.[13] 이와 함께 해방 이후 중국의 조선인부대가 인민군으로 편입되는 과정을 해명한 연구가 진행되었다.[14]

이상의 연구를 통해 인민군이 창설되는 과정에 대한 실증적 정리가 이루어졌고, 인민군 간부의 특징이 일부 해명되었다. 이 같은 연구성과는 주로 북한자료와 미국자료를 통해 인민군이 창설되는 일반적 과정을 밝히는 데 주목하였다. 이에 비해 2000년대에 들어서 인민군 창군과정에 대한 연구는 새롭게 공개된 자료를 바탕으로 선행 연구성과를 검증하고 새로운 주제를 해명하는 방식으로 진행되었다. 이것은 기본적으로 미군노획문서(美軍鹵獲文書)와 러시아자료가 공개된 시대적 상황과 관련 있다. 그동안 발굴되지 않은 비밀자료들이 대량으로 공개되면서 인민군 창군과정에 대한 연구가 본격적으로 진행되었다.

최근의 연구성과는 크게 분류해 세 가지 쟁점을 형성하고 있다. 첫 번째 쟁점은 인민군 창설의 주체에 대한 평가이다. 먼저, 러시아자료를 활용해 인민군의 창설과정을 실증적으로 밝혀내고, 정규군 창설은 김일성의 의지보다 소련의 대한정책 변화가 중요요인이었다고 분석한 연구가 제출되었다. 이 연구는 인민군이 철저히 소련군의 편성·제도·무장·교리·훈련방식에 의해 창설되었으며, 소련군사고문단이 연간 훈련주기를 적용하고, 인민군에 장기 교육기간을 가진 군사학교를 운영함에 따라 국군보다 빨리 정규군으로 육성되었다고 분

---

12 한용원, 『남북한의 창군: 미·소의 역할을 중심으로』, 오름, 2008.

13 장성진, 「한국전쟁 이전 소련군 교범을 활용한 북한군 전투훈련 과정 연구」, 『軍史』83, 국방부 군사편찬연구소, 2012; 장성진, 『북한군 군사교리의 형성과 운용에 관한 연구, 1945~1950』, 북한대학원대학교 군사안보전공 박사학위논문, 2014.

14 염인호, 「해방후 중국 동북지방 조선인 부대의 활동과 북한입북-중국인민해방군 제164사단을 중심으로」, 『한국전쟁사의 새로운 연구』2, 국방부 군사편찬연구소, 2002; 염인호, 「中國 國共內戰期의 滿洲 朝鮮人部隊에 關한 研究(1948~1950)-中國人民解放軍 第4野戰軍 獨立15師團을 中心으로」, 『한국독립운동사연구』22, 독립기념관 한국독립운동사연구소, 2004.8; 염인호, 『또하나의 한국전쟁: 만주 조선인의 '조국'과 전쟁』, 역사비평사, 2010; 안문석, 『무정 평전(武亭 評傳): 비운의 혁명가 무정의 삶 그리고 생각』, 일조각, 2019.

석하였다.[15] 그리고 소련군사고문단에 관한 연구는 스탈린(Иосиф Виссарионович Сталин)이 북한에 대한 군사지원을 최종 결정하는 유일한 권력자였으며, 군사고문단을 통해 인민군 안에서 소련의 영향력과 통제메카니즘(Mechanism)을 상시적으로 구축했다고 분석하였다.[16] 소련군사고문단에 대한 또다른 연구는 군사고문단이 1949년까지 인민군의 창설·조직·훈련 등 모든 과정에서 결정적 역할을 담당했다고 보았다. 그리고 소련이 인민군의 창설과 확편, 전쟁준비에 필요한 군비를 전적으로 지원했다고 주장하였다.[17]

이와 달리 '항일유격대집단'이 처음부터 자파중심의 군대를 창설하고자 노력했다는 점을 실증적으로 해명한 연구성과도 나왔다. 이 연구는 인민군은 물론, 1946년 초반 시점에 북조선공산당 내에서 김일성의 지도체제가 작동하고 있었다고 분석하였다.[18] 한편 앞의 두 견해를 종합해 인민군 창설과정에서 북한과 소련의 상호관계에 주목한 연구성과가 제출되었다. 이 연구는 북한지도부와 소련군 당국이 창설과정에서 일방적인 수직적 관계가 아니라 긴밀한 협의 속에서 사전 논의와 합의에 따라 결론을 도출하였다고 평가하였다. 소련은 인민군 창설과정에서 지원과 협력을 아끼지 않았으나, 전략적 가치가 부족하다고 판단해서 북한지도부의 요청을 충족시켜주지 않았다고 분석했다. 또한 소련의 인민군에 대한 군사지원에 대해 1950년 이전에는 '방어용'으로 소극적 지원이 이루어졌고, 1950년 초 개전 동의 이후부터 유상원조 방식으로 적극적

---

15 김광수, 『한국전쟁 전반기 북한의 전쟁수행 연구-전략, 작전지휘 및 동맹관계』, 경남대학교 북한대학원 박사학위논문, 2008.

16 안승환, 「주북한 소련군사고문단의 북한군 지원활동(1946~1953년, 이하 주북한 소련군사고문단)」, 『한국전쟁사의 새로운 연구』2, 국방부 군사편찬연구소, 2002.

17 신범식, 「소련의 북한 군사지원」, 『한국전쟁사의 새로운 연구』1, 국방부 군사편찬연구소, 2001.

18 김광운, 「전쟁 이전 북한 인민군의 창설과정」, 『한국전쟁사의 새로운 연구』1, 국방부 군사편찬연구소, 2001; 김광운, 『북한정치사연구』1, 선인, 2003.

원조가 시작되었다고 평가했다.[19]

인민군 창설과정에 대한 두 번째 쟁점은 인민군의 성격과 직결되어 있는 북한정치세력의 통일전선론과 국가건설론에 대한 평가이다. 해방 직후 북한정치세력은 국가건설의 역량을 구축하기 위해 다양한 계급·계층과 통일전선을 추구하였고, 자체적으로 근대적 독립국가의 정권형태를 구상하였다. 이 같은 통일전선론과 국가건설론은 인민군의 계급구성·당군관계·'혁명전통'에 직접적인 영향을 끼쳤다.

북한정치세력의 국가건설론에 대한 선행연구는 '소비에트화론'과 '민족통일전선론'으로 구분할 수 있다. 초기의 연구들은 주로 '소비에트화론'에 입각해 있었다. 소비에트화론을 주장한 연구자들은 북한정치세력의 국가건설론이 북한의 소비에트화(Soviet化)를 목적으로 하고 있었고, 그 결과 소련의 위성국(衛星國)이 수립되었다고 평가하였다.[20] 그리고 이 연구들은 통일전선을 자체의 역량이 미약한 공산당이 "반동세력"과 싸워서 이기기 위하여 이들과 일시 연합해 자신의 세력을 확대하는 전술로 이해하였다.[21]

소비에트화론의 특징은 북한정치세력이 자신들의 혁명론에 입각해 독자적인 국가건설론을 추구했다는 사실을 부정하고, 해방 직후부터 소련의 대한 정책에 철저히 종속되어 소련식 혁명론을 추구했다고 보고 있다는 점이다. 또한 소비에트화론에 입각한 연구자들은 북한정치세력이 추구한 민족통일전선론을 새로운 국가를 건설하기 위한 궁극적인 혁명전술이 아니라 정치질서를 장악하기 위한 일시적인 혁명전술로 평가하고 있다.

---

19 기광서, 「북한 무력 형성과 북소관계」, 『中蘇研究』28-3, 한양대학교 아태지역연구센터, 2004; 기광서, 「소련의 대북한 군사원조와 중·소 군대의 참전 문제-한국전 발발 전후를 중심으로」, 『역사문화연구』 25, 한국외국어대 역사문화연구소, 2006.

20 '소비에트화론'에 입각한 대표적인 연구성과는 다음과 같다. 金昌順, 『北韓十五年史』, 智文閣, 1961; 梁好民, 『북한의 이데올로기와 정치』, 고려대 아세아문제연구소, 1967; 서대숙, 『(북한의 지도자) 김일성』, 청계연구소, 1989; 양호민, 『38선에서 휴전선으로』, 생각의 나무, 2004.

21 양호민, 『38선에서 휴전선으로』, 35쪽.

이와 달리 북한정치세력이 국가건설론으로 민족통일전선[22]의 구축을 추구했다는 연구성과가 제출되었다. 민족통일전선론에 입각한 연구는 조선공산당 북조선분국(北朝鮮分局)의 통일전선론이 초기부터 일관되게 '단결과 투쟁'의 양면성을 지니고 있었다는 연구성과와,[23] 통일전선이 김일성그룹에 의해 1945년 12월 모스크바3상회의 이후부터 본격적으로 추진되었으며 궁극적으로 이들의 통일전선전략이 승리했다는 연구성과가 제출되었다.[24]

한편 해방 이후 북한정치세력이 소련과 동유럽에서 유입된 인민민주주의론(人民民主主義論)에 입각해 인민국가 건설을 구상했다는 연구성과가 제출되었다. 이 연구는 북한의 인민국가건설운동이 1946~1947년에는 유연한 형태로 정립된 전기 인민민주주의론에 조응하였으나, 1948년 말부터 급진적 형태의 후기 인민민주주의론이 유입됨으로써 인민국가의 민족적·계급연합적 지향을 억제하고 계급투쟁의 기치를 내세웠다고 평가하였다.[25]

인민군 창군과정에 대한 세 번째 쟁점은 인민군 창설과 관련해 김일성

---

22 '통일전선론'은 1919년에 설립된 코민테른(제3인터내셔널)이 정립하기 시작한 공산주의자들의 혁명전술이다. 특히 식민지·반식민지국가에 대한 코민테른의 통일전선론은 1937년 7~8월에 개최된 코민테른 제7차 대회에서 그 의미와 내용이 정립되었다. 코민테른은 자본가와 파시즘의 공격으로부터 노동자계급을 옹호하기 위해 통일전선론을 주장하였다. 코민테른은 광범위한 대중 사이에서 통일전선을 실시하고 확대·강화하는 가장 좋은 형태는 "초당파적인 계급적 기관을 조직하는 것"이라고 보았다. 또한 코민테른은 통일전선의 구체적인 실현방식이 나라에 따라 다른 방식으로 수행되어야 한다고 강조했다. 그 이유는 각 국가마다 "노동자조직의 상태와 성격, 그 정치적 수준, 그 나라의 구체적 상황, 국제노동운동에서 일어나는 변화"가 다르기 때문이었다. 이 책에서는 이 같은 코민테른의 통일전선 개념에 따라 공산주의자들의 보편적인 통일전선 개념은 '통일전선론', 조선인 공산주의자들이 추구한 민족 내부의 통일전선 개념은 '민족통일전선론'으로 구분해 사용하였다. 디미트로프, 「파시즘의 공세와 파시즘에 반대하여 노동자계급의 통일을 추구하는 투쟁에서의 공산주의인터내셔널의 임무-제7회 대회에서의 보고」(1935.8.2), G. M. 디미트로프 지음, 김대건 편역, 『통일전선연구-반파시즘 통일전선에 대하여』, 거름, 1987, 107~109쪽.

23 김성보, 「북한의 민족주의세력과 민족통일전선운동-조선민주당을 중심으로」, 『역사비평』1992년 봄호, 역사문제연구소, 1992.2.

24 김광운, 「해방 직후 북한에서의 통일전선」, 『韓國史學報』11, 고려사학회, 2001.

25 김재웅, 『북한의 인민국가 건설과 계급구조 재편(1945~1950)』, 고려대 한국사학과 박사학위논문, 2014.

지도체제와 '당=국가체제(黨=國家體制)'의 형성 시점에 대한 평가이다. 먼저, 1946년 초에 김일성의 지도체제가 형성되었다는 연구가 제출되었다. 이 연구는 1946년 초반에 북조선공산당 내부에 김일성의 노선과 정책을 유일한 지도지침으로 하여 모든 조직과 구성원들이 그의 명령과 지시를 관철하는 김일성 지도체제가 작동하고 있었다고 평가하였다. 따라서 한국전쟁 이전 김일성의 권력 장악에 대한 부정이나 집단지도체제 규정은 수정되어야 한다고 주장하였다.[26] 이 연구성과와 함께 1946년 2월부터 소련군정(蘇聯軍政)과 북한의 공산주의자들이 북한지역에서 사회혁명을 시작하였고, 1946년 말까지 사회혁명을 완수하고 체제이행을 종료했다는 연구성과가 제출되었다. 이 연구는 1946년의 혁명을 통해 북한지역에 정치적 수준에서 김일성체제가 구축되었고, 사회경제적 측면에서 계획경제체제가 들어섰다고 분석하였다.[27]

앞의 연구성과와 달리, 1946년 2월에 북조선임시인민위원회가 설립되면서 '당=국가체제'의 골격이 형성되었고, 1947년 초에 이르러 북조선로동당(北朝鮮勞動黨)을 권력의 중심으로 하는 '당=국가체제'가 완성되었다는 연구성과가 제출되었다. 이 연구는 당이 정권기관·사회단체 간부의 인사권을 장악하는 소련식 '당=국가체제', 즉 노멘클라투라(Nomenclatura) 시스템이 1946년 8월 북조선로동당 창립 이후부터 형성되기 시작해 1948~1949년 경에는 중앙에서 지방까지 도입되었다고 분석하였다. 다만, 이 연구는 인민군 창설과정에서 당의 역량이 미약했기 때문에 인민군은 당·인민위원회 밖에서 만들어졌고, 당의 군대가 아니라 당과 동시에 성장하였다고 평가하였다.[28]

인민군의 창군과정에 대한 연구는 위에서 살펴본 바와 같이 현재까지 많은 연구성과가 축적되었지만 일정한 한계도 가지고 있다. 선행연구의 한계를

---

26 김광운, 『북한정치사연구』1, 143~193쪽.

27 박명림, 『한국전쟁의 발발과 기원』Ⅱ, 나남, 1996, 169~310쪽.

28 서동만, 『북조선사회주의체제성립사(1945~1961)』, 선인, 2005, 238~375쪽.

종합하면 다음과 같다. 첫째, 선행연구는 당군관계·북중관계·북소관계 등 창군과정의 특정분야에 집중되어 있다. 이에 따라 상대적으로 창군과정 연구의 핵심이라 할 수 있는 군사사(軍事史, Military History)에 대한 연구가 부족했다. 한 국가의 군사부문은 독자적으로 형성되는 것이 아니라 다른 부문과 상호작용을 통해 형성되며, 이 같은 상호작용의 과정에서 국가의 특징이 출현한다.[29] 따라서 군사부문 자체에 대한 연구와 함께 군사부문에 관련된 다른 분야와의 상호작용에 대한 연구가 진행될 필요가 있다.

둘째, 선행연구에서는 창군과정의 각 단계별 변화과정과 그 특징이 밝혀지지 않았다. 인민군은 처음부터 군대로 창설된 것이 아니라 경찰조직인 보안기구(保安機構)로 창설되었다. 이후 보안기구는 북한의 국가건설과정에서 경찰과 군대로 분화되었고 육군·해군·공군으로 육성되었다. 또한 소련군사령부와 북한정치세력은 창설과정의 각 단계별로 창군의 주도권을 이양하거나 넘겨받으면서 인민군을 창설하였다. 최근 연구의 논쟁점인 인민군의 창설주체에 대한 평가는 이 같은 역사적 사실을 토대로 해명되어야 할 것이다.

셋째, 기존의 소비에트화론과 민족통일전선론은 북한정치세력의 국가건설론을 북한에 구현된 정치질서의 측면에 한정해 분석하였고, 제2차대전 이후 다른 인민민주주의국가의 국가건설론과 상호 비교하지 못했다.[30] 제2차대전 이후 동유럽의 여러 국가에서도 북한과 유사한 형태의 인민민주주의혁명

---

29 군사사는 서구의 역사학에서 오래 전부터 중요한 연구분야 중 하나였다. 고대 그리스부터 19세기 말까지 전쟁의 원인, 과정, 결과 등에 대한 연구는 역사가들의 주요 관심사였다. 전통적 군사사는 지휘관·전투를 설명하거나 지휘·전술·전략을 평가하는 데 집중되었다. 근대국가가 수립된 이후부터 전쟁이 민족·국가 간의 충돌 양상을 띠게 되자, 군사사는 전쟁과 정치의 관계를 연구하는 접근방식으로 변화하였다. 그리고 제2차대전 이후부터 군사사는 정치적 접근방식을 넘어서 사회·경제·문화적 관점에서 전쟁과 사회·국가의 상관관계를 연구하는 경향이 주류를 형성하게 되었다. 임지현 외 옮김, 「군사사란 무엇인가?」, 『오늘날의 역사학: 쟁점과 전망』, 역사비평사, 1992, 49~51쪽.

30 선행연구 중에서 동독과 북한의 분단 사회주의국가 형성과정을 상호 비교한 연구성과가 제출된 바 있다. 김성보, 「북한과 구동독의 역사 비교-분단 사회주의 국가의 비교 연구」, 『역사문제연구』13, 역사문제연구소, 2004.12.

이 진행되었다. 그러나 각 국가마다 제국주의 지배의 경험과 유산이 달랐고, 해방의 과정과 해방 이후 인민민주주의혁명을 추진할 수 있는 내외적 조건이 달랐다. 이에 따라 각 국가의 인민민주주의혁명도 동일한 방식으로 추진되지 않았다. 인민군의 창설과정은 북한의 국가건설과정의 일환이었고, 북한정치세력이 추구한 인민민주주의혁명은 인민군의 독자적 특징이 형성되는 데 결정적인 영향을 끼쳤다. 그러므로 인민군의 창설과정은 다른 인민민주주의국가의 국가건설론과 비교과정을 거쳤을 때 비로소 그 독자적인 특징과 의미가 해명될 수 있다.

넷째, 선행연구는 인민군의 창설과정을 주로 김일성(金日成)과 북조선로동당을 중심으로 연구하였고, 창군과정과 건당(建黨)·건국(建國)의 상관관계를 유기적으로 해명하지 못했다. 국가건설의 3대 과업은 따로 추진된 것이 아니라 유기적 관계 속에서 동시에 추진되었다. 선행연구에서 논쟁점의 하나인 김일성 지도체제와 '당=국가체제'의 형성시점은 창군과정과 밀접히 연관되어 있다. 그러므로 인민군의 창군과정이 해명되었을 때 비로소 김일성의 지도체제와 '당=국가체제'의 형성시점에 대한 본격적인 논의가 가능하다. 또한 북한의 공산주의자들은 해방 이전부터 정치간부 겸 군사간부로 활동하였고, 해방 이후 각각 역할을 분담해 건당사업과 건군사업을 주도하였다. 따라서 사회주의국가 건설과정의 한 축인 조선로동당의 창당과정은 인민군의 창군과정과 함께 분석했을 때 온전히 해명될 수 있다.

3. 연구의 방법과 자료

이 연구의 근본적인 문제의식은 인민군의 창설과정을 역사사실적으로 구명(究明)하고, 인민군의 창설과정과 북한 국가건설과정의 상관관계를 해명하는 것이다. 첫째, 이 연구는 인민군의 창설과정을 정치사의 일부나 전쟁사, 전략·전술사 등의 측면에서 접근했던 선행연구와 달리 군사사의 측면에서 접근할 것이다.[31] 군사사란 '전쟁과 교전, 그리고 제반 군사분야와 그에 관계되는 정치·경제·사회·문화·이념적 제반 요인과의 상호작용을 연구하는 역사학의 한 분야'를 말한다.[32] 군사사 연구는 19세기에 독립적 학문으로 시작된 이후, 인류학·고고학·정치학·사회학·심리학 등의 학문과 결합하면서 역사학의 일부로 발전해왔다.[33]

한국의 군사사 연구는 주로 유럽·미국·소련을 주제로 전투·전쟁, 군사사상, 전쟁과 사회·문화·국가의 관계를 연구해왔다. 이에 비해 인민군의 역사를 군사사의 방법론으로 접근한 연구성과는 없다.[34] 이 연구는 인민군의 창설과정을 해명하고 이와 관련된 정치적·외교적·이데올로기적 요인들을 분석할 것이다. 다만, 이 연구는 군사와 경제적·문화적·사회적 요인의 상호작용은 분석

---

31 최근의 군사사 연구는 기존에 전투·전략·전술·무기·용병술 등을 분석하던 연구경향에서 벗어나 군대와 전쟁을 사회와 문화의 맥락 속에서 분석하려는 연구경향이 주류를 형성하고 있다(류한수, 「클레이오와 아테나의 만남-영미권의 군사사 연구동향과 국내 서양사학계의 군사사 연구 활성화를 위한 제언」, 『서양사론』98, 한국서양사학회, 2008, 292~294쪽). 서양 군사사가들의 주요 견해는 다음을 참고 바람. 임지현 외 옮김, 「군사사란 무엇인가?」, 『오늘날의 역사학』, 43~59쪽.

32 정토웅, 「軍事史 硏究 方法論(I): 軍事史란 무엇인가」, 『軍史』24, 국방군사연구소, 1992.6, 20쪽.

33 군사사는 19세기부터 하나의 독립된 학문으로 발전하기 시작했다. 19세기의 군사사는 군사이론을 기초로 전쟁술(Art of war)을 정립하려고 하였다. 군사사는 1970년대부터 전역·전투에 대한 분석에서 벗어나 전쟁과 사회의 관계를 연구하는 신군사사(New military history)로 확대되었고, 인류학·고고학·정치학·사회학·심리학 등과 결합되었다. 1980년대 이후에는 전쟁과 근대국가 형성의 관계를 다루는 군사혁명론(Military revolution)이 주창되었고, 1990년대 이후에는 군사와 문화의 관계를 연구하는 문화적 접근론과 군사사의 유럽중심주의를 넘어선 비교사적 접근론으로 발전되었다. 이내주, 「군 막사의 경계를 넘어서-서양 현대 군사사 연구의 동향과 전망」, 『서양사론』107, 한국서양사학회, 2010, 5~26쪽.

34 한국의 군사사 연구 현황은 다음을 참고 바람(류한수, 「영미권의 군사사 연구동향과 국내 서양사학계의 군사사 연구 활성화를 위한 제언」, 295~302쪽). 선행연구 중에 인민군의 창설과정을 군사제도사의 측면에서 접근한 연구성과가 제출되어 있다. 또한 군사사의 방법론은 아니지만, 북한사회주의의 제도적 형성과정을 연구하면서 정치와 군사의 관계를 분석한 연구성과가 있다. 장준익, 『북한인민군대사』, 서문당, 1991; 한용원, 『남북한의 창군: 미·소의 역할을 중심으로』, 오름, 2008; 서동만, 『북조선사회주의체제성립사(1945~1961)』, 선인, 2005.

하지 못했다.[35] 이 주제는 향후 연구과제로 남긴다. 이 연구는 각 시기별 인민군의 조직·제도·인적구성을 통해 인민군의 군사적 특징을 밝히고, 이 특징이 다른 요인과 어떤 상호작용을 일으켰는지 해명할 것이다.[36] 또한 각 시기별로 소련군·중국군·일본군이 인민군의 군사적 특징에 어떤 영향을 끼쳤는지 살펴보고자 한다. 이를 통해 인민군의 독자적 특징을 파악할 것이다.

둘째, 이 연구는 인민군의 창설과정을 역사사실적 방법으로 구명할 것이다. 이 연구가 역사학의 기본적인 연구방법을 굳이 밝힌 이유는 선행연구에서 정확하지 않은 사실을 논거로 주장과 관념을 이론화하고 있기 때문이다. 예를 들어, 한 연구는 김일성이 소련군의 정치위원(commissar)제도를 그대로 도입했고, 인민군은 창설 당시부터 김일성의 '소련군대를 배우라'는 교시에 따라 모두 소련군을 모방하고 있는 것이 특성 중 하나라고 분석하였다.[37] 이 주장은 '소비에트화론'으로 나아간다. 그러나 북한정치세력은 소련군의 체계와 제도를 그대로 모방한 것이 아니라 자체적으로 변용(變容)하였고, 이를 통해 북한식 군대를 창설하였다. 기본적인 역사적 사실을 확인하는 일은 향후 인민군 연구를 질적으로 발전시킬 수 있는 토대이자 필수조건이다. 따라서 이 연구는 북한·미국·러시아·중국 자료를 통해 인민군의 초기역사를 사실적으로 재구성하고자 한다.

셋째, 이 연구는 인민군의 간부구성을 해명할 것이다. 일반적으로 인민군의 창설과정은 동북항일연군 출신, 조선의용군 출신, 고려인들이 주도했다고 알려져 있다. 그러나 인민군 창설과정의 각 단계별로 간부구성이 어떠했으며,

35 군사사 연구에서 군사와 정치의 관계, 군사와 사회의 관계, 군사와 문화의 관계를 해명한 대표적 연구성과는 각각 다음을 참고 바람. 카를 폰 클라우제비츠 저, 류제승 역, 『전쟁론』, 책세상, 1998; 존 키건 저, 정병선 역, 『전쟁의 얼굴』, 지호, 2005; 존 린 저, 박일송·이내주 역, 『배틀, 전쟁의 문화사』, 청어람미디어, 2006.

36 군사사 연구에서 고려되어야 할 주요사항은 사회적 요소, 산업기술적 요소, 조직 및 관리적 요소, 군사이론적 요소, 군사교리적 요소, 통솔적 요소, 전략적 요소 등이다. 정토웅, 「軍事史 硏究 方法論(II): 軍事史란 무엇인가」, 『軍史』25, 국방군사연구소, 1992.12, 8쪽.

37 장준익, 『북한인민군대사』, 86~87쪽.

시대의 변화에 따라 간부구성이 어떻게 변화했는지에 대해서는 해명되지 않았다. 또한 인민군 창설과정에 참여한 간부들이 어떤 경력과 특징을 가지고 있는 사람들이었고, 그들이 군사간부로 임명된 이유가 무엇인지에 대해서도 밝혀지지 않았다. 나아가 창군단계별로 인민군 간부 중 각 정치세력의 비중이 어떻게 변화했으며, 그것이 가지는 정치적·군사적 의미가 무엇인지도 해명되지 않았다. 북한의 국가건설과정에서 간부의 교양·선택·배치는 간부사업에서 가장 중요한 사업일 뿐만 아니라 "조선인민을 위한 정치·경제·문화 각 부문에서의 위대한 과업을 성과있게 완수하는 중요조건"이었다.[38] 따라서 인민군의 간부구성을 해명한다면, 북한정치세력이 추구한 인민민주주의혁명의 목표와 국가건설의 방향을 파악할 수 있을 것이다.

넷째, 이 연구는 인민군의 창설과정이 북한식 사회주의의 형성에 끼친 영향을 해명하고자 한다.[39] 북한정치세력은 해방 전후에 자체적인 국가건설론과 통일전선론을 가지고 있었고, 이를 기반으로 당·정권기관·군대를 건설하였다. 인민군은 이 과정에서 소련군·중국군과 다른 형태의 당군관계(黨軍關係)를 형성하였고, 이것은 북한정치세력의 국가건설론과 직결되어 있었다. 또한 인민군과 북조선로동당의 관계는 정권기관·사회단체와 노동당의 관계와도 달랐다. 북한정치세력은 전체적인 국가건설론에 입각해 인민군을 창설하였고, 인민군에 새로운 북한식 당군관계를 구축하였다. 인민군에 구축된 당군관계·계급구성·당원구성·'혁명전통'은 향후 김일성 중심의 지도체제와 북한식 사회주의가 형성되는 데 결정적인 영향을 끼쳤다. 따라서 인민군의 창설과정을 통해 북한식 사회주의 형성사의 새로운 측면을 해명할 수 있을 것이다.

---

38 金承塡, 「幹部政策에 對하여」, 『人民』1947년 신년호, 『북한관계사료집』13권, 185쪽.

39 군사와 근대국가 형성의 상관관계는 군사사의 오랜 연구분야 중 하나이며, 해방 이후 한국의 근대국가 형성과 한국전쟁의 상관관계를 해명한 연구성과가 제출되어 있다. 박상섭, 『근대 국가와 전쟁: 근대 국가의 군사적 기초, 1500-1900』, 나남, 1996; 서주석, 『한국의 국가체제 형성과정: 제1공화국 국가기구와 한국전쟁의 영향』, 한국학술정보, 2008; 박정이, 『6·25전쟁과 한국의 국가건설』, 선인, 2013.

이 연구는 1919년 3·1운동부터 1950년 한국전쟁 발발 이전을 연구시기로 설정하였다. 그 이유는 일제시기를 통해 조선인민군의 전사(前史)를 이해할 수 있고, 국가건설과정을 통해 인민군의 창군사(創軍史)를 해명할 수 있기 때문이다. 북한정치세력은 1945년부터 1950년까지 제1단계 인민민주주의혁명을 완료하였고 제2단계 인민민주주의혁명으로 이행하였다. 이 건국과정을 통해 북한지역에는 인민민주주의국가가 수립되었고 사회주의국가의 맹아가 출현하였다. 즉, 이 시기는 북한식 사회주의의 원형이 형성된 시기였다. 물론 북한식 사회주의는 한국전쟁과 1950년대 중·소분쟁을 거치면서 변형과 개조의 과정을 거쳤다. 그러나 저자는 이 같은 변형과 개조에도 불구하고 북한식 사회주의의 기본적 구조와 특징이 한국전쟁 이전에 형성되었다고 생각한다.

이 연구는 이상의 문제의식에 따라 인민군의 창설과정을 그 변화시기별로 크게 네 단계로 나누어 살펴볼 것이다. (1) 인민군의 창군 전사(前史)는 1919년부터 1945년 해방까지, (2) 창설과정의 제1단계는 1945년 해방부터 1947년 2월 북조선인민위원회 창설 직전까지, (3) 제2단계는 1947년 2월부터 1948년 2월 8일 조선인민군 창설 직전까지, (4) 제3단계는 1948년 2월부터 1950년 6월 한국전쟁 발발 직전으로 구분하였다.

이 연구는 앞서 밝힌 문제의식을 해명하기 위해 미국자료·러시아자료·중국자료·북한자료 등 인민군과 관련된 다양한 형태의 자료를 활용하였다. 이 연구에서 주요자료로 활용한 것은 미국 국립문서기록관리청(NARA)에 소장되어 있는 "노획문서(鹵獲文書, Records Seized by U.S. Military Forces in Korea)"이다. 이 문서들은 한국전쟁 당시 미군이 전장(戰場)에서 입수해 본국으로 보낸 것으로, 대부분 1945~1953년까지 북한측이 생산한 자료들이다.[40] 이 연구에서는 주로 국

40 이 연구에서는 미국국립문서기록관리청(NARA)에서 소장하고 있는 노획문서를 그들의 분류법에 따라 "NARA, RG(Record Group, 문서군), SA(Shipping Advice Number, 선적번호), Box(운송상자번호), Item(문서번호)"의 순서로 표기하겠다. 또한 러시아연방의 여러 문서보관소에서 소장하고 있는 문서도 그들의 분류법에 따라 "문서보관소 명칭, ф(문서군), оп(목록), п(문서함), д(문서철), л(쪽수)"의 순서로 표기하겠다.

사편찬위원회에서 간행한 『북한관계사료집』, 국사편찬위원회·국립중앙도서관·통일부 북한자료센터에 소장된 노획문서, 저자가 NARA에서 직접 입수한 노획문서 등을 활용하였다.[41]

인민군 창군과정에서 소련이 끼친 영향과 역할에 대해서는 주로 러시아자료를 활용했다. 러시아자료에는 소련과 북한정치세력의 인민군 창설계획과 군대의 상황, 소련과 북한의 군사협력, 북한의 국가수립문제에 관해 그동안 알려지지 않았던 내용들이 수록되어 있다. 이 연구에서는 러시아연방국방성중앙문서보관소(ЦАМО)에 소장된 자료를 핵심자료로 활용하였다. 이 자료에는 소련군사령부의 인민군 검열 결과, 북한이 소련에 요청한 군사지원, 이에 대한 소련의 대응과 군사원조 등이 상세히 기록되어 있다. 또한 러시아연방대외정책문서보관소(АВПР), 러시아연방국립사회정치사문서보관소(РГАСПИ), 러시아연방대통령문서보관소(АПРФ)에 소장된 자료도 함께 활용하였다. 이 자료에는 소련민정국(民政局)의 3년간 활동에 대한 종합보고(1945.8~1948.11), 소련의 한반도정책과 대북한정책 등이 기록되어 있다. 또한 이 연구에서는 북한정권 수립에 직접 관여한 소련군 장성들의 일기, 소련군 창군과정에 관한 군사자료집 등도 활용하였다.[42]

한편 이 연구에서는 미군이 생산한 자료와 중국이 생산한 자료를 통해 노획문서와 러시아자료에서 드러나지 않았던 창군과정의 역사적 사실들을 해명하였다. 미군 생산자료는 주로 주한미군사령부(USAFIK: United States Army Forces

---

41 국사편찬위원회, 『북한관계사료집』1~50권, 국사편찬위원회, 1982~2006; 국사편찬위원회 소장 노획문서(미간행), 국립중앙도서관 소장 노획문서(홈페이지 공개본), 통일부 북한자료센터 소장 노획문서(미간행).

42 전현수 역, 『북조선주재 소련민정청 3개년사업 총결보고(1945.8~1948.11)』제1권(정치편), 한국연구재단 기초학문자료센터, 2006; 전현수 역, 『쉬띄꼬프일기(1946~1948)』, 국사편찬위원회, 2004; 전현수 역, 『레베제프일기(1947~1948년)』, 한국연구재단 기초학문자료센터, 2006; 이재훈 역, 『蘇聯軍 創設期 軍事關係文書選集』, 국방군사연구소, 1998. 『북조선주재 소련민정청 3개년사업 총결보고』는 다음 책에 전문이 실려 있다. 김광운, 『북조선실록: 년표와 사료』1권, 경남대·북한대학원대학, 2018, 432~692쪽.

in Korea) 정보참모부(G-2)에서 생산한 『주한미군 북한정보요약(*ISNK: Intelligence Summary Northern Korea*)』과 『주한미군 주간정보요약(*G-2 Weekly Summary*)』을 활용하였다. 이 자료는 1945년 12월 1일부터 1948년 11월 26일까지 생산되었는데, 발행주기가 각각 다르다. 『북한정보요약』은 1945년 12월 1일부터 1947년 12월 5일까지 반월간(15일 간격)으로 생산되었고, 『주간정보요약』은 1947년 12월 26일부터 1948년 11월 26일까지 매주 생산되었다. 북한정보는 『주간정보요약』의 PartⅡ에 수록되어 있다. 미군 생산자료에는 인민군의 부대편제, 간부구성, 세력관계, 내부변화 등이 상세히 기록되어 있다.[43] 간혹 사실관계에 오류가 있으나 이는 다른 자료를 통해 교차 확인하였다. 해방 이후 북·중관계에 대해서는 중국에서 생산한 자료와 북한에서 생산한 자료를 함께 활용하였다. 중국 생산자료는 연변조선족자치주·요녕성·흑룡강성 등에서 생산한 자료집과 회고자료를 주로 활용하였다. 해방 이후 북·중관계에 대한 북한 생산자료는 중국 내전시기 '동북해방전쟁'과 관련해 2000년 이후에 처음 공개된 자료를 활용하였다.[44]

이와 함께 이 연구에서는 김일성의 저작도 활용하였다. 김일성의 저작에 실려 있는 문헌들은 시기와 정치적 상황에 따라 사후(史後)해석되거나 첨삭된 내용이 많다. 따라서 이 문헌들을 활용할 때는 해당문서의 최초 원문을 확인하였다. 창군과정 당시 김일성의 연설과 저작은 해당시기에 팜플렛과 책자 형

---

43 두 종류의 보고서는 자료집으로 영인되어 있으며, 미극동군총사령부(HQ, FECOM)에서 생산한 『조선인민군사』도 유용한 자료다. HQ, USAFIK, *ISNK*(*Intelligence Summary Northern Korea*)·*G-2 Weekly Summary*, United States Army Forces in Korea, 1945.12-1948.11(한림대 아시아문화연구소 편, 『駐韓美軍北韓情報要約』1~4권, 한림대 아시아문화연구소, 1989); HQ, FECOM, *History of the North Korean Army*, HQ, FECOM, 1952.7.31.

44 東北抗日聯軍史料 編寫組, 『東北抗日聯軍史料』上·下, 中共黨史資料出版社, 1987; 東北抗日聯軍鬪爭史 編寫組, 『東北抗日聯軍鬪爭史』, 人民出版社, 1991; 中共延邊州委黨史硏究室 編, 『東滿地區革命歷史文獻匯編』上·下冊, 中共延邊州委黨史硏究室, 1999; 중국조선민족발자취총서편집위원회, 『봉화』·『결전』·『승리』, 민족출판사, 1989·1991·1992; 길재준·리상전, 『중국동북해방전쟁을 도와』, 과학백과사전출판사, 2008; 『중국동북해방전쟁참가자들의 회상기』1·2, 조선로동당출판사, 2011·2012.

태로 간행된 원전(原典)을 발굴해 활용하였다.[45] 한국전쟁 이전 자료에 수록되지 않은 김일성의 연설과 저작은 1950년 이후 생산된 김일성의 저작을 활용했다.[46]

창군과정에서 인민민주주의혁명과 통일전선의 내용, 당·정권기관의 노선과 정책은 주로 당·정권기관의 기관지를 통해 확인하였다. 그리고 북한의 정치적·경제적·외교적 변화양상은 창군과정 당시 북한에서 발행된 일지를 활용하였다.[47] 이 연구에서는 부분적으로 창군 당시 북한에서 활동한 인물들의 회고록과 구술자료를 활용하였다. 주로 동북항일연군 출신의 회고록, 창군과정에 참여한 이후 한국·중국·소련에서 살아온 인물의 회고록, 대일전(對日戰)과 북한 점령에 참여한 소련 장성의 회고록 등을 활용하였다.[48]

---

45 金日成 將軍 述, 『民族大同團結에 對하야』, 朝鮮共産黨淸津市委員會, 1946.3, NARA, RG 242, SA 2010, Box 5, Item 141; 北朝鮮人民委員會 宣傳部, 『金日成 重要報告集: 朝鮮民主主義人民共和國 樹立의 길』, 民主朝鮮出版社, 1947.1.1; 北朝鮮勞動黨中央本部 宣傳煽動部, 『(黨敎育綱用參考資料) 金日成將軍重要論文集: 民主朝鮮自主獨立의 길』, 勞動出版社, 1947.3.10, NARA, RG 242, SA 2009, Box 1, Item 166; 『金日成將軍 重要論文集』, 北朝鮮勞動黨出版社, 1948.1.20; 『祖國의 統一獨立과 民主化를 爲하여』1·2권, 국립인민출판사, 1949.8.5.

46 김일성, 『김일성저작집』2~6권, 조선로동당출판사, 1979·1980; 조선로동당 중앙위원회 당력사연구소 편, 『김일성전집』2~10권, 조선로동당출판사, 1992~1994; 김일성, 『세기와 더불어』4·6권·8권(계승본), 조선로동당출판사, 1993·1995·1998.

47 기관지는 주로 북조선인민위원회와 내각의 기관지 『人民』, 조선공산당 북조선분국의 기관지 『正路』, 북조선로동당의 기관지 『로동신문』, 북조선로동당의 기관잡지 『근로자』를 활용하였다. 당대의 일지는 다음 자료를 활용하였다. 「解放後 四年間의 國內外 重要日誌」(增補版), 民主朝鮮社, 1949.4, 『북한관계사료집』7권, 국사편찬위원회, 1989.

48 김일 외, 『붉은 해발아래 창조와 건설의 40년(1945.8~1950.6)』1, 조선로동당출판사, 1981; 주영복, 『내가 겪은 조선전쟁』1, 고려원, 1990; 최태환 구술, 박혜강 집필, 『젊은 혁명가의 초상』, 공동체, 1989; 한국정신문화연구원 편, 「방원철」, 『내가 겪은 한국전쟁과 박정희정부』, 선인, 2004; 윤응렬, 『상처투성이의 영광』, 황금알, 2010; 정현수 외, 『중국 조선족 증언으로 본 한국전쟁』, 선인, 2006; 소련과학아카데미, 『레닌그라드로부터 평양까지-조선해방에 있어 소련장성 11인의 회고록』, 함성, 1989.

차례

제1부

북한정치세력의 혁명론과 소련의 대북정책

1장

일제시기 공산주의세력의 혁명론과 변화

1. 일제시기 공산주의세력의 혁명론

일제시기 조선의 민족운동세력은 조국의 자주적 독립을 위한 사상적 방략을 모색하였다. 1917년에 러시아혁명이 성공하자, 민족운동세력은 독립의 새로운 이상으로 사회주의사상(社會主義思想, Socialism)을 수용하기 시작했다. 1919년 3·1운동이 진압되자, 사회주의사상은 민족운동세력 내에서 더욱 급속히 전파되었다. 사회주의사상을 수용한 사상가들은 정치적·경제적·사회적으로 파멸을 모면할 수 없게 된 조선에서 실력양성을 통한 중산사회(中産社會)의 진흥은 불가능하다고 판단하고 민족주의세력에 대해 비판적 태도를 취하게 되었다. 이들은 그 대안으로 러시아혁명과 계급해방의 시대적 사조에 급속히 끌려 들어갔다.[1]

마르크스(Karl Marx)와 레닌(Владимир Ильич Ленин)에 의해 정립된 사회주의사상은 부르주아정치사상과 다른 독자적인 계급관과 국가관을 가지고 있

1 金俊燁·金昌順, 『韓國共産主義運動史』2, 청계연구소, 1986, 28쪽.

었다. 사회주의사상은 모든 사회의 역사를 계급투쟁의 역사로 간주하였다. 계급투쟁의 대상은 자본주의사회의 부르주아(Bourgeois)계급이며, 부르주아계급에 대항하는 가장 혁명적인 계급은 바로 프롤레타리아(Proletariat)계급이었다.[2] 공산주의자들에게 국가는 부르주아계급의 "계급적 지배기관"으로 인식되었다. 그리고 이 부르주아계급의 지배를 종식하기 위해서는 프롤레타리아계급이 정치적 주권과 지배권을 장악해 프롤레타리아국가를 건설할 필요가 있었다.[3]

조선의 공산주의자들도 마르크스·레닌주의가 표명한 계급투쟁론과 프롤레타리아독재에 입각한 혁명론을 수용하였다. 이들의 궁극적 목표는 조선혁명을 통해 일본제국주의를 몰아내고 프롤레타리아 독재국가를 수립하는 것이었다. 그러나 공산주의자들의 혁명론은 고정·불변한 것이 아니라 민족운동의 전개과정 속에서 시대적 흐름에 따라 변화했다. 이 과정에서 조선인 공산주의자들은 각각의 혁명론을 정립해 나갔다.

이들의 혁명론에 가장 큰 영향을 준 존재는 1919년 모스크바에서 창설된 국제공산주의조직인 코민테른(Comintern: Communist International, 제3인터내셔널)이다. 코민테른은 공산주의자들이 세계의 혁명적 전위세력(신생 공산당)을 세계단일당으로 결집시키고 볼셰비키(Большевик)혁명의 당이론과 혁명적 전략·전술에 따라 세계혁명을 추진하기 위해 만든 조직이다. 제2인터내셔널(Second International)이 독립적인 각국 사회주의정당의 느슨한 연합체였음에 비해, 코민테른은 엄격한 중앙집권제에 기초한 세계단일당의 형태를 취했다. 이것은 제2인터내셔널을 무너뜨린 민족주의적 분열을 방지하고 다가오는 세계혁명을 통일적으로 지휘할 참모본부를 창설하기 위한 의도였다.[4]

---

2 칼·맑스, 「공산당선언」, 『칼·맑스著作選集』第1卷 第1分冊, 北朝鮮勞動黨出版社, 1949.4.15, 300~314쪽.

3 브·이·레닌, 『국가와 혁명』, 외국문서적출판부(모쓰크바), 1949, 50~51쪽.

4 편집부 엮음, 『코민테른자료선집』1(전위당·전략전술), 동녘, 1989, 26쪽. 이 자료선집은 다음 책에 수록된 자료를 선별해서 번역한 것이다. 村田陽一 編譯, 『コミンテルン資料集』(全6卷), 大月書店, 1983.

코민테른은 전세계 공산주의자들의 최고지휘부였으므로, 조선의 공산주의자들은 코민테른의 강령과 노선에 지대한 영향을 받았다. 1920년대 후반부터 조선인 공산주의자들의 혁명론에 영향을 준 사건은 1928년 7~9월에 개최된 코민테른 제6차 대회였다. 코민테른은 제6차 대회에서 '계급 대 계급'노선[5]에 입각해 「식민지·반식민지테제」를 채택하였다. 코민테른은 이 테제를 통해 중국공산당에게 '국민당과 군벌의 권력을 타도하고 소비에트(Soviet) 권력을 수립'하며, '노동자·자본가 간의 투쟁, 농민·지주 간의 투쟁, 병사·장교 간의 분쟁을 이용해 그들의 계급적 충돌을 심화·격화시켜야 한다'고 강조하였다.[6]

또한 코민테른은 제6차 대회에서 조선공산당에 대한 승인을 취소하고 일국일당(一國一黨)의 원칙을 내세워 만주의 조선공산당원들에게 중국공산당에 가입하라고 지시하였다. 이 결정에 따라 조선공산당 엠엘파(ML派)·화요파·서울파 만주총국은 각각 1929년 9월 20일, 1930년 3월 20일, 1930년 6월 10일에 해산을 선포하였다. 그리고 중국공산당 만주성위원회는 1930년 7월 1일에 「재만 조선인 공산주의자들에게 고하는 편지」를 발표해서 조선공산당원들에게 '각 지방의 중국공산당조직에 가입하고 중국혁명의 실제활동에 참여해야 한다'라고 지시하였다.[7]

그러나 1930년대에 들어서 세계정세가 급격히 변화하기 시작했다. 1931년에 일제가 만주사변(滿洲事變)을 일으켜 중국 대륙을 침략하고, 1933년에 독일에서 히틀러(Adolf Hitler)가 정권을 장악함에 따라 세계적으로 파시즘(Fascism) 체제가 출현하였다. 파시즘은 기존의 부르주아체제와 달리 노동자계급에 대한

---

5 '계급 대 계급' 노선은 공산당과 부르주아정당의 동맹 형성을 반대하고 협조주의적 정책에 대한 투쟁을 강화하는 전술을 통해 노동자계급의 통일전선 결성을 지향하는 것이다. 김성윤 엮음, 『코민테른과 세계혁명』 I, 거름, 1986, 288쪽.

6 편집부 엮음, 「식민지·반식민지 국가의 혁명운동에 대하여(테제)」(1928.9.1), 『코민테른자료선집』3(통일전선·민족식민지문제), 동녘, 1989, 315~316쪽.

7 김창국, 『동북항일유격근거지사연구』, 연변인민출판사, 1992, 18~19쪽.

반동적 공세와 직접적 타격을 목적으로 성립한 반혁명적 계급지배체제였다. 이처럼 파시즘체제가 출현하자 공산주의자들의 혁명운동에는 새로운 전략과 전술이 요구되었다.[8]

코민테른은 1935년 7~8월에 제7차 대회를 개최해 기존의 '계급 대 계급' 노선과 소비에트혁명론을 전면적으로 수정하였다. 제7차 대회에서는 파시즘에 대항하기 위해 노동자통일전선의 결성, 그리고 이에 기초해 각계·각층의 진보적 부분을 망라한 인민전선(人民戰線)의 결성과 인민전선정부의 수립을 추진하기로 결정되었다. 인민전선론에 따라 식민지·반식민지국가의 공산주의자들에게는 민족부르주아지(Bourgeoisie)를 포함해 반제투쟁을 펼칠 수 있는 모든 세력을 통일전선에 결집시키는 반제국주의통일전선(反帝國主義統一戰線)의 방침이 하달되었다.[9] 인민전선론의 핵심 중 하나는 각 정당·단체의 지도부가 부르주아적일지라도 이들 정당이나 단체, 그 개개의 부분을 반드시 반파시즘 인민전선에 끌어들여야 한다는 입장이었다.[10]

---

8 김성윤 엮음, 『코민테른과 세계혁명』Ⅱ, 거름, 1986, 8~9쪽.

9 제7차 대회에서 채택된 인민전선론·인민전선정부론의 구체적 내용은 다음을 참고 바람. 김성윤 엮음, 『코민테른과 세계혁명』Ⅱ, 118~127쪽.

10 코민테른 제7차 대회에서 반파시즘 통일전선 문제를 보고한 디미트로프는 "어떠한 상황하에서도 이들[부르주아지] 정당이나 단체에 가입해 있는 소농민, 수공업자, 가내공업자 및 그밖의 다른 층을 반파시즘 인민전선에 끌어들이는 것을 목표로 하지 않으면 안되"며, "농민, 수공업자, 도시 소부르조아 대중의 다양한 단체나 정당을 무시, 또는 경시하는 태도를 전면적으로 지양해야 할 것"이라고 강조하였다. 디미트로프, 「파시즘의 공세와 파시즘에 반대하여 노동자계급의 통일을 추구하는 투쟁에서의 공산주의인터내셔널의 임무-제7회 대회에서의 보고」(1935.8.2), G. M. 디미트로프, 『통일전선연구』, 111쪽.

〈그림 1〉 마르크스·엥겔스·레닌

코민테른의 혁명론은 조선인 공산주의자들의 혁명론에 직접적인 영향을 끼쳤다. 그러나 코민테른의 혁명론은 조선인 공산주의자들에게 각각 다른 방식으로 수용되었다. 1920년대부터 국내와 해외에서 활동한 조선인 공산주의자들은 정당과 그룹별로 다양한 세력을 형성하고 있었다. 이 가운데 해방 이후 북한지역에서 활동한 공산주의자들은 동북항일연군(東北抗日聯軍), 조선독립동맹·조선의용군(朝鮮獨立同盟·朝鮮義勇軍), 국내의 공산주의자들이었다. 이들은 민족운동의 과정에서 각각의 혁명론을 정립하게 되었다.

동북항일연군의 혁명론

먼저 중국 만주에서 활동한 동북항일연군의 혁명론을 살펴보자. 만주지역에서는 코민테른 제7차 대회 이전인 1933년부터 조선인·중국인 공산주의자들 사이에 항일민족통일전선이 강화되었다. 중국공산당은 1931년 이전까지 코민테른 제6차 대회의 소비에트혁명론을 수용한 이립삼(李立三)노선에 입각해 소비에트 설립과 홍군(紅軍) 건설을 추진하였다. 그러나 코민테른은 1931년 9월

18일 만주사변이 발발하자 1932년 2월에 중국혁명의 새로운 방침을 하달했다. 즉, 기존의 만주소비에트구 설립과 홍군 건설 방침을 철회하고, 통일전선론을 적극 채택해 반일민족혁명운동을 전개하고 동북인민혁명정부를 조직하라고 지시하였다.[11]

중국공산당 중앙은 코민테른의 통일전선론에 따라 1933년 1월 26일에 「만주의 각급 당부 및 전당원에게 주는 서한」(일명 1월 서한)을 채택하였다. 중공 중앙은 당시 만주의 정세를 "특수한 전민족적인 반제국주의투쟁"으로 규정하고, 대일전(對日戰)의 성격을 "민족혁명전쟁"으로 규정하였다. 중공 중앙은 만주의 당원들에게 코민테른과 중앙의 결정에 입각해 만주에서 전체 민족의 반제(反帝)통일전선을 결성하고, 동요하는 세력을 포함한 모든 세력을 결집해 공동의 적(일본제국주의와 그 주구들)과 투쟁하라고 지시하였다.[12] 코민테른 제7차 대회와 중국공산당의 1월 서한에 따라 조선인 공산주의자들의 계급노선은 계급투쟁노선에서 통일전선론으로 변화하였고, 이들의 국가건설론은 소비에트 수립론에서 인민정권 수립론으로 전환하였다.

중공 만주성위원회는 1월 서한에 따라 기존의 소비에트혁명론을 좌경기회주의라고 선언하고 새롭게 반제통일전선을 추진하기로 결정하였다. 반제통일전선의 핵심은 모든 반일(反日)역량을 결집해 반일민족혁명운동을 전개하는 것이었다. 만주성위는 이를 실행하기 위해 가장 훌륭한 유격대를 기초로 인민혁명군(人民革命軍)을 건립하고, 일정한 유격구를 창조해 민중정부(民衆政府)를 건립하라고 당조직에 지시하였다. 인민혁명군은 노동자·농민계급을 골간으로 건립하고, 정치위원제도를 도입해 정치교육을 강화하도록 하였다. 또한 민중정부는 일본제국주의세력과 그 주구를 숙청하고 토지·재산을 몰수하도록 하였다. 민족통일전선의 궁극적 목표는 계급투쟁을 토지혁명으로 발전시키고, 반

---

11 滿洲國 軍政部 軍事調查部, 『滿洲共産匪の硏究』1輯, 軍政部 顧問部, 1936, 19~20쪽.

12 「中央及滿洲各級黨部及全體黨員的信-論滿洲的狀況和我們黨的任務」(1933.1.26), 東北抗日聯軍史料編寫組, 『東北抗日聯軍史料』上, 中共黨史資料出版社, 1987, 47~55쪽.

제국주의투쟁과 토지혁명을 결합해 최종적으로 민족과 사회를 해방하는 것이었다.[13] 1월 서한에 따라 만주의 조선인·중국인 유격대는 모두 동북인민혁명군(東北人民革命軍)으로 개편되었다. 민족통일전선론이 전달된 후, 1933년 9월부터 1935년 2월까지 만주 전역에 동북인민혁명군 제1군~제6군이 조직되었다.[14]

만주의 조선인 공산주의자들은 이미 1933년부터 코민테른의 통일전선 방침에 따라 인민혁명군과 민중정부 건립활동을 펼치고 있었다. 이 같은 통일전선론은 1935년에 코민테른 제7차 대회의 반파쇼 인민전선 방침이 전달됨에 따라 급격히 발현하게 되었다. 중국공산당 중앙은 제7차 대회의 결정을 전달받은 이후 1935년 8월 1일자로 새로운 투쟁방침(일명 8·1선언)을 제기하였다. 중국공산당은 항일구국(抗日救國)을 목표로 각지의 소비에트정부·항일정부와 함께 전 중국의 국방정부(國防政府)를 조직하고, 각종 홍군·동북인민혁명군·반일의용군과 함께 전 중국의 항일연군(抗日聯軍)을 조직하라고 지시하였다. 그리고 그 구체적인 방법으로는 제국주의에 반대하고 중국의 민족해방운동을 지지하는 모든 민중·민족·국가와 연합하고, 항일을 원하는 모든 부대를 규합해 항일연군을 편성하며, 국방정부의 지도 아래 통일적 항일연군총사령부를 조직하라고 지시하였다.[15]

중국공산당의 8·1선언에 따라 만주에서 새로운 당조직·군대·통일전선체가 조직되었다. 기존의 만주성위원회(滿洲省委員會)는 취소되고 남만성위(南滿省委)·길동성위(吉東省委)·북만임시성위(北滿臨時省委) 등 성위원회가 신설되었으며, 기존의 동북인민혁명군은 모두 동북항일연군(東北抗日聯軍)으로 개편되

13 「中共滿洲省委關于執行反帝統一戰線與爭取無產階級領導權的決議-接受中央1月26日來信」(1933.5.15), 東北抗日聯軍史料 編寫組, 『東北抗日聯軍史料』上, 58~72쪽.

14 軍史科學院 軍史歷史研究部, 『中國抗日戰爭史』上, 解放軍出版社, 1991, 440~458쪽.

15 中國共産黨中央委員會, 「爲抗日救國告全體同胞書(8·1선언)」(1935.8.1), 東北抗日聯軍史料 編寫組, 『東北抗日聯軍史料』上, 162~167쪽.

었다. 1936년 2월부터 동북항일연군 제1군~제11군(軍)이 조직되었다.[16] 이후 제1·2군은 1936년 6월에 제1로군(路軍)으로 통합되었고, 제4·5·7·8·10군은 1937년 1월에 제2로군으로 통합되었으며, 제3·6군과 기타부대는 1939년 5월에 제3로군으로 통합되었다. 군장(軍長)은 모두 중국인이었다.[17] 또한 코민테른의 통일전선론과 인민정부 수립론도 만주에 전파되었다. 길동특위(吉東特委) 서기 양송(楊松)[18]은 민족부르주아지와 지주를 "동요하는 동맹자"라고 규정했고, 향후 수립될 항일통일전선정부는 "소비에트형태의 혁명적·민주적 노농독재는 아니며, 오히려 항일혁명적 인민정부가 될 것"이라는 입장을 표명하였다.[19]

코민테른 제7차 대회의 결정이 동북항일연군의 조선인 공산주의자들에게 끼친 가장 큰 영향은 조선민족이 독자적인 당·정권·군대·통일전선조직을 가질 수 있게 되었다는 점이다. 1936년 3월 12일 코민테른 주재 중국공산당 대표단(이하 중공 대표단)은 길동성위를 통해 다음과 같은 결정을 전달하였다.

> 1. 중한민족은 연합하여 함께 항일하며 중한민족의 독립을 쟁취한다. 동만간도(東滿間島)에 대해 우리 당중앙은 "중한민족은 연합하여 일만통치(日滿統治)를 뒤엎고 간도한인민족자치구(間島韓人民族自治區)를 건립할 것"을 주장한다.
> 2. 현재의 동만인민혁명군(東滿人民革命軍)을 중한항일연군(中韓抗日聯軍)으로 개편하고, 아울러 동만에서 단독으로 한국민족혁명군(韓國民族革命軍)을 설립하고 한국 내부로 들어가 유격활동을 펼치며 한국민족의 독립을 쟁취한다.
> 3. 한인내에서 일본 망국노가 되기를 반대하는 모든 사람을 연합해 한인 내부의

---

16 軍史科學院 軍史歷史研究部, 『中國抗日戰爭史』上, 459~480쪽.

17 주보중, 「동북인민항일유격전쟁개황(초고)」, 『주보중문선』, 연변인민출판사, 1987, 55~56쪽.

18 양송은 코민테른 파견원 오평(吳平)의 가명이다. 김일성, 『세기와 더불어』4권, 조선로동당출판사, 1993, 246쪽.

19 양송, 「만주에서의 반제국주의 통일전선에 관하여」, 신주백 편저, 『1930년대 민족해방운동론 연구』 Ⅱ, 새길, 1990, 157; 170쪽.

반일연합전선을 건립한다. 충실한 한인 노동자·농민을 흡수해 중국공산당에 가입시키는 것 외에, 한국민족혁명당(韓國民族革命黨)을 조직한다.

4. 당내 동지들을 훈련시키고 비밀공작을 전개하기 위하여 한국 동지들이 단독으로 당소조와 당지부를 설립한다. 단, 공동구위(共同區委)나 현위(縣委)에 속한다. 현위·특위(特委) 하부에 1개 한인공작부(韓人工作部)를 설립하고, 그 부장(部長)은 현위·특위에 참가한다.[20]

중공 대표단은 코민테른 제7차 대회의 인민전선론에 입각해 만주에서 중·조 민족 간 반일통일전선을 펼치기로 결정한 것이다. 중요한 점은 중국공산당이 만주에서 조선인들에게 독자적으로 한국민족혁명당·한인민족자치구·한국민족혁명군·반일연합전선을 건설하라고 지시했다는 사실이다. 당문제에서는 별도로 한국민족혁명당을 조직하고, 중공 당조직 내부에 단독으로 조선인의 당소조·당지부를 설립하도록 했다. 군대문제에 대해서는 중한항일연군을 설립하고, 이와 동시에 조선인 단독으로 한국민족혁명군을 조직해 국내에서 유격투쟁을 전개하라고 지시했다.

그러나 조선인으로만 구성된 독립적인 한국민족혁명군은 조직되지 않았다. 그 이유는 여전히 만주지역에서 중·조 민족의 연합군대가 필요했기 때문이다. 김일성은 조선인부대와 중국인부대로 나누어 재편성하라는 코민테른의 지시에 대해 '중조반일연합군 각 부대의 핵심역량이 조선인 대원들이므로 부대를 나누면 연합군을 유지하기 힘들다는 점, 반만항일의 공동투쟁이 필요한 국면에서 부대를 나누면 공동투쟁과 중국 인민들의 지지·도움이 약화될 수 있다는 점'을 들어 한국민족혁명군의 설립을 반대하였다. 그는 조선인들이 요구한 것은 "자주권이지 분권은 아니"라며 위증민(魏拯民)에게 "련군체제를 유

---

20 「中共吉東省委致饒河中心縣委及四軍四團的信(節選)-關于建立韓國民族自治區的問題」(1936.3.12), 中共延邊州委黨史研究室 編, 『東滿地區革命歷史文獻匯編』下冊, 中共延邊州委黨史研究室, 1999, 1453쪽.

지"할 것을 요청하였다.[21]

중공 대표단이 지시한 중한항일연군은 만주에서 '동북항일연군'으로 명명되었다. 동북항일연군이 조직됨에 따라 기존에 각지의 항일유격대에서 투쟁하던 조선인 공산주의자들은 동북항일연군으로 결집하였다. 이들은 동북항일연군에서 점차 중간간부로 성장하기 시작했다. 동북항일연군 중에서 조선인 간부가 가장 많은 부대는 제1·2군(이후 제1로군)이었다. 제1군과 제2군은 남만·동만지역에서 유격전을 전개하면서 백두산 일대에 유격근거지를 신설하고, 재만조선인조국광복회(在滿朝鮮人祖國光復會, 이하 조국광복회)의 하부조직을 결성하였다.[22] 이것은 1936년 3월에 코민테른 주재 중공 대표단이 한국민족혁명군을 조직해 국내에서 유격투쟁을 전개하고, 조선인 내부에 반일연합전선을 건립하라고 하달한 지시에 따른 것이다.

조국광복회는 코민테른의 인민전선 방침에 따라 동북항일연군에 있는 조선인 공산주의자들이 1936년 초부터 조직한 대중적인 민족통일전선체였다. 조국광복회는 동북항일연군 제1로군 제2군(軍) 제6사(師), 제2군 제2사, 제5군 등이 각각 설립하였다. 이 중에서 최대 규모의 조직은 김일성이 사장(師長)을 맡

---

21 김일성, 『세기와 더불어』4권, 246~249쪽. 북한은 김일성이 1934년부터 "조선인민혁명군"을 조직해서 활동하였다고 주장하고 있지만, 실제로 조선인의 독립부대로 '조선인민혁명군'이 편성된 적은 없다. 선행연구에 따르면, 만주지역에서 동북항일연군 내부의 조선인부대를 부를 때 '조선인민혁명군'이라는 이름으로 불렀다. '조선인민혁명군'설을 주장한 최초의 문헌은 한재덕이 1947년에 쓴 『김일성장군개선기』인데, 이 책에서 한재덕은 보천보전투를 주도한 동북항일연군을 "朝鮮人民革命軍"이라고 기록하고 있다. 이후에 '조선인민혁명군'설을 주장한 또다른 문헌은 1949년 2월에 민족보위성 문화훈련국이 제작한 『정치상학교재(49-11)』이다. '조선인민혁명군'설을 주장한 문헌과 최근 연구는 다음을 참고 바람. 韓載德, 「附錄: 日帝公文書에 나타난 金日成部隊戰鬪記錄」, 『金日成將軍凱旋記』, 民主朝鮮出版社, 1947.11.20, 부록; 민족보위성 문화훈련국, 『정치상학교재(49-11): 조선인민군의 조직과 목적 및 과업에 대하여』, 민족보위성 문화훈련국, 1949.2, 8쪽, NARA, RG 242, SA 2010, Box 5, Item 101; 金成鎬, 「'朝鮮人民革命軍' 호칭에 대한 일검토」, 『한국독립운동사연구』21, 독립기념관 한국독립운동사연구소, 2003.12, 215~242쪽; 정창현, 『인물로 본 북한현대사』, 선인, 2011, 62~67쪽; 김광운, 『북조선실록』21권, 187쪽.

22 신주백, 『만주지역 한인의 민족운동사(1920~45)』, 아세아문화사, 1999, 420~423쪽.

은 제1로군 제2군 제6사가 장백현(長白縣)에 조직한 조국광복회였다.[23] 제2군 제6사가 장백현으로 진출한 것은 1936년 6월에 개최된 제1·2군 주요지도간부 회의의 결정사항이었다.[24] 이 조국광복회는 1937년 8월에 김일성과 동만특위 장백현공작위원회의 권영벽(權永壁)·리동석(李東石)·장증렬(張曾烈)이 회합해 조직하였고, 그 하부조직은 함북 갑산·명천·무산·삼수·성진, 함남 홍남, 평북 후창 등지에 조직되었다. 이 조직은 1938년에 일제에 발각되어 총 167명이 유죄판결을 받았다.[25]

이전의 인민정부 구상이 중국공산당이 입안한 것이었다면,[26] 조국광복회의 강령은 동북항일연군의 조선인 공산주의자들이 조선혁명을 달성하기 위해 작성한 것이다. 이 강령에는 이들이 추구한 혁명론이 잘 드러나 있다.

조국광복회는 통일전선론에 입각해 인민정부의 수립을 주장하였다. 즉, 조국광복회는 10대 강령에서 "한국 민족의 총동원으로 광범한 반일통일전선을 실행함으로써 강도 일본제국주의의 통치를 전복하고 진정한 한국의 독립적 인민정부를 수립할 것"을 주장하였다. 이와 함께 중국에서 조선인 자치의 실현, 독립군대의 조직, 일제와 친일분자의 모든 기업·은행·철도·선박·농장·재산·토지의 몰수, 각종 채권·세금·전매제도의 취소와 민족적 공·농·상공업의 발전, 언론·출판·집회·결사의 자유 전취, 신분·남녀·민족·종교의 차별 반대,

---

23 동북항일연군이 각 지역에 조직한 조국광복회의 결성내용은 다음을 참고 바람. 신주백, 『만주지역 한인의 민족운동사』, 461~463쪽. 김일성에 따르면, 장백현의 조국광복회는 1936년 5월 5일에 창립되었다. 조국광복회의 공동발기인은 김동명·이동운·여운형이다. 김일성은 자신이 회장으로 추대되었으며, 김동명은 자신의 가명이라고 주장하였다. 김일성, 『세기와 더불어』 4권, 458~467쪽.

24 김창국, 『남만인민항일투쟁사』, 연변인민출판사, 1986, 174~175쪽.

25 이 惠山事件으로 1941년 8월에 權永壁·李東石·朴達 등 6명이 사형판결을 받았고, 朴金喆·李周興 등 4명이 무기징역을 받았다. 韓載德, 「附錄: 日帝公文書에 나타난 金日成部隊戰鬪記錄」, 『金日成將軍凱旋記』, 부록 5; 9~13쪽. 이 사건으로 일제에 검거된 사람은 총 739명에 달했다. 정창현, 『인물로 본 북한현대사』, 70쪽.

26 중국공산당이 만주에 수립한 동북인민혁명정부의 강령은 다음을 참고 바람. 중국공산당중앙위원회·만주성위, 「동북임시인민혁명정부 강령」, 신주백 편저, 『1930년대 민족해방운동론 연구』 II, 126~128쪽.

의무적 면비(免費)교육, 8시간 노동제와 노동자보험법 실행을 천명하였다.[27]

동북항일연군이 주장한 인민정부는 반일통일전선을 통해 수립하는 민족통일전선정권이었다. 동북항일연군이 추구한 인민정부의 정책은 코민테른이 지향하고 있던 부르주아민주주의혁명론과 일치했다. 코민테른은 1928년 9월 부르주아민주주의혁명의 기본임무로 제국주의의 질곡으로부터 국가해방(외국 조계·철도·은행 등의 국유화), 토지혁명의 수행(토지의 국유화 등), 공업·운수 등의 발전, 8시간 노동일의 획득, 민족간·남녀간 동등권 확립 등을 제시한 바 있다.[28] 부르주아민주주의혁명론은 1935년 7~8월에 인민전선론이 등장한 이후에도 코민테른이 견지한 혁명론이었다. 동북항일연군의 조선인 공산주의자들은 반제투쟁·토지문제에서 지주와 민족부르주아지를 공격하지 않고 이들을 포괄하는 방식의 통일전선을 추구하고 있었으며, 모든 반일세력을 포함한 통일전선을 통해 민족통일전선정권을 수립하고자 하였다.

조국광복회의 강령에는 향후 수립될 인민정부의 정권형태에 관한 내용은 없다. 하지만 동북항일연군이 줄곧 코민테른의 강령을 수용했다는 점에서 1935년 제7차 대회 당시 코민테른의 정권형태 인식을 참고할 수 있다. 코민테른은 인민정부의 성격에 대해 "부르조아민주주의혁명이 발전하고 있는 나라들에서는 인민전선정부는 노동자계급과 농민의 민주주의적 독재정부가 될 수 있을 것"이라고 선언하였다.[29] 따라서 조선과 같은 식민지의 민족운동에서는 더

---

27 「抗日人民戰線事件」, 姜德相 編, 『現代史資料』30, みすず書房, 1977, 314쪽. 한편, 동북항일연군 제1로군 제1군에서 결성한 재만한인조국광복회의 선언과 10대 강령(초안)도 확인할 수 있다. 제1로군 제1군이 결성한 조국광복회의 10대 강령(초안)은 "조선의 독립과 해방을 완수한다"는 제1항을 제외하고, 제2군 제6사가 결성한 조국광복회의 강령과 거의 동일한 내용이다. 구체적인 내용은 다음을 참고 바람. 『思想彙報』14號, 朝鮮總督府 高等法院 檢事局 思想部, 1938.3, 60~63쪽.

28 편집부 엮음, 「식민지·반식민지 국가의 혁명운동에 대하여(테제)」(1928.9.1), 『코민테른자료선집』3, 292쪽.

29 G. M. 디미트로프, 「파시즘의 공세와 파시즘에 반대하여 노동자계급의 통일을 추구하는 투쟁에서의 공산주의인터내셔널의 임무-제7회 대회에서의 보고」(1935.8.2), 『통일전선연구』, 174쪽.

이상 소비에트정권이 유일한 정권형태가 아니었다. 동북항일연군의 조선인 공산주의자들은 부르주아민주주의혁명론에 따라 인민정권을 노농소비에트정권으로 가는 과도기로 인식하고 있었다고 볼 수 있다.

다음으로 국내에 있던 공산주의자들의 혁명론을 살펴보자. 코민테른 집행위원회 정치서기국은 1928년 제6차 대회가 끝난 후, 그해 12월에 조선인 공산주의자들에 대한 지침으로 「조선의 농민 및 노동자의 임무에 관한 테제」(일명 12월테제)를 채택하였다. 12월테제의 핵심은 조선혁명을 토지문제와 민족해방을 동시에 추구하는 부르주아민주주의혁명으로 규정했다는 점이다. 코민테른은 조선인 공산주의자들에게 민족적 부르주아운동(민족주의세력)과 완전히 결별하고 계급투쟁론에 입각해 프롤레타리아혁명운동을 펼칠 것을 요구하였다. 또한 토지혁명(무상분배)과 산업 국유화를 토대로 노동자·농민정부, 즉 소비에트 국가를 건설할 것을 지시하였다.[30] 12월테제의 내용은 계급투쟁론과 소비에트 국가건설론으로 요약할 수 있다.

12월테제를 수용한 국내의 조선인 공산주의자들은 코민테른의 계급투쟁론에 입각해 민족통일전선론과 결별하기 시작했다. 프로핀테른(Profintern: Red International of Labor Unions, 적색노동조합 인터내셔널)은 코민테른의 계급투쟁론에 따라 1930년 9월에 「조선의 혁명적 노동조합운동의 임무에 관한 테제」(일명 9월테제)를 채택했다. 프로핀테른은 9월테제에서 당시 조선의 혁명정세에 대해 개량주의적 민족부르주아지와 그 단체(『조선일보』, 『동아일보』, 천도교의 일부)가 장개석과 중국의 반혁명을 모방하려 하고 있으며, 일본제국주의와 타협을 추구하고 반소련 책동을 사주하고 있다고 규정했다. 특히 프로핀테른은 "신간회 역시 민족개량주의단체"라고 규정했다. 이에 따라 프로핀테른은 조선인 공산주의자들에게 개량주의적 민족부르주아지의 기회주의적·무원칙적 전술을 계통적으로 폭로하고, 계급투쟁에 적극적으로 참가하라고 지시했다. 그리고 조선에

---

30 고준석 지음, 김영철 옮김, 『조선공산당과 코민테른』, 공동체, 1989, 13~18쪽.

서 노동자대중을 결집시켜 혁명적 노동조합을 건설하고, 농업노동자들로 혁명적 농업노동조합을 결성하라고 지시하였다.[31]

12월테제와 9월테제에 따라 국내의 조선인 공산주의자들은 민족통일전선론에서 선회하였다. 신간회에 있던 공산주의자들은 9월테제 이후 신간회를 "소부르조아적 정치운동의 집단"이라고 규정하였다. 그리고 신간회가 "대중의 계급의식을 말살할 뿐 아니라 도리어 계급투쟁을 방해"한다고 주장하면서 신간회의 해소론을 주도하였다. 결국 신간회는 1931년 5월 전체대회를 마지막으로 해산되었다.[32] 또한 국내의 공산주의자들은 1930년부터 혁명적 노동조합운동과 혁명적 농민조합운동을 전개하였다. 국내에서 노동운동과 농민운동을 전개하던 공산주의자들은 9월테제 이후 투쟁형태와 조직형태를 급격히 변화시켰다. 9월테제 이후부터 합법주의는 명목상으로만 유지되었고 비합법주의가 주류를 형성하였다. 또한 1931년부터 국내의 노동운동은 지하투쟁을 중심으로 전개되었고, 적색노동조합·적색농민조합의 전국적 비밀조직이 결성되면서 일제를 긴장시켰다.[33]

그런데 국내의 공산주의자들은 1928년 7월 코민테른 제6차대회의 결정에 따라 조선공산당이 해산된 이후에 조선혁명을 지휘할 전위당(前衛黨)을 가지고 있지 않았다. 하지만 국내의 공산주의자들은 코민테른이 지적한 분파투쟁과 인텔리(Intelligentsia) 중심의 한계를 극복하고, 새로운 전위당을 재건하기 위한 활동을 전개하였다. 전위당 재건운동가들은 코민테른의 12월테제 이후 민족부르주아지가 민족해방운동에서 탈락했다고 평가하고, 노농소비에트국가를 수립하고자 하였다. 이들은 혁명의 성격을 반제·반봉건 부르주아민주주의혁명으로 규정하고, 이 혁명을 프롤레타리아의 헤게모니 하에 사회주의혁명

---

31 고준석, 『조선공산당과 코민테른』, 18~21쪽.

32 신간회에서 해소론을 주도한 인물들은 姜基德, 丁七星, 金爀, 洪起文, 黃泰成 등이다. 金俊燁·金昌順, 『韓國共産主義運動史』3, 청계연구소, 1986, 66~67쪽.

33 金俊燁·金昌順, 『韓國共産主義運動史』3, 132~133쪽.

으로 성장·진화해가는 혁명으로 보았다.[34]

전위당 재건운동과 혁명적 노동조합운동·농민조합운동을 전개하던 국내의 공산주의자들은 1935년 7~8월 코민테른 제7차 대회를 기점으로 기존의 '계급 대 계급'노선에서 벗어나 코민테른의 인민전선론을 수용하기 시작했다. 1930년대 중반에 민족통일전선론을 최초로 정식화한 것은 소련에 망명중인 조선인 공산주의자들이었다. '조선공산당 발기인 그룹'의 대표로 보이는 김하일(金河一)은 코민테른 제7차 대회에 참석해 조선혁명에서 반일통일전선의 필요성을 제기했다. 이들은 민족부르주아지를 배일사상(排日思想)을 갖는 부류와 그렇지 않은 부류로 구분하고, 전자를 '반제민족혁명통일전선'으로 끌어들일 필요가 있다고 강조했다.[35]

제7차 대회 이후 국내의 공산주의자들은 민족주의세력에 대한 고립화 전술과 소비에트 슬로건을 폐기하고 점차 민족통일전선론으로 방향을 전환하였다. 국내 공산주의자들이 수용한 민족통일전선론의 내용은 리주하(李舟河)·리강국(李康國)의 '원산그룹'을 통해 확인할 수 있다. 이들은 "종래의 혁명임무는 노농독재정권 수립, 노농소비에트 건설, 토지혁명의 완성, 8시간 노동제 확립 등을 목표로 했지만, 인민전선 수립의 현단계에서는 민족해방전선의 강화를 유일한 목표"로 해야 한다고 주장하면서 인민전선론을 수용하였다. 이 민족해방전선에는 일제에 반대하는 모든 세력(소부르주아지, 인텔리겐챠, 애국적 민족부르주

---

34 조선공산당 재건운동을 추진한 세력은 다양하다. 서울·상해파는 '조선공산당재건설준비위원회', ML파는 '조선공산당재조직중앙간부'를 각각 조직하고, 이를 중심으로 당재건운동을 전개하였다. 1935년 중반부터는 '리재유(李載裕)그룹'과 원산적색노동조합운동의 주동자 리주하(李舟河)가 이끄는 '원산그룹', 박헌영(朴憲永)의 경성콤그룹이 국내에서 혁명적 대중조직을 통한 전위당 재건운동을 전개하였다. 禹東秀, 「1920년대 말~30년대 한국 사회주의자들의 신국가건설론에 관한 연구」, 『한국사연구』72, 한국사연구회, 1991.3, 91~112쪽.

35 林京錫, 「일제하 공산주의자들의 국가건설론」, 『大東文化硏究』27, 성균관대학교 대동문화연구원, 1992, 221쪽.

아지의 일부 등)이 참가하는 것으로 상정되었다.[36]

국내의 공산주의자들은 민족통일전선론으로 선회함과 동시에 새로운 국가건설론도 정립하였다. '원산그룹'은 민족해방전선을 통해 일제를 타도했을 때 성립되는 국가를 민주주의공화국으로 상정했다. 이 민주주의공화국은 노농소비에트공화국을 건설하기 전의 과도적 권력형태였다.[37] 경성콤그룹도 조직 내부에 '인민전선부'를 설치해 민족통일전선운동을 시도했으며, '조선혁명, 토지혁명, 인민정부의 수립' 등을 조선혁명의 목표로 제기하였다.[38]

'원산그룹'과 경성콤그룹은 모두 향후에 수립될 통일전선정권을 '노농민주독재'권력으로 나아가는 과도기적 정권으로 인식하고 있었다. 그러나 이들은 '노농민주독재'의 권력형태를 여전히 '소비에트'라고 간주하고 있었으므로, 인민전선론 이전의 소비에트 혁명론에서 근본적으로 벗어난 것은 아니었다. 하지만 소비에트정권을 수립할 수 있는 조건이 성숙하지 않은 정세 하에서는 소비에트정권 수립에 앞서 과도기적인 정권이 필요하다는 점을 인정하고 있었다.[39]

결국 국내의 공산주의자들은 1935년 이후에 코민테른의 인민전선론을 수용하면서 민족부르주아지와의 통일전선을 인정하게 되었고, 이 민족통일전선을 통해 노농소비에트정권으로 가는 과도기로서 인민정부의 수립을 지향하게 되었다.

---

36 禹東秀, 앞의 논문, 117쪽.

37 禹東秀, 앞의 논문, 119쪽.

38 신주백, 「박헌영과 경성콩그룹-재판기록을 통해서 본 경성콩그룹의 조직과 활동」, 『역사비평』 1991년 여름호, 역사비평사, 1991, 288쪽.

39 林京錫, 앞의 논문, 222~223쪽.

조선독립동맹·조선의용군의 혁명론

마지막으로 중국 관내에서 활동한 조선독립동맹·조선의용군의 혁명론을 살펴보자. 조선의용군은 1938월 10월 10일에 중국 무한(武漢)에서 결성된 조선의용대(朝鮮義勇隊)를 모체로 만들어진 민족통일전선의 군대이며, 조선독립동맹은 조선의용군의 정치지도기관이다. 조선독립동맹과 조선의용군이 혁명론을 정립하게 된 과정을 살펴보기 위해서는 중국 관내의 민족통일전선운동과 조선의용대의 창설과정을 이해할 필요가 있다.

1931년 9월 18일 만주사변이 발발하자, 중국 관내의 조선인 항일운동가들은 일제에 대항하기 위해 민족통일전선을 구축하기 시작했다. 한국독립당·조선의열단·한국광복동지회 등은 1932년 10월 12일에 민족운동단체의 연합체인 한국대일전선통일연맹(韓國對日戰線統一聯盟)을 결성하였다. 그러나 대일전선통일연맹은 곧 연락기관적 역할의 한계를 느끼고 새롭게 통일전선정당을 창당하기로 결정하였다. 1935년 7월 5일 조선혁명당·조선의열단·한국독립당·신한독립당·대한독립당 등이 연합해 조선민족혁명당(朝鮮民族革命黨)을 창당하였다. 민족혁명당은 창당의 의미를 일제의 강점 이래 독립운동의 과정에서 진행된 민족통일전선운동의 연장선으로 간주하였다. 민족혁명당의 성립은 코민테른 제7차 대회의 인민전선 방침과 직접적인 관계없이 이루어졌다.[40]

관내 조선인들의 민족통일전선은 1937년 7월 7일에 중일전쟁이 발발하면서 다시 한번 재편되었다. 조선민족혁명당·조선민족해방운동자동맹·조선혁명자연맹 등 좌익민족주의자·공산주의자들은 1937년 11월 12일에 새로운 통일전선체로서 조선민족전선연맹(朝鮮民族戰線聯盟)을 결성하였다. 민족전선연맹은 창립선언문을 통해 "조선혁명은 민족혁명이고, 그 전선은 '계급전선'이나 '인민전선'이 아닐 뿐 아니라, 프랑스나 스페인의 이른바 '국민전선'과도 엄격히 구

---

40 강만길, 『증보 조선민족혁명당과 통일전선』, 역사비평사, 2003, 43~67쪽.

별되는 민족전선"임을 천명하였다. 민족전선연맹은 "일본제국주의를 타도하고 조선민족의 진정한 민주주의 독립국가를 건설"하고자 했고, 이를 위해 전민족적 통일전선의 형성, 전민족적 혁명역량의 총동원, 한·중연합전선의 결성을 추구하였다.[41] 민족전선연맹은 혁명의 성격을 부르주아민주주의혁명이 아닌 민족혁명으로 규정하였고, 통일전선의 성격도 코민테른의 계급전선·인민전선·국민전선이 아닌 민족전선으로 규정하였다.

이 같은 통일전선론에 따라 민족전선연맹은 조선의 혁명무력을 건설하기 위해 중국 국민정부와 교섭하였다. 그 결과 1938년 10월 10일 무한에서 조선의용대가 결성되었다. 조선의용대는 조선민족전선연맹의 혁명무력이었다.[42] 조선의용대는 설립과정에서 공동전선체인 극동반파시스트동맹의 국제의용군으로 구상되기도 했으나, 조선인들의 노력으로 민족전선연맹의 군사조직으로 결성되었다. 따라서 조선의용대는 민족전선연맹이 지향한 전민족적 통일전선론에 따라 민족혁명을 위해 활동하는 군사조직이었다.[43]

조선의용대의 활동은 1940년 3월부터 새로운 단계로 전환되었다. 1940년 3월부터 1941년까지 조선의용대의 절반 이상이 중국공산당의 근거지인 화북(華北)지역으로 북상하였다. 북상이유는 조선인이 다수 거주하는 화북에 투쟁근거지를 구축하고 동북지방의 조선무장부대와 연합한다면 조선혁명운동을

---

41 韓相禱, 「中日戰爭 직후 협동전선운동과 全國聯合陣線協會」, 『한국독립운동사연구』10, 독립기념관 한국독립운동사연구소, 1996.12, 131~132쪽.

42 「朝鮮義勇隊成立宣言」(1938.10.10), 楊昭全 等編, 『關內地區朝鮮人反日獨立運動資料滙編(1919-1945)』 下冊, 遼寧民族出版社, 1987, 850~851쪽.

43 염인호, 「조선의용대의 창설과 한·중 연대」, 『한국근현대사연구』11, 한국근현대사학회, 1999.11, 138~167쪽.

44 사진에 있는 인물의 이름은 다음 자료에서 확인하였다. 자오구이진(矯桂瑾), 「조선의용대 지도위원회의 중국인 요원들」, 『한국독립운동사연구』56, 독립기념관 한국독립운동사연구소, 2016; 「김학철선생 탄생 100주년 특별련재-항전별곡(8)」, 『人民网』, 人民日報社, 2016.5.3.

〈그림 2〉 조선의용대의 성립(1938.10.10)[44]

비고 조선의용대의 성립 기념사진(오른쪽부터). 제1열 1–김위(金煒: 여성), 2–권태옥(여성), 4–김원봉(金元鳳: 隊長), 5–리집중(李集中), 6–윤세주(尹世胄), 7–김성숙(金星淑, 金奎光), 8–최창익(崔昌益), 11–박효삼(朴孝三), 14–리익성(끝). 제2열 1–교한치(矯漢治: 중국인), 2–김학무(양복), 3–리경산(양복), 5–간백촌(簡伯邨: 중국인), 6–반문치(潘文治: 중국인), 7–주함당(周咸堂: 중국인), 8–류독(劉篤: 중국인), 13–문정일(文正一: 끝). © 국사편찬위원회

새로운 단계로 끌어올릴 수 있다고 판단했기 때문이다.[45] 중국공산당지역으로 이동한 조선의용대의 주력은 1941년 7월에 조선의용대 화북지대(華北支隊)로 개편되었다. 지대장은 박효삼(朴孝三), 부지대장은 리익성(李益星), 정치지도원은 김학무(金學武)가 맡았다. 제1대장(隊長)은 리익성, 제2대장은 김세광(金世光), 제3대장은 왕자인(王子仁, 본명 崔仁)이 맡았다.[46] 화북지대는 명목상 중경에 있는 대본부(隊本部)의 지휘를 받았지만, 실질적으로는 1941년 1월 10일에 조직된 화북조선청년연합회(華北朝鮮青年聯合會)의 지도를 받았다.[47] 청년연합회의 회장은

---

45 金榮範, 「朝鮮義勇隊 硏究」, 『한국독립운동사연구』2, 독립기념관 한국독립운동사연구소, 1988.11, 498~503쪽.

46 조선의용대 화북지대의 편제와 대원 현황은 다음을 참고 바람. 장세윤, 「조선의용대의 조직편성과 구성원」, 『한국근현대사연구』11, 한국근현대사학회, 1999.11, 65쪽.

47 金榮範, 「朝鮮義勇隊 硏究」, 505~506쪽.

무정(武亭), 부회장은 진광화(陳光華)가 맡았다.[48]

청년연합회는 강령에서 조선 민족 전체의 반일전선 옹호, 전체 조선민족 해방전쟁의 발동, 화북지역 조선인민의 보호, 중국항일전쟁 적극 참가, 독립되고 자유로운 조선민족의 공화국 건설을 주창하였다. 청년연합회는 무엇보다 항일운동의 목표로 "조국광복"을 추구하였다.[49] 청년연합회가 내건 민족 전체의 반일전선과 조선민족공화국 건설은 민족전선연맹이 추구한 민족전선·민족혁명과 동일한 목표였다.

조선의용대 화북지대는 청년연합회의 영도에 따라 모든 사업을 추진하기로 결정하였다. 화북지대의 대원은 대부분 청년연합회 성원이었다. 청년연합회는 조선청년전위동맹·조선민족혁명당·조선해방동맹·한국국민당 등이 연합한 통일전선조직이었다. 그런데 청년연합회는 1942년 7월에 화북조선독립동맹(華北朝鮮獨立同盟)으로 개편되었고, 이와 동시에 조선의용대 화북지대도 조선의용군 화북지대(朝鮮義勇軍 華北支隊)로 개칭되었다. 이로써 조선의용군 화북지대는 공식적으로 "화북조선독립동맹의 행동대오로 규정"되었다. 조선의용군 대원들은 팔로군(八路軍) 근거지에서 정권문제와 중국공산당 변구정부(邊區政府)의 경제정책 등을 토론했고, 팔로군의 혁명운동 경험과 작풍을 학습했다. 이후 조선의용군이 펼친 주요활동은 무장선전활동과 간부양성사업이었다.[50]

조선독립동맹은 화북지역에 조직된 통일전선조직이었다. 독립동맹은 강령에서 "본 동맹은 일본제국주의의 조선에 대한 통치를 전복하여 독립·자유의 조선민주공화국을 건설할 것을 목적"으로 하며, "전조선민족의 반일통일전선을 확대·강화하기 위해 노력"한다는 입장을 밝혔다. 이와 함께 보통선거에 의

---

48 김순기, 「조선의용군사령원 무정장군」, 중국조선민족발자취총서편집위원회(이하 총서편집위원회), 『결전』, 민족출판사, 1991, 344쪽.

49 「華北朝鮮連合會綱領」(1941.1.10), 金正明 編, 『朝鮮獨立運動』V(共産主義運動篇), 原書房, 1967, 994쪽.

50 廉仁鎬, 「朝鮮義勇隊 華北支隊의 八路軍과의 連帶鬪爭」, 『한국독립운동사연구』10, 독립기념관 한국독립운동사연구소, 1996.12, 166~187쪽.

한 민주정권의 수립, 언론·출판·집회·결사·신앙·사상·태업의 자유 확보, 남녀평등의 실현, 일제·친일파의 모든 자산·토지·대기업의 몰수와 토지분배의 실행, 8시간노동제와 사회노동의 보장 등을 표명하였다. 또한 독립동맹은 "전조선민족 반일무장투쟁을 확대하기 위해 혁명무장대오를 건립하기 위해 노력한다"라고 천명하였다.[51] 조선독립동맹의 주석은 김두봉(金枓奉), 부주석은 최창익(崔昌益)과 한빈(韓斌)이 맡았다.[52]

독립동맹이 주장한 조선민주공화국은 반일통일전선을 통해 수립하는 민족통일전선정권이었다. 민주공화국의 정책은 보통선거의 실시, 기본권의 보장과 평등권의 실현, 일제·친일파의 자산·토지·대기업의 몰수, 무상의무교육 등이었는데, 이상의 정책은 부르주아민주주의혁명론을 수용한 조선인 공산주의자들이 보편적으로 공유하고 있던 내용이었다. 독립동맹도 동북항일연군과 동일하게 반제투쟁·토지문제에 있어서 지주와 민족부르주아지를 포괄하는 형태의 민족통일전선을 추구하였다.

이상에서 살펴본 동북항일연군, 국내공산주의자, 조선독립동맹·조선의용군은 모두 1935년을 전후해 민족부르주아지를 포함하는 민족 전체의 반일통일전선을 지향하고 있었다. 또한 향후 수립할 국가의 형태로, 동북항일연군은 '조선의 독립적 인민정부', 국내공산주의자들은 '민주주의공화국', 조선독립동맹·조선의용군은 '조선민주공화국'을 추구하였다. 동북항일연군이 추구한 "독립적 인민정권"과 조선독립동맹이 추구한 "조선민주공화국"은 모두 민족통일전선정권의 성격을 가지고 있었으며,[53] 인민전선론을 수용한 국내공산주의자들의 '민주주의공화국'도 동일한 성격이었다. 이 가운데 코민테른의 영향을 직접 받은 동북항일연군과 국내공산주의자들은 부르주아민주주의혁명론에 따

---

51 「華北朝鮮獨立同盟綱領」(1942.8.25), 楊昭全 等編, 『關內地區朝鮮人反日獨立運動資料滙編』下冊, 1119~1120쪽; 「華北朝鮮獨立同盟綱領」(1941年 8月 中旬頃), 金正明 編, 『朝鮮獨立運動』V, 992쪽.

52 총서편집위원회, 「관내에서 싸운 투사들」, 『결전』, 303쪽.

53 林京錫, 앞의 논문, 221~222쪽.

라 '인민정권'을 노농소비에트정권으로 가는 과도기로 인식하고 있었다.

동북항일연군·국내공산주의자들과 조선독립동맹·조선의용군의 차이점은 그들이 정립한 통일전선론의 근원에 있다. 동북항일연군·국내공산주의자들은 코민테른이 채택한 통일전선론과 중국공산당이 지시한 통일전선론을 직접적으로 수용하였다. 이들의 통일전선론에는 코민테른을 주도한 소련공산당과 스탈린의 영향이 컸다. 그러나 조선독립동맹·조선의용군은 코민테른의 직접적인 영향을 받지 않고, 대일전선통일연맹·조선민족혁명당·조선민족전선연맹·화북조선청년연합회로 이어진 조선인들의 민족전선론으로부터 영향을 받았다. 또한 동북항일연군은 조·중 민족간 통일전선(동북항일연군)과 대중적 통일전선(조국광복회)을 경험하였다. 이에 비해 국내공산주의자과 조선독립동맹·조선의용군은 민족운동세력 내부에서 진행된 민족통일전선(신간회·민족전선연맹·조선청년연합회)을 경험하였다. 이들의 통일전선론을 비교해보면, 동북항일연군이 경험한 통일전선의 외연이 훨씬 넓었고, 동북항일연군은 코민테른·소련공산당·스탈린의 통일전선론으로부터 영향을 받았다.

동북항일연군의 조선인 공산주의자들은 코민테른의 혁명론과 코민테른 주재 중공 대표단의 혁명론을 수용한 인물들이었다. 또한 이들은 만주에서 소비에트혁명론에 따라 직접 소비에트정부를 건설하고 운영한 경험을 가지고 있었다. 즉, 1932년부터 1939년까지 만주지역에는 동만·남만·길동·합동·송화강 등지에 30여 개의 항일유격근거지가 창설되었다. 각 유격근거지에서는 소비에트정부가 수립되었고, 소비에트적 정책이 실시되었다.[54] 소비에트 정부 내에서는 중농의 토지까지 몰수하는 좌경노선이 집행되었다.[55] 동만주의 경우, 1933년 3월까지 각 현·구역·촌마다 소비에트정부가 조직되었다. 소비에

---

54 각 지역 항일유격근거지의 창설과정과 활동은 다음을 참고 바람. 고영일 주필 외, 『중국抗日戰爭과 조선민족』, 백암, 2002, 288~316쪽; 김창국, 『동북항일유격근거지사연구』, 연변인민출판사, 1992.

55 전창철, 「진정한 인민의 정권-인민혁명정부를 세우시여」, 조선로동당중앙위원회 당력사연구소, 『인민의 자유와 해방을 위하여』2, 조선로동당출판사, 1975, 16쪽.

트정부를 창립하기 어려운 곳에는 혁명위원회가 조직되었다. 소비에트정부는 1933년 여름부터 코민테른의 인민전선 방침에 따라 인민혁명정부로 개편되었다.[56]

이에 비해 국내공산주의자들은 주로 코민테른의 혁명론을 수용한 인물들이었다. 이들은 국내에서 코민테른의 강령에 따라 전위당 건설운동·재건운동과 혁명적 노동조합운동·농민조합운동을 전개한 경험을 가지고 있었다. 그러나 이들은 동북항일연군과 달리 유격근거지·소비에트정부·인민정부를 건설하고 운영한 경험이 없었다. 한편, 조선독립동맹·조선의용군은 초기에 코민테른·중국공산당 보다 중국 관내에서 활동해온 조선인 민족운동세력의 민족전선론·조선혁명론에 영향을 받은 인물들이었다. 그리고 이들은 1941년 중국공산당의 팔로군 근거지로 이동하면서 중국공산당의 혁명론으로부터 영향을 받기 시작했다. 조선독립동맹과 조선의용군은 1941년까지 주로 무장선전활동과 간부양성사업을 전개하였다. 이들은 동북항일연군처럼 소비에트정부나 인민정부를 건설하고 운영한 경험이 없었다.

---

56 림춘추, 『항일무장투쟁시기를 회상하여』, 조선로동당출판사, 1960, 39쪽. 림춘추는 김일성부대에서 軍醫와 종군역사가로 활동했던 인물이다. 그는 남호두회의(南湖頭會議) 등 주요 회의에 빠짐없이 참석해서 자신의 수첩에 회의기록을 남겼다. 이 책은 그가 항일투쟁시기에 정리해 놓았던 활동일지를 기초자료로 해서 집필한 것이다. 김일성, 『세기와 더불어』6권, 조선로동당출판사, 1995, 276~280쪽; 김광운, 『북조선실록』1권, 11쪽.

2. 동북항일연군과 조선의용군의 변화

동북항일연군의 소련군화(蘇聯軍化) : 민생단사건과 소련 이동

동북항일연군·조선독립동맹(조선의용군)·국내공산주의자들은 1940년을 전후해서 큰 변화를 겪기 시작했다. 1940년 전후 조선인 공산주의자들의 민족운동이 어떻게 변화했는지 살펴보기 위해서는 국내공산주의자들의 활동도 살펴봐야 하지만, 1940년 전후 국내공산주의자들은 대부분 일제에 체포되거나 지하로 잠적한 상태였다. 국내의 공산주의자들은 1930년대 중반부터 조선공산당의 재건을 목표로 지하활동을 전개한 바 있다. 그러나 공산주의자들의 재건운동은 일제의 정보망에 발각되었고, 1930년 후반 무렵에는 대부분의 재건운동가들이 체포되거나 활동을 중단하였다.

1930년대 중반까지 가장 활발히 재건운동을 펼친 리재유·리관술(李觀述)·김삼룡(金三龍)·정태식(鄭泰植) 등의 '조선공산당재건 경성준비그룹'은 1936년 12월에 리재유가 체포되면서 해체되었다. 이들 중에서 체포를 피한 인물들은 박헌영(朴憲永)을 중심으로 다시 결집해 1939년에 '경성콤그룹'을 결성하였다. 그러나 경성콤그룹의 주요간부들도 1940년부터 1941년까지 대부분 검거되었다. 경성콤그룹을 마지막으로, 국내에서 공산주의자들의 혁명운동은 해방때까지 중지되었다.[57] 따라서 여기에서는 동북항일연군과 조선독립동맹·조선의용군에 한정해서 1940년 전후의 변화양상을 살펴보기로 한다.

먼저 동북항일연군이 변화한 계기는 외부적 요인과 내부적 요인으로 나

---

57 물론, 1942~1943년에 경성콤그룹의 피검자들이 석방되어 개별적으로 창씨개명·공출·징용·징병에 반대하는 서클활동을 전개한 바 있다. 하지만 이 활동은 개별적·분산적으로 진행되었고, 조직·그룹 차원의 당재건운동·노동조합운동·농민조합운동은 전개되지 못했다. 金俊燁·金昌順, 『韓國共産主義運動史』5, 청계연구소, 1986, 346~385쪽.

눌 수 있다. 동북항일연군의 내부적 변화요인은 민생단(民生團)사건이었다. 민생단사건은 1932년 10월부터 1936년 2월까지 3년 5개월 동안 중국공산당 동만특위가 항일유격구와 당조직 내부에서 '반민생단투쟁(反民生團鬪爭)'을 전개한 일을 말한다. 민생단은 1932년 2월 15일에 친일파 박석윤(朴錫胤) 등이 만주에서 조선인의 생활산업화를 내걸고 만든 친일단체였다. 그러나 이 단체는 7월 14일에 사무실을 폐쇄함으로써 불과 5개월 만에 해체되었다.[58]

동만특위의 반민생단투쟁은 민생단이 해체된 지 3개월이 지난 10월 16일, 연길현(延吉縣)의 구위 서기와 당지부 서기 등이 민생단원이라는 폭로를 통해 처음 시작되었다. 연길현에서 일어난 반민생단투쟁은 곧 동만주 전체로 파급되었다. 1933년 5월 동만특위 서기 동장영(童長榮)은 기관지『양조전선(兩條戰線)』에 민생단원이 주로 조선인 지주·부농·상업자본가라고 발표하였다.[59] 그리고 현재 당조직 내부에 민생단원이 침투하였으며, 당내외의 가장 중요한 임무는 민생단을 반대하는 것이라고 결정하였다. 또한 만주성위는 1934년 11월 초에 「지시편지」를 통해 반민생단투쟁을 깊이있게 전개하라고 지시하였다. 반민생단투쟁이 전개되면서 만주의 조·중 민족간 통일전선은 파괴되었고, 민족모순이 첨예하게 격화되었다. 3년 5개월 동안 전개된 반민생단투쟁 과정에서 최소 430명의 조선인 공산주의자가 총살되거나 살해되었다. 그 결과 1935년 하반기에 동만지구의 당조직은 완전히 마비되었다. 반민생단투쟁은 1936년 2월에 코민테른주재 중공 대표단의 지시에 따라 민생단 혐의자 100여 명이 석방되면서

---

58 김성호,『동만항일혁명투쟁특수성연구-1930년대 〈민생단사건〉을 중심으로』, 흑룡강조선민족출판사, 2006, 2; 51~55쪽.

59 동만특위의 기관지 이름인『兩條戰線』은 왕명이 1931년 2월에 간행한『兩條路線』에서 따왔을 가능성이 높다. 왕명은 스탈린과 코민테른의 노선에 충실한 인물로, 이후에 중국공산당 중앙에서 모택동과 노선투쟁을 전개하였다. 구소영,「王實味事件을 통해서 본 1942年 延安整風運動」,『慶北史學』27, 경북사학회, 2004, 86~87쪽.

종결되었다.[60]

반민생단투쟁의 과정에서 김일성과 최현(崔賢)도 민생단원으로 의심받았다. 김일성은 왕청유격대(汪靑遊擊隊)의 민생단원들과 엮여 '숙반(肅反)'의 심판대에 오를뻔 했지만, 만주에서 지도부에 있는 중국인 간부들을 많이 알고 있었기 때문에 혐의에서 벗어났다.[61] 최현은 민생단원으로 몰려 정치 부중대장에서 철직당하고 권총도 압수당했다.[62] 김일성과 달리 남만과 북만에서 활동하고 있던 조선인 간부 리동광(李東光)·리홍광(李紅光)·김책(金策)·최용건(崔庸健)·허형식(許亨植) 등은 민생단사건에 휩쓸리지 않았다. 민생단원으로 가장 많이 의심받은 사람들은 동만주의 조선인 공산주의자들이었다. 동만특위는 1935년 초에 개최한 당·공청 간부회의에서 동만의 각 현 유격구에 있는 조선인 공산주의자의 80~90%가 민생단원이거나 그 연루자라고 단정하였다.[63]

동만특위가 1932년부터 반민생단투쟁을 전개하게 된 것은 중국공산당 중앙이 1931년에 채택한 좌경노선의 영향 때문이었다. 1931년 1월에 중국공산당 중앙을 장악한 왕명(王明)은 코민테른 제6차 대회에서 채택된 '계급 대 계급' 노선에 입각해 소비에트혁명론을 추구하였다. 그 결과 당내외에서 민족·계급 간의 통일전선 보다 계급투쟁이 중요하게 부상하였다. 여기에는 당시 중국 관내에서 강화된 중국공산당의 좌경적 숙반투쟁도 영향을 끼쳤다. 1932년 1월 7일 중국소비에트중앙국은 소비에트구역에서 계급적 입장을 바탕으로 철저한

---

60 리창역·백성정, 「《민생단》사건」, 총서편집위원회, 『중국조선민족발자취총서3: 봉화』, 민족출판사, 1989, 167~176쪽.

61 김일성, 『세기와 더불어』4권, 32~44쪽.

62 조선로동당중앙위원회 직속 당력사연구소, 『혁명의 길에서』2, 조선로동당출판사, 1963, 172~178쪽. 최현은 전사로 강등되었다가 1년 동안 제2군 총부 군수처장으로 근무하였다. 김일성, 『세기와 더불어』4권, 303쪽.

63 특히 동만특위는 과거 민족주의운동이나 1930년대 이전에 공산주의운동에 참가한 조선인을 모두 파벌분자라고 비판하고, 이들을 모두 민생단원이나 그 연루자라고 단정하였다. 림춘추, 『항일무장투쟁시기를 회상하여』, 97~98쪽.

숙청운동을 전개해 모든 반혁명파의 조직을 일소하라고 지시하였다.[64]

민생단사건은 동만의 조선인 공산주의자들에게 큰 영향을 끼쳤다. 첫째, 당과 군대에 구축된 조·중 민족 사이의 통일전선이 현저히 파괴되었고, 만주성위 내부에서 중국민족주의가 급속히 확산되었다.[65] 대표적으로 만주성위는 1933년 5월 15일자 문건을 통해 당의 민족성분·사회성분을 개조해 전체 조직원의 2/3 이상을 중국인이 점할 수 있도록 조치하라고 당조직에 지시하였다.[66] 둘째, 민생단사건을 통해 중국공산당의 당·군대에서 지휘급에 있던 조선인 간부들이 대거 철직·살해되거나 변절하였다. 동만특위 중앙간부 중 김성도(金成道·金聖道), 리상묵(李相默), 리송일(李宋一) 등이 총살되거나 변절하였고, 현위와 동북인민혁명군의 사(師)·단(團)급 군사간부 중에도 다수가 체포되거나 살해되었다. 연변(延邊)에서만 40여 명의 현(縣)급·단급 이상 간부가 반민생단투쟁의 피해를 입었다.[67] 김일성은 반민생단투쟁의 과정에서 부당한 고문과 취조로 인해 500여 명의 진정한 동지들이 민생단원으로 몰려 총살당했다고 기록하였다.[68]

셋째, 민생단사건은 동북항일연군의 조선인 공산주의자들에게 계급투쟁보다 민족통일전선의 중요성을 각인시켰다. 동만특위는 반민생단투쟁을 "계급

---

64 신주백, 『만주지역 한인의 민족운동사』, 377쪽.

65 조·중 민족 간 통일전선은 1931년 만주사변 전후에 일제의 민족 간 분열정책에 의해 이미 균열되기 시작했다. 예를 들어, 1931년 7월에 길림성 장춘현에서 발생한 萬寶山事件을 계기로 만주에서는 고려민회와 자경단이 중국인을 대대적으로 공격했으며, 이에 따라 중국인들은 '고려인'에 대한 악감정을 가지고 누구나 "고려인들은 왜놈들의 앞잡이다"라는 구호를 외치는 상황이었다. 「한국인민에 대한 사업문제에 관하여」(1935.8.1), 김우종 주필, 『동북지역조선인항일력사사료집』 7권, 흑룡강조선민족출판사, 2004, 439쪽.

66 「中共滿洲省委關于執行反帝統一戰線與爭取無産階級領導權的決議」(1933.5.15), 東北抗日聯軍史料編寫組, 『東北抗日聯軍史料』上, 73~74쪽.

67 최성춘, 『연변인민항일투쟁사』, 민족출판사, 1999, 183쪽.

68 「抗聯第一路軍略史」(1942), 東北抗日聯軍史料 編寫組, 『東北抗日聯軍史料』下, 中共黨史資料出版社, 1987, 675쪽.

투쟁의 다른 일종의 형식"이라고 규정하였다.[69] 1935년 10월에 일제가 동북항일연군의 조선인 '귀순자'들에게 청취한 특위 간부와 조선인들의 "감정악화의 이유"를 보면, "주요간부는 모두 중국인으로 바뀐 것, 종래의 민생단 혐의는 조선인에게 한정되어 있는 것, 공산당의 역량을 신뢰하기에 부족한 것" 등을 들고 있다.[70] 1935년 12월에 동만특위 서기 위증민(魏拯民)이 조사한 당내여론은 더욱 심각했다. 당시 당내 조선인 사이에는 "중국공산당이 고려인을 믿지 않고 중국인이 고려인을 죽이고 있다. 우리가 중국혁명을 도와주기보다 우리끼리 우리혁명을 하는 것이 낫다"라는 여론이 팽배했다.[71]

조선인 공산주의자들은 계급투쟁의 형식으로 진행된 반민생단투쟁의 과정에서 민족차별을 경험했고, 중국공산당에 대한 신뢰감이 균열되었다. 그 결과 이들은 계급투쟁의 오류를 인식하고, 중국혁명을 원조하기보다 조선인들끼리 조선혁명을 추구하는 것이 낫다고 인식하기에 이르렀다. 반민생단투쟁 당시 동만특위의 고위급 조선인 간부까지 민생단원 혐의를 받았으므로, 나머지 조선인 간부·당원·대원들이 민생단원으로 의심받은 것은 당연했다. 따라서 계급투쟁·중국혁명보다 민족통일전선·조선혁명의 중요성을 느낀 조선인들은 비단 일부에 국한된 것이 아니다. 결국 민생단사건을 통해 만주의 민족 간 통일전선은 현저히 파괴되었고, 간부급 조선인 공산주의자들이 사망하거나 변절해 항일연군에서 사라졌다. 그리고 이에 대한 반대급부로 조선인 공산주의자들은 계급보다 민족의 중요성을 자각했고, 조선혁명에 보다 선차적 의미를 두게 되었다.

---

69 「동만특위에서 반파쟁, 반민생단문제에 관하여」(1934.12.12), 김우종 주필, 『동북지역조선인항일력사사료집』7권, 15쪽.

70 滿洲國 軍政部 軍事調査部, 『滿洲共産匪の研究』1輯, 121쪽.

71 「中共東滿特委書記馮康的報告(之五)」(1935.12.20), 中央檔案館·遼寧省檔案館·吉林省檔案館·黑龍江省檔案館 編, 『東北地區革命歷史文件匯集』(甲)30集, 1989, 330쪽. 원문에는 보고자가 "馮康"으로 기록되어 있는데, 풍강은 동만특위 서기 위증민의 가명이다. 김일성, 『세기와 더불어』4권, 240쪽.

〈그림 3〉 민생단의 창립(1932년)과 김일성의 활동(1936년)

朝鮮의 生命線

間島에 民生團誕生

兩大標語와四大綱領미테 四十萬同胞糾合

第一代團長에는 朴斗榮氏就任

軍部, 民間의信任이 敦篤 前途에 曙光燦々

頭目은金日成

대부분이 조선인이라고 관헌과흡 한복장입어

十六道溝의 賊狀

비고 1936년 김일성의 활동: "동북인민항일군 제3단으로 장백현 방면에 파견한 부대의 수령은 김일성(金日成)이라고 한다."
출처 『每日申報』1932.3.9; 1936.9.11.

동북항일연군의 내부적 변화요인이 민생단사건이라면, 외부적 변화요인은 일제의 「치안숙정(治安肅正)3개년계획」이었다.[72] 일제는 1936년 가을부터 만주지역에서 「치안숙정3개년계획」을 실행하였다. 이들은 '치안숙정'의 중점을 만주의 6개 성에 두고, 동북항일연군의 소멸을 최종목표로 설정하였다. 이를 위해 일제는 1936년 10월부터 27,500명의 병력을 투입하였고, 1937년 7월 중일전쟁 후에는 20만명의 병력을 동원해 남만지구에 대한 '대토벌'과 송화강 하류지역에 대한 '삼강(三江)토벌'을 감행하였다. 나아가 일제는 1938년 가을부터 10만명을 투입해 동변도(東邊道)지구에 대한 '포위토벌'을 진행했고, 그해 가을에는 '3개성연합대토벌'을 실시해 동북항일연군 제1로군을 완전히 소멸시키려고 하였다.[73]

동북항일연군은 일제의 포위토벌과 대토벌과정에서 궤멸적 타격을 입었

---

72 치안숙정계획의 구체적 내용과 전개과정은 다음을 참고 바람. 蘭星會 編, 『滿洲國軍』, 蘭星會, 1940, 292~416쪽.

73 김양, 『압록강류역의 조선민족과 반일투쟁』, 료녕민족출판사, 2001, 542~546쪽.

다. 항일연군의 고위간부 중 제2군 군장(軍長) 왕덕태(王德泰), 제4군 군장 리연평(李延平), 제9군 정치부 주임 왕극인 등이 전사했으며, 제5군 정치부 주임 송일부(宋一夫), 북만 하강특위 서기 백강서, 제3군 사(師) 정치부주임 란지연 등 다수의 간부가 변절해 투항하였다. 이로써 동북항일연군의 총병력은 절반 이하로 줄어들었다. 또한 1939년에 계속된 연합대토벌의 과정에서 다시 한번 지휘관과 대원들이 대거 전사했다. 1937년 7월 전후 44,000명에 달했던 동북항일연군은 1941년 초에 이르러 겨우 2,500명만 살아남았다.[74]

조선인 공산주의자들이 가장 많이 소속된 제1로군은 거의 궤멸되었다. 특히 1940년 4~9월의 제2단계 3개성연합대토벌은 김일성이 지휘하는 제2방면군(方面軍)과 진한장(陳翰章)이 지휘하는 제3방면군 등을 목표로 실시되었다.[75] 제1로군은 1940년 초까지 겨우 650명만 살아남았다. 이들마저 토벌되어 1940년 말에는 280명으로 줄어들었다.[76] 김일성부대도 극소수만 생존했다. 제1로군 제2군 제6사는 1938년 11월 25일에 제1로군 제2방면군으로 개편되었고, "지휘"에는 김일성이 임명된 바 있다. 당시 병력은 약 350명이었다.[77] 1940년 현재 제2방면군의 생존인원은 겨우 60여 명에 불과했다.[78]

대토벌시기 동북항일연군의 가장 큰 변화는 1937년 겨울에 시작된 삼강토벌 이후부터 동북항일연군이 성위(省委)·특위(特委)회의를 진행하지 못하고 부대별로 개별적 생존투쟁을 전개했다는 점이다. 동북항일연군의 '당·군활동일지'를 살펴보면, 1937년 10월부터 1939년 10월까지 개최된 성위·특위회의는 1938년 1월의 하강특위 확대회의, 1938년 6월과 1939년 1월 28일에 각각 개

---

74 주보중이 서술한 이 병력에는 소련으로 월경한 인원도 포함된 것으로 판단된다. 주보중, 「동북의 항일유격전쟁과 항일련군(초고)」, 『주보중문선』, 163~171쪽.

75 尹輝鐸, 『日帝下 '滿洲國' 硏究-抗日武裝鬪爭과 治安肅正工作』, 一潮閣, 1996, 160~161쪽.

76 吉林省檔案館 編譯, 『僞滿檔案資料: 東北抗日運動槪況(1938-1942)』, 吉林文史出版社, 1986, 154쪽.

77 霍遼原 編著, 『東北抗日聯軍軍史叢書: 東北抗日聯軍 第二軍』, 黑龍江人民出版社 , 2005, 174~175쪽.

78 吉林省檔案館 編譯, 『東北抗日運動槪況(1938-1942)』, 154쪽.

최된 북만임시성위 제8·9차 상임위 회의, 1939년 3월 12일의 북만임시성위 제2차 집행위 회의가 전부이다. 그런데 이 회의의 결정내용은 중앙당·성위의 새로운 정책·노선에 관한 사항이 아니라 모두 항일민족통일전선 공작을 강화하라는 원론적 지시와 부대의 편제·간부를 개편하는 내용이었다.[79]

결국 만주의 중국공산당 당조직은 1937년 이후부터 정상적인 당회의를 개최하지 못했고, 항일연군의 각 부대는 중앙당이나 성위로부터 새로운 당의 정책과 노선을 전달받지 못했다. 특히 제1로군의 당지도기관인 남만성위는 대토벌기간 동안 성위원회 회의를 개최하지 못했기 때문에 제1로군의 각 부대는 당의 지도를 받지 못한 채 생존투쟁을 전개할 수밖에 없었다. 즉, 이 시기 제1로군은 당활동을 거의 진행하지 못하고 전투부대로 존재하였다.

특히, 김일성은 1938년 11월 25일 제1로군 제2방면군 지휘에 임명된 이후에 완전히 독립적으로 활동하였다. 1941년 9월 당시 제2방면군은 제1로군 총부와 연락이 끊긴지 이미 2년째였다.[80] 이것은 김일성의 선택이 아니라 일제의 포위토벌이 워낙 엄중했기 때문이다. 동북항일연군은 토벌대에 포위되어 개별적으로 분산되었고, 상·하 간에 연락도 끊겼다. 예를 들어, 제1로군 총지휘 주보중(周保中)은 1938년 11월 25일 제2방면군을 편성한 직후, 목단강(牡丹江) 연화포협피구의 산중에서 20일 동안이나 토벌대에 포위되어 있었다.[81] 이에 따라 제2방면군은 대토벌 과정에서 독립부대로 활동하였다.

또한 동북항일연군 제1로군 제2군 제6사는 1937년 6월 5일 보천보전투(普天堡戰鬪) 이후에 정식 부대명칭보다 "김일성의 부대"나 "김일성일파" 등 김일

---

79 이 일지의 원제목은「東北抗日聯軍大事記」이다. 하강특위의 결정사항은 "항일민족통일전선 공작을 강화"하라는 지시였고, 북만임시성위의 결정사항은 제3군의 편제와 간부를 개편하고, 새로 서북지휘부를 설립하는 내용이었다. 東北抗日聯軍史料 編寫組,『東北抗日聯軍史料』上, 316; 319; 325쪽.

80 「金日成給周保中, 金策的信」(1941.9.30), 中共延邊州委黨史硏究室 編,『東滿地區革命歷史文獻匯編』上冊, 中共延邊州委黨史硏究室, 1999, 819쪽.

81 東北抗日聯軍史料 編寫組,『東北抗日聯軍史料』上, 310; 314~334쪽.

성부대로 인식되면서 일제·국내뿐만 아니라 소련까지 알려졌다. 예를 들어, 일제는 1939년에 제1로군 제2군 제6사를 "김일성일파라 칭하는 무장단"이라고 인식하고 그의 성장과정까지 상세히 파악하였다.[82] 1937년에 발간된 소련의 잡지에는 '북조선구역의 빨찌산운동' 중 리홍광과 함께 "김일성의 부대"가 특기할 만하다고 기록되어 있다.[83] 결국 제2방면군은 대토벌을 겪으면서 동북항일연군의 일부에서 점차 김일성부대로 변화하였다.

1936년 이후 동북항일연군의 조선인 공산주의자들은 코민테른 주재 중공 대표단의 지시에 따라 민족통일전선조직인 조국광복회를 설립하고 민족통일전선운동을 전개하게 되었다. 그리고 김일성은 대토벌 과정에서 국내·일제·소련에 조선인부대의 지휘관으로 널리 알려졌고, 남만성위의 당적 지도에서 멀어져 자신의 부대를 이끌고 독립적으로 전투를 진행하게 되었다. 따라서 1936년 이후 김일성은 만주·국내·소련에서 동북항일연군의 지휘관 보다 조선인 유격부대의 지휘관으로 인식되고 있었다.

1936년 겨울부터 1939년 겨울까지 진행된 대토벌은 동북항일연군과 이에 소속된 조선인 공산주의자들의 몰락을 가져왔다. 그러나 김일성과 같은 인물에게는 새로운 변화의 계기가 되었다. 김일성은 대토벌 과정에서 군사지휘관으로서 부하에 대한 장악력과 통솔력을 발휘했다. 이 시기 김일성부대에 잠입했던 밀정(密偵)은 '제2방면군이 사기왕성하고 단결력이 있는 것은 군지휘 김일성이 맹렬한 민족적 공산주의사상을 가졌고, 또 젊고 건강한 체력과 통솔의 묘

---

82 일제는 김일성에 대해 "金日成의 신원에 대해서는 여러 설이 있으나 본명은 金成柱, 당 29세, 평안남도 대동군 고평면 남리 출신, 어릴 때 부모를 따라 간도방면으로 이주해 이 지방에서 성인이 되어 유격대(匪團)에 투신한 조선인이라는 것이 가장 확실하다"라고 파악했다. 「咸鏡南道國境地帶思想淨化工作概況」, 『思想彙報』20號, 朝鮮總督府 高等法院 檢事局 思想部, 1939.6, 8~9쪽.

83 소련 잡지에는 "이 부대의 전사는 극히 용감하다. 모든 가장 위험한 작전은 바로 이 부대가 하고 있다. 이미 1년 이상 일본군의 김일성부대 사냥이 성과없이 계속되고 있다"라고 기록되어 있다. 라뽀뽈뜨(V. Rappopott), 「북조선구역에서의 빨찌산운동」, 『태평양』, 1937년 2호(모스크바), 171~172쪽, 와다 하루끼 지음, 이종석 옮김, 『김일성과 만주항일전쟁』, 창작과비평사, 1992, 163쪽에서 재인용.

를 가지고' 있기 때문이라고 진술하였다.[84]

대토벌시기에 김일성이 얻은 가장 큰 자산은 전투과정에서 자신의 대원들과 긴밀한 인적 유대감을 형성했다는 점이다. 1938년 12월 초부터 1939년 3월 말까지 진행된 이른바 "고난의 행군"[85]을 통해 제2방면군의 조선인 대원들은 지휘관인 김일성을 중심으로 강한 결속력을 갖게 되었다. 노대원은 물론, 제2방면군의 소년유격대원들도 대토벌 과정에서 김일성의 경위임무를 수행하면서 김일성부대의 대원으로 성장하였다.[86] 무엇보다 이들은 대토벌 과정에서 김일성에 대한 신뢰감을 갖게 되었다.[87] 김일성에 비해 최용건과 김책은 주로 동북항일연군의 총부(總部)와 임시성위에 배치되었기 때문에 대부분 직접 전투부대를 지휘하지 않았다. 최용건은 주로 제7군의 총부 회의, 전군대표회의, 당특위 상임위원회 회의 등에 참석해서 군대의 당면전술을 결정했다. 가령, 1938~1939년을 통틀어서 최용건이 직접 부대를 이끌고 전투에 참가한 사례는 1938년 9월 28일 우수리강 지류에서 펼친 서풍저자전투와 1939년 12월 신툰·양북립자·서립자 인근 전투를 제외하고 거의 없었다.[88] 김책은 주로 북만

---

84 김일성부대에 침투했던 밀정이 1940년 6월에 하산해서 당국에 진술한 내용이다. 와다 하루끼, 『김일성과 만주항일전쟁』, 183~184쪽.

85 이 시기가 기존의 토벌시기와 다른 점은 일제의 토벌전술과 기후였다. 일제는 이 토벌기간에 종전의 토벌전술과 달리 유격대의 예상이동경로마다 미리 병력을 배치해서 축차적으로 병력을 투입하는 '장거리추격전술'을 도입했다. 또한 1938년 겨울에는 산악지대에 유례없는 폭설과 영하 40도를 넘나드는 강추위가 찾아왔다. 박양엽·한수욱, 『항일혁명투쟁주요로정』, 근로단체출판사, 1986, 247~248쪽.

86 이 시기 김일성의 경위임무를 수행한 대표적인 소년유격대원은 전문섭, 리을설, 리두익 등이 있다. 림춘추, 「소년유격대원들」, 『항일빨치산참가자들의 회상기』1, 조선로동당출판사, 1967, 197~202쪽.

87 김병식, 「혁명의 사령부를 목숨으로 지켜」, 『항일빨치산참가자들의 회상기』12, 조선로동당출판사, 1969, 173~174쪽.

88 東北抗日聯軍史料 編寫組, 『東北抗日聯軍史料』上, 308; 322; 326쪽. 최용건은 1938년 9월 28일에 제7군 대리군장으로 제7군 총부와 소년련을 지휘해 서풍저자에서 일본군 기선을 공격하였고, 12월에는 제7군 1개 여단을 거느리고 일본토벌대를 공격했다. 그는 다른 전투에도 참전했지만, 주로 상부에서 군사작전을 지휘했다. 東北抗日聯軍史料 編寫組, 『東北抗日聯軍史料』上, 323쪽; 현천추, 「저명한 동북항일연군 장령 최용건」, 김양 주편, 『항일투쟁반세기』, 료녕민족출판사, 1995, 354~355쪽.

임시성위와 제3·6군 주요지도간부회의에 참가하거나, 북만원정대를 편성하는 임무를 수행했다.[89]

1940년도에 들어서 동북항일연군은 중대한 결정을 내렸다. 생존한 동북항일연군의 지휘관들은 1940년 12월 하순부터 1941년 1월 상순까지 소련 하바로프스크에서 "만주전당대표자회의(滿洲全黨代表者會議)"를 개최해 동북항일연군의 새로운 투쟁방침을 결정하였다. 결정내용은 세 가지였다. ① 만주전체의 당 영도기관으로 전만임시위원회를 선거하며, 위원 후보는 위증민·주보중·김책으로 하고, 별도로 소련공산당 동지 1명에게 공작상 지도를 요청한다. ② 중국공산당 중앙의 비준을 거쳐 동북항일연군을 국민정부의 전국항전군대(全國抗戰軍隊)계통에 편입한다. ③ 통일적 최고군사영도기관인 총사령부를 구성한다. 제1로군과 제2로군을 통합하며, 제1로군·제2로군에서 월경한 부대로 5개 지대(支隊)를 편성한다.[90]

동북항일연군은 새로 당지도기관을 구성하고, 항일연군을 중국공산당 중앙의 군사계통에 편입시키려고 구상했다. 이 결정은 항일연군이 소련으로 넘어가는 것을 전제로 수립되었다. 중요한 점은 항일연군의 월경이 소련 극동군사령부와 교섭을 통해 이루어졌다는 사실이다. 제2로군 총지휘 주보중과 소련 극동군사령부의 장성들은 1940년 봄부터 9월 말까지 서신을 통해 동북항일연군의 월경문제를 논의했다.[91] 소련 극동군은 동북항일연군을 소련에 집결시켜 자

---

89 東北抗日聯軍史料 編寫組, 『東北抗日聯軍史料』上, 319; 322~323쪽.

90 東北抗日聯軍鬪爭史 編寫組, 『東北抗日聯軍鬪爭史』, 人民出版社, 1991, 441쪽.

91 원문에는 소련 극동군의 대표자가 "왕신림(王新林)"으로 기록되어 있다. 이 사람은 소련 극동군 정보부장 류쉔코 소장이다. 류쉔코는 1941년 3월 중순에 대표자에서 경질되었고, 신임 대표자로 또다른 "왕신림"이 파견되었다. 이 사람은 소련 극동군 정찰부장 소로킨 소장이다. 소로킨은 1946년 중반에 해방 이후 소련의 대북정책 입안에 중요한 역할을 맡는 연해주군관구 정치국장에 임명된다. 東北抗日聯軍鬪爭史 編寫組, 『東北抗日聯軍鬪爭史』, 437~438; 442쪽; 김일성, 『세기와더불어』8권(계승본), 조선로동당출판사, 1998, 109~110쪽; 기광서, 「1940년대 전반 소련군 88독립보병여단 내 김일성 그룹의 동향」, 『역사와현실』28, 한국역사연구회, 1998.6, 264쪽.

신들의 영향력을 강화시키려고 구상하였다. 그러나 주보중은 동북항일연군이 중국공산당의 지도를 받는 부대이며 소련은 국제주의적 입장에서 각국 공산당의 독립성을 존중해야 한다고 주장하였다.[92]

그러나 중공 중앙의 결정을 만주에 전달하던 '중공상해중앙국(中共上海中央局)'이 1935년 2월에 파괴되었기 때문에 만주성위와 중앙당의 연락은 이미 단절된 상태였다. 이후 만주의 당조직과 동북항일연군은 코민테른 주재 중공 대표단으로부터 직접 지도를 받고 있었다.[93] 동북항일연군은 전당대표자회의 이후에 여러 차례 중공 중앙과 연락을 시도했지만 결국 실패하였다.[94] 이에 따라 항일연군을 중공 중앙이 지휘하는 전국항전군대계통에 편입시킨다는 계획도 좌절될 수밖에 없었다.

동북항일연군 지도부의 결정에 따라 1940년 말부터 1941년 초까지 약 600명의 생존대원이 소련으로 넘어왔다. 이들은 2개 집단으로 나뉘어 각각 보로실로프의 남야영(B야영)과 비야츠크의 북야영(A야영)에 주둔하였다. 남야영에는 제1로군 경위려·제2방면군·제3방면군이 주둔하였고, 북야영에는 제2로군 총지휘부 직속부대와 제2지대, 제3로군 총지휘부가 주둔하였다. 김일성·최현·김일(朴德山) 등은 남야영으로 들어갔고, 최용건·강건(姜健, 姜信泰)·김경석(金京石)·박락권(朴洛權)·리영호(李永鎬)·최용진(崔勇進) 등은 북야영으로 들어갔다.[95] 1942년 1월 22일 현재 남야영의 인원은 114명, 북야영의 인원은 158명으로 총 272명이었다.[96] 생존대원 중 197명은 별도로 하바로프스크와 보로실로

---

92 周保中, 『東北抗日遊擊日記』, 人民出版社, 1991, 572쪽.

93 吉林省社會科學院 編, 『東北抗日鬪爭史論叢』1집, 吉林省社會科學院, 1983, 93~104쪽, 尹輝鐸, 『日帝下 '滿洲國' 研究』, 32쪽에서 재인용.

94 김동화 외, 『연변당사 사건과 인물』, 연변인민출판사, 1988, 232쪽.

95 東北抗日聯軍鬪爭史 編寫組, 『東北抗日聯軍鬪爭史』, 442~445쪽.

96 周保中, 「A·B野營人員統計表」(1942.1.22), 楊昭全·李鐵環 編, 『東北地區朝鮮人革命鬪爭資料匯編』, 遼寧民族出版社, 1992, 935~936쪽.

프에 있는 소련 극동군 첩보기관에 배치되었다.[97] 만주시절 남만·동만·북만에서 각각 활동해온 조선인들은 1941년 초에 소련에서 처음으로 만나서 동일한 집단에서 활동하게 되었다.[98]

소련시절, 동북항일연군의 첫번째 변화는 조선인 공산주의자 중에서 김일성의 위상이 급격히 높아졌다는 점이다. 1942년 8월 1일자로 동북항일연군교도려(東北抗日聯軍教導旅)가 조직되었을 때, 생존한 조선인 공산주의자들도 교도려의 간부로 임명되었다. 이 간부 지위를 통해 각 인물들의 위상을 알 수 있다. 최용건은 교도려 부참모장, 김일성은 제1대대장, 안길(安吉)은 제1대대 정치부대대장, 강건은 제2대대 정치부대대장, 허형식은 제3대대장, 김책은 제3대대 정치부대대장으로 임명되었다. 당조직인 동북특별지부국에서는 최용건이 서기, 김일성과 김경석이 부서기로 선출되었다. 또한 집행위원으로 최용건, 김일성, 김경석, 김책, 안길이 선출되었다.[99]

최용건이 부참모장에 임명된 이유는 제7군 대리군장을 역임한 최고위급 조선인 군사간부였기 때문이다. 또한 그는 교도려 여단장 주보중과 운남강무학교 17기 동기생으로 만주시절부터 주보중의 원조를 받아왔다. 만주시절, 김일성의 지위는 최용건이나 북만임시성위 서기인 김책에 비해 낮았다. 그러나 김일성은 입소(入蘇) 이후에 최용건 다음의 제2인자로 급부상했다. 반면에 김책은 오랫동안 소련군의 입소 요청을 거부했기 때문에 지위가 추락하였다.[100]

---

97 周保中, 『東北抗日遊擊日記』, 659~660쪽.

98 김일성, 『세기와 더불어』 4권, 196~197쪽.

99 東北抗日聯軍鬪爭史 編寫組, 『東北抗日聯軍鬪爭史』, 449; 452쪽.

100 최용건은 운남강무학교 제17기 보병과 생도였고 주보중은 제17기 공병과 생도였지만, 서로 알고 있었다. 이들은 졸업 후에도 동일하게 국민혁명에 참가하는 등 '다년간에 걸친 오랜 전우'였다. 주보중은 운남성의 소수민족인 白族 출신으로 만주지역의 소수민족인 조선인 간부를 많이 후원하였다. 김책은 소련군의 입소 요청을 반대했기 때문에 교도려에서는 정치 부대대장과 당지부국 집행위원에 머물렀다. 와다 하루끼, 『김일성과 만주항일전쟁』, 187; 198~200; 278쪽.

이 세 명은 1941년에 하바로프스크에서 처음 만났다.[101] 입소 이후 동북항일연군에서 항일연군의 역사를 정리할 때, 김일성이 「항련제1로군약사(抗聯第一路軍略史)」를 집필한 것은 그가 제1로군의 대표적 지휘관으로 인정받았기 때문이다.[102] 김책·최용건이 북만주에서 활동해 국내에 알려지지 않았던 데 비해, 김일성은 국경과 가까운 동만주에서 활동한 것과 보천보전투로 인해 국내에 가장 널리 알려져 있었다.[103]

소련시절, 김일성의 지위가 급부상한 가장 큰 이유는 동북항일연군에서 고위급 조선인 간부가 사라졌기 때문이다. 동북항일연군의 조선인 간부 중에는 만주시절에 김일성보다 높은 직위에서 활동한 인물이 많았다. 그러나 많은 조선인 간부가 입소 이전에 전사하거나 전향하였다. 제1군 부군장 리홍광은 1935년 6월에 전사했고, 남만성위 조직부장 리동광도 1937년 6월에 전사했다. 남만성위 위원 오성륜(吳成崙)은 1941년 3월에 투항했고,[104] 제3로군 참모장 허형식은 1942년 6월 3일에 만주 청봉령에서 전사해 교도려 제3대대장으로 부

---

101 김일성, 『세기와 더불어』4권, 172쪽.

102 제1로군 약사와 함께 동북항일연군 제3군·제7군 약사도 집필되었다(「抗聯第一路軍略史」(1942), 東北抗日聯軍史料 編寫組, 『東北抗日聯軍史料』下, 675~679쪽). 이 약사를 김일성이 작성했다는 사실은 다음을 참고했다. 편집부, 「자료발굴-1942년에 김일성이 육필로 쓴 항일연군 제1로군 약사」, 『역사비평』 1992년 여름호, 역사비평사, 1992.5, 403~414쪽.

103 김일성이 師長을 맡은 동북항일연군 제1로군 제2군 제6사는 1936년 3월 초부터 안도·무송·임강·장백 등 국경지대로 진출해 유격활동을 전개한 바 있다. 보천보전투는 전투 당일인 1937년 6월 5일에 『동아일보』가 호외 1면에 전투상황을 보도하면서 조선인들의 관심을 불러일으켰다. 『동아일보』는 전투 다음날부터 계속해서 김일성부대의 이동상황과 전투활동을 속보형태로 보도하였다. 북한은 김일성이 "조선인민혁명군"을 조직해 보천보전투를 수행했다고 주장하지만, 제2군 제6사는 보천보에 뿌린 삐라에 자신들을 "北朝鮮派遣隊"라고 적고 있다. 霍遼原 編著, 『東北抗日聯軍軍史叢書: 東北抗日聯軍 第二軍』, 116~121쪽; 「普天堡襲擊速報」, 『동아일보』1937.6.5(호외); 「激流에 筏띠우고 越江」, 『동아일보』1937.6.6; 6.7; 6.8; 6.9; 6.13; 6.14; 6.16; 6.20; 6.30; 7.2.

104 오성륜은 의열단의 초기 멤버이자 김산(金山)·최용건과 함께 1927년 광주봉기에 참가한 오랜 혁명가이다. 그는 1930년대에 만주에서 全光이라는 가명으로 중국공산당 간부로 활동했으며, 조국광복회의 발기인을 역임했다. 그는 전향한 이후에 만주국(滿洲國) 치안부 고문으로 활동했다. 신주백 편저, 「인물연표」, 『1930년대 민족해방운동론 연구』Ⅱ, 292~298쪽.

임하지 못했다.[105] 일제가 1939년 10월부터 실시한 3개성연합대토벌 당시 현상금을 내걸었던 9명의 주요지도자 중에서 살아남은 사람은 김일성과 최현 뿐이었다.[106]

이와 함께 김일성이 지휘해온 제1로군 2방면군은 소련에 넘어온 후에 동북항일연군 내에서도 김일성의 부대로 인식되었다. 제1로군 총지휘 주보중의 1941년 2월 14일자 일기를 보면, 소련에 도착한 항일연군 지휘관들은 만주에 3개 유격대를 다시 파견하기로 결정하였다. 그런데 주보중은 제2차 파견대는 "제5군", 제3차 파견대는 "제1로군 일부부대"라고 기록한 반면, 제1차 파견대는 "김일성부대(金日成部隊)"라고 기록하고 있다.[107] 제2방면군은 대토벌시기에 이미 일제와 소련에 김일성부대로 인식되었는데, 입소한 이후에는 동북항일연군 내부에서도 김일성부대로 인정받은 것이다.

또한 김일성은 입소 이후에 교도려위원회와 소련 극동군으로부터 향후에 조선에 파견할 지도자로 인정받았다. 그는 소련시절 주보중과 소련 극동군으로부터 군사적·정치적 능력을 높이 평가받았다. 주보중은 극동군 지도부에 보낸 서한에서 김일성에 대해 '가장 좋은 간부이며 중공의 고려인동지 중 가장 우수한 분자'라고 보고했고, 소련군 지휘부도 김일성이 '규율준수, 모범성, 그리고 부하 통솔력에서 뛰어남을 보였다'라고 평가했다.[108] 그 결과, 김일성은 1945년 7월 말에 교도려위원회가 해방 이후 조선에 파견하기 위해 조직한 '조선공작단위원회(朝鮮工作團委員會)'에서 정치·군사책임자로 임명되었다.[109] 그리고 1945년 8월 25일에 소련 극동군 제88독립여단 지휘부가 해방 이후 조선에서 사업을

105 김우종, 「북만에서 유격전을 견지한 항일련군부대들」, 총서편집위원회, 『결전』, 263쪽.

106 동북항일연군 주요지도자들의 현상금은 楊靖宇·曹亞範·金日成·陳翰章·崔賢 각 1만엔, 朴得範·方振聲 각 5,000엔, 魏拯民·全光 각 3,000엔이었다. 蘭星會 編, 『滿洲國軍』, 402쪽.

107 周保中, 『東北抗日遊擊日記』, 569쪽.

108 기광서, 「1940년대 전반 소련군 88독립보병여단」, 273쪽.

109 신주백, 『만주지역 한인의 민족운동사』, 489~490쪽.

〈그림 4〉 소련 극동군 제88독립여단의 조선인들(1943.10.5)

비고 1943년에 야전훈련 이후 북야영에 집결한 제88독립여단(왼쪽부터). 제1열 2–리조린(李兆麟, 張壽籛), 3–왕일지(王一知), 4–주보중(周保中: 여단장), 5–김일성, 6–치린스키(참모장). 제2열 2–풍중운(馮仲雲), 3–왕명귀(王明貴), 4–왕효명(王效明), 5–최용건(崔庸健), 6–팽시로(彭施魯). 제3열 1–김일(金一, 朴德山), 2–서철(徐哲), 3–강건(姜健, 姜信泰), 4–김광협(金光俠). 제4열 2–안길(安吉), 3–최용진(崔勇進), 5–김경석(金京石). © 길림성도서관

전개하기 위해 편성한 제1대대에서 대대장으로 임명되었다.[110]

중요한 점은 소련 극동군이 김일성을 소련공산당의 노선에 충실한 군사간부로 평가하고 있었다는 사실이다. 소련 극동군은 모스크바에 보고한 김일성의 「이력서」에서 "정치·도적적 성향–마르크스·엥겔스·레닌·스탈린의 교육을 꾸준히 받고 있음"이라고 보고하였고, 제88독립여단은 1942년 여름에 작성한 제1대대 대대장 김일성에 대한 「증명서」에서 "지휘관으로서의 자질을 갖춤, 레

---

110 제88특별정찰여단장 저우바오중(周保中), 참모장 치린스키, 「북조선에서 일하게 될 제2극동전선 제88특별정찰여단 제1대대 명단」(1945.8.25), 러시아연방국방성중앙문서보관소(ЦАМО), ф. 2, оп. 1921, д. 2, лл. 14~15, 김국후, 『평양의 소련군정』, 한울, 2008, 61쪽에서 재인용.

닌-스탈린의 임무를 위임받음"이라고 기록하였다.[111] 결국 김일성은 동북항일연군 내부와 소련 극동군에서 해방 이후에 조선의 건국사업을 주도할 지도자로 인정받았으며, 극동군은 그를 레닌·스탈린을 지도자로 하는 소련공산당의 노선에 충실한 인물로 평가하고 있었다.

동북항일연군의 두 번째 변화는 군대의 성격이 변화했다는 점이다. 동북항일연군은 1942년 8월 1일에 "동북항일연군교도려"로 개편되었다. 이와 함께 교도려에는 "소련 극동군 독립88여단(제8461보병특별여단·국제여단, 이하 제88독립여단)"이라는 부대명칭도 부여되었다. 교도려는 동북항일연군의 독립성, 단독적 조직계통, 독립적 전투임무를 보유하였다. 그리고 교도려는 1942년 9월 13일에 군대의 당지도기관으로 "독립보병려 중공동북당조직특별지부국(獨立步兵旅 中共東北黨組織特別支部局)"을 신설하였다. 이와 함께 교도려에는 소련공산당 당위원회도 설치되었다. 동북특별지부국과 교도려 내부에 설치된 소련공산당 당위원회의 관계는 "형제당의 관계"로 규정되었다.[112] 그후 1942년 겨울에 동북특별지부국이 취소되고 중공당항일연군교도려위원회(中共黨抗日聯軍敎導旅委員會)가 조직되었다.[113] 즉, 1942년부터 동북항일연군에는 중국공산당과 소련공산당의 당조직이 동시에 존재했다.

따라서 1942년 이후 동북항일연군은 이중적 성격을 띠게 되었다. 한편으로는 코민테른 주재 중공 대표단과 교도려위원회의 지도를 받는 군대였고, 다른 한편으로는 소련공산당과 소련 극동군의 지휘를 받는 군대였다. 입소 이후 항일연군은 중공 중앙당과 연락이 완전히 단절되어 있었고, 중앙당·팔로군총사령부로부터 어떤 지시나 명령도 받지 못했다. 그러므로 제88독립여단의 조

111 「제88여단의 증명서·이력서(진치첸: 김일성)」, 러시아연방국방성중앙문서보관소(ЦАМО) 소장자료, 가브릴 코로트코프 지음, 어건주 옮김, 『스탈린과 김일성』1, 동아일보사, 1992, 165~166; 181쪽.

112 東北抗日聯軍鬪爭史 編寫組, 『東北抗日聯軍鬪爭史』, 450~452쪽; 胡淑英, 「東北抗日聯軍敎導旅始末」, 『黑龍江黨史資料』10輯, 黑龍江省委 黨史硏究室, 1987, 178쪽.

113 신주백, 『만주지역 한인의 민족운동사』, 486~487쪽.

선인 공산주의자들은 당적으로는 동북항일연군교도려위원회와 제88독립여단에 설치된 소련공산당 당위원회의 지도를 받았고, 군사적으로는 완전히 소련 극동군의 지휘를 받게 되었다.[114] 비록 동북항일연군이 독립성을 보유했고 중공 당조직의 지도가 관철되었다고 하더라도, 군사적으로는 항일연군이 소련 적군(Красная Армия)의 단위부대에 흡수된 형태였다.[115]

동북항일연군의 조선인 공산주의자들은 입소 이후에 비로소 안정적으로 정치학습과 군사훈련을 진행하게 되었다. 이 시기 조선인 공산주의자들은 모택동(毛澤東)의 『신민주주의론(新民主主義論)』, 『지구전론(持久戰論)』, 『삼풍정돈(三風整頓)의 보고』, 『중공중앙의 당성 강화에 관한 결정』 등을 학습하였다. 그러나 입수할 수 있는 중공문헌이 적었기 때문에 주로 소련문헌으로 학습하였다. 정치학습의 주요내용은 소련공산당사였다. 그리고 1936년에 개정된 소련헌법을 체계적으로 학습하였다. 이와 함께 소련사회주의 건설의 성과, 독소전쟁의 상황, 국제정세 등을 학습하였으며, 러시아어 학습이 엄격히 요구되었다.[116]

또한 조선인 공산주의자들은 새롭게 소련군의 군사교리를 교육받았다. 이들은 소련군 장교의 지휘 아래 소련 극동군에서 지급한 「보병훈련대강」을 기초로 현대적 군사교육과 군사훈련을 받았다. 초기에는 주로 대열훈련, 사격, 총검술, 정찰, 보초, 연락 등의 군사과목을 학습했고, 후기에는 폭파, 낙하산, 방화, 반탱크 등의 과목이 추가되었다. 훈련내용은 유격전술, 군사지형, 폭파, 낙하산 강하, 무전기 조작, 스키타기, 도강 등이었다. 또한 제88독립여단은 수색, 매복, 불의의 습격, 부대내부의 상호정찰, 실탄사격과 같은 종합군사훈련을 실시했

---

114 연변측 자료는 명확히 소련 극동군이 교도려를 대신해서 제88독립여단을 지휘하였다고 기록하고 있다. "조직지휘에 있어서는 쏘련원동군에서 교도려를 대리관리하고, 《쏘련원동방면군 제88독립보병려》라는 번호를 달았다." 김동화 외, 『연변당사 사건과 인물』, 233쪽.

115 와다 하루끼, 『김일성과 만주항일전쟁』, 268쪽.

116 와다 하루끼, 『김일성과 만주항일전쟁』, 272~273쪽; 원인산, 「야영정치군사훈련」, 총서편집위원회, 『결전』, 283쪽.

고, 1942년 9월 말부터 10월 초까지 항공육전대훈련을 실시했다.[117] 대일전을 앞둔 1945년 7월에는 종합전술훈련을 실시해 실전에 대비하였다.[118]

정치교육과 군사교육 중에 주로 실시된 것은 군사교육이었다. 이들은 1942년 1월부터 3개월 동안 총 420시간의 정치·군사교육을 받았는데, 교육시간은 전술교육 80시간, 폭파 70시간, 정치·사격교련·스키 각각 60시간, 총검술·실탄사격 각각 24시간, 지형학 20시간, 내무규정 8시간이었다. 일부 대원들은 소련군으로부터 첩보훈련을 받았다. 또한 매일 오후 2시에 군중공작을, 오후 3시에 러시아어를 학습하였다.[119] 동북항일연군이 중점적으로 받은 교육은 정찰·첩보작전에 필요한 지형학·폭파·사격·스키·총검술과, 소련군의 전술·내무규정이었다. 이중 가장 많은 시간이 투여된 과목은 소련군의 전술교육이었고, 매일 러시아어 학습이 진행되었다.

동북항일연군의 조선인 공산주의자들은 만주에서 중국공산당의 노선과 정책, 중국 홍군의 군사교리에 따라 당·군활동을 수행하였다. 그러나 이들은 소련으로 이동한 이후부터 주로 소련공산당의 문헌과 소련군의 군사교리를 학습했다. 무엇보다 이들은 제88독립여단에 소속되면서 정식으로 소련군 군사계급을 받았다. 소대장급 이상의 간부들에게는 군관 직책이 부여되었고, 소련군관과 동일한 급료가 지급되었다.[120] 여단장 주보중은 소련군 소좌계급을 받았고, 최용건·김일성·김책·강건·안길은 대위계급을 받았다.[121] 즉, 제88독립여단의 조선인들은 동북항일연군 군인이자 동시에 소련군 군인이었다. 그러나 이들은 중국 홍군의 지휘계통에서 분리되었고, 소련 극동군의 지휘계통에 편입

---

117 원인산, 「야영정치군사훈련」, 총서편집위원회, 『결전』, 283~284쪽; 김창국, 『남만인민항일투쟁사』, 226~227쪽.

118 박양엽·한수욱, 『항일혁명투쟁주요로정』, 327쪽.

119 周保中, 『東北抗日遊擊日記』, 641~642쪽.

120 기광서, 「1940년대 전반 소련군 88독립보병여단」, 269쪽.

121 와다 하루끼, 『김일성과 만주항일전쟁』, 268쪽.

되었다.[122] 그리고 이들은 정치적으로는 주로 소련공산당의 정책과 노선을 학습하였고, 군사적으로는 소련 극동군의 지시에 따라 소련군의 군사교리를 습득하였다. 결국 동북항일연군은 해방 직전에 중국공산당의 군대에서 소련 극동군의 군대로 변화하였다.

조선의용군의 중국군화(中國軍化) : 정풍운동과 분파투쟁

해방 직전에 동북항일연군의 성격이 변화한 것과 마찬가지로, 해방 직전에 조선의용군의 성격도 변화하였다. 1942년 7월 조선독립동맹이 창설될 당시, 조선의용군은 독립동맹의 영도를 받는 군대였다. 그러나 조선의용군은 1943년부터 내부적 요인과 외부적 요인에 의해 변화하게 된다. 내부적 변화요인은 조선독립동맹의 분파투쟁이다. 독립동맹이 분파투쟁을 시작한 이유는 모택동이 1942년 2월부터 중국공산당에서 전개한 정풍운동(整風運動) 때문이었다.[123]

중국공산당의 정풍운동은 중국혁명의 성격문제와 전략문제를 둘러싼 당내투쟁이었다. 1937년 7월 7일 중일전쟁이 발발하자 제2차 국공합작(國共合作)이 성립되었고, 중국공산당의 홍군은 중국국민당과 합의에 따라 국민혁명군 제팔로군(第八路軍)으로 재편되었다. 이때 중국공산당 지도부에서는 항일민족통일전선을 둘러싼 사상투쟁이 전개되었다. 사상투쟁의 주역은 중국공산당

---

122 중국공산당은 1941년 1월부터 중국국민당의 제2차 반공공세로 인해 관내문제에 집중하고 있었다. 국민당군대는 1월 7일에 新四軍을 전면적으로 공격하는 皖南事件을 일으켰는데, 이로 인해 신사군은 4,000여 명이 전사하고 군장 葉挺이 국민당군의 포로가 되었다. 중국공산당 중앙혁명군사위원회는 1941년 1월에 혁명군대를 수습하기 위해 명령을 하달했는데, 이 명령에는 화중·서북지역에 대한 조치만 있을 뿐 동북지역에 대한 언급은 전혀 없다. 「환남사변과 관련하여 발표한 명령 및 담화-중국공산당 중앙혁명군사위원회 명령」(1941.1.20), 『모택동선집』2(朝鮮文), 민족출판사, 1992, 977~985쪽; 嚴永植, 『아시아近世史』, 미네르바社, 1969, 320쪽.

123 조선독립동맹·조선의용군의 분파투쟁을 처음 해명한 연구자는 염인호이다. 이하 분파투쟁의 내용은 다음 연구에서 시사받았음을 밝혀둔다. 염인호, 『조선의용군의 독립운동』, 나남, 2001, 193~233쪽.

중앙의 모택동과 코민테른 주재 중국공산당 대표단 대표 왕명(王明)이었다. 왕명은 "모든 것은 항일민족통일전선에 의해서"라는 슬로건을 내걸고 국민당과 적극적인 합작을 모색한 반면, 모택동은 항일민족통일전선의 기본정책은 인정하지만 공산당 등 각 당파의 정치적·군사적 독립성이 보장되야 한다고 주장하였다.[124] 모택동이 주도한 정풍운동의 공격목표는 주관주의·종파주의·당팔고주의(黨八股主義)였고, 주관주의의 핵심은 마르크스·레닌주의의 원칙만을 고수하려는 교조주의였다.[125] 교조주의는 바로 왕명의 혁명노선을 가리키는 것이었다.

모택동은 통일전선에 대한 사상투쟁의 과정에서 1940년 1월에 새로운 중국식 혁명론을 담은 「신민주주의론(新民主主義論)」을 발표하였다. 그는 무산계급·농민·지식인·민족자산계급을 혁명의 기본세력으로 설정하고, 각 혁명적 계급의 연합독재를 통한 신민주주의공화국 수립을 주장하였다.[126] 모택동은 1940년 3월에 혁명정권의 성격을 공산당원·비당좌파(非黨左派)·중간파가 연합한 "항일민족통일전선정권"으로 규정하였다.[127] 그러자 왕명은 1940년 3월에 『중국의 볼셰비키화를 강화하는 투쟁』이라는 책자를 발간해서 모택동의 「신민주주의론」을 비판하였다. 이 책은 왕명이 1931년에 발간한 『양조노선(兩條路線)』을 스스로 재발간한 것으로,[128] 소련공산당의 노선에 충실한 저작이었다. 이에 대해 모택동은 1941년 5월부터 마르크스·레닌주의를 중국혁명의 실

---

124 구소영, 앞의 논문, 86~87쪽.

125 존 킹 페어뱅크 저, 중국사연구회 역, 『新中國史』, 까치, 1995, 421쪽.

126 모택동, 「신민주주의론」(1940.1), 『모택동선집』2, 848~854쪽. 모택동은 1936년에 延安에서 발표한 「矛盾論」과 「實踐論」을 통해 독자적인 변증법적 유물론을 정립했다. 그의 목표는 중국 민족에 관심을 가진 민족주의정당을 확립하는 것과 마르크스주의를 중국화하는 것이었다. 존 킹 페어뱅크, 『新中國史』, 417~418쪽.

127 모택동, 「항일근거지의 정권문제」(1940.3.6), 『모택동선집』2, 938~941쪽.

128 구소영, 앞의 논문, 86~87쪽.

〈그림 5〉 중국공산당 주석 모택동과 팔로군 총사령관 주덕

제운동과 결합시키자고 주장하면서 교조주의를 대대적으로 비판하였다.[129] 즉 모택동은 정풍운동을 통해 소련공산당과 코민테른을 추종하는 왕명 등의 교조주의를 비판함으로써 당내에 중국식 혁명론을 관철시키려고 구상한 것이다.

다른 한편, 정풍운동은 중국공산당 내부의 프티부르주아(Petit Bourgeois)적 요소를 척결하기 위해 전개되었다. 1937년 중일전쟁 발발을 전후해 수많은 청년·학생들이 중국공산당지구로 밀려들었고, 이들은 당·정권기관·군대에서 중요한 직위를 차지했다. 모택동은 당에서 지도적 지위를 차지하고 있던 부농·부르주아지·지식분자·룸펜프롤레타리아 출신들을 상호비판과 자기비판

---

129 모택동은 교조주의를 타파하기 위해 마르크스주의를 소련혁명과 결합시켜 재해석한 『쏘련공산당(볼쉐위크)력사간략독본』을 마르크스·레닌주의 연구의 중심문헌으로 삼아야 한다고 강조했다. 모택동, 「우리의 학습을 개조하자」(1941.5.19), 『모택동선집』3(朝鮮文), 민족출판사, 1992, 1008~1017쪽.

을 통해 재교육해야 한다고 판단하였다.[130] 즉, 모택동은 혁명론과 통일전선론을 새롭게 정립하는 과정에서, 교조주의를 비판함으로써 당내에 중국식 혁명론을 관철시키고 출신과 사상이 이질적인 사람들을 하나로 단결시키기 위해 정풍운동을 전개하였다.

중국공산당의 정풍운동은 1943년부터 조선독립동맹과 조선의용군 내부에서도 실시되었다. 독립동맹과 의용군은 1943년도 핵심공작으로 대오내부의 단결·강화와 대오의 발전, 대외선전사업의 강화, 활동지역사업의 강화를 내걸었다. 이 가운데 대오내부의 단결과 강화를 위한 방법은 학습반을 조직해 당문헌과 혁명이론을 학습하고 토론하는 것이었다. 평균 이상의 대원은 정풍문헌인 22개 문헌을 학습하고, 평균 이하의 대원은 일반적 혁명이론을 학습하도록 했다. 독립동맹과 의용군은 22개 문헌의 학습과정에서 문헌의 기본정신을 습득해 이를 현재의 사업에 적용시키며, 자아비판과 상호비판을 통해 기존 관내 혁명운동의 장점·단점을 총결하기로 결정했다.[131]

독립동맹과 의용군은 정풍운동을 통해 화북 진출 이전의 혁명운동을 재평가하고, 대원들을 정풍문헌의 정신으로 재교육하려고 계획했다. 그런데 정풍운동이 진행되자 독립동맹과 의용군 내부에서는 치열한 분파투쟁이 발생하기 시작했다. 분파투쟁의 중심인물은 공산당의 근거지 연안(延安)에서 온 무정[132]

---

130 염인호, 『조선의용군의 독립운동』, 194쪽.

131 「朝鮮獨立同盟·義勇軍 1943年工作方針(提綱)」, 楊昭全 等編, 『關內地區朝鮮人反日獨立運動資料滙編(1919-1945)』下冊, 1125~1126쪽.

132 무정은 전형적으로 중국공산당에서 성장한 인물이다. 본명은 김무정이며, 1905년생이다. 그는 1925년 중국공산당에 가입한 노당원으로, 1934년 10월부터 중국공산당의 25,000리 대장정에 참여했다. 또한 무정은 1937년 8월부터 팔로군총부 작전과장을 역임했고, 1938년 1월부터 팔로군 초대 포병단(砲兵團) 단장을 역임했다. 그는 1940년에 중국공산당의 명령에 따라 화북지역 태항산으로 파견되었다. 김순기, 「조선의용군사령원 무정장군」, 총서편집위원회, 『결전』, 337~345쪽.

과 국민당지구에서 북상한 최창익[133]이었다. 분파투쟁은 조선인들의 과거 민족운동에 대한 평가와 조직 운영을 둘러싸고 전개되었다. 무정은 1920년대 조선공산당운동과 국민당지구의 독립운동을 기회주의운동·종파주의운동이라고 비판하였고, 최창익은 반대로 이 두 운동을 옹호하였다. 그리고 무정은 중국공산당의 권위를 빌어 최창익 등 북상파가 장악하고 있던 독립동맹 중앙조직을 외부에서 장악해 들어갔다. 분파투쟁의 과정에서 무정이 대원들에게 계급의식을 고취시킨 데 비해, 최창익은 독립동맹 강령의 사상인 반일민족통일전선을 옹호하였다. 분파투쟁의 결과, 독립동맹·의용군 내에서 무정의 1인 지도체제가 점차 굳어졌고, 독립동맹·의용군에 대한 중국공산당의 장악력이 현저히 강화되었다.[134]

정풍운동이 조선독립동맹·조선의용군의 내부적 변화요인이었다면, 외부적 변화요인은 조선의용군의 지휘권문제였다. 창설 당시 조선의용군은 조선독립동맹의 행동대오로 규정되었다. 그러나 조선의용군은 1943년 1월부터 조선독립동맹에서 분리되었다. 조선독립동맹은 1월 6일에 상무위원회(常委會)를 개최하였는데, 무정이 "동방각민족반파쇼동맹 대표" 자격으로 회의에 참석하였다. 무정은 회의에서 "반파쇼대동맹의 결의" 사항을 전달하였다. 반파쇼대동맹은 "이래로 금일까지 조선의용군 화북지대는 영도기구가 구성되지 못하고 온 것"이라고 평가하면서 독립동맹의 지휘권을 부정하였다. 반파쇼대동맹의 구체적인 결의사항은 다음과 같다. ① "화북조선독립동맹은 군중단체인 점에서 무

---

133 최창익은 1896년생으로 조선공산당에서 성장한 민족통일전선론자이다. 그는 1923년부터 고려공산청년동맹과 조선공산당 서울파에서 간부로 활동했으며, 1926년에는 서울파 대표자로 코민테른에 파견되어 조선공산당 지부승인 의견서를 전달했다. 최창익은 1926년에 민족통일전선단체인 민족주비회 결성에 참여한 이래, 1936년 조선혁명당 간부, 1938년 조선민족전선연맹 간부, 조선의용대 지도위원 등을 역임하면서 줄곧 민족통일전선론을 견지했다. 그는 조선의용대의 화북진출을 주도한 인물이며, 의용대보다 먼저 북상해 1939년에 연안에서 항일군정대학을 졸업하고 교관으로 근무했다. 강만길·성대경 엮음, 『한국사회주의운동인명사전(이하 사회주의인명사전)』, 창작과비평사, 1996, 506~507쪽.

134 염인호, 『조선의용군의 독립운동』, 203~218쪽.

장대오를 영도할 수 없으므로 조맹(朝盟: 조선독립동맹)은 조선의용군 화북지대를 영도할 수 없다." ② "조선의용군 화북지대의 간부는 장차 반파쇼대동맹 대표가 지정한다." 조선독립동맹은 무정이 전달한 결의사항에 대해 "상급기관의 결의를 존중한다는 의미에서 무조건적으로 접수"하였다.[135]

동방각민족반파쇼대동맹은 1941년 10월 27~30일에 팔로군 총사령 겸 중국공산당 정치위원 주덕(朱德)이 중국에 있는 각 민족대표를 소집해서 결성한 반제민족통일전선단체이다. 무정은 이 대회에서 폐회사를 하였고, 김구(金九)와 함께 동방각민족반파쇼대표대회 의장단에도 선출되었다. 화북조선청년연합회와 조선의용군은 이 대회에 축전을 발송했다. 대회 결과, 주덕이 반파쇼대동맹 주석으로 선출되었고, 무정은 주덕과 함께 8명의 "연맹영도성원" 중 한명으로 선출되었다. 반파쇼대동맹은 "동방민족항일의용군종대(東方民族抗日義勇軍縱隊)"를 조직하고, 이 부대를 화북전선에 배치해 항일공작에 참가시키기로 결정하였다.[136]

조선의용군의 지휘권은 반파쇼대동맹의 결정에 따라 1943년 1월 6일부로 조선독립동맹에서 반파쇼대동맹으로 넘어갔다. 그리고 조선의용군의 간부에 대한 임명권도 반파쇼대동맹의 대표인 주덕에게 이양되었다. 당시 주덕은 팔로군 총사령이었으므로, 결국 조선의용군의 지휘권과 간부에 대한 임명권은 팔로군총사령부로 이양된 것이다. 또한 반파쇼대동맹은 새롭게 동방민족항일의용군종대를 편성해서 조선의용군을 종대에 편입시키고자 하였다. 따라서 조선

---

135 崔昌益, 『朝盟報告草案: 華北朝鮮獨立同盟에 對한 一般的 情形』, 1943, 504~505쪽, NARA, RG 242, ATIS Document, No.201238. 염인호에 따르면, 이 보고서의 집필자는 최창익이며, 이 보고서가 들어 있는 문건은 미군이 한국전쟁 당시 평양의 최창익 자택에서 노획한 것이다(염인호, 『조선의용군의 독립운동』, 191~192쪽). 이 보고서의 뒷부분에 「朝鮮新民黨 綱領」이 들어 있는 것을 볼 때, 이 보고서는 최창익이 입북할 때 가지고 들어와서 조선신민당의 黨史를 작성하기 위해 다른 문건과 함께 편철한 것으로 보인다. 최창익은 이 보고서의 작성목적에 대해 "이 報告書는 朝盟 全體 同志의 앞에 報告하야 全體 同志의 批判을 加한 後 正當한 結論을 어들 것을 目的하고 쓴 것"이라고 밝히고 있다. 崔昌益, 『朝盟報告草案』, 443쪽.

136 「組織東方各民族反法西斯大同盟」(原典:『解放日報』1941.9.30-11.1), 楊昭全 等編, 『關內地區朝鮮人反日獨立運動資料滙編』下冊, 1460~1466쪽.

의용군의 성격은 1943년 1월부터 조선독립동맹의 행동부대에서 팔로군총사령부의 지휘를 받는 국제의용군의 일부로 변화하였다. 이 같은 지휘권 변화에 따라 무정은 1945년 5월 당시 조선독립동맹의 공작결과를 독립동맹 중앙이 아닌 팔로군 총사령 겸 당중앙해위(黨中央海委) 위원인 주덕에게 보고하였다.[137]

그러나 조선의용군의 지휘권을 이양한다는 독립동맹 상무위원회의 결정에도 불구하고, 독립동맹 내부에는 지휘권문제에 대해 계속해서 반발하는 인물들이 있었다. 최창익은 "개인간에 토론된 문제를 소개"한다는 전제 아래 내부의 이견을 다음과 같이 정리했다. "제일, 만일 조맹은 군중단체인 까닭에 무장대오를 영도못한다면, 동방각민족반파쇼대동맹도 군중단체인 까닭에 무장대오를 영도못할 것이 아닌가? 하는 의견이 있고, 제이, 조의군(朝義軍: 조선의용군) 화북지대는 직접영도자가 조성되지 못한 점에서 그는 취소된 것이 아닌가? 하는 의견도 있다. 그러나 이 의견에 대하야 아직 구체적 답변이 없는 것이 사실이다."[138]

조선독립동맹·조선의용군의 일부 인물들은 상무위원회의 결정 이후에도 반파쇼대동맹이 지휘권을 보유하는 것에 문제를 제기하고 있으며, 조선의용군의 영도자가 없는 상황에서 지휘권이 이양되었으므로 민족통일전선의 군대인 조선의용군의 편성 자체가 취소된 것이 아닌지 우려하고 있었다. 이 같은 이견이 있었던 이유는 북상파가 국민당지구부터 화북지역까지 계속해서 민족전선론의 정통성과 조선혁명운동의 통일성을 견지하고 있었기 때문이다. 이들은 화북지역에 도착한 이후에도 "조선반일민족통일전선의 관점에서 중국 관내 조선혁명운동의 통일을 위하여 조의대(朝義隊: 조선의용대)의 원명을 개칭"하지 않았다.[139]

---

137 武亭, 「華北朝鮮獨立同盟 1944年1月至1945年5月 工作經過報告」(1945.5.9), 楊昭全 等編, 『關內地區朝鮮人反日獨立運動資料滙編』下冊, 1129쪽.

138 崔昌益, 『朝盟報告草案』, 505~506쪽.

139 崔昌益, 『朝盟報告草案』, 503쪽.

1943년의 정풍운동과 지휘권 이양에도 불구하고, 조선독립동맹·조선의용군은 무정 등 중국공산당의 지휘권·통일전선론을 주장하는 세력과 최창익 등 조선혁명운동의 지휘권·민족전선론을 주장하는 세력으로 분리되어 있었다. 또한 조선독립동맹·조선의용군을 구성하고 있던 인물들은 민족운동과정에서 다양한 정당과 조직에서 활동하다가 합류한 사람들이었다. 1943년 12월 말 현재 조선독립동맹 맹원들의 입맹 전 활동조직을 보면, 조선청년전위동맹원이 50명, 조선민족혁명당원이 23명, 조선해방동맹원이 5명, 한국국민당원이 1명, 무소속이 11명, 신래자(新來者)가 85명이었다.[140]

최대인원은 민족운동의 경력없이 동맹에 처음 가입한 신래자였고, 다음은 청년전위동맹원과 민족혁명당원이었다. 청년전위동맹·민족혁명당·민족해방동맹은 모두 1937년 말에 결성된 조선민족전선연맹에서 함께 민족통일전선을 형성했던 조직들이다. 그러나 청년전위동맹은 민족혁명당에 있던 화북진출 주창자들이 민족혁명당과 결별하고 새로 만든 조직이었다.[141] 최창익은 바로 청년전위동맹의 책임자로서 화북진출을 관철시킨 인물이었다.[142] 독립동맹의 최대인원은 신래자인데, 무정은 1943년 분파투쟁 당시 이들을 우대해 기존 지도부와 대립시킴으로써 권력의 기반으로 삼고자 했다.[143] 즉, 독립동맹과 의용군은 1943년 이후에 무정세력과 북상파(北上派)로 양분되어 있었다.

조선독립동맹과 조선의용군의 성격은 1944년부터 급격히 변화한다. 태항산(太行山)에 있던 조선의용군의 주력은 1943년 말에 중국공산당 중앙위원회의 결정에 따라 군정(軍政)훈련을 받기 위해 연안으로 이동했다. 일행은 팔로

---

140 崔昌益, 「華北朝鮮獨立同盟 盟員入盟前의 社會關係」, 『朝盟報告草案』, 458쪽.

141 염인호, 「조선의용대의 창설과 한·중 연대」, 138~147; 158쪽.

142 장세윤, 「조선의용대의 조직편성과 구성원」, 43~49쪽.

143 염인호, 『조선의용군의 독립운동』, 215쪽.

〈그림 6〉 조선독립동맹 보고초안(최창익, 1943)

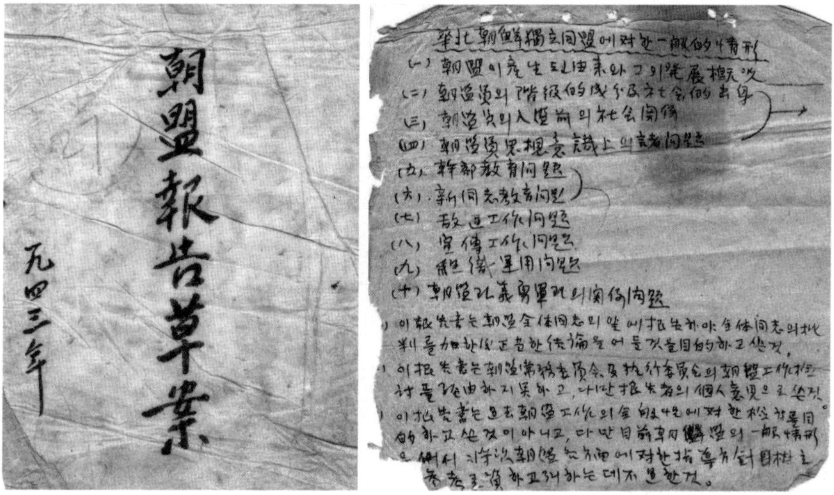

군 분대(分隊)를 합해 200여 명이었다.[144] 이들은 군정학교에서 중국공산당의 군사교리와 정치사상을 학습하였다. 군사과목은 내무규정, 대열기본동작, 소대·중대·대대전술, 무기원리, 사격술, 지형학, 통신술, 부대관리·교육법 등이었고, 정치과목은 시사, 사회발전사, 정치경제학, 철학, 신민주주의론, 조선혁명운동사, 군대 중의 정치공작 등이었다.[145] 무엇보다도 김두봉(金枓奉)을 비롯해 연안에 집결한 조선인 200여 명은 연안군정학교 부교장이자 심사 총책임 박일우(朴一禹)의 지휘 아래 밀정색출을 겸한 간부심사를 받았다.[146] 이것은 일종의 사상심사였다.

독립동맹·의용군의 대원들은 이 같은 군사·정치학습을 통해 점차 중

144 리화림, 「진리의 향도 따라」, 조선의용군발자취 집필조, 『중국의 광활한 대지우에서』, 연변인민출판사, 1987, 246쪽.

145 武亭, 「華北朝鮮獨立同盟 1944年1月至1945年5月 工作經過報告」(1945.5.9), 楊昭全 等編, 『關內地區朝鮮人反日獨立運動資料滙編』下冊, 1159~1160쪽.

146 염인호, 『조선의용군의 독립운동』, 297; 304~305쪽.

국공산당의 혁명론과 중국 홍군의 군사교리를 체득하였다. 조선독립동맹은 1945년 5월 11일에 개최된 중국공산당 제7차 대표대회에 보낸 축하편지에서 "중국공산당의 수령이신 모택동 동지의 빛나는 로작《신민주주의론》과 그이의 영명한 령도작풍은 우리 조선민족해방운동의 지침"이라는 입장을 공식적으로 표명하였다. 또한 제7차 대표대회에 독립동맹을 대표해 참석한 박일우는 "저는 조선동지들과의 몇 달동안의 학습과 연구를 거쳐 모주석의《신민주주의론》은 조선인민의 요구에 전적으로 부합된다고 인정"하며, "《신민주주의론》이라는 이 리론은 중국혁명은 물론 조선인민의 정치로선, 조직로선과 군사로선 등 3개 면의 중요한 문제들도 해결"했다고 천명하였다.[147] 결국 조선독립동맹과 조선의용군에 있던 조선인들은 1944년 이후 군정학습을 통해 모택동이 마르크스·레닌주의를 중국화한 신민주주의혁명론을 수용하게 되었다.

조선독립동맹과 조선의용군은 1943년에 진행된 정풍운동과 지휘권 이양 결정에 따라 그 성격이 변화하였다. 정풍운동의 과정에서 최창익 등 북상파는 독립동맹·의용군에 대한 장악력을 상실했고 이들이 주창해온 민족전선론도 약화되었다. 반면에 중국공산당과 무정은 독립동맹·의용군에 대한 장악력을 확보했고, 대열 내에는 이들이 제기한 모택동식 혁명론이 확산되었다. 또한 조선의용군은 1943년 1월 반파쇼대동맹의 결정에 따라 조선민족운동세력이 지도하는 민족통일전선의 부대에서 중국공산당이 영도하는 팔로군 부대의 일부로 변화하였다. 이후 조선독립동맹과 조선의용군은 군정학교에서 중국공산당의 정치사상을 습득하면서 모택동의 계급연합에 기초한 통일전선론과 마르크스·레닌주의를 중국화한 신민주주의혁명론을 수용하게 되었다.

조선독립동맹·조선의용군과 달리 동북항일연군은 내부에서 분파투쟁을 전개하지 않았고, 세력별로 분리되지 않았다. 오히려 이들은 민생단사건과 대

---

147 조선독립동맹,「중공7차대표대회에 보내는 조선독립동맹의 축하편지」(1945.5.11)·「중국공산당 제7차대표대회에서 한 왕외동지의 연설」(1945.5.21), 조선의용군발자취 집필조,『중국의 광활한 대지우에서』, 667~670쪽. 왕외(王巍)는 박일우의 가명이다.

토벌을 거치면서 민족의식과 상호 단결력이 강화되었다. 1940년을 전후해 제1로군 제2방면군은 국내·일제·소련·동북항일연군에서 완전히 김일성의 부대로 인식되었다. 그리고 김일성은 해방 직전에 동북항일연군과 소련 극동군으로부터 모두 조선 건국의 유력한 지도자로 인정받았다. 이와 함께 동북항일연군은 1942년 이후에 이중적 성격을 띠게 되었다. 제88독립여단의 조선인 공산주의자들은 당적으로는 교도려위원회의 지휘를 받고, 군사적으로는 소련 극동군의 지휘를 받게 되었다. 그리고 이들은 소련군의 군사계급을 부여받고 소련군의 현대적 군사교리를 교육받았다. 그 결과 동북항일연군은 해방 직전에 중국공산당의 군대에서 소련 극동군의 군대로 변화하였다.

동북항일연군의 조선인 공산주의자들은 중국공산당 중앙보다 코민테른과 코민테른 주재 중공 대표단의 강령과 노선에 입각해 혁명론을 정립하였다. 이들은 1935년 2월부터 코민테른 주재 중공 대표단으로부터 직접 지도를 받았다. 동북항일연군은 국내공산주의자들과 마찬가지로 1935년 이후 코민테른의 인민전선론을 수용하면서 민족부르주아지를 포함한 통일전선의 구축과 노농소비에트정권으로 가는 과도기로서 인민정부의 수립을 지향하였다. 물론, 동북항일연군도 소련에서 모택동의 『신민주주의론』과 중국공산당의 정풍문헌을 학습하였다. 그러나 이들은 주로 소련공산당사와 소련의 정치문헌을 학습하였다. 코민테른은 1924~1928년에 점차 '볼셰비키화'되고 1928~1933년에 '스탈린주의화'되기 시작했으며, 1943년 5월 15일 스탈린의 지시에 따라 해산되었다.[148] 따라서 이들의 혁명론은 소련공산당·스탈린의 혁명론으로부터 직접적인 영향을 받았으며, 마르크스·레닌주의를 중국화한 신민주주의혁명론으로 전환되지 않았다.

동북항일연군·조선독립동맹(조선의용군)의 공통점은 통일전선론에 있다.

---

148 케빈 맥더모트·제레미 애그뉴 지음, 황동하 옮김, 『코민테른-레닌에서 스탈린까지, 국제공산주의 운동의 역사』, 서해문집, 2009, 12; 308~315쪽. 코민테른의 해산 결의안은 같은 책 362~364쪽을 참고 바람.

동북항일연군은 코민테른과 코민테른 주재 중공 대표단의 영향으로 일본제국주의에 반대하는 모든 계급·계층의 민족통일전선을 추구하였다. 그리고 이들은 민생단사건을 겪으면서 계급투쟁보다 민족통일전선의 중요성을 자각하였다. 조선독립동맹과 조선의용군은 관내 민족운동세력이 일관되게 전개해온 민족통일전선을 견지하였다. 이들은 1943년 이후에 모택동의 신민주주의혁명론을 수용하게 되었다. 모택동은 「신민주주의론」에서 "민족자산계급"이 제국주의의 억압을 받고 있기 때문에 "혁명성"을 가지고 있으며, "신민주주의공화국"은 "반제·반봉건적인 모든 사람들의 련합독재의 민주공화국"이라고 규정하였다.[149] 이들이 수용한 신민주주의혁명론도 민족통일전선의 중요성을 인정하고 있었다. 결국 해방 이전에 동북항일연군·조선독립동맹(조선의용군)은 모두 계급투쟁보다 민족통일전선을 우위에 두었고, 해방 이후에 인민정부를 건설하려고 구상하였다.

---

149 모택동, 「신민주주의론」(1940.1), 『모택동선집』2, 849~851쪽.

2장

소련의 대북정책과 정치질서의 재편

1. 소련의 대북정책과 부르주아민주주의혁명론

제2차 세계대전의 전세는 1944년에 들어서 근본적으로 변화하였다. 소련군은 1944년 1월에 레닌그라드에서 독일군의 포위망을 돌파하였고, 6월에는 독일군을 국경선 밖으로 몰아냈다. 그리고 미군은 1944년 7월에 사이판을 탈환한 이후 태평양전선에서 일본군에 대한 반격을 본격화하였다. 미국은 제2차 대전을 종식하기 위해 1943년부터 소련에 대일전 참전을 요청하였고, 루즈벨트(Franklin D. Roosevelt)와 스탈린(И. В. Сталин)은 1945년 2월에 얄타회담에서 소련의 대일전 참전을 정식으로 합의하였다. 그리고 연합국은 1945년 7월 26일에 포츠담선언을 발표해 일본에 무조건 항복을 요구하였다.[150]

소련군은 1945년 8월 9일에 대일전을 개시했다. 대일전에 참전한 극동의 소련군은 3개 전선군으로 편성되었다. 극동군총사령관은 바실레프스키(А. М. Василевский) 원수였고, 제1극동전선군은 메레츠코프(К. А. Мерецков) 원수, 제

150 嚴永植, 『아시아近世史』, 300; 304; 307~312쪽.

2극동전선군은 푸르카예프(М. А. Пуркаев) 상급대장, 제3극동전선군(자바이칼 전선군)은 말리노프스키(Р. Я. Малиновский) 원수, 태평양함대는 유마셰프(И. С. Юмашев) 대장이 각각 지휘하였다.[151] 일본 관동군(關東軍)은 1945년 8월 10일 현재 소련 극동군이 8개 군, 12개 저격군단, 40개 저격사단, 3개 저격여단, 4개 기병사단, 45개 항공사단으로 편성되었고, 4,500대의 전차, 4,600대의 항공기, 512,000명의 병력을 보유하고 있다고 판단하였다.[152]

그러나 소련 극동군의 실제 전력은 관동군의 예측을 훨씬 뛰어넘고 있었다. 대일전 개전 당시 소련 극동군은 3개 전선군, 15개 야전군과 1개 집단군, 24개 군단, 89개 사단, 113개 여단으로 편성되었고, 전투병력은 1,058,982명, 후방병력은 518,743명, 총병력은 1,577,725명이었다. 극동군은 27,086문의 야포와 박격포, 1,171대의 다연장로켓, 3,704대의 탱크와 1,852대의 자주포, 3,721대의 항공기를 보유하고 있었다. 극동군의 3개 전선군 중에서 자바이칼전선군의 병력은 654,040명(41.4%), 제1극동전선군의 병력은 586,589명(37.2%), 제2극동전선군의 병력은 337,096명(21.4%)이었다.[153] 극동군의 병력은 관동군의 예측보다 3배 이상이었다.

8월 9일 0시 10분, 제1극동전선군 사령관 메레츠코프 원수는 전체 부대에 국경을 넘어 총공격을 개시하라고 명령하였다. 제1극동전선군 제25군의 주공격부대는 3개 보병사단으로 편성된 제39보병군단과 제72독립전차여단이었다. 8월 9일에 남쪽으로 진격한 제25군의 예하부대가 처음으로 함경북도 경흥

---

151 치스차코프, 「제25군의 전투행로」, 소련과학아카데미, 『레닌그라드로부터 평양까지』, 함성, 1989, 19~23쪽.

152 關東軍司令部(추정), 『極東ニ於ケルソ軍ノ兵力配置表』(1945年 8月 10日 現在), 국립중앙도서관 소장 노획문서.

153 데이비드 글랜츠 지음, 유승현 옮김, 『8월의 폭풍: 1945년 8월 9~16일, 소련의 만주전역 전략 공세』, 길찾기, 2018, 53쪽.

을 점령하였다.[154] 대일전이 개시될 당시 일본군은 북한지역에 제17방면군과 제3군·제34군 예하에 4개 보병사단(제59·79·120·137사단), 제101혼성연대, 2개 해군요새(나남요새·영흥만요새)를 구축해 놓았고, 총 117,110명에 달하는 병력을 배치해놓은 상태였다.[155] 소련군은 개전과 동시에 제17방면군을 궤멸시키면서 급속히 남하하였고, 8월 25일에는 38선 이남지역인 경기도 개성까지 도달하였다.[156] 만주지역의 전투는 이미 8월 20일에 종료되었다.[157]

소련군은 16일이라는 짧은 기간 내에 일본군을 격파하고 북한지역을 점령했다. 제1극동전선군 제25군은 전투가 종료되자 북한 각 지역으로 진주해 일본군을 무장해제하기 시작했다. 일본군에 대한 무장해제 명령은 8월 25일에 공식적으로 하달되었다. 이날 제1극동전선군 사령관 메레츠코프 원수는 제25군 사령관 치스차코프(И. М. Чистяков) 상장에게 8월 26일에 평양으로 가서 3만명의 일본군 평양수비대에 대한 무장해제를 감독하라고 명령했다. 치스차코프 상장은 8월 26일 오후에 평양비행장에 도착했다. 그는 즉시 일본군 평양수비대 사령관 다케시다(竹下義晴) 중장을 불러 「일본군의 무장해제 절차」를 통보했다. 그리고 제25군은 8월 29일까지 평양시내 각 공장과 기관에 대한 접수를 끝냈다.[158] 소련군사령부는 8월 29일까지 일본군의 무장해제, 산업시설의 접수, 철도시설의 장악, 38선의 통제를 완료하였다. 이로써 38선 이북지역은 일제의 식민통치가 종식되고 완전히 소련군사령부의 통제 아래 놓이게 되었다.

---

154 치스챠코프, 「제25군의 전투행로」, 소련과학아카데미, 『레닌그라드로부터 평양까지』, 29; 33~35; 40~42쪽.

155 森田芳夫(모리타 요시오), 『朝鮮終戰の記錄: 米ソ両軍の進駐と日本人の引揚』, 巖南堂書店, 1964, 25쪽.

156 HQ, USAFIK, *History of the United States Army Forces in Korea(HUSAFIK)*, Part Ⅰ, United States Army Forces in Korea, 1949, 국사편찬위원회 편, 『주한미군사』1, 국사편찬위원회, 2014, 157~158; 336쪽.

157 嚴永植, 『아시아近世史』, 316쪽.

158 김국후, 『평양의 소련군정』, 36~38쪽.

〈그림 7〉 소련군의 제2차대전 승전 기념 열병식

한반도의 해방과정에서 조선의 민족운동세력은 해방전투에 참전하지 못했다. 제국일본의 식민통치전략에 따라 조선인들은 민족부대를 편성하지 못했고 일본군에 개별적으로 징집되었다. 또한 조선의 공산주의자들은 단일한 무장부대로 통합되지 못한 채 중국과 소련에 분산되어 있었다. 소련이 대일전을 개시하기 직전에 동북항일연군은 소련 영내에 있었고, 조선의용군은 중국 관내에 있었다.

소련군은 1942년부터 대일전의 일환으로 소련 극동군 제88독립여단에 있는 조선인들을 전투작전에 활용할 계획을 입안했다. 극동군사령관 아나나셴코 대장은 1942년 8월 13일에 제88독립여단에 대한 활용방안을 승인했다. 극동군은 전투 시에 중국인과 조선인으로 소규모 빨치산부대를 조직해서 이들을 빨치산투쟁에 투입하기로 결정했다. 이중 조선에 투입될 제1대대의 대대장으로는 김일성이 임명되었다.[159] 그러나 동북항일연군 투입계획은 대일전 개시 한달 전에 급속히 변경되었다. 소련군은 1945년 7월 6일에 제88독립여단 소속의 동북항일연군 출신 조선인들을 대일전 종료 후에 귀국시키기로 결정했다. 이들은 김일성 등 조선인들을 북한주둔 소련군 도·시위수사령부의 부사령관으로 활용할 계획이었다. 이에 따라 극동군총사령부는 제88독립여단에 있는 조선인 88명과 소련 국적 고려인 15명 등 총 103명의 입북을 명령했다.[160]

한편 조선독립동맹과 조선의용군은 해방 직전에 중국 관내의 중국공산당 점령지역에 분산되어 있었다. 1943년 12월 당시 조선독립동맹의 맹원들은 진동남분맹(晉東南分盟), 섬감령분맹(陝甘寧分盟), 진찰기분맹(晉察冀分盟), 진서북분맹(晉西北分盟), 기동분맹(冀東分盟), 산동분맹(山東分盟), 노동분맹(魯東分盟), 화중분맹(華中分盟-신사군지역), 태악구분맹(太岳區分盟)에서 활동하고 있었다.[161] 그리고 조선독립동맹·조선의용군의 주력은 연안(延安)과 태항산(太行山)에 있었다. 태항산은 독립동맹 총부의 소재지였고, 연안은 중국공산당 중앙위원회와 팔로군 총사령부의 소재지였다. 이들은 해방 직전에 각 지역의 군정학교로 집결했는데, 그 인원은 연안 280여 명, 태항산 350여 명, 산동 120명, 화중 100여 명이었다. 해방 직전에 조선의용군의 전체 대원은 1,000명 내외였다.[162]

조선독립동맹과 조선의용군은 8월 9일에 팔로군총사령부로부터 소련군의 대일전 참전소식을 처음 접했다. 주덕은 1945년 8월 11일에 "소련 홍군의 중

---

159 아나나센코, 「극동전선군 제88특별정찰여단의 전투작전 개시에 따른 활용방안」(1942.8.13), 러시아연방국방성중앙문서보관소(ЦАМО), ф. 2, оп. 17582, д. 1, лл. 8~12, 김국후, 『평양의 소련군정』, 66쪽에서 재인용; 와다 하루끼, 『북조선』, 65쪽.

160 소련군 극동사령부 참모부 정찰부대장 소장 치브린, 제2극동전선 참모부 정찰부대 부부대장 대좌 안쿠지노프, 「소련원수 바실레프스키 앞」(1945.7.6), ЦАМО, ф. 2, оп. 19121, д. 2, лл. 3~4, 김국후, 『평양의 소련군정』, 54~55쪽.

161 소속인원은 진동남분맹(태항산) 101명, 섬감령분맹(연안) 34명, 진찰기분맹 13명, 진서북분맹 7명, 기동분맹·산동분맹 각 5명, 노동분맹 4명, 화중분맹(신사군지역)·태악구분맹 각 3명이었다. 崔昌益, 「1943年 12月末 華北朝鮮獨立同盟分盟數及分盟員數」, 『朝盟報告草案』, 454쪽.

162 염인호, 『조선의용군의 독립운동』, 150~151; 156; 295~296쪽.

국 및 조선 경내 작전과 배합하여 조선인민을 해방하기 위해 현재 화북에서 대일작전을 전개하고 있는 조선의용군의 총사령 무정(武亭), 부사령 박효삼(朴孝三)·박일우(朴一禹)는 즉각 소속부대를 통솔하고 팔로군과 원(原) 동북군 각 부대를 따라 동북으로 진병(進兵)하여 적위(敵僞)를 소멸하고 동북의 조선인민을 조직하여 조선해방의 임무를 달성하라"고 명령했다.[163] 이날 주덕은 무정을 조선의용군 총사령관으로, 박효삼과 박일우를 부사령관으로 임명했다.[164] 연안의 조선의용군은 1945년 9월 중순에 동북지역으로 출발했다. 부대는 조선의용군총사령부가 이끌었고 총병력은 300여 명이었다.[165]

조선의 공산주의자들은 해방 이전까지 해외에 분산되어 있었고, 독립적인 지휘권이 없었기 때문에 한반도 해방전투에 참전하지 못했다.[166] 그러나 동유럽의 여러 국가는 조선의 공산주의자들과 다른 상황에서 해방을 맞이하였다. 폴란드의 공산주의자들은 1944년 7월에 단일폴란드군을 창설했고, 폴란드군은 1944년 6월 23일부터 소련군과 함께 폴란드 해방작전을 시작했다. 불가리아에서는 노동자당이 1944년부터 빨치산부대를 조직했다. 불가리아인민해방파르티잔군은 소련군의 대독전쟁에 발맞추어 1944년 9월 7일에 무장봉기를 일으켰고, 9월 9일에 불가리아왕조를 전복하였다. 체코슬로바키아에서는 1944년 봄부터 체코슬로바키아 제1군단이 소련 적군에 소속되어 대독전쟁을

---

163 「延安總部命令第六號」(1945.8.11), 楊昭全 等編, 『關內地區朝鮮人反日獨立運動資料彙編』下冊, 1455쪽.

164 「해외투쟁의 血劇史—華北서 온 女鬪士 金命時 會見記」, 『해방일보』1945.12.28.

165 총서편집위원회, 『중국조선민족발자취총서5: 승리』, 민족출판사, 1992, 6; 988쪽.

166 예외적으로 소련군에 징집된 일부 고려인들이 대일전에 참전하였다. 예를 들어 정률(일명 정상진, 소련군 특무상사), 최종학(소련군 대위), 최표덕(소련군 중좌), 최홍극(소련군 대위), 최왈렌친(소련군 상위) 등이 소련 극동군의 일원으로 대일전에 참전했다. 동북항일연군 출신 중에서 해방 전에 극동군 전투부대에 배치된 일부 대원도 대일전에 참전했다. 대표적인 인물은 오백룡이다. 그는 극동군 첩보공작대원으로 8월 9일부터 경흥(서수라)전투, 웅기상륙작전, 나진전투, 청진전투에 참전하였다. 김국후, 『평양의 카레이스키 엘리트들』, 한울, 2013, 18~19쪽; 오백룡, 「조국해방을 위한 성전에 참가하여」, 박영순·한천추 외, 『회상기: 항일유격대원들의 삶과 투쟁』하, 대동, 1990, 190~191쪽.

개시하였고, 8월 25일부터 슬로바키아 빨치산들이 도시를 점령하기 시작했다. 소련군과 체코슬로바키아 제1군단은 9월 8일부터 슬로바키아 해방작전을 개시했다.[167] 유고슬라비아에서는 공산당 제1서기장 티토(Josip Broz Tito)가 이끄는 유고슬라비아인민해방군이 1944년 10월부터 베오그라드 해방전투에 참전하였다.[168]

동유럽의 여러 국가는 해방 이전에 이미 통일된 반파시즘 민족군대를 창설하고 소련군과 함께 자국의 해방전투에 직접 참전하였다. 반면에 조선의 공산주의자들은 단일한 민족부대를 창설하지 못했고, 한반도 해방전투에 참전하지 못했다. 통일된 군대의 보유여부와 해방전쟁의 참여 여부는 북한의 공산주의자들이 해방 이후에 국가를 수립하는 과정에서 중요한 조건으로 작용하게 된다.

또한 북한과 달리 동유럽의 일부 국가는 이미 해방 이전부터 통일전선조직과 임시정부의 차원에서 소련과 공식적으로 교섭하였고, 이에 대해 소련은 해당 정부의 정책을 지원하고 공식적인 외교관계를 수립하였다. 예를 들어, 소련과 폴란드 망명정부는 1941년 7월에 런던에서 상호지원에 대한 협정을 체결하였다. 소련정부는 이 협정에서 폴란드의 영토 변경과 관련된 1939년의 독·소조약이 무효라는 것을 인정하였다.[169] 또한 폴란드의 통일전선조직인 국민평의회 대표단은 1944년 5월에 소련을 방문해서 소련정부로부터 자신들의 정책에 대한 지지를 얻어내고 외교관계의 수립과 외교적 지원을 약속받았다.[170]

체코슬로바키아 런던망명정부도 해방 이전에 소련과 공식적인 외교관계

---

167 柴田政義 지음, 孫學模 옮김, 『東歐政治經濟史』, 인간사랑, 1990, 99; 103; 200~201; 207~208; 277; 281~284쪽.

168 재스터 리들리 지음, 유경찬 옮김, 『티토-위대한 지도자의 초상』, 을유문화사, 2003, 315쪽.

169 드미트리 볼코고노프 저, 한국전략문제연구소 역, 『스탈린』, 세경사, 1993, 261쪽.

170 柴田政義, 『東歐政治經濟史』, 104쪽.

를 수립하였다. 체코슬로바키아 외무장관과 영국주재 소련대사는 1941년 7월에 런던에서 상호지원조약에 서명하였다.[171] 또한 체코슬로바키아 망명정부는 1943년 12월 12일에 소련과 우호·상호원조·전후협력조약을 체결하였다. 그리고 양국은 1944년 5월 8일 대독전쟁 이후에 체코슬로바키아 영토의 관리기관에 대해 체코슬로바키아·소비에트협정을 체결하였다.[172] 이처럼 동유럽의 일부 국가는 해방 이전부터 소련과 공식적으로 외교관계를 수립하였고, 소련은 해당 국가에 대한 대외정책에 입각해서 전후문제를 해결하기 위한 조약과 협정을 체결하였다.

그러나 소련은 동유럽에 비해 대일전을 개시하기 전까지 한반도에 대한 구체적인 대외정책을 가지고 있지 않았다. 소련정부가 한반도에 대한 구체적인 대외정책을 구상한 시기는 대일전을 개시하기 직전이다. 소련 외무성은 1945년 6월 29일에 처음으로 한반도에 대한 정책문서를 생산했다. 문서의 주요내용은 다음과 같다.

3. 조선의 독립은 일본 뿐만 아니라 동방에서 소련에 압력을 가하려는 다른 열강 쪽에서 조선을 소련에 반대하는 미래의 침략기지로 삼으려는 것을 저지하기 위해서 그만큼 효과적이 되어야 한다. 조선의 독립과 소련의 동방 안보에 가장 현실적이고도 믿을만한 보장은 소련과 조선 간의 우호적이고도 긴밀한 관계 형성일 것이다. 이는 미래 조선정부의 구성에서도 반영되어야 한다.
4. 의심할 바 없이 조선문제의 해결은 과거 조선에서 미국과 중국의 이해관계를 고려하면 일련의 난관에 부딪칠 수 있다.
5. 조선에 대한 완전한 독립이 허용되기 이전에 어떠한 형태의 후견이 이루어질 경

171 드미트리 볼코고노프, 『스탈린』, 261쪽.

172 柴田政義, 『東歐政治經濟史』, 104; 279~281쪽.

우 소련은 여기에 당당히 참여해야 한다.[173]

소련의 한반도에 대한 기본정책은 한반도가 다른 열강에 의해 독점적인 반소기지가 되어서는 안되며, 소련의 안보를 위해 우호적인 조·소관계가 형성되어야 한다는 것이다. 또한 소련은 미국·중국과의 이해관계 충돌을 예상하고, 만약의 경우 한반도에 대한 후견제(後見制, '신탁통치')에 참여해야 한다는 입장이었다. 이 정책문서는 한반도의 소비에트화나 부르주아민주주의정권 등의 정치권력 수립문제를 상정하지 않고 있다. 전체적으로 소련에 우호적인 정치권력을 수립해야 한다는 원론적인 입장을 강조하고 있다.

소련군은 1945년 8월에 대일전을 개시하면서 조선인들에게 자신들을 해방자로 선전하기 위해 조선어로 된 팜플렛과 전단을 준비했다. 8월 8일자로 작전준비를 하달받은 소련군 태평양함대는 함대 정치관리국의 정치간부들을 각 함정과 부대에 파견했다. 이 정치간부들은 소련군 병사들에게 배포할 선전물과 함께 조선어로 된 팜플렛과 전단을 준비해 발간하였다. 조선어 팜플렛과 전단은 항공기와 지상군에 의해 북한의 주민거주지역에 살포되었다.[174]

극동군총사령관 바실레프스키 원수는 호소문에서 붉은 군대가 조선인들을 일본 압제자로부터 구출하기 위한 해방자라는 점을 특별히 강조했다.[175] 이

---

173 러시아연방대외정책문서보관소(АВПР), ф. 0430, оп. 2, п. 5, д. 18, лл. 29~30, 기광서, 「소련군의 북한 진주와 '부르주아민주주의'노선」, 『통일문제연구』20-1, 조선대 통일문제연구소, 2005, 70쪽에서 재인용.

174 자하로프, 「태평양함대」, 소련과학아카데미, 『레닌그라드로부터 평양까지』, 105~107쪽.

175 소련극동군총사령관 와실리예프스키, 「조선인민에게 보내는 소련 극동군 총사령관의 호소문」(1945.8.8), 國土統一院 調査研究室 譯, 『蘇聯과 北韓의 關係』, 國土統一院, 1987, 29~30쪽.

와 함께 제25군사령관 치스차코프[176] 상장은 8월 15일 북한 전역에 자신의 명의로 작성된 호소문을 살포했다. 치스차코프는 이 호소문을 통해 북한지역에 대한 소련군사령부의 기본적인 점령방침을 전달했다. 호소문의 내용은 다음과 같다. "소련군대는 조선인민의 자유스럽고 창조적인 사업을 위하여 모든 조건을 조성해 줄 것입니다. 조선인민은 자신의 행복을 스스로 창조해야 합니다. 공장과 기업소의 관리자, 상인, 기업가들이여! 일본인들에 의해 파괴된 공장과 기업소를 복구하십시요! 새로운 생산기업소들을 건설하십시오! 소련군사령부는 조선의 모든 기업소들의 재산을 보호할 것을 확약하며 이 기업소들이 정상적인 가동을 할 수 있도록 전면적인 원조를 제공할 것입니다."[177] 치스차코프는 소련군사령부가 조선의 경제 재건을 전면적으로 원조할 것이라는 방침을 전달하고 조선인들의 자발적인 참여를 요청했다.

소련의 대북정책이 북한 현지에서 구체적인 지령으로 등장한 시점은 1945년 9월 10일이다. 이날 평양주둔 소련군사령부는 정치지도원 그로차르 중좌의 명의로 각 지역의 소련군 위수사령부에 6개 항의 지령을 하달했다. 제목은 「독립 조선의 인민정부 수립 요강」이다.

1. 비(非)일본적인 각층 인민을 중심으로 완전한 자주독립국가를 결성해야 한다. 소비에트연방은 끝까지 노동자·농민정권 수립을 미국·영국·중국에 제안할 것이다.

---

176 치스차코프(Иван Михайлович Чистяков)는 1900년생으로, 1919년에 소련 적군에 상병으로 입대했다. 그는 1920년에 기관총학교를 졸업하고, 1921~1926년에 소대장에서 소총연대 부연대장으로 승진했고, 1936~1941년에 소총연대 연대장에서 소총군단 군단장으로 승진했다. 1940년에는 블라디보스톡 보병학교에서 지휘관으로 근무했다. 치스차코프는 1942년부터 제21군 사령관으로 독소전쟁의 승패를 가른 스탈린그라드전투, 쿠르스크전투, 벨고로드-하리코프 공방전, 쿠를란트 공방전 등에 참전했으며, 1945년에 제25군사령관으로 임명되었다. 데이비드 글랜츠, 『8월의 폭풍』, 129쪽.

177 치스챠코프, 「해방된 조선인민에게 보내는 소련 극동군 제1전선 제25군 사령관 호소문」(1945.8.15), 國土統一院 調査研究室 譯, 『蘇聯과 北韓의 關係』, 31~32쪽; 森田芳夫, 『朝鮮終戰の記錄』, 192~193쪽.

2. 토지문제는 가장 중요하므로 인구수에 비례해 토지를 재분배해야 하며, 토착 지주에 대해서는 자기가 경작하지 않는 토지를 몰수한다. 몰수한 일본인 소유 토지는 정부가 농민에게 재분배한다.
3. 일본인 소유 공장은 일본적 요소를 없애고 공장 노동자와 기술자가 이를 관리하도록 한다. 기술 부문에서 일본인이 필요할 경우에는 과도적으로 사역하며 시급히 조선인 기술자를 양성한다.
4. 친일분자는 철저히 소탕하고 각 분야의 불순분자를 엄정하게 숙청할 필요가 있다.
5. 민영 기술기관은 허락하나 특별한 감시가 필요하다.
6. 모든 문화시설, 위생설비, 교육기관은 국영으로 이관하며, 노동자·농민에게 개방하라.[178]

소련의 점령정책 목표는 "비일본적인 각층 인민을 중심으로 완전한 자주독립국가를 결성"하는 것이었다. 점령정책의 축은 두 가지였다. 첫째는 토지개혁, 공장 자주관리, 문화시설·위생설비·교육기관의 국영화, 친일잔재 청산을 통한 반제국주의적·반봉건적 개혁이었고, 둘째는 노동자·농민정권의 수립이었다. 소련군은 먼저 각 분야에서 친일파와 일제잔재를 철저히 청산하고, 이들을 대신에 기본계급인 노동자·농민을 중심으로 인민정권을 수립하려고 구상하였다. 각 지역의 위수사령부는 소련군사령부의 지시에 따라 지역인민위원회에서 친일파와 불순분자를 숙청하고 이들의 경제적 기반을 박탈했다. 또한 노동자·농민을 중점적으로 등용해 이들을 중심으로 인민위원회를 개편했다.

소련의 대북정책에 대한 최고지도부의 결정이 모스크바에서 제25군사령부에 하달된 시점은 1945년 9월 20일이다. 이날 소련군 최고사령관 스탈린은 "모든 반일민주정당·사회단체들의 광범위한 연합을 기반으로 북조선에 부르

---

178 김국후, 『평양의 소련군정』, 137쪽.

주아민주주의정권을 수립하라"고 지시했다. 훈령의 구체적인 내용은 다음과 같다.

1. 북조선 영토 내에 소비에트 및 다른 소비에트권력기관을 창설하거나 소비에트 제도를 도입하지 말 것.
2. 모든 반일적인 민주주의 정당 및 조직들의 광범위한 동맹을 기반으로 북조선에 부르주아민주주의정권을 수립하는 데 협력할 것.
3. 붉은 군대가 점령한 조선 땅에서 반일 민주단체와 민주정당의 결성을 방해하지 말고 그들의 활동을 도와줄 것.
4. 현지 주민들에게 아래와 같이 홍보할 것.
   1) 붉은 군대의 북조선 진주는 일본 강점자들의 섬멸이 목적이며, 조선 영토를 탐내거나 소비에트식 질서를 도입시키려는 것이 아님.
   2) 북조선 인민의 사회적 및 개인적 재산은 소련군의 보호를 받음.
5. 현지 주민에게 평화적인 자기 사업을 계속하도록 호소하며, 그리하여 공업·상업·교통 및 기타 기업들의 정상 가동을 도모하고, 소련 군정당국의 지시와 요구에 응하여 사회질서를 유지하는 데 협력하도록 알릴 것.
6. 북조선에 있는 군대에 규율을 엄격히 지키고, 주민들에게 피해를 주지 않으며, 예의바르게 행동하도록 지시할 것. 종교의식과 예배를 방해하지 말고, 성당 및 기타 종교시설에 손을 대지 말 것.
7. 북조선 민정사업의 지도는 연해주군관구 군사회의가 실행할 것.[179]

이 훈령은 스탈린이 극동군총사령관 바실레프스키 원수, 연해주군관구(沿海州軍管區) 군사회의, 제25군 군사회의 앞으로 보낸 것이며, 해방 직후 소련군

179 러시아연방국방성중앙문서보관소(ЦАМО), ф. 148, оп. 3763, д. 111, лл. 92~93, 기광서, 「소련군의 북한 진주와 '부르주아민주주의'노선」, 77쪽에서 재인용; 김광운, 『북조선실록』1권, 73쪽.

에 하달된 대북정책의 최고지침이었다. 북한에 주둔한 제25군사령부는 이 훈령에 따라 대북정책을 수립하고 집행하였다. 훈령의 핵심은 북한지역에 소비에트 정권을 창설하지 말고, 반일민주정당·조직과 연합해 부르주아민주주의정권을 수립하라는 것이다. 다시 말해 민족주의세력과 공산주의세력을 아울러 반일적인 정당·조직과 민족통일전선을 결성하고, 이를 기반으로 '부르주아민주주의혁명'을 추구하라는 지시였다.

소련이 북한지역에서 소비에트혁명이 아니라 부르주아민주주의혁명을 추구한 것은 제국주의에 점령되었던 국가에는 제국주의의 잔재와 봉건적 잔재가 동시에 남아 있었기 때문이다. 이들 국가의 민족해방투쟁은 반제국주의·반봉건 투쟁의 성격을 지니고 있었다. 따라서 식민지에서 해방된 국가의 반제투쟁은 민족의 독립과 민주조국의 재건이라는 일반민주주의의 과제를 목표로 했고, 전체 부르주아계급의 타도와 프롤레타리아독재의 수립이라는 사회주의의 과제를 목표로 하지 않았다.[180]

모스크바에서 최고지침이 하달되자, 제25군사령부는 현지에서 본격적으로 통일전선을 구축하기 시작했다. 이미 공산주의자들은 그들의 영향력 하에 있었으므로, 과제는 민족주의세력의 포섭이었다. 대상자는 조만식(曺晩植)이었다. 제25군사령부가 평양에 도착했을 때, 평양에는 이미 조만식을 중심으로 하는 민족주의세력이 조직한 조선건국준비평남위원회와 현준혁(玄俊赫)이 조직한 조선공산당 평남지구위원회가 활동하고 있었다. 양측은 해방과 동시에 평남치안유지위원회를 결성했고, 조만식이 위원장, 현준혁이 부위원장을 맡았다.[181] 8월 26일 밤, 치스차코프 상장은 평남건준과 평남지구위원회 간부들을 면담했다. 이들을 면담한 후 치스차코프는 정치문제와 민생문제를 논의할 정치전문가의 필요성을 절감하고 제25군 군사회의 위원들을 평양으로 불러들였다. 8월

---

180 소볼레프·콘스탄티노프 외 저, 김영철 역, 『반제민족통일전선연구』, 이성과현실사, 1988, 167~168쪽.

181 森田芳夫, 『朝鮮終戰の記錄』, 182~183쪽.

28일 저녁, 군사위원 레베데프(Н. Г. Лебедев) 소장, 후르소프 소장, 그로모프(А. Г. Громов) 대좌 등 제25군의 정치전문가들이 평양에 도착했다.[182]

레베데프 소장은 8월 29일에 제25군사령부에서 조만식을 비롯한 평남건준 간부들을 처음으로 만났다. 이날 양측은 자주독립국가를 세워야 한다는 조만식측과 친소국가를 만드려는 소련군 사이의 입장차이를 확인했다.[183] 레베데프는 소련공산당 중앙위원회로부터 공산당원을 정권의 전면에 부상시키지 말고 민주주의자와 민족주의자를 내세우라는 지령을 받았다. 적어도 초기에는 외형상 복수 정당이 절대적으로 필요했고, 그 중심에는 조만식이 있었다. 레베데프 소장은 조만식을 만나서 그에게 공산당에 상응하는 정당을 창당하라고 권고했다. 그와 함께 로마넨코(А. А. Романенко) 소장, 발라사노프(Г. М. Баласанов) 대좌, 이그나치예프(А. М. Игнатъев) 대좌, 메끌레르(Г. К. Меклер) 중좌 등 제25군사령부의 정치장교들이 동원되어 설득에 나섰다. 그러나 조만식이 소련장교들을 상대하는 것을 꺼려하자, 레베데프는 메끌레르 중좌에게 김일성과 최용건을 활용해 설득하라고 지시했다.[184]

물론 해방 직후에 조만식의 영향력은 평안도 민족주의세력과 자본가, 지주, 지식인, 장로교인에 국한되어 있었다.[185] 또한 애초에 소련군사령부도 조만식을 친일분자라고 부정적으로 인식하고 있었다. 그러나 그들도 해방정국에서 조만식을 배제한 채 민족부르주아지와의 협력을 강조한 모스크바의 지침을 달성하기 어렵다는 점을 잘 알고 있었다.[186] 조만식의 영향력은 제한적이었지만, 그를 대체할 만한 인물이 없었다는 점에서 절대적이었다.

1945년 10월 초까지 소련공산당 중앙당은 제25군사령부에 반일적인 정

---

182 김국후, 『평양의 소련군정』, 40~41쪽.

183 김국후, 『평양의 소련군정』, 42쪽.

184 김국후, 『평양의 소련군정』, 126쪽.

185 김성보, 「북한의 민족주의세력과 민족통일전선운동」, 388~390쪽.

186 기광서, 「소련군의 북한 진주와 '부르주아민주주의' 노선」, 79쪽.

〈그림 8〉 조선공산당 북조선분국의 선전(1945.11)

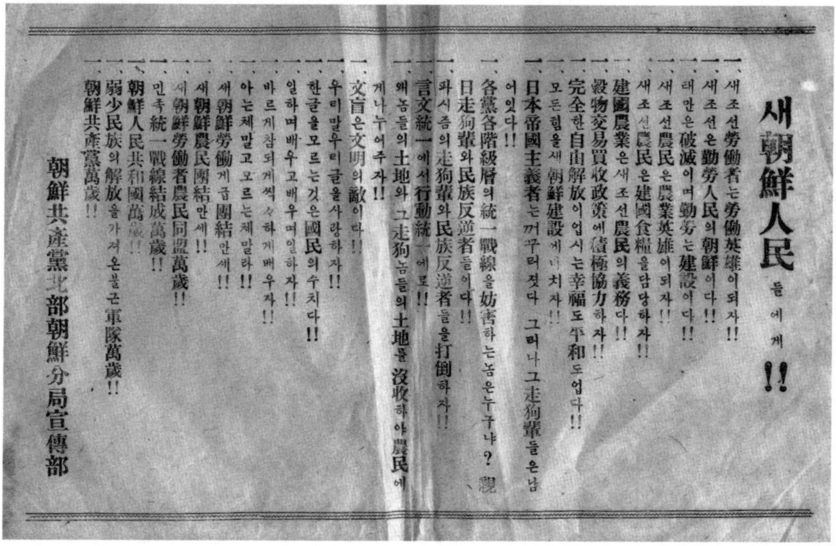
새朝鮮人民들에게!!

一、새조선勞働者는勞働英雄이되자!!
一、새조선은勤勞人民의朝鮮이다!!
一、태만은破滅이며勤勞는建設이다!!
一、새조선農民은農業英雄이되자!!
一、새조선農民은建國食糧을담당하자!!
一、建國農業은새조선農民의義務다!!
一、穀物交易買收政策에積極協力하자!!
一、完全한自由解放이업시는幸福도平和도업다!!
一、모든힘을새朝鮮建設에바치자!!
一、日本帝國主義者는꺼꾸러젓다 그러나그走狗輩들은남어잇다!!
一、各黨各階級層의統一戰線을妨害하는놈은누구냐? 親日走狗輩와民族反逆者들이다!!
一、파시즘의走狗輩와民族反逆者들을打倒하자!!
一、言文統一에서行動統一에로!!
一、왜놈들의土地와그走狗놈들의土地를沒收하야農民에게나누어주자!!
一、文盲은文明의敵이다!!
一、우리말우리글을사랑하자!!
一、한글을모르는것은國民의수치다!!
一、일하며배우고배우며일하자!!
一、바르게참되게씩々하게배우자!!
一、아는체말고모르는체말라!!
一、새朝鮮勞働게급團結만세!!
一、새朝鮮農民團結만세!!
一、새朝鮮勞働者農民同盟萬歲!!
一、민족統一戰線結成萬歲!!
一、朝鮮人民共和國萬歲!!
一、弱少民族의解放을가져온붉은軍隊萬歲!!
一、朝鮮共産黨萬歲!!

朝鮮共産黨北部朝鮮分局宣傳部

당·조직과 민족통일전선을 결성하고, 이를 기반으로 부르주아민주주의혁명을 추구하라고 지시하고 있었다. 치스차코프 상장은 이 같은 본국의 지시에 따라 10월 12일에 공식적으로 성명서를 발표해 "반일민주주의단체의 결성과 그 활동"을 전면적으로 허가하였다.[187] 통일전선의 주체는 10월 10일에 결성된 조선공산당 북조선분국(朝鮮共産黨 北朝鮮分局)[188]이었고, 통일전선의 대상은 조만식을 지도자로 하는 민족주의세력이었다. 소련공산당 중앙의 대북정책 상대자는 조선공산당 북조선분국에 결집한 동북항일연군 출신·고려인·국내공산주의자들이었다. 이 시기에 조선독립동맹과 조선의용군은 아직 만주에 있었다.

---

187 森田芳夫, 『朝鮮終戰の記錄』, 194쪽.

188 조선공산당 북조선분국은 1945년 10월 10일에 북한지역의 공산주의자들이 모여 개최한 서북5도 당책임자 급(及) 열성자대회의 결정에 따라 결성되었다. 북한의 공산주의자들은 해방 직후에 이미 38선 이남지역에 조선공산당이 재건되었기 때문에 1국 1당 원칙에 따라 중앙당에 속해 있는 38선 이북지역의 당조직이라는 의미로 "북조선분국"이라고 명명하였다. 「朝鮮共産黨 北部朝鮮分局設置」, 『正路』1945.11.1.

이들은 조선의용군부대를 만주에 두고 1945년 12월 13일에 개인자격으로 입북하였다.[189] 이때는 이미 북한지역에 조선공산당 북조선분국과 조선민주당(朝鮮民主黨)이 결성된 이후였다.

소련지도부의 대북정책에 따라 해방 직후에 북한지역에서 부르주아민주주의혁명이 시작되었다. 혁명의 진행상황은 1945년 12월 25일에 소련군 총정치국장 쉬킨(И. В. Шикин) 대장이 외무인민위원 몰로토프(В. М. Молотов)에게 제출한 「북조선 정세에 대한 특별조사보고서」를 통해 확인할 수 있다. 쉬킨은 이 보고서에서 당시 북한의 정세에 대해 다음과 같이 결론내렸다.

1. 스탈린이 지령한 반일 민주정당·사회단체의 광범한 연합을 기초로 한 북조선의 부르주아민주개혁은 너무 느리게 진행되고 있다.
2. 조선에서 소련군대를 철수할 경우 소련의 국가적 이익을 보장할 수 있는 공고한 경제적·정치적 진지를 북조선에서 아직 쟁취하지 못했다. 소련군정은 북조선의 민주주의 민족간부들의 성분을 충분히 파악하지 못했다. 현재 북조선에 있는 민주주의 민족간부 중에서 가장 인기가 많은 인사들은 공산당 지도자인 김일성과 박헌영, 조선민주당 지도자 조만식이다. 그러나 조만식의 소련에 대한 정치적 입장은 아직 모호하다. 민주주의 단체들을 지도할 수 있고 조선에서 우리의 이익을 고수할 수 있는 민주주의 민족간부를 양성하는 데는 아직도 4~5개월이 필요하다.
3. 가장 빠른 시일 내에 북조선 경제를 복구하고 민족간부를 양성하는 과업을 달성하려면 북조선 영토 내 정권을 중앙집권화해서 조선의 민주활동가들에게 넘겨줄 필요가 있다.
4. 대지주의 토지소유 때문에 인민민주주의운동의 발전이 지장을 받고 있다. 이러한 상황을 타개하려면 빠른 시일 안에 토지개혁을 진행해야 한다.

---

189 「해방 이후 4년간의 국내외중요일지」, 『북한관계사료집』7권, 582쪽.

5. 제25군 사령관 산하 민정기구는 북조선의 경제·정치활동을 조직할 수 있는 숙련된 간부들로 정비·강화하라. 연해주군관구와 제25군 군사회의는 소련에 대해 호의적이며 조선에서 우리의 정치적 입장을 공고히 할 수 있는 새로운 민주간부를 선정·양성하는 문제에 더 큰 관심을 기울여야 한다.[190]

쉬킨은 12월 25일 시점에 북한의 부르주아민주주의혁명 속도가 더디며 소련의 국가이익을 보장할 정치·경제적 토대가 미약하다고 분석했다. 그는 북한의 정권기관을 중앙집권화할 것, 인민민주주의운동을 발전시키기 위해 토지개혁을 실시할 것, 소련에 호의적이고 소련의 이익을 고수할 수 있는 새로운 간부를 양성할 것을 지시했다. 특히 쉬킨은 조만식의 소련에 대한 정치적 입장이 모호하다고 판단했다. 제25군사령부는 조만식에 대한 대안으로 조선독립동맹(조선의용군) 출신을 중심으로 제2정당을 창당하려고 계획했다. 제2정당 창당계획은 레베데프와 슈티코프(Т. Ф. Штыков)의 협의를 통해 진행되었다. 이들은 조만식을 포기하는 대신에 지식인·전문기술자가 많은 독립동맹·의용군의 정당 창당을 돕기로 결정했다. 당수로는 김두봉을 추대하기로 했다. 소련군사령부가 제2정당의 결성을 지원한 것은 처음부터 이들을 공산당에 흡수했을 경우에 득보다 실이 많을 것이라고 판단했기 때문이다. 슈티코프는 제2정당의 창당문제에 대해 소련공산당 중앙과 협의했다.[191]

소련군사령부가 조선독립동맹을 독자적인 정당으로 개편하려고 구상한

---

190 쉬킨, 「외무인민부위원 로조프스키 동지, 몰로토프 동지에게 보낸 북조선 정세보고서 사본」(1945.12.25), 김국후, 『평양의 소련군정』, 127~128; 135~136쪽.

191 중앙일보특별취재반 편, 『秘錄 조선민주주의인민공화국』하, 중앙일보사, 1993, 82~83쪽. 슈티코프(Терентий Фомич Штыков)는 1907년생으로, 직업기술학교를 다니다가 1929년에 볼셰비키당에 입당했다. 1936~1938년에 공장당위원회 서기와 지역소비에트 대표를 역임했고, 1939년부터 레닌그라드주당 제2서기로 활동했다. 군사경력으로는 1939년부터 소련군 제7군·레닌그라드·볼호프·까렐전선군 군사회의 위원을, 1945년 4월부터 연해주집단군·제1극동전선군·연해주군관구 군사회의 위원을 역임했다. 김광운, 『북조선실록』1권, 167쪽.

것은 이들의 경력을 긍정적으로 평가하고 있었기 때문이다. 소련군사령부의 정치고문인 발라사노프는 독립동맹을 다음과 같이 평가했다. "조선독립동맹은 1940년에 중국에서 조선의 정치망명객들에 의해 조직되었다. 이 동맹은 만주와 중국에 사는 조선인에게 신망이 높았고, 조선을 일본 식민지 노예제도에서 해방하고 조선의 민주주의 독립국가를 세우기 위한 투쟁을 전개했다. 중국에서 조선독립동맹은 팔로군과 함께 일본군과 맞서 싸웠다. 1945년 12월 중순에 조선독립동맹 지도부와 다수의 맹원들이 조선으로 귀국했다."[192] 즉, 소련군사령부는 독립동맹을 조선의 해방을 위해 투쟁한 정치가들의 집단이며 조선인들에게 신망이 높다고 평가했다.

이상에서 살펴본 바와 같이, 소련의 대북정책 목표는 궁극적으로 친소정부를 수립하는 것이었다. 그리고 친소정부의 수립방안은 북한지역의 반일적인 정당·조직들을 연합시켜 민족통일전선을 형성하고, 이를 기반으로 부르주아 민주주의혁명을 추구하는 것이었다. 통일전선의 주체는 조선공산당 북조선분국이었고, 통일전선의 대상은 조만식을 중심으로 하는 민족주의세력이었다.

---

192 발라사노프 팀(추정), 「북조선 정당·사회단체 조사보고서」, 러시아연방대외정책문서보관소(АВПР) 소장자료, 김국후, 『평양의 소련군정』, 196~197쪽.

2. 북한정치세력의 혁명론과 정치질서의 재편

북한정치세력의 국가건설론과 통일전선론

해방이 되자 국내에 있던 민족운동세력은 각 지역에서 등장해 자치기구를 설치하고 치안유지에 나섰다. 38선 이남에서는 해방된 당일인 1945년 8월 15일에 여운형(呂運亨)의 조선건국동맹(朝鮮建國同盟)과 안재홍(安在鴻)의 협력으로 건국준비위원회(建國準備委員會, 이하 건준)가 출범하였다. 건준은 8월 16일에 전국 각지의 정치범을 석방하였고, 정치범의 석방은 민족운동세력·건준·좌익의 역량을 강화시켰다. 이와 함께 각 지방에도 건준의 지방지부와 지방인민위원회가 조직되었다. 건준은 「선언」을 통해 완전한 독립국가를 건설하기 위해서 국내의 진보적·민주주의적 여러 세력이 통일전선을 펴야 한다고 주장하였다. 건준은 바로 독립국가를 건설하기 위한 통일전선체였다.[193]

조선공산당 재건운동을 펼쳤던 공산주의자들도 해방과 동시에 활동을 시작했다. 8월 16일에 조선공산당 서울계의 리영(李英)·정백(鄭栢)과 화요계의 리승엽(李承燁)·조두원(趙斗元) 등은 서울 종로에 조선공산당(일명 장안파공산당)을 재건하였다. 또한 8월 20일에 경성콤그룹의 김삼룡(金三龍)·리관술(李觀述)·리현상(李鉉相)·권오직(權五稷) 등이 중심이 되어 박헌영(朴憲永)을 지도자로 옹립하고 '조선공산당재건준비위원회'를 발족하였다. 양 조직은 코민테른 지침에 따른 재건당의 정통성 문제로 대립하다가 8월 24일에 장안파공산당이 조직을 해산하면서 통합되었다. 조선공산당은 9월 11일에 당중앙간부를 인선했는데, 정치국원으로는 박헌영, 김일성, 리주하, 무정, 강진(姜進), 최창익, 리승

---

193 서중석, 『한국현대민족운동연구-해방후 민족국가 건설운동과 통일전선』, 역사비평사, 1991, 196~201; 213~214쪽.

엽, 권오직이 임명되었다.[194] 조선공산당은 동북항일연군의 김일성, 조선독립동맹·조선의용군의 무정·최창익을 정치국원에 임명함으로써 해방 이후에 공산주의운동의 주도권을 확보하고자 하였다.

조선공산당은 9월 25일에 당중앙위원회에서 정치노선에 대한 결정으로 「현정세와 우리의 임무」(일명 8월테제)를 채택하였다. 8월테제는 1928년에 코민테른이 조선공산주의자들의 강령으로 채택한 12월테제를 거의 그대로 번안한 내용이었다.[195] 조선공산당은 해방 직후의 혁명단계를 "부르조아민주주의혁명"으로 규정하였고, "부르조아민주주의혁명이 높은 계단인 프로레타리아혁명에로 전환"되어야 한다고 주장하였다. 또한 "민족통일전선의 결성"으로 "인민정권"을 수립할 것을 주장한 반면, "민족급진주의자, 민족개량주의자, 사회개량주의자(계급운동을 포기한 일파), 사회파시스트(일제와 협력하는 변절자 일파)"를 배격해야 한다고 주장하였다.[196] 조선공산당의 통일전선론은 전체적으로 코민테른 제6차 대회에서 채택한 '계급 대 계급'노선의 연장선상에 있었다.

해방이 되자 북한지역에 있던 민족주의세력과 공산주의세력도 정치 일선에 등장하였다. 이들은 각 지역에 인민위원회를 조직하고 일본군의 무장해제, 일본인이 소유한 공장·광산·기업 등의 접수, 치안확보, 민족반역자 숙청을 시작했다.[197] 각 자치기구의 성격은 그 지방에서 전개되었던 민족운동의 성격과 밀접히 연관되어 있었고, 민족주의세력·공산주의세력의 세력판도에 의해 결정되었다. 평남·평북지역은 민족주의세력이 강했기 때문에 이들이 자치기구에 큰 영향력을 행사하였고, 함남·함북지역은 공산주의세력이 강했기 때문

---

194 金俊燁·金昌順, 『韓國共產主義運動史』5, 청계연구소, 1986, 386~396쪽.

195 이 문건이 '8월테제'라 불리는 것은 박헌영에 의해 8월 20일에 처음 작성되었기 때문이다. 서중석, 『한국현대민족운동연구』, 235~236쪽.

196 조선공산당중앙위원회, 「현정세와 우리의 임무-정치노선에 대한 결정(잠정적)」(1945.9.25), 『南勞黨研究 資料集』1輯, 高麗大學校 亞細亞問題研究所, 1974, 10~20쪽.

197 民主主義民族戰線 編輯, 『朝鮮解放一年史』, 文友印書館, 1946, 390쪽.

에 이들이 큰 영향력을 행사했다. 황해도의 자치기구는 중간형태로서 양측이 대등하게 조직되었다. 각 세력의 대표적 지역만 살펴보면, 평남지역에서는 8월 17일에 민족주의세력의 주도로 평남건국준비위원회가 결성되었다. 간부는 조만식(曺晩植, 위원장), 오윤선(吳胤善, 부위원장), 홍기주(洪箕疇, 교육부장), 한근조(韓根祖, 위원) 등 대부분 기독교인과 민족주의자였다. 함남지역은 공산주의세력이 가장 강한 지역으로, 8월 16일에 송성관(宋成寬), 김재규(金在圭), 주치욱(朱致旭) 등 공산주의자들이 함남인민위원회를 설립하였다.[198]

소련이 북한지역을 점령하자, 국내의 공산주의자들은 형무소에서 석방되거나 공개활동으로 전환해 정치활동을 재개하였다. 북한지역은 남한지역과 달리 10월 초까지 단일한 공산당조직이 결성되지 않고, 각 지역별로 공산주의자들이 당조직을 재건하고 있었다. 평양에서는 현준혁 등이 8월 17일에 조선공산당 평남지구위원회를 결성했다. 평양에서 활동을 재개한 공산주의자는 김용범(金鎔範-소련공작원), 박정애(朴正愛-소련공작원), 장시우(張時雨-화요파), 리주연(李周淵-신간회계), 장종식(張鍾植) 등이다. 평북에서는 백용구(白溶龜-화요파), 리황(李晃-신간회계) 등이 공산당지구위원회를 조직했다. 함남은 당재건활동이 가장 활발했는데, 함흥·흥남지역에서 정달헌(鄭達憲-화요파), 리봉수(李鳳洙-화요파), 주녕하(朱寧河), 오기섭(吳琪燮) 등이 당재건활동을 이끌었다. 함북 청진에서는 장순명(張順明-화요파)이 당조직을 재건하였고, 원산에서는 리주하(李舟河-적색노조계)가 당활동을 재개하였다. 황해도 해주에서는 송봉욱(宋鳳郁)이 재건활동을 펼쳤다.[199]

해방 직후에 북한지역의 국내공산주의자들은 주로 화요파와 경성콤그룹으로부터 직·간접적으로 영향을 받은 인물들이었다. 이들은 해외에서 활동한 공산주의자들이 입북하기 전까지 서울에 있는 조선공산당 중앙위원회의 당

---

198 김용복, 「해방 직후 북한 인민위원회의 조직과 활동」, 『해방전후사의 인식』5, 한길사, 1989, 202~205쪽.

199 김남식, 『남로당연구』, 돌베개, 1984, 51~52쪽.

조직 원칙을 따르고 있었다.[200] 이들 중에서 평양의 리주연과 평북의 리황 등은 신간회에서 민족통일전선을 경험한 공산주의자였다. 평양의 김용범·박정애 부부는 소련의 지시로 1935년에 국내로 밀파되어 프로핀테른 테제에 입각해 적색노동조합운동을 전개한 인물들이다. 부부는 일제에 체포되었다가 해방을 맞이해 출옥했다.[201] 이들은 소련공산당 당조직으로부터 직접 지시를 받은 인물들이었으며, 소련공산당의 정치노선을 견지하고 있었다.

해방 직후에 북한지역에서 민족주의자들과 공산주의자들이 정치활동을 재개하고 있을 때, 해외에 있던 정치세력도 일본의 항복 소식을 듣고 입국을 준비했다. 해외에 있던 정치세력 중에서 북한지역으로 입북한 이들은 소련 영내에 있던 동북항일연군, 중국 관내에 있던 조선독립동맹·조선의용군, 소련 국적의 고려인으로 나눌 수 있다.[202] 이들은 소련의 대일전 참전과 일본의 항복 소

---

200 김남식, 『남로당연구』, 51쪽.

201 金俊燁·金昌順, 『韓國共産主義運動史』5, 401쪽.

202 선행연구는 해방 직후 북한의 정치세력을 다양한 용어로 규정하였다. 스칼라피노·이정식·김준엽·김창순·서대숙은 빨치산파(김일성파), 연안파, 소련파, 국내파로 규정하였고, 브루스 커밍스도 김일성 세력, 연안파, 소련파, 국내의 공산주의자 등 4개 좌익파벌로 구분하였다. 와다 하루끼와 서동만은 만주파, 연안계, 소련계, 국내계로 규정하였다. 이와 달리 김광운은 빨치산파를 항일유격대집단으로 새롭게 규정하고 파벌·계열별 분류를 지양하였다. 선행연구는 주로 각 정치세력을 파벌이나 계열로 구분해 이해하고 있다. 그러나 이 같은 개념은 연구사적 의미가 크지만, 두 가지 우려가 있다. 첫째, 북한의 국가건설과정을 정파 간의 권력투쟁으로만 해석할 우려가 있다. 물론 각 정치세력이 권력의 헤게모니를 장악하기 위해 경쟁한 것은 사실이지만, 이들은 다른 한편으로 북한지역에 근대국가를 건설한다는 공동의 목표를 가지고 활동했다. 둘째, 북한의 국가건설과정을 소련·중국에 종속되어 전개된 것으로 이해할 여지가 많다. 각 정치세력이 소련과 중국으로부터 영향을 받은 것은 사실이지만, 해방 이후 이들의 정치활동이 소련·중국의 지시에 따라 전개된 것은 아니다. 각 정치세력은 해방 이후에 독자적으로 정치노선을 수립해서 근대국가를 수립하기 위해 분투하였다. 이 연구에서는 이를 지양하기 위해 각 정치세력을 파벌이나 계열이 아니라 해방 이전의 정치적·군사적 출신에 따라 구분하였다. 각 출신의 명칭은 역사주의에 입각해 그들이 직접 사용했던 용어를 사용하였다. 기존의 빨치산파·만주파는 동북항일연군 출신, 연안파·연안계는 조선독립동맹·조선의용군 출신, 소련계·소련파는 고려인, 국내파·국내계는 국내공산주의자로 규정하였다. 스칼라피노·이정식 저, 한홍구 역, 『한국공산주의운동사』1~2, 돌베개, 1986; 金俊燁·金昌順, 『韓國共産主義運動史』5, 청계연구소, 1986; 서대숙, 『현대 북한의 지도자-김일성과 김정일』, 을유문화사, 2000; 브루스 커밍스 지음, 김주환 옮김, 『한국전쟁의 기원』下, 靑史, 1986; 와다 하루끼, 『북조선』, 돌베개, 2002; 서동만, 『북조선사회주의체제성립사』, 선인, 2005; 김광운, 『북한정치사연구』1, 선인, 2003.

식을 듣고 각자의 활동지역에서 북한지역으로 이동했다. 이 3대 세력은 대부분 중국공산당·소련공산당 휘하의 군인들이었으며, 북한지역으로 귀국해서 건당(建黨)·건군(建軍)·건국(建國)활동을 펼치기 시작했다.

해방 당시 국내에서는 민족주의자들과 공산주의자들이 활동을 개시했고, 해외에서는 동북항일연군·조선의용군·고려인이 시차를 두고 입북해 정치활동을 개시했다. 각 정치세력은 해방 이전에 항일운동을 전개하면서 민족운동세력 내부에 이어져온 민족전선론을 수용하거나 코민테른·소련공산당·중국공산당의 인민전선론·통일전선론을 수용한 인물들이었다. 또한 북한지역에서 활동을 재개한 공산주의자들은 부르주아민주주의혁명론을 바탕으로 인민정권과 소비에트정권의 건설을 추구했던 인물들이었다.[203] 이들의 통일전선론과 국가건설론은 해방 이후 근대적 독립국가 건설노선에 직접적으로 영향을 끼쳤다.

그렇다면 각 정치세력이 해방 직후에 어떤 통일전선론과 국가건설론을 가지고 있었는지 살펴보자.[204] 첫째, 김일성을 중심으로 한 항일연군세력이 입북 직후에 자신들의 통일전선론과 국가건설론을 공식적으로 표출한 시기는 1945년 10월 13일 조선공산당 서북5도당책임자 급(及) 열성자대회였다. 김일성은 이 대회에서 "금일의 우리 과업은 쏘베트-국가 건설 안이라 인민공화국 건립이 기초임무라 할 것"이라는 건국노선을 밝혔다. 그는 "이 인민공화국을 건립함에는 무산계급 뿐 안이라 자본가·지주 할 것없이 전민족이 다-같이 일치 단결하야 통일전선을 느러야 할 것"이라고 주장했다. 김일성이 통일전선을 주장한 이유는 "당의 역량빈약이라는 주관적 조건과, 미·소·영 등 민주주의적 국

---

203 코민테른 제7차 대회에서 채택된 반파쇼인민전선론의 내용과 전개과정은 다음을 참고 바람. 김성윤 엮음, 『코민테른과 세계혁명』Ⅱ, 106~188쪽.

204 해방 직후에 동북항일연군 출신과 조선독립동맹·조선의용군 출신이 가지고 있었던 정치이념과 정세인식은 다음을 참고 바람. 김광운, 「해방 직후 북한에서의 통일전선」, 『한국사학보』11, 고려사학회, 2001, 319~348쪽; 심지연, 『朝鮮新民黨 硏究』, 동녘, 1988, 83~128쪽; 정병일, 『북조선 체제성립과 연안파 역할』, 선인, 2012, 171~208쪽.

가의 연합전선이라는 국제관계며, 북위 38도선을 경계로 한 자본주의국가 미국군과 무산계급독재의 나라 소련군이 남북에 진주"해 있기 때문이었다.[205]

김일성은 인민공화국 건설을 위해 자본가·지주 등 민족 전체가 참여할 수 있도록 통일전선을 확대해야 한다고 주장하였다. 또한 그는 조선에 수립할 국가형태에 대해 소비에트정권이 아니라 인민공화국, 즉 인민정권이라는 국가건설관을 가지고 있었다. 이 국가건설론의 바탕에는 인민민주주의혁명을 거쳐 사회주의혁명으로 나아간다는 과도기적 혁명론이 내재되어 있었다. 김일성의 통일전선론과 국가건설론은 1935년에 코민테른 제7차 대회에서 채택된 인민전선론과 인민전선정부론을 계승하고 있었다.

둘째, 조선독립동맹은 입북 직후인 1946년 1월에 발표한 『조선독립동맹 임시강령』을 통해 자신들의 통일전선론과 국가건설론을 피력하였다. 이들은 향후 수립할 국가형태를 "조선민족민주공화국"이라고 규정하였다. 그리고 이들은 민주공화국의 수립운동을 "어떠한 계급, 한 정당, 한 개인의 사업이 아니고 전민족의 사업"이라고 규정하였다. 독립동맹은 이 같은 국가건설론에 입각해 "악질적 친일분자를 제(除)한 외(外)의 전민족을 총단결하야 신조선민주공화국 건설에 매진"하겠다고 밝혔다.[206] 독립동맹은 국가건설을 "전민족의 사업"으로 규정하고 친일파를 제외한 민족 전체의 통일전선을 주장하고 있다. 이들의 통일전선론은 조선민족혁명당·조선민족전선연맹·화북조선청년연합회로 이어진 중국 관내 민족운동세력의 민족전선론의 연장선에 있었다.

그런데 독립동맹은 향후 수립할 국가형태를 각각 "조선민족민주공화국"과

---

205 김일성의 통일전선론과 국가건설론은 서북5도당책임자 급 열성자대회에서 공식적으로 인정받았다. 대회에 참석한 공산주의자들은 결정서에서 현재 혁명단계를 "사회주의혁명계단"으로 본 것을 "좌경적 오류"라고 규정하였다(金日成 將軍 述, 『民族大同團結에 對하야』, 朝鮮共產黨清津市委員會, 1946.3, 10쪽; 김광운, 『북조선실록』1권, 119쪽). 청진시위원회의 문건은 1945년 10월 13일에 서북5도당책임자 급 열성자대회에서 김일성이 연설한 내용을 내부적으로 간행한 것이다. 이 문건을 수정한 것이 다음 책에 수록되어 있다. 김일성, 「새조선건설과 민족통일전선에 대하여」(1945.10.13), 『김일성선집』1, 조선로동당출판사, 1963, 1~10쪽.

206 「朝鮮獨立同盟 臨時綱領」(1946.1), 『북한관계사료집』26권, 9~11쪽.

"신조선민주공화국"이라고 표명하고 있다. 이중 조선민족민주공화국은 1938년 조선민족전선연맹이 기본강령에서 내건 "조선민족의 진정한 민주주의 독립국가"[207]를 계승한 것으로, 부르주아민주주의혁명이 아닌 민족혁명을 지향한 것이다. 신조선민주공화국은 모택동의 「신민주주의론」에서 영향을 받은 국가형태이다. 모택동은 「신민주주의론」에서 식민지·반식민지혁명의 제1단계를 "자산계급민주주의적"이며, "혁명적 계급들간의 련합독재의 국가를 창건하는 것을 목적"으로 한다고 주장하였다. 그러나 1917년 러시아혁명 이후에 "중국 자산계급민주주의혁명"은 "혁명의 진영으로 말하면 세계무산계급사회주의혁명의 일부분"이라고 규정하였다.[208] 즉, 독립동맹의 신조선민주공화국 건설론은 신민주주의혁명을 프롤레타리아사회주의혁명의 일환으로 간주하고 있었다. 따라서 신민주주의국가가 곧 프롤레타리아독재국가이며, 소비에트정권은 더 이상 사회주의혁명의 유일한 정권형태가 아니었다. 이처럼 독립동맹의 국가건설론에는 관내 민족운동세력과 중국공산당의 국가건설론이 동시에 병존하고 있었다. 이중에서 해방 직전에 독립동맹에 가장 큰 영향을 끼친 이론은 모택동의 신민주주의론이었다.[209]

셋째, 해방 당시 국내의 공산주의자 중에서 상당수 인물들은 북한지역에서 부르주아민주주의혁명이 아니라 소비에트 질서를 모방하거나 즉각 사회주의로 이행할 것을 주장했다. 해방 직후 평양에 파견된 소련군 총정치국 제7부 차장 사포즈니코프는 9월 13일 당시 북한의 정치상황에 대한 보고에서 "지역 공산주의자들은 모든 점에서 전연방공산당(볼셰비키)을 모방하고, 적위대와 공장위원회 결성 등에 이르기까지 소비에트 질서를 모사하는 경향을 띠고 있다"

---

207 『朝鮮民族戰線』창간호, 1938.4.10, 16쪽, 韓相禱, 「中日戰爭 직후 협동전선운동과 全國聯合陣線協會」, 132쪽에서 재인용.

208 모택동, 「신민주주의론」(1940.1), 『모택동선집』2, 843~844쪽.

209 모택동의 신민주주의론은 해방 이후에 최창익의 '자산계급성 민주주의론'과 백남운의 '연합성 신민주주의론'으로 각각 재정립되었다. 정병일, 『북조선 체제성립과 연안파 역할』, 171~173쪽.

〈그림 9〉 동북항일연군과 조선독립동맹의 국가건설론

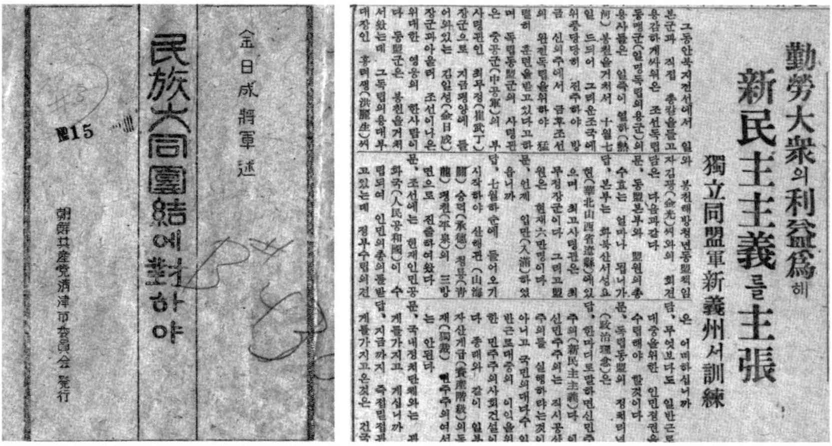

비고 김일성이 1945년 10월 13일에 밝힌 국가건설론이 수록된 책자와, 조선독립동맹이 1945년 11월에 신민주주의를 주장한 사실을 보도한 기사.

출처 NARA; 『新朝鮮報』1945.11.19.

라고 보고하였다. 게다가 공산주의자들은 소련군 진주 초기에 즉각적인 소비에트권력의 수립을 요구하기도 했다. 그들은 이를 위해 평양과 함흥 등 각지에서 무장부대를 조직해 각종 시설물을 접수하였다. 소련군사령부는 국내공산주의자들이 "일련의 오류를 범하고 있다"[210]고 지적하고 이들의 행동을 적극적으로 저지하였다. 북한지역 국내공산주의자들의 국가건설론은 여전히 1928년 코민테른 제6차 대회에서 채택한 소비에트 수립론에 머물고 있었다.

이 같은 국내공산주의자들의 계급투쟁론과 소비에트 수립론은 소련군사령부의 저지와 지도에 따라 통일전선론과 인민정부 수립론으로 선회하게 된

---

210 샤포즈니코프, 「조선의 상황」(1945.9.13), 러시아연방국방성중앙문서보관소(ЦАМО), ф. 32, оп. 11306, д. 30, л. 30; ЦАМО, ф. 32, оп. 11306, д. 682, л. 273, 기광서, 「소련군의 북한 진주와 '부르주아민주주의'노선」, 76쪽에서 재인용.

다. 국내공산주의자 중 대표적 인물인 오기섭(吳琪燮)[211]은 1945년 11월 초에 조선공산당 평양시 당원회의에서 공산당의 당면과업에 대해 "민족통일전선"에 입각해 "완전한 통일적 자주적 주권"을 수립해야 한다고 강조하였다. 그는 이를 위해 "어떠한 당파, 어떠한 단체, 어떠한 개인을 물론하고 일치단결하야 완전한 통일된 가장 민주주의적인 인민공화주권을 수립하야 될 것"이라는 입장을 공식적으로 표명하였다.[212] 그의 발언을 통해 국내공산주의자들이 11월에 이르러 민족 전체를 포괄하는 통일전선론과 인민정부 수립론을 수용하게 되었음을 알 수 있다.

넷째, 국내의 민족주의세력도 공산주의자들과 통일전선을 형성해야 한다는 정치적 입장을 가지고 있었다. 민족주의세력 중에서 다수의 인물은 해방 전에 민족통일전선체인 신간회의 간부로 활동한 사람들이었다. 조만식은 신간회 발기인이자 중앙집행위원이었으며, 평양지회 회장이었다.[213] 한근조(韓根祖)는 신간회 평양지회 부회장이었고, 김병연(金炳淵)은 평양지회 집행위원으로 활동했다.[214] 홍기주(洪箕疇)는 신간회 남포지회 부지회장이었다.[215] 한근조에 따르면, 해방 직후 평남건국준비위원회에 참여했던 사람들은 '거개가 다 신간회를 같이 하던 친구들'이었다고 한다.[216] 즉, 국내의 민족주의세력 중 상당수는 일제시기에 공산주의세력과 민족통일전선을 구축한 경험을 가지고 있었다.

---

211 오기섭은 일제시기에 함남지역에서 오랫동안 고려공산청년회 조직활동과 적색노동조합운동을 펼친 인물이다. 그는 1929년에 모스크바 동방노력자공산대학을 졸업했고, 귀국 후에는 고려공산청년회 재건활동을 하다가 1935년에 투옥되어 감옥에서 해방을 맞이했다. 그는 코민테른 제7차 대회가 개최된 1935년에 투옥되었기 때문에 제7차 대회의 인민전선론을 전달받지 못했을 것이다. 강만길·성대경, 『사회주의인명사전』, 282쪽.

212 吳琪燮, 「十月혁명紀念鬪爭總決算報告, 平壤市黨員會議에서」, 『正路』1945.11.21.

213 이균영, 『신간회연구』, 역사비평사, 1993, 101; 180; 306; 472~474쪽.

214 이균영, 『신간회연구』, 306쪽.

215 「南浦新幹大會 盛況裡終幕」, 『동아일보』1929.1.28.

216 韓根祖, 『古堂 曺晩植』, 太極出版社, 1975, 370~371쪽.

또한 해방 당시 그들은 "소련권력 하에 있으면서 공산당을 '뽀이꼳'하고서는 아무런 사업도 수행하지 못할 것을 알았다"고 한다. 이들이 통일전선을 추구한 이유는 '고려의 장래를 위하여서는 어느 정도 사회주의적인 정책이 필요하다고 건준 위원 자신들이 느꼈기 때문이었다.'[217] 조만식의 비서이자 조선민주당의 정강·정책·당헌·규약을 기안한 오영진(吳泳鎭)은 북한지역의 민족주의 세력이 통일전선과 사회주의적 정책의 필요성을 느낀 이유에 대해 다음과 같이 회고했다.

> 이조(李朝)오백년의 치세에 있어서 서북인(西北人) 불등용정책은 오늘에 와서는 이화전복(以禍轉福)이 되었으니 썩은 관료주의와 관존민비(官尊民卑)의 전통도 없고 양반상인의 봉건적인 계급도 일직이 타파되고 빈부의 현격한 차이도 없이 그들은 살아 왔다. (생략) 그러므로 이곳 주민들은 오히려 해방덕분으로 또 다시 봉건적이고 자본주의적인 사회가 오게 되지 않을까? 문벌좋은 양반이 들고치는 세도정치(勢道政治)가 온 고려를 지배하는 이상없는 나라가 출현되지나 않을가 하고 근심하였다. 빛나는 고려(高麗)를 건립하고 인민의 생활을 풍부히 하고 특권계급의 재형성을 미연에 방지할려면 각 중요부문에 있어 강력한 사회주의적인 시책과 중점적인 국가 관리가 요청됨을 무언중에 느끼고 있었다.[218]

북한의 민족주의세력은 봉건적 계급의식이 일찍 타파되고 지주제가 발달하지 않은 서북지역의 역사적 특성상, 봉건적·자본주의적 질서의 재구축을 방지하기 위해 '사회주의적 시책과 중점적인 국가관리'의 필요성을 공감하고 있었다. 하지만 이들의 사회주의·공산당에 대한 인식은 불완전하고 초보적인 수준이었다. 오영진에 따르면, "그때까지는 볼쉐비즘과 사회주의의 차이를 철저

---

217 吳泳鎭, 『하나의 證言』, 中央文化社, 1952, 74쪽.

218 吳泳鎭, 『하나의 證言』, 74~75쪽.

히 인식하지 못하였기 때문에 '협력하라'는 공산당에 대하여 그다지 심각히 염려하지도 않고 경계하지도 않았"다고 한다.[219]

동북항일연군·조선독립동맹(조선의용군)·국내공산주의자들이 구상한 국가형태는 '인민공화국, 신조선민주공화국, 민주주의적 인민공화주권' 등 각각 다른 용어로 표현되었다. 이들의 공통점은 부르주아민주주의혁명론에 입각해 있었고, 소비에트국가 수립론이 아니라 인민정부 수립론을 가지고 있었다는 점이다. 국가건설론의 차이점은 동북항일연군·국내공산주의자들이 소비에트국가로 가는 과도기로써 인민정부의 수립을 지향했다면, 조선독립동맹은 신민주주의국가를 소비에트국가의 일환으로 인식했다는 점이다. 해방 이후 북한지역에 식민지·봉건제의 잔재가 남아 있었다는 점을 상기하면, 동북항일연군 출신과 국내공산주의자들이 구상한 인민정부 수립론이 보다 현실적이었다.

이들의 또다른 차이점은 해방 이전의 경험에 있었다. 동북항일연군·조선독립동맹(조선의용군)은 해방 전에 연합군대·민족군대를 조직하였고, 중국군·소련군의 군사교리를 흡수해 군사활동을 전개하였다. 그러나 국내공산주의자들은 해방 전에 군대를 조직하거나 군인으로 활동하지 않았다. 조선의용군이 1943년 이후에 모택동의 혁명론을 수용하면서 팔로군의 일부로 변화했음에 비해, 동북항일연군은 1942년 이후에 소련공산당의 정치노선을 학습하면서 소련 극동군의 일부로 변화하였다. 해방 이후 북한에 진주한 군대가 소련 극동군이라는 사실을 생각하면, 동북항일연군의 정치적·군사적 경험과 특징은 다른 정치세력보다 건국·건당·건군활동을 전개하는 데 유리한 배경으로

219 吳泳鎭, 『하나의 證言』, 74쪽.

작용했다.[220]

또한 북한정치세력은 인민정부의 수립방법으로 '자본가·지주를 포함한 전민족의 통일전선, 악질적 친일파를 제외한 전민족의 총단결, 당파·단체·개인이 일치단결한 민족통일전선'을 구축해야 한다는 입장을 가지고 있었다. 북한의 공산주의자들은 해방 직후부터 친일파를 제외하고 민족 전체가 참여하는 민족통일전선의 구축과, 이를 통한 인민정부의 수립을 추구하였다. 그리고 북한의 민족주의자들은 점령주체인 소련군의 존재와 역사상 북한지역의 사회경제적 구조 때문에 민족통일전선과 사회주의적 정책이 필요하다는 입장을 가지고 있었다. 해방 직후 민족주의세력과 공산주의세력의 접점은 친일파를 배제하고 자본가와 지주를 포함하는 민족통일전선론이었다.

이 당시 북한의 공산주의자들이 설정한 "민족적 통일전선"은 "현단계의 조선민족의 공통되는 이익을 전취(戰取)하기 위하야 전민(全民)·내외(內外) 각 당파, 각 계급층을 한덩이로 뭉치는 투쟁"으로 정의되었다. 이들은 "일본제국주의 주구배와 강점자들의 주구배는 민족적 통일전선에서 제외되여 철저히 숙청되여야 된다"고 보았고, "이것들을 제외한 전민(全民) 각계급층, 각당파는 한덩이로 뭉"쳐야 한다는 입장을 가지고 있었다.[221] 공산주의자들은 친일파를 민족통일전선에서 배제할 뿐만 아니라 철저히 숙청해야 한다는 입장을 가지고 있었다. 그리고 민족통일전선의 대상은 친일파를 제외하고 국내외 각 계급·당파가

---

220 북한의 정치세력은 해방 이후에 정치질서의 전개과정에서 각 집단별로 독자적 세력권을 형성하고 정치활동을 전개했다. 일반적으로 한 나라의 국가건설과정은 내부적 차이나 갈등 없이 단선적으로 발전하지 않는다. 또한 각 정치세력은 역사적 활동과 경험 속에서 다른 세력과 구별되는 집단적 동질감을 가지고 있었고, 입북 이후에도 자신들의 세력권을 구축했다. 예를 들어, 항일연군 출신은 해방 이후에 김일성을 "우리 유격대의 생명"이라고 인식하고, 그에 대한 "존경심과 복종심"을 바탕으로 높은 동질감과 결속력을 가지고 있었다. 또한 조선독립동맹·조선의용군 출신은 입북 이후에 자신들의 독자적인 정당인 조선신민당을 창당해서 활동했다. 이들은 북한지역에서 자신들의 세력권을 구축하기 위해 비밀리에 결집하였다. 韓載德, 『金日成將軍凱旋記』, 54~55쪽; 최태환 구술, 박혜강 집필, 『젊은 혁명가의 초상』, 공동체, 1989, 65~67쪽.

221 「民族的 統一戰線과 그 政治思想의 動向」, 『正路』1945.11.7.

참여하는 민족 전체로 규정되었다. 이처럼 해방 당시 북한의 공산주의자들은 공통적으로 폭넓은 민족통일전선을 지향하고 있었다.

북한의 공산주의자들은 민족통일전선론을 가지고 있었을 뿐만 아니라 인민국가 수립을 추구하였다. 북조선분국은 1945년 11월 시점에 "민족통일전선"에 입각해 "민주주의적인 인민공화주권"을 수립하기 위해서는 통일전선의 기초 위에 노동계급·농민·지식층·진보적 자본가가 참여해야 한다는 입장이었다. 그리고 이를 달성하기 위한 조건으로 "쏘베트동맹에 대한 친소정책", 노동자·농민·진보적 문화인·진보적 지식인을 포괄한 통일전선의 구축, 친일적 반동분자에 대해 철저한 숙청투쟁이 필요하다고 강조하였다. 그들은 "만일 이러한 역사적 과업을 걸치지않고 조선에 사회주의혁명이니 쏘베트주권을 지금 말하는 자는 사실로 역사적 과업을 무시하고 국제정세를 모르고 국내통일을 분열식히는 반공산주의자며 트로츠키적 좌경적 기회주의자"라고 규정하였다.[222] 북조선분국에 결집한 항일연군 출신과 국내공산주의자들은 조선의 혁명단계를 사회주의혁명이 아니라 부르주아민주주의혁명으로 규정하였고, 계급적으로 유연한 통일전선을 추구하였으며, 향후 수립될 국가형태를 인민공화국으로 설정하였다.

북한지역에서 통일전선의 초기적 형태는 1945년 8월 25~26일에 출현하였다. 소련군사령부는 8월 26일에 평양건국준비위원회와 조선공산당 평남지구위원회에 각각 16인의 대표를 선출하라고 지시했고, 그 결과 평남인민정치위원회(平南人民政治委員會, 이하 평남인위)가 결성되었다. 위원장은 조만식이 맡았고, 부위원장은 산정현교회 장로 오윤선(吳胤善)과 평남지구위원회 책임비서 현준혁(玄俊赫)이 맡았다. 위원 중에서 평양건준 소속의 리주연(李周淵)과 김광진(金洸鎭)은 공산주의자였다.[223] 평남인위는 북한지역에서 최초로 결성된 좌우연합

222 吳琪燮, 「十月혁명紀念鬪爭總決算報告, 平壤市黨員會議에서」, 『正路』1945.11.21.

223 韓根祖, 『古堂 曺晩植』, 372~379쪽.

의 정치조직체였다. 소련군사령부는 스탈린이 하달한 부르주아민주주의혁명론에 따라 민족주의세력과 공산주의세력을 인위적으로 평남인위로 통합시킨 것이다. 그러나 평남인위의 세력구성은 평남건준 출신 위원 2명이 공산주의자였기 때문에 사실상 민족주의세력 14인, 공산주의세력 18인이었다. 이와같은 인적구성은 평남인위의 정책결정과정에서 민족주의세력에게 불리하게 작용하였다. 평남인위는 매번 표결로 안건을 처리했는데, 그 결과는 항상 민족주의세력의 패배로 귀착되었다.[224]

소련군사령부에 의한 좌우연합의 정치조직체는 평양뿐만 아니라 각 지방에서도 출현하였다. 예를 들어, 함경남도에서는 8월 25일에 함남공산주의자협의회와 함남건국준비위원회의 대표자들이 치스차코프 상장을 찾아가 논의한 끝에 양측을 통합해 함경남도인민위원회를 구성하기로 합의하였다. 양측은 회의를 개최해 각각 11명의 인민위원을 선출하였다. 인민위원장은 함남건국준비위원회의 도용호(都容浩)가 맡았다. 이날 치스차코프 상장의 명령에 의해 소련·일본·조선측 3자의 합동회의가 개최되었다. 함남인민위원회는 치스차코프 상장의 포고에 따라 함남도청의 기시(岸) 도지사로부터 정권을 이양받았다. 그리고 함남인민위원회 위원장은 민족주의자 도용호에서 얼마 후에 국내공산주의자 주녕하로 교체되었다.[225] 이처럼 국내의 공산주의자들은 소련군사령부의 후원 아래 해방 직후부터 북한의 정치질서를 주도하기 시작했다.

---

224 이윤영, 『白史 李允榮 回顧錄』, 史草, 1984, 113쪽.

225 이소가야 스에지(磯谷季次) 지음, 김계일 옮김, 『우리 청춘의 조선-일제하 노동운동의 기록』, 사계절, 1988, 211~212쪽; 森田芳夫, 『朝鮮終戰の記錄』, 169~171쪽. 이소가야는 일제시기에 흥남에서 태평양노동조합 활동을 전개하다가 투옥된 인물로, 해방 이후에 함흥에 남아 1946년까지 함흥일본인위원회 위원장으로 활동하였다.

조선민주당과 조선신민당의 창당 : 다당성의 창출

한편 소련군사령부와 북한의 공산주의자들은 부르주아민주주의혁명론에 입각해 공산당과 통일전선을 구축할 수 있는 민족주의정당을 창당하는 작업에 착수했다. 민족통일전선 방침에 따라 북조선분국에서 최초로 민족주의정당 창당에 개입한 인물은 김일성이었다. 그가 조만식에게 정당 창당을 정식으로 제의한 것은 10월 20일경이다. 김일성은 소련군의 뜻을 대변하는 것이라면서 조만식에게 그를 지지하는 대중을 결집해 정당을 조직할 것을 종용했다.[226] 그보다 앞선 10월 초에 소련군사령부도 민족주의세력에게 정당을 창당하라고 권고했다.[227] 김일성은 연해주군관구 정치국 제7부 부장 메글레르 중좌, 통역 강미하일 소좌와 함께 수시로 민족주의정당 결성 준비사무실이던 고려호텔을 방문해서 조만식과 창당과정을 협의했다.[228] 그리고 김일성은 민족주의정당의 창당사업에 자신의 최측근 인사를 파견했다. 그는 조만식에게 신당의 부당수로 최용건과 김책을 추천했다.[229] 양측의 협의 결과, 최종적으로 창당사업에 투입된 김일성의 측근은 김책이다. 창당사업의 실무는 조만식의 측근인 한근조와 김일성의 측근인 김책이 공동으로 맡았다.[230]

북한의 민족주의세력은 소련군사령부와 김일성의 제안을 받아들여 독자

226 金炳淵 編, 『平壤誌』, 평남민보사 古堂傳·平壤誌刊行會, 1964, 53~54쪽; 중앙일보특별취재반 편, 『秘錄 조선민주주의인민공화국』상, 중앙일보사, 1992, 101~102쪽.

227 金炳淵 編, 『平壤誌』, 51쪽.

228 吳泳鎭, 『하나의 證言』, 160쪽. 오영진은 당시 소련군 장교를 "페트로프 중좌"라고 회고했지만, 김일성 동행업무를 수행한 장교는 '메글레르'가 분명하다. 당시 대북정책에 관여한 소련장교 중에서 '페트로프'란 이름을 가진 사람은 '소련민정국 행정경리부 부부장 V. F. 페트로프 소좌'가 유일하다. 기광서, 「소련의 대한반도-북한정책 관련 기구 및 인물 분석」, 『현대북한연구』창간호, 경남대 북한대학원, 1998, 129~131; 137쪽.

229 金炳淵 編, 『平壤誌』, 54쪽; 중앙일보특별취재반 편, 『秘錄 조선민주주의인민공화국』상, 104쪽.

230 韓根祖, 『古堂 曺晩植』, 390~391쪽.

적인 정당 창당에 착수하였다. 그 결과, 1945년 11월 3일에 조선민주당이 창당되었다. 민주당은 '105인사건'을 기려 발기인으로 105명을 선정할만큼 완고한 민족주의정당이었다.[231] 당수에는 조만식이 취임했으며, 부당수에는 감리교 목사인 이윤영(李允榮)과 조만식의 오산학교 제자이자 항일연군 출신인 최용건이 취임했다. 조선민주당은 33명의 중앙상무집행위원을 선출했는데, 김책이 서기장 겸 정치부장을 맡았다.[232] 중앙위원은 김책을 제외하고 모두 민족주의세력이었다.[233] 조선민주당은 당강령에 "반일적 민주주의 각 당파와 우호협력하여 전민족의 통일을 도모"할 것이라고 명시했다.[234] 즉, 조선민주당은 창당 당시부터 공산주의자들과 동일하게 민족통일전선을 추구하였다.

북한의 공산주의자들은 민족주의정당의 창당에 협력하는 한편, 한반도의 정치질서를 주도하기 위해 북한지역에 조선공산당을 재건하였다. 이들은 1945년 10월 10일에 "서북5도당책임자 급 열성자대회"를 개최해 "조선공산당 북부조선분국"(이하 북조선분국)을 조직했다.[235] 북조선분국은 박헌영을 "조선무산계급의 지도자"로 추대했고, 해방 직후에 서울에 먼저 재건된 "조선공산당중

---

231 北韓硏究所 編, 『北韓民主統一運動史』1(平安北道篇), 北韓硏究所, 1990, 244쪽.

232 김책은 민주당에서 '金在民'이라는 가명으로 활동했다. 이 가명은 '민주당(民)에 있다(在)'라는 뜻이다. 최용건의 오산학교 동기생인 함석헌은 최용건에 대해 조만식이 오산학교에서 "안아 길러낸 사람"이라고 증언했다. 金炳淵 編, 『平壤誌』, 54쪽; 함석헌, 「"아니"라고 말할 수 있는 용기」, 고당기념사업회 편, 『고당 조만식 회상록』, 고당기념사업회, 1995, 279쪽.

233 조선민주당 중앙위원이었던 민족주의세력의 회고에서 민주당 안의 공산주의세력으로 언급되는 이는 최용건과 김책 뿐이다. 金炳淵 편, 『平壤誌』, 54쪽; 韓根祖, 『古堂 曺晩植』, 390~391쪽.

234 朝鮮民主黨, 「宣言, 綱領·政策, 規約」, 고려서림 편집부, 『(미국국립공문서관소장) 北韓解放直後極秘資料』1권, 고려서림, 1998, 18~20쪽.

235 「朝鮮共産黨 北部朝鮮分局設置」, 『正路』(創刊號), 1945.11.1. 북한은 지금도 10월 10일을 조선로동당 창건일로 기념하고 있다. 북한지역에 재건된 공산당의 조직날짜와 조직명칭에 대해서는 오랫동안 논쟁이 있었다. 자세한 내용은 다음 연구를 참고 바람. 서동만, 「'조선공산당북조선분국' 10월 10일 창설 주장에 대하여」, 『역사비평』32, 역사비평사, 1995.8, 295~308쪽; 김광운, 『북한정치사연구』1, 148~155쪽.

〈그림 10〉 조선민주당의 강령과 정책(1945.11)

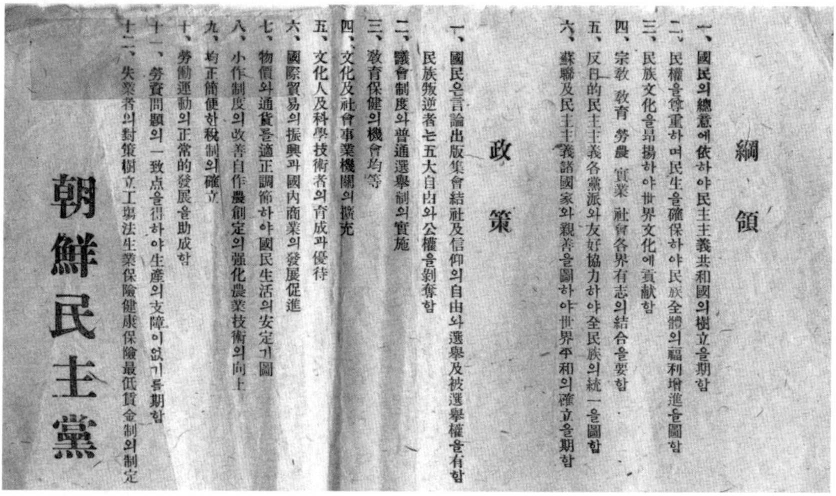

綱 領

一、國民의總意에依하야民主主義共和國의樹立을期함

二、民權을尊重하며民生을確保하야民族全體의福利增進을圖함

三、民族文化을昂揚하야世界文化에貢獻함

四、宗教 敎育 勞農 實業 社會各界有志의結合을要함

五、反日的民主主義各黨派와友好協力하야全民族의統一을圖함

六、蘇聯及民主主義諸國家와親善을圖하야世界平和의確立을期함

政 策

一、國民은言論出版集會結社及信仰의自由와選擧及被選擧權을有함
民族叛逆者는五大自由와公權을剝奪함

二、議會制度와普通選擧制의實施

三、敎育保健의機會均等

四、文化及社會事業機關의擴充

五、文化人及科學技術者의育成과優待

六、國際貿易의振興과國內商業의發展促進

七、物價와通貨를適正調節하야國民生活의安定기圖

八、小作制度의改善自作農創定의强化農業技術의向上

九、均正簡便한稅制의確立

十、勞働運動의正常的發展을助成함

十一、勞資問題의一致点을得하야生産의支障이없기를期함

十二、失業者의對策樹立工場法生業保險健康保險最低賃金制의制定

朝鮮民主黨

앙집행위원회"를 중앙당으로 인정했다.[236]

그러나 북조선분국은 1945년 12월 27일 모스크바3상회의 결정을 전후해서 점차 한반도 공산주의운동의 주도권을 장악하기 시작했다. 북조선분국은 12월 17~18일에 제3차 확대집행위원회를 개최해 당원에 대한 "사상적 급(及) 조직적 통일"을 추진하였고, 유일당증(唯一黨證) 수여사업을 시작하였다. 김일성은 이 회의에서 책임비서로 선출[237]됨으로써 북한지역 공산주의자들의 지도자로 인정받았다. 이후 북조선분국은 1946년 2월 15일에 개최한 제4차 확대집행위원회 회의를 통해 분국의 지도를 "당중앙노선"이라고 규정[238]함으로써 서울

---

236 朝鮮産業勞動調査所 編, 『옳은 路線』, 民衆新聞社出版部, 1946, 김남식 외 엮음, 『韓國現代史資料叢書』11, 돌베개, 1986, 461쪽; 朝鮮共産黨中央委員會, 「統一된 朝鮮共産黨은 再建되였다」, 고려서림 편집부, 『北韓解放直後極秘資料』1권, 7쪽.

237 「北部朝鮮党 工作의 錯誤와 缺點에 對한 決定書-朝共北朝鮮分局 中央第3次擴大執行委員會에서 決定」(1945.10.11), 『북한관계사료집』1권, 12~13쪽.

238 「'目前 黨內 情勢와 當面課業'에 關한 決定書-朝共北部朝鮮分局 中央第4次擴大執行委員會에서 決定」(1946.2.15), 『북한관계사료집』1권, 30쪽.

중앙당의 지도에서 벗어나 한반도 공산주의운동의 중앙임을 자처하였다.

공산주의자들이 정치질서를 주도하기 시작한 상황에서 1945년 12월 말에 모스크바3상회의 결정이 전달되자 북한의 민족통일전선은 급격히 변화했다. 조만식은 3상회의 결정을 전달받은 직후인 1946년 1월 2일에 조선민주당 중앙위원회를 소집해 3상회의 결정에 대한 반대입장을 표명하였다.[239] 이른바 '신탁통치문제'로 소련과 조만식의 관계는 완전히 결렬되었다. 1946년 1월 5일, 소련군의 주도로 평남인민정치위원회 긴급회의가 소집되었다. 공산주의자들이 주도한 이날 회의에서는 조만식의 강력한 반대에도 불구하고 3상회의 결정 지지성명이 통과되었다. 조만식은 이에 항의해 의장직을 사퇴하였고, 그날 바로 고려호텔에 연금되었다.[240]

조만식이 이끌던 조선민주당은 1946년부터 완전히 개편되기 시작하였다. 최용건은 1946년 1월 초에 민주당 부위원장 명의로 성명을 발표해 3상회의 결정을 반대하는 자들을 "매국노와 민족반역자"로 규정하고, 민주당 내에서 이 같은 사람들을 "근본적으로 박멸"해 당을 혁신하자고 호소하였다.[241] 조선민주당은 1946년 2월 5일에 열성자협의회를 개최해 당차원에서 "조만식씨를 수위로 한 반동적 본부를 부인"한다는 선언문과 결정서를 채택했다. 그리고 민주당 임시중앙위원회를 조직해 김일성의 친척인 강량욱(康良煜) 목사를 민주당의 임시당수로 선출하였다.[242] 조선민주당은 각 도 대표 190여 명이 참석한 가운데 2월 24일에 제1회 당대회를 개최했다. 이날 민주당은 중앙당 간부를 전면적으로 개편했는데, 보안국장 최용건이 신임 당수로 선출되었다.[243]

소련과 북한의 공산주의세력이 이처럼 조만식이 지도하던 조선민주당 중

---

239 金炳淵 편, 『平壤誌』, 55쪽; 北韓硏究所 편, 『北韓民主統一運動史』1, 278쪽.

240 金炳淵 편, 『平壤誌』, 55~56쪽; 北韓硏究所 편, 『北韓民主統一運動史』1, 278~280쪽.

241 「反動分子를 排除, 黨의 革新强化圖謀」, 『正路』1946.1.29.

242 「朝鮮民主黨 熱誠者協議會 決定書」, 『正路』1946.2.13.

243 「해방 이후 4년간의 국내외중요일지」, 『북한관계사료집』7권, 594; 598쪽.

앙위원회에 조직적으로 개입해 그 성격을 근본적으로 개편한 이유는 당시 북한지역의 여러 정당 중에서 조선민주당의 당세가 가장 컸기 때문이다. 1946년 3월 16일 현재 소련군사령부에 등록된 정당의 당원수를 보면, 조선공산당 북조선분국은 약 30,000명, 조선신민당은 11,000명, 천도교청우당은 52,959명, 조선민주당은 141,806명이었다.[244] 조선민주당은 공산당보다 4배 이상의 당원을 보유하고 있었으므로 반소적 입장인 조만식을 축출하고 민주당을 친소·친공적으로 개조하는 것은 정치질서를 주도하기 위해 무엇보다 중요한 문제였다.

조만식이 민족통일전선에서 떨어져 나가자, 반대급부로 김일성의 정치적 입지가 강화되었다. 소련은 김일성을 북한의 지도자로 내세우는 한편, 조선공산당 북조선분국과 북조선행정국을 집중적으로 지원하기 시작했다. 북조선분국과 조선독립동맹은 1946년 1월 2일에 모스크바3상회의 결정을 지지하는 공동성명서를 발표했다. 북조선행정국은 다음날인 1월 3일에 행정국장 회의를 소집해 모스크바3상회의 결정을 전적으로 지지한다는 성명서를 발표했다. 당시 조선민주당 부위원장이던 최용건은 이 성명서에서 보안국장의 직함으로 지지를 표명하였다.[245]

이와 함께 소련군사령부는 조만식계열이 떨어져 나간 민족통일전선을 확대하기 위해 민족주의세력·인텔리·소시민·자본가·종교인 등이 가입할 수 있는 새로운 정당의 창당사업을 적극 지원하였다. 조선독립동맹은 1월 15일에 「조선동포에 고함」이라는 성명서를 발표해 모스크바3상회의 결정을 지지하며, "반민족적 친일분자들을 제외한 민족통일전선 결성에 적극 참가"하겠다는 입장을 표명했다.[246] 그리고 조선독립동맹은 2월 16일에 조선신민당(朝鮮新民黨)을

---

244 「〈극비〉 소련군사령부에 등록된 북조선 정당·사회단체 명부」(1946.3.16), ЦАМО, ф. 172, оп. 614631, д. 18, лл. 5~6.

245 「朝鮮에 關한 蘇米英三國外相 모스크바會議의 決定에 對하야」·「朝鮮에 關한 蘇米英三國外相 모스크바會議의 決定에 對한 北朝鮮行政局 局長會議에서 發表한 聲明書」, 『正路』1946.1.3.

246 「朝鮮同胞에 告함-朝鮮獨立同盟 歸國 第一聲」, 『正路』1946.1.15.

창당하였다. 또한 1946년 2월 8일에는 종교정당인 북조선천도교청우당(北朝鮮天道教青友黨)이 창당되었다. 청우당은 결성 당일에 모스크바3상회의 결정을 지지하는 선언문을 발표하였다.[247] 이 천도교청우당은 2월 5일에 소련군사령부의 동의를 거쳐 결성된 정당이었다.[248]

조선신민당은 창당 선언에서 "전신 조선독립동맹의 투쟁전통을 계승·발휘할 것"이라면서 독립동맹의 후신임을 분명히 밝혔다. 창당 당시 신민당은 한반도의 정세에 대해 "현계단의 조선혁명은 자산계급성 민주주의의 발전계단"이며, 향후에 수립할 정치체제는 "신조선민주공화국"이라고 선언하였다. 이와 동시에 강령의 첫 번째로, "조선민주공화국 건립의 완성을 위하여 분투함"을 천명하였다. 또한 이들은 "민족통일전선"을 "친일분자·파쇼분자·반민주분자 등 일체 반동세력을 제외한 외의 각계급·각계층·각당·각파 급(及) 무당무파의 일체 민주역량의 집중"이라고 규정하였다.[249]

조선신민당은 독립동맹에 이어 모택동의 「신민주주의론」에 입각한 국가건설론과 관내 민족운동세력이 견지해온 국가건설론을 함께 가지고 있었다. 그러나 신민당은 독립동맹과 달리 통일전선의 배제대상에 새로 "반민주분자"를 포함시켰고, "친일분자·파쇼분자·반민주분자"를 모두 "반동세력"으로 규정하고 있다. 독립동맹의 간부들은 해방 이후에 '조선혁명'을 추진하면서 민주공화국의 건립을 반대하는 세력을 반혁명세력으로 규정하게 되었다. 신민당은 이 같은 정세인식에 입각해 "소·미·영 3국외상회의 조선문제에 대한 결정서는 조선민주정권 수립에 가장 적당한 것으로 인정하면서 우리는 능동적으로 그를 접수하야 조선민주공화국 건립을 촉진"하기로 결정하였다.[250] 조선신민당은

---

247 「해방 이후 4년간의 국내외중요일지」, 『북한관계사료집』7권, 586~588; 596~598쪽.

248 北韓研究所 편, 『北韓總覽(1945~1982년)』, 北韓研究所, 1983, 1123쪽.

249 「朝鮮新民黨(前朝鮮獨立同盟) 宣言」(1946.2.16)·「朝鮮新民黨(前朝鮮獨立同盟) 綱領」, 『북한관계사료집』 26권, 11~16쪽.

250 「朝鮮新民黨(前朝鮮獨立同盟) 宣言」(1946.2.16), 『북한관계사료집』26권, 13쪽.

조선독립동맹·조선의용군이 견지해온 민족통일전선론에서 '반민주분자'를 배제함으로써 반혁명투쟁노선으로 선회하기 시작했다.

이와 함께 조선신민당이 창당되면서 기존의 조선독립동맹·조선의용군에서 활동해온 세력은 공식적으로 2개 집단으로 분리되었다. 입북 이후 무정, 박일우, 김창만(金昌滿), 리상조(李相朝), 허정숙(許貞淑), 윤공흠(尹公欽), 고봉기(高鳳基), 양계(楊界), 하앙천(河仰天) 등은 바로 조선공산당에 입당해서 활동하였다. 이들과 달리 김두봉, 최창익, 한빈 등은 조선독립동맹의 이름을 그대로 유지하면서 정세를 살피는 한편, 한빈과 일부 간부를 서울로 보내 남한에서 정치활동을 재개하였다.[251] 그리고 김창만, 허정숙 등 조선공산당에 입당한 독립동맹·의용군 출신 중 일부 인물은 이후 북조선로동당에서 간부를 역임하면서 김일성의 지지자로 선회하였다.[252]

조선독립동맹은 1946년 2월 16일에 자신들의 정치결사체인 조선신민당을 창당하면서 조선공산당 북조선분국과 병립하게 되었다. 신민당의 지도부·중앙집행위원(해방 이전 직책)은 위원장 김두봉(주석), 부위원장 최창익·한빈(부주석), 조직부장 리유민(李維民-집행위원), 선전부장 김민산(金民山-집행위원), 비서처장 변동윤(邊東潤-북경은행 주임), 총무처장 장철(張徹-선만 공작원), 중앙집행위원 김월송(金月松-북만 공작위원), 김호(金浩-집행위원), 림해(任海, 주춘길), 방우용(方

---

251 金俊燁·金昌順, 『韓國共産主義運動史』5, 132쪽.

252 김창만은 1946년 11월에 북조선로동당 선전선동부장을 맡으면서 북한에서 김일성 영웅화작업을 선도했다. 예를 들어, 그는 1947년에 집필한 저서에서 "金隊長은 열화같은 민족애에 작열되어 있으면서도 세계역사를 옳게 통찰하고 있는 김대장이며 빨찌산의 용맹한 투사인 동시에 인민에 대한 신뢰와 동지애에 뜨거운 인간미 풍부한 김대장"이라고 찬양하였다. 허정숙은 1946년 12월에 노동당 간부부장을 맡으면서 점차 김일성 지지자로 선회했다. 그녀는 1947년 2월부터 북조선인민위원회 선전국장을 맡아 노동당 선전선동부장 김창만과 함께 김일성 영웅화작업을 주도하였다. 허정숙이 김일성 지지자로 선회한 데에는 아버지 許憲이 서대문형무소에 수감된 김책을 변호했던 인연도 작용했다. 金昌滿, 『모든 것은 조국건설에』, 勞動黨出版社, 1947.7.15, 214쪽; 『북한관계사료집』30권, 47; 63쪽; 북조선인민회의 상임위원회, 『北朝鮮人民會議 第一次會議 會議錄』, 勞動新聞社, 1947, 48쪽; 김일성, 『세기와 더불어』4권, 173쪽.

禹鏞-집행위원), 최영(崔英-연안군정학교 교원) 등이다.[253]

공산당과 신민당에서 활동한 인물들을 정확히 구분할 수는 없지만, 해방 이전의 분파투쟁 과정에서 중국공산당 중앙과 무정(武亭)의 세력에 속했던 인물들은 대체로 공산당에서, 범(汎) 북상파(北上派)에 속했던 인물들은 대체로 신민당에서 활동한 것으로 보인다. 중공 중앙과 무정 세력의 대표적인 인물은 박일우, 리권무(李權武), 리림(李林), 문정일(文正一), 박훈일(朴勳一), 방호산(方虎山), 진반수(陳斑秀), 양계, 전우(全宇), 정률성(鄭律成) 등이다. 범 북상파의 대표적인 인물은 김두봉, 최창익, 리상조, 리춘암(李春岩), 장지민(張志民), 최영, 최인(崔仁) 등이다. 북상파에 속했던 김창만·리익성·박효삼은 화북지역에서 무정세력으로 선회하였다.[254] 동북항일연군 출신과 국내공산주의자들이 해방 이후 대부분 조선공산당에 입당해 단일한 공간에서 활동했음에 비해, 독립동맹·의용군 출신은 공산당과 신민당으로 분리되어 활동하기 시작했다. 해방 이전의 분파투쟁까지 감안하면, 독립동맹·의용군 출신들이 2개 정당으로 분리된 것은 이들의 정치역량을 약화시키는 요인으로 작용하였다.

해방 이전에 조선의 공산주의자들은 각각의 통일전선론과 국가건설론

253 『朝鮮中央年鑑』(1949年版), 朝鮮中央通信社, 1949, 715쪽; 「朝鮮新民黨 中央本部 組織部 統計」, 『북한관계사료집』26권, 51~53쪽.

254 무정세력과 북상파에 속하는 인물이 명확히 구분되는 것은 아니다. 다만, 1943년 12월을 기점으로 중국공산당 중앙의 명령에 따라 군정교육을 받기 위해 연안으로 이동한 인물 중에 북상파가 많고, 그후에도 태항산에 잔류한 인물 중에 무정세력이 많다(염인호 시사). 1944년 이래 태항산에 잔류한 간부는 태항산군정학교 교장 무정, 정치교원 楊界·朴茂, 교무주임 張志民, 교무간사 朱星(공명우), 중대장 韓璟·李益星, 문화주임 金剛 등이다. 1945년까지 연안에 있던 간부는 연안군정학교 교장 김두봉, 부교장 겸 조직교육과장 박일우, 부교장 겸 대장 朴孝三, 조직교육과 부과장 朱春吉(任海)·許貞淑·鄭律成, 총무과장 朱德海, 철학교원 韓斌, 조선근대사 교원 劉文華, 사회발전사·정치경제학 교원 李鴻炎(馬春植), 崔昌益 등이다. 연안군정학교의 각 區隊에는 제1구대 구대장 趙烈光, 협리원 方虎山, 제2구대 구대장 王子仁(崔仁), 제3구대 구대장 全宇, 협리원 洪順官, 제4구대 구대장 金克, 협리원 尹公欽 등이 있었다. 李春岩도 연안에 있었다. 박일우와 조직교육과의 文正一·李林·朱革·徐輝는 태항산에서 온 간부들에 대한 간부심사를 맡았고, 方虎山·全宇 등 소련에서 유학한 인물들은 처음부터 심사대상에서 배제되었다. 따라서 이들은 중국공산당·무정과 가까운 인물로 볼 수 있다. 한편, 1942년에 국내와 만주로 파견된 吳民聲과 李相朝는 최창익의 직계인물이다. 염인호, 『조선의용군의 독립운동』, 263; 295~296; 299~300; 304~305쪽.

〈그림 11〉 조선신민당의 강령과 간부명부(1946.5)

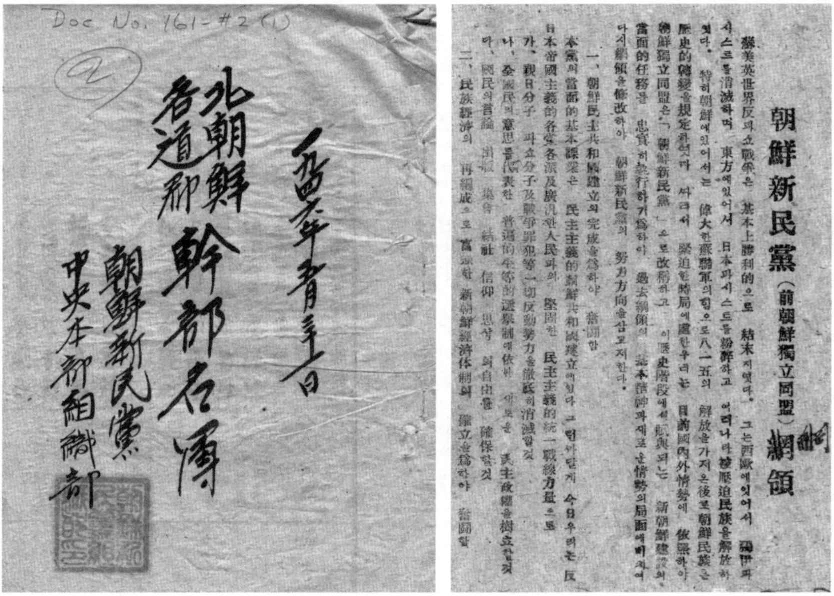

을 가지고 있었고, 이를 바탕으로 해방 이후에 인민국가 건설을 추진하였다. 동북항일연군·국내공산주의자는 주로 코민테른·소련공산당·스탈린의 혁명론·통일전선론을 수용하였다. 특히 동북항일연군은 소련시절에 소련공산당과 스탈린의 영향을 많이 받았다. 조선독립동맹·조선의용군은 중국 관내 민족운동세력의 조선혁명론·민족전선론을 계승하였고, 1943년 이후에는 중국공산당의 혁명론·통일전선론으로부터 영향을 받았다. 조선의용군은 1943년 이후에 조선민족운동세력이 지도하는 민족통일전선의 부대에서 중국공산당이 영도하는 팔로군 부대의 일부로 변화하였고, 동북항일연군은 해방 직전에 중국공산당의 군대에서 소련 극동군의 군대로 변화하였다. 조선독립동맹·조선의용군이 1943년에 분파투쟁의 과정에서 분열되었음에 비해, 동북항일연군은 민생단사건과 대토벌을 거치면서 민족의식과 상호 단결력이 강화되었다.

이상에서 살펴본 것처럼, 해방 이후에 소련과 북한의 공산주의자들은 모두 부르주아민주주의혁명론을 추구하였다. 이중 북한의 공산주의자들은 소비에트국가 수립론이 아니라 인민국가 수립론을 가지고 있었다. 또한 북한의 민족주의세력과 공산주의세력은 모두 친일파·민족반역자를 제외한 민족 전체가 참여하는 민족통일전선을 추구하였다. 동북항일연군과 국내공산주의자들은 북한의 정치질서가 출현하던 1945년 8~9월에 활동을 시작해서 조선공산당 북조선분국을 설립해 결집하였고, 당내의 논의과정을 거쳐 스탈린이 대북정책의 최고지침으로 하달한 부르주아민주주의혁명론을 수용하였다. 반면에 조선독립동맹·조선의용군은 이미 정치질서가 자리잡은 12월에 귀국해 2개 집단으로 분리되면서 그 역량이 축소되었고, 상대적으로 스탈린의 부르주아민주주의혁명론보다 모택동의 신민주주의론에 근거한 혁명론을 견지하고 있었다. 향후 각 정치세력의 운명은 1945년 12월 말에 불어온 모스크바3상회의라는 북풍(北風)에 대한 태도와 대응에 달려 있었다.

제2부

—

보안기구의 창설과 군대의 원형

1장

보안무력의 창설과 군사적 요소

1. 보안대·경비대의 창설과 창군의 주도권

동북항일연군과 조선독립동맹의 창군계획

1945년 8월 소련군이 진주하면서 북한지역에는 자생적으로 지방자치기구가 조직되었다. 자치기구의 활동은 주로 치안 확보와 일본인 재산의 접수와 관리였다. 평안남도에서는 8월 16일에 조만식 등 민족주의자들이 평남건국준비위원회를 결성하였다. 평남건준의 치안부장은 민족주의자 최능진(崔能鎭)이 맡았다. 평안북도에서는 8월 26일에 민족주의자들이 평안북도자치위원회를 결성하였고, 보안부장은 공산주의자 한웅(韓雄)이 맡았다. 함경남도에서는 8월 16일에 공산주의자들이 함경남도인민위원회를 설립하였고, 민족주의자 도용호(都容浩)가 함남건국준비위원회를 조직하였다. 황해도에서는 8월 17일에 조선공산당 황해도지구위원회가 결성되었고, 건국준비위원회 황해도지부가 결

성되었다.[1]

해방 직후 북한 각 지역에서는 지방자치기구와 함께 지방의 치안을 담당하기 위한 단체가 결성되었다. 먼저 8월 18일에 북한 각지에 "치안유지회(治安維持會)"가 조직되었다. 치안유지회는 8월 19일부터 일본인이 소유한 각 기관을 접수하기 시작했다.[2] 무장세력은 소련의 점령시점에 따라 시차를 두고 결성되었다. 함경북도에서는 8월 16일부터 보안대와 인민위원회가 조직되기 시작하였다. 함북 웅기에서는 8월 16일에 노동자를 중심으로 "인민경찰부대"가 조직되었고, 같은 날 성진에서도 조선인 보안대가 결성되었다.[3] 평안남도에서는 8월 15일에 평안남도 치안유지위원회가 결성되었고, 평양에는 조선인 적위대가 조직되었다.[4]

각 지역의 무장세력은 결성주체가 다양했다. 이 시기에 조직된 무장세력으로는 민족주의자들이 조직한 자위대(自衛隊), 국내공산주의자들이 조직한 치안대(治安隊), 소련군의 진주 이후에 각 도청 소재지를 중심으로 결성된 적위대(赤衛隊) 등 3개 세력이 있었다. 이 무장세력들은 각 지역에 난립해서 자파세력의 확장과 주도권 쟁탈을 벌여 나갔다.[5] 미군정이 파악한 정보에 따르면, 해방 직후에 북한지역의 무장단체는 대부분 공산주의자들이 주도하고 있었다. 예를 들어 함남·함북·강원지역에서는 인민보안대(People's Guards)가 우세했는데, 그 지도자는 최용건·리주봉 등 공산주의자들이었다. 평남·평북·황해도지역에서는 적위대(Red Guards)가 우세했는데, 그 지도자는 현준혁·장시우 등 모두

---

1 김용복, 「해방 직후 북한 인민위원회의 조직과 활동」, 『해방전후사의 인식』5, 202~206쪽.

2 「해방 이후 4년간의 국내외중요일지」, 『북한관계사료집』7권, 572쪽.

3 바이바코프, 「우리의 사업과 관심사는 하나」, 소련과학아카데미, 『레닌그라드로부터 평양까지』, 189~190쪽.

4 임종국, 『日本軍의 朝鮮侵略史』2, 일월서각, 1989, 162~163쪽.

5 장준익, 『북한인민군대사』, 34~35쪽.

공산주의자들이었다.[6]

해방 직후 각 지방에 등장한 보안대는 치안유지를 위해 긴급히 조직되었기 때문에 많은 문제를 야기하고 있었다. 예를 들어, 강원도의 경우 해방 직후에 보안기관이 자연발생적으로 조직되었고, 보안대원들은 대부분 친일파, 지주, 소시민으로 구성되어 있었다. 그러나 이들은 고압적으로 주민들을 대했기 때문에 일제경찰보다 더 심하다는 비난을 받았다.[7] 함경남도 함흥에서는 9월 중순에 정치적으로 훈련받지 못한 보안대원들이 함흥역에 집결한 수천 명의 일본인 피난민들을 총검으로 위협해 교외로 내쫓았다. 피난민들은 숙박시설도 없는 야외에서 오랫동안 노숙생활을 해야 했고, 그 결과 피난민들 사이에 전염병이 발병해 507명이 사망하는 사건이 발생했다.[8]

소련군사령부는 각 지역에 무장단체가 난립하고 각종 문제를 일으키자 이에 대한 관리와 통제의 필요성을 느꼈다. 제25군 사령관 치스차코프는 1945년 10월 12일자로 북한지역의 무장세력을 재편하는 명령을 하달했다. 이날 소련군사령부는 '포고 제7호'로, 「북조선 주둔 소련군 제25군 사령관 명령」을 발표했다.

---

6 HQ, FECOM, *History of the North Korean Army*, HQ, FECOM, 1952.7.31, p.8.

7 「제1회 각도 보안부 감찰과장회의록」(1946.7.16), 『북한관계사료집』9권, 269쪽.

8 이소가야 스에지, 『우리 청춘의 조선』, 228; 262쪽.

〈그림 12〉 소련군사령부 포고 제7호(1945.10.12)

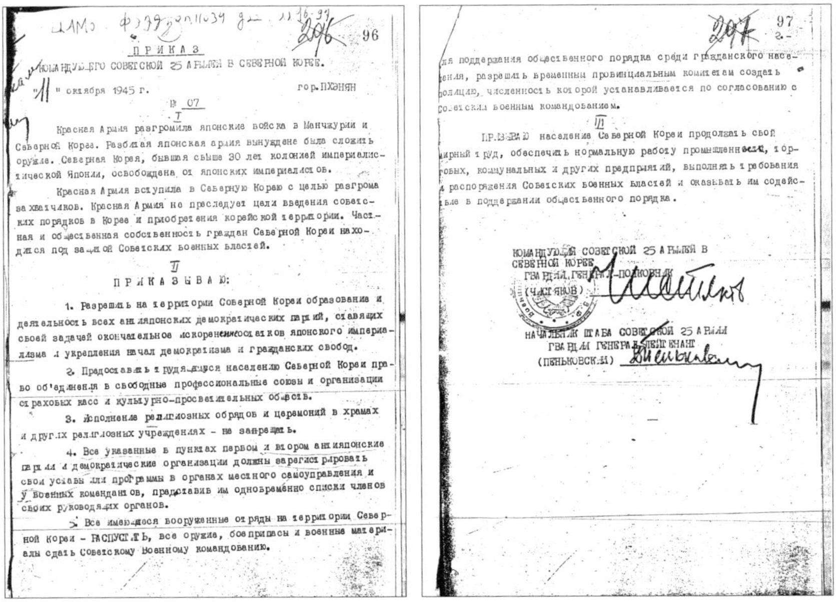

96

ПРИКАЗ

КОМАНДУЮЩЕГО СОВЕТСКОЙ 25 АРМИЕЙ В СЕВЕРНОЙ КОРЕЕ.

"11" октября 1945 г. гор. ПХЕНЯН

№ 07

I

Красная Армия разгромила японские войска в Манчжурии и Северной Корее. Разбитая японская армия вынуждена была сложить оружие. Северная Корея, бывшая свыше 30 лет колонией империалистической Японии, освобождена от японских империалистов.

Красная Армия вступила в Северную Корею с целью разгрома захватчиков. Красная Армия не преследует цели введения советских порядков в Корее и приобретения корейской территории. Частная и общественная собственность граждан Северной Кореи находится под защитой Советских военных властей.

II

ПРИКАЗЫВАЮ:

1. Разрешить на территории Северной Кореи образование и деятельность всех антияпонских демократических партий, ставящих своей задачей окончательное искоренение остатков японского империализма и укрепления начал демократизма и гражданских свобод.

2. Предоставить трудящемуся населению Северной Кореи право объединения в свободные профессиональные союзы и организации страховых касс и культурно-просветительных обществ.

3. Исполнение религиозных обрядов и церемоний в храмах и других религиозных учреждениях – не запрещать.

4. Все указанные в пунктах первом и втором антияпонские партии и демократические организации должны зарегистрировать свои уставы или программы в органах местного самоуправления и у военных комендантов, представив им одновременно списки членов своих руководящих органов.

5. Все имеющиеся вооруженные отряды на территории Северной Кореи – РАСПУСТИТЬ, все оружие, боеприпасы и военные материалы сдать Советскому Военному командованию.

97

2.-

Для поддержания общественного порядка среди гражданского населения, разрешить временным провинциальным комитетам создать полицию, численность которой устанавливается по согласованию с Советским военным командованием.

III

ПРИЗЫВАЮ население Северной Кореи продолжать свой мирный труд, обеспечить нормальную работу промышленных, торговых, коммунальных и других предприятий, выполнять требования и распоряжения Советских военных властей и оказывать им содействие в поддержании общественного порядка.

КОМАНДУЮЩИЙ СОВЕТСКОЙ 25 АРМИЕЙ В СЕВЕРНОЙ КОРЕЕ
ГВАРДИИ ГЕНЕРАЛ-ПОЛКОВНИК
(ЧИСТЯКОВ)

НАЧАЛЬНИК ШТАБА СОВЕТСКОЙ 25 АРМИИ
ГВАРДИИ ГЕНЕРАЛ-ЛЕЙТЕНАНТ
(ПЕНЬКОВСКИЙ)

ⓒ 러시아연방국방성중앙문서보관소(ЦАМО)

이 명령서에서 무장세력에 관한 결정사항이 담긴 부분은 제5항이다. 그 내용은 다음과 같다.

1. 북조선지역 내에 있는 모든 무장대를 해산시킬 것.
1. 모든 무기·탄약·군용물자를 군위수사령관에게 바칠 것.
1. 주민 중에서 사회질서를 유지하기 위하여 임시 도위원회는 소련사령부와 협의 아래 정해진 인원수의 보안대를 유지함을 허가함.[9]

---

9 북조선주둔 소련군 제25군 사령관 치스차코프 근위상장, 「북조선주둔 소련군 제25군 사령관 명령」(1945.10.11), 러시아연방국방성중앙문서보관소(ЦАМО), ф. 379, оп. 11034, д. 22, лл. 96~97.

소련군사령부의 포고에 따라 북한지역의 모든 무장세력은 10월 12일을 기점으로 해산되고 그들이 무장했던 일제무기는 소련군 위수사령부에 반납되었으며, 새로운 군사조직으로 보안대가 편성되었다.[10]

소련군사령부는 1945년 10월 21일에 다시 포고를 발표해 기존 무장대에서 우수한 자 2,000명을 선발하여 진남포에 "보안대대(保安大隊)"를 창설하였다. 보안대대 창설을 시작으로 북한지역 6개 도에 각각 "도보안대(道保安隊)"를 창설하고, 도내의 내무서 소재지에 주둔시켰다. 각 도보안대는 도의 치안과 경비를 담당하였다. 보안대대와 도보안대의 무기와 장비는 기관총 등 경장비였다. 이 부대의 간부는 이후에 북조선중앙보안간부학교에서 소련군 고문의 감독 아래 정치사상교육을 받은 공산당원이 배치되었다.[11]

1945년 10월 시점까지 무장세력 재편의 규정력은 소련군사령부에 있었다. 해방 이후에 국내에서 활동을 시작한 정치세력들은 각지에 무장세력을 창설하였으나, 이 무장세력은 10월 12일에 소련군사령관의 명령으로 모두 해산되었다. 소련군사령부는 이를 대신해 각 도인민위원회 산하에 도 보안대와 보안대대를 창설하였다. 도 보안대와 보안대대는 소련군사령부의 주도로 창설되었고, 국내에서 활동을 시작한 정치세력들이 창설과정에 협조하였다. 해외에서 입북한 정치세력들은 아직까지 이 무장세력에 영향력을 미치지 못하고 있었다. 소련군이 진주한 동유럽국가에서도 모든 방면의 통치권은 소련군사령부가 가지고 있었다. 예컨대, 소련군이 진주한 헝가리에서는 해방 이후인 1944년 12월에 연립정부가 수립되었지만, 실질적인 통치권은 연합군통제위원회(Allied Control Commission) 의장인 소련의 보로실로프(Klimant Voroshilov)가 장악하고 있었다.[12]

해방 직후 북한지역에 등장한 정치세력 중에서 무력 창설에 가장 큰 관심

---

10 국방부 전사편찬위원회, 『한국전쟁사』1(해방과 건군), 전사편찬위원회, 1967, 673~674쪽.

11 佐佐木春隆 著, 姜昶求 譯, 『韓國戰秘史』中卷, 兵學社, 1977, 22쪽.

12 金達中 編, 『헝가리 · 유고슬라비아-政治 · 經濟 · 社會文化 構造와 政策』, 法文社, 1988, 27쪽.

을 가진 세력은 공산주의자들이었다. 조선의 공산주의자들은 해방 이전부터 마르크스·레닌주의를 수용하였는데, 레닌은 일찍이 『국가와 혁명』에서 혁명을 위해 피억압계급의 군대를 창설하는 것이 중요하다고 강조하였다. 즉, "국가 기구를 파괴하는 모든 혁명은 피억압계급이 착취자가 아닌 피착취자에게 봉사할 수 있는 새로운 종류의 조직을 만들어내려고 어떻게 노력하는가"에 달려 있다고 보았다.[13] 또한 스탈린은 혁명을 보위하기 위해서 "완전한 노동자=농민의 군대, 즉 엄격한 규률이 있는 정규군을 창설"해야 한다고 강조하였다.[14] 레닌·스탈린의 혁명론을 수용한 공산주의자들은 해방 직후부터 노동자·농민 등 기본계급의 무력을 창설하는 데 깊은 관심을 기울였다.

북한지역의 주요정치세력 중에서 가장 먼저 무력 창설을 준비한 세력은 동북항일연군 출신이다. 김일성은 입북하기 직전인 1945년 8월 20일에 소련 영내에서 동북항일연군의 조선인 대원들에게 해방 이후 건국(建國)·건당(建黨)·건군(建軍)의 3대 당면과업을 제기하였다고 한다. 김일성은 '혁명무력 건설이 국가와 인민의 생사존망과 관련되는 매우 중요한 문제이므로 항일연군 출신 중에서 지도적 핵심간부들은 모두 창군사업에 직접 참가해야 한다'는 입장을 밝혔다. 그는 이들에게 해방된 지역에서 모든 힘을 다해 마르크스·레닌주의 사상으로 무장한 정규화된 혁명군대를 조속히 창설해야 한다고 강조하였다.[15]

항일연군 출신은 이 같은 창군계획에 따라 9월 19일에 원산으로 입북한 즉시 각 지역에 공작원을 파견해 각종 민간군사조직을 결성했다. 예를 들어 항일연군 출신은 평양과 강계에서 핵심청년들로 "국가재산보호대"를 조직해 철

---

13 레닌 지음, 문성원·안규남 옮김, 『국가와 혁명』, 돌베개, 1992, 22쪽; 브·이·레닌, 『국가와 혁명』, 외국문서적출판부(모쓰크바), 1949, 21쪽.

14 「로씨아共産黨第八次大會에서 陳述한 軍事問題에 關한 演說中에서」(1919.3.21), 『戰爭·暴動 및 平和에 關한 레닌, 쓰딸린의 著作들中에서』, 勞動黨出版社, 1950.5.10, 473쪽.

15 김일성, 「해방된 조국에서의 당, 국가 및 무력 건설에 대하여」(1945.8.20), 『김일성전집』2권, 조선로동당출판사, 1992, 1~2; 14~16쪽; 김광운, 『북조선실록』1권, 11~21쪽.

도, 다리, 공장, 기업소 등을 경비하였다. 강원도 철원에서는 노동자·빈고농(貧雇農)을 중심으로 민병대, 공안대, 보안대, 경비대 등 보안기관과 자위대, 적위대, 자치대, 보위대, 사회질서유지대 등 각종 민간군사조직을 결성하였다.[16]

항일연군 출신들이 입북 직후부터 군사조직을 결성할 수 있었던 배경은 이들이 소련군사령부가 북한의 주요 도·시 소재지에 설치한 위수사령부 부사령관으로 입북했기 때문이다. 소련 극동군은 1945년 7월 6일에 제88독립여단의 조선인들을 입북시킬 계획을 수립했고, 전체 조선인 103명의 입북을 명령했다. 극동군은 예하부대에 조선인 47명을 북한의 도·시 위수사령부 부사령관으로, 15명을 군정사령부와 위수사령부 통역관으로, 37명을 지방 자위대와 기타 기관에 이용하라고 지시하였다. 특히 제1대대장 김일성 대위를 평양시 부사령관, 제1대대 정치부대대장 김책 대위를 함흥시 부사령관, 제2대대장 강건을 청진시 부사령관으로 각각 임명하라고 지시했다.[17]

항일연군 출신은 소련군 위수사령부의 부사령관 자격으로 각 지역에 배치되었기 때문에 소련군과 협력 하에 군사조직을 결성할 수 있었다. 항일연군 출신들의 이 같은 지위는 다른 정치세력에 비해 창군사업을 주도하는 기반으로 작용했다. 동북항일연군 출신의 군사적 특징은 중국 홍군과 소련 적군의 군사교리를 모두 습득하였고, 만주와 극동에서 직접 유격전과 첩보전을 수행했다는 점이다. 특히 이들은 1941년 이후부터 소련 극동군의 일원으로 활동했기 때문에 소련군의 정치사상적·군사적 특징을 잘 알고 있었다.

무엇보다 항일연군 출신의 가장 큰 자산은 이들의 지도자인 김일성이 소련 극동군과 국내에 이미 군사지도자로 널리 알려져 있었다는 점이다. 앞에

---

16 태병렬·오찬복, 『태양을 모시고 60년』, 금성청년출판사, 1997, 190~191쪽. 태병렬은 원산에 도착해서 철원군 공작원으로 파견된 인물이다.

17 소련군 극동사령부 참모부 정찰부대장 소장 치브린, 제2극동전선 참모부 정찰부대 부부대장 대좌 안쿠지노프, 「소련원수 바실레프스키 앞」(1945.7.6), ЦАМО, ф. 2, оп. 19121, д. 2, лл. 3~4, 김국후, 『평양의 소련군정』, 54~55쪽에서 재인용.

서 살펴본 것처럼, 김일성은 제88독립여단시절에 극동군으로부터 군사지휘관으로 높이 평가받았으며, 1937년 보천보전투를 계기로 국내에도 널리 알려져 있었다. 이로 인해 그는 해방 직후부터 남한에서 독립정부의 국방장관으로 거론되고 있었으며, 1945년 11월의 여론조사 결과에서도 이청천(李靑天)과 김원봉(金元鳳)을 뛰어넘어 독립정부의 군무부장으로 가장 많은 지지를 받고 있었다.[18]

항일연군 출신들이 각 지역에 군사조직을 결성하기 시작한 지 2개월이 지난 시점에 조선의용군 총사령부와 조선독립동맹 지도부가 입북했다. 1차 입북자들은 총 40명으로 1945년 12월 1일에 입북하였다. 이들은 입북 직후에 바로 정치활동을 개시하지 않고 정세를 살피고 있었다.[19] 조선독립동맹·조선의용군 출신은 항일연군 출신과 달리 해방 직후에 중국 동북지역을 혁명기지로 육성해 "신민주주의공화국"을 수립한다는 건국노선을 가지고 있었다. 대표적으로 김두봉은 1945년 8월 15일 연안에서 동북으로 출발하는 조선혁명군정학교 학생들에게 "이번 출발임무는 조선국내로 진격하는 소련 적군과 함께 일본파시스트를 소멸하고 조선인민을 해방하는 것"이며, "중국과 유사한(相似) 신민주주의공화국의 신조선"을 수립하는 것이라고 연설하였다.[20] 즉, 독립동맹은 해방

---

18 보천보전투는 전투 당일인 1937년 6월 5일에 『동아일보』가 호외를 발행해 전투상황을 보도했으며, 총독부의 기관지인 『매일신보』가 6월 8일과 6월 13일에 연이어 보도하면서 김일성의 이름이 조선인들에게 널리 알려졌다(「普天堡襲擊速報」, 『동아일보』1937.6.5(호외); 「惠山鎭『今村』部隊와 滿洲國軍이 聯合追擊」, 『매일신보』, 1937.6.8; 「金日成一派와 遭遇한 滿洲國軍의 奮戰」, 『매일신보』, 1937.6.13). 미군 제24군단이 1945년 9월 17일 입수한 정부 각료명단에 따르면, 대통령은 김구, 수상은 이승만, 외무장관은 여운형, 국방장관은 김일성이 거론되고 있었다(HQ, USAFIK, *History of the United States Army Forces in Korea*, 국사편찬위원회 편, 『주한미군사』1, 158쪽). 남한의 선구회(先驅會)본부가 1945년 10월 10일부터 11월 9일까지 진행한 '조선지도인물'에 대한 여론조사 결과를 보면, 독립정부의 군무부장으로 김일성 309표, 김원봉 98표, 이청천 78표, 김규식 27표 등의 지지를 받았다. 先驅會, 「朝鮮指導人物 輿論調査發表」, 『先驅』1945년 12월호, 先驅會本部, 1945, 김남식 외 엮음, 『韓國現代史資料叢書』7, 돌베개, 1986, 669쪽.

19 民戰事務局 編, 『朝鮮解放年報(1946年版)』, 文友印書館, 1946, 146쪽.

20 「朝鮮革命軍政學校 學員整裝待發」(1945.8.15), 楊昭全 等編, 『關內地區朝鮮人反日獨立運動資料滙編(1919-1945)』下冊, 1187쪽.

당시 모택동의 신민주주의혁명론에 입각한 국가건설론을 가지고 있었다.

조선의용군과 조선독립동맹은 만주로 진출한 1945년 11~12월에 "동북혁명기지론(東北革命基地論)"을 천명하고 동북지방을 "조선혁명의 병참(兵站)기지"로 활용하려고 계획했다. 이들은 소련군이 동북지방에서 억류하고 있는 50,000명 이상의 일본군 군인·군속출신 조선인 청년들을 청년운동을 통해 정신적으로 무장시켜 군대를 창설한다는 계획을 수립했다. 그리고 중국공산당(팔로군)의 동북지역에 대한 영도력, 독립동맹(조선의용군)과 중국공산당(팔로군)의 관계, 혁명군을 배양할 수 있는 동북지역 300만 동포의 역량을 바탕으로 동북지역을 혁명기지로 육성해서 이를 기반으로 "조선혁명"을 완수한다는 건국노선을 수립했다.[21]

조선독립동맹·조선의용군 출신들이 건국의 정치적·군사적 배경으로 설정한 주체는 소련공산당(소련군)이 아니라 중국공산당(팔로군)이었고, 조선혁명의 기지로 설정한 지역은 북한지역이 아니라 동북지역이었다. 이들은 조선의용군을 중심으로 일본군 군인·군속출신 조선인 청년들을 결집해 국가건설에 필요한 군대를 창설하고자 구상했다. 그러나 이들의 건국·창군계획은 1945년 8월 14일에 체결된 중·소우호동맹조약으로 인해 변경될 수밖에 없었다. 소련은 중국국민당과 체결한 이 조약에 따라 만주지역에서 중국공산당의 무장부대 창설을 금지했고, 조선인 무장부대의 입북도 금지했다.[22] 조선의용군 출신은 동북혁명기지론에 입각해 창군계획을 수립했지만, 이들의 창군계획은 만주·북한지역의 규정력이었던 소련의 허가와 지지를 받지 못함에 따라 실현되지 못했다.

---

21 朱明, 「建國青年運動論-陣營內의 討論을 爲한 草案」(1945.11~12), 『북한관계사료집』26권, 37~40쪽.

22 대표적으로 길림주둔 소련적군사령부는 1945년 11월 중순에 길림지구의 공산당이 공개적으로 무장부대를 조직하는 것과 조선의용군 제5지대 제7대대가 길림시에 주둔하는 것을 금지했다. 구림상 외, 「화전군정학교」, 길림성정협·연변조선족자치주정협 문사자료위원회 편, 『길림조선족』, 연변인민출판사, 1995, 497쪽.

이와 함께 조선의용군 출신은 북한의 정치질서가 재편된 이후인 12월에 입북했기 때문에 항일연군 출신에 비해 뒤늦게 창군사업에 참여했다. 조선의용군 간부들이 입북하기 두 달 전인 10월 10일에는 조선공산당 북조선분국이 창설되었고, 11월 3일에는 민족주의정당인 조선민주당이 창당되었다. 입북 이전에 이미 공산주의세력과 민족주의세력은 당을 조직하고 정치질서와 창군사업을 주도하고 있었다. 특히 이들이 입북했을 때는 항일연군 출신들이 이미 지방에 파견되어 지방당조직의 정비작업을 일정정도 완료한 시점이었다.[23] 입북 시기의 지연, 소련군사령부의 불허, 무장부대의 미귀환은 조선의용군 출신이 정치활동과 창군사업을 전개하는 데 불리하게 작용했다.

조선의용군 출신의 군사적 특징은 1938년 조선의용대 창설 이래 7년간 중국국민당군대와 중국공산당군대의 군사교리를 습득하였고, 1943년 이후에 팔로군총사령부의 지휘계통에 편입되었다는 점이다. 이들은 1943년 이후부터 주로 중국공산당군대의 군사교리를 습득한 반면, 소련군의 군사교리에는 익숙치 않은 인물들이었다. 이들의 정치적·군사적 이점은 만주에 남긴 조선의용군 부대가 계속 확장하고 있었다는 점이다. 1945년 9월 만주 도착 당시에 2,500명이었던 조선의용군의 병력은 10월에는 이미 5,000명으로 증가했다.[24] 향후 정세 변화에 따라 이들의 입북이 실현된다면 의용군 출신들의 정치적·군사적 입지는 확대될 가능성이 높았다.

항일연군 출신이나 조선의용군 출신과 달리 고려인들은 1945년 말까지 창군사업에 직접 투입되지 않았다. 이들은 주로 제25군사령부의 지시에 따라 소련군의 점령통치를 보조하고 북한의 정치질서를 구축하는 임무를 수행했다. 스탈린의 긴급동원령에 따라 1945년 12월까지 북한에 들어온 고려인은 총 152명이다. 1945년 8월 말부터 12월까지 평양에 도착한 고려인들은 모두 평양

---

23 박병엽 구술, 유영구·정창현 엮음, 『조선민주주의인민공화국의 탄생』, 선인, 2010, 108쪽.

24 HQ, FECOM, *History of the North Korean Army*, p.6.

에 주둔한 소련군 제25군에 배속되었고, 평양에 있는 소련군사령부와 도·시에 설치된 위수사령부에 배치되었다.[25] 1946년 봄까지 입북한 고려인들은 대부분 제25군사령부와 각 지역 위수사령부에 통역으로 배치되었고, 일부만 제25군 사령부 정치부 제7국에 배치되었다.[26] 해방 이후 입북한 고려인은 총 500명에 달했다.[27]

고려인들은 해방 이전까지 단일한 정치조직이나 군사조직에서 활동하지 않았고, 여러 집단으로 나뉘어 개별적으로 입북했기 때문에 독자적인 건국노선과 창군계획을 가지고 있지 않았다. 이들에게는 주로 소련군사령부의 점령통치를 보조하는 임무가 부여되었다. 고려인들의 주요임무는 현지 주민과 소련군 사령부의 연계를 보장하고, 북한에서 통역을 전담하며, 소련군이 장악한 지역에서 선전사업을 수행하는 것이었다.[28] 이들은 입북 전에 소련 국가보안인민위원회(NKGB)[29]에서 엄격한 검열을 받았으며, 소련공산당 중앙위원회가 부여한 임무를 받고 북한에 파견되었다.[30] 이들은 소련의 공산주의를 북한에 전파하

---

25 김국후, 『평양의 카레이스키 엘리트들』, 47쪽.

26 제7국은 소련군 총정치국계통의 정치담당부서로서 북한지역에서 소련군사령부의 한글기관지 『조선신문』 발행 등 특수선전활동을 펼쳤다. 제7국에 배치된 대표적인 고려인은 강미하일(강용구) 소좌와 오기찬 대위이다. 안드레이 란코프 저, 김광린 역, 『소련의 자료로 본 북한현대정치사』, 오름, 1999, 71; 141쪽.

27 입북한 고려인의 총인원에 대한 자료와 연구성과는 다음을 참고 바람. 우동현, 「1945~1950년 재북 소련계 조선인의 활동과 성격」, 서울대학교 국사학과 석사학위논문, 2016, 7~8쪽.

28 안드레이 란코프, 「1945-1948년의 북한」, 『한국과 국제정치』10-1, 경남대 극동문제연구소, 1994, 151쪽.

29 원문에는 "КГБ"(KGB, 국가보안위원회)로 서술되어 있다. 소련의 방첩·첩보기관인 국가보안위원회는 1954년에 신설되었고, 1946년 당시에는 국가보안인민위원회(НКГБ, Народный Комиссариат Государственной Безопасности)였다.

30 Ж. Г. Сон(송잔나), *Советские корейцы и КНДР(1946-1948)*: (고려인과 조선민주주의인민공화국), Корё Сарам(http://koryo-saram.ru/sovetskie-korejtsy-i-kndr-1946-1948), 2019.1.1. 이 논문은 모스크바고등경제대학의 송잔나가 러시아홈페이지 '고려사람'에 공개한 것이다. 이 논문은 러시아연방국립사회정치사문서보관소(РГАСПИ)의 자료를 토대로 작성되었다(박창희 번역).

는 기수(standard bearers)로서 활동했다.[31]

고려인들의 군사적 특징은 강상호(姜尙昊)·한일무(韓一武)·김봉률(金鳳律)·리종인(李宗仁) 등 소련 극동군과 제88독립여단에 소속되었던 일부 인물을 제외하고 군사경험이 전혀 없었다는 점이다. 그 이유는 소련군에 소속된 고려인 군인들이 1937~1938년의 대숙청과정에서 대부분 희생되었기 때문이다.[32] 입북한 고려인들은 주로 우즈베키스탄과 카자흐스탄에서 문학가·교사·예술인·기술자로 활동했거나 당·정권기관·청년동맹·꼴호즈(Колхоз)에서 간부로 활동했던 인물들이었다.[33] 고려인들은 3대 정치세력 중에서 군사경력이 가장 적은 집단이었다.

동북항일연군 출신은 해방 이전부터 창군계획을 수립하고 3대 정치세력 중에서 1945년 9월에 가장 먼저 입북했다. 이들은 해방 직후에 정치질서의 형성과정에 참여하였고 가장 먼저 창군사업을 주도하였다. 이와 달리 조선의용군 출신은 중국 동북지역 중심으로 창군계획을 수립하였고, 북한의 정치질서가 재편된 이후에 입북하였다. 고려인들은 독자적인 창군계획을 수립하지 못한 채 개별적으로 입북하였다. 그리고 의용군 출신과 고려인들은 1945년 말까지 창군사업에 직접적으로 관여하지 않았다. 특히 항일연군 출신과 고려인은 모두 소련군의 점령통치기구인 위수사령부에 배치되었지만, 위수사령부 부사령관으로 임명된 항일연군 출신의 직위가 더 높았다. 각 정치세력은 창군계획·입북시점·정치적 입지가 달랐고, 이것은 창군사업의 주도권과 참여정도에 직접적인 영향을 끼쳤다.

---

31 HQ, FECOM, *History of the North Korean Army*, p.10.

32 안드레이 란코프, 『소련의 자료로 본 북한현대정치사』, 149쪽.

33 김국후, 『평양의 카레이스키 엘리트들』, 43~48쪽.

보안기구의 창설방향과 창설과정

해외에서 입북한 정치세력과 국내의 공산주의자들은 소련군사령부의 점령정책에 협조하면서 북한지역 무장단체의 재편과정에 참여했다. 북한의 무장단체는 10월 12일에 소련군사령부의 명령에 따라 재편되기 시작해 11월 초순에 전체적인 조직체계를 갖추었다. 무장단체의 재편 결과는 북조선임시인민위원회 보안국이 작성한 「북조선보안사업총결보고」에서 확인할 수 있다. 총결보고에 따르면, 1945년 11월 초순에 북조선행정국의 수립과 함께 자위대·적위대·치안대가 해산되고 "인민보안부·인민보안서"로 재편성되었다. 그리고 보안기관들을 유기적이며 통일적으로 지도하는 행정기구로 "북조선인민보안국"이 창설되었다.[34] 북한 각지에 조직된 치안대·자위대·적위대 중 가장 오랫동안 존속했던 단체는 적위대(赤衛隊)이다. 적위대는 공식적으로 1945년 10월 21일에 "사명완수로 해산"되었다.[35]

해방 직후에 창설된 보안무력 중에서 북한 전체 지역에 조직된 무력은 보안부와 보안서였다. 각 도인민위원회에는 보안부가 조직되었고 각 시·군인민위원회에는 보안서가 설치되었다.[36] 또한 각 시·군 보안서 예하에는 보안분서가 설치되었다.[37] 각 도 보안부에는 보안부의 직속무력으로 "부(部)경비대"가 조직되었고, 각 시·군 보안서에는 보안서의 직속무력으로 "서(署)경비대"가 조직되었다.[38] 보안부와 보안서는 각 지방인민위원회의 행정부서 중 하나였다. 보안부와 보안서는 각 도·시·군에 설치된 소련군 위수사령부를 도와 지역의 치안유

---

34 북조선인민보안국, 『北朝鮮保安事業總結報告』, 북조선인민보안국, 1946.11.19, NARA, RG 242, SA 2010, Box 미상, Item 150, 국립중앙도서관 소장 노획문서.

35 「해방 이후 4년간의 국내외중요일지」, 『북한관계사료집』7권, 578쪽.

36 「第2回 各道 保安部長會議錄」(1946.7.3), 『북한관계사료집』9권, 230쪽.

37 「保安機構秘密文書取扱規定」(1947.2.1), 『북한관계사료집』9권, 64쪽.

38 「第2回 各道 保安部長會議錄」(1946.7.3), 『북한관계사료집』9권, 237쪽.

〈그림 13〉 북조선보안사업총결보고(1946.11.19)

지를 담당했다.

이 시기까지 북한지역에 조직된 보안대의 무장은 경찰수준이었다. 북한정치세력이 해방 직후에 군대 창설이 아니라 보안대 창설에 머문 이유는 미·소 합의에 의한 임시정부 수립 이전까지 정규군을 창설할 수 없었기 때문이다.[39] 소련지도부의 입장에서도 미·소 합의에 의한 한반도문제 해결을 염두에 둔 상태에서 미국을 자극할 수 있는 본격적인 무력양성을 허가하기 어려웠다.[40]

이와 같은 상황에서 김일성은 군대를 창설하기 위한 구상과 준비를 시작했다. 그는 11월 14일에 연해주군관구 군사위원 슈티코프 상장을 만난 자리에서 군사학교의 설립문제를 제기했다. 그는 군(郡)인민위원회 산하에 청년 정치

---

39 김광운, 『북한정치사연구』1, 571쪽.

40 기광서, 「북한 무력 형성과 북소관계」, 『中蘇硏究』28-3, 한양대 아태지역연구센터, 2004, 219쪽.

학교를 설립하는 것과, 정치학교의 주요과목을 군사교육으로 설정해 줄 것을 요청했다. 김일성의 구상에 따르면, 이 정치학교의 목적은 향후 친공산당적 무력에 필요한 간부를 양성하는 것이었다. 김일성의 요구에 대해 슈티코프의 반응은 적극적이었다. 그는 소련공산당 정치국 위원 말렌코프(Г. М. Маленков)에게 정치학교의 설립을 허가하고, 프로그램 작성과 교원 구성, 학습 및 실물교재(무기기재 등) 등을 북한의 공산당 조직에 원조하는 것이 합리적이라고 설명하였다.[41]

김일성은 슈티코프를 만난 지 3일 뒤인 11월 17일, 군사학교 창설요원과 지방당 간부들을 소집해 군대 창설과 군사간부 양성의 중요성을 설명하였다. 그는 독립국가를 건설하기 위해서는 무엇보다 정규군의 창설이 중요하며, 이를 위해서 시급히 군사간부를 양성해야 한다고 강조했다. 김일성은 이들에게 "향후 건설될 정규군대의 핵심간부를 양성하기 위한 기관"을 설립해 빠른 시일 내에 정규군의 골간이 될 군사·정치간부를 양성하라고 지시하였다.[42]

1945년 11월 중순 시점에 군대창설의 주도권은 소련군사령부에 있었다. 하지만 김일성도 군대창설을 구상하고 군사학교를 설립해 이곳에서 창군요원을 양성할 계획을 수립하였다. 그는 향후 독립국가를 건설하기 위해서는 반드시 군대를 창설해야 한다고 인식하고 있었다. 조선의용군 출신은 김일성이 창군계획을 구체화한 11월 시점까지 입북하지 않았고, 고려인들은 소련군사령부에 배치되어 점령업무를 보조하고 있었다. 따라서 북한지역의 창군사업은 동북항일연군 출신에 의해 시작되었다.

김일성은 직접 소련군사령부에 군사부문에 대한 원조를 요청하였다. 군사부문에 관한 김일성의 요청사항은 제25군사령부가 아닌 연해주군관구에서

---

41 「스티코프가 말렌코프에게 보낸 조선 정치상황에 관한 보고」, ЦАМО, ф. 172, оп. 614631, д. 23, лл. 4~5, 기광서, 「북한 무력 형성과 북소관계」, 219쪽에서 재인용.

42 김일성, 「평양학원을 창립할데 대하여-평양학원 터전을 정하면서 학원 및 지방당일군들과 한 담화」(1945.11.17), 『김일성전집』2권, 276~277쪽.

처리되었다.[43] 제25군사령부는 군사정책에 관해 대체로 연해주군관구에 전달하는 경로로만 활용되었다. 북한의 창군사업은 김일성 측의 독자적인 필요성에 따라, 또는 소련군사령부와 사전 협의를 거쳐 진행되었다. 김일성은 때로 슈티코프와 직접적인 협의를 통해 자신의 계획과 구상을 관철시키려고 노력하였다.[44]

북한정치세력은 1945년 말부터 두 가지 방향으로 무력 창설을 준비하기 시작했다. 첫째, 북조선행정국의 행정부서 중 하나로 보안국을 조직하고 육·해·공군의 모체가 되는 각종 보안무력을 육성하기 시작했다. 이들은 1945년 말부터 보안간부훈련소, 38경비보안대, 국경경비대, 철도경비대, 수상경비대를 조직하여 보안국이 관할하도록 하였다.[45] 이와 동시에 해방 직후 북한 전역에 창설된 도·시·군·면의 보안대도 보안국이 관할하도록 하였다. 그리고 1945년 12월 15일에는 공군 창설을 준비하기 위해 소련군 당국의 원조 아래 민간항공단체인 조선항공협회를 결성하였다.[46]

둘째, 북한정치세력은 정규군의 기간이 될 군사간부 양성을 추진했다. 이들은 군관양성기관으로 1946년 1월 3일에 평양학원(平壤學院)을 창설하였고, 1946년 7월 8일에 북조선중앙보안간부학교(北朝鮮中央保安幹部學校)를 창설하였다.[47] 북한정치세력은 소련이 정규군 창설을 허가하지 않는 상황에서 군관양성기관과 경비부대를 조직해서 먼저 군사간부와 병력을 육성하려고 구상했다.

---

43 연해주군관구는 1945년 9월 10일에 만들어졌으며, 북한과 중국 요동지역을 포함해 연해주(沿海州, Приморский кра)를 관할했다. 군관구사령부는 보로실로프(현재 우수리스크)에 위치했다. 사령관은 메레츠코프(К. А. Мерецков)였고, 1947년부터 비류조프(С. С. Бирюзов)가 맡았다. 연해주군관구는 1953년 4월 23일에 해체되어 극동군관구로 편입되었다. 김광운, 『북조선실록』1권, 70쪽.

44 기광서, 『북한 국가의 형성과 소련』, 선인, 2018, 444쪽.

45 김선호, 「해방직후 북한 보안국의 조직과 활동」, 『역사와현실』86, 한국역사연구회, 2012.12, 306~308쪽.

46 「航空事業에 新生面 朝鮮航空協會 誕生」, 『正路』1945.12.21; 김선호, 「북한 공군 창설과정을 통해 본 식민지 유산의 연속과 단절」, 『현대북한연구』15-2, 북한대학원대학교 북한미시연구소, 2012.8, 258쪽.

47 김광운, 『북한정치사연구』1, 472~479쪽.

북한에서 중앙행정기관이 관할하는 독립적인 경비부대가 창설된 시기는 1946년 3월이다. 소련군사령부와 북한정치세력이 1946년 3월 시점에 무력 창설을 시작한 것은 한반도에서 전개된 정세변화 때문이다. 첫째, 모스크바3상회의 결정에 따라 1946년 1월부터 한반도의 통일정부 수립을 위해 미·소 간에 협의가 시작되었다. 1월 16일부터 "쏘·미군사령관 대표회의"가 서울에서 개최되었다. 양측은 부분적인 문제를 먼저 토의했고, 결정을 미리 준비하기 위하여 미·소 대표위원으로 각 분과위원회를 조직하였다.[48] 미·소 간에 독립정부 수립 논의가 시작되자 독립정부의 기간이 될 무력 창설의 필요성이 제기되었다.

그런데 무력 창설 준비 당시 북한정치세력과 소련 사이에는 의견차이가 있었다. 김일성에 따르면, 당시 소련 외무성에서 북한의 무력 창설에 이견을 드러냈다고 한다. 그 이유는 북한에 이미 소련군이 주둔하고 있으며, 독자적인 무력 창설이 간접적으로 소련군의 철수를 요구하는 것이라고 보았기 때문이다.[49] 소련 외무성이 우려한 것은 북한지역의 여론이 아니라 미국과 남한정치세력의 여론이었다. 한반도를 분할점령하고 있는 상황에서 북한지역에 조선인들이 지휘하는 무력을 창설하는 것은 모스크바3상회의의 결정을 위반하는 것이며, 미·소공동위원회가 진행되는 상황에서 미국측의 항의를 불러일으킬 수 있는 문제였다. 그러나 외무성의 견해는 북한지역에 친소정부를 수립한다는 소련의 대북정책 차원에서 내부적으로 정리되었을 것이다.

둘째, 무력 창설은 북한지역에 중앙행정기관이 조직된 상황과 관련 있다. 1946년 2월 8일에 북한지역에는 북조선임시인민위원회(北朝鮮臨時人民委員會)가 설립되었다.[50] 북한정치세력이 임시인민위원회를 설립한 이유는 "지금까지 북조선에는 각 국들의 사업의 방향을 인도하며 지도할 유일한 북조선중앙주권기

48 「해방 이후 4년간의 국내외중요일지」, 『북한관계사료집』7권, 595쪽.

49 김일성, 「현시기 나라를 자주적으로 발전시키는데서 나서는 몇가지 문제에 대하여-남북조선공산당 책임일군협의회에서 한 연설」(1946.6.26), 『김일성전집』3권, 조선로동당출판사, 1992, 514; 520쪽.

50 「해방 이후 4년간의 국내외중요일지」, 『북한관계사료집』7권, 594쪽.

관"이 없었기 때문이다.[51] 김일성은 임시인민위원회 결성대회에서 "민족통일전선의 기초위에 장차에 세워질 민주주의 조선임시정부 건립을 촉성하기 위해" 임시인민위원회를 설립했다고 밝혔다. 2월 9일에 진행된 임시인민위원회 위원 선거에서는 김일성이 위원장, 김두봉이 부위원장, 강량욱이 서기장으로 선출되었다.[52] 임시인민위원회의 사업 중에서 가장 중대한 과업은 "지방에 있는 지방정치기관들을 튼튼히 하여 그로부터 친일파와 반민주주의적 분자들을 숙청"하는 것이었다.[53] 북한정치세력은 모스크바3상회의 결정에 따라 향후 수립될 독립정부에 대비해 임시인민위원회를 설립하였고, 이 중앙행정기관을 보위할 무력이 필요하게 되었다. 또한 지방정권기관을 강화하고 친일파·반민주분자를 숙청하기 위해서는 무엇보다 강력한 무력이 뒷받침되어야 했다.

셋째, 북한지역에서 3월 시점에 무력 창설이 시작된 것은 남한지역에서 진행되던 창군작업과 밀접히 연관되어 있다. 미군정은 1945년 10월 31일 시점에 "국방(National Defence)을 위한 준비가 정부[미군정]의 가장 우선적 임무 중 하나"라고 인식하고, 군대 창설을 관할할 군정부서를 준비하기 시작했다. 그리고 11월 13일에 군정부서로 국방사령부(國防司令部, Office of the Director of National Defense)를 설치하고 쉬크 준장을 국방사령관에 임명하였다. 국방사령부 내에는 군무국(軍務局, Bureau of Armed Forces)과 경무국(警務局, Bureau of Police)이 설치되었고, 군사업무를 담당하는 군무국에는 육군부와 해군부가 신설되었다.[54] 국방사령부는 창설 직후부터 남한지역 국방력의 조직·편성·훈련을 위한 준비업무

---

51 김일성, 「目前 朝鮮政治形勢와 北朝鮮人民委員會의 組織問題에 關한 報告-1946년 2월 8일 北朝鮮民主主義 各政黨·社會團體·行政局·人民委員會 代表 擴大協議會 席上에서」, 『金日成將軍 重要論文集』, 北朝鮮勞動黨出版社, 1948.1.20, 7~9쪽.

52 「해방 이후 4년간의 국내외중요일지」, 『북한관계사료집』7권, 594쪽.

53 金日成, 「目前 朝鮮政治情勢와 北朝鮮臨時人民委員會의 組織問題에 關한 報告」(1946.2.8), 『正路』 1946.2.10.

54 Robert K. Sawyer, *Military advisors in Korea: KMAG in peace and war*, Office of the Chief of Military History, Dept. of the Army, 1962, pp.9~10.

에 착수하였다.

또한 미군정은 12월 말에 남한의 각 도에 25,000명 규모의 경찰예비대를 창설하는 뱀부계획(Bamboo Plan)을 수립했다. 이 계획에 따라 1946년 1월 15일에 "남조선국방경비대(南朝鮮國防警備隊)"가 창설되었다. 미군정은 2월 7일에 국방경비대를 지휘하기 위해 남조선국방경비대총사령부를 설치하고, 초대 사령관에 마셜 중령을 임명하였다.[55] 국방경비대가 경찰예비대로 규정되었음에도 불구하고, 미군정은 군대와 동일하게 국방경비대를 독자적으로 지휘하는 총사령부를 조직하였다.

미군정 사령관 하지(John R. Hodge) 중장은 처음부터 국방경비대를 단순히 치안유지의 보조기구가 아니라 향후 국가건설에 필요한 국군으로 창설하려고 구상했다.[56] 남한의 정치세력은 더 나아가 국방경비대가 향후 국군의 모체가 될 것이므로 "국군예비대(國軍豫備隊)"로 명명하자고 주장했다. 그러나 미군정이 군정체제 아래에서 국군을 전면에 내세울 수 없다고 주장해 국방경비대로 결정되었다.[57] 그리고 남조선국방경비대총사령부의 총사령관은 1946년 2월 22일에 마샬 중령에서 만주군의(軍醫)학교 특임(特任) 출신인 원용덕(元容德)으로 교체되었다.[58]

미군정은 1945년 11월 시점에 이미 향후 국가건설에 필요한 국군을 창설하려고 구상했으며, 군대를 관할하는 국방사령부와 군무국을 조직했다. 그리고 1946년 1월에는 군대의 모체인 국방경비대와 이를 지휘하는 총사령부를 설치했다. 각 군사기구의 책임자는 미군 장교가 맡았지만, 간부와 대원들은 모두 조선인들이었다. 따라서 미군정은 1946년을 전후해 국방사령부·국방경비대를

---

55 백기인, 『建軍史』, 국방부 군사편찬연구소, 2002, 134~145쪽.

56 노영기, 『1945~50년 한국군의 형성과 성격』, 성균관대학교 사학과 박사학위논문, 2008, 34~35쪽.

57 韓鎔源, 『創軍』, 博英社, 1984, 70쪽.

58 국방부 전사편찬위원회, 『한국전쟁사』1, 269쪽; 丁一權·金錫範, 『滿洲國軍誌』, 미간행, 1987, 48쪽.

창설함으로써 사실상 남한에 군대를 건설하기 시작하였다. 이 같은 남한지역의 움직임은 소련군사령부와 북한정치세력에게 군대 창설을 가속화할 필요성을 자극했을 것이다.

미·소공동위원회의 개시, 북조선임시인민위원회의 출현, 남한의 무력 창설에 따라 북한정치세력들은 본격적으로 자체적인 무력을 창설하기 시작했다. 조선공산당 북조선분국은 1946년 3월 4일에 제5차 확대집행위원회를 개최해 무력 창설에 대한 일련의 정책을 결정하였다. 이 결정에 따라 북조선임시인민위원회는 국경, 38선, 철도를 경비하기 위해 보안대 창설을 추진하였다.[59] 즉, 북한지역의 창군사업은 1946년 3월에 시작되었다.

한편 북조선분국은 1945년 12월 17~18일에 제3차 확대집행위원회를 개최해 당간부를 새로 선출한 바 있다. 이 회의에서 김일성은 책임비서로 선출되었으며, 당 집행위원으로 항일연군 출신 김일성, 국내공산주의자 김용범·오기섭, 조선의용군 출신 무정 등 19명이 선출되었다.[60] 그리고 북한정치세력은 1946년 2월 8일에 임시 중앙행정기관으로 북조선임시인민위원회를 설립했다. 임시인민위원회는 2월 9일에 26명의 위원을 선출하였다. 무력을 주관하는 임시인민위원회 보안국장은 항일연군 출신 최용건이 유임되었다. 26명의 위원 중 21명은 해방 이후에 국내에서 활동을 재개한 인물들이었고, 김일성, 최용건, 김두봉, 무정, 방우용(方禹鏞) 등 5명은 해방 이후에 입북한 정치세력이었다.[61]

---

59 「조선공산당북선분국 제5차 집행위원회 결정서」(1946.3.4), 한림대학교 아시아문화연구소 편, 『朝鮮共産黨文件資料集(1945-46)』, 한림대학교 출판부, 1993, 223쪽; 김광운, 『북한정치사연구』1, 570쪽.

60 「分局責任秘書에 金日成同志就任」, 『正路』1945.12.21.

61 「當面한 諸問題를 解決, 將建될 臨時政府促成」, 『正路』1946.2.10. 북조선임시인민위원회 행정부서의 책임자는 다음과 같다. 보안국장 최용건, 산업국장 리문환, 교통국장 한희진(후임 허남희), 농림국장 리순근, 상업국장 한동찬(후임 장시우), 체신국장 조영렬, 재정국장 리봉수, 교육국장 장종식, 보건국장 윤기녕, 사법국장 최용달, 기획부장 정진태(후임 박성규), 선전부장 오기섭(후임 리청원), 총무부장 리주연이다. 이 중에서 교통국장 한희진은 1946년 8월 17일 임시인민위원회 제13차 회의에서 철도사고의 책임을 지고 물러났고, 상업국장 한동찬은 9월 16일에 진남포에서 배를 타고 월남했다. 김광운, 『북한정치사연구』1, 267~268쪽.

북한의 공산주의자들은 1945년 12월부터 북조선분국을 중심으로 정치질서를 주도하기 시작했다. 이들은 1946년 2월에 북조선임시인민위원회에 진출해 위원장과 부위원장을 맡아 임시인민위원회의 지휘부를 장악했다. 그리고 북조선행정국 보안국장에 이어 북조선임시인민위원회의 보안국장을 맡아 북한지역의 보안기구를 장악하였다. 무엇보다 김일성은 1946년 2월 시점에 조선공산당 북조선분국 책임비서와 임시인민위원회 위원장을 겸임함으로써 당과 정권기관의 지도자를 동시에 맡게 되었다. 김일성과 최용건이 당·정권기관·보안기구의 책임자가 된 것은 항일연군 출신들이 북한의 정치질서를 주도적으로 전개할 수 있는 기반으로 작용했다.

1946년 3월 1일, 무력 창설을 위해 소련군사령부와 북한정치세력의 합동회의가 평양에서 개최되었다. 이 회의는 보안기구를 강화하고, 향후 정규군을 창설하기 위한 양측의 합동회의였다.[62] 회의 참석자는 미군자료에 "최용건 보안국장, 김성구, 김무정, 김새우, 유우일이 참가했다"라고 기록되어 있다. 소련군사령부에서는 제25군사령부 참모부 대표자들과 민정국(民政局) 대표자들이 참석했다. 북한측 참석자 중 세 명의 이름은 잘못 기록되어 있다. 김성구는 하바로프스크에서 김일성과 함께 유격대 훈련을 받았다고 기록되어 있는데, 정확한 이름은 김성국(金成國)이다. 김새우는 연안 출신으로 기록되어 있는데, 정확한 이름은 김웅(金雄)이다.[63] 유우일은 후에 보안간부훈련대대부(保安幹部訓練大隊部) 문화 부사령관을 맡은 인물로 기록되어 있는데, 그의 이름은 김일(金一)이다.[64]

즉, 북한측 참석자는 최용건, 김일, 김성국, 무정, 김웅이다. 항일연군 출신의 최용건·김일·김성국과 의용군 출신의 무정·김웅은 해방 이후에 최초로 소

---

62 HQ, FECOM, *History of the North Korean Army*, pp.11~12.

63 HQ, USAFIK, *ISNK*, No.39(1947.6.15~6.30), 한림대 아시아문화연구소 편, 『駐韓美軍北韓情報要約(이하 북한정보요약)』2, 한림대 아시아문화연구소, 1989, 210쪽. 『駐韓美軍北韓情報要約』은 다음부터 편찬자를 생략한다.

64 HQ, USAFIK, *ISNK*, No.39(1947.6.15~6.30), 『북한정보요약』2, 212쪽.

〈그림 14〉 북조선분국 제3차 확대집행위원회 결정서(1945.12.18)

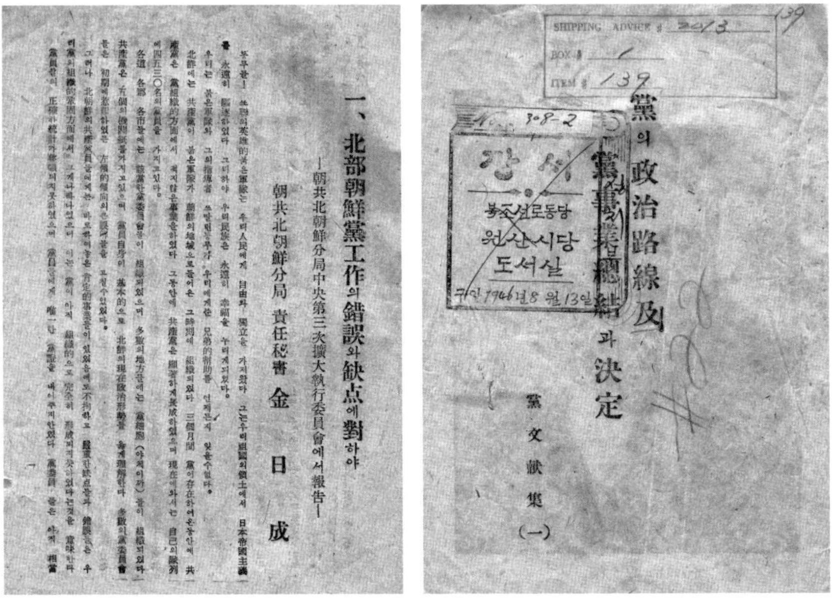
一、北部朝鮮黨工作의錯誤와缺点에對하야

—朝共北朝鮮分局中央第三次擴大執行委員會에서報告—

朝共北朝鮮分局 責任秘書 金日成

黨의政治路線及黨事業總結과決定

黨文獻集(一)

련군사령부와 함께 창군사업을 구상하고 주도한 인물들이다. 창군 구상에는 고려인이나 국내공산주의자들이 참여하지 않았다. 제88독립여단시기에 최용건은 부참모장을 역임했고, 김일은 군사능력을 인정받아 상위계급을 받았던 인물이다. 김성국은 소련군 병사였으나 군사능력을 높이 평가받아 입북 직전에 극동군사령부로부터 장교 칭호를 수여받았던 인물이다.[65] 이 가운데 핵심인물은 최용건과 김일이었다.

무정은 조선의용군 사령관을 역임했고, 김웅은 조선의용군 제1지대장을 역임했다. 두 명은 조선의용군의 최고위급 군사간부였다. 특히 무정은 해방 직후부터 1946년 3월 시점까지 북한지역의 주민들로부터 정치적·군사적 지도자

---

65 1945년 8월 29일에 소련 극동군사령부로부터 장교 칭호를 수여받은 인물 17명 중에서 병사계급은 김성국·김진명·박장춘 밖에 없었다. 이들 중에 김성국만 입북하였다. 김국후, 『평양의 소련군정』, 61~64쪽.

로서 큰 지지를 받았다. 그는 조선의용군 출신들이 조선공산당 북조선분국의 도당(道黨)에 포진한 황해도지역에서 "위대한 아버지"로 불려졌다. 또한 북조선분국의 기관지 『정로』를 비롯해 북한의 신문과 잡지에 무정의 항일경력이 상세히 보도되었다. 무정은 해방 직후에 남한지역에서도 조선공산당 중앙위원 중 한명으로 이름이 올려지기도 했다.[66] 조선의용군 부사령관을 역임한 박일우는 당시에 북조선공산당에서 활동하고 있었다. 결국 인민군 창설계획은 항일연군 출신과 의용군 출신이 주도했으며, 핵심인물은 최용건·김일·무정·김웅이었다.

합동회의의 주요안건은 보안간부훈련소를 설립하는 문제와, 보안간부훈련소의 설립에 선행되어야 할 단계였다. 먼저 양측은 새로운 경비부대로 특별경비대를 창설하기로 결정했다. 이 부대는 평안남도에서만 활동하며, 향후에 창설될 철도경비대의 모체였다. 특별경비대에는 평양학원 제1기 졸업생을 배치하기로 했다. 모병을 위한 절차는 조선공산당 북조선분국과 조선신민당 중앙위원회에서 만들기로 결정했다. 다음으로 만주에 있는 조선의용군의 간부와 병사들을 입북시키기로 합의했다. 이들이 귀국하면 먼저 철도경비대에 배치하고, 보안간부훈련소가 설치되면 그곳으로 재배치하기로 결정했다. 그중에서도 장교들을 먼저 입북시켜 철도경비대에 배치하고, 1946년 여름에 사병들을 입북시켜 철도경비대를 확편하기로 결정했다. 그후 철도경비대를 보안간부훈련소로 통합하기로 합의했다.[67]

특별경비대가 창설되자, 대장은 김성국이 임명되었다.[68] 그는 항일연군측 창군주체인 김일성·김일(金一)과 밀접히 연관된 인물이었다. 김성국은 1937년에 동북항일연군 제1로군 제2군에 입대했는데, 그의 입대를 추천한 사람이 바

---

66 북한지역에서 무정에 대한 선전선동을 주도한 인물은 북조선분국 선전선동부장 김창만과 황해도당 선전부장 정률성이다. 안문석, 『무정 평전』, 159~167쪽.

67 HQ, USAFIK, *ISNK*, No.39(1947.6.15~6.30), 『북한정보요약』2, 210쪽.

68 김광운, 『북한정치사연구』1, 53쪽.

로 김일이다. 김성국의 부친 김상현은 조국광복회 회원으로 김일과 함께 간삼봉지역에서 활동하였다. 또한 김일성과 김일은 김성국이 중국공산당에 입당할 때 입당보증인이었다.[69] 즉, 철도경비대의 모체인 특별경비대의 대장은 김일성의 직계인물이 맡았다.

소련군사령부와 북한정치세력이 1946년 3월의 창설회의를 통해 합의한 창군절차는 '특별경비대 창설 → 철도경비대 창설 → 철도경비대 확편 → 보안간부훈련소로 통합'이었다. 양측은 먼저 행정기관을 경비할 부대를 조직하고, 이를 바탕으로 기반시설과 지역통치를 보장할 철도경비대를 창설하며, 이 부대와 군관양성기관을 통합해 군대의 모체를 창설하기로 결정하였다. 3월 1일 합동회의의 결과에 따라 3월 4일에 북조선분국에서 제5차 확대집행위원회를 개최하였고, 이후 본격적으로 각종 경비부대가 창설되기 시작했다.

철도경비대·38경비보안대·국경경비대의 창설

첫째, 북한지역에서 가장 먼저 창설된 보안무력은 철도경비대였다. 철도경비대는 철로와 철도역, 철도시설을 경비하기 위한 무장부대이다. 일제가 건설한 철도는 북한을 점령한 소련군에게 병력 이동과 군수물자 수송을 위해 필수적인 기간시설이었다. 소련군과 북한정치세력은 북한 전역을 연결하는 철도교통망을 중시해 다른 보안무력보다 먼저 철도경비대를 창설했다. 이와 함께 김일성도 1945년 12월 7일에 보안국장 최용건과 특별경비대 대장 김성국을 만나서 철도경비대를 조직하라고 지시했다. 그는 이미 조직된 특별경비대에서 2개 중대의 인원을 선발해 철도경비대를 창설하고, 철도경비대가 완편되면 소련군

---

69 김일성, 『세기와 더불어』 6권, 243~245쪽.

사령부로부터 철도경비임무를 완전히 인수하라고 지시했다.[70] 보안국 내부자료에 따르면, 철도경비대가 창설된 정확한 날짜는 1946년 1월 5일이다.[71] 창설 시기를 보면, 철도경비대는 북·소 간의 합동회의와 북조선분국의 제5차 확대 집행위원회 회의에 앞서 창설되었다. 또한 김일성이 보안국장 최용건에게 철도경비대 창설을 지시한 지 한 달도 안된 시점이었다. 창설 당시 철도경비대는 특별경비대에서 선발한 인원으로 편성한 2개 중대 규모였다. 이 철도경비대를 이후에 완편된 철도경비대와 구별하기 위해 편의상 제1기 철도경비대로 부르기로 한다.

제1기 철도경비대는 북한지역에서 최초로 조직된 독립무력이었다. 제1기 철도경비대의 창설은 군대창설과정에서 중요한 의미를 가지고 있다. 무엇보다 철도경비대의 창설은 군대창설의 출발점이었다. 소련군사령부와 북한정치세력은 1946년 1월 5일에 철도경비대를 창설함으로써 창군계획을 처음으로 실행하였다. 제1기 철도경비대는 소련군사령부의 주도로 창설되었다. 김일성이 1945년 12월 7일에 철도경비대 창설을 지시했지만, 조선인이 주도하는 철도경비대는 한 달 만에 창설될 수 없었다. 북한정치세력은 특별경비대에서 2개 중대를 차출해 철도경비대를 조직하고 여기에 평양학원 제1기 졸업생을 투입할 계획이었다.[72] 이 계획을 달성하기 위해서는 최소 몇 달이 필요했다. 즉, 소련군사령부는 1월 5일에 점령통치의 기간이 되는 철도교통을 보호하기 위해 철도경비대를 창설하였고, 북한정치세력은 철도경비대가 창설된 같은 날에 향후 창군사업에 투입할 군사간부와 정치간부를 양성하기 위해 평양학원을 개원하

---

70 김일성, 「철도경비대를 조직할데 대하여」(1945.12.7), 『김일성전집』2권, 405~406쪽.

71 북조선인민보안국, 『北朝鮮保安事業總結報告』, 1946.11.19. 한편, 1949년에 발간된 「해방 이후 4년간의 국내외중요일지」에는 1946년 1월 11일에 "철도경비대"가 "탄생"했다고 기록되어 있다. 보안국의 내부자료가 보다 정확하다고 판단된다. 「해방 이후 4년간의 국내외중요일지」, 『북한관계사료집』7권, 588쪽.

72 HQ, USAFIK, *ISNK*, No.39(1947.6.15~6.30), 『북한정보요약』2, 210쪽.

였다.[73] 이후부터 북한정치세력은 제1기 철도경비대를 모체로 철도요충지에 보안간부훈련소를 창설하기 시작하였고, 친공산주의적 청년들을 선발해 평양학원에서 군사간부와 정치간부로 육성하였다.

철도경비대의 본부는 평양에 설치되었고, 예하부대는 총 13개 중대로 편성되었다. 철도경비대의 중대는 평북의 강계, 평남의 양덕·상삼봉(은산군)·신성천(성천군), 강원도의 원산, 황해도의 해주·사리원, 함남의 함흥·신포·단천, 함북의 성진·길주에 주둔하였다. 철도경비대의 기본 장비는 일본제 99식 소총이었고, 훈련은 모두 군사훈련으로 진행되었다.[74]

1946년 4월, 북한정치세력은 소련군이 창설한 철도경비대를 개편할 구체적인 계획을 수립했다. 4월에 북조선임시인민위원회 지도부와 보안국 수뇌부의 합동회의가 평양에서 개최되었다. 회의 참석자들은 6월에 특별경비대를 개편해서 철도경비대를 조직하기로 결정했다. 이것은 3월 1일에 개최된 북·소 합동회의의 결정에 따른 후속조치였다. 제2기 철도경비대는 1946년 6월 1일에 조직되었다. 제2기 철도경비대 대장은 국내공산주의자인 문종목(文宗穆)이 맡았다. 철도경비대 대원들은 공산당과 산하단체에 의해 모집되었다. 그리고 6월과 7월 사이에 조선의용군 간부들이 북한에 도착하기 시작했고, 도착 즉시 철도경비대 훈련소에 배치되었다. 대원들은 8월에 도착하기 시작했다.[75] 북·소 합동회의에서 결정한 특별경비대의 전환, 철도경비대의 창설, 조선의용군의 입북이 실행된 것이다.

철도경비대는 1946년 3월 1일자 북·소 합동회의의 결정에 따라 보안간부훈련소와 통합하기로 예정되어 있었다. 북한정치세력은 철도경비대를 창설하기 위해 많은 간부를 투입했다. 제2기 철도경비대의 창설요원으로는 항일연

---

73 「해방 이후 4년간의 국내외중요일지」, 『북한관계사료집』7권, 588쪽.

74 佐佐木春隆, 『韓國戰秘史』中卷, 24쪽.

75 HQ, USAFIK, *ISNK*, No.39(1947.6.15~6.30), 『북한정보요약』2, 211쪽.

군 출신과 조선의용군 출신이 대거 투입되었다. 항일연군 출신은 한경수(韓景洙), 박우섭(朴禹燮), 박영순(朴英順), 전문섭(全文燮),[76] 전문욱(全文郁), 김창봉(金昌奉), 최창덕(崔昌德), 안영(安英) 등이 참여했다. 조선의용군 출신은 주연(朱然), 유용구(劉龍九), 조소경(趙小卿),[77] 백낙칠(白樂七), 김만영(金萬永) 등이 참여했다고 한다.[78] 최창덕은 최인덕(崔仁德)의 오기이다.[79] 백락칠은 조선의용군 출신이 아니라 고려인이다.[80] 이들과 함께 철도경비대 창설사업을 주도한 또다른 인물은 문종목이다. 그는 해방 직후에 북조선임시인민위원회에서 보안국 경비부장을 맡아 철도경비대 창설사업을 지휘하였다.[81]

초대 철도경비사령관은 항일연군 출신인 류경수(柳京守)가 임명되었다.[82] 철도경비사령부 부사령관 겸 제2기 철도경비대 대장은 국내공산주의자 문종목이 맡았다.[83] 철도경비사령부 정치부장은 항일연군 출신 안영이 맡았다.[84] 지방에 설치된 각 철도경비대의 간부는 거의 알 수 없다. 다만, 1946년 8월 15일에 철도경비대가 보안간부훈련소 제3소로 흡수되는데, 이때 함흥지구 철도경비대대 대대장은 항일연군 출신 전문섭이었다.[85] 청진 철도경비대 대장은 항일연군 출신 심윤경(沈允卿)이 임명되었다.[86] 철도경비대의 간부는 대부분 항

76 원문에는 "金文燮"으로 되어 있으나 全文燮이 맞다.

77 원문에는 "趙小鄕"으로 되어 있으나 趙小卿이 맞다.

78 국방부 전사편찬위원회, 『한국전쟁사』1, 674쪽.

79 김광운, 『북한정치사연구』1, 118쪽.

80 HQ, USAFIK, *G-2 Weekly Summary*, No.132(1948.3.19~3.26), 『북한정보요약』3, 225쪽.

81 「第2回 各道 保安部長會議錄」(1946.7.3), 『북한관계사료집』9권, 260쪽.

82 육군정보국, 『(軍事極秘) 人民軍特報』, 육군본부, 1952, 259쪽; HQ, USAFIK, *ISNK*, No.46(1947.10.1~10.15), 『북한정보요약』2, 439쪽.

83 HQ, USAFIK, *ISNK*, No.39(1947.6.15~6.30), 『북한정보요약』2, 211쪽.

84 김광운, 『북한정치사연구』1, 133쪽.

85 HQ, USAFIK, *G-2 Weekly Summary*, No.149(1948.7.16~7.23), 『북한정보요약』4, 21쪽.

86 최봉식, 『대성산혁명렬사릉』, 과학백과사전종합출판사, 1991, 65쪽.

일연군 출신이었고, 국내공산주의자가 부사령관을 맡았다.

둘째, 북한정치세력은 1946년 3월 4일자 북조선분국 제5차 확대집행위원회 회의의 결정에 따라 38선 경비를 위해 "38경비보안대"를 창설하였다. 대장은 항일연군 출신 김창봉(金昌奉)이 맡았다. 38경비보안대는 사리원에서 조직되었고, 1946년 중반에 창설된 것으로 알려져 있다.[87] 정확한 창설시기는 알 수 없다. 그러나 최소한 1946년 6월 21일 이전에 창설된 것은 분명하다. 그 이유는 한 인민군 간부의 「간부이력서」에 그가 38경비대 전사로 처음 복무하기 시작한 시기가 1946년 6월 21일이기 때문이다.[88]

38선 경비임무는 북조선분국이 38경비보안대를 창설하기 이전까지 전적으로 소련군이 담당했다. 소련군은 1945년 10월에 치스차코프 상장의 지시에 의해 38선을 따라 경비초소를 설치했다. 경비초소의 위치는 38선 경비를 담당했던 미국측 대표단과 합의된 지형을 선정했다.[89] 38선 이남 경계선의 경비임무는 미군이 담당했다. 미군 제24군단 제32보병연대가 38선을 따라 동해에서 서해까지 경비임무를 맡았다. 그리고 제24군단장 하지(John R. Hodge) 중장의 지시로 38선상에 경비초소가 설치되었고, 38도선 지점 남측에 약간의 중립지대를 남겨두었다.[90] 그후 1946년 중순에 38경비보안대가 창설되면서 북측 38선의 경비임무는 소련군과 38경비보안대가 공동으로 담당하기 시작했다.

38경비보안대장 김창봉은 동북항일연군 출신이다. 그는 1940년부터 소련군 제88독립여단에서 활동하다가 해방 이후에 중국공산당 동북위원회 연변

---

87 김광운, 『북한정치사연구』1, 571쪽.

88 서병화(제1사단 3연대 2대대 4중대 1소대장), 『幹部履歷書』, 민족보위성, 1949, NARA, RG 242, SA 2009, Box 6, Item 110.

89 NARA, RG 332, USAFIK, entry 11070, box 70, Letter, Chistiakov to Hodge, 5 May 1946, 정병준, 『한국전쟁-38선 충돌과 전쟁의 형성』, 돌베개, 2006, 152쪽에서 재인용.

90 Letter, Hodge to Chistiakov, 16 April 1946, 정병준, 『한국전쟁』, 152쪽에서 재인용.

분견대에 소속되어 강건, 최광(崔光), 박락권 등과 함께 연변으로 파견되었다.[91] 김창봉은 그후 연변에서 귀국해 철도경비대 창설요원으로 투입되었다.[92] 그는 철도경비대의 창설작업이 일정한 궤도에 오르자 38경비보안대를 책임지게 된 것이다.

셋째, 북한정치세력은 북조선분국 제5차 확대집행위원회 회의 결정에 따라 중국 만주와 북한의 국경을 경비하기 위해 '국경경비대'를 창설하였다. 만주의 주권(主權)은 1945년 8월 14일에 소련과 중국국민당이 체결한 중·소우호동맹조약에 따라 국민당정부가 소유하게 되었고, 소련군은 일본군 항복 이후 3개월 안에 만주에서 철수하기로 합의하였다.[93] 만주를 점령한 국민당군대와 관내에서 북상한 팔로군은 10월 25일부터 산해관(山海關)에서 본격적인 전투를 개시했다. 이른바 '제2차 국공내전'이 시작된 것이다.[94] 국민당군대는 11월 16일에 중국대륙의 관문인 산해관을 장악했고, 11월 26일에는 만주의 대문인 금주(錦州)마저 점령했다.[95]

북한정치세력이 국경경비대를 조직한 것은 중국 국민당군대에 대한 대비책이었다. 국민당은 1945년 가을부터 3개 사단을 시작으로 만주 전역에 50만 명의 대군을 투입하였다.[96] 김일성은 1945년 11월 27일에 북조선분국 평북도당

---

91 리창, 「연변에서의 중공지방조직의 재건」, 총서편집위원회, 『승리』, 143~144쪽.

92 김광운, 『북한정치사연구』1, 122쪽.

93 北朝鮮人民委員會 外務局 東亞部 崔英, 「中蘇友好同盟條約文」(1947.7.4), 『〈극비〉 1947年度 중국관계』, 北朝鮮人民委員會 外務局, 1948, 86~87쪽.

94 제1차 국공내전은 1927년부터 1936년까지 전개되었다. 중국국민당과 중국공산당은 1937년에 일본이 중일전쟁을 일으켜 중국대륙을 본격적으로 침략하자, 내전을 중지하고 제2차 국공합작을 달성하였다. 이후 중국 홍군은 국민혁명군 제팔로군(第八路軍)으로 재편성되었고, 중국공산당의 유격대는 국민혁명군 신사군(新四軍)으로 편성되었다. 국방군사연구소 편, 『人民解放軍 關聯事件풀이』, 국방군사연구소, 1994, 20쪽.

95 염인호, 『또 하나의 한국전쟁』, 46; 103쪽.

96 嚴永植, 『아시아近世史』, 324~325쪽.

비서 림춘추(林春秋)에게 신의주에 국경경비대를 책임지고 조직할 것을 지시하였다. 이 국경경비대는 무엇보다 국민당군대의 국경 침범을 방지하기 위해 조직되었다. 또한 국경경비대는 수풍발전소의 시설을 경비하고, 신의주에서 발생할 수 있는 '불순분자, 반동분자들의 책동'을 적발하고 방지하기 위한 무장부대였다. 경비대 본부는 신의주에 설치되었고, 의주, 수풍, 용암포에 각각 1개 중대가 배치되었다. 국경경비대의 조직사업은 조선공산당 북조선분국 평북도당이 담당했다.[97]

국경경비대의 창설시기는 정확히 알 수 없다. 북조선분국은 1946년 3월 4일에 개최된 제5차 확대집행위원회 회의에서 국경경비를 위한 보안대 창설을 결정한 바 있다.[98] 또한 소련공산당 중앙위원회는 1946년 5월에 만주 국경선을 경비하기 위한 국경경비대 창설을 허가하였다.[99] 이로 미루어보면 국경경비대는 1946년 6월에 창설된 것으로 보인다. 초창기 국경경비대는 평북도당이 직접 지도하였다. 경비대에 필요한 무기와 탄약은 평북도당이 보유하고 있는 것을 먼저 지급하였고, 부족한 무기와 탄약은 당중앙조직위원회에 제기해 해결하였다.[100]

국경경비대는 만주의 접경지역인 평안북도와 함경북도에 조직되었다. 각 도의 국경경비대는 각 도 보안부에서 관할하였다. 임시인민위원회 보안국은 국

---

97 김일성, 「국경경비대를 조직할데 대하여」(1945.11.27), 『김일성전집』2권, 351~352쪽. 김일성은 동시에 림춘추에게 '당중앙 특파원' 자격으로 강계지구 중심군당위원회를 조직하라는 임무도 부여하였다. 이것은 만일의 사태에 대비해 강계나 희천 같은 산간지대에 투쟁근거지를 만들려는 의도였다. 이후 강계·자성·후창·초산·위원·희천 등 6개 군을 망라해 강계지구 중심군당위원회가 조직되어 당중앙에 직속되었다. 김광운, 『북조선실록』1권, 305쪽.

98 「조선공산당북선분국 제5차 집행위원회 결정서」(1946.3.4), 한림대학교 아시아문화연구소 편, 『朝鮮共産黨文件資料集(1945-46)』, 223쪽; 김광운, 『북한정치사연구』1, 570쪽.

99 소련공산당중앙위원회 결정, 「조선에서의 미·소공동위원회 사업에 대하여」, 러시아연방대외정책문서보관소(АВПР), ф. 07, оп. 11, п. 18, д. 280, лл. 91~94, 서동만, 『북조선사회주의체제성립사』, 252쪽에서 재인용.

100 김일성, 「국경경비대를 조직할데 대하여」(1945.12.7), 『김일성전집』2권, 352쪽.

경경비대의 경비방식 등을 결정했고, 이 결정은 각 도 보안부를 통해 국경경비대에 하달되었다. 국경의 제1선은 북한의 국경경비대가 경비를 맡았고, 제2선은 소련군이 경비를 맡았다. 초기에는 주로 대로(大路)를 중심으로 경비하였다.[101]

북한정치세력 중에서 창군사업을 주도한 세력은 공산주의자들이었고, 그중에서도 항일연군 출신이었다. 그러나 1946년에 들어서면서 창군사업에는 새로운 인물들이 참여하기 시작한다. 3월 1일 북·소 합동회의에 참석해 창군계획을 수립한 사람은 항일연군 출신 최용건·김일·김성국과 조선의용군 출신 무정·김웅이었다. 이들이 해방 직후에 최초로 군대창설의 방향을 결정한 인물이다. 그리고 1946년부터 보병부대의 모체인 철도경비대를 창설하기 위해 새로운 인물이 대거 투입되었다. 철도경비대 창설요원은 항일연군 출신 한경수·박우섭·박영순·전문섭·전문욱·김창봉·최인덕·안영과, 조선의용군 출신 주연·유용구·조소경·김만영, 고려인 백락칠, 국내공산주의자 문종목이었다. 평양학원의 창설요원은 항일연군 출신 김책·안길·조정철·심태산·김증동(金曾東)이었고, 국경경비대 창설주체는 림춘추였다. 이상의 인물이 해방 직후에 최초로 군대창설에 투입된 간부들이다. 군대창설요원은 항일연군 출신이 17명, 조선의용군 출신이 6명, 고려인이 1명(백락칠), 국내공산주의자가 1명(문종목)이었다. 이처럼 인민군의 창설사업은 항일연군 출신이 주도하고 의용군 출신이 협력하는 방식으로 시작되었다.

1945년 11월에 보안무력을 관할하는 행정기관이 조직되고 1946년 1월부터 보안무력이 창설되자, 군대창설요원과 새로운 인물들이 군사간부로 임명되기 시작한다. 해방 직후에 창설된 보안기구를 관할한 행정기관은 북조선행정국·북조선임시인민위원회에 조직된 보안국(保安局)이다. 양 기관의 보안국장은 항일연군 출신 최용건이 맡았고, 보안무력을 지휘하는 보안국 경비부장은 국

---

101 「제1회 각도 보안부 감찰과장회의록」(1946.7.16), 『북한관계사료집』9권, 274쪽.

내공산주의자 문종목이 맡았다. 최용건은 소련군사령부 민정국 보안·검열지도부장 자그루진(Загрузин) 대좌의 통제와 자문을 받으면서 보안사업 전체를 관장하였다.

이와 함께 1946년 1월에 창설된 평양학원, 3월에 창설된 특별경비대, 6월에 창설된 철도경비대·38경비보안대·국경경비대에 처음으로 군사간부가 임명되었다. 특별경비대 대장은 김성국이었다. 철도경비사령관은 류경수, 부사령관 겸 제2기 철도경비대 대장은 문종목, 철도경비대 정치부장은 안영, 함흥지구철도경비대대장은 전문섭, 청진철도경비대장은 심윤경이었다. 38경비보안대 대장은 김창봉이었다. 보안무력의 부대장과 주요간부는 국내공산주의자 문종목을 제외하고 모두 항일연군 출신이었다. 군사학교인 평양학원의 초대 원장은 항일연군 출신 김책(金策),[102] 군사부원장은 고려인 기석복(奇石福), 참모장은 국내공산주의자 김동수(金東洙),[103] 정치부원장은 항일연군 출신 조정철(趙正哲)이었다.[104]

창립 당시 보안무력의 부대장과 군사학교의 원장은 김성국·류경수·김창봉·김책으로 모두 항일연군 출신이었다. 그밖에 부책임자와 참모장은 국내공산주의자와 고려인이 임명되었다. 이상의 인물들이 보안기구를 관할하는 행정기관과 보안무력·군사학교의 간부로 임명된 사람들이다. 행정기관·보안무력·군사학교의 간부는 항일연군 출신이 8명, 국내공산주의자가 2명(문종목·김동수), 고려인이 1명(기석복)이다. 1946년 6월 시점까지 조선의용군 출신은 보안무력이나 군사학교의 책임자로 임명되지 않았다. 6월 당시 북한의 보안무력은 보안국장 최용건이 총괄하고 경비부장 문종목이 지휘하고 있었고, 보안무력과 군사학교의 책임자는 모두 항일연군 출신이 담당하고 있었다. 그리고 고려

---

102 HQ, FECOM, *History of the North Korean Army*, p.11; 『김일성전집』2권, 282~283쪽.

103 佐佐木春隆, 『韓國戰秘史』中卷, 26쪽; 국방부 전사편찬위원회, 『한국전쟁사』1, 675; 677쪽.

104 김광운, 『북한정치사연구』1, 474쪽.

인과 국내공산주의자들이 보안무력과 군사학교의 주요간부로 진출해 있었다.

앞에서 살펴본 바와 같이 해방 직후 북한지역의 군대창설은 소련군사령부의 주도로 시작되었다. 소련 극동군 제25군사령부는 1945년 10월 21일에 북한지역의 모든 무장세력을 해체하라고 지시하였고, 새로운 보안무력을 창설하였다. 이후 소련군사령부는 새로운 보안무력을 관할하기 위해 1945년 11월 19일 북조선행정국에 보안국을 조직하였다. 소련군사령부의 군대창설 구상은 1946년 1월 5일에 철도교통망을 경비하기 위해 제1기 철도경비대를 창설하는 것으로 귀결되었다. 그리고 북한정치세력의 군대창설 구상은 1월 5일에 창군사업에 투입할 군사간부와 정치간부를 양성하기 위해 평양학원을 개원하는 것으로 귀결되었다.

그런데 군대창설의 주도권은 1946년 2월 8일에 북조선임시인민위원회가 수립되면서 점차 북한정치세력에게 이양되기 시작했다. 법률적으로 보안국에 대한 행정지휘는 1946년 2월 이전에는 소련군사령부가 행사했고, 그 이후에는 임시인민위원회와 소련군사령부가 공동으로 행사하였다.[105] 소련군사령부와 북한정치세력은 3월 1일에 합동회의를 개최해 군대창설계획을 합의하였다. 이 같은 창군계획에 입각해 조선공산당 북조선분국은 3월 4일에 제5차 확대집행위원회를 개최해서 철도경비대, 38경비보안대, 조·만국경경비대를 각각 창설하기로 결정하였다. 창군사업은 3개월 동안 진행되었고, 그 결과 1946년 6월에 들어서 제2기 철도경비대, 38경비보안대, 조·만국경경비대가 동시에 창설되었다.

1946년 3월의 합동회의는 군대창설의 주도권 문제에 있어서 중요한 의미를 가진다. 군대창설의 주도권은 1946년 1월까지 소련군사령부가 가지고 있었다. 1945년 10월, 소련군사령부는 모든 무장세력을 해체하고 새로운 무장세력으로 도 보안대와 보안대대를 창설했다. 새로운 보안무력은 11월 19일에 창설

---

105 기광서, 「북한 무력 형성과 북소관계」, 218쪽.

된 북조선행정국 보안국이 지휘했다. 그러나 북조선행정국은 소련군사령부가 조직하였고 사령부의 "상시적인 통제를 받아야" 했다. 소련군사령부는 "행정총국에 대한 통제와 협조를 위해 북조선 주둔 소련군정사령부 내에 민정담당 부사령관 직책"을 도입했다.[106] 소련군사령부 민정국에서 보안기구를 통제한 부서는 보안·검열지도부였고, 부장은 자그루진 대좌였다.[107]

하지만 1946년 2월 8일에 북조선임시인민위원회가 수립되면서 군대창설의 주도권은 점차 북한정치세력에게 이양되기 시작했다. 그 차이는 북조선행정국과 북조선임시인민위원회의 창설과정에서 드러난다. 행정국은 소련군사령부의 지시로 탄생했다. 그러나 임시인민위원회를 조직하자는 의견은 북한의 각 정당·사회단체 지도자들이 제출하였다. 각 정당·사회단체 지도자들은 먼저 "발기부(發起部)"를 조직하였고, "발기부의 의견을 소련군사령부에 진정"하였다. 그 결과 소련군사령부는 "반의(反意)가 없었을 뿐 아니라 환영"하였다.[108] 임시인민위원회는 정당·사회단체의 대표자들이 먼저 창설을 제기하였고, 발기부의 의견을 소련군사령부가 수용함으로써 창설되었다.[109] 그리고 임시인민위원회에는 무장세력을 관할하는 행정부서로 보안국이 조직되었다.

따라서 임시인민위원회가 수립된 이후 군대창설의 주도권은 임시인민위원회에 참여한 북한정치세력, 그중에서도 공산주의자들에게 이양되기 시작했다. 그러나 북조선임시인민위원회가 수립된 이후에 군대창설의 주도권이 북한정치세력에게 완전히 이양된 것은 아니다. 소련군사령부는 사령부 내에 민정국을 신설해 북조선임시인민위원회를 관리했다. 그리고 소련군사령부는 보안·검열지도부장 자그루진 대좌를 임시인민위원회 보안국에 배치해 보안사업을 통

---

106 김국후, 『평양의 소련군정』, 89~90쪽.

107 기광서, 「소련의 대한반도-북한정책 관련 기구 및 인물 분석」, 136쪽.

108 金日成, 「目前 朝鮮政治形勢와 北朝鮮人民委員會의 組織問題에 關한 報告」, 『正路』1946.2.10.

109 북조선임시인민위원회 결성의 추진주체에 대해서는 소련군사령부 주도설, 북조선분국 주도설, 김일성 주도설이 있다. 추진주체에 대한 논쟁은 다음을 참고할 것. 김광운, 『북한정치사연구』1, 262~266쪽.

제하고 자문하였다. 양측의 관계는 통제와 협조의 관계였다.

북한지역의 군대창설과정은 1946년 2월 8일에 북조선임시인민위원회가 설립된 이후부터 김일성이 위원장 자격으로 소련군사령부에 필요한 사항을 요청하는 방식으로 진행되었다. 일반적으로 김일성은 제25군사령부에 한글과 러시아어로 쓴 자필 서한을 보내 필요한 지원을 요청하였다. 연해주군관구 군사위원 슈티코프는 김일성의 요청을 검토한 뒤, 이를 적정한 시기에 모스크바지도부에 보고하였다. 가령, 슈티코프는 1946년 6월 12일에 북한지역에서 소련의 영향력을 견고히 구축하기 위해 소련공산당 중앙위원회에서 조선인들로 편성된 부대를 창설한다는 결정을 공식적으로 채택할 것을 요청하였다. 그는 철도 경비를 위한 철도경비여단, 조·만국경지역 경비를 위한 국경경비사단, 간부 양성을 위한 500명 정원의 군관학교를 각각 창설할 것을 제안하고, 이 부대와 학교를 위해 소련군이 보유한 무기를 북조선임시인민위원회에 판매할 것을 요청하였다.[110]

인민군의 창설사업은 북한지역에서 1946년 3월에 개최된 북·소 합동회의와 북조선분국 5차 확대집행위원회 회의를 기점으로 입안되고 개시되었다. 1946년 3월은 창군사업의 출발점일 뿐만 아니라 북한의 국가건설과정에서도 중요한 역사적 의미가 있다. 북한정치세력은 3월에 토지개혁을 전면적으로 전개함으로써 반제·반봉건의 임무를 수행하는 제1단계 인민민주주의혁명[111]을 시작하였다. 제1단계 혁명에서 인민정권의 기본임무는 부르주아민주주의혁명

110 연해주군관구 군사위원 슈티코프 상장, 「전연방공산당(볼셰비키) 중앙위원회 결정문(안)-조선에서 소미공동위원회 사업에 대하여」(1946.6.12), АВПР, ф. 06, оп. 8, п. 39, д. 638, лл. 93~94.

111 북한정치세력과 소련은 해방 직후에 북한의 혁명방식으로 "부르주아민주주의혁명"을 추구하였다. 이 연구에 서술된 "인민민주주의혁명"은 1946~1947년에 동유럽에서 정립된 개념이며, 부르주아민주주의혁명을 포괄하는 개념이다. "인민민주주의"는 부르주아독재나 프롤레타리아독재가 아닌 제3형태의 권력이며, 사회주의적 요소와 자본주의적 요소가 동시에 존재한다. 동유럽의 인민민주주의 개념은 북한에 1948년부터 도입되었고 1949년에 보편화되었다. 북한에 도입된 인민민주주의 개념에 대해서는 다음 연구를 참고 바람. 김재웅, 『북한의 인민국가 건설과 계급구조 재편(1945~1950)』, 고려대 한국사학과 박사학위논문, 2014, 26~29쪽; 엄수현, 『北韓의 人民民主主義革命論』, 兵學社, 1988.

의 완수였고, 중요한 반봉건 과제는 바로 토지개혁이었다. 토지개혁의 목적은 지주계급을 축출하고 '반동세력'의 물질적 기초를 박탈하는 것이었다. 또한 토지개혁을 통한 토지의 재분배는 농민의 계급의식을 자각시키고 노농동맹과 노동자계급의 지도적 역할을 강화할 수 있었다. 이를 통해 토지개혁은 농촌에 인민정권의 강력한 지지기반을 만들고, 부르주아민주주의혁명이 사회주의혁명으로 발전하는 전제를 창출할 수 있었다.[112]

북한정치세력과 소련군사령부가 군대창설계획을 확정한 것은 3월 1일이었고, 북조선임시인민위원회가 토지개혁 법령을 공포한 것은 3월 5일이었다. 따라서 북한정치세력은 1946년 3월 초에 제1단계 인민민주주의혁명을 추진하기 시작했고, 창군사업은 이와 동시에 개시되었다. 중요한 점은 그해 3월 20일부터 제1차 미·소공동위원회가 시작되었다는 점이다. 북한정치세력과 소련군사령부는 미·소공동위원회에 앞서 인민민주주의혁명을 개시함으로써 북한지역을 향후 독립정부의 토대로 만들고자 했다. 이들은 토지개혁을 통해 친일파와 지주세력의 물질적 기초를 박탈하고, 노농동맹, 노동자계급의 지도적 역할, 농촌에 인민정권의 지지기반을 구축하고자 하였다. 이와 함께 북한지역에 각종 보안대·경비대·보안간부훈련소를 조직해 토지개혁을 필두로 한 인민민주주의혁명을 보위하고, 독립정부의 군사적 토대를 구축하려고 구상하였다. 이처럼 창군사업은 1946년 3월 시점에 제1단계 인민민주주의혁명과 동시에 시작되었고, 군대는 제1단계 혁명의 추진을 보장하고 혁명의 성과를 보위할 수 있는 군사적 기반으로 창설되기 시작하였다.

---

112 소볼레프·콘스탄티노프 외, 『반제민족통일전선연구』, 178~179쪽.

2. 보안간부훈련소의 창설과 군사적 요소의 충돌

보안간부훈련소의 창설과 편제

해방 직후에 북한지역의 도시와 농촌마다 보안대가 조직되고 철도경비대·국경경비대 등 각종 경비대가 창설되면서 각 부대에 배치할 대원들이 필요했다. 북한정치세력은 보안대원과 경비대원을 양성하기 위해 훈련부대를 창설했다. 이것이 보안간부훈련소이다. 보안간부훈련소는 해방 직후 북한지역에 처음 창설된 보병부대였다. 보안간부훈련소가 처음 창설된 시기는 1946년 6월 초순으로 알려져 있다.[113] 보안간부훈련소는 훈련부대이자 동시에 "정규무력의 핵심부대"로 구상되었다.[114]

그런데 남한지역에서는 북한지역보다 먼저 보병부대가 창설되었다. 미군 합동참모본부(JCS: Joint Chiefs of Staff)는 1946년 1월 9일에 남한의 각 도에 경찰예비대를 편성하는 것을 골자로 하는 뱀부계획(Bamboo Plan)을 승인하였다. 합참은 경찰예비대를 25,000명으로 편성하고, 이와 별도로 해안경비대를 편성하기로 결정했다. 경찰예비대는 각 도마다 1개 연대씩 총 8개 연대를 창설할 예정이었다. 또한 경찰예비대 창설을 위해 1개 연대마다 미군 장교 2명과 사병 4명을 배치하기로 결정했다. 뱀부계획에 따라 1946년 1월 15일에 남조선국방경비대가 창설되었다.[115] 예하부대는 1월 15일에 제1연대(경기도)의 창설을 시작으로 4월 1일 제8연대(강원도)가 창설되면서 총 8개 연대로 편성되었다. 연대장은 모

---

113 국방부 전사편찬위원회, 『한국전쟁사』1, 680쪽; 장준익, 『북한인민군대사』, 45쪽.

114 김일 외, 『붉은 해발아래 창조와 건설의 40년』1, 369쪽.

115 백기인, 『建軍史』, 134~145쪽.

두 일본육군사관학교·봉천군관학교·학도병 출신인 조선인 장교가 맡았다.[116]

국방경비대는 창설 당시부터 정규군의 체계를 도입했다. 연대는 3개 대대, 대대는 3개 중대로 편제되었다. 계급제도도 도입되어 장교·하사·병사의 3단계로 구분되었고 군번도 부여되었다. 창설 초기 국방경비대는 주한미군에서 넘겨받은 일본군 38식·99식 소총으로 무장하였고, 복장도 일본군복을 착용하였다. 교육훈련은 전투훈련이 아니라 주로 총검술, 집총훈련, 폭동진압법 등 치안유지 위주로 실시되었다. 그러나 국방경비대는 미군정의 지원을 받아 1946년 9월 이후부터 점차 미국제 무기와 군복으로 전환하기 시작했다.[117]

1946년 4월까지 남한에는 8개 연대 규모의 국방경비대가 창설되었는데, 국방경비대는 정규군대가 아니라 '경찰예비대'로 규정되었다. 그러나 미군정 사령관 하지 중장은 처음부터 국방경비대를 조선독립정부의 국군으로 구상하였다.[118] 또한 국방경비대에는 이미 정규군의 체계와 제도가 도입되었고, 연대에는 미군 군사고문도 파견되었다. 북한에 주둔한 소련군사령부와 북한정치세력은 미군정의 창군계획에 선제적으로 대응하고 치안유지에 필수적인 병력을 양성하기 위해 보안간부훈련소 창설을 추진하기 시작했다.

소련군사령부와 북한정치세력은 1946년 3월 1일에 철도경비대를 창설하고 만주에서 조선인 간부와 병력을 입북시켜 이를 확편하기로 결정했으며, 그후 철도경비대를 보안간부훈련소로 통합하기로 합의했다.[119] 한달 뒤인

---

116 제1연대장은 蔡秉德, 제2연대장은 李亨根, 제3연대장은 金白一, 제4연대장은 金洪俊, 제5연대장은 朴炳權, 제6연대장은 金英煥, 제7연대장은 閔機植, 제8연대장은 金鍾甲이었다(국방부 전사편찬위원회, 『한국전쟁사』1, 268쪽). 채병덕은 일본육사 49기, 이형근은 일본육사 56기, 김백일·김홍준은 봉천군관학교 5기, 박병권·김영환·민기식·김종갑은 학도병 출신이다. 韓鎔源, 『創軍』, 52~53; 55; 63쪽; 丁一權·金錫範, 『滿洲國軍誌』, 50쪽.

117 국방부 군사편찬연구소, 『6·25전쟁사』1권, 국방부 군사편찬연구소, 2004, 346쪽.

118 하지는 "미군이 한국의 치안문제에 일일이 개입해야 하는 불편을 없애고 우리가 한국정부를 수립한다는 사명을 완수했을 때를 대비해 나는 군정 초기부터 한국군을 창설하는 데 많은 관심을 두고 있었다"라고 발언하였다. Robert K. Sawyer, *Military advisors in Korea : KMAG in peace and war*, p.21.

119 HQ, USAFIK, *ISNK*, No.39(1947.6.15~6.30), 『북한정보요약』2, 210쪽.

1946년 4월, 북조선임시인민위원회 주요간부들과 보안국 수뇌부는 북·소 간의 합동회의 결정을 실행하기 위해 다시 한번 회의를 개최했다. 이 회의에서는 철도경비대의 조직절차와 조선의용군의 입북절차가 논의되었다. 그리고 4월 하순에 조선의용군의 교섭 대표자들이 평양에 도착했다. 그들은 6월에 조선의용군 간부들이 북한으로 출발을 시작할 수 있다고 전달했다. 그리고 6월과 7월 사이에 조선의용군 간부들이 북한에 도착하기 시작했다. 그들은 도착 즉시 철도경비대 훈련소에 배치되었다. 당시 철도경비대 훈련소는 개천과 나남에 있었다. 조선의용군의 대원들은 8월에 도착하기 시작했다. 공산당과 산하단체들은 보안간부훈련소 창설에 필요한 병력을 충원하기 위해 집중적인 모병활동을 시작했다. 또한 모든 '애국청년', 특히 전에 군사훈련을 받은 청년들의 입대를 촉구하는 선전활동이 펼쳐졌다.[120]

보안간부훈련소 창설과정의 특징은 중국공산당의 휘하에 있던 조선의용군 대표자들이 참여했다는 점이다. 이들의 창군사업 참여는 해방 직후 북·중 관계와 관련있다. 만주의 중국공산당과 조선공산당 북조선분국은 해방 직후부터 고위급 연락체계를 구축해 비밀리에 접촉하고 있었다. 양측은 1945년 11월부터 비밀채널을 통해 중국내전과 관련한 군사지원문제를 긴밀히 협의했다. 동북민주연군(東北民主聯軍) 요녕군구(遼寧軍區) 사령원(司令員)이던 소화(蕭華)는 1945년 11월 중순에 김일성에게 군사지원문제에 관한 긴급회담을 요청했다. 김일성은 11월 29일에 직접 중국 안동(安東)으로 건너갔고, 김일성과 소화는 안동회의에서 동북전쟁에 관한 문제와 당시 정세에서 긴급하게 해결해야 할 문제를 논의했다. 1946년 봄에는 중국공산당 동북국 부서기 진운(陳雲)이 모택동의 밀서를 가지고 직접 평양을 방문했다. 모택동은 김일성에게 중국내전에 필요한 무기를 지원해 줄 것을 요청했다. 북조선분국은 중국측에 10만 여 정의 무기와 포를 지원했으며, "황색폭약" 등 각종 폭약을 제공했다. 이 폭약은

---

120 HQ, USAFIK, *ISNK*, No.39(1947.6.15~6.30), 『북한정보요약』2, 211쪽.

동북전쟁에서 교량과 요새화된 화점을 폭파하는 데 사용되었다.[121]

중국과 북한은 1945년 말부터 군사지원문제를 논의했고, 북한은 1946년 초부터 중국내전에 긴급히 필요한 군수물자를 제공했다. 앞에서 살펴보았듯, 1946년 4월 하순에 조선의용군의 교섭 대표자들이 평양에 도착해 조선의용군 부대의 입북문제를 논의했다. 당시 중국공산당은 수시로 평양에 간부를 파견해 군사지원문제를 논의했기 때문에 이것은 특별한 사건이 아니었다. 북한정치세력은 보안간부훈련소 창설에 필요한 병력문제를 논의하기 위해 조선의용군 대표자들의 입북을 요청했을 것이다. 양측의 회의안건은 알 수 없다. 그러나 회의 이후에 조선의용군이 입북한 사실을 상기하면, 회의안건은 분명 조선의용군부대의 입북문제였다. 회의결과 양측은 조선의용군부대를 입북시켜 보안간부훈련소를 창설하기로 합의했던 것으로 보인다.

1946년 3~4월에 걸쳐 소련군사령부, 중국공산당, 만주의 조선의용군, 북한정치세력은 비밀회의와 상호접촉을 통해 북·중 간의 군사협력과 이를 통한 보안간부훈련소의 창설을 합의했다. 이에 따라 보안간부훈련소 창설사업은 그해 여름부터 본궤도에 오르기 시작했다. 김일성은 1946년 여름에 김일과 최현 등 동북항일연군 출신을 불러 보안간부훈련소의 창설을 준비하라고 지시했다. 이에 따라 김일은 신의주, 최현은 강계로 파견되었다. 이와 동시에 강건, 최춘국(崔春國), 류경수, 김경석 등 다수의 항일연군 출신들이 보안간부훈련소를 창설

121 길재준 · 리상전, 『중국동북해방전쟁을 도와』, 101~102; 312쪽; 김일성, 「중국인민의 혁명투쟁을 도와주는 것은 우리의 국제주의적 임무이다-림춘추와 한 담화」(1948.10.23), 『김일성전집』8권, 조선로동당출판사, 1994, 385쪽. 림춘추는 해방과 동시에 중국공산당 동북위원회 연변분견대의 대원으로 연변에 파견되었던 인물이다(김동화 외, 『연변당사 사건과 인물』, 247쪽). 한편, 북한은 중국내전 당시에 김일성의 지시로 포병연대와 공병부대를 조직해서 동북지역에 파병했다고 주장하고 있으며, 브루스 커밍스도 동북파병설을 주장했다. 실제로 북한의 청년들이 1945년 말부터 1947년까지 개인이나 무장대 단위로 동북지역으로 건너가서 동북민주연군에 입대한 사례가 있지만, 이들은 자의로 입대하였다. 다만, 북조선공산당이 1946년 8월에 군의관 등 소수의 전문병력을 파병한 사실이 있다. 북한의 동북파병설에 관한 논증은 다음 연구를 참고 바람. 김선호, 「해방 이후 북 · 중 군사협력관계의 형성과 '혁명'의 경계」, 『軍史』102, 국방부 군사편찬연구소, 2017.3, 129~137쪽.

하기 위해 개천, 나남, 정주, 회령 등지로 파견되었다. 이들은 현지에 "보안간부훈련소"라는 간판을 내걸고 병력을 모집하기 시작했다. 아울러, 김일성은 지방의 공산당 조직에 노동자와 농민의 자녀들을 선발해 보안간부훈련소로 보내라고 지시했다. 그 결과 1946년 8월에 보안간부훈련소 제1소·제2소·제3소가 창설되었고, 각 분소들도 조직되었다. 각 보안간부훈련소 분소 예하에는 대대, 중대, 소대, 분대가 편성되었다.[122]

보안간부훈련소의 설치장소는 『간부이력서』와 회고록을 통해 확인할 수 있다. 백승린은 2개 보안간부훈련소를 졸업한 인물이다. 그의 이력서에는 1946년 9월 20일부터 10월 10일까지 "개천훈련소(价川訓練所)"에서 훈련받은 후, 다시 1946년 10월 11일부터 1950년 4월 초까지 "강계훈련소(江界訓練所)"에서 재훈련을 받고 근무했다고 기록되어 있다.[123] 김진선은 보안간부훈련소 제3소를 졸업한 인물로, 그의 이력서에는 "강계보간제3분소(江界保幹第三分所)"와 "보간제3분소(保幹第三分所)"라는 명칭이 동시에 기록되어 있다.[124] 개천과 강계에 보안간부훈련소가 설치되었고, 강계의 보안간부훈련소가 제3소임이 분명하다. 보안간부훈련소 제2소의 러시아어 통역이었던 주영복은 "나남의 제2훈련소는 실제로는 제2사단"이며, 입소 당시 훈련소 정문에 "보안간부훈련소(保安幹部訓練所)라는 한문 간판이 걸려 있었다"라고 증언했다.[125] 따라서 나남의 보안간부훈련소가 제2소임이 분명하다.

이상의 내용을 종합해보면, 최초에 보안간부훈련소는 개천에 제1소, 나남에 제2소, 강계에 제3소가 설치되었다. 신의주와 정주에는 개천에 있는 보안간부훈련소 제1소의 제4분소(포병부대)와 제2분소가 설치되었다.[126] 이 지역 외

---

122 김일 외, 『붉은 해발아래 창조와 건설의 40년』1, 369~370쪽.

123 白承麟, 『幹部履歷書』, 민족보위성, 1950, NARA, RG 242, SA 2009, Box 6, Item 110.

124 金鎭璿, 『幹部履歷書』, 민족보위성, 1950, NARA, RG 242, SA 2009, Box 6, Item 110.

125 주영복, 『내가 겪은 조선전쟁』1, 70; 74쪽.

126 HQ, USAFIK, *ISNK*, No.36(1947.5.1~5.15), 『북한정보요약』2, 46쪽.

에 회령에도 항일연군 출신이 보안간부훈련소를 설치하기 위해 파견되었다. 강계에 있던 보안간부훈련소는 1947년 시점에 제1소 제3분소로 개편되어 있었다.[127] 이후에 평양에 제3소가 신설됨에 따라 강계의 보안간부훈련소 제3소는 보안간부훈련소 제3소 제3분소로 개편되었다.

보안간부훈련소가 설치된 지역은 대부분 일본군 주둔지였다. 제1소가 설치된 개천은 일본군 조선상주군의 제44여단이 주둔하던 지역이었다. 제1소는 제44여단의 주둔시설과 일본 군수공장에 설치되었다.[128] 제2소가 설치된 나남은 일본군 조선상주군의 나남위수분구사령부(전 유수 제19사단)가 주둔하던 지역이다. 나남은 일제가 1907년 조선에 처음으로 주차군을 주둔시킨 지역 중 하나였고, 1919년에는 조선상주군 2개 사단 중 제19사단이 나남에 주둔하였다. 해방 당시 나남위수분구는 총 19,270명이 주둔하고 있는 북한지역 최대의 육군부대 주둔지였다.[129] 일본군의 주둔지에는 본부건물, 병영(兵營), 숙사, 연병장, 사격장, 창고, 병원 등 군부대에 필요한 각종 시설이 있었기 때문에 바로 보안간부훈련소가 들어설 수 있었다.[130]

보안간부훈련소는 1946년 하순에 들어서 제1단계 재편에 돌입했다. 이는 1946년 3월 4일에 개최된 북조선분국 제5차 확대집행위원회의 결정에 따른 것이다. 당시 철도경비대는 보안간부훈련소로 통합하기로 결정되었다. 1946년 8월 15일에 보안간부훈련대대부가 창설된 이후부터 9월까지 철도경비대의 병력의 20%가 보안간부훈련소로 이관되었다.[131] 북조선로동당은 1946년 11월 10일에 보안간부훈련소(개천)와 그 분소(제1·2·3분소)를 철도경비훈련소(개천·나

---

127 김일성, 「군인들을 정치군사적으로 튼튼히 준비시키자-보안간부훈련소 제1소 제3분소 군인들과 한 담화」(1948.1.11), 『김일성전집』7권, 조선로동당출판사, 1993, 27; 35쪽.

128 HQ, USAFIK, *ISNK*, No.39(1947.6.15~6.30), 『북한정보요약』2, 215쪽.

129 임종국, 『日本軍의 朝鮮侵略史』1, 일월서각, 1988, 245쪽; 임종국, 『日本軍의 朝鮮侵略史』2, 145쪽.

130 임종국, 『日本軍의 朝鮮侵略史』1, 174~176쪽.

131 HQ, USAFIK, *ISNK*, No.39(1947.6.15~6.30), 『북한정보요약』2, 212쪽.

〈그림 15〉 보안간부훈련소의 위치(1947.9.30)

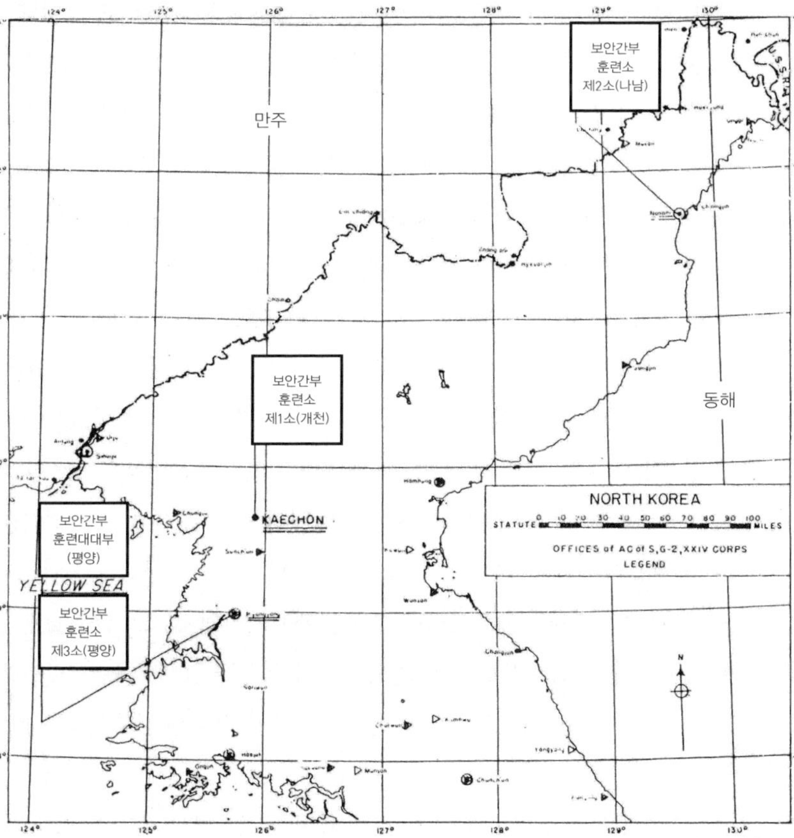

출처 HQ, USAFIK, *ISNK*, No.45(1947.9.15–9.30), USAFIK, 1947.

남)와 통합하여 단일부대로 편성하였다. 그리고 철도경비대를 해체하여 평양에 '보안간부훈련 제3소'를 설치하였다.[132]

한편 보안간부훈련소는 1946년 하순부터 내부적으로 보병부대로 재편되었다. 개천의 보안간부훈련소 제1소는 제1보병사단, 나남의 보안간부훈련

132 『육군전사』1권, 육군본부, 1952, 부표 제1의 3·4, 장준익, 『북한인민군대사』, 56쪽에서 재인용.

소 제2소는 제2보병사단, 평양의 보안간부훈련소 제3소는 제3보병여단으로 재편되었다.[133] 그러나 대외적으로는 여전히 보안간부훈련소라고 기재했다. 보안간부훈련소가 보병부대로 재편된 정확한 시기는 알 수 없다. 슈티코프는 1946년 9월 7일자 일기에 북한지역 "경보병사단"의 정원을 기재하고 있다.[134] 1946년 8월 말에 보안간부훈련소 제2소 러시아어 통역으로 입소한 주영복은 입소 당시에 소련 고문들이 나남의 제2소를 "후따라야 료프꼬봐야 찌비쨔"라고 부르고 있었다고 증언하였다.[135] 이 단어는 러시아어로 'Вторая Легковая Дивизия'라고 표기하며, 우리말로는 제2경보병사단으로 번역된다.

즉 보안간부훈련소가 내부적으로 경보병사단으로 재편된 시기는 1946년 8월 말에서 9월 초로 추정된다. 보안간부훈련소는 8월 초에 창설되었으므로, 한달만에 경보병사단으로 재편된 것이다. 그러나 보안간부훈련소를 창설한 지 한 달 만에 편제를 다시 경보병사단 편제로 재편하는 것은 어려울 뿐만 아니라 비효율적이다. 따라서 소련군사령부와 북한정치세력은 보안간부훈련소 창설계획을 수립할 당시부터 이 훈련소를 소련군 경보병사단 편제로 조직했을 것이다. 그러므로 보안간부훈련소는 창설 당시부터 소련군 경보병사단을 모델로 창설되었고, 8월 말에서 9월 초 사이에 경보병사단의 편제를 갖추게 되었다고 볼 수 있다.

결국 보안간부훈련소는 1946년 8~9월 사이에 경보병사단의 편제를 갖추고 철도경비대를 완전히 흡수하였다. 이 1단계 재편은 보안간부훈련소의 성격을 변화시켰다. 보안간부훈련소는 처음에 보안무력의 대원양성기관으로 창설되었다. 그러나 1단계 재편 이후에 보안간부훈련소는 대원양성기관에서 벗어나 정규군 창설을 준비하는 보병부대로 전환되었다.

---

133 주영복, 『내가 겪은 조선전쟁』1, 92~93쪽.

134 『쉬띠꼬프 비망록』, 중앙일보사 내부번역본, 1946.9.7. 국사편찬위원회에서 발행한 『쉬띄꼬프일기』에는 이 내용이 빠져 있다. 『쉬띄꼬프일기』, 국사편찬위원회, 2004, 3쪽.

135 주영복, 『내가 겪은 조선전쟁』1, 74쪽.

사실 보안간부훈련소가 보병부대로 재편되었지만, 부대편제는 아직까지 완편된 상태가 아니었다. 보병대대는 3개 중대로 편성되는데, 주영복은 보안간부훈련소 예하의 대대가 2개 중대만으로 편제되었다고 증언하였다. 나남의 보안간부훈련소 제2소 통신대대는 편제상 정원이 250명이었음에도 불구하고, 1946년 8월 현재 인원은 50여 명에 불과했다. 그중 50%가 군관이었고 계급장은 달지 않았다.[136]

보병사단의 정확한 편제와 병력은 소련군사령부의 보고서에서 확인할 수 있다. 북한주둔 소련군 제25군사령관과 참모부는 1946년 12월에 약 10일 동안 북한지역에 창설된 2개 보병사단에 대한 검열을 실시했다. 이 당시 제25군사령부가 파악한 보병사단의 편제와 병력은 다음과 같다.

---

136 나남의 경보병사단 공병대대와 달리 소련군 중보병사단 공병대대의 편제는 600~800명이었다. 주영복, 『내가 겪은 조선전쟁』1, 83쪽.

〈표 1〉 국경수비보병사단·경보병사단 편제표(1946.12.30, 단위: 명)[137]

부대단위		군관 성원			하사관 성원			병사 성원			총계			충원 비율	군마(軍馬)	
		편제	실제	부족	편제	실제	부족	편제	실제	부족	편제	실제	부족		정수	현재
국경수비보병사단	사단사령부	71	71	–	24	24	–	63	63	–	158	158	–	100	6	6
	1보병연대	170	138	32	620	178	442	1,734	650	1,084	2,524	966	1,558	38	190	182
	2보병연대	170	134	36	620	180	440	1,734	729	1,005	2,524	1,043	1,481	41	190	182
	3보병연대	170	134	36	620	175	445	1,734	754	980	2,524	1,063	1,461	42	190	183
	포병연대	105	86	19	223	102	121	646	293	353	974	481	493	49	–	–
	교도대대	26	22	4	51	51	–	316	316	–	393	389	4	99	6	6
	특수부대	103	84	9	202	104	98	555	248	307	860	436	424	51	20	14
	사단총계	815	669	146	2,360	814	1,546	6,782	3,053	3,729	9,957	4,536	5,421	46	602	573
경보병사단	4보병연대	170	155	15	620	235	385	1,734	1,129	605	2,524	1,519	1,005	60.2	190	47
	5보병연대	170	163	7	620	267	353	1,734	723	1,011	2,524	1,153	1,371	45.7	190	185
	6보병연대	170	165	5	620	78	542	1,734	521	1,213	2,524	764	1,760	30.3	190	183
	포병연대	105	94	11	223	87	136	646	152	494	974	333	641	34.1	–	–
	특수부대 및 사단사령부	200	171	29	227	121	106	1,134	382	752	1,561	674	887	43.2	32	31
	사단총계	815	748	67	2,310	788	1,522	6,982	2,907	4,075	10,107	4,443	5,664	45.2	602	446
	총합계	1,630	1,417	213	4,670	1,602	3,068	13,764	5,960	7,804	20,064	8,979	11,085	45.6	1,204	1,019

위의 표에서 "국경수비보병사단"은 보안간부훈련소 제1소의 후신인 제1경보병사단, "경보병사단"은 보안간부훈련소 제2소의 후신인 제2경보병사단을 뜻한다. 보안간부훈련소 제3소는 보안간부훈련소 중에서 가장 늦게 편성되었

137 「1946년 12월 22~30일 제25군사령관 및 참모부가 수행한 조선군대 경보병사단 검열 결과 총결보고」(1946.12.31), ЦАМО, ф. 379, оп. 166654, д. 1, л. 32; 제25군 참모부 보로브예프 소좌, 「조선군대 제1사단(국경수비보병사단) 검열에 대한 의견」(1946.12.26), ЦАМО, ф. 379, оп. 166654, д. 1, л. 42.

기 때문에 이 당시에는 경보병사단의 편제가 아니었다. 경보병사단은 공통적으로 3개 보병연대, 1개 포병연대, 특수부대로 편성되었다. 교도(教導)대대는 제1경보병사단에만 있었다. 제1사단에 편제되어 있는 교도대대는 경보병사단 이전에 병력을 양성하던 보안간부훈련소의 흔적이 남아 있는 것이다.

2개 경보병사단의 편제병력은 제1경보병사단이 9,957명, 제2경보병사단이 10,107명으로 평균 10,000명이다. 이 병력 규모는 통상 10,000명으로 편성되는 소련군 보병사단의 편제병력과 거의 비슷하다. 실제병력은 제1경보병사단이 4,536명, 제2경보병사단이 4,443명으로 평균 4,500명이었다. 2개 사단의 평균 충원비율은 45.8%로, 편제병력의 절반도 충원하지 못하고 있었다. 제1경보병사단의 충원비율을 계급별로 보면, 군관은 편제병력 중 82%가 충원되었다. 하사관은 편제병력 중 34.5%가 충원되었고, 병사는 편제병력 중 45%가 충원되었다. 제2경보병사단의 충원비율을 계급별로 보면, 군관은 편제병력 중 91.8%가 충원되었다. 하사관은 편제병력 중 34.1%가 충원되었고, 병사는 편제병력 중 41.6%가 충원되었다. 보안간부훈련소의 부대편제는 사단이었지만, 실제 인원은 여단 규모였다는 사실을 알 수 있다.

북한정치세력은 하사관과 병사에 비해 부대를 운영하고 지휘하는 군관을 평균 86% 이상 충원해 둠으로서 부대 확편의 기반을 구축해 놓고 있었다. 따라서 향후에 중앙 차원에서 병력을 집중적으로 모집할 경우, 경보병사단은 언제라도 정규사단으로 증편될 수 있었다. 북한정치세력은 우선 군관급을 주축으로 보병부대를 편성하고, 향후에 정규군을 창설할 때 전사들을 보충해서 부대를 급속히 완편할 계획이었다.

보안간부훈련소의 간부와 병력 : 북한·중국·소련의 군사합작

보안간부훈련소의 간부구성은 현재까지 논란이 많다. 보안간부훈련소 제1소(개천) 소장은 알 수 없고, 문화부소장은 항일연군 출신 서철(徐哲)이 맡았으며,[138] 참모장은 항일연군 출신 최광이 맡았다.[139] 보안간부훈련소 제2소(나남) 소장은 항일연군 출신 강건, 제2소 예하의 제5분소장(제5대대장)은 항일연군 출신 최용진이 맡았다.[140] 보안간부훈련소 제1소 제3분소(강계) 분소장은 항일연군 출신 최현(崔賢)이 임명되었다.[141] 1946년 12월 당시 보안간부훈련소 제3소 제3분소장(제3대대장)은 항일연군 출신 김창봉(金昌奉)이었다.[142] 제2소 문화부소장은 독립동맹 중앙집행위원 출신인 림해(林海, 본명 朱春吉)였다. 그는 조선의용군 제1진으로 입북했고 "입북후 나남 보안간부훈련소 정치소장"을 맡았다.[143]

초대 제1소장이 누구였는지는 정확히 알 수 없다. 주한미군은 1947년 4월 현재 개천에 있는 제1사단 사단장은 김웅(Kim Oong)이며, 그 이름이 정확하다고 확인했다.[144] 그는 조선의용군 제1지대장을 역임하다가 1946년 초에 일부

---

138 『로동신문』1997.11.5.

139 김일성, 『세기와 더불어』8권(계승본), 293쪽.

140 안룡선, 『위대한 수령님과 전사 강건』, 금성청년출판사, 1998, 93~100쪽; 김일성, 『세기와 더불어』8권(계승본), 286쪽.

141 「강계군 당단체의 사업정형에 대하여-북조선로동당 중앙상무위원회 제15차 회의 결정서」(1946.12.4), 『북한관계사료집』30권, 61쪽. 이 회의 결정서에 최현의 직책이 "강계군 보안간부훈련소 대장"으로 나온다.

142 조학범, 『조선인민군대 이력서』, 조선인민군집단군사령부 간부부, 1948.9.25, NARA, RG 242, SA 2009, Box 10, Item 21.5.

143 장학봉 외, 『북조선을 만든 고려인이야기』, 경인문화사, 2006, 691쪽. 해방 이후 북한에서 활동한 인물 중에 "임해"라는 이름을 쓴 사람은 2명이다. 한명은 일본 출신 임해(任海)로, 본명은 임길봉이다. 그는 북조선로동당에서 농민부 부부장으로 활동하였다. 또 한명은 조선의용군 출신 임해(任海)로, 본명은 주춘길(朱春吉)이다. 그는 조선독립동맹 제1진으로 귀국해 조선신민당에서 중앙집행위원 겸 간부부장을 역임했다. 그는 1946년 8월 북조선로동당 창립대회와 1948년 3월 제2차 전당대회에서 당중앙위원으로 선출되었다. 조선의용군 출신 임해는 조선신민당 간부부장 시절과 북조선로동당 창립대회 때까지 한자명을 임해(任海)로 표기했다. 그러나 그후에는 한글명과 한자명을 림해(林海)로 표기했다(서동만, 『북조선사회주의체제성립사』, 178쪽). 이 책에서 향후 군사간부로 등장하는 림해는 조선의용군 출신 주춘길이다.

144 HQ, USAFIK, *ISNK*, No.35(1947.4.15~30), 『북한정보요약』2, 29쪽.

간부를 대동하고 입북하였다.[145] 김웅은 1946년 3월 1일, 무력 창설을 위해 개최된 소련군사령부와 북한정치세력의 합동회의에 참석한 북한측 대표자 5인 중 한명이었다.[146] 그는 1946년 7월 8일에 중앙보안간부학교 학생심사위원회 위원으로 참여한 이후에[147] 행적이 밝혀지지 않았고, 1947년 4월에 제1사단장으로 확인되었다. 그는 1946년 3월부터 7월까지 무정과 함께 의용군 출신을 대표해서 창군과정에 투입된 핵심인물이었다. 무정은 1946년 8월 15일에 창설된 보안간부훈련대대부에서 포병부사령관에 임명되었으나[148] 김웅은 대대부에도 임명되지 않았다. 또한 김웅은 경비대나 군사학교의 간부로도 임명되지 않았다. 창군과정에 기여한 역할과 다른 부대·군사학교의 간부명단에서 확인되지 않는 것을 볼 때, 김웅이 제1소 소장에 임명되었던 것으로 보인다.

한편 한 연구자가 북한자료에 근거해 작성한 약력에 따르면, 리영호가 1946년 8월부터 "보안간부훈련소 소장"을 맡았다. 항일연군 출신 김일(金一)은 보안간부훈련소 제2소와 제3소 중 한 곳에서 문화부소장을 맡았다.[149] 제2소 소장은 강건이었고, 제1소장이 김웅이라고 추정한다면 리영호는 제3소 소장이다. 또한 제1소 문화부소장은 서철, 제2소 문화부소장은 림해이므로 김일은 제3소 문화부소장이다.

이상의 내용을 정리하면, 제1소의 소장은 의용군 출신 김웅, 문화부소장

---

145 김운룡, 「리홍광지대」, 길림성정협·연변조선족자치주정협 문사자료위원회 편, 『길림조선족』, 351~352쪽.

146 HQ, USAFIK, *ISNK*, No.39(1947.6.15~6.30), 『북한정보요약』2, 210쪽. 나머지 인물은 최용건, 김일, 김성국, 무정이다.

147 「보안간부학교 설립에 관한 건」(1946.7.8), 『북한관계사료집』5권, 665~666쪽. 심사위원장은 무정, 심사위원은 무정, 최용건, 김책, 김웅, 장종식이다.

148 佐佐木春隆, 『韓國戰秘史』中卷, 29쪽.

149 리영호의 경력에 "1946년 8월 보안간부훈련소 소장"이라고 적혀 있다. 북조선로동당 제1차 당대회 당시 김일의 합당시 직책에 "보안간부훈련소 문화부장"이라고 적혀 있다. 북조선로동당 중앙본부, 『북조선로동당 창립대회(제재료)』; 『로동신문』1946.9.1, 김광운, 『북한정치사연구』1, 115; 372쪽에서 재인용.

은 항일연군 출신 서철, 참모장은 항일연군 출신 최광, 제3분소장은 항일연군 출신 최현이다. 제2소의 소장은 항일연군 출신 강건, 문화부소장은 의용군 출신 림해, 제5분소장은 항일연군 출신 최용진이다. 제3소의 소장은 항일연군 출신 리영호, 문화부소장은 항일연군 출신 김일, 제3분소장은 항일연군 출신 김창봉이다. 보안간부훈련소의 간부는 제1소장 김웅과 제2소 문화부소장 림해를 제외하고 대부분 항일연군 출신이다. 이것은 보안간부훈련소의 모체인 철도경비대의 간부가 대부분 항일연군 출신으로 구성되었기 때문이다. 게다가 38경비보안대 초대 대장도 항일연군 출신 김창봉이었다. 인민군의 창설 초기 경비대·보안대·보안간부훈련소의 주요간부는 대부분 항일연군 출신이 맡고 있었다. 그러나 창군사업 준비회의는 항일연군 출신과 의용군 출신이 공동으로 주도하였고, 철도경비대 창설과정에는 항일연군 출신·의용군 출신·고려인·국내공산주의자가 모두 참여했다. 따라서 향후에 부대나 군사학교가 신설되어 군사부문이 확장된다면 간부구성도 변화할 가능성이 높았다.

보안간부훈련소는 각 분소마다 주둔지역의 청년들을 입소시켜 보안대원과 철도경비대원으로 육성하였다.[150] 보안간부훈련소의 신병은 18세 이상 25세 이하의 청년들 중에서 지원형식으로 모병하였다. 그후에는 북조선민주청년동맹 맹원과 북조선로동당 당원들을 집단적으로 입소시켜 각 훈련소에서 이들을 훈련시켰다.[151] 그러나 보안간부훈련소의 장기적 목적은 정규군대의 기간요원을 양성하는 것이었다. 즉, 보안간부훈련소에서 정치·군사훈련을 통해 기간요원을 양성하고, 향후 신규부대가 창설되면 이들을 기간요원으로 파견해 부대를 육성하고 병사들을 교육할 계획이었다.[152]

보안간부훈련소의 병력은 북한의 각 지역에서 모병되었다. 그러나 보안간

---

150 국방부 전사편찬위원회, 『한국전쟁사』1, 680쪽.

151 국방부 전사편찬위원회, 『한국전쟁사』1, 681쪽.

152 김일성, 「보안간부훈련소의 당면과업-보안간부훈련소 제2소 군관회의에서 한 연설」(1947.1.15), 『김일성전집』5권, 조선로동당출판사, 1992, 61쪽.

부훈련소의 주력은 북한 청년들이 아니었다. 보안간부훈련소 제1소와 제2소는 1946년 4월에 만주에서 강건(姜健)이 데리고 입북한 조선의용군 병력을 주축으로 만들어졌다.[153] 1946년 봄에는 만주의 훈춘보안단(琿春保安團) 소속 2,000여 명이 입북해 각지의 보안간부훈련소에 배치되었다. 훈춘보안단은 보안단장인 김흠(金鑫)이 인솔해 입북했지만, 실제 지휘관은 해방 이후 소련에서 만주로 파견되었던 항일연군 출신의 최광이었다.[154] 또한 1946년 6월에 조양천교도대(朝陽川教導隊) 졸업생 500명이 입북하였다. 이들은 함흥에서 약 한 달동안 집중교육을 받고, 보안간부훈련소에 분산·배치되었다.[155]

강건과 최광은 해방 직후에 바로 귀국하지 않고 동북항일연군 교도려위원회의 명령에 따라 "중국공산당 동북공작위원회"의 일원으로 연변에 파견되었다. 동북공작위원회는 각 지역 책임자로 장춘(長春)에 주보중(周保中), 하얼빈(哈爾濱)에 리조린(李兆麟), 심양(瀋陽)에 풍중운(馮仲雲), 연길(延吉)에 강신태(姜信泰, 강건), 목단강에 김광협(金光俠)을 파견했다.[156] 강건은 연변에서 소련경비사령부 부사령관을 맡았고, 최광은 왕청(汪清)으로 파견되어 건당·건군활동을 펼쳤

153 한상구, 「팔로군 출신 방호산 사단 정치보위부 최태환의 증언: 6·25전쟁 발발의 실상을 밝힌다(이하 최태환의 증언)」, 『역사비평』1988년 가을호, 역사비평사, 1988, 365쪽.

154 김중생, 『조선의용군의 밀입북과 6·25전쟁(이하 조선의용군의 밀입북)』, 명지출판사, 2000, 141쪽.

155 김중생, 『조선의용군의 밀입북』, 139~140쪽. 조양천교도대는 1946년 2월 10일에 조선의용군 제5지대가 연변에 설립한 간부학교이다. 대대장은 박송파, 정치위원은 김세민이었다. 학교의 골간은 태항산 조선혁명군정학교 간부반의 간부와 학생들이었다. 교도대는 1946년 6월에 길동군정대학·화전군정학교와 함께 동북군정대학 동만분교로 통합되었다. 동북군정대학 길림분교 학교력사연구회 편, 『빛뿌리는 발자취』, 연변인민출판사, 2006, 114~118쪽; 최수천, 「동북군정대학 길림분교 시말」, 길림성정협·연변조선족자치주정협 문사자료위원회 편, 『길림조선족』, 503~504쪽.

156 동북공작위원회에서 설립한 "중국공산당 연변지구공작위원회"는 강신태(강건), 박락권, 최명석(최광), 김창봉, 장정숙, 김옥순, 석동수, 강위룡, 김명주, 김룡근, 홍태학, 려영준, 임철, 박춘일, 박영선, 김봉산 등으로 구성되었다. 량재화, 「목단강군구의 조선족관병들」; 리창, 「연변에서의 중공지방조직의 재건」, 총서편집위원회, 『승리』, 22; 143~144쪽.

다.[157] 강건의 정확한 입북시기는 1946년 7월이다. 그는 연길에서 길동분군구(吉東軍分區) 사령원을 맡다가 입북하였다.[158] 훈춘보안단의 정확한 입북시기는 4월이다. 최광은 연변경비려(延邊警備旅) 제2단장과 중공 왕청현위(汪淸縣委) 서기로 활동하다 1946년 4월에 입북하였다.[159]

지금까지 확인한 사실을 정리하면, 1946년 4월~7월까지 약 3,000여 명의 조선인병력이 만주에서 입북해 보안간부훈련소에 배속되었다. 이 보안간부훈련소의 주력은 다름 아닌 항일연군 출신 강건과 최광이 지휘해 입북하였다. 그러므로 보안간부훈련소를 창설하는 데 바탕이 된 기간병력은 만주에서 입북한 조선인병력이었다. 입북 전까지 강건과 최광은 중국공산당에 소속되어 활동했으므로, 강건·최광·조선인병력의 입북은 중국공산당과 북조선공산당의 협의를 거쳐 결정된 것이 분명하다. 이 과정에서 김일성은 만주에 있던 최광에게 우수한 사람을 선발해 귀국하라고 지시하였다.[160] 북한정치세력은 보병부대를 창설하기 위해 중국공산당과 협의하였고, 그 결과 만주에 파견된 항일연군 출신 군사간부와 이들이 육성한 조선인병력을 입북시켜 보병부대를 창설한 것이다. 이로써 보안간부훈련소에는 중국군의 군사적 요소가 유입되었다.

그러나 보안간부훈련소의 군사적 요소에 가장 큰 영향을 끼친 세력은 소련군이었다. 소련군은 보안간부훈련소가 설치되자 소련군의 장교와 병사를 파견해서 보안간부훈련소의 훈련을 원조하였다. 해방 직후 보안대시기에는 소련군 병력들이 명확한 계획없이 보안대의 훈련에 투입되었다. 그러나 1946년 8월

---

157 중공연변주위당사연구소, 『중공연변당조직활동년대기(1928.2-1949.9)』, 연변인민출판사, 1989, 267쪽.

158 중공연변주위조직부·중공연변주위당사연구소·연변조선족자치주당안관, 『중국공산당 연변조선족자치주조직사(1928.2-1987.11)』, 연변인민출판사, 1989, 144; 167; 181쪽.

159 중공연변주위조직부 외, 『중국공산당 연변조선족자치주조직사』, 148~149; 159; 181쪽; 강만길·성대경, 『사회주의인명사전』, 5; 488쪽.

160 김일성, 『세기와 더불어』 8권(계승본), 293쪽.

〈그림 16〉 해방 이후 중국 동북지역에서 활동한 조선인부대[161]

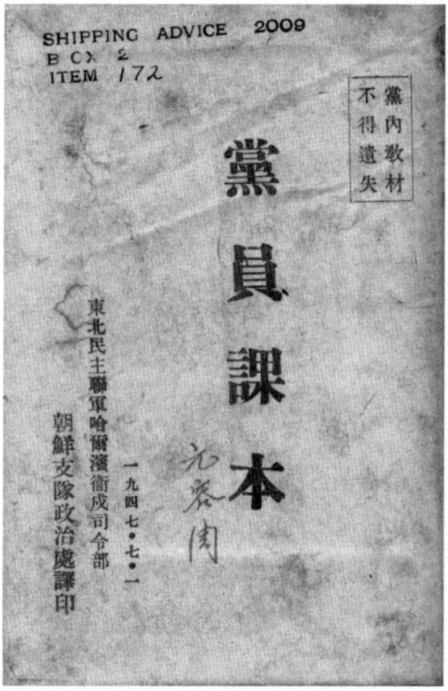

비고 동북민주연군 하얼빈위수사령부 조선지대(1947.7.1)와 조선의용군 제5지대(1946.2.25).

에 보안간부훈련소가 설립된 이후에는 명확히 수립된 계획에 따라 소련 고문과 교관들이 세 가지 방식으로 군사훈련을 원조하였다.

첫째, 철수를 준비하는 소련군 병력이 조선인들에게 소련제 무기사용법을 교육했다. 북한 측에 양도하기로 예정된 장비를 가진 소련군부대는 철수하기 전에 병력을 투입해서 보안간부훈련소 대원들에게 무기사용법을 교육하였다. 소련군 병력에 의한 조선인의 훈련은 일반적으로 소련 장교와 하사관들이 감독하였다.[162]

둘째, 정규 소련 고문과 교관들이 보안간부훈련소에 할당되었다. 1946년

---

161 『黨員課本』, 東北民主聯軍哈爾濱衛戍司令部 朝鮮支隊 政治處, 1947.7.1; 『中共中央政治局의 領導方法의 關한 決定』, 朝鮮義勇軍 第5支隊 政治部, 1946.2.25.

162 HQ, USAFIK, *ISNK*, No.39(1947.6.15~6.30), 『북한정보요약』2, 215쪽.

12월까지 보안간부훈련소에는 소련군 장교들이 정규 고문으로 배치되었다. 소련 고문은 대부분 보안간부훈련소에서 참모들의 고문 직책을 맡았고, 일부는 대대 단위 이하까지 배치되었다. 즉, 보안간부훈련소의 조선인 부대장과 참모들은 소련 측 상대역(Counterpart)이 있었고, 중대장에게도 소련 고문들이 배치되었다. 또한 보안간부훈련소 본부에는 소련군의 영관급 장교들로 구성된 고문단이 배속되었다.

셋째, 보안간부훈련소 인근의 소련군부대에서 특별훈련요원이 파견되었다. 이 방식은 보안간부훈련소에서 교관을 확보하는 가장 보편적인 방식이었다. 보안간부훈련소 인근에 소련군부대가 없을 경우에는 가장 가까운 소련군 전술부대에서 훈련용부대(garrison)가 보안간부훈련소로 파견되었다. 훈련용부대는 계속해서 그들의 모부대에 소속되었지만, 보안간부훈련소에 배치된 선임 소련 교관으로부터 행정적·규율적 통제를 받았다.[163] 소련군의 장교와 하사관들은 정규 교관·고문으로 근무하였고, 인근 소련군부대에서 파견된 병사들은 일반적으로 비정규 교관으로 근무하였다.[164]

그러나 보안간부훈련소에 소련군의 군사적 영향만 있었던 것은 아니다. 미군정은 보안간부훈련소의 명칭이 변화한 것을 중국공산당의 영향이라고 분석했다. 1946년 12월 이후에 보안간부훈련소의 대외적 명칭은 번호를 붙인 부대명에서 지역명 뒤에 부대번호를 붙이는 방식으로 변화하였다. 예를 들어 보안간부훈련소 제1소 제1분소를 개천보안간부훈련소 제1대대로 개칭하는 방식이다. 지역명 뒤에 주요부대의 번호를 붙이는 이 같은 용어법은 중국공산당의 관행과 일치했다.[165]

그런데 소련군과 중국군의 군사적 요소는 보안간부훈련소에서 상호 충돌

163 HQ, USAFIK, *ISNK*, No.39(1947.6.15~6.30), 『북한정보요약』2, 217쪽.

164 HQ, USAFIK, *ISNK*, No.45(1947.9.15~9.30), 『북한정보요약』2, 419~420쪽.

165 HQ, USAFIK, *ISNK*, No.39(1947.6.15~6.30), 『북한정보요약』2, 214쪽.

했다. 보안간부훈련소의 지휘부는 동북항일연군 출신이 장악했지만, 훈련소에는 조선의용군 출신이 가장 많았다. 보안간부훈련소 제1소와 제2소는 조선의용군 병력을 기간으로 설립되었고, 훈춘보안단에서 온 2,000명도 보안간부훈련소에 입대하였다. 그런데 보안간부훈련소 내부에서는 조선의용군 출신 군관과 평양학원 출신 군관 사이에 충돌이 발생했다. 보안간부훈련소에는 평양학원 졸업생들도 배치되어 있었다. 예를 들어 박승규는 1946년 9월 7일에 평양학원을 졸업하고, 9월 26일에 개천의 보안간부훈련소 제1소에 배치되었다.[166] 1946년 10월에 보안간부훈련소 제1소의 모든 장교들은 개천에 있는 본부에서 단기훈련을 받았다. 이 훈련과정에서 평양학원 졸업생들은 조선의용군 출신 군관들에게 경례, 행진 등의 제식훈련을 교육했다. 그러나 조선의용군 출신 군관들은 이 같은 제식훈련을 중요하게 생각하지 않았고, 평양학원 졸업생들이 자신들을 교육하는 것에 불만을 가졌다. 반면에 평양학원 졸업생들은 이 같은 교육과정에서 조선의용군 군관에 대한 우월감을 갖게 되었다.[167]

조선의용군 출신으로 보안간부훈련소에서 군관으로 활동한 장한철은 당시 두 세력 간의 차이점을 상세히 증언하고 있다. 장한철은 동북군정대학(東北軍政大學) 학생으로 있다가 1946년 8월 초에 입북해 보안간부훈련소 제2소 제4분소(제4연대)에 배치된 인물이다. 그는 제4연대 창설 직후에 소대장을 맡았고, 그후에 중대장으로 진급했다. 그의 증언에 따르면, 제4연대의 간부는 조선의용군 출신과 평양학원 졸업생들로 구성되어 있었다. 인원수는 평양학원 졸업생보다 조선의용군 출신이 많았다. 당시 장한철은 제4연대에서 제1대대 제1중대장을 맡았다. 그런데 어디 출신이 지휘관을 맡느냐에 따라 부대의 기풍이 달랐다. 장한철의 증언을 들어보자.

---

166 박승규, 『幹部履歷書』, 민족보위성, 1950, NARA, RG 242, SA 2009, Box 6, Item 110.

167 HQ, USAFIK, *G-2 Weekly Summary*, No.131(1948.3.12~3.19), 『북한정보요약』3, 196쪽.

"내가 중대장이 되가지고 훈련을 시키는 게 우리는 소련식이 아니고 중국식이고 그러다 보니까 모순이 생겼어요. 지방에서 온 평양학원 졸업생들은 소련식이고 우리는 중국식이었으니까요. 우리 중대 같은 경우는 완전히 해방군식이고 정말 병사를 사랑하고 병사는 상급을 존중해야 되지만 평양학원 졸업생들은 그렇지 않아요. 떽떽거리고 일본아들 군대하고 비슷해요. (생략) 규율은 다 같이 엄하긴 엄하죠. 우리는 엄하다는 게 자각성에 의한 엄한 것이지, 호령에 의한 엄한게 아니라는 거죠. 그때 내가 4연대에서도 1대대 1중대장 했는데, 4중대, 5중대는 평양학원 사람 들어온 건데, 그거하고 영 다르죠. 대오의 분위기가 달라요. 우리 중국에 있을 적에 배운 게 우리는 인민의 군대고 인민을 떠나서는 그 군대가 한 시간도 살 수 없다. 백성의 일이라 하면 무슨 일을 제쳐놓고라도 도와야 한다는 게 우리 머리에 들어간 거예요. 병사를 대하는 게 친형제처럼 대하고 훈련할 적에는 차렷, 시작해서는 엄하게 대하지만 휴식해 가지고는 마음대로 얘기하지요. 소련식하고는 영 다르지. 걔들은 마음대로 말 못하죠. 그러니까 군대생활에서도 약간의 모순이 생기기 시작했어요."[168]

그의 증언에서 주목되는 것은 보안간부훈련소에 각각 다른 두 세력이 지휘관을 맡으면서 부대운영방식에 충돌이 발생했다는 점이다. 그의 표현에 따르면, "군대생활에서도 약간의 모순이 생기기 시작"했다. 장한철과 같은 조선의용군 출신은 중국식으로 교육하였고, 평양학원 졸업생들은 소련식으로 교육하였다. 그런데 계급적 위계질서를 강조하는 소련식 부대운영과 인민적 동질성을 강조하는 중국식 부대운영이 보안간부훈련소에서 충돌하였다. 중요한 점은 소련식 부대운영을 바라보는 조선의용군 출신의 시각이다. 조선의용군 출신들이 보기에 평양학원 졸업생들의 소련식 부대운영방식은 "떽떽거리고 일본아들 군대하고 비슷"하게 보였다. 또한 군대의 규율도 중국식 부대는 자각성에 의해 엄

---

168 정현수 외, 『중국 조선족 증언으로 본 한국전쟁』, 206~207쪽.

수된 반면, 소련식 부대는 호령에 의해 엄수되었다. 그 결과 장한철이 지휘하는 제1중대와 평양학원 졸업생이 지휘하는 제4중대·제5중대는 부대의 분위기가 달랐다.

이것은 창군 초기에 군대를 어떤 방식으로 건설할 것인가를 둘러싸고 관점의 차이가 있었다는 사실을 보여준다. 뒤에서 살펴보겠지만, 평양학원은 항일연군 출신이 심혈을 기울여 조직한 자기세력의 저수지였고, 지도자는 김일성이었다. 보안간부훈련소의 내부 갈등은 표면적으로는 조선의용군과 평양학원 졸업생들의 갈등이었지만, 사실은 조선의용군 출신과 항일연군 출신의 갈등이었다. 즉 창군 초기에 정치세력 내부에서 창군방식을 둘러싸고 중국군의 군사적 요소와 소련군의 군사적 요소가 충돌하고 있었던 것이다. 갈등의 본질은 계급연합에 기초해서 유격전·지구전·섬멸전을 중심으로 인민전쟁(人民戰爭)을 추구하는 중국군과, 계급투쟁에 기초해서 정규전과 진지전을 중심으로 총력전(總力戰)을 추구하는 소련군의 차이였다.[169]

또한 보안간부훈련소에는 일본군의 군사적 요소도 있었다. 창설 초기에는 소련군 보다 일본군의 군사적 요소가 영향을 끼쳤다. 보안간부훈련소의 부대는 일본군 주둔지나 일본공장에서 창설되었다. 대원들에게는 일본식 군사훈련이 실시되었고, 이들은 일본제 99식 소총으로 무장하였다. 그러나 1946년 9월부터 보안간부훈련소에는 소련군의 군사적 요소가 급속히 도입되었다. 보안간부훈련소에는 9월에 소련군사고문이 배치되었고, 이들은 상대역제도(Counterpart System)를 통해 보안간부훈련소에 소련군의 군사적 요소를 도입했다. 그리고 보안간부훈련소에는 12월부터 소련제무기가 양도되었다. 이후 보안간부훈련소의 편제와 운영, 교육과 훈련은 점차 소련군체계와 유사한 형태를 띄게 되었다. 그러나 보안간부훈련소 내부에는 소련군의 군사적 요소와 중국

---

169 중국군의 '인민전쟁'에 대해서는 다음 연구를 참고 바람. 백기인, 『中國軍事思想史』, 국방군사연구소, 1996, 291~294쪽.

군의 군사적 요소 사이에 갈등과 충돌이 존재했다. 이 같은 갈등관계와 관점의 차이는 이후 인민군 창설과정에서 다시 부상하게 된다.

지금까지 확인한 제1단계 창군과정을 통해 몇 가지 특징을 발견할 수 있다. 첫째, 북한정치세력은 중앙에서 지방으로 부대를 확편하는 것이 아니라 지방에서 조직된 부대를 중앙으로 통합하는 방식으로 보안무력을 창설하였다. 해방 직후 각 지역에는 도시와 농촌의 치안유지를 위해 자위대, 적위대, 치안대가 조직되었고, 이 무장단체들은 소련군사령부에 의해 모두 보안대로 개편되었다. 그리고 육지와 해안에서 조직된 보안대를 기반으로 철도경비대, 38경비보안대, 국경경비대가 창설되었다. 이와 함께 보안대와 경비대의 대원을 육성하기 위해 3개 지역에 보안간부훈련소가 설치되었다. 이 보안간부훈련소는 향후 인민군 보병사단의 모체가 된다.

둘째, 북한정치세력은 주요 도시에 창군요원들을 파견하고, 이들이 발탁한 인물을 보안무력의 간부로 육성했다. 예를 들어 김태훈은 1946년 2월에 함경남도 혜산진정치학교에 입학해 3월에 졸업했다. 그는 졸업 직후에 함흥지구 철도보안대대에 소대장으로 임명되었다. 그를 철도보안대대로 발탁한 인물은 혜산진정치학교 교관이었던 전문섭이었다.[170] 전문섭은 혜산진정치학교에 있다가 함흥지구철도보안대대 대대장으로 임명되었다. 김태훈은 이후 전문섭 밑에서 함흥지구 철도경비대대 참모장으로 승진했다.[171]

셋째, 북한정치세력은 소련군사령부가 조직한 보안무력을 자신들의 무력적 기반으로 재편했고, 이를 바탕으로 정규군의 모체를 조직했다. 북한정치세력은 소련군사령부가 북한지역의 철도를 경비하기 위해 조직한 철도경비대를 자체적으로 개편해서 제2기 철도경비대를 조직했다. 북한정치세력은 이 철도경비대를 보안간부훈련소와 통합해 정규군의 모체인 경보병사단을 조직했다.

---

170 전문섭은 1937년에 동북항일연군 제2군의 김일성부대에 입대한 소년대원 출신이다. 그의 둘째형이 제2군 제6사 대원으로 보천보전투에 참전하였다. 김일성, 『세기와 더불어』6권, 224~225쪽.

171 HQ, USAFIK, *G-2 Weekly Summary*, No.149(1948.7.16~7.23), 『북한정보요약』4, 21쪽.

이상에서 살펴보았듯, 보안간부훈련소는 향후 정규군 보병부대의 모체였고, 당시부터 경보병사단의 편제로 창설되었다. 북한에서 정규군 보병부대의 모체가 출현한 시기는 1946년 8월이었고, 이로써 제1단계 창군과정이 시작되었다. 북한의 제1단계 창군과정은 동유럽 국가의 창군과정에 비해 그 시기와 내용이 다르다. 동유럽 국가들은 이미 해방 이전부터 상당한 규모의 정규군이나 빨치산부대를 보유하고 있었다. 폴란드의 단일폴란드군은 1944년 제2차대전 종전 당시에 약 40만명의 병력을 보유하고 있었고, 근대적 무기와 장비를 갖춘 군대였다.[172] 루마니아는 1945년 3월까지 약 2만명으로 구성된 2개 의용사단을 보유하고 있었고, 사단에는 소련군 고문이 배치되었으며, 병사들은 소련제무기로 무장하였다.[173]

불가리아에는 해방 이전에 정부군과 빨치산부대가 동시에 존재하였다. 1944년 여름에 불가리아의 인민해방파르티잔군은 총병력 18,000명 이상, 11개 여단과 37개 부대로 편성되어 있었다. 또한 해방 당시 불가리아에는 45만명의 왕정군대가 존재하고 있었다.[174] 체코슬로바키아에서도 해방 이전에 정부군과 빨치산부대가 동시에 존재했다. 슬로바키아의 빨치산부대는 1944년 말 현재 12,000명이었고, 체코슬로바키아 제1군은 1944년 5월부터 소련 제1우크라이나군단에 가담해 대독전쟁에 참전하였다.[175]

북한에서 인민군의 모체가 해방 이후 1년이 지난 1946년 8월에 출현한 반면, 동유럽 국가에서 정규군이나 군대의 모체는 이미 나찌(Nazi) 점령시절에 창

---

172 1943년 7월 20일 현재 폴란드군대의 통계를 보면, 100,777명의 병력, 4개 보병사단, 1개 기병여단, 1개 전차여단, 2개 중포여단, 2개 유탄포여단, 1개 대전차여단, 1개 공병여단, 1개 고사포여단, 1개 박격포연대, 각종 포 1,514문과 전차 182대를 보유하고 있었다. 柴田政義, 『東歐政治經濟史』, 99~100; 103~104; 116쪽.

173 柴田政義, 『東歐政治經濟史』, 447~448쪽.

174 柴田政義, 『東歐政治經濟史』, 200~201; 204; 208; 215쪽.

175 柴田政義, 『東歐政治經濟史』, 277; 281~283쪽.

설되었다. 폴란드와 루마니아에서는 해방 전에 이미 인민군이 창설되었고, 체코슬로바키아·불가리아·헝가리에서는 정규군과 빨치산부대가 창설되었다. 게다가 해방 이전에 불가리아 왕정군대는 45만명, 폴란드인민군은 약 40만명, 루마니아인민군은 약 2만명, 불가리아 빨치산부대는 약 18,000명, 체코슬로바키아 빨치산부대는 약 12,000명에 달했다.

동유럽 국가의 공산주의자들이 북한의 공산주의자들과 다른 점은 이들이 인민군이나 빨치산부대를 이끌고 소련군과 함께 자국을 해방하는 전투에 직접 참전했다는 사실이다. 동유럽의 공산주의자들에 비해 북한의 공산주의자들은 해방 이전에 단일한 정규군이나 빨치산부대를 창설하지 못했고, 해방 전투에도 직접 참전하지 못했다. 동유럽의 공산주의자들은 해방 이후에 바로 혁명을 추진할 수 있는 무력적 기반이 있었지만, 북한의 공산주의자들은 혁명을 추진할 수 있는 무력적 기반이 없었다. 이에 따라 북한의 공산주의자들은 소련군사령부에 협조하면서 가장 먼저 보안대·경비대·보병부대를 조직함으로써 혁명의 무력적 기반을 구축하였다.

2장

보안국의 조직과 정치사상체계의 원형

1. 보안국의 조직과 정치사상사업

북조선행정국과 북조선임시인민위원회

소련군은 해방 이후 북한지역의 여러 무장세력을 통합하였고, 북한정치세력은 소련군과 협력관계를 유지하면서 각종 보안기구를 창설하였다. 이 보안기구는 기본적으로 소련군과 협의과정을 거쳐 운영되었다. 그러나 남한의 무력기구가 미군정의 지휘를 받았던 것과 달리 북한의 보안기구는 소련군사령부의 통제 아래 조선인 행정기구인 북조선행정국·북조선임시인민위원회 보안국의 지휘를 받았다. 이후 보안국 예하의 보안기구는 경찰조직과 군사조직으로 분화해서 북한정부 수립 이후에 각각 내무성과 민족보위성의 예하부대로 발전했다. 따라서 보안국의 조직과 활동을 통해 경찰조직과 군사조직으로 분화되기 이전에 군사지휘기관의 원형을 확인할 수 있다.

해방 이후 북한 각지에 결성된 도인민위원회는 도단위의 행정을 총괄했지만, 도인민위원회 상호 간에 협의는 없었다. 각 도인민위원회는 1945년 10월

8일에 처음으로 "북조선 5도인민위원회 연합회의"를 개최해 행정현안과 지방기구에 대한 문제를 논의했다. 연합회의 이후 각 도인민위원회 대표들은 소련군사령부에 지방자치기구를 총괄할 중앙행정기관을 조직하는 문제를 제기하였다. 소련군사령부는 11월 1일에 대표들의 요구를 받아들여 「북조선 지방자치기관 조직에 관한 기본원칙」을 발표했다. 소련군사령부는 "조선에 고정적 정권과 헌법이 설정될 때까지는 전반적 비밀투표의 원칙 하에서 이장(里長)과 임시인민위원회들을 선거할 것"을 공표하고, "리·면·군·시·도 임시인민위원회의 선거원칙과 조직원칙을 구체적으로 제시"하였다.[176]

1945년 11월 15일, 최용건의 주도로 각 지방의 보안대를 통합하기 위해 보안대 간부와 당간부의 합동회의가 소집되었다. 합동회의의 안건은 두 가지였다. 첫째, 각 지방간 행정의 절차와 방식을 통일하는 문제였다. 당시 각 지방의 보안대마다 행정 절차와 방식이 달랐는데, 이런 차이는 정치범의 처리문제에서 가장 극명하게 드러났다. 합동회의 결과, 제25군사령부 방첩대와 협조해 행정기관에 정치조사과를 신설하기로 결정하였다. 제25군사령부 방첩대는 고문을 파견해 정치조사과의 사업을 원조하였다. 둘째, 각 지방의 보안대를 통합하는 문제였다. 합동회의 결과, 각 지방에 새로운 보안대를 조직하기로 결정하였고, 지방의 다른 모든 무장세력은 불법화하였다. 각 지방의 보안대에서 가장 믿을만한 부문은 새로 조직된 보안대에서 계속 활용하기로 결정하였다.[177] 북한 정치세력은 11월 15일의 간부합동회의를 통해 각 지방 보안대의 행정절차와 행정방식을 통일하였고, 기존의 무장세력을 해체하고 보안대를 신뢰할 수 있는 무력으로 재편하였다. 이를 통해 북한지역의 무력을 통일적으로 지휘하고 통제할 수 있는 행정적·무력적 기반이 마련되었다.

소련군사령부는 도인민위원회 대표들의 중앙행정기관 조직 요청과 소련

---

176 「해방 이후 4년간의 국내외중요일지」, 『북한관계사료집』7권, 576; 580쪽.

177 HQ, USAFIK, *ISNK*, No.39(1947.6.15~6.30), 『북한정보요약』2, 206쪽.

군의 민정업무를 보조할 조선인 행정기관의 필요성에 따라 1945년 11월 19일에 북조선행정국(北朝鮮行政局)을 설치하였다. 이 행정국은 지금까지 북조선행정 10국으로 명명되었지만, 정확한 명칭은 "북조선제행정국(北朝鮮諸行政局)"이다.[178] 행정국은 북조선산업국, 북조선교통국, 북조선농림국, 북조선상업국, 북조선체신국, 북조선재무국, 북조선교육국, 북조선보건국, 북조선사법국, 북조선보안국 등 10개 국으로 조직되었다.[179] 보안국장은 항일연군 출신 최용건이 맡았다. 11월 15일 합동회의를 통해 새로 조직된 보안대는 12월 1일부터 최용건의 지휘 아래 업무를 시작했고,[180] 보안국은 12월 9일에 처음으로 "북조선 각도 보안부장회의"를 개최하였다.[181] 이로써 북조선보안국(北朝鮮保安局)은 각 지방인민위원회의 보안부·보안서·보안대를 모두 관할하게 되었다.

북조선행정국을 설립한 주체는 소련군사령부였다. 행정국과 각 도 인민위원회는 소련군사령부의 명령에 따라 사업을 수행하였다. 예를 들어, 소련군사령관은 1946년 1월 2일에 행정국의 "농림국장과 각 도 인민정치위원회장"에게 북한지역의 토지면적과 가축수를 조사해 보고하라고 명령하였다. 그리고 각 도·군 위수사령관에게는 조사진행을 적시에 완료하도록 각 방면으로 협조하라고 지시하였다.[182] 행정국은 모두 소련군사령부 관할 아래 조직되었고, 이를 직접적으로 통제한 사람은 소련군사령부 민정담당 부사령관 로마넨코 소장이었다.[183]

---

178 「北朝鮮諸行政局의 組織」, 『正路』1945.11.5.

179 「해방 이후 4년간의 국내외중요일지」, 『북한관계사료집』7권, 582쪽.

180 HQ, USAFIK, *ISNK*, No.39(1947.6.15~6.30), 『북한정보요약』2, 206쪽.

181 「해방 이후 4년간의 국내외중요일지」, 『북한관계사료집』7권, 582쪽.

182 北朝鮮駐屯蘇聯軍司令官 近衛軍 大將 치쓰짜꼬브, 蘇聯軍參謀部長 近衛軍 中將 뻰꼽쓰끼, 「北朝鮮駐屯 蘇聯軍司令官의 命令書 第二號」(1946.1.2), 한림대학교 아시아문화연구소 편, 『朝鮮共産黨文件資料集(1945-46)』, 75쪽.

183 전현수, 「북조선 행정10국의 조직과 활동」, 『大丘史學』123, 대구사학회, 2016.5, 20쪽.

〈그림 17〉 소련군사령관의 명령서 제2호(1946.1.2)

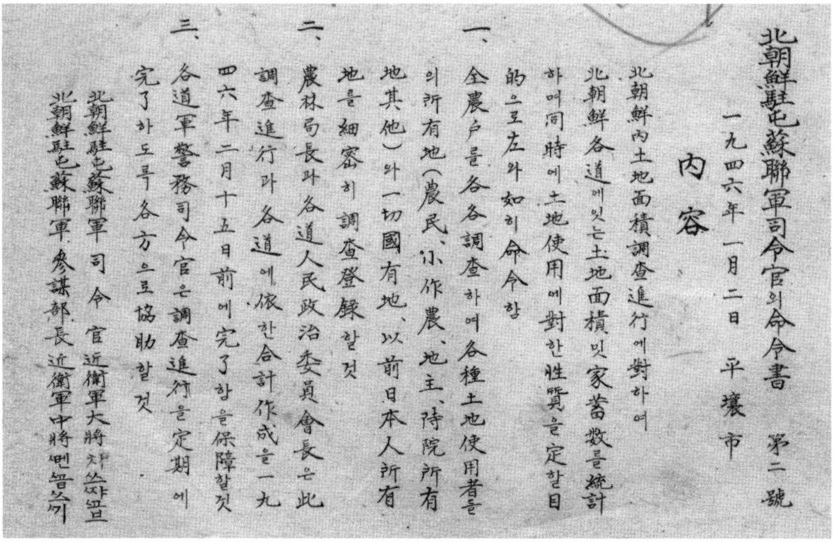

北朝鮮駐屯蘇聯軍司令官의命令書 第二號

一九四六年一月二日 平壤市

内容

北朝鮮内土地面積調査進行에對하여

北朝鮮各道에있는土地面積및家畜數를統計하며同時에土地使用에對한性質을定할目的으로左와如히命令함

一、全農戶를各各調査하여各種土地使用者들의所有地(農民、小作農、地主、寺院所有地其他)와一切國有地、以前日本人所有地를細密히調査登錄할것

二、農林局長과各道人民政治委員會長은此調査進行과各道에依한合計作成을一九四六年二月十五日前에完了함을保障할것

三、各道軍警務司令官은調査進行을定期에完了하도록各方으로協助할것

北朝鮮駐屯蘇聯軍司令官 近衛軍大將 치쓰쨔꼽

北朝鮮駐屯蘇聯軍參謀部長 近衛軍中將 뻰꼽쓰끼

행정국의 10개 행정부서는 해당사업의 지도기관이었다. 즉, "행정국의 명령과 지령은 전 북조선 행정 및 경제기관·주민에게 있어서 의무적"인 명령과 지령이었다. 따라서 "각 도 및 지방기관, 사회단체 및 조합, 전 북조선 공민은 행정국의 지시, 지령 및 지령을 제때에 또는 진심으로 실행할 의무"가 있었다.[184] 또한 행정국의 각 국에는 소련군사령부의 대표가 국장의 고문으로 배치되었다. 소련인 고문은 조선인 국장이 북한의 경제·행정·정치·생활의 기본분야를 지도하는 것을 원조하였다.[185] 즉, 북한정치세력은 행정국을 통해 북한지역의 모든 기관과 주민들을 통제하고 관할하게 되었다. 그리고 소련 고문들의 지도를 받으면서 행정업무를 학습하고 행정능력을 향상시켰다.

행정국의 국장을 살펴보면, 산업국장 정준택(鄭準澤), 교통국장 한희진(韓熙

---

184 「北朝鮮行政局의 職務와 事業」, 『正路』1945.12.5.

185 시체찌닌, 「해방 이후 조선에서」, 소련과학아카데미, 『레닌그라드로부터 평양까지』, 233쪽.

珍), 농림국장 리순근(李舜根), 상업국장 한동찬(韓東燦), 체신국장 조영렬(趙永烈), 재무국장 리봉수(李鳳洙), 교육국장 장종식(張鍾植), 보건국장 윤기녕(尹基寧), 사법국장 조송파(趙松波), 보안국장 최용건 등이었다. 국장을 맡은 인물들은 대부분 고등교육을 받은 인텔리, 기술자, 의사(醫師)들이었다.[186] 행정국장의 면면을 보면, 대체로 해당 분야에서 오랜 실무경력을 쌓았거나 해당 분야에 대한 전문적 소양을 갖춘 사람들이었다. 이들 중 공산당 출신인 리순근·리봉수·장종식·최용건만이 어느 정도 뚜렷한 사회운동의 경력을 가지고 있었다.[187] 이 당시 인민군 창군사업에 참여하고 있던 3대 정치세력 중에서 행정국의 국장을 맡은 인물은 항일연군 출신 최용건이 유일했다.

행정국은 소련군사령관의 직접적인 통제와 행정국에 파견된 소련군사령부 고문의 지도 아래 각 부문을 관할하는 임시적 중앙행정기관이었다. 소련군사령부는 행정국의 설치와 함께 민정업무를 전문적으로 취급하기 위해 11월 말에 민정담당 부사령관 직제를 도입했다. 사실 북한에 진주한 소련군사령부는 민정업무 수행에 상당한 어려움을 겪고 있었다. 군부대를 지휘하는 고유업무에 여념이 없었을 뿐만 아니라, 민정업무를 다룰만한 경험과 지식을 가진 전문가들이 많지 않았기 때문이다. 민정담당 부사령관 아래에는 민정국이 설치되었고 민정국에는 북조선보안국을 지도하는 보안·검열지도부가 조직되었다. 보안·검열지도부장 겸 보안국 고문은 자그루진 대좌가 맡았다.[188]

---

186 『正路』1945.11.25. 행정국 국장들의 출신지, 학력, 일제하 직업·활동, 가입정당에 대해서는 다음 연구를 참고 바람. 김성보, 「북한 정치 엘리트의 충원과정과 경력 분석-정권기관 간부를 중심으로」, 『동북아연구』3, 경남대 극동문제연구소, 1997, 211~227쪽.

187 전현수, 「북조선 행정10국의 조직과 활동」, 18쪽.

188 전현수, 「소련군의 북한 진주와 대북한정책」, 『한국독립운동사연구』9, 독립기념관 한국독립운동사연구소, 1995, 358; 363쪽. 전현수는 부서명을 '경찰통제지도부'로 번역했고, 기광서는 '보안·검열지도부'로 번역했다. 부서의 업무를 고려할 때 기광서의 번역이 보다 적합하다고 판단된다. 보안국 내부문서에는 보안국 고문의 이름이 "사구루진"으로 기록되어 있다. 보안국 고문의 정확한 이름은 자그루진(Загрузин)이다. 기광서, 「북한 무력 형성과 북소관계」, 136; 218쪽.

보안국은 도인민위원회 대표들의 요구와 소련군사령부의 필요성에 따라 설치되었다. 보안국은 독자적인 노선에 따라 활동한 것이 아니라 소련군사령부의 지휘에 따라 활동하였다. 보안국의 지휘계통은 소련군사령관의 명령 → 보안국장의 지시와 소련 민정국 보안검열지도부장 겸 보안국 고문의 지도 → 각 도인민위원회 보안부의 집행으로 이루어졌다. 그러나 보안국을 창설할 수 있는 행정적·무력적 기반은 최용건을 필두로 하는 북한정치세력에 의해 조성되었다. 또한 보안국의 국장은 소련군 장교가 아니라 조선인이 맡았고, 소련군 장교는 보안국의 고문으로 파견되었다. 즉, 북한의 군사지휘기관은 처음부터 조선인들이 참여해 조직하였고, 조선인이 책임자를 맡았다. 이 과정에서 소련군사령부는 고문을 통해 북한정치세력의 무력지휘를 지도하고 지원하였다.

북조선보안국은 소련군사령부와 북한정치세력이 무력을 관할하고 치안을 유지하기 위해 설치한 행정부서였다. 보안국은 해방 이후에 새로 편성된 보안무력의 지휘기관이었지만, 새로운 행정체계를 도입하지 못하고 일제시기 일본경찰체계로 편성되었다. 보안국의 조직체계와 행정절차는 1946년 봄까지 일본경찰의 조직체계와 행정절차에서 거의 벗어나지 못했다.[189] 이에 따라 보안국의 조직과 운영에는 일본경찰의 조직체계·행정절차와 소련군 방첩대의 정치문제 취급방식 등 일본과 소련의 군사적 요소가 동시에 영향을 끼쳤다.

그러나 북조선보안국은 불과 3개월도 활동하지 못했다. 그 이유는 1946년 2월 8일에 북조선행정국을 대체할 중앙행정기관으로 북조선임시인민위원회(北朝鮮臨時人民委員會)가 설립되었기 때문이다. 소련은 행정국이 설립된 직후인 1945년 12월 시점에 이미 북한지역 행정기관의 중앙집중화가 필요하다고 판단했다. 연해주군관구는 통일전선의 기초 위에 추진중인 북한의 부르주아민주주의혁명이 너무 느리게 진척되고 있다고 보았다. 군관구는 급속하게 북한의 경제를 회복하고 민족간부를 양성하기 위해서 북한의 행정기관을 중앙집중화하

---

189 HQ, USAFIK, *ISNK*, No.39(1947.6.15~6.30), 『북한정보요약』2, 206쪽.

고 이를 조선인들에게 이양해야 한다는 의견을 모스크바에 제출하였다.[190] 이 같은 정세판단의 결과, 2월 8일에 임시인민위원회가 수립된 것이다.

소련군 총정치국장 쉬킨은 2월 11일에 소련군 원수 불가닌에게 보낸 전문에서 2월 10일에 평양에서 개최된 북조선임시인민위원회 창설 기념집회의 참석자들이 친소적 입장을 분명히 표출했다는 사실을 중요하게 취급해 보고하였다. 그는 이들이 공식적으로 모스크바3상회의 결정을 지지하였고, 조선과 소련의 우호를 강조하였으며, 임시인민위원회가 전(全) 조선 임시민족정부의 기반이 될 것이라는 확신을 표명했다고 보고하였다.[191] 북조선임시인민위원회의 설립은 북한지역에 친소적 중앙정치권력을 수립하려는 소련의 목표와도 일맥상통하는 것이었다.

이와 함께 북조선임시인민위원회의 설립은 바로 해방 이전부터 조선인 공산주의자들이 추구해온 민족통일전선의 달성이자 인민정부의 출현이었다. 김일성은 "북조선인민위원회의 성립으로써 북조선민족통일전선을 완성"했다고 평가하고, "이것을 모범으로써 전국민족통일전선의 결성을 촉성할 것이며, 장차 성립될 진보적인 민주주의임시정부의 수립에 대하야 그 기초와 준비를 맨들어 놓은 것"이라고 설명하였다.[192] 임시인민위원회의 설립은 해방 이전부터 추구해온 민족통일전선의 1차적 성과물이었고, 한반도 전체의 민족통일전선과 인민정부 완성의 기초였다. 임시인민위원회는 계급투쟁론이 아니라 통일전선론에 따라 설립된 민족통일전선정권이었다.

북조선임시인민위원회 위원으로 선출된 최용건은 공식 담화를 통해 임시

---

190 「북한 정치형세에 대한 조사 보고」(1945.12), 러시아연방대외정책문서보관소(АВПР), ф. 013, оп. 7, п. 4, д. 46, лл. 4~13.

191 「쉬킨이 불가닌에게 보낸 북조선임시인민위원회 창설 관련 보고」(1946.2.11), ЦАМО, ф. 32, оп. 11473, д. 45, лл. 104~105.

192 朝共北朝鮮分局 中央第4次擴大執行委員會, 「'目前 黨內 情勢와 當面課業'에 關한 決定書」(1946.2.15), 『북한관계사료집』1권, 30쪽.

인민위원회가 "북조선인민의 정권기관"이며, 활동목표는 "전민족적·민주적 통일정권"의 수립이라고 밝혔다. 북조선행정국의 보안국장이었던 최용건은 임시인민위원회에서도 보안국장을 맡았다.[193]

북조선임시인민위원회가 설립되면서 나타난 가장 큰 정치적 변화는 김일성이 임시인민위원회 위원장으로 취임했다는 사실이다. 부위원장은 전 조선독립동맹 주석이자 조선신민당 위원장인 김두봉이었다. 당시 김일성은 조선공산당 북조선분국 책임비서도 맡고 있었다.[194] 김일성은 1946년 2월에 이르러 공산당과 정권기관의 지휘권을 모두 갖게 되었다. 그리고 무력을 지휘하는 보안국장은 김일성의 최측근인 최용건이 맡고 있었다. 이로써 항일연군 출신은 당·정권기관·군대의 지휘권을 모두 장악하였다. 북조선임시인민위원회가 성립되면서 항일연군 출신은 다른 정치세력보다 우월한 위치에서 정치질서를 주도해 나갔다.

최용건은 임시인민위원회의 중심과업을 "각 국의 영도를 강화하야 그 공작을 계통적·계획적으로 영도"하는 것, "각 기관내의 직원과 책임자들의 사상 가운데 잔존활동하는 비민주적이며 비집중적인 협애한 사상과 사리적 자기본위주의적 공작작풍을 제거"하는 것, "정권내에 그 내부에 잠복하여 있는 일제잔재를 철저히 근절"하는 것이라고 강조하였다.[195] 최용건이 밝힌 임시인민위원회의 중심과업은 인민정권의 지도력 강화, 국원들의 사상·사업방식 개조, 정권기관내 친일잔재의 청산이었다. 이것은 반제국주의투쟁을 강력히 전개하고 인민정권의 내부와 지도력을 강화함으로써 한반도에 독립국가를 수립하겠다는 인민민주주의혁명론을 밝힌 것이다.

북조선임시인민위원회는 비록 임시적 형태였지만 최용건이 표명한 것처럼

---

193 「北朝鮮臨時人民委員會 委員 崔庸健氏 談」, 『正路』1946.2.21.

194 「農民解放을 呼訴, 金日成同志에게 書翰」·「北朝鮮臨時人民委員會委員長 金日成將軍에게 보내는 멧세이지」, 『正路』1946.2.25; 「신민당중앙확대위원회 개략」, 『북한관계사료집』26권, 33쪽.

195 「北朝鮮臨時人民委員會 委員 崔庸健氏 談」, 『正路』1946.2.21.

북한지역에 최초로 성립된 인민정권이었다. 임시인민위원회는 북한정치세력이 인민민주주의혁명을 실행하기 위해 설립한 정치적 기반이었다. 북한과 유사하게 제2차대전을 전후해 동유럽 국가에서도 공통적으로 인민정권이 출현하였다. 그러나 동유럽과 북한의 인민정권 성립과정은 그 시기와 내용이 달랐다. 동유럽 국가의 인민정권 성립내용과 성립시기는 다음과 같다.

〈표 2〉 동유럽 국가의 인민정권 성립내용과 성립시기[196]

국가명	정권 명칭	창설주체(핵심세력)	정권 참여세력	정권 수반(소속)	성립시기
폴란드	폴란드국민 해방위원회	국내국민평의회(노동자당)	노동자당, 노동자사회당, 농민당, 민주당, 무당파	수상-오스프카 모라프스크(노동자사회당)	1944년 7월 21일
불가리아	조국전선 정부	조국전선(노동자당)	노동자당, 농민동맹, 즈베노동맹, 사회민주당, 무당파	수상-키몬 게오르기에프(즈베노동맹[인민동맹])	1944년 9월 8일
루마니아	국민민주주의 전선정부	인민통일전선(공산당)	공산당, 사회민주당, 노동조합, 농민전선, 애국자연맹	수상-페 구로자(농민전선)	1944년 10월 12일
알바니아	임시민주 정부	반파시스트민족 해방위원회		수상-엔벨 홋자(공산당 서기장)	1944년 10월 22일
헝가리	임시국민 연합정부	독립국민전선(공산당)	공산당, 홀치스트, 독립소지주당, 사회민주당, 전국농민당	수상-베라 미크로시(헝가리군 제1사령관: 친소파)	1944년 12월 22일
유고슬라비아	유고슬라비아 임시정부	반파시스트 평의회		수상-티토(공산당 제1서기장)	1945년 3월
체코 슬로바키아	국민전선 정부	국민전선(공산당)	공산당, 사회민주당, 전국사회당, 슬로바키아국민회의	수상-힐링게르(좌익)	1945년 4월 5일

196 柴田政義, 『東歐政治經濟史』, 102~104; 194; 208; 284; 289; 371~373; 465~466; 470쪽; 소볼레프 · 콘스탄티노프 외, 『반제민족통일전선연구』, 170쪽; 金達中 編, 『헝가리 · 유고슬라비아』, 154쪽; 李貞姬, 『東유럽史』, 대한교과서주식회사, 1987, 478쪽.

동유럽에서는 소련군이 각 국가를 해방하는 시기를 전후해 인민정권이 수립되었다. 동유럽의 인민정권은 1944년 7월부터 1945년 4월까지 수립되었다. 각 국가 인민정권의 창설주체를 살펴보면 모두 통일전선조직이나 평의회였고, 이 통일전선조직과 평의회를 주도한 정치세력은 노동자당이나 공산당이었다. 이 인민정권은 모두 공산당·노동자정당·농민정당·지주정당·사회민주당·민주당·무당파가 참여한 통일전선정권이었다. 그리고 인민정권의 수반은 노동자사회당·인민동맹·농민전선 등 좌익 세력이나 친소적 인물이 맡았다.

동유럽 국가는 북한과 달리 소련군의 진주를 전후해 인민정권이 수립되었다. 1946년 2월에 임시인민위원회가 수립된 북한보다 8개월에서 1년 7개월 정도 빠른 시점이었다. 동유럽 국가가 북한보다 빠른 시점에 인민정권을 수립할 수 있었던 이유는 나찌 점령시절에 이미 공산당(노동당)이 조직되어 있었고 독자적인 군대를 보유하고 있었기 때문이다. 예컨대, 루마니아에서는 1944년에 소련군의 진격과 동시에 루마니아공산당이 조직·지도한 애국세력이 8월 23일에 파시스트 독재정권을 전복하고 인민정권을 수립했다. 알바니아에서는 1944년 가을에 소련군이 발칸반도로 진격하자 알바니아인민해방군이 11월 29일에 전 영토를 해방하였다. 이에 앞서 10월 22일에 반파시스트민족해방위원회가 임시민주정부로 개조되었고, 공산당 서기장 엔벨 홋자가 수반으로 선출되었다.[197]

동유럽 국가는 해방 이전부터 인민정권을 수립할 수 있는 공산당(노동당)이 존재했거나 독자적인 군대를 조직해 대독전쟁에 직접 참전하였다. 그러나 조선의 공산주의자들은 해방 이전에 독자적인 공산당조직을 보유하지 못했고, 독자적인 군대를 조직해 대일전쟁에 참전하지도 못했다. 해방전쟁에 참전하고 인민민주주의혁명을 추진할 수 있는 당과 군대의 부재는 해방 이후에 인민정권의 설립을 지연시켰다. 이로 인해 북한지역에서는 먼저 소련군사령부의 주

---

197 소볼레프·콘스탄티노프 외, 『반제민족통일전선연구』, 170쪽.

도로 소련의 점령통치를 보조하는 행정기관인 북조선행정국이 조직되었다. 북한정치세력은 해방 즉시 인민정권을 설립하지 못하고 소련군의 협조 아래 행정국에 참여해 행정업무를 경험하고 학습하였다. 그리고 이 같은 경험을 토대로 1946년 2월에 북조선임시인민위원회를 설립한 것이다.

이 임시적 인민정권에는 군대의 모체인 보안기구를 총괄하는 행정부서로 보안국이 설치되었다. 현재까지 보안국장 최용건을 제외하고, 나머지 간부들은 알려지지 않았다. 그러나 보안국 내부자료를 통해 일부 도단위 보안간부를 확인할 수 있다. 1946년 7월 1일 현재 평남보안부 부부장은 조선의용군 출신 리권무(李權武), 평북보안부장은 의용군 출신 장지민(張志民), 황해보안부장은 국내공산주의자 차용제(車鎔濟)[198], 강원보안부 부부장은 항일연군 출신 허봉학(許鳳學), 함남보안부장은 의용군 출신 리필규(李弼珪),[199] 함북보안부장은 국내공산주의자 리주봉(李柱鳳)[200]이었다.[201]

초대 평북보안부장은 국내공산주의자 한웅(韓雄)이었다. 그는 1945년 11월 23일에 발생한 신의주학생사건에 대한 책임으로 해임되었다.[202] 평북보안부 부부장은 국내공산주의자 차정삼(車正三)이다. 그는 한웅과 함께 "사리사욕분자" 혐의로 숙청되었다.[203] 초대 평남보안부장은 의용군 출신 리지강(李志强)이었다.[204] 2대 평남보안부장은 1945년 말부터 1946년 중반까지 항일연군 출

---

198 차용제는 1912년생으로 1939년에 동경고등기술학교를 졸업했으며, 북조선공산당 출신이다. 김광운, 『북한정치사연구』1, 380쪽.

199 원문에는 "李弼注"라고 되어 있지만, 李弼珪가 맞다.

200 리주봉은 1945년 10월 13일에 조선공산당 서북5도당책임자 급 열성자대회에서 함경북도 집행위원으로 선출된 인물이다. 서동만, 『북조선사회주의체제성립사』, 73쪽.

201 「第2回 各道 保安部長會議錄」(1946.7.3), 『북한관계사료집』9권, 225쪽.

202 한재덕, 「김일성을 고발한다(67)-내가 먼저 처치해 버릴 것을」, 『동아일보』1962.7.20.

203 북조선인민보안국, 『北朝鮮保安事業總結報告』, 1946.11.19.

204 김중생, 『조선의용군의 밀입북』, 125쪽.

신 최용진이 맡았다.[205] 3대 평남보안부장은 1946년 11월 13일 당시 의용군 출신 김호(金浩, 蔡國蕃)가 맡고 있었다.[206] 각 도의 보안간부 중에서 특히 1946년 2월부터 8월까지 평안북도 도보안부(신의주 소재)의 간부는 대부분 조선독립동맹 출신들이었다. 그 이유는 당시 독립동맹 간부들이 계속 입북하고 있었고, 신의주가 입북의 길목이었기 때문이다. 대표적인 인물로 도보안부장은 독립동맹 간부인 장지민이었고, 도보안부 경비과장은 독립동맹 화중분맹 출신이었다. 도보안부 감찰계장도 독립동맹 산동분맹에서 활동한 인물이었다.[207]

위 명단을 통해 도보안부장 6명 중 5명, 도보안부 부부장 6명 중 2명을 확인할 수 있다. 평남보안부의 1대 부장은 의용군 출신 리지강, 2대 부장은 항일연군 출신 최용진, 3대 부장은 의용군 출신 김호, 부부장은 의용군 출신 리권무가 맡았다. 평북보안부의 1대 부장은 국내공산주의자 한웅, 2대 부장은 의용군 출신 장지민이 맡았다. 함남보안부장은 의용군 출신 리필규, 함북보안부장은 국내공산주의자 리주봉, 황해보안부장은 국내공산주의자 차용제가 맡았다. 강원보안부의 부장은 알 수 없고, 부부장은 항일연군 출신 허봉학이었다.

그렇다면 각 인물이 도보안부 간부로 임명된 정치적 배경은 무엇일까? 보안국장은 항일연군 출신인 최용건이었다. 사실 북조선행정국에서 항일연군 출신이 국장을 맡은 부서는 보안국 뿐이었다.[208] 또한 임시인민위원회에서도 항일연군 출신이 국장을 맡은 부서는 보안국이 유일했다.[209] 이는 당시 항일연군

---

205 육군정보국, 『人民軍特報』, 256쪽.

206 김광운, 『북한정치사연구』1, 417쪽.

207 엄영식, 『탈출-죽어서야 찾은 자유』, 야스미디어, 2005, 224; 237~238; 243쪽. 엄영식은 조선독립동맹 화중분맹 출신이다. 張志民 · 金浩(蔡國蕃) · 李益星 · 孔明宇(朱星)는 해방 이전에 조선독립동맹 진찰기 분맹에서 주요지도자로 함께 활동하였다. 김호는 적구공작을 담당했고, 리익성은 군대를 책임졌다. 염인호, 『조선의용군의 독립운동』, 153쪽.

208 김광운, 『북한정치사연구』1, 259쪽.

209 기광서, 「해방후 북한 중앙정권기관의 형성과 변화(1945~1948년)」, 『평화연구』19-2, 고려대 평화와 민주주의연구소, 2011, 347쪽 〈표 3〉 임시인민위원회의 구성 참고.

출신의 정치적 헤게모니가 구축되지 않았기 때문이다. 행정국 국장단에는 김일성과 연계를 가진 인물이 거의 없었으므로 김일성은 행정국에서 주도권을 행사하지 못했다.[210] 그러나 항일연군 출신이 보안국장을 맡은 것은 이들의 정치적 의지의 산물이었다. 동북항일연군 출신은 군대를 먼저 조직하고 그것에 근거하여 신국가건설운동을 해 왔던 관계로 무장력을 중시하였다. 이들은 과거 경험에 의거하여 군권(軍權)에 대한 양보나 간섭, 또는 분할을 허용하지 않았다고 한다.[211]

하지만 확인된 도 보안부장은 한 명을 제외하고 모두 의용군 출신(장지민·리필규·리지강·김호)과 국내공산주의자(차용제·리주봉·한웅)였다. 물론 항일연군 출신 최용진이 잠시 평남보안부장을 맡고 허봉학이 강원보안부 부부장을 맡았지만 항일연군 출신은 둘 밖에 없었다. 의용군 출신과 국내공산주의자가 도 보안부장을 맡은 곳은 북한지역 6개 도 중 5개 도에 해당한다. 도보안부뿐만 아니라 시·군보안서에도 많은 독립동맹·의용군 출신이 보안간부를 맡고 있었다. 1946년 5월 31일 당시 강원도 철원군 "철원보안서장"은 신민당 철원군당 부위원장 진해룡(陳海龍), 강원도 이천군 "보안서 부서장"은 신민당 이천군당 서무부장 윤용운(尹龍雲), 평남 "안주보안서 부서장"은 신민당 안주군 부위원장 정극(鄭克), 황해도 금천군 "인민보안서 부서장"은 신민당 금천군당 부위원장 조광식(趙光植), 황해도 "사리원시위원회 경비과장"은 신민당 봉산군당위원장 최상복(崔詳福), 황해도 "송림시내 경비대장"은 신민당 송림시당 선전부장 리조순(李照淳)이었다.[212] 위의 명단을 보면, 조선신민당의 부위원장과 군당 간부들이 각 시·군인민위원회의 경비과장·보안서장·부서장과 시 경비대의 대장을 맡고 있다.

---

210 기광서, 「해방후 북한 중앙정권기관의 형성과 변화」, 339쪽.

211 김광운, 『북한정치사연구』1, 259쪽.

212 「朝鮮新民黨 中央本部 組織部 統計」, 『북한관계사료집』26권, 43~51쪽.

최용건이 보안국장임에도 불구하고 의용군 출신과 국내공산주의자들이 주요 보안간부에 임명된 것은 두 가지 요인 때문이다. 항일연군 출신은 도 보안간부까지 장악할 만큼 인원이 풍부하지 않았으며, 동시에 국내에 세력을 구축하고 있던 공산주의자들과 입북한 조선의용군 출신을 고려하지 않을 수 없었다. 해방 직후 소련에서 북한으로 귀환한 항일연군 출신은 총 290여 명이었다. 이중 99명은 입북 이후 각 지역 위수사령부와 지역방위 및 기타 기관에 파견되었다.[213] 반면에 해방 직후 북한지역에서는 평양, 함남, 함북, 황해도를 중심으로 국내공산주의자들이 급속히 정치활동을 재개했다.[214] 그리고 조선의용군과 직·간접적으로 관련된 병력은 1945년 12월부터 1946년 6월까지 4,000여 명이 입북했다.[215] 의용군 출신은 당시 북한지역에서 단일세력으로 가장 큰 규모의 무장세력이었다. 따라서 보안국의 간부구성은 각 정치세력이 안배될 수밖에 없었고, 도 보안부장의 구성은 이 같은 정치적 고려를 반영한 것이다. 보안국의 간부구성은 항일연군 출신이 국장을 맡고, 의용군 출신이 각 도·시·군의 주요간부를 맡으며, 일부 국내공산주의자들이 진출해 있는 정치연합적 성격을 띠고 있었다.

보안국의 간부들은 정치세력에 따라 구분할 수 있지만, 이들의 공통점은 대부분 항일운동에 참가한 인물들이었다는 점이다. 제2차대전 이후 인민민주주의국가에서는 공통적으로 경찰과 헌병 등 구 통치기구가 청산되고 새로운 "인민보안대"가 창설되었다. 인민보안대의 간부는 대부분 "반파시스트적 애국자들"이 등용되었다.[216] 북한도 동유럽과 마찬가지로 해방 이후에 일제의 경찰

---

213 다음 두 책에 정리되어 있는 항일연군 출신 입북자를 비교하여 모두 합산하였다. 김광운, 『북한정치사연구』1, 114; 140쪽; 김광운, 『북조선실록』1권, 83~92쪽.

214 국방부 군사편찬연구소, 『6·25전쟁사』1권, 69~70쪽.

215 김중생, 『조선의용군의 밀입북』, 138~141쪽; 한상구, 「최태환의 증언」, 365쪽.

216 느·팔베릅, 「인민민주주의국가의 사회 및 국가기구」, 『인민』1949년 3월호, 『북한관계사료집』37권, 822쪽.

기구가 해체되고 새로운 경찰기구로 보안국이 창설되었다. 그리고 보안국 간부는 주로 중국 관내와 만주에서 반일운동에 참가한 인물들이 임명되었다.

북한이 동유럽과 다른 점은 보안국의 간부가 일반적인 반일운동가가 아니라 대부분 공산주의자였다는 점이다. 북한정치세력은 해방 직후부터 부르주아민주주의혁명론에 입각해 친일파를 제외한 폭넓은 통일전선을 표방하고 있었다. 그러나 혁명의 무력을 관할하는 보안국의 간부는 대부분 공산주의자들이 맡았고, 이들이 무력의 지휘권을 장악하였다. 창군사업의 초기부터 공산주의자들이 무력을 장악함에 따라 대외적으로 표방된 통일전선의 범위는 향후 정치질서의 전개과정 속에서 변화할 가능성이 높았다.

보안국의 조직 구성과 문화간부제도

보안국은 북한정치세력에 의해 독자적으로 운영되지 않았다. 소련군사령부는 보안국 고문으로 소련군사령부 민정국의 보안·검열지도부장인 자그루진 대좌를 파견하였다. 그는 북한 무력 형성과정에서 소련측의 지도·감독·지원 역할을 맡았다. 그 후에도 자그루진은 민정국의 보안부장과 사법·보안지도부장을 맡으면서 계속해서 북한의 무력과 관련된 업무를 수행했다. 법률적으로 보안국에 대한 행정지휘는 1946년 2월 이전에는 소련군사령부가 행사했고, 그 이후에는 임시인민위원회와 소련군사령부가 공동으로 행사하였다.[217]

1946년 7월 3일에 열린 제2회 각 도 보안부장회의 회의록에는 자그루진 대좌의 역할이 잘 드러나 있다. 그는 회의에서 보안국의 사업을 총평하고, 보안국의 검열사업과 수상경비대의 조직사업의 성과와 문제점을 평가하였다. 그리

---

217 기광서, 「북한 무력 형성과 북소관계」, 218쪽.

고 보안국에 설치된 간부양성소를 성과있게 추진하라고 지시하였다.[218] 자그루진은 보안국 고문으로서 전체사업에 대한 자문역할을 수행하고 있으며, 일부 사업에 대해서는 평가를 넘어서 지시도 내리고 있다. 보안국장과 더불어 자그루진 대좌도 보안국에 대한 행정지휘를 행사하고 있다는 사실을 알 수 있다. 그러나 1947년 2월에 북조선인민위원회가 수립되면서부터 보안국에 대한 모든 행정지휘 권한은 내무국에 양도되었다.[219]

북조선보안국의 부서체계는 1945년 11월 19일 행정국 창설 당시에 5부 5과 체계였다. 5부는 총무부, 경비부, 감찰부, 호안부(護安部), 교화부이다. 이중 경비부는 경비과·수상과로 구성되었다. 1946년 1월 10일자로 보안국 경비부 내에 철도과가 신설되어 보안국은 5부 6과로 확대되었다.[220] 보안국의 초기 부서체계를 도표화하면 다음과 같다.

〈도표 1〉 보안국의 초기 부서체계(1945.11.19-1946.3.30)

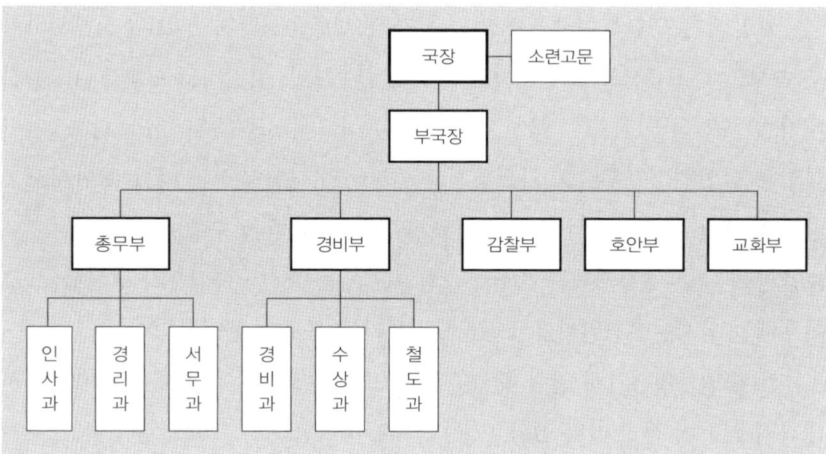

비고 철도과는 1946년 1월 10일에 신설.

---

218 「第2回 各道 保安部長會議錄」(1946.7.3), 『북한관계사료집』9권, 251~253쪽.

219 기광서, 「북한 무력 형성과 북소관계」, 218쪽 각주 8번.

220 「第2回 各道 保安部長會議錄」(1946.7.3), 『북한관계사료집』9권, 234~238쪽.

부서체계를 보면 5개 부서 중에 산하부서가 조직된 곳은 총무부와 경비부 뿐이다. 총무부의 각 과는 담당하는 행정업무에 따라 조직되었고, 경비부의 각 과는 담당하는 보안기구의 종류에 따라 조직되었다. 보안업무를 담당하는 부서 중에는 경비부에만 산하부서가 조직되었다. 창설당시부터 보안국이 경비업무를 중요하게 특화했음을 알 수 있다.

1946년 2월 8일에 임시인민위원회가 창설된 시점에도 보안국은 5부 6과 체계를 그대로 유지했다. 그러나 약 2개월이 지난 1946년 4월 1일, 보안국은 대대적인 부서개편을 단행하였다. 단일부서였던 보안국 호안부는 호안과·조사과·소방과 3과로 분화되었다. 독립부서였던 교화부는 감찰부 교화과로 편입되었다. 감찰부에는 감찰과·정보과가 신설되었다. 따라서 1946년 4월 1일 이후부터 보안국의 부서체계는 총무부(인사과·경리과·서무과), 경비부(경비과·철도과·수상과), 호안부(호안과·조사과·소방과), 감찰부(감찰과·정보과·교화과)의 4부 12과 체계로 재편되었다. 그후 1946년 7월에 경비부 철도과가 철도경비사령부로 독립하면서 4부 11과 체계로 다시 한번 재편되었다.[221] 개편결과 행정업무는 총무부에 집중되었고, 호안업무와 감찰업무는 업무내용에 따라 세분화·전문화되었다. 철도과가 독립하면서 일부 경비업무는 무력기관으로 이양되었다.

보안국 각 부서의 활동은 정기적으로 각 도 보안부장회의에 보고되었다. 각 도 보안부장회의에 보고된 내용을 토대로 보안국 각 부서의 업무내용을 살펴보자. 첫째, 총무부는 보안국의 행정업무를 담당했으며, 인사과·경리과·서무과로 구성되었다. 인사과는 보안국 내의 간부정책·인사이동·교육문제를 전담했다.[222] 보안국은 각 보안서 간부 이상의 임명에 대한 승인권을 가지고 있었다. 경리과는 보안국의 재정업무를 담당했다.[223] 서무과는 보안국의 각종 문건

---

221 「第2回 各道 保安部長會議錄」(1946.7.3), 『북한관계사료집』9권, 234~238쪽.

222 「第2回 各道 保安部長會議錄」(1946.7.3), 『북한관계사료집』9권, 234~235쪽.

223 「第2回 各道 保安部長會議錄」(1946.7.3), 『북한관계사료집』9권, 275쪽.

의 작성·전달업무를 담당했다. 둘째, 호안부(護安部)[224]는 북한지역의 치안업무, 소방업무, 치안공작, 숙청공작을 담당했으며, 호안과·조사과·소방과로 구성되었다.[225]

셋째, 경비부는 북한지역에 창설된 보안무력을 관할하고 무기를 지원·관리하는 업무를 담당했으며, 경비과·철도과·수상과로 구성되었다. 경비과는 각 도에 창설된 보안부(保安部) 경비대와 보안서(保安署) 경비대를 관할했다. 조·만국경경비대와 38경비보안대도 경비과에서 관할했다. 또한 보안국과 산하조직의 무기지원·관리문제도 경비과의 업무였다. 철도과는 철도경비대를 관할하기 위해 1946년 1월 10일에 신설된 부서였는데, 1946년 7월에 활동을 강화하기 위하여 '철도경비사령부'로 독립하였다. 수상과는 수상경비대를 관할했으며, 1946년 7월 3일 현재 동해안과 서해안에 수상경비대를 배치하기 위해 준비 중이었다.[226] 7월 시점에 철도과가 독립하면서 철도경비업무는 보안국에서 철도경비사령부로 이관되었다. 보안국은 경비부를 통해 철도경비대·국경경비대·38경비보안대·수상보안대를 지휘하였다.

넷째, 감찰부는 치안유지를 위한 감찰, 정보수집, 범죄자관리를 담당했다. 감찰부는 감찰과·정보과·교화과로 구성되었다. 감찰과는 북한지역의 치안을 전복하려는 '친일파·반동분자·테러단'에 대한 사찰업무를 담당했다. 정보과는 한반도 전역의 정보수집을 목적으로 신설되었다. 그러나 1946년 7월 3일까지 성과가 별로 없어 조직개편에 들어갔다. 교화과는 각 교화소와 그 하부기관을 지휘·감독하는 업무를 담당했다. 교화과가 관할하는 교화소는 10개였고, 교화소 대원은 1,000여 명이었다.[227] 보안국의 후기 부서체계를 도표화하면

---

224 북한에서 '호안(護安)'이란 인민의 안전을 보호하고 지키는 일을 뜻한다.

225 「第2回 各道 保安部長會議錄」(1946.7.3), 『북한관계사료집』9권, 235~237쪽.

226 「第2回 各道 保安部長會議錄」(1946.7.3), 『북한관계사료집』9권, 236~237쪽.

227 「북조선교화소장 제1차회의 결정서」(1946.11.12), 『북한관계사료집』9권, 277쪽.

다음과 같다.

〈도표 2〉 보안국의 후기 부서체계(1946.4.1-1947.2.21)

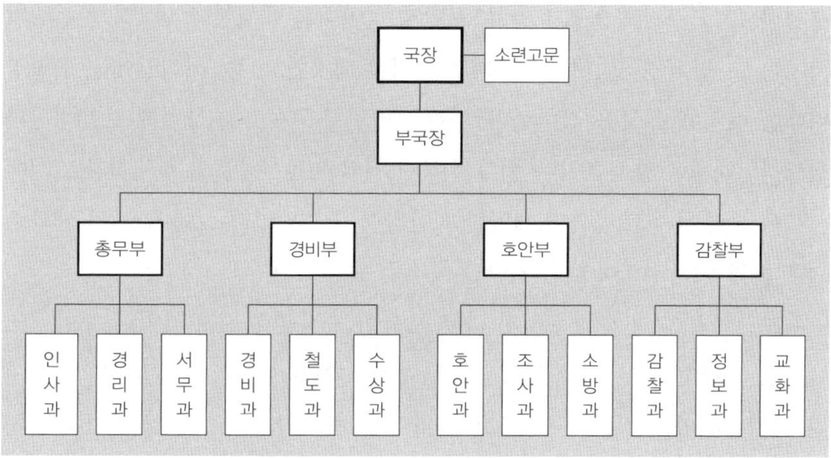

비고 철도과는 1946년 7월에 철도경비사령부로 독립.

임시인민위원회 보안국은 북한 전역에 걸쳐 산하조직을 구축했다. 보안국의 가장 기본적인 산하조직은 각 도에 조직된 '보안부'와 각 시·군에 설치된 '보안서'였다.[228] 또한 각 시·군 보안서 예하에는 '보안분서'가 설치되었다. 보안분서는 지역의 중요성에 따라 갑·을·병 3등급으로 구분해 설치되었다. 보안분서의 인원배치는 보안서의 보안과장이 담당했다.[229] 각 도 보안부에는 부(部)경비대가 조직되었고, 각 시·군 보안서에는 서(署)경비대가 조직되었다. 보안부경비대 대장은 도 보안부장의 명령에 절대 복종하며, 보안서경비대 대장은

---

228 「第2回 各道 保安部長會議錄」(1946.7.3), 『북한관계사료집』9권, 230쪽.

229 「保安機構秘密文書取扱規定」(1947.2.1), 『북한관계사료집』9권, 64쪽.

도·시·군 보안서장의 명령에 절대 복종하도록 규정되었다.[230]

이상에서 살펴보았듯, 보안국은 산하조직을 통해 북한 전역에 촘촘한 치안망을 구축했다. 보안국은 북한의 모든 도·시·군·면·리단위에 보안조직을 결성하고, 그 무장력으로 보안부·보안서 경비대를 배치했다. 남·북의 접경지역에는 조·만국경경비대와 38경비보안대를 배치했고, 동·서해안에는 수상경비대를 배치해 해상을 경비했다. 또한 보안간부훈련소를 창설해 보안대원과 철도경비대원을 양성하였다. 이로써 북한 전역은 동서남북의 경계선과 도시에서부터 농촌에 이르기까지 세밀한 치안망이 구축되었다. 보안국은 이 산하조직을 통해 북한 전역에 대한 치안을 유지할 수 있었다.

보안국은 다른 행정부서와 다른 독특한 특징을 가지고 있었다. 보안국의 특징은 북한지역에서 처음으로 문화간부제도(文化幹部制度)를 도입했다는 점이다. 보안국의 산하기관에는 보안간부와 함께 문화간부가 부(副)책임자로 배치되었다. 먼저, 보안국의 각 도·시·군 보안서에는 보안서장과 별도로 문화 부(副)서장이 임명되었다. 보안서장과 문화 부서장의 업무는 명확히 구분되었다. 문화 부서장은 감찰·호안(護安)·인민통계·통운검찰사업을 담당하였다. 그 외 각 부서는 보안서장이 직접 지도하였다.[231] 업무내용을 크게 구분해 보면 보안서장은 보안서의 운영과 보안무력을 관장하고, 문화 부서장은 정치·치안분야를 관장하였다. 각 도·시·군 보안서에 있던 문화 부서장제도는 1947년 2월 22일에 보안국이 내무국으로 개편되면서 폐지되었다. 이에 따라 문화 부서장이 담당하던 감찰·호안·인민통계·통운감찰사업은 부(副)서장이 취급하게 되었고, 서장은 그 밖에 각 부서를 직접 지도하였다. 내무국은 문화 부서장제도를 폐지하는 대신에 이를 발전시켜 정치분야를 전담하는 부서로 문화부를 신설

230 「第2回 各道 保安部長會議錄」(1946.7.3), 『북한관계사료집』9권, 237쪽.

231 「保安機構秘密文書取扱規定」(1947.2.1), 『북한관계사료집』9권, 63~64쪽.

〈그림 18〉 보안간부훈련소 문화부의 정치교재(1947)

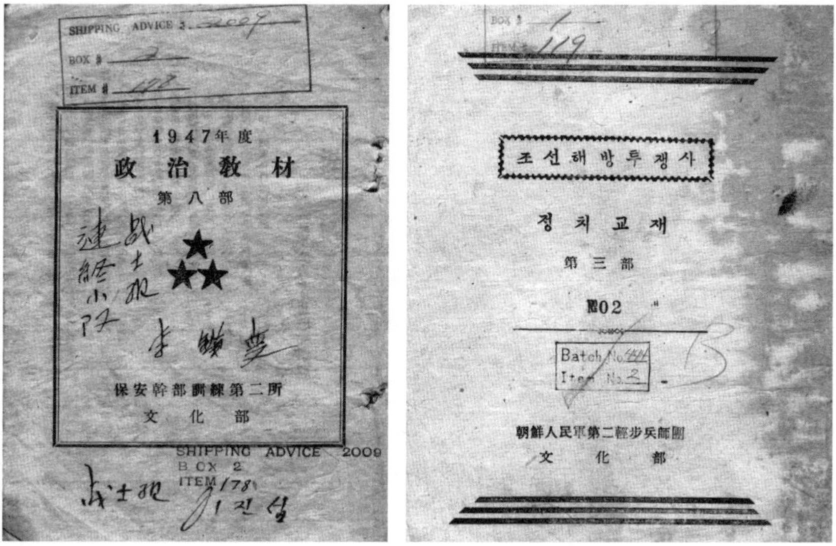

비고 보안간부훈련소 제2소와 그 후신인 조선인민군 제2경보병사단의 문화부.

했다.[232]

문화간부제도는 다른 보안기구에도 도입되었다. 보안간부훈련소에는 소장과 함께 문화 부소장이 임명되었다. 예를 들어, 평남 개천에 설치된 보안간부훈련소 제1소에는 소장과 별도로 서철(徐哲)이 문화 부소장으로 임명되었다.[233] 이후 내무국이 출범하면서 보안서의 문화간부제도가 폐지되었음에 비해, 보안간부훈련소의 문화간부제도는 그대로 유지되었다. 보안간부훈련소는 보병부대로 육성되었는데, 문화 부소장은 '문화 부사단장'으로 명칭이 바뀐 채 계속 유지되었다. 제2보병사단(나남)의 사단장은 강건(姜健), 문화 부사단장은 림해(林

---

232 「保安機構秘密文書取扱規定」(1947.2.1), 『북한관계사료집』9권, 61; 64쪽.

233 『로동신문』1997.11.5.

海)가 맡았다.[234]

보안국의 문화간부제도는 중국군과 소련군에 있던 정치간부제도를 변용한 것이다. 중국군과 소련군의 정치간부는 군사간부와 같은 계급이 배치되었고, 정치부문과 군사부문이 충돌할 경우에는 정치간부가 군사간부를 압도했다. 그러나 북한은 정치간부의 명칭을 문화간부로 바꾸고, 문화간부를 군사간부보다 한 직급 아래 배치해 군사간부의 지휘를 받도록 했다. 이는 북한정치세력이 북조선공산당을 북조선로동당으로 개편한 사실과 관련 있다. 그들은 인민민주주의국가 수립을 위해 노동자계급 중심의 공산당을 노동자·농민·인텔리를 중심으로 하는 북조선로동당으로 개편했다. 이에 따라 내부적으로는 계급연합이 강조되었고 외부적으로는 통일전선이 강조되었다. 북한정치세력은 이 같은 국가건설론의 연장선상에서 무력분야의 당군화(黨軍化)를 경계하고 군사간부의 단일지휘권을 보장한 것이다.

보안국이 문화간부를 군사간부의 아래에 둔 것은 보안국 안에 여러 정당이 존재하고 있고, 북조선공산당이 여러 정치세력으로 구성되어 있다는 정치현실을 고려한 것이다. 그들은 문화간부를 군사간부의 지휘 아래 둠으로써 조직 내에서 계급연합과 통일전선을 추구했다. 따라서 문화간부제도는 북한의 다양한 정치세력을 포괄하려는 인민민주주의혁명론의 결과물이다. 또한 보안국의 문화간부제도는 향후 조선인민군이 군사간부와 정치간부에 의한 '이원지휘제(二元指揮制)'가 아닌 '군사단일제(軍事單一制)'를 채택하게 된 제도적 출발점이었다. 이 같은 인민민주주의혁명론은 향후 인민군에 당조직을 결성하지 않는 것으로 귀착된다.

---

234 주영복, 『내가 겪은 조선전쟁』1, 227쪽.

2. 보안국의 검열사업과 김일성 영도사상

검열사업 : 반혁명세력의 제거

보안국이 창설 이후 가장 중점을 두고 추진한 사업은 바로 '검열사업(檢閱事業)'이었다. 검열사업은 창설 직후부터 북한지역의 모든 보안원을 대상으로 추진되었다. 검열은 보안기구 내부에 있는 '불순분자·일제잔재·반동세력'을 청산하기 위한 조치였다. 보안국에 이처럼 이질적인 세력이 들어올 수 있었던 원인은 "국(局)이 창설초에 인재등용에 있어서 심사가 불충분"했기 때문이다. 창설 초기 보안국은 인사취급방법에 있어서 "이력서, 개인담화로 채용하엿지만 너무 간단하였고 비과학적"이었다. 대표적으로 평안북도 보안부는 창설 초기에 무비판적으로 보안원을 모집한 결과 보안원이 15,000명에 달했다. 평북보안부는 1945년 12월부터 인원을 감축하기 위해 전직자(前職者)[235]와 불순분자를 제1차로 숙청하기 시작했다.[236]

보안국이 1945년 12월부터 검열사업을 전면적으로 추진하게 된 배경은 북한의 정치상황과 관련 있다. 1945년 11월 23일에 해방 직후 최초로 신의주에서 대규모의 반소·반공봉기가 발생했다. 사건 직후에 소련군과 신의주시보안부가 보안대를 투입해 봉기를 유혈진압해야 할 만큼 상황은 심각했다.[237] 김일성은 이 사건이 친일파·민족반역자를 비롯한 '반동분자들'이 공산당이나 정권기관에 잠입한 불순분자들에게 반공소동을 일으키도록 사주한 것이라고 평

---

235 "前職者"는 해방 직후에 북한에서 일제 관료 출신을 가리키던 용어이다.

236 「第2回 各道 保安部長會議錄」(1946.7.3), 『북한관계사료집』9권, 232; 235; 241~242쪽.

237 서동만, 『북조선사회주의체제성립사』, 84쪽.

가하였다.[238] 이와 동시에 김일성은 12월 2일에 보안국장이자 조선민주당 부당수인 최용건을 평안북도 정주·선천지역으로 파견했다. 그는 최용건에게 평북지역의 '반동분자들을 철저히 숙청'하고 평북지역 민주당과 보안기관에 숨어 있는 '불순분자'를 철저히 제거하라고 지시했다.[239] 소련군사령부와 김일성은 이 사건을 계기로 반소·반공세력에 대응해 보안기관을 강화하고, 보안기관에 잠입한 불순분자를 숙청할 필요성을 느꼈다.

또한 검열사업이 시작된 직후에 전달된 모스크바3상회의 결정도 보안국이 검열사업을 지속적으로 추진하는 데 영향을 끼쳤다. 3상회의 결정이 전달되자, 김일성은 1946년 3월 23일에 북조선임시인민위원장의 명의로 "조선임시정부수립의 기본정강"으로 20개조 정강(政綱)을 발표하였다.[240] 정강의 제1조는 "조선의 정치·경제생활에서 과거일본통치의 일절 잔재를 철저히 숙청할 것"이었고, 정강의 제2조는 "국내에 있는 반동분자와 반민주주의적 분자들과의 무자비한 투쟁을 전개하며, 팟쇼 및 반민주주의적 당·단체·개인들의 활동을 절대 금지할 것"이었다. 게다가 3상회의 결정이 알려지자 "반동적 정치배·친일분자들"이 3상회의 결정을 반대하고 나섰다.[241] 3상회의 결정에 따라 독립정부 수립 논의가 시작되자, 북조선임시인민위원회는 임시정부에 배제해야 할 친일파와 '반동분자'에 대한 숙청투쟁을 더욱 강도높게 추진한 것이다.

그런데 북한정치세력은 이미 해방 이전에 당내검열사업에 대한 지식과 경험을 가지고 있었다. 해방 이전에 동북항일연군 출신은 당내검열사업에 대해 학습한 경험이 있으며, 조선의용군 출신은 직접 당내검열사업을 펼친 경험을 가지고 있다. 항일연군 출신은 소련 극동군 제88독립여단시기에 중국공산당

---

238 김일성, 「신의주시내 상공인, 의사, 기독교인들과 한 담화」(1945.11.26), 『김일성전집』2권, 335쪽.

239 김일성, 「보안국장에게 한 훈시」(1945.12.2), 『김일성전집』2권, 380~384쪽.

240 「해방 이후 4년간의 국내외중요일지」, 『북한관계사료집』7권, 602쪽.

241 「朝鮮臨時政府樹立을 앞두고 二十個條政綱發表」(1946년 3월, 평양방송), 北朝鮮人民委員會 宣傳部, 『金日成 重要報告集: 朝鮮民主主義人民共和國 樹立의 길』, 民主朝鮮出版社, 1947.11.1, 20~21쪽.

〈그림 19〉 김일성의 20개조 정강(1946.3.23)

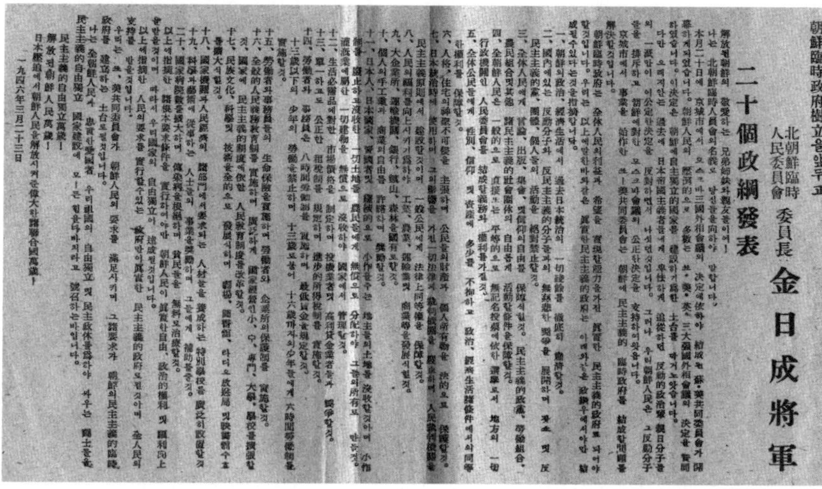

朝鮮臨時政府樹立을앞두고

北朝鮮臨時人民委員會 委員長 金日成將軍

二十個政綱發表

의 문헌을 학습했는데, 정치학습 교재로 이용된 문헌은 모택동의 『삼풍정돈(三風整頓)의 보고』, 『중공 중앙의 당성 강화에 관한 결정』, 『중국혁명 전쟁의 전략 문제』, 『신민주주의론』 등이었다.[242] 이중에서 모택동의 『삼풍정돈의 보고』와 『중공 중앙의 당성강화에 관한 결정』은 중국공산당이 추진한 정풍운동(整風運動)의 핵심적인 정풍문헌이었다.[243]

중국공산당의 정풍운동은 1942년 2월에 모택동이 제안하면서 시작되었고, 당내의 이질적이고 프티부르주아적인 요소를 척격하고 단결을 강화하기 위해 추진되었다. 중국공산당의 정풍운동은 1943년에 조선독립동맹과 조선의용군 내부에서도 실시되었데, 그 주도자는 무정이었다. 무정이 추진한 정풍운동의 핵심사업은 '내부대오의 단결강화'였고, 이것은 종파성을 극복하고 사상적·조직적으로 단결하는 것을 목표로 삼았다. 다른 한편 중국공산당의 정풍

242 와다 하루끼, 『김일성과 만주항일전쟁』, 272~273쪽.

243 염인호, 『조선의용군의 독립운동』, 194쪽. 이 정풍문헌의 정식명칭은 「學風·黨風·文風을 整頓하자」(毛澤東, 1942.2.1), 「黨性强化에 관한 결정」(中共黨 中央委)이다.

운동은 국민당의 스파이를 색출하는 운동을 겸해서 전개되었다. 무정도 상호 비판과 자기비판을 통해 독립동맹 내 노간부(老幹部)들의 국민당지역 활동내용을 파악하고, 독립동맹 안의 친국민당적 요소를 제거하기 위해 정풍운동을 전개했다.[244]

중국공산당군대에서 추진된 정풍운동의 핵심은 내부 검열을 통한 군대의 정예화였다. 그리고 무정이 조선독립동맹과 조선의용군에서 추진한 정풍운동의 핵심은 과거 활동의 비판을 통한 내부의 단결강화였다. 김일성을 비롯한 동북항일연군 출신은 소련시절 중국공산당의 정풍문헌을 학습했고, 무정을 비롯한 의용군·독립동맹 출신은 직접 내부에서 정풍운동을 추진한 경험이 있었다. 이들은 모두 해방 직전에 정풍운동을 접했으며, 당과 군대를 강화하기 위해 내부비판과 내부검열이 중요하다는 사실을 익히 알고 있었다. 따라서 1945년 12월부터 보안국이 내부에서 추진한 검열사업은 보안국 간부들이 중국공산당에서 경험한 정풍운동으로부터 일정한 영향을 받은 것이다.

1945년 12월 시점에 보안국이 대대적인 내부숙청을 시작한 것은 조선공산당 북조선분국의 결정에 따른 조치였다. 북조선분국은 12월 17일에 제3차 확대집행위원회를 개최하였다. 이날 북조선분국은 분국 창설 이후 4개월간의 당사업을 총평했는데, "친일파와 이색분자들"이 대내적으로 "종파주의사상을 고취"하였고, 대외적으로 "민족통일전선의 파괴를 기도하고 암약하야 인민으로 하여금 당에서 멀리 떠나"게 하였다고 비판하였다. 북조선분국은 "유일당의 형성을 위하야 당내에 우으로부터 아래까지 철두철미하게 당원성분을 심사하야 당내의 친일파와 이색분자와 파벌사상의 소유자를 숙청"하고, 당내에 볼셰

---

244 염인호, 『조선의용군의 독립운동』, 193~198; 201~202쪽. 노간부는 독립동맹에서 1937년 중일전쟁 발발 이전부터 항일민족운동을 전개해온 사람들을 가리키는 용어였다. 이들은 대부분 국민당지구에서 올라온 간부들이다.

비키 규율을 강화하라고 지시하였다.[245] 북조선분국은 노농대중(勞農大衆)이 중심이 된 유일당(唯一黨)을 조직하기 위해 '친일파, 이색분자, 종파주의자'를 숙청하기로 결정하였다. 이에 따라 북조선행정국 부서 중에서 보안무력을 책임지는 보안국에서 가장 먼저 검열사업을 개시하였다.

보안국은 내부의 검열대상을 "개별적 전직(前職)분자,[246] 사리사욕분자, 관료주의분자, 종파적 파괴분자"로 선정했다. 임시인민위원회 보안국은 1946년 4월부터 국원에 대한 대대적인 숙청을 진행하였다. 보안국은 창설 초기에 국원에 대한 심사가 불충분했기 때문에 "국내(局內)에 퇴보분자, 불순분자"가 많았다. 이에 따라 보안국은 4월부터 기구를 개조하면서 내부심사를 통해 부적격자를 축출하였다. 또한 북조선임시인민위원회에서도 별도로 보안국을 심사하였다.[247] 각 도의 보안원에 대한 전면적인 검열은 1945년 12월에 개최된 제1회 각 도 보안부장회의 직후부터 본격화되었다. 도 보안부장회의 이후 6개월 동안 보안사업의 중심은 '일제의 잔재 청산과 파쇼적 봉건적 반동세력에 대한 숙청작업'이었다.[248] 보안국은 1946년 3월 20일자로 각 도보안부에 지시를 하달해 "보안공작·기구재편성·인물재조사"를 실시하라고 지시하였다. 이를 계기로 각 도에서는 '보안해독분자' 제거작업이 추진되었다.[249]

검열사업의 과정에서 보안국과 도보안부의 간부 중에도 일부가 숙청되었다. 보안국 감찰부장 리필현(李弼鉉)은 일본경찰 출신임이 발각되어 숙청되었다. 평안남도 남포보안서장 윤죽산(尹竹山)은 "민족적 범죄자"로 숙청되었고, 평안남도 보안부 부부장(副部長) 문태영(文台永)은 "종파분자"로 숙청되었다. 평안북

---

245 「朝共北部朝鮮分局 擴大執行委員會(第三次)」·「異色分子를 肅淸하야 黨隊伍를 鞏固히 하자」, 『正路』 1945.12.21.

246 "前職分子"는 "前職者"와 같은 의미로, 해방 직후에 북한에서 일제 관료 출신을 가리키던 용어이다.

247 「第2回 各道 保安部長會議錄」(1946.7.3), 『북한관계사료집』9권, 232; 259쪽.

248 「第2回 各道 保安部長會議錄」(1946.7.3), 『북한관계사료집』9권, 259쪽.

249 「第2回 各道 保安部長會議錄」(1946.7.3), 『북한관계사료집』9권, 240쪽.

도 보안부장 한웅(韓雄)과 평안북도 보안부 부부장 차정삼(車正三)은 "사리사욕 분자" 혐의로 숙청되었다. 보안국은 간부들에 대한 검열사업 결과 "보안기관의 위신을 저락식히고 인민과의 리탈행위를 한 불순분자가 있었으나 이들을 엄중 처단하였다"라고 평가하였다.[250] 검열 결과, 도보안부 보안부장 2명이 해임·파면되었고, 보안부 부부장 2명이 파면되었다. 도보안부의 과장급 이상 간부 중에 10명이 넘게 교체되었으며, 보안서장과 부서장도 10명 이상이 해임·파면되었다.[251]

보안국의 검열사업은 1946년 2월 8일에 북조선임시인민위원회가 결성되면서 더욱 본격화되었다. 임시인민위원회는 결정서 제2호로 「북조선임시인민위원회와 도·군인민위원회의 긴급당면과업에 대한 결정서」를 채택했다. 결정서에는 북조선임시인민위원회와 각 도·군인민위원회가 반드시 실천해야 할 11개 당면임무가 들어 있다. 이 당면임무 중 제1항은 "친일분자 급 반민주적 반동분자를 일제히 숙청하며 유력한 간부를 각 부문 지도사업에 등용하야 각 지방의 행정기관을 강화할 것"이었다.[252]

보안기구 전체인원에 대한 검열사업의 결과, 1945년 말까지 보안기구에 소속되어 있던 일제경찰 출신 중에서 41%인 3,500명이 면직되었다.[253] 1946년 전반기 반년간 보안진영 내에서 "개별적 전직분자, 사리사욕분자, 관료주의분자, 종파적 파괴분자" 등으로 숙청된 보안원은 2,047명에 달하였다.[254] 그

---

250 북조선인민보안국, 『北朝鮮保安事業總結報告』, 1946.11.19.

251 「민권을 수호하는 보안이 되라」·「보안국 각부의 간략한 사업경과」, 『正路』1946.3.14.

252 「決定書 第二」, 『正路』1946.2.10.

253 전현수 역, 『소련민정청 3개년사업 총결보고』1권(정치편), 130쪽. 소련군사령부에 설치된 민정기구의 정식 명칭은 "Управление Советской Гражданской Администрации в Северной Корее"이다. 이 기구는 우리말로 "북조선주재 소련민정국"과 "북조선주재 소련민정청"으로 각각 번역될 수 있는데, 러시아어의 원뜻(Управление)과 북한지역에서 실제로 수행한 역할을 고려할 때 "민정국"으로 번역하는 것이 적합하다고 판단된다.

254 「第2回 各道 保安部長會議錄」(1946.7.3), 『북한관계사료집』9권, 259쪽.

리고 1946년 한 해 동안 면직된 보안원은 총 4,254명이었다. 1946년 말 당시에 전체 보안원은 17,348명이었다.[255] 보안국이 창설된 1945년 11월 19일부터 1946년 12월 말까지 숙청된 보안원은 모두 합해 7,754명에 달했다. 전체 보안원의 약 44.7%가 숙청된 것이다. 숙청된 보안원 7,754명 중에서 일제경찰 출신은 3,500명으로 45%를 차지했다. 보안원에 대한 검열사업은 1947년에도 계속되었다. 1947년도 검열사업의 중심은 1946년도 검열사업에도 불구하고 보안기구에 남아 있는 일제경찰 출신이었다. 1947년 한 해 동안 보안기구에서 근무하던 일제경찰 출신 중에 557명이 면직되었다.[256]

검열결과를 살펴보면, 숙청된 보안원은 일제경찰 출신, '종파주의자, 관료주의자, 무능력자, 사리사욕분자'들이다. 검열결과 보안기구의 통일성을 저해하는 보안원과, 주민들의 저항을 불러일으키는 보안원들이 제거되었다. 아울러, 소시민 성분의 보안원도 면직되었다. 이들을 대신해서 새로 충원된 보안원들은 함경북도의 경우 노동자·농민계급이 75%를 차지했다. 강원도는 보안원을 신규채용할 때 "심사위원회의 합격자"들만 채용하기로 결정했다. 평안북도는 검열사업 이후에 보안서원들의 사상교양을 향상시키기 위해 "매일 2시간 학습제"를 제정했다.[257] 그 결과 검열사업 이후에 잔류하거나 충원된 보안원들은 해방 이후에 새로 선발한 노동자·농민계급의 청년들로 구성되었다. 이들은 신규채용시 보안부 심사위원회의 심사를 거쳐 선발되었다. 또한 잔류하거나 새로 충원된 보안원들은 도보안부에서 진행하는 사상교양학습을 통해 보안국이 추구하는 친소·친공적 보안원으로 육성되었다.

임시인민위원회 보안국의 검열사업은 1946년 7월 3일에 개최된 제2회 각도 보안부장회의에서 총결되었다. 이날 보안국장 최용건은 6개월 동안의 검열

---

255 북조선인민보안국, 『北朝鮮保安事業總結報告』, 1946.11.19.

256 전현수 역, 『소련민정청 3개년사업 총결보고』1권(정치편), 135쪽.

257 「第2回 各道 保安部長會議錄」(1946.7.3), 『북한관계사료집』9권, 244; 247쪽.

사업을 총결하면서 '보안진영 내에 잠재한 불순분자를 숙청하여 보안진영의 혁명적 전통을 세웠다'라고 평가하였다. 그러나 문제점도 적지 않았다. 보안국 고문 자그루진 대좌는 검열사업 결과에 대해 일단 "내부의 불순분자 숙청으로 사업이 원활이 진행"되었다고 평가하였다. 그러나 불순분자로 "구금했던 수의 반 이상이 무죄로 석방되었다는 것은 아무 증거도 없이 함부로 인민을 체포한 데서 발생되는 과오일 것이고 무죄한 인민들의 보안기관에 대한 반감이 클 것"이라고 비판하였다.[258]

보안국의 검열사업은 다른 부문에서는 유례를 찾아볼 수 없을 만큼 전면적이고 철저했다. 이것은 보안국이 북한의 무력을 관장하는 부서였기 때문이다. 보안국의 자체검열뿐만 아니라 소련군과 인민위원회에도 보안기구를 검열했다. 또한 보안국에서부터 말단 보안분서까지 북한 전역의 모든 보안기구에서 검열이 진행되었다. 이를 통해 전체 보안원의 40%이상이 교체되었다. 이 같은 검열사업 결과, 북한의 보안기구는 소련군과 북조선공산당이 신임할 수 있는 무력으로 거듭났다.

토지개혁과 친일파 문제

그런데 1945년 말까지 3,500명(41%)에 달하는 일제경찰 출신이 숙청되었음에도 불구하고 보안기구에는 59%에 해당하는 5,000여 명의 일제경찰 출신이 남아 있었다. 보안국의 숙청사업이 총결된 1946년 말 당시에 전체 보안원은 17,348명이었으므로, 검열사업이 종료된 후에도 전체 보안원 중 일제경찰 출신이 29%를 차지하고 있었다. 그렇다면 북한정치세력은 왜 일제경찰 출신을 보안국에 잔류시켰을까? 김일성은 1945년 10월 13일에 서북5도당책임자 급 열

---

258 「第2回 各道 保安部長會議錄」(1946.7.3), 『북한관계사료집』9권, 230; 250~254쪽.

성자대회에서 친일파에 대한 입장을 공식적으로 표명한 바 있다. 그는 친일파의 범주와 처리에 대해 다음과 같은 입장을 피력했다.

> 그런대 우리가 명확히 규정해야 할 문제가 하나 있다. 그것은 곧 일본제국주의 주구(走狗)에 대한 정의다. 덥허놓고 왜놈의게서 일했다고 해서 전부가 왜놈의 압재비라고는 할 수 없다. 36년간이나 되는 동안에 그놈들의 기관에 들어가지 않고는 살 수 없는 것이 사실이다. 살기 위하여 부득이 들어간 자가 얼마든지 있다. 매국적 행위를 하고 민족의 희생으로 자기의 이익을 삼었다든가 일본제국주의의 적극적 의식적 협력분자는 물론 주구라고 지정해야 할 것이다. 일본제국주의 앞에서 소극적인 역할, 단순한 사무원즘은 주구라고 규정하기는 어려운 것이다. (생략) 그런즉 그들 관청에서 사무쯤이나 본 따위들은 개과자천(改過自遷)의 길을 열어주어야 할 것이다. 얼마동안 공민권을 주지 안는다든가 또는 기타의 제한을 가한다는 등 여러 가지 방법이 있을줄 안다. 그러나 주구라고 지정되는 무리들에게는 유효적절한 방법으로 숙청해야 할 것이다.[259]

김일성은 적극적이며 의식적으로 친일한 사람들은 "일본제국주의의 주구"로 규정하고 철저히 숙청해야 한다고 주장하였다. 반면에 생계를 위해 협력하거나 소극적으로 협력한 사람들은 약간의 제제를 가한 후에 등용할 것을 주장하였다. 그는 특히 "단순한 사무원"을 주구로 규정하기 어렵다는 인식을 드러냈는데, 이는 혁명의 중심세력인 노동자계급이 미약한 상황에서 인텔리를 인민국가 건설에 적극 활용하려는 구상이었다.[260]

김일성이 소극적이며 생계형인 친일파를 등용하자고 주장한 이유는 이 당시 국가건설론에 따라 인민공화국을 건립하기 위해서 무산계급뿐만 아니라

---

259 金日成 將軍 述, 『民族大同團結에 對하야』, 16~17쪽.

260 해방 직후 북한정치세력의 '인텔리층 활용론'의 등장과정은 다음 연구를 참고 바람. 김재웅, 『북한의 인민국가 건설과 계급구조 재편(1945~1950)』, 246~252쪽.

자본가와 지주를 포함해 민족 전체를 일치·단결시켜 통일전선을 확대해야 한다고 판단했기 때문이다.[261] 서북5도당책임자 급 열성자회의에서는 「토지문제 결정서」도 채택했는데, 이 결정서 안에는 "반역지주에 대한 규정"이 들어 있다. 북조선분국은 "일본침략자의 전쟁에 직접·간접으로 협력한 자"를 반역지주로 규정했으나, "단, 공식적으로 관공리에 임명되였다 하드라도 그의 인근한 주민 급(及) 소작인으로서의 그의 본의(本意)가 아니라는 증(證)이 될 때는 그 소유권을 인정한다"라고 결정하였다. 김일성과 북조선분국은 해방 직후부터 친일파의 범위를 좁게 규정하고, 소극적이며 생계형인 친일파와 민족적 인텔리·자본가·지주를 친일파의 범주에서 제외하였다. 그리고 그들의 정치적 태도에 따라 등용될 수 있는 길을 열어두었다.

북조선분국이 친일파의 범위를 좁게 규정한 것은 무엇보다도 현실적인 필요성 때문이었다. 해방 이후 북한의 지역사회는 일차적으로 소수의 과거 공산주의운동가 또는 이론가와 대다수의 빈농을 중심으로 재편되었지만, 이들은 지방행정의 경험이 거의 없었다. 이를 보완하기 위해 일제시기에 관공서에서 근무한 사무직 종사자들이 활용된 것이다. 이 때문에 일본군 경력 등의 군사관계자들도 기능자·기술자에 포함되어 조사·파악되었다. 또한 해방 직후 중앙기구에 전문지식과 기술을 갖고 있는 엘리트가 등용된 것도 동일한 맥락이었다.[262] 즉, 해방 직후 북한의 공산주의자들은 적극적 친일파·민족반역자를 배제하고 소극적 협력자인 인텔리·자본가계급·지주계급을 포괄하는 통일전선론을 추구하고 있었다.

보안국의 검열사업은 1946년 3월에 시행된 북조선임시인민위원회의 토지개혁과 맞물려 진행되었다. 임시인민위원회는 3월 5일에 「토지개혁 실시에 관한 법령」과 「토지개혁 실시에 대한 임시조치령」을 공포해 북한 전역에서 무상

---

261 金日成 將軍 述, 『民族大同團結에 對하야』, 10~11쪽.

262 한모니까, 『한국전쟁과 수복지구』, 푸른역사, 2017, 177~178쪽.

몰수 무상분배 방식의 토지개혁을 개시하였다. 토지개혁은 3월 8일에 강원도에서 가장 먼저 시작되었고, 3월 30일에 북한지역의 각 도에서 공식적으로 종료되었다.[263]

북한의 토지개혁은 동유럽에 비해 그 착수시점과 추진속도가 달랐다. 북한과 동유럽 국가의 인민정권 출현시점과 토지개혁 착수시점을 비교하면 다음과 같다.

〈표 3〉 북한과 동유럽 국가의 인민정권·토지개혁 시점[264]

국가명	인민정권 출현시점	토지개혁 시점(추진기간)	토지개혁 방식
북한	1946년 2월 8일	1946년 3월 5일~3월 30일(25일)	무상몰수
폴란드	1944년 7월 21일	1944년 9월 6일~1945년 여름(약 11개월)	유상매수
불가리아	1944년 9월 8일	1946년 가을~1947년 중(약 1년)	유상매수
루마니아	1944년 10월 12일	1945년 3월 23일~1946년 여름(약 1년 4개월)	무상몰수
헝가리	1944년 12월 22일	1945년 3월 18일~1945년 여름(약 4개월)	유상매수
유고슬라비아	1945년 3월	1945년 8월	무상몰수
체코슬로바키아	1945년 4월 5일	1차: 1945년 6월 21일~1945년 가을(약 4개월)	유상매수
		2차: 1947년 7월 11일	유상매수

첫째, 동유럽의 토지개혁 시점을 보면, 인민정권이 출현한 지 1개월에서 2년 후에 토지개혁에 착수하였다. 이 가운데 체코슬로바키아는 제1차 토지개혁이 미흡해 1947년 7월에 다시 제2차 토지개혁을 실시하였다. 그러나 북한은 인민정권이 출현한 지 1개월 안에 토지개혁에 착수하였다. 북한은 동유럽 국가

---

263 「해방 이후 4년간의 국내외중요일지」, 『북한관계사료집』7권, 600~602쪽.

264 「해방 이후 4년간의 국내외중요일지」, 『북한관계사료집』7권, 600~602; 640쪽; 柴田政義, 『東歐政治經濟史』, 117~118; 225; 297~298; 309~310; 380~381; 475~476쪽; 李貞姬, 『東유럽史』, 478~480쪽; 김성보, 『남북한 경제구조의 기원과 전개-북한 농업체제의 형성을 중심으로』, 역사비평사, 2000, 196쪽.

와 비교했을 때 인민정권 출현 이후 가장 빠른 시점에 토지개혁을 실시하였다. 둘째, 동유럽의 토지개혁 추진기간을 보면, 체코슬로바키아와 헝가리는 약 4개월, 폴란드는 약 11개월, 불가리아는 약 1년, 루마니아는 약 1년 4개월이 소요되었다. 이에 비해 북한은 25일 만에 토지개혁이 급속히 종료되었다. 동유럽과 비교해보면 3개월에서 1년 3개월 정도 빠른 기간 내에 토지개혁이 급진적으로 추진되었다.

셋째, 동유럽의 토지개혁 방식을 보면, 루마니아와 유고슬라비아만 토지를 무상몰수하였고, 나머지 국가들은 모두 유상매수하였다. 그런데 북한은 동유럽과 달리 전부 소작을 주거나 계속 소작을 주는 토지를 모두 몰수대상으로 선정하였다. 동유럽의 인민민주주의적 토지개혁이 반파시즘에 초점을 두면서 지주층의 자본 전환, 중소지주와의 공존을 모색했다면, 북한의 인민민주주의적 토지개혁은 기본적으로 엄격한 반봉건투쟁에 초점을 두면서 지주제·지주층의 전면적 청산을 지향했다.[265]

북한의 토지개혁은 동유럽의 토지개혁에 비해 착수시점이 빨랐고, 추진기간이 짧았으며, 철저한 개혁과 지주층의 전면적 청산을 지향했다. 북한의 공산주의자들은 동유럽에 비해 늦은 시점에 인민정권을 수립했지만, 인민민주주의혁명의 핵심과제인 토지개혁을 동유럽보다 빠른 시점에 철저하고 전면적인 방식으로 추진하였다. 이것은 해방 직후에 인민민주주의혁명을 추진할 수 있는 정치적·군사적 기반이 미약한 상황에서 급진적 사회개혁을 통해 인민민주주의혁명을 본궤도에 올려놓기 위한 방법이었다. 북한정치세력은 인민민주주의혁명의 반제·반봉건 과제 중에서 토지개혁을 통해 먼저 봉건적 잔재를 철저히 청산하였다.

토지개혁이 반봉건투쟁의 핵심과제였다면, 친일잔재 청산은 반제국주의투쟁의 핵심과제였다. 보안국에서 진행한 검열사업은 해방 이후 북한지역에

---

265 김성보, 『남북한 경제구조의 기원과 전개』, 196~199쪽.

서 전개된 최초의 반제투쟁이었다. 북한에서 반제투쟁의 대상을 확정한 「친일파·민족반역자에 대한 규정」이 법규로 채택된 시점은 1946년 3월 7일이다.[266] 이날 북조선임시인민위원회는 이 규정과 함께 「북조선토지개혁에 대한 법령」을 동시에 채택하였다.[267] 즉, 임시인민위원회는 인민정권 성립 직후에 반제투쟁의 핵심과제인 친일파 청산과 반봉건투쟁의 핵심과제인 토지개혁에 대한 규정·법령을 동시에 채택하고 공식적으로 반제·반봉건투쟁을 개시하였다. 이에 비해 보안국의 친일파 청산은 인민정권이 출현하고 토지개혁이 개시되기 이전인 1945년 12월부터 시작되었다. 결국 북한의 공산주의자들은 다른 부문보다 먼저 보안기구에서 친일잔재를 청산함으로써 인민민주주의혁명의 정치적·무력적 기반을 조성한 것이다. 보안기구의 검열사업은 바로 해방 이후 북한에서 전개된 제1단계 인민민주주의혁명의 출발점이었다.

보안국은 토지개혁이 완료되자, 검열사업의 중심을 친일경찰에서 '반동분자'로 전환했다. 북조선임시인민위원장 김일성은 토지개혁이 완료된 직후에 각급 보안기관에 잠입해 있는 '불순분자'를 적발해 숙청하라고 보안국에 지시했다. 그 이유는 보안기관 안에 토지개혁법령 집행을 방해하거나 직권을 악용해 토지개혁법령을 왜곡하는 '불순분자들'이 잠복해 있다고 판단했기 때문이다. 이에 따라 김일성은 각급 보안기관에서 토지개혁법령의 집행을 방해하거나 왜곡하는 '불순분자'를 직위여하에 관계없이 철저히 적발해 숙청하라고 명령하였다. 각급 보안기관은 5월 중순까지 기관 안에서 '반동분자들'을 숙청하는 사업을 완료하고 숙청 결과를 즉시 상급기관에 보고하도록 지시받았다.[268] 김일성이 규정한 '반동분자'는 친일파나 지주가 아니라 토지개혁을 방해·왜곡하는 인물들로, 인민민주주의혁명을 반대하는 반혁명세력을 의미했다. 이로써 통일

---

266 「친일파·민족반역자에 대한 규정」(1946.3.7), 『김일성저작집』2권, 조선로동당출판사, 1979, 113쪽.

267 「北朝鮮土地改革에 對한 法令에 關한 決定書」(1946.3.7), 『북한관계사료집』5권, 232~233쪽.

268 김일성, 「토지개혁후 춘경보장에 관한 명령」(1946.4.16), 『김일성전집』3권, 292~296쪽.

전선의 배제대상은 친일파·민족반역자에서 반혁명세력으로 확장되었다.

보안국의 검열사업을 1946년 3월에 실시된 토지개혁과 비교해보면 몇 가지 시사점을 발견할 수 있다. 토지개혁의 대상은 경력(친일파)과 계급(지주)에 집중되었다. 이에 비해 보안국 검열사업의 대상은 경력(친일파)과 태도(반동분자)에 집중되었다. 경력이 문제가 된 사람들은 "일제잔재와 파쇼적·봉건적 반동세력"이었다. 이들은 구체적으로 "친일주구, 민족반역자, 개별적 전직분자(前職分子)" 등이었다. 태도가 문제가 된 사람은 "사리사욕분자, 관료주의분자, 종파적 파괴분자, 무능력자, 테러단, 경제교란자"들이었다. 보안국 검열사업과 토지개혁의 공통점은 모두 친일파 청산을 추구했다는 점이다. 친일파 청산의 측면을 보면, 보안국 검열사업은 친일파의 권력내부 침투를 방지하고자 했고, 토지개혁은 친일파의 경제적 토대를 해체하고자 했다.

한편 보안국 검열사업의 대상이 태도에 집중되었다면, 토지개혁의 대상은 계급에 집중되었다. 토지개혁은 지주들의 계급적 기반을 해체하고 빈농·소농들의 계급적 기반을 구축하기 위해 추진되었다. 북한의 토지개혁은 동유럽의 토지개혁과 달리 지주제·지주층의 전면적 청산을 지향했다.[269] 즉, 북한의 토지개혁은 동유럽의 토지개혁보다 계급투쟁론의 입장에 서 있었다. 그러나 보안국은 검열의 대상을 '계급'이 아니라 '태도'에 둠으로써 보안국 내부의 반소·반공세력을 숙청하고자 했다. 이처럼 보안국의 검열사업은 계급에 초점을 두지 않았기 때문에 청산의 대상도 추상적 개념인 "불순분자·보안해독분자·반동분자" 등으로 명명되었다. 그러므로 보안국의 검열사업은 북한의 인민민주주의혁명을 반대하는 세력을 제거했다는 점에서 반혁명투쟁노선에 서 있었다.

보안국이 검열사업을 통해 제거하고 충원한 보안원들은 그 범주가 매우 다양하다. 검열사업과정에서 제거되거나 충원된 보안원은 경력·태도·계급별

---

269 김성보, 『남북한 경제구조의 기원과 전개』, 199쪽.

로 구분할 수 있다. 경력으로 제거된 인물들은 친일파, 태도로 제거된 인물들은 반소·반공세력, 계급으로 제거된 인물들은 지주·소시민이었다. 경력으로 충원된 인물들은 보안부 사상심사 통과자, 태도로 충원된 인물들은 친소·친공세력, 계급으로 충원된 인물들은 노동자·농민이었다.

보안국의 검열 결과는 북한정치세력이 추구한 통일전선의 구체적인 대상이 누구였는지 보여준다. 이들이 통일전선의 대상으로 파악한 세력은 사상심사 통과자, 친소·친공세력, 노동자·농민계급이었다. 반면에 통일전선에서 제거된 세력은 친일파, 반소·반공세력, 지주·소시민이었다. 북한정치세력은 통일전선의 기준을 계급에 국한하지 않고 정치사상과 정치적 태도로 확장하였다. 이들은 공산당(노동당)이 주도권을 확보하지 못한 정치상황에서 다양한 계급과 계층을 포괄해 인민민주주의혁명의 추진세력을 폭넓게 구축하고자 구상하였다. 그러나 북한정치세력은 공산주의자들을 주축으로 보안국을 구성하였고, 정치사상과 정치적 태도가 반소·반공적인 인물들을 철저히 제거하였다. 이들은 해방 직후에 가지고 있던 폭넓은 통일전선에서 반혁명세력을 제거함으로써 통일전선의 범주를 축소하고 있었다.

인민군 창설 초기에 보안국에 구현된 통일전선은 공산주의자들의 우위가 구축된 가운데 계급·정치사상·정치적 태도를 기준으로 설정되었다. 그러나 각 계급·계층의 정치사상과 정치적 태도는 북한지역과 한반도에서 전개될 인민민주주의혁명과 정치질서의 변동에 따라 변화할 수밖에 없었다. 특히 혁명과 정치질서의 변동이 급격할 경우, 계급·계층 간의 대립은 심화되고 반혁명세력의 범주는 확대될 가능성이 높았다. 또한 혁명무력에서 공산주의자들의 주도권이 강화될 경우, 통일전선의 폭은 협소해질 가능성이 높았다. 따라서 향후 구축될 통일전선의 범주는 인민민주주의혁명·한반도정세의 변화와 공산주의자들의 주도권 변화에 따라 결정될 예정이었다.

보안국의 친일파·'반동분자'의 대상과 기준, 검열 경험은 그후에 북한에서 전면적으로 실시된 친일파 청산에 영향을 끼쳤다. 북한지역에서 친일파에 대한 범주는 1945년 10월 10일 서북5도당책임자 급 열성자대회때부터 제기되었지만, 명확한 범주가 법규를 통해 결정된 것은 1946년 3월 7일에 개최된 북조선임시인민위원회 회의석상이었다. 이날 임시인민위원회는 15개 조항에 달하는 「친일파·민족반역자에 대한 규정」을 채택하였다. 규정의 제1~12조는 일제시기에 활동한 친일파를 청산대상으로 규정하였고, 제13~15조는 '반민주주의자', 즉 해방 이후 북한에서 소련과 북조선공산당의 노선을 반대하는 인물들을 청산대상으로 규정하였다.[270] 이 같은 규정은 보안국의 검열사업과 동일하게 청산의 대상을 경력(친일파)과 태도(반동분자)에 둔 것이다. 이처럼 보안국의 검열사업은 북한에서 실시된 친일파 청산의 모델과 기준이 되었고, 나아가 인민민주주의혁명의 제1단계에서 반제국주의투쟁의 출발점이었다.

보안기관의 제국주의 협력자 청산은 북한만이 아니라 동유럽 국가에서도 진행되었다. 예를 들어, 유고슬라비아는 1945년 5월에 영국으로부터 넘겨받은 유고슬라비아의 반공포로 20만 명 중에 23,000명을 총살했다. 유고슬라비아임시정부는 1945년 2월 11일에 모든 군단과 사단에 군사재판소를 설치하고, 나찌와 괴뢰정부에 협력한 군인들을 체포해 군사재판에 회부했다. 혐의가 없는 것으로 밝혀진 병사들은 석방되었으나, 협력혐의가 있는 사람들은 반역죄·이적행위로 처형되었다. 이후 친나찌파에 대한 불법보복이 횡횡하자, 수상 티토는 5월 14일자로 최고사령부에 "각 부대, 조직, 개인별로 전쟁포로와 구금된 사람들의 희생을 예방할 수 있는 모든 조치를 강구하라"는 훈령을 하달했다.[271]

그러나 동유럽에서 친나찌파에 대한 청산은 제한적으로 진행되었다. 그 이유는 새로운 국가를 건설하기 위해서는 무엇보다도 새로운 군대·경찰·관리가 필요했기 때문이다. 제2차대전 이후에 인민민주주의국가에서는 일반적으로 "낡은 경찰과 헌병의 기관들은 청산되고 인민대중의 창의에 의하여 인민의

270 「친일파·민족반역자에 대한 규정」(1946.3.7), 『김일성저작집』2권, 113쪽.

271 「티토→슬로베니아최고사령부」(1945.5.14), 재스퍼 리들리, 『티토』, 325~327쪽.

자유와 권리를 보위하는 인민적 보안기관이 창설"되었다. 그리고 "인민적 보안기관의 기본적 간부들은 반파시트 애국자들 중에서 모집"되었다.[272] 따라서 보안국의 검열사업은 제2차대전 이후에 인민민주주의국가에서 진행된 구 국가기관의 청산과 신 국가기관의 건설이라는 인민민주주의혁명의 일환이었다.

김일성 영도사상의 출현

보안국은 검열사업을 통해 내부에 있던 친일파와 '반동분자'를 제거하였다. 이 과정을 거치면서 보안원들은 수차례에 걸쳐 사상을 검증받았고, 이를 통해 사상적 통일성이 강화되었다. 보안국의 검열사업은 보안국이 다른 행정기관과 구별되는 독특한 특징을 형성하는 데 영향을 끼쳤다. 무엇보다 보안국은 다른 행정기관과 달리 북조선임시인민위원회시기부터 내부에서 김일성의 사상을 기관의 지도사상으로 내세웠다. 보안국 부국장은 1946년 7월 3일에 열린 제2회 각 도 보안부장회의 개회사에서 "우리들은 종파주의, 지방본의주의, 자아중심주의를 버리고 김일성 장군의 사상밑에 굳게 통일하여야 한다"라면서 보안국의 지도사상을 김일성의 사상이라고 천명하였다. 보안국장 최용건도 보안사업에 대한 평가에서 "북조선임시인민위원회가 수립되자 위원장 김일성 장군의 영도사상을 체득하고 20개 정강을 실천"에 옮겼다고 발언하면서 보안원들의 지도사상을 '김일성 장군의 영도사상'이라고 분명히 못박았다.[273]

그뿐만 아니라 회의 마지막에는 '제2회 각 도 보안부장회의' 명의로 「김일성장군께 드리는 감사문」을 채택하였다. 보안부장들은 이 감사문에서 "일만오천여의 우리 보안원은 장군의 혁명적 정신과 정확하신 영도사상을 본받드며

---

272 느·파르베로브, 「인민민주주의 국가들의 사회적 및 국가적 구조」, 『근로자』제12호, 로동신문사, 1949.6.30, 86쪽.

273 「第2回 各道 保安部長會議錄」(1946.7.3), 『북한관계사료집』9권, 226; 230쪽.

위대한 붉은 군대의 열성적 지도하에 북조선 전체인민의 이익을 보위하는 전위대의 임무를 다하는 동시에 장군의 20개 정강을 정확하고 완전히 집행하는데 적극 참가하야 될 중대사명을 가지고 있음니다"[274]라고 선언하였다. 이들은 보안원의 임무를 김일성의 혁명정신과 영도사상에 따라 20개조 정강을 완수하는 것으로 자리매김하였다. 보안국의 검열사업은 보안국 내부의 단결을 강화했고, 이와 동시에 보안국에서 김일성의 영향력도 강화되었다.

보안국에서 김일성의 영도사상이 일찍부터 자리잡은 데에는 보안국장 최용건의 영향이 컸다. 최용건은 1946년에 3·1절을 맞아 당기관지 『正路』에 기고한 논설에서 1919년 3·1운동 이후 "조선민족해방운동"을 다음과 같이 평가하였다. 그는 먼저 3·1운동의 발전이 "조선혁명운동의 세계적 발전"으로 나아갔다고 평가하였다. 그 결과 "1920년으로부터 만주일대에는 조선혁명자의 무장혁명투쟁을 전개하엿"으며, "그후 만주에서 중국혁명동지들과 적 일제를 타도하기 위하야 항일연군을 조직하고 남녀청년동지들이 이에 용약참가하여 공동히 일제를 타격주엇"다고 주장하였다.[275] 최용건은 3·1운동 이후에 항일운동의 주도세력을 만주에서 활약한 동북항일연군이라고 주장하고 있으며, 대한민국임시정부나 조선독립동맹·조선의용군의 공헌을 전혀 언급하지 않았다. 최용건은 보안국 초기부터 항일운동의 정통성을 김일성과 자신이 활동한 동북항일연군이 보유하고 있다는 입장을 공개적으로 밝혔다.

북한의 행정기관 중에서 지도사상을 '김일성 장군의 영도사상'이라고 천명한 곳은 보안국이 유일했다. 또한 행정기관의 주요간부들이 결정서를 통해 「김일성장군께 드리는 감사문」을 채택한 것도 보안국 외에는 발견되지 않는다. 또한 1946년 7월 3일 시점에 '김일성 장군의 영도사상'을 공표한 조직은 거의 없었다. 이보다 앞서 유사한 표현이 등장한 것은 1946년 4월에 개최된 북조

---

274 「第2回 各道 保安部長會議錄」(1946.7.3), 『북한관계사료집』9권, 264~265쪽.

275 崔庸健, 「全民族大同團結의 三·一의 教訓을 實踐하자」, 『正路』1946.3.1.

〈그림 20〉 최용건의 논설과 북조선예술총연맹의 김일성 찬양특집

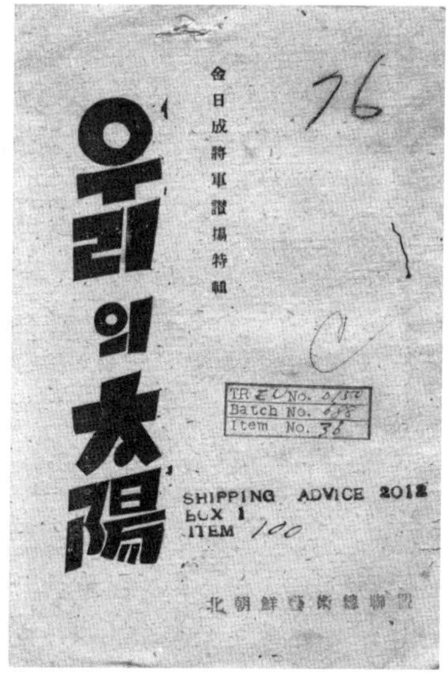

출처 『正路』1946.3.1; 북조선예술총연맹 편, 『우리의 太陽』, 북조선예술총연맹, 1946.8.15.

선공산당 중앙위원회 제2차 각 도 선전부장회의 때였다. 이날 북조선공산당은 결정서를 통해 "우리 당과 당 선전공작자들은 우리의 지도자 김일성 장군이 영도하는 당 주위에 굳게 뭉치여서 조선 근로대중과 인민의 앞에 서서 조선의 민주주의 건설을 위하야 용감히 투쟁하여야 할 것이다"라고 선언하였다.[276] 이 결정서는 북조선공산당에 대한 김일성의 영도를 천명한 것이다. 그러나 이 시점에 김일성의 영도사상은 전당적 차원이 아니라 당의 선전부문에서 선도적으로 제기되고 있었다. 이에 비해 보안국은 인민정권인 북조선임시인민위원회에서 김일성의 영도를 천명하였고, 더 나아가 '김일성 장군의 영도사상'을 보안국의 지도사상으로 채택하였다.

---

276 「북조선공산당 중앙위원회 제2차 각도 선전부장회의 결정서(1946.4)」, 『黨의 政治路線 及 黨事業 總結과 決定-黨文獻集』1, 正路出版社, 1946, 78쪽.

또한 보안부장들의 감사문에 등장하는 "민족의 영웅이시며 위대한 영도자"라는 표현도 선도적이었다. 이는 김일성을 "영웅"이자 "영도자"라는 이미지로 형상화한 것이다. 북한에서 김일성을 영도자로 형상화한 첫 작업은 1946년 7월에 창작된 '김일성 장군의 노래'였다.[277] 보안국에서 상당히 빠른 시기에 김일성에 대한 영웅화작업을 시작했음을 알 수 있다. 무력을 관장하는 보안국은 다른 행정부서보다 앞서 김일성의 영도사상을 기관의 지도사상으로 결정하고, 김일성의 항일운동에 정통성을 부여하였다. 또한 김일성에 대한 영웅화작업을 선도적으로 진행했다.

빨치산부대의 지도자를 "민족의 영웅"으로 형상화하는 작업은 북한뿐만 아니라 동유럽에서도 진행되었다. 대표적으로 유고슬라비아에서 빨치산부대의 지도자 티토에 대한 영웅화작업이 진행되었다. 1945년 11월에 유고슬라비아연방인민공화국이 수립된 이후, 유고슬라비아에는 소련의 스탈린그라드(Stalingrad)처럼 티토그라드(Titograd)가 건설되었고, 모든 도시와 마을에 '붉은군대거리'와 함께 '티토거리'가 만들어졌다. 학교에는 '티토선발대'라는 소년단이 조직되었으며, 티토의 초상화가 정부청사·은행·상점 등 모든 곳에 내걸렸고, 국경을 경비하는 대원들은 모두 티토를 칭송하는 혁명가를 불렀다.[278] 티토에 비하면 김일성에 대한 영웅화작업은 미약한 편이었다. 그 이유는 티토가 해방 이전에 유고슬라비아공산당 제1서기장으로 빨치산부대를 통일적으로 지휘했음에 비해,[279] 김일성은 해방 이전에 여러 공산주의조직과 무장부대의 지도자 중 한 명이었기 때문이다.

북한에서 군대 창설의 제1단계과정은 1946년 3월에 북·소 합동회의에서 계획되었고, 1946년 3월 4일 조선공산당 북조선분국 제3차 확대집행위원회의

---

277 김광운, 『북한정치사연구』1, 193쪽.

278 재스퍼 리들리, 『티토』, 340~341쪽.

279 李淑子, 「유고슬라비아의 歷史的 形成과 政治構造」, 金達中 編, 『헝가리·유고슬라비아』, 152쪽.

결정에 따라 시작되었으며, 1946년 8월에 완료되었다. 군대 창설의 제1단계과정에서는 향후 인민군에 영향을 끼치는 세 가지 군사적 요소가 나타나기 시작했다. 이것은 일본군·중국군·소련군의 군사적 요소이다. 인민군은 일본군의 군사적 유산을 기반으로 창설되기 시작하였다. 해방 직후 북한 각 지역에 조직된 보안대와 경비부대는 일본군의 주둔지와 철도요충지에서 일본제무기를 기반으로 조직되었다. 이 시기 보안대·경비대 대원 중에는 일제경찰과 일본군 출신들도 상당수 포함되어 있었다. 그리고 보안국 산하의 보안기구는 1946년 1월부터 8월까지 일본군의 주둔지, 일본제무기, 일본군의 군사교범·군사용어, 일부 일본군 출신 장교와 병사를 토대로 출범하였다.

인민군의 인적 요소는 해방 이후 북한지역에서 정치활동을 시작한 동북항일연군 출신, 조선의용군 출신, 고려인을 중심으로 구성되었다. 이들은 해방직후에 소련군사령부의 지시와 협조에 따라 군대창설을 주도하였다. 이 정치세력 중에서 창설과정을 주도한 세력은 항일연군 출신이었다. 그러나 1945년 12월에 조선의용군 지휘부가 입북하고 1946년 3월에 조선의용군 압록강지대 병력 1,000여 명이 입북하면서[280] 의용군 출신의 영향력이 확대되었다. 중국군의 군사적 요소는 1946년 8월 이후에 조선인부대의 입북이 중지되면서 더 이상 확대되지 않았다. 아울러, 고려인들은 입북 직후에 소련군사령부의 통역으로 활동하다가 점차 보안간부훈련소와 군사학교의 교관으로 배치되었다. 이들은 군대창설과정에서 소련군의 군사적 요소를 인민군에 도입하는 역할을 수행했다. 그리고 1946년 8월부터 보안기구에는 소련군의 군사교범·군사규정·군사교리·군사용어와 소련제무기가 도입되기 시작하였다. 이와 동시에 북한의 경보병사단에 소련군의 부대편제와 부대운용방식이 도입되었다.

이 과정에서 북한정치세력은 군사부문의 인적 요소를 인위적으로 개조하였다. 북조선임시인민위원회 보안국은 1945년 11월부터 1946년 12월 말까

---

280 김중생, 『조선의용군의 밀입북』, 137~138쪽.

지 전체 보안원 17,348명 중에서 일제경찰 출신 3,500명을 포함해 총 7,754명(44.7%)을 숙청했다. 이와 함께 지주·소시민 성분의 보안원도 축출되었다. 면직된 사람들을 대신해 새로 충원된 보안원들은 노동자·농민계급이었다. 이로써 보안부문에서 활동해온 친일경찰들은 소수를 제외하고 제거되었고, 노동자·농민계급이 대거 충원되었다.

북한정치세력의 보안원 숙청과 새로운 계급의 충원은 북한의 공산주의자들이 해방 직후부터 추진해온 계급정책의 연장선상에 있었다. 조선공산당 북조선분국은 설립 직후인 1945년 11월부터 "제1차적 중심문제"를 "당의 볼세비키화"라고 천명하였다. 북조선분국은 "동요없는 강철같은 볼세비키당"을 조직하기 위해 "노동자·농민(빈농)을 당대열 내에 다수 인입"하기로 결정하였다.[281] 북조선분국은 11월부터 노동자·농민계급을 당에 대거 충원해 강력한 공산당을 조직하고자 하였다. 인민민주주의혁명은 "로동계급의 헤게모니 하에 로동계급과 근로농민의 동맹"을 기초로 성립된다.[282] 결국 북한정치세력이 보안원의 계급구성을 인위적으로 재편한 것은 인민민주주의혁명론에 따라 정권기관에 노동계급의 헤게모니를 구축하고, 노동·농민계급의 동맹을 강화하기 위한 조치였다.

이와 함께 창설 초기 보안기구에는 중국군의 군사적 요소도 영향을 끼쳤다. 보안간부훈련소 제1소와 제2소는 만주에서 입북한 조선인병력을 기간으로 창설되었다. 이 조선인병력은 만주에서 중국공산당의 영도 아래 육성된 인물들이었고, 그 간부들은 중국공산당군대의 군사적 요소를 보안간부훈련소에 확산시켰다. 보안간부훈련소에서 조선의용군 출신이 지휘관을 맡은 부대는 중국식으로 운영되었다. 의용군 출신 간부들은 '해방군식'으로 부대를 운영했다. 이와 달리 평양학원 졸업생들이 지휘하는 부대는 '소련군식'으로 운영되었

---

281 「中央의 指시를 爲한 鬪爭」, 『正路』 1945.11.7.

282 브·쓰·마니꼽쓰끼, 「인민민주주의 국가의 계급적 본질」, 『근로자』 제22호, 로동신문사, 1949.11.30, 60~61쪽.

다.[283]

군대 창설의 1단계과정에서는 일본군·중국군·소련군 등 3대 군사적 요소 중에서 어떤 군사적 요소도 우위를 점하지 못했다. 그러나 이 시기에 북한의 독자적인 군사적 요소가 출현했다. 보안국은 인민정권과 군대에서 처음으로 김일성 영도사상을 제기하였고, 최용건은 1946년 3월에 이미 조선민족운동의 정통성을 동북항일연군에 부여하였다. 보안기구에서는 1946년 8월 이전에 다른 부문보다 앞서 김일성 영도사상이 천명됨으로써 창군이념의 기원이 출현하였다.

283 정현수 외, 『중국 조선족 증언으로 본 한국전쟁』, 206~207쪽.

3장

군관양성기관의 조직과 간부

1. 평양학원의 조직과 동북항일연군

평양학원의 설립과 간부 : 고급 정치·군사간부

해방 직후에 북한의 정치세력이 해결해야 할 문제는 많았지만, 그중에서 첫 번째 난제는 간부부족문제였다. 특히 "국가를 통치하며 정권을 운영할 수 있는 인민층에서 나온 간부부족"문제가 심각했다.[284] 해방이 되고 일본인 간부와 기술자들이 철수하자, 북한 각지의 공장과 광산은 가동을 멈추었다. 예를 들어 평북 후창광산에서는 해방이 되자 일본 간부들이 일제히 자취를 감추었고, 이 때문에 광산은 3개월 동안 휴업하였다. 당시 조선인 광부들은 기술자가

284 조선인민군 528군부대, 『(학습재료) 당건설』제3부, 제528군부대, 1950.3, 6~7쪽, NARA, RG 242, SA 2009, Box 1, Item 136.

없어서 겨우 치안대를 조직하고 광산의 치안을 유지하는 형편이었다.[285] 함남 흥남비료공장의 사정도 비슷했다. 해방이 되자 흥남비료공장 노동자들은 공장의 일본인들을 모두 추방했고 공장은 가동을 멈추었다. 노동자들은 자위대를 조직해 3개월 동안 비료공장 건물을 지켰다.[286] 북한정치세력은 이 같은 간부부족문제를 해결하기 위해 각종 간부양성기관을 창설했다. 그 결과 1946년 6월까지 중앙 차원에서 설립한 학교만 해도 '중앙정치간부학교', '보안간부학교' 등 45개가 넘었다.[287]

이와 함께 소련도 북한지역에서 견고한 정치적·경제적 지위를 확보하기 위해 '민주간부'를 양성하는 것이 중요하다고 판단하였다. 연해주군관구는 1945년 12월에 작성한 보고서를 통해 한반도에서 소련에 대한 우호적 정치질서와 소련의 정치적 지위를 강화시키기 위해 연해주군관구·제25군사령부 군사회의가 새로운 '민주간부'의 선발·양성·확보문제에 보다 많은 관심을 가져야 한다고 결론내렸다.[288] 북한정치세력과 소련은 새로운 국가를 건설하고 소련의 국익을 보장하기 위해 '민주간부'를 양성해야 한다고 판단했다. 그리고 해방 직후 치안유지와 경비임무에 따라 각종 보안기구가 창설되자 보안간부의 수요가 급증했다. 이에 따라 조선공산당 북조선분국은 먼저 보안간부를 양성하기 위해 군관양성기관을 설립했다.

조선공산당 북조선분국이 가장 먼저 심혈을 기울여 창설한 군관양성기관은 평양학원(平壤學院)이다. 평양학원은 '건당·건국·건군사업에 절실히 요구되

---

285 손동혁, 『민족보위성 리력서』, 제17포병련대, 1950.1.30, NARA, RG 242, SA 2009, Box 10, Item 21.7.

286 문택용, 『자서전』, 민족보위성, 1949.8.9, NARA, RG 242, SA 2009, Box 4, Item 111.4.

287 金日成, 「北朝鮮民主主義民族統一戰線委員會 結成에 對한 報告」(1946.1), 北朝鮮勞動黨中央本部 宣傳煽動部, 『(黨敎育綱用參考資料) 金日成將軍重要論文集: 民主朝鮮自主獨立의 길』, 勞動出版社, 1947.3.10, 21쪽, NARA, RG 242, SA 2009, Box 1, Item 166.

288 「북한 정치형세에 대한 조사 보고」(1945.12), 러시아연방대외정책문서보관소(АВПР), ф. 013, оп. 7, п. 4, д. 46, лл. 4~13.

는 군사정치간부들을 종합적으로 키워낼 사명을 지닌 간부양성의 모체기지' 였다.[289] 그중에서도 평양학원은 '향후 건설될 정규군대의 핵심간부를 양성하기 위한 기관'으로 규정되었다. 평양학원은 1945년 11월 17일부터 창설준비에 들어갔다.[290] 학원은 1946년 1월 3일에 정식으로 개교하였고,[291] 2월 23일에 개원식을 개최하였다.[292] 평양학원은 "평안남도 진남포시 지장리(智藏里)"에 설립되었고,[293] 일본인들이 소화전공회사 기술원양성소로 쓰던 건물을 사용하였다.[294]

평양학원은 창설 당시에 정치반과 군사반으로 구성되었다.[295] 정치반에서는 향후 당·정·군에서 활동할 정치간부를 양성했고, 군사반에서는 군대에서 활동할 군사간부를 양성했다. 그리고 학원에는 1946년 3월에 학생반이 신설되었다. 김일성은 3월 17일에 평양학원 책임자들을 만나서 비행사와 기술간부를 양성하기 위해 학원에 항공반을 조직하자고 제안했고,[296] 그 결과 3월에 항공반이 신설되었다.[297] 평양학원 항공반은 1946년 3월 17일에 민간단체였던 신

---

289 김일 외, 『붉은 해발아래 창조와 건설의 40년』1, 355쪽.

290 김일성, 「평양학원을 창립할데 대하여」(1945.11.17), 『김일성전집』2권, 276~277쪽.

291 「해방 이후 4년간의 국내외중요일지」, 『북한관계사료집』7권, 588쪽.

292 김일성, 「평양학원개원식을 축하하여-평양학원개원식에서 한 연설」(1946.2.23), 『김일성전집』3권, 144~153쪽.

293 安慶律, 『幹部履歷書』, 민족보위성, 1950, NARA, RG 242, SA 2009, Box 6, Item 110; 박승규, 『幹部履歷書』, 민족보위성, 1950, NARA, RG 242, SA 2009, Box 6, Item 110. 안경률의 이력서에 "平安南道 南浦市 智藏里 平壤學院에서 工夫함"이라고 적혀 있다. 박승규의 경력란에도 평양학원의 위치가 "남포시"라고 기재되어 있다. 해방 직후 실제 시(市)명칭은 진남포시가 맞다.

294 김일 외, 『붉은 해발아래 창조와 건설의 40년』1, 356~357쪽.

295 『正路』1946.1.15.

296 김일성, 「평양학원에 항공반을 내올데 대하여-평양학원 책임일군과 한 담화」(1946.3.17), 『김일성전집』3권, 217쪽.

297 전영률·김창호·강석희 공편, 『조선통사』하, 사회과학출판사, 1987, 354쪽.

의주항공대(新義州航空隊)를 흡수하고 항공인력 양성에 착수했다.[298] 이로써 평양학원은 3개 반으로 증설되었다.[299] 평양학원의 각 반은 1946년 중반 무렵에 '과'로 개편되었다. 예를 들어 평양학원 정치반의 내부명칭은 "평양학원 제9반"이었는데, 1946년 5월 1일에 제2기생이 입학한 이후부터 "정치과"라는 명칭을 함께 사용하였다.[300]

평양학원의 지휘부는 원장, 원장 고문, 부원장, 참모들로 구성되었다. 학원 본부는 총무과, 작전과, 정보과, 화학과, 공급과, 재정과로 구성되었다. 정치반은 러시아어부, 문화부로 구성되었고, 군사반은 제1훈련대대와 제2훈련대대로 구성되었다. 제1훈련대대는 7개 중대로 편성되었고, 제2훈련대대는 라디오중대, 항공정비중대, 항공중대로 편성되었다.[301]

평양학원의 창설을 주도한 사람은 김책[302], 안길(安吉), 조정철(趙正哲), 심태산(沈泰山), 김증동(金曾東) 등 항일연군 출신이었다.[303] 또한 김일성은 자신의 부관 주도일(朱道日)도 학원의 지휘성원으로 파견했으며,[304] 김일성부대의 기관총사수였던 최장만도 파견하였다.[305] 평양학원의 창설에 기여한 인물의 명단은 1947년 2월 22일에 개최된 '평양학원 창립1주년 기념경축대회'에서 확인할 수 있다. 이날 주석단 1열에는 기석영(奇石永) 원장 등이 올랐고, 2열에는 전창철(全昌哲), 심태산(沈泰山), 유성걸(兪成傑), 안재선(安載善), 조정철(趙正哲), 박춘(朴春), 천

---

298 전영률·김창호·강석희 공편, 『조선통사』하, 675쪽.

299 김일성, 「평양학원을 창립할데 대하여」(1945.11.17), 『김일성전집』2권, 279; 281~282쪽.

300 정정환은 자서전에서 "입학후 제9반(정치과)의 대원으로 편입되여 있는 열성을 다하여 정치·군사학습에 노력하였다"라고 쓰고 있다. 정정환(제17포병련대 1대대장), 『자서전』, 민족보위성, 1950.2.11, NARA, RG 242, SA 2009, Box 10, Item 21.14.

301 HQ, USAFIK, *ISNK*, No.37(1947.5.15~5.31), 『북한정보요약』2, 101쪽.

302 태병렬·오찬복, 『태양을 모시고 60년』, 64쪽.

303 김광운, 『북한정치사연구』1, 474쪽.

304 태병렬·오찬복, 『태양을 모시고 60년』, 64쪽.

305 최봉식, 『대성산혁명렬사릉』, 81~82쪽.

이완, 김동수(金東壽), 정혁(鄭赫), 현덕(玄德), 류경순(劉敬順), 한병순(韓炳純), 김신호(金信浩), 주도일(朱道日), 왕련(王連), 리활(李濶), 강필주(姜弼周), 임운봉(林雲峰), 한제태(韓濟泰), 김재서(金在西), 송영학(宋英學), 심상옥(沈相玉), 박성문(朴盛文), 리나영(李羅英) 등이 올랐다.[306]

평양학원의 초대 원장은 항일연군 출신 김책이 맡았고, 명예원장으로는 김일성이 추대되었다.[307] 부원장은 고려인 기석복(奇石福), 참모장은 국내 출신 김동수(金東洙), 제2대 원장은 항일연군 출신 안길이 취임한 것으로 알려져 있다.[308] 초대 정치부원장은 항일연군 출신 조정철이었고,[309] 2대 정치부원장은 1947년부터 항일연군 출신 전창철이 맡았다. 교무처장은 최용진이었다.[310]

평양학원의 2대 원장은 안길이 아니라 기석영이다. 평양학원 기관지 『새三千里』 1947년 2·3월호에는 「平壤學院創立 一週年 紀念記」가 실려 있다. 여기에는 평양학원이 "우리의 영명한 지도자 김일성 장군의 올바른 령도하에 전 원장 김책 동지와 현 원장 기석영 동지의 열렬한 직접지도로" 건설되었다고 적혀 있다.[311] 평양학원 졸업생의 이력서에도 1947년 8월 15일 당시 평양학원 원장이 "기석영"으로 기록되어 있다. 기석영은 가명이며, 본명은 기석복이다. 기석

---

306 雲谷, 「平壤學院創立 一週年 紀念記」, 평양학원, 『새三千里』2·3월호, 평양학원편집부, 1947.3.26, 186쪽, NARA, RG 242, SA 2010, Box 5, Item 137.

307 HQ, FECOM, *History of the North Korean Army*, p.11; 『김일성전집』2권, 282~283쪽; 김광운, 『북조선실록』2권, 38쪽.

308 佐佐木春隆, 『韓國戰秘史』中卷, 26쪽; 국방부 전사편찬위원회, 『한국전쟁사』1, 675; 677쪽.

309 김광운, 『북한정치사연구』1, 474쪽.

310 평양학원, 『새三千里』2·3월호, 186쪽; 채명신, 『채명신회고록』, 매일경제신문사, 1994, 17쪽.

311 평양학원, 『새三千里』2·3월호, 185쪽.

복은 평양학원에 근무할 때 기석영이라는 가명을 사용했다.[312] 제2대 원장으로 알려진 안길은 평양학원이 아니라 "평양정치학원 초대원장"을 맡았다. 그리고 1946년 9월부터 보안간부훈련대대부 참모장으로 활동했다.[313] 기석복은 학원의 초대 군사 부원장을 맡았고, 제2대 군사 부원장은 1947년 1월 15일 당시 심태산이 맡고 있었다.[314] 주한미군도 평양학원 간부명단을 파악하고 있었다. 1947년 5월 현재 원장은 "기석영", 정치 부원장은 전창철, 군사 부원장은 심태산, 제1훈련대대 대대장은 주도일이었다.[315]

이상의 내용을 정리해보면, 평양학원 초대 원장은 항일연군 출신 김책, 초대 군사 부원장은 고려인 기석복, 초대 정치부원장은 항일연군 출신 조정철, 참모장은 국내 출신 김동수였다. 2대 원장은 고려인 기석복, 2대 군사 부원장은 항일연군 출신 심태산, 2대 정치부원장은 항일연군 출신 전창철이었다. 조정철은 초대 정치 부원장을 그만둔 후 북조선로동당 평양학원당부 위원장을 맡았다. 북조선민주청년동맹 평양학원위원회 위원장은 정혁이었고, 북조선민주여

---

312 신영일, 『조선인민군대 간부리력서』, 민족보위성 간부처, 1949.1.8, NARA, RG 242, SA 2009, Box 10, Item 21.13. 지금까지 기석복과 기석영은 다른 인물로 파악되었다. 선행연구에 따르면, 평양학원의 초대 부원장의 이름은 기석복(奇石福)이다. 저자가 새로 발굴한 평양학원 기관지 『새三千里』와 평양학원 졸업생의 이력서에는 평양학원 2대 원장의 이름이 기석영(奇石永)으로 기록되어 있다. 그런데 평양학원이 개원한 1946년 2월부터 1948년 1월까지 발간된 북한의 기록에는 기석복은 전혀 등장하지 않고, 기석영이라는 이름만 등장한다. 자료에 기석복의 이름이 다시 등장하는 시점은 1948년 2월 28일로, 당시 기석복은 북조선로동당 선전선동부에서 근무하고 있었다. 그리고 1948년 3월부터 『로동신문』과 『근로자』의 책임주필을 맡았다. 기석복의 아들 기에두아르드의 증언에 따르면, 기석복은 1947년부터 1948년 1월까지 소장계급을 받고 군사정치학교 교장으로 복무했다(장학봉 외, 『북조선을 만든 고려인 이야기』, 25쪽). 따라서 기석복은 군사부문에서 근무하던 기간동안 기석영이라는 가명을 사용했고, 평양학원을 나온 이후에 다시 기석복이라는 본명을 사용했음을 알 수 있다. 그는 고려인이다. 「각급 당지도기관 책임자들의 실지적 사업에 대한 훈련방침에 대하여-북조선로동당 중앙상무위원회 제55차 회의 결정서」(1948.2.28), 『북한관계사료집』30권, 347~348쪽.

313 최봉식, 『대성산혁명렬사릉』, 27쪽.

314 朴英根, 『各個敎鍊號令』, 無線中隊 第三小隊, 1947.1.15, NARA, RG 242, SA 2009, Box 2, Item 126.

315 HQ, USAFIK, *ISNK*, No.37(1947.5.15~5.31), 『북한정보요약』2, 100쪽.

〈그림 21〉 평양학원의 기관지 『새삼천리』

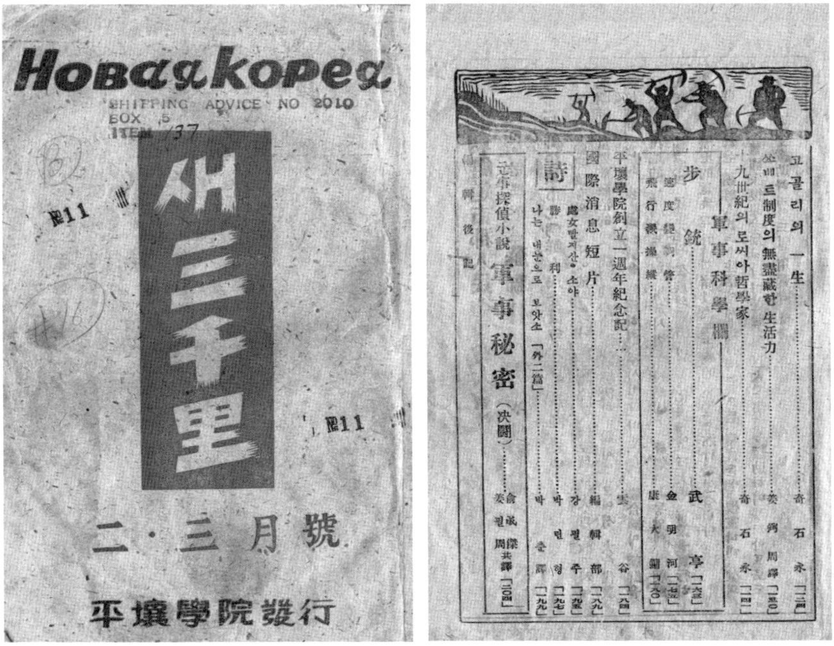

비고 무정의 「보총」, 강대용의 「비행조종술」 등을 비롯해 군사기술 · 군사과학에 관련된 소련군의 제도와 경험 등이 수록되어 있다.

성동맹 평양학원위원회 위원장은 류경순이었다.[316]

평양학원 지휘부에 임명된 항일연군 출신은 제3로군 간부인 김책을 제외하고 모두 김일성부대에서 활동한 김일성의 직계인물들이다. 이중에서 정치부원장을 맡은 조정철은 김일성부대에서 중대정치지도원 · 대대정치위원으로 활동한 인물이며, 전창철은 왕청현 소학교 교원 출신으로 지하당책임자와 정치교원으로 활동한 인물이다.[317] 기석복은 사마르칸트대학 어문학부(러시아어 전공)를 졸업하였고 군사경험은 없는 인물이었다. 그는 소련군사령부 정치부에

316 평양학원, 『새三千里』 2 · 3월호, 185~186쪽.

317 최봉식, 『대성산혁명렬사릉』, 61~62; 71~72쪽; 강만길 · 성대경, 『사회주의인명사전』, 462쪽.

서 통역으로 근무하다가 평양학원에 배치되었다.[318] 김동수는 일제시기에 도쿄 아오야마(靑山)학원을 졸업했다. 그는 해방 이후에 북한 학교에서 사용된 러시아어교재를 우리말로 번역한 인물이다.[319] 정혁은 일제시기에 청년운동과 노동운동을 펼친 인물로, 해방 이후에 남한에서 농민조합 간부로 활동하다가 월북한 인물이다.[320]

평양학원의 초대·2대 지휘부는 기석복과 김동수를 제외하고 모두 항일연군 출신들로 채워졌다. 이는 항일연군 출신이 평양학원을 처음부터 자파의 확대재생산기반으로 기획했음을 보여준다. 그러나 고려인 기석복이 2대 원장을 맡게 되면서 소련군사령부의 영향력이 강화되었다.[321] 그럼에도 불구하고 기석복 원장 아래에서도 전창철과 심태산이 정치 부원장과 군사 부원장을 맡고, 주도일이 제1대대장을 맡고 있었기 때문에 항일연군 출신의 영향력은 다른 정치세력에 비해 압도적이었다.

평양학원의 정치·군사교육과 변화

평양학원의 학생들은 각 도당에 파견된 항일연군 출신이 추천했다. 추천된 인물들은 학생모집요강에 따라 선발되었다. 이들은 주로 "혁명가유자녀들

---

318 장학봉 외, 『북조선을 만든 고려인이야기』, 23~25쪽.

319 HQ, USAFIK, *G-2 Weekly Summary*, No.143(1948.6.4~6.11), 『북한정보요약』3, 437쪽.

320 강만길·성대경, 『사회주의인명사전』, 44쪽.

321 평양학원 지휘부의 구성과 달리 평양학원의 창설·운영·조직체계에는 소련군사령부의 영향력이 컸다. 학원의 창설세력은 소련군사령부의 직접적인 지도를 받았다. 모든 정치교육 과정에서는 북조선로동당·중국공산당·소련공산당의 협력이 강조되었고, "편협한" 국가주의는 허용되지 않았다. 소련은 모든 업무에서 고려인을 최고통제위치(Top Control)에 두었다. 또한 조선의용군 출신들도 평양학원의 교원으로 배치되었다. HQ, USAFIK, *ISNK*, No.37(1947.5.15~5.31), 『북한정보요약』2, 102쪽.

과 로동자, 농민을 비롯한 근로인민의 자녀들과 청년학교 학생들"이었다.[322] 또한 각 지역 군당에서 활동하던 당간부의 추천을 받아 입학하기도 했다. 평양학원 제2기생 정정환은 1946년 4월 하순에 "북조선공산당 황해도 신천군당비서 김철 동지의 추천"을 받아 학원에 입학하였다.[323] 학생 중 다수는 해방 직후에 적위대(Red Guards)에서 활동하던 인물들이었다.[324] 이 같은 학생 모집원칙에 따라, 평양학원에는 김일성의 친척도 입학했다. 예를 들어, 제1기생으로 김일성의 사촌동생 김원주(金元柱), 할머니 리보익(李寶益)의 재종손(再從孫) 김병렬, 외삼촌 강용석(康龍錫)의 아들이 입학했다.[325] 평양학원의 입학대상자들은 두 차례의 심사과정을 거쳤다. 평양학원 제2기생 정정환은 조선공산당 황해도당부의 심사와 평양학원의 심사를 거친 후에 입학하였다.[326] 학생 중에는 나이가 많은 학생도 적지 않았고, 여학생들도 있었다.[327] 그러므로 평양학원의 학생은 적위대에서 활동하거나 공산당 간부의 추천을 받은 친공산주의적 인물들이었다.

평양학원의 교관은 주로 고려인들이 맡았다. 교육은 군사훈련보다 정치학, 러시아어, 공산당사 등 정치강의를 중심으로 진행되었고, 학생들은 3~4개월의 단기교육과정을 밟았다.[328] 평양학원에 교관으로 파견된 대표적인 고려인은 김철운과 김알렉산드르 막시모비치이다. 김철운은 소련군사령부의 평양시 위수사령부와 민정국에서 책임번역관으로 근무했다. 그는 1946년 말부터 인민

---

322 태병렬·오찬복, 『태양을 모시고 60년』, 65쪽.

323 정정환(제17포병련대 1대대장), 『자서전』, 민족보위성, 1950.2.11, NARA, RG 242, SA 2009, Box 10, Item 21.14.

324 HQ, FECOM, *History of the North Korean Army*, p.11.

325 태병렬·오찬복, 『태양을 모시고 60년』, 65~66쪽. 친척의 촌수와 관계는 저자가 확인한 후에 수정하였다.

326 정정환, 『자서전』, 민족보위성, 1950.2.11.

327 김일성, 「평양학원 교직원, 학생들과 한 담화」(1946.7.26), 『김일성전집』4권, 조선로동당출판사, 1992, 46쪽.

328 국방부 전사편찬위원회, 『한국전쟁사』1, 675쪽.

군 창설작업에 투입되어 평양학원 교관으로 배치되었다.[329] 김알렉산드르 막시모비치는 민정국 소련 고문의 통역으로 근무하다가 1946년에 평양학원 교관으로 배치되었다.[330]

그런데 북한의 정치세력들은 월북한 만주군(滿洲軍) 출신 장교들을 평양학원 교관으로 활용할 계획도 세웠다. 조선건국동맹원 박승환(朴承煥)과 신경군관학교(新京軍官學校) 제1기생·제2기생인 만주군 출신 장교 10명은 여운형의 지시에 따라 1946년 2월 20~27일에 월북했다. 그들은 김일성과 면담한 이후, 김일성의 비서인 문일(文日)의 집에서 거주하였다. 월북장교들은 3월 말에 평양학원의 교관으로 파견되었다. 그러나 학원에 도착한 이후에 최재환(崔在桓)이 간도특설대(間島特設隊) 출신이라는 사실이 문제가 되어 배치가 취소되었다.[331] 북한정치세력이 간도특설대 출신을 문제삼은 것은 이 부대가 1939년 9월 15일에 만주의 항일무장세력을 토벌하기 위해 창설된 부대였기 때문이다.[332] 당시 북한의 정치세력은 이들이 만주군 출신 장교임에도 불구하고 평양학원 교관으로 활용하고자 구상했다.

평양학원 제1기생은 1946년 1월 10일까지 모집되었고,[333] 입학인원은 총 600명이었다. 이들은 졸업 이후에 군사간부로 배치되었을 뿐 아니라 상당수는 당·정권기관·근로단체의 간부로 배치되었다.[334] 평양학원 제1기 졸업생은 졸업 후에 바로 특별경비대와 철도경비대로 보내졌고, 초기에 일부 졸업생들은

---

329 장학봉 외, 『북조선을 만든 고려인이야기』, 133~140쪽.

330 장학봉 외, 『북조선을 만든 고려인이야기』, 67~68쪽.

331 한국정신문화연구원 편, 『내가 겪은 한국전쟁과 박정희 정부』, 선인, 2004, 284~285; 289~291쪽.

332 간도특설대는 안도현치안대·훈춘국경감시단·연길청년훈련소의 대원과 봉천군관학교·만주군 부대의 장교·하사관을 기간으로 창설되었다. 1939년 12월부터 1943년 말까지는 間島省에서 활동했고, 1944년 1월 15일부터 일제 패망 때까지는 熱河省에서 활동했다. 車相勛, 「間島特設部隊始末」, 孫邦 主編, 『僞滿軍事』, 吉林人民出版社, 1993, 581~584쪽; 丁一權·金錫範, 『滿洲國軍誌』, 33~35쪽.

333 「平壤學院學生 募集定員超過」, 『正路』1946.1.18.

334 김일 외, 『붉은 해발아래 창조와 건설의 40년』1, 356쪽.

보안국에 배치되었다.[335] 평양학원의 최우선과제는 무엇보다도 보안간부훈련소에 필요한 간부를 양성하는 것이었다. 이에 따라 제2기생과 제3기생은 졸업 이후에 대부분 경비대가 아니라 보안간부훈련소로 보내졌다.[336] 평양학원 제3기 졸업생들은 각 부대에 정치간부로 배치되었다. 이들은 부대 안에서 전투정치훈련, 정치문화사업 등 병사들에 대한 사상교양사업을 담당했다. 정치문화사업의 중심업무는 부대 내의 당사업과 민청사업이었다.[337] 다른 자료에 따르면, 평양학원 졸업생들은 졸업 후에 당간부, 보안대간부, 경비대간부, 군관양성기관의 교관으로도 배치되었다.[338] 졸업생 중에 일부는 수상보안대의 간부로 임명되었다.[339]

평양학원은 1946년 6·7월을 기점으로 대폭 개편되었다. 평양학원 정치반은 1946년 6월 1일에 평양시 사동(寺洞)으로 옮겨 북조선공산당중앙당학교로 개편되었다.[340] 중앙당학교는 당간부를 양성하는 공산대학이었으며, 6월 3일에 정식으로 개교하였다. 제1기생은 80명을 선발해 2개월 동안 교육하였고, 제2기생부터는 학생수를 대폭 늘려 3개월반과 6개월반으로 편성하였다.[341] 평양학원 군사반은 1946년 7월 8일에 북조선임시인민위원회 결정 제35호에 따라 보안간부훈련소와 통합되었다. 그와 동시에 평남 강서군 성암면 대안리로 옮겨

---

335 HQ, USAFIK, *ISNK*, No.39(1947.6.15~6.30), 『북한정보요약』2, 209쪽.

336 HQ, USAFIK, *ISNK*, No.37(1947.5.15~5.31), 『북한정보요약』2, 102쪽.

337 김일성, 「참다운 인민의 군대, 현대적인 정규군대를 창건하자-평양학원 제3기 졸업식축하연회에서 한 연설」(1947.10.5), 『김일성전집』6권, 조선로동당출판사, 1993, 393~398쪽.

338 국방부 전사편찬위원회, 『한국전쟁사』1, 675쪽.

339 중앙일보특별취재반, 『秘錄 조선민주주의인민공화국』하, 75쪽; 사회과학원 력사연구소, 『조선전사』24권, 과학백과사전종합출판사, 1981, 127쪽.

340 중앙일보특별취재반, 『秘錄 조선민주주의인민공화국』하, 71~72쪽.

341 김일성, 「중앙당학교는 당간부를 키워내는 공산대학이다-중앙당학교개교식에서 한 연설」(1946.6.3), 『김일성전집』3권, 441; 451~453쪽.

북조선중앙보안간부학교로 개편되었다.[342]

또한 평양학원은 1946년 6·7월에 들어서 러시아어중대, 통신중대, 항공중대, 여성중대, 대남반 등 중대체계로 개편되었다. 학생수는 러시아어중대 200명, 통신중대 100명, 항공중대 100명, 여성중대 300명, 대남반 100명으로 총 800명이었다. 러시아어중대는 통역관 겸 정치간부를 양성했고, 통신중대는 기술과 시설담당 간부를 양성했다. 항공중대는 공군의 기간요원을 양성했고, 여성중대는 지방인민위원회의 여성간부를 양성했다. 대남반은 월북자들을 모아 대남공작대 간부로 육성했다.[343]

평양학원 군사반이 중앙보안간부학교로 통합된 이후에 평양학원에서 수행해온 군사간부 양성기능은 종료되었다. 그리고 평양학원 정치반이 중앙당학교로 통합된 이후에 평양학원에서 수행해온 당·정권기관 정치간부의 양성기능은 중앙당학교로 이양되었다. 군사반과 정치반이 이전한 이후, 평양학원의 핵심기능은 군대의 정치간부와 항공간부를 양성하는 것이었다. 개편 이후 평양학원의 기본사명은 무엇보다 향후 창설될 정규무력의 정치간부를 양성하는 사업이었다.[344]

평양학원은 러시아어교육을 통해 학생들에게 소련공산당의 정책과 노선을 전파하였다. 당시 평양학원의 러시아어교재는 세 가지였다. 하나는 일본출판사가 만주 하얼빈에서 일본어로 출판한 『러시아어 1단계』라는 제목의 문법책이었다. 다른 하나는 소련에서 영어로 출판된 문법책으로 북한의 여러 학교에서도 사용되는 교재였다. 마지막으로, 소련에서 러시아어로 출판된 『소련공산당사』, 신문 『프라우다(Правда)』와 『붉은별(Красная Звезда)』이 활용되었다.[345]

---

342 「보안간부학교 설립에 관한 건」(1946.7.8), 『북한관계사료집』5권, 665~666쪽.

343 佐佐木春隆, 『韓國戰秘史』中卷, 26쪽; 국방부 전사편찬위원회, 『한국전쟁사』1, 675쪽.

344 김일성, 「군대의 유능한 정치간부를 양성하기 위하여-평양학원 교직원, 학생들과 한 담화」(1946.3.29), 『김일성전집』4권, 329쪽.

345 HQ, USAFIK, *G-2 Weekly Summary*, No.143(1948.6.4~6.11), 『북한정보요약』3, 437쪽.

〈그림 22〉 평양학원 정치반이 통합된 북조선로동당 중앙당학교

평양학원은 북한정치세력의 주도로 창설되었지만, 정치사상의 모델은 소련공산당이었다.

학생수는 창설 초기 600명에서 800명으로 증가했다. 러시아어중대 학생들은 졸업 후에 소련고문의 통역관과 각 군사조직에서 문화부를 담당하였다. 통신중대 학생들은 졸업 후에 통신기술과 시설 등을 담당하였다. 항공중대 학생들은 비행기조종술과 정비교육을 받은 후에 공군 창설의 기초작업을 담당하였다. 여성중대는 정치교육만 실시하였으며, 당·인민위원회·여성단체에 등용될 여성간부들을 육성하였다. 대남반은 월북한 남조선로동당 당원들로 구성해 유격대원을 양성하는 데 주력하였다. 이들 중에서 선발된 20명은 하바로프스크 극동군관학교에 파견되어 소련군 군관교육을 받았다.[346]

---

346 국방부 전사편찬위원회, 『한국전쟁사』1, 675쪽.

결국 평양학원의 성격은 1946년 6·7월 이후에 달라졌다. 창설 당시에 부여된 정규군 핵심 정치·군사군관 양성 임무는 북조선공산당중앙당학교와 북조선중앙보안간부학교로 이전되었다. 1946년 6·7월부터 평양학원은 러시아어 통역·번역군관, 정치군관, 통신군관, 항공군관, 여성정치간부, 대남유격대원을 양성하는 기관으로 변모하였다. 그후 평양학원의 일부인 대남반은 1948년 1월 1일에 강동정치학원(江東政治學院)으로 흡수되었고, 항공중대는 1947년 8월 20일에 북조선인민집단군총사령부 직속 조선항공대로 독립되었다. 그리고 평양학원은 1948년 2월 8일에 "인민군 제2중앙정치학교"로 개편되었다.[347] 제2중앙정치학교는 인민군에서 정치사상사업을 담당하는 문화간부를 양성하였다.

평양학원의 특징은 보안국과 달리 초대·2대 지도부가 대부분 항일연군 출신으로 구성되었다는 점이다. 보안국의 경우 보안국장은 항일연군 출신 최용건이었으나, 도보안부장은 6명 중 5명이 의용군 출신과 국내공산주의자였고, 시·군 보안서장도 의용군 출신이 많았다. 평양학원과 유사한 간부구성을 보인 보안기구는 철도경비대와 보안간부훈련소였다. 철도경비대의 경우, 사령관과 지방부대 부대장은 항일연군 출신이 맡았고 부사령관은 국내공산주의자가 맡았다. 보안간부훈련소는 제1소장 김웅과 제2소 문화부소장 림해를 제외하고 대부분의 지휘관이 항일연군 출신이었다.

평양학원이 철도경비대·보안간부훈련소·보안국과 다른 점은 지휘부에 의용군 출신이 임명되지 않았다는 점이다. 1946년 3월의 창군계획에 따라 다른 보안기구에는 조선의용군 출신과 만주의 조선인병력이 충원되었다. 하지만 평양학원에는 2대 지휘부가 출범한 이후에도 의용군 출신은 충원되지 않았다. 따라서 평양학원은 1946년까지 설립된 보안기구 중에서 유일하게 항일연군 출신들이 다른 정치세력에 비해 압도적인 영향력을 발휘한 기관이었다. 평양학원은 1948년부터 군대의 정치사상사업을 전담하는 문화간부 양성기관으로 개

---

347 HQ, USAFIK, *G-2 Weekly Summary*, No.146(1948.6.25~7.2), 『북한정보요약』3, 511쪽.

편되었는데, 평양학원의 간부구성은 이후 인민군의 정치사상체계에 중요한 영향을 끼치게 된다.

2. 북조선중앙보안간부학교의 조직과 정치세력

북조선중앙보안간부학교의 설립과 간부 : 초급 병종간부

평양학원과 함께 해방 직후에 설립된 북한의 대표적인 군관양성기관은 북조선중앙보안간부학교(北朝鮮中央保安幹部學校, 이하 중앙보안간부학교)이다. 1946년 초에 평양학원이 개원하여 군사·정치간부를 양성하고 있었지만, 평양학원만으로는 정규군 창설에 필요한 각 병종의 간부를 양성할 수 없었다. 당시 평양학원의 학생은 600여 명이었으나, 이들 중에 상당수는 졸업 후에 당·정권기관·근로단체의 간부로 배치될 예정이었다. 게다가 이 시기 평양학원에는 군사지식·군사기술만 전문적으로 배우는 학생이 따로 없었기 때문에 각 병종의 군사지휘관을 계획대로 양성할 수 없었다. 이에 따라 북조선임시인민위원회는 1946년 3월에 각 병종의 군사지휘관을 양성하기 위해 중앙보안간부학교를 설립하기로 결정하였다.[348]

중앙보안간부학교의 설립을 구상하고 추진한 주체는 북조선임시인민위원회였다. 그러나 중앙보안간부학교의 설립은 제25군사령부의 '허가'와 '협조'를 통해 추진되었다. 임시인민위원회 위원장 김일성은 1946년 5월 21일에 제25군사령부 민정담당 부사령관 로마넨코 소장에게 북조선중앙보안간부학교의 설립을 허락해줄 것과 이를 위해 소련군 군관을 배치해 줄 것을 요청하였다. 김일성이 요청한 군관은 교육부대장 1명, 부대대장 1명, 부중대장 3명, 교관 6명, 군의관 1명, 통역관 3명이었다.[349] 이 군관그룹은 중앙보안간부학교에 근무할 교

---

348 김일 외, 『붉은 해발아래 창조와 건설의 40년』1, 356쪽.

349 「김일성이 로마넨코에게 보낸 요청서」(1946.5.21), ЦАМО, ф. 379, оп. 166654, д. 1, л. 12; 기광서, 『북한 국가의 형성과 소련』, 444쪽. 이 책에는 학교의 명칭이 "북조선중앙간부학교"라고 번역되어 있는데, 원문을 확인한 결과 북조선중앙보안간부학교가 맞다.

원으로, 모두 고려인이었다. 이들은 소련군의 군적(軍籍)을 그대로 가진 채 중앙보안간부학교에 교원으로 임명되었다. 북조선임시인민위원회시기에도 군사학교를 신설하기 위해서는 소련군사령부의 허가가 필요했다. 그러나 군사학교의 설립은 북한정치세력이 독자적으로 구상했으며, 소련군사령부는 이 요청에 협조했다. 또한 이 시점부터 소련군사령부에서 근무해온 고려인들이 본격적으로 창군사업에 투입되기 시작했다.

북한정치세력은 병종간부를 양성하기 위해 중앙보안간부학교 설립과 함께 북한 청년들의 군사유학을 구상했다. 김일성은 1946년 6월 6일에 로마넨코 소장에게 북한 청년 200명을 소련의 각종 군사학교에 입학시켜 줄 것을 요청했다. 소련의 군사학교에서 군사교육을 이수한 졸업생들은 향후에 북한지역에 군대가 창설되면 군대에서 지도적 직책을 맡을 예정이었다. 김일성이 요청한 군사학교 유학생은 소련군 보병학교 100명, 포병학교 50명, 항공학교 30명, 기갑학교 10명, 통신학교 10명이었다.[350] 북한정치세력은 1946년 5월 시점에 군대창설에 필요한 병종간부를 양성하기 위해 소련에 군사유학생을 보내는 한편, 중앙보안간부학교를 설립해 자체적으로 병종간부를 양성하려고 계획했다. 북한정치세력의 군사간부 양성정책은 완전히 소련에 의존하는 방식도, 완전히 자체적으로 해결하는 방식도 아닌, 이 둘을 동시에 추진하는 방식이었다.

중앙보안간부학교는 "보병·포병·통신·공병을 비롯한 여러 병종의 지휘관들을 전문적으로 양성하는 기관"이었다.[351] 이 학교는 평양학원의 군사반과 보안간부훈련소를 통합해 설립되었다.[352] 북한정치세력은 이 학교에 보안간부훈련소의 간부들을 교대로 입학시켜 지휘관으로 양성하려고 계획했으며, 이에

350 「김일성이 로마넨코에게 보낸 조선 청년들의 소련 군사학교 입학 청원 요청서」(1946.6.6), ЦАМО, ф. 379, оп. 166654, д. 1, лл. 14~15.

351 태병렬·오찬복, 『태양을 모시고 60년』, 71쪽. 태병렬과 오찬복은 부부이며, 북조선중앙보안간부학교에서 지휘간부로 활동했다.

352 김광운, 『북한정치사연구』1, 477쪽.

따라 학교는 인민군대 지휘관들의 모교로 설정되었다. 중앙보안간부학교의 초기목표는 창설부대에서 병사들을 교육할 소대장과 중대장을 양성하는 것이었고,[353] 최종 목표는 대대장급과 연대장급 군사간부를 양성하는 것이었다.[354]

북한정치세력은 1946년 4월 초순에 학교터를 정하고 본격적으로 창설준비에 착수했다.[355] 그리고 북조선임시인민위원회는 1946년 7월 8일에 결정 제35호로 「보안간부학교 설립에 관한 건」을 채택해서 중앙보안간부학교를 창설하기로 공식 결정하였다. "학교조직사업"은 7월 15일 이전에 완료하고, 학교장에게는 7월 15일 이전에 학교건물의 수리를 완료해 "강당 및 교련장을 준비하며 교재 및 강령요목(綱領要目)을 작성하여 정상적 교수(教授)를 개시하도록 준비"하라고 지시하였다. 학교의 경비는 북조선임시인민위원회가 지불하였다. 임시인민위원회는 재정국장과 중앙보안간부학교 교장에게 7월 20일 이전에 학교경비예산안을 작성해서 비준을 받으라고 지시하였다. 북조선중앙보안간부학교는 7월 20일에 개학하였다.[356] 학교는 "평안남도 용강군(龍岡郡) 성암면(城岩面) 대안리(大安里)"에 설립되었고,[357] 대안전기공장 합숙시설을 사용했다.[358]

중앙보안간부학교는 동북항일연군 출신 손종준, 최병열, 김증동, 박성철(朴成哲)과 조선의용군 출신 박효삼 등 30여 명, 평양학원 단기수료생 10여 명을 주축으로 창설되었다.[359] 북조선임시인민위원회는 학생 심사를 위해 무정,

---

353 김일성, 「중앙보안간부학교의 임무--중앙보안간부학교 교직원, 학생들과 한 담화」(1947.4.25), 『김일성전집』5권, 419~422쪽.

354 김일성, 「새로 파견되는 중앙보안간부학교 정치부교장과 교무부장에게 한 훈시」(1946.8.16), 『김일성전집』4권, 112쪽.

355 태병렬·오찬복, 『태양을 모시고 60년』, 71~72쪽.

356 「보안간부학교 설립에 관한 건」(1946.7.8), 『북한관계사료집』5권, 665쪽.

357 安慶律, 『幹部履歷書』, 민족보위성, 1950.

358 태병렬·오찬복, 『태양을 모시고 60년』, 76; 86쪽.

359 원문에는 "김준동, 박승철"로 되어 있으나 김증동, 박성철이 맞다. 국방부 전사편찬위원회, 『한국전쟁사』1, 677쪽.

최용건, 김책, 김웅(金雄), 장종식(張鐘植) 등 5인으로 구성된 "심사위원회"를 조직하였다. 심사위원장은 무정이 맡았다. 학교의 직원은 "학교장, 부교장(정치지도자), 부교장(훈련책임자), 경리부장, 기타 직원"으로 이루어졌다.[360] 이처럼 중앙보안간부학교 창설에는 항일연군 출신과 의용군 출신이 함께 투입되었다. 학생심사위원 중 최용건·김책은 항일연군 출신, 무정·김웅은 의용군 출신, 장종식은 국내공산주의자였다. 심사위원의 구성을 보면 항일연군 출신과 의용군 출신 중에서 군사부문의 최고권위자들이 참여하고 있다. 장종식은 군사분야와 전혀 관련이 없는 인물로, 당시에 북조선임시인민위원회 교육국장이었기 때문에 심사위원으로 선발되었다.[361]

중앙보안간부학교의 교장은 의용군 출신 박효삼(朴孝三),[362] 군사 부교장은 항일연군 출신 최용진(崔勇進), 정치 부교장은 의용군 출신 김웅이 임명되었다.[363] 교원으로는 전술학부장에 고려인 유성철(兪成哲), 포병학부장에 고려인 전학준(全學俊), 사격학부장에 고려인 박길남(朴吉南), 통신학부장에 고려인 리종인(李宗仁)이 임명되었다.[364] 중앙보안간부학교의 문화 부교장은 항일연군 출신 김경석이 맡았다.[365] 유성철은 자신이 배치되기 전에 중앙보안간부학교의 "부교장"이 박성철이었다고 증언했다.[366] 따라서 2대 정치부교장은 박성철(朴成

---

360 「보안간부학교 설립에 관한 건」(1946.7.8), 『북한관계사료집』5권, 665~666쪽.

361 「北朝鮮臨時人民委員會 委員 略歷」, 『正路』1946.2.17.

362 중앙보안간부학교 졸업생들의 이력서에 교장이 "박효삼"으로 기록되어 있다. 조학범, 『민족보위성 리력서』, 민족보위성, 1950.1.16, NARA, RG 242, SA 2009, Box 10, Item 21.5; 리중호, 『조선인민군대 이력서』, 조선인민군집단군사령부 간부부, 1948.9.25, NARA, RG 242, SA 2009, Box 10, Item 21.11.

363 김광운, 『북조선실록』4권, 576쪽.

364 한국일보 편, 『(證言) 金日成을 말한다: 兪成哲·李相朝가 밝힌 北韓政權의 實體』, 한국일보사출판국, 1991, 65~66쪽; 중앙일보특별취재반, 『秘錄 조선민주주의인민공화국』하, 72쪽; 김광운, 「전쟁 이전 북한 인민군의 창설과정」, 20쪽.

365 최봉식, 『대성산혁명렬사릉』, 31쪽.

366 유성철의 증언이다. 한국일보 편, 『(證言) 金日成을 말한다』, 65쪽.

〈그림 23〉 북조선중앙보안간부학교 교장 박효삼과 평양학원 원장 김책

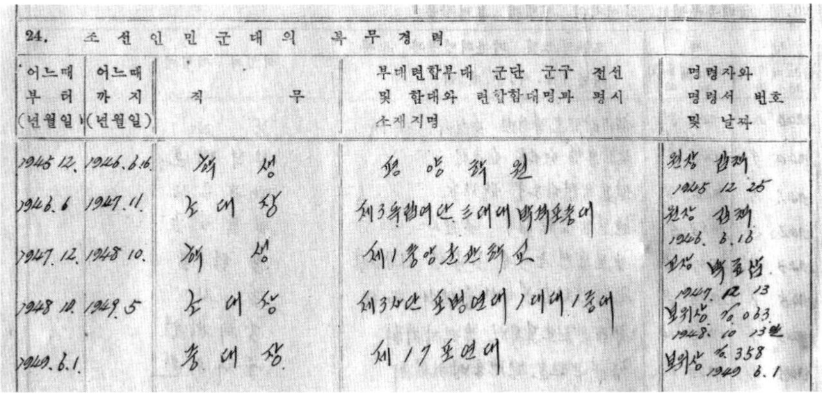

24. 조선인민군대의 복무경력

어느때 부터 (년월일)	어느때 까지 (년월일)	직 무	부대련합부대 군단 군구 전선 및 함대와 련합함대명과 명시 소재지명	명령자와 명령서 번호 및 날자
1945.12.	1946.6.16.	학생	평양학원	원장 김책 1945.12.25
1946.6	1947.11.	소대장	제3혼성여단 3대대 박격포중대	원장 김책 1946.6.18
1947.12.	1948.10.	학생	제1중앙幹部學校	교장 박효삼 1947.12.13
1948.10.	1949.5	소대장	제3사단 포병연대 1대대 1중대	보위상 No.083 1948.10.13일
1949.6.1.		중대장	제17포연대	보위상 No.358 1949.6.1

출처 조학범, 『민족보위성 리력서』, 민족보위성, 1950.1.16, NARA, RG 242, SA 2009, Box 10, Item 21.5.

哲)이다. 2대 교무부장은 알 수 없고, 3대 교무부장은 고려인 유성철이 분명하다.[367] 1대 교무부장은 의용군 출신 손달(孫達)이 맡았던 것으로 보인다.[368] 중앙보안간부학교 경리부장은 고려인 리청송(李青松)이었다.[369]

그런데 북조선임시인민위원장 김일성은 1946년 8월 16일에 중앙보안간부학교의 정치부교장과 교무부장을 교체했다. 그는 일제시기에 자신과 함께 활동한 항일연군 출신을 새로운 정치부교장과 교무부장으로 파견하였다. 김일성이 이 직책에 자신의 측근을 파견한 것은 중앙보안간부학교에서 특히 정치부교장과 교무부장의 위치가 중요하다고 판단했기 때문이다.[370]

---

367 제일중앙군관학교 교무부장 유성철, 「제일중앙군관학교 졸업성적표(김세찬)」(1948), 김세찬, 『조선인민군대 이력서』, 조선인민군집단군사령부 간부부, 1948, NARA, RG 242, SA 2009, Box 10, Item 22.2.

368 김중생, 『조선의용군의 밀입북』, 124쪽. 김중생은 손달이 "입북후 보안간부학교 정치교무부장"을 역임했다고 기술했다.

369 육군정보국, 『人民軍特報』, 260쪽.

370 김일성, 「새로 파견되는 중앙보안간부학교 정치부교장과 교무부장에게 한 훈시」(1946.8.16), 『김일성전집』4권, 109~110쪽.

중앙보안간부학교 교원은 고려인이 가장 많았다. 그 이유는 설립 결정 당시에 임시인민위원회가 중앙보안간부학교의 "교원(敎員)"을 "소련군사령부 소속 인원 중에서 초빙"하라고 지시했기 때문이다.[371] 특히 중앙보안간부학교의 전술 훈련은 고려인들이 전담하였다.[372] 이들 외에도 중앙보안간부학교의 지휘성원으로는 고려인 박영빈(朴永彬), 항일연군 출신 리두익(李斗益), 항일연군 출신 태병렬(太炳烈), 항일연군 출신 오찬복(吳燦福) 등이 활동하였고, 학교의 고문은 스베레쥬크(Свередюк) 소좌였다.[373] 리두익은 김일성의 부관, 태병렬은 최용건의 부관으로 근무하다가 1946년 6월 말에 김일성의 특별지시로 중앙보안간부학교 교원으로 파견되었다.[374] 또한 항일연군 출신 김증동도 중앙보안간부학교 교원으로 활동하였다. 그는 평양학원 창설작업에 투입되었다가 그후 중앙보안간부학교 교원으로 임명되었다. 김증동은 한국전쟁 직전까지 다른 부처로 이동하지 않고 중앙보안간부학교에서 인민군을 강화·발전시키는 사업에 복무하였다.[375]

교원 중에는 의용군 출신 간부들도 있었다. 대표적인 교원은 박정덕이다. 그는 해방 이후에 조선의용군 리홍광지대 지휘관과 동북민주연군 제491사단 참모장으로 활동하다가 입북해서 중앙보안간부학교에 배치되었다.[376] 간부들 중에서 학교장과 2명의 부교장, 경리부장은 북조선임시인민위원회에서 직접 임명하였다. 그 외 직원은 학교장이 선택하여 1946년 7월 15일 이전에 북조선

---

371 「보안간부학교 설립에 관한 건」(1946.7.8), 『북한관계사료집』5권, 665쪽.

372 중앙일보특별취재반, 『秘錄 조선민주주의인민공화국』하, 72쪽.

373 李柾熙, 『北韓要論: 政治, 外交, 軍事, 經濟』, 文賢社, 1987, 245쪽.

374 태병렬·오찬복, 『태양을 모시고 60년』, 71~72쪽.

375 최봉식, 『대성산혁명렬사릉』, 68쪽.

376 길재준·리상전, 『중국 동북해방전쟁을 도와』, 59쪽.

임시인민위원회의 비준을 받았다.[377]

중앙보안간부학교의 간부진을 보면, 의용군 출신은 교장, 1대 정치부교장, 1대 교무부장, 일부 교원직을 맡았다. 항일연군 출신은 초대 군사부교장, 2대·3대 정치부교장, 2대 교무부장, 일부 교원직을 맡았다. 고려인은 초대 경리부장, 3대 교무부장, 대부분의 교원직을 맡았다. 중앙보안간부학교의 간부구성은 평양학원의 간부구성과 달랐다. 평양학원의 초대·2대 지휘부는 기석복과 김동수를 제외하고 모두 항일연군 출신으로 구성되었다. 그러나 중앙보안간부학교는 3개 정치세력이 역할을 분담하고 있었다. 창설 당시에는 의용군 출신이 교장과 정치부교장을 맡음으로써 이들의 영향력이 강했지만, 1946년 8월부터 항일연군 출신이 새롭게 정치부교장과 교무부장을 맡으면서 이들의 영향력이 강화되었다. 이에 비해 고려인들은 주로 행정부서장과 교원직을 맡아 행정실무와 군사교육·훈련을 담당하였다.

중앙보안간부학교 교장 박효삼은 황포군관학교 제4기생이자 조선민족혁명당 중앙위원 출신으로 조선의용군 화북지대장·부사령관을 역임했다. 정치부교장 김웅은 남경 중앙육군군관학교 제10기생이자 한국국민당 출신으로 조선의용군 화중지대장과 제1지대장을 역임했다. 군사부교장 최용진은 북만주의 최용건부대 출신으로 소련 극동군 제88독립여단에서 제1대대 제1중대장을 맡았다.[378] 박효삼과 김웅은 정규군관학교를 졸업하고 직접 민족부대를 지휘했던 군사지휘관이었다. 이에 비해 최용진은 군관학교를 나오지 못했고 군사직책도 중대장에 머물렀던 인물이다. 그가 군사부교장에 임명된 것은 대대부 사령관 최용건의 영향력 때문이었다. 박효삼이 교장으로 임명된 데에는 황포군관

---

377 김일성, 「새로 파견되는 중앙보안간부학교 정치부교장과 교무부장에게 한 훈시」(1946.8.16), 『김일성전집』4권, 109~110쪽.

378 楊昭全·李輔溫, 『朝鮮義勇軍抗日戰史』, 高句麗, 1995, 93쪽; 강만길·성대경, 『사회주의인명사전』, 101~102; 219; 499쪽.

학교 재학 당시 최용건이 학교의 교관으로 근무했던 인연이 작용하였다.[379] 중앙보안간부학교를 실질적으로 육성한 세력은 조선의용군 출신이었다. 또한 박효삼과 김웅은 조선독립동맹에서 북상파에 해당하는 인물로 무정과는 정치적 거리가 있었다.

북조선중앙보안간부학교의 군사교육

북조선임시인민위원회는 학생심사위원회에 "국내에 민주주의를 실천할 만한 진정한 조선애국자를 선발하여 입학"시키라고 지시하였다. "입학년한은 30세 이하로 하되, 신체건강한 자로 하며, 지식정도는 7학년 졸업(중등학교 1학년 수료) 이상"으로 제한하였다. "입학지원자는 도·시·군·면인민위원회 등의 추천장을 지참"하도록 규정하였다.[380] 학생들은 북조선로동당 중앙위원회가 지방의 보안대·인민위원회에서 활동하는 우수한 인물 중에서 엄선했으며,[381] 학생들은 대부분 노동자·농민출신이었고, 사무원과 학생 출신도 일부 있었다.[382]

중앙보안간부학교의 초기정원은 500명으로 알려져 있다. 그러나 실제로는 300명을 선발해 3개 중대로 편성했다고 한다. 제1중대는 보병중대로 120명, 제2중대는 포병중대로 120명, 제3중대는 통신중대로 60명을 편성하였다.[383]

---

379 최용건은 운남강무학교를 졸업하고 1925년에 황포군관학교 교관으로 배치되어 1927년까지 근무했다. 박효삼은 1925년에 중국으로 망명해서 최용건이 교관으로 근무할 당시 황포군관학교에 입학해 1926년에 보병과 제4기로 졸업하였다. 강만길·성대경, 『사회주의인명사전』, 219; 497쪽.

380 「보안간부학교 설립에 관한 건」(1946.7.8), 『북한관계사료집』5권, 665~666쪽.

381 佐佐木春隆, 『韓國戰秘史』中卷, 27쪽.

382 태병렬·오찬복, 『태양을 모시고 60년』, 77쪽.

383 중앙일보특별취재반, 『秘錄 조선민주주의인민공화국』하, 72쪽.

〈그림 24〉 북조선중앙보안간부학교의 교재와 교범

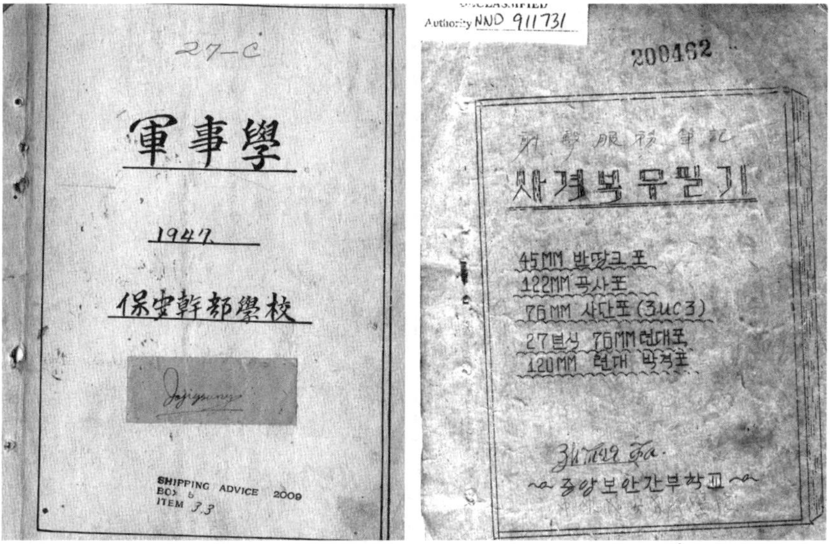

각 중대장은 모두 고려인이었다.[384] 그러나 제1기생으로 입학한 학생들의 정확한 인원은 정원 100명에서 12명이 추가된 112명이었다. 중앙보안간부학교의 교과과정은 제25군사령부 정치부가 작성하였고, 제25군 군사회의가 승인하였다. 교안(教案)은 모두 소련 국방성 총정치국의 지시와 교안개요에 따라 작성되었다. 중요한 점은 중앙보안간부학교가 "전연방공산당(볼셰비키) 중앙위원회의 지시"에 따라 개설되었다는 점이다. 소련공산당은 중앙보안간부학교를 지도하기 위해 소련공산당원인 스베레쥬크 소좌를 학교 고문으로 배치했다.[385]

당시 북한지역에는 제대로 된 군사교재가 없었기 때문에 보안간부학교는 소련군의 군사교재를 번역해서 사용하였다.[386] 중앙보안간부학교는 소련군의

384 국방부 전사편찬위원회, 『한국전쟁사』1, 678쪽.

385 「쉬킨이 쿠즈네초프에게 보낸 전문」(1946.8.2), 러시아연방국립사회정치사문서보관소(РГАСПИ), ф. 17, оп. 117, д. 604, лл. 167~168.

386 한국일보 편, 『(證言) 金日成을 말한다』, 66쪽.

정규군 창설 경험을 배우고 소련무기로 교육했기 때문에 소련군의 군사규정과 군사교재를 활용해 학생들을 가르쳤다. 그리고 중앙보안간부학교는 새로 북한식 군사술어를 제정하는 사업을 추진했다. 교관들은 소련군이 사용하는 대열, 사격, 전술, 포병학, 공병학 등 각종 군사과목의 군사술어를 이해하기 쉬운 우리말로 번역했다.[387]

중앙보안간부학교는 교재뿐만 아니라 학교체계도 소련군관학교의 체계를 도입하였다. 그러나 소련군관학교의 교육기간이 3년이었음에 비해, 보안간부학교는 속성과정으로 초급군관을 양성하기 위해 교육기간을 1년으로 단축하였다.[388] 그런데 교육기간을 두고 당시 북조선로동당 간부들 사이에 논쟁이 벌어졌다. 김일성은 국내사정에 맞게 교육과정을 1년으로 하자고 주장했으나, 일부 간부들은 3년으로 하자고 주장했다.[389] 소련군관학교의 체계를 따르자고 주장한 간부들은 고려인이었을 것이다. 그러나 결국 교육과정은 김일성의 주장대로 1년으로 결정되었다.[390]

중앙보안간부학교 제1기생의 졸업일은 알 수 없으나, 제2기생은 10월 26일에 졸업했다. 제2기 졸업생은 모두 860명이었다.[391] 중앙보안간부학교 졸업생은 대부분 소대장(소위)으로 임명되었고, 성적이 좋은 일부 졸업생은 중대장(중위)로 특임되었다.[392] 중앙보안간부학교 졸업생들은 졸업과 동시에 인민군 보병부대로 배치되었다. 그후 중앙보안간부학교는 1948년 12월 초에 평양시

---

387 김일성, 「새로 파견되는 중앙보안간부학교 정치부교장과 교무부장에게 한 훈시」(1946.8.16), 『김일성전집』4권, 110~111쪽.

388 중앙일보특별취재반, 『秘錄 조선민주주의인민공화국』하, 72쪽.

389 태병렬·오찬복, 『태양을 모시고 60년』, 79쪽.

390 국방부 전사편찬위원회, 『한국전쟁사』1, 678쪽. 원문에는 공병중대가 아니라 통신중대가 증편되었다고 서술되어 있으나, 통신중대는 창설 당시부터 편제되어 있었으므로 공병중대로 정정하였다.

391 전현수 역, 『레베제프일기(1947~1948년)』, 한국연구재단 기초학문자료센터, 2006, 36쪽.

392 한국일보 편, 『(證言) 金日成을 말한다』, 66쪽.

사동(寺洞)으로 이전해서 조선인민군 제1중앙군관학교로 개편되었다.[393] 결국 중앙보안간부학교는 각 병종 군관양성기관으로 창설되었고, 개편 이후에도 본래의 조직성격을 그대로 유지했다.

해방 이후 북한지역에는 보안기구와 군사학교가 창설되면서 군대의 원형이 등장하였다. 북한정치세력은 북조선행정국에 보안국을 조직하고 육·해·공군의 모체가 되는 각종 보안기구를 육성하기 시작했고, 정규군의 기간이 될 군사간부를 양성하기 시작했다. 소련군사령부와 북한정치세력은 1946년 3월에 합동회의를 개최해 군대창설계획을 합의하였다. 이 합의에 따라 1946년 중반까지 철도경비대·38경비보안대·국경경비대가 창설되었다. 북한지역의 군대는 제1단계 인민민주주의혁명을 추진하는 군사적 기반으로 창설되기 시작하였다.

북한정치세력의 창군계획에 따라 1946년 8월에 육군의 모체인 보안간부훈련소가 창설되었다. 보안간부훈련소의 주력은 1946년 중반부터 만주에서 귀국한 조선인병력이었다. 인민군의 창설 초기에 경비대·보안대·보안간부훈련소와 평양학원의 주요간부는 대부분 항일연군 출신이 맡고 있었으며, 보안국과 중앙보안간부학교의 간부구성은 각 정치세력의 정치연합적 성격을 띠고 있었다. 북한정치세력 사이에는 군대의 창설방식을 둘러싼 관점의 차이가 있었지만, 의용군 출신 간부들이 소련군의 군사방식으로 재교육되면서 점차 약화되었다.

해방 이후 북한 공산주의자들의 주체적 역량은 단일한 인민군·빨치산부대의 부재와 해방전쟁의 미참전으로 인해 동유럽 공산주의자들에 비해 떨어졌고, 인민정권을 성립할 무력적 기반도 없었다. 그 결과 북한지역에서 인민정권의 출현은 동유럽에 비해 늦어졌다. 이에 따라 북한의 공산주의자들은 급진적 토지개혁을 통해 지연된 혁명을 본 궤도에 올려놓으려고 구상하였다.

---

393 佐佐木春隆, 『韓國戰秘史』中卷, 28쪽.

북한정치세력은 통일전선론에 입각한 국가건설론의 연장선상에서 문화간부제도를 통해 무력분야의 당군화(黨軍化)를 경계하고 군사간부의 단일지휘권을 보장하였다. 그리고 보안국의 검열사업을 통해 친일파·반소세력·반공세력·지주·부르주아지를 축출하고, 친소세력·친공세력·노동자계급·농민계급을 인입하였다. 이 검열사업은 이후 북한에서 실시된 친일파 청산의 모델과 기준이 되었고, 제1단계 인민민주주의혁명의 출발점이었다.

또한 보안국은 북한지역의 모든 기관·단체 중에서 처음으로 김일성의 영도사상을 기관의 지도사상으로 채택하였다. 그리고 최용건은 1946년 3월에 조선민족운동의 정통성을 동북항일연군에 부여함으로써 유일적 '혁명전통'을 공개적으로 주장하였다. 이에 비해 북조선로동당 내부에서 동북항일연군의 '혁명전통'은 1947년 말에도 유일적 지위를 획득하지 못하고 있었다. 대표적으로 1947년 말에 북조선로동당 기관잡지 『근로자』에 게재된 논설은 조선민족운동에서 김일성의 역할을 인정하면서도 조선민족운동의 정통성을 동북항일연군과 조선의용군에 함께 두고 있었다.[394] 제1단계 창설과정에서 보안국과 보안기구에 관철된 김일성의 영도사상과 동북항일연군의 유일적 '혁명전통'은 향후에 인민군의 창군이념이 정립되는 데 결정적 영향을 끼치게 된다.

---

394 이 논설의 작성자는 장하일인데, 그는 고려인으로 소련에서 대학을 졸업하고 출판사에서 근무하다가 해방 이후에 입북한 인물이다(우동현, 「1945~1950년 재북 소련계 조선인의 활동과 성격」, 72쪽). 그는 항일연군 출신이나 의용군 출신이 아니었으므로 이들 보다 비교적 객관적인 입장에서 '혁명전통'을 인식했다고 판단된다. 장하일의 '혁명전통'에 대한 인식은 다음과 같다. "동북의 빨찌산부대와 북중의 의용군의 활약은 조선인민대중의 희망과 기대의 초점으로 되어 있었으며, 김일성장군의 용명은 삼천만 민족의 애국적 상징으로 어린애들까지 동경하고 있었다." 장하일, 「신민주주의와 조선」, 『근로자』 1947년 년말호(10호), 『북한관계사료집』 44권, 27쪽.

해방과 북한

1945년 2월에 제2차대전의 전후처리를 위해 얄타회담에서 만난 연합국의 지도자들(왼쪽부터). 처칠·루즈벨트·스탈린.

1945년 9월 2일에 미군 함선 미주리호에서 열린 일본군 항복문서 조인식에서 소련군 대표가 항복문서에 서명하는 장면.

1945년 8월에 육로를 통해 북한지역으로 진주하는 소련군.

1945년 9월에 인천항을 통해 남한지역으로 진주하는 미군.

1945년 8월에 대동교를 통해 평양에 입성하는 소련군을 환영하는 북한지역 주민들.

평양 시내에서 군사퍼레이드를 진행 중인 소련군과 환영인파.

1945년 8월 26일에 치스차코프 상장이 평안남도 도지사 후루카와 가네히데(古川兼秀)를 만나서 행정권을 이양받는 장면. 통역으로 참석한 박정애(후루카와 뒤).

북한주둔 소련군 제25군 사령관 치스차코프 상장.

해방 직후에 소련군의 공로를 기념하기 위해 평양시에 건립된 해방탑과 소련군 동상.

김 일 성

위대한 쏘베트군대에 의하여 해방된 8.15 6주년 기념보고

조선 로동당 출판사

평양 · 1951

소련군에 의한 해방을 기념하는 김일성의 보고와 해방2주년 기념 『로동신문』1면. © NARA; 『로동신문』1947.8.15

해방 직후에 급속히 확산된 마르크스·레닌주의(오른쪽부터). 마르크스·엥겔스·레닌·스탈린·김일성.

해방 직후 북한지역에 등장한 김일성·스탈린의 초상과 태극기·소련기.

1945년 10월 14일에 개최된 평양시군중대회에서 처음으로 북한 주민들에게 모습을 보인 김일성. 뒷줄 오른쪽부터 레베데프 소장, 로마넨코 소장, 치스차코프 상장. 강미하일 소좌(김일성 옆).

평양공설운동장에서 개최된 평양시군중대회에 운집한 북한 주민들. 연단에서 연설문을 낭독하는 김일성과 경비업무를 수행 중인 소련군.

소련공산당 서기장 스탈린.

조선공산당 북조선분국 책임비서 김일성.

조선민주당 위원장 조만식.

조선신민당 위원장 김두봉.

조선민주당 임시당수 강량욱.

조선민주당 부위원장 홍기주.

천도교청우당 부위원장 박윤길.

북조선농민동맹 위원장 강진건.

북조선직업총동맹 위원장 최경덕.

북조선민주여성총동맹 위원장 박정애.

북조선문학예술가총동맹 위원장 리기영.

조선공산당 북조선분국 집행위원 장순명.

해방 직후 조선독립동맹의 지도부(1차 입북자, 왼쪽부터). 제1열 1–박효삼, 2–최창익, 3–한빈, 4–김두봉, 5–무정, 6–리유민. 제2열 1–박무, 2–허정숙, 4–리철중, 9–고봉기, 11–김창만. ⓒ 한국학중앙연구원

조선독립동맹 한빈, 리상조(김택명), 박무, 김창만, 리유민(왼쪽부터). ⓒ『人民网』

조선독립동맹 박효삼, 리익성, 고봉기, 장중광, 리철중(왼쪽부터). ⓒ『人民网』

해방 직후 만주에서 활동한 동북항일연군의 강건, 주보중(周保中), 김광협(1946년 8월, 연길의 길림군구사령부 앞, 왼쪽부터). ⓒ 길림성도서관

1947년 5월, 평양에서 촬영된 동북항일연군의 단체사진(왼쪽부터). 제1열 1-김일, 2-왕일지, 3-왕효명(王效明), 4-안길, 5-팽시로(彭施魯). 제2열 1-리영호, 2-최광, 3-김광협, 4-심태산, 5-최춘국, 6-류창권(柳昌權), 7-리을설. 제3열 1-박우섭(朴禹燮), 2-김려중(金麗重), 3-최용진, 4-강상호(姜尚鎬), 5-류경수, 6-오진우(吳振宇), 7-김창봉(金昌奉), 8-오백룡(吳白龍), 9-전문섭(全文燮). ⓒ 길림성도서관

해방 직후 북한의 보안대와 보안원.

1946년 5·1절 기념대회에서 군사퍼레이드를 진행 중인 보안대.

1946년 1월, 모스크바3상회의 결정을 지지하는 북한 주민들.

1946년 초, 북조선공산당 함남 신흥군당 제2차 확대집행위원회.

1946년 2월 8일에 설립된 북조선임시인민위원회 청사.

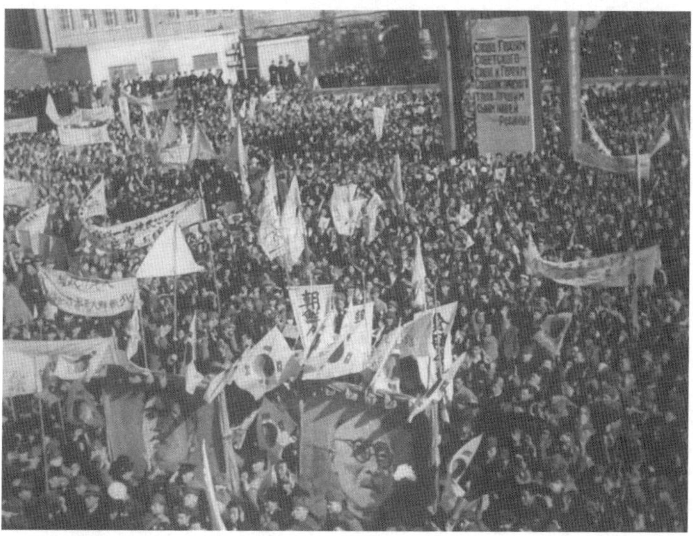

1946년 2월 10일에 평양에서 개최된 북조선임시인민위원회 성립 경축 군중대회. 대형 걸개는 위원장 김일성(왼쪽)과 부위원장 김두봉(오른쪽)의 초상화다.

1946년 5월 20일, 평양의 보통강 개수공사 기공식에서 첫 삽을 뜨는 김일성(왼쪽)과 김두봉(오른쪽).

1946년 3월에 실시된 북한의 토지개혁 선전 포스터. "토지는 농민의 것!"

1946년 8월 10일, 중요산업 국유화 법령을 발표하는 북조선임시인민위원회 지도부. 주석단 왼쪽부터 강량욱(서기장), 김두봉(부위원장), 김일성(위원장).

1946년 6월 24일에 발표된 노동법령을 환영하는 북한 여성들.

1946년 9월 15일에 북한 최초로 설립된 종합대학인 김일성대학.

1947년 10월 12일에 일제시기 항일유격대 대원들의 유가족을 정치·군사간부로 양성하기 위해 개원한 혁명자유가족학원.

미·소공동위원회 참석차 서울에 도착한 소련 대표단(앞줄 왼쪽부터). 제1열 1—미군정 군정사령관 존 하지(John R. Hodge) 중장, 2—소련측 대표 슈티코프 상장, 3—소련측 위원 코르쿨렌코 대좌. 제2열 3—미국측 대표 알버트 브라운(Albert E. Brown) 소장, 4—소련측 부대표 레베데프 소장.

미·소공동위원회의 미국·소련 대표단(왼쪽부터). 미국측 부대표 존 웨컬링(John Weckerling) 준장, 소련측 위원 코르쿨렌코 대좌와 툰킨, 미군정 정치고문 아서 번스(Arthur Bunce), 미군정 하지 중장, 소련측 대표 슈티코프 상장, 미국측 대표 알버트 브라운 소장, 소련측 부대표 레베데프 소장, 미국측 위원 칼빈 조이너(Calvin M. Joyner), 소련민정국 정치고문 발라사노프 대좌, 미군정 정치고문 윌리엄 랭던(William R. Langdon), 미국측 위원 로렌스 링컨(Lawrence L. Lincoln) 대령.

제3부

—

군사지휘기관의 창설과 통일전선의 군대

1장

보안간부훈련대대부의 창설과 8월질서의 형성

1. 보안간부훈련대대부의 창설과 정치연합체제의 출현

북조선로동당의 창당 : 유일당의 출현

한반도의 정세는 1946년 5월에 들어서면서 급격히 변화하기 시작했다. 변화의 원인은 1946년 3월 20일에 시작된 제1차 미·소공동위원회였다. 미·소공동위원회는 한반도에 임시정부를 수립하는 문제를 논의하기 위해 조직되었다. 미·소공동위원회에는 임시정부의 수립, 조선인의 정치·경제·사회적 발전, 민주주의적 자치의 발전, 독립국가 수립에 대한 원조·협조방책을 검토하는 역할이 부여되었다. 미·소공동위원회의 소련대표단은 대표단장 슈티코프 상장, 단원 레베데프 소장, 실무진으로 구성되었다.[1]

그러나 소련대표단과 미국대표단은 미·소공동위원회가 시작된 지 얼마

1 시체찌닌, 「해방 이후 조선에서」, 소련과학아카데미, 『레닌그라드로부터 평양까지』, 238쪽.

후에 모스크바3상회의 결정에 반대하는 조선인 정당·사회단체의 참여문제로 충돌하기 시작했다. 제1차 미·소공동위원회는 5월 7일에 미국 측이 회담 중단 성명을 발표한 이후부터 무기한 휴회에 들어갔다. 미·소공동위원회의 휴회는 남과 북의 정세 변동에 큰 영향을 끼쳤다. 소련은 북한에서 사회개혁에 박차를 가해 자신의 지지기반을 공고히 구축하고자 하였다. 미군정은 휴회라는 기회를 이용해 조선공산당 등 민주주의민족전선의 좌익정당에 대한 공격을 시작했다.[2]

제1차 미·소공동위원회가 결렬되면서, 북한지역에 나타난 가장 큰 정치적 변화는 민족통일전선체가 출현하고, 사회개혁이 촉진되었으며, 공산당이 주도하는 대중정당이 창당되었다는 점이다. 먼저, 북조선공산당·조선민주당·조선신민당·천도교청우당과 13개 사회단체의 대표들은 상호 협의를 거쳐 1946년 7월 22일에 북한지역의 민족통일전선체인 "북조선민주주의민족통일전선"을 결성하였다.[3] 북조선공산당 외의 3개 정당은 이미 3상회의 결정을 계기로 공산당의 우당(友黨)으로 개편되어 있었다. 그리고 북조선민전에 참여한 사회단체들은 북조선공산당의 외곽단체들이었다. 민전의 기본과업은 인민들을 "북조선임시인민위원회 주위에 튼튼히 뭉치게 함으로써 인민위원회를 더한층 공고한 인민의 토대 위에 서게 하는 것"이었다. 그리고 기본과업의 구체적 내용은 민전의 "투쟁강령"인 김일성의 20개조 정강을 실현하는 것이었다.[4]

북조선민전은 북조선로동당 부위원장인 김일성의 20개조 정강을 실현함으로써 북조선임시인민위원회를 강화하는 것을 목표로 삼았다. 그러나 민족통일전선 등 일반적인 "인민전선"의 근본적 목표는 "모든 자기의 활동을 공산(로동)당의 지도하에 조직하는 기관에로 전환"하는 것이다.[5] 따라서 북조선민전의

---

2 기광서, 「훈령으로 본 소련의 미·소공동위원회 전략」, 『역사문제연구』24, 역사문제연구소, 2010, 314~315쪽.

3 「해방 이후 4년간의 국내외중요일지」, 『북한관계사료집』7권, 632쪽.

4 金枓奉, 「人民委員會와 民主主義民族統一戰線」, 『북한관계사료집』13권, 18~19쪽.

5 느·쁘·파르베로프, 「인민민주주의발전에 있어서의 새모멘트들」, 『인민』1949년 6월호, 『북한관계사료집』38권, 417쪽.

활동도 노동당의 지도에 따라 전개될 예정이었다.

이와 함께 북조선임시인민위원회는 1946년 3월 30일에 토지개혁을 종결하였고, 7월 30일에 「북조선 남녀평등에 대한 법령」을 공포하였으며, 8월 10일에는 「산업·교통·운수·체신 등의 국유화에 대한 법령」을 공포하였다.[6] 토지개혁이 인민민주주의혁명의 제1단계인 부르주아민주주의혁명의 대표적 개혁이라면, 국유화는 인민민주주의혁명의 제2단계인 사회주의적 성격의 대표적 개혁이다.[7] 국유화의 시행은 북한의 인민민주주의혁명이 제2단계로 접어들었다는 사실을 의미했다.

인민민주주의혁명에 따른 경제의 국유화조치는 부르주아지와 '반동세력'의 공공연한 반항을 불러 일으켰다. 이에 따라 인민정권은 인민민주주의혁명의 성과를 수호하고 사회주의혁명으로 이행하기 위해 노농동맹과 노동자계급의 지도적 역할을 강화할 필요가 있었다. 이를 위한 두 가지 기본 전제는 공산당이 노동자계급의 압도적 다수와 근로농민의 지지를 획득하는 것이었다. 이 두 가지 전제를 실현하기 위한 제1단계는 인민민주주의국가에서 단일한 마르크스·레닌주의정당을 창설하는 것이었다.[8] 따라서 인민민주주의혁명에서 유일당의 창당은 부르주아민주주의혁명단계를 넘어 사회주의혁명으로 이행할 수 있는 결정적 조건이었다.

북한지역에서 유일당을 창당하기 위한 시도는 제1차 미·소공동위원회 결렬 이후에 개시되었다. 북조선공산당과 조선신민당은 1946년 7월 23일에 조선신민당 중앙위원회 뷰로회의에서 양당의 합당을 제안하는 내용으로 김일성 책임비서에게 보내는 편지를 채택하면서 통합을 개시하였다. 북조선공산당 중앙위원회 조직국은 7월 24일에 조직국 회의를 개최해 합당에 동의하는 답신을

---

6 「해방 이후 4년간의 국내외중요일지」, 『북한관계사료집』7권, 602; 634; 640쪽.

7 소볼레프·콘스탄티노프 외, 『반제민족통일전선연구』, 178~179쪽.

8 소볼레프·콘스탄티노프 외, 『반제민족통일전선연구』, 181~182쪽.

채택해 발송하였다. 신민당 중앙위원회는 7월 24일에 답신을 받고 즉시 뷰로회의를 개최해 합당에 관한 실무사업계획을 확정하였다. 북조선공산당 중앙위원회 조직국과 조선신민당 중앙위원회는 7월 27일에 각각 확대전원회의와 전원회의를 개최해 합당 결정서를 공식적으로 채택하였다.[9]

북조선공산당과 조선신민당은 7월 29일에 양당 연석중앙확대위원회를 개최해 「합동에 대한 결정서」를 채택했고, 8월 7일에 합당대회 준비위원회를 조직했다. 양당은 8월 28일부터 30일까지 평양에서 합당을 위한 창립대회를 개최하였고, 공식적으로 8월 28일에 새로운 정당인 북조선로동당을 창당하였다.[10] 노동당은 프롤레타리아독재정당이 아니라 "근로대중의 정당"으로 규정되었다. 그리고 "통일적 민주주의완전독립국가"의 수립을 당면임무로 채택하였다. 노동당의 창당은 북한지역에서 강력한 좌익정당의 등장과 민족주의세력의 약화를 의미했다. 그리고 노동당은 창립대회에서 남한 좌익3당의 합동문제에 대한 공식 결정서를 채택하였다.[11] 이로써 한반도에서 좌익의 주도권은 박헌영에서 김일성으로 넘어가기 시작했다.

중요한 점은 조선신민당이 북조선로동당으로 통합되어 해소되면서 해방 이전부터 조선독립동맹·조선의용군이 강령으로 삼아온 신민주주의혁명론이 공식적 위상을 상실했다는 점이다. 그 이유는 합당 이후부터 조선신민당 당원들이 모두 북조선로동당의 강령과 노선을 따라야 했기 때문이다. 물론, 합당

9 행정정치부장 이그나치예프 대좌, 「조선신민당 중앙위원회 뷰로회의 관련 보고서」(1946.7.23), ЦАМО, ф. УСГАСК, оп. 102038, д. 2, лл. 256~258; 이그나치예프 대좌, 「북조선공산당 중앙위원회 조직국 회의 관련 보고서」(1946.7.26), ЦАМО, ф. УСГАСК, оп. 102038, д. 2, лл. 263~264; 이그나치예프 대좌, 「북조선공산당 중앙위원회 조직국 확대전원회의 및 신민당 중앙위원회 전원회의 관련 보고서」(1946.7.27), ЦАМО, ф. УСГАСК, оп. 102038, д. 2, лл. 268~274.

10 「해방 이후 4년간의 국내외중요일지」, 『북한관계사료집』7권, 632~642쪽. 창립대회에서 합당 결정이 통과된 정확한 날짜는 대회 2일째인 8월 29일이다. 그러나 노동당은 창당 이후에 모든 공식·비공식 서류에 창당일을 8월 28일로 설정하고 있다.

11 『북조선로동당 창립대회 회의록』, 『북한관계사료집』1권, 118~119; 170~171쪽.

〈그림 25〉 북조선로동당 창립대회(1946.8.28-30)

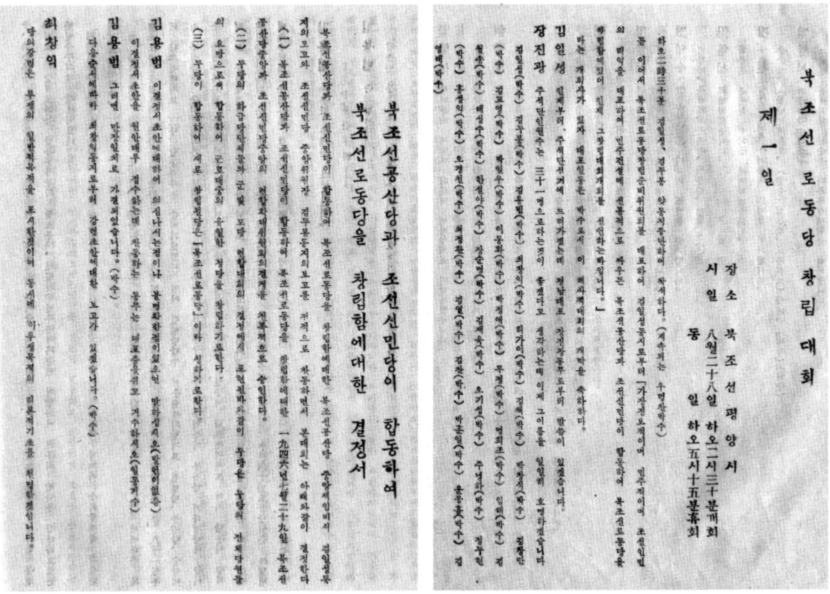

북조선로동당 창립대회

제一일

장소 북조선 평양시

시일 八월二十八일 하오二시三十분개회

동 일 하오五시十五분휴회

북조선공산당과 조선신민당이 합동하여 북조선로동당을 창립함에 대한 결정서

이후에도 신민주주의론은 노동당 내부에서 계속 논의되었다. 그러나 신민주주의론의 내용은 북조선로동당의 노선으로 수렴되었다. 예를 들어, 고려인 장하일(張河一)은 노동당의 기관잡지 『근로자』에 실은 논설에서 신민주주의국가에 대해 "자본가들의 독재인 부르죠아국가 형태도 아니고 쏘베트와 같은 프로레타리아독재인 사회주의국가 형태도 아니다"라고 규정하고, "신민주주의국가는 인민공화국의 형태"라고 정의하였다.[12] 모택동은 신민주주의혁명이 곧 프롤레타리아사회주의혁명이라고 주장했음에 비해,[13] 장하일은 신민주주의국가가 사

12 장하일은 "제2차대전후 신민주주의가 실현되고 있는 곳"으로 유럽에서는 "유고슬라비야, 체코스로바끼야, 폴랜드, 볼가리야, 루마니야, 항가리, 알바니야"를 들고 있고, 아시아지역에서는 "우리 북조선과 중국의 인민해방구역"을 들고 있다. 북한의 당간부들이 동유럽 국가와 북한·중국을 동일한 인민민주주의국가로 인식하고 있음을 알 수 있다. 장하일, 「신민주주의와 조선」, 『근로자』1947년 년말호, 『북한관계사료집』44권, 25; 35쪽.

13 모택동, 「신민주주의론」(1940.1), 『모택동선집』2, 843~844쪽.

회주의국가가 아니라 인민공화국이라고 주장했다. 즉, 조선신민당의 신민주주의론은 합당 이후에 북조선로동당이 설정한 인민민주주의혁명론으로 전환되었다.

공산당과 좌익정당의 합당은 제2차대전 이후에 인민민주주의국가에서 노동계급의 정치적·이데올로기적·조직적 통일을 공고화하기 위한 조치였다. 동유럽 국가들은 1948년도에 들어서 공산당과 사회민주당을 공산당 또는 노동당으로 합당하였다. 유일당 창당을 통한 노동계급의 정치적·이데올로기적·조직적 통일은 공산당(노동당)의 지도적 역할을 강화하는 가장 중요한 조건이었다.[14] 동유럽에서 통일전선체는 각 국가마다 조국전선, 민족전선, 민주전선 등으로 명명되었으나, 일반적으로는 인민전선으로 불렸다.[15] 인민전선은 "인민민주주의제도의 강화를 위하여 투쟁하는 정당들의 전국적 련합"이었고, 인민민주주의국가에서 공산당의 지도적 역할은 바로 인민전선의 활동에 의해 보장되었다.[16]

북한에서 공산당과 신민당의 합당은 인민민주주의국가에서 진행된 보편적 흐름이었다. 중요한 점은 북한의 유일당 창당시점이 동유럽 인민민주주의국가들의 유일당 창당시점보다 2년 이상 빨랐다는 사실이다. 동유럽에서는 1948년까지 알바니아를 제외하고[17] 공산당과 사회민주당이 공존하였다. 동유럽의 공산당과 사회민주당은 1948년에 이르러 "로동계급의 유일한 당"으로

---

14 느·쁘·파르베로브, 「중앙 및 동남 구라파 인민민주주의나라들에서의 계급과 당들에 관하여(이하 중앙 및 동남 구라파 인민민주주의)」, 『근로자』제5호, 로동신문사, 1950.3.15, 109~110; 118쪽.

15 느·쁘·파르베로브, 「중앙 및 동남 구라파 인민민주주의」, 『근로자』제5호, 121쪽.

16 브·쓰·마니꼽쓰끼, 「인민민주주의 국가의 계급적 본질」, 『근로자』제22호, 71쪽.

17 알바니아에서는 이미 1941년 10월에 볼츠·시꼬젤·찌란 등 3개 공산주의조직이 대표자회의를 개최해 합당을 결정하였고, 그 결과 알바니아공산당이 창립되었다. 인민편집국, 「인민적민주주의 제국가의 정형」(2), 『인민』1949년 2월호, 『북한관계사료집』37권, 705쪽.

합당하였다. 유일당은 국가별로 공산당, 노동당, 근로당 등으로 명명되었다.[18] 1946년 8월에 창당된 북조선로동당은 한반도 차원의 유일당이 아니라 북한지역에 거주하는 근로대중(노동자·농민·인텔리)의 유일당이었다.

북한의 공산주의자들은 동유럽보다 2년 앞서 유일당을 창당했다. 북한에서 유일당의 창당시점은 인민민주주의혁명의 성격에 큰 영향을 끼쳤다. 인민민주주의혁명의 내용은 공산당의 마르크스·레닌주의적 지도에 의해 결정되었고, 공산당의 지도적 역할을 강화하는 가장 중요한 조건은 유일당의 창당이었다.[19] 북한의 공산주의자들은 동유럽보다 2년 앞서 유일당을 창당함으로써 인민민주주의혁명의 내용을 결정하는 공산당의 지도적 역할을 강화하였다. 그 이유는 북한지역에서 인민정권의 출현이 동유럽보다 8개월에서 1년 7개월 이상 지연되었기 때문이다. 인민정권은 인민민주주의혁명의 과업을 실행하는 주체였으므로 인민정권 성립이 지연되면서 혁명 과업의 실행도 지연되었다. 이에 따라 북한의 공산주의자들은 동유럽보다 2년 앞서 유일당을 창당함으로써 인민민주주의혁명에 대한 지도적 역할을 압축적으로 강화하고, 지연된 혁명의 과업을 급속히 추진하려고 구상한 것이다. 이처럼 북한의 공산주의자들은 동유럽보다 앞서 제2단계 인민민주주의혁명으로 이행할 수 있는 정치적 지도체제를 구축함으로써 혁명의 속도를 가속화하였다.

유일당이 공산당의 지도적 역할을 강화하는 주요조건이었다면, 민족통일전선은 유일당의 지도적 역할을 보장하기 위한 전선체였다. 제1차 미·소공동위원회의 결렬 이후에 북한에도 동유럽 국가와 마찬가지로 유일당과 좌익중심의 민족통일전선체가 등장했다. 북한의 공산주의자들은 노동당과 북조선민전

---

18 느·팔베룝, 「인민민주주의국가의 사회 및 국가기구」, 『인민』1949년 3월호, 『북한관계사료집』37권, 824쪽. 동유럽의 유일당은 체코슬로바키아와 불가리아에서는 공산당, 폴란드와 루마니아에서는 로동당, 헝가리에서는 근로자당, 알바니아에서는 로력당으로 명명되었다. 느·쁘·파르베로브, 「중앙 및 동남 구라파 인민민주주의」, 『근로자』제5호, 110쪽.

19 느·쁘·파르베로브, 「중앙 및 동남 구라파 인민민주주의」, 『근로자』제5호, 109~110쪽.

을 기반으로 자신들의 노선을 정치공간에 관철시키면서 한반도에 독립국가를 수립하기 위한 활동을 본격적으로 개시하였다. 그 방향은 민족통일전선의 계급적 입장을 부각하고 노동당의 지도력을 강화하는 것에 맞추어졌다.

소련은 제1차 미·소공동위원회의가 결렬되자 한반도에 임시정부를 수립하는 문제에 대해 새로운 정책을 마련하기 시작했다. 소련공산당 중앙위원회는 1946년 7월 26일자로 연해주군관구 군사회의에 새로운 대북정책을 하달하였다. 소련은 한반도의 임시정부 수립구상을 잠시 뒤로 하고, 북조선임시인민위원회를 강화하기로 결정하였다. 중앙위원회는 연해주군관구 군사회의에 임시인민위원회를 강화하기 위해 일련의 지령을 하달했다. 먼저, 북한지역의 산업시설을 임시인민위원회에 이양하고, 기업소를 가동할 수 있도록 300명의 소련 기술자를 파견하며, 필요한 원료·연료·자동차를 판매하라고 지시했다. 또한 북한지역 주민들에게 필요한 식량, 직물, 연료를 임시인민위원회에 제공하라고 지시했다. 특히, 소련공산당 중앙위원회는 앞서 연해주군관구 군사회의가 제안한 북한지역의 무력양성계획을 실행하라고 지시했다. 즉, 북한지역에 철도경비대를 창설하고, 만주와의 국경선을 보호하기 위해 국경경비대를 편성하라고 지시했다. 또한 민족지휘간부 양성을 위해 500명 정원의 군관학교를 설립하고, 철도경비대·국경경비대·군관학교를 무장하는 데 필요한 소련군 무기를 임시인민위원회에 판매하라고 지시하였다.[20]

이 결정은 사실 1946년 6월 12일에 연해주군관구 군사위원 슈티코프 상장이 스탈린과 몰로토프에게 보고한 내용을 허락한 것이다. 슈티코프는 6월 12일 미·소공동위원회 수석대표로서 스탈린과 몰로토프에게 제1차 미·소공동위원회 활동을 결산해 보고하였다. 그는 「조선에서의 소미공동위원회 활동에 대하여」라는 보고서에서 향후 북한지역에 우호적인 권력구조를 견고히 구

---

20 소련공산당 중앙위원회, 「조선에서의 소미공동위원회 사업에 대하여」(1946.7.26), 러시아연방대외정책문서보관소(АВПР) 소장자료, 김국후, 『평양의 소련군정』, 171~174쪽에서 재인용.

축하기 위해서 소련공산당 중앙위원회의 결의 초안을 작성해 제출했다. 위의 결정사항은 지방인민위원회 선거의 실시, 산업시설 소유권의 양도와 함께 결의 초안에 들어 있던 10개 항목 중 하나였다.[21]

보다 중요한 점은 슈티코프의 보고사항이 연해주군관구에서 입안한 것이 아니라 김일성이 요청한 사항이라는 사실이다. 김일성은 1946년 5월에 슈티코프에게 철도경비여단·국경경비사단의 창설과 500명 정원의 군관학교 설립을 요청한 바 있었다.[22] 결국 1946년 5월 시점에 군대창설방안은 북한정치세력이 구상하였고 김일성이 임시인민위원회 위원장 자격으로 연해주군관구에 요청한 것이다. 이 요청사항은 연해주군관구의 검토를 거쳐 소련공산당 중앙위원회의 결정에 따라 추진되었다. 이 시기 군대창설의 주도권은 북한정치세력에게 이양되고 있었고, 군대창설의 결정권은 여전히 모스크바지도부에 있었다.

다른 한편, 제1차 미·소공동위원회가 진행되는 상황에서 소련과 북한정치세력이 군대창설방안을 실행에 옮긴 데에는 남한의 군대창설 움직임도 영향을 끼쳤다. 미군정은 1946년 3월 29일에 국방사령부 내에 군무국과 함께 설치되었던 경무국을 분리함으로써 군사업무를 독립시켰고, 국방사령부를 국방부(國防部, Department of National Defense)로 개칭해 국방의 전담부서로 승격시켰다. 국방사령부가 창군업무를 준비했다면, 국방부는 남조선국방경비대의 증편과 장비지원, 인사관리 업무 등을 수행하였다. 그러나 미군정의 국방부는 제1차 미·소공동위원회를 계기로 개편된다. 소련대표는 '미·소 양국이 임시정부 수

---

21 연해주군관구 군사위원 슈티코프 상장, 「전연방공산당(볼셰비키) 중앙위원회 결정문(안)-조선에서 소미공동위원회 사업에 대하여」(1946.6.12), АВПР, ф. 06, оп. 8, п. 39, д. 638, лл. 91~94; 김성보, 「1946년 여름 슈티코프 보고서와 북한의 국가 토대 형성」, 『역사비평』2015년 가을호, 역사비평사, 2015.8, 53~56쪽.

22 기광서, 「북한 무력 형성과 북소관계」, 221쪽. 이 논문에는 부대의 명칭이 각각 "철도경비대"와 "국경경비대"로 서술되어 있는데, 러시아문서의 원본을 보면 김일성이 설립을 요청한 부대는 "철도경비여단"과 "국경경비사단"이 맞다. 슈티코프 상장, 「전연방공산당(볼셰비키) 중앙위원회 결정문(안)-조선에서 소미공동위원회 사업에 대하여」(1946.6.12), АВПР, ф. 06, оп. 8, п. 39, д. 638, лл. 93~94.

립에 관해 논의하고 있는 상황에서 국방부는 무슨 의도로 설치했는가'라고 항의했다. 이에 따라 미군정은 6월 16일에 국방부를 '국내경비부'로 개칭하였다. 그리고 예하의 군무국을 폐지하고 대신 조선경비국과 조선해안경비국을 신설하였다.[23]

미군정은 1946년 3월 말에 국방사령부를 국방부로 개편했고, 제1차 미·소공동위원회 이후에 국방부를 국내치안개념의 '국내경비부'로 개칭했지만, 그 산하에 조선경비대와 조선해안경비대를 지휘하는 조선경비국과 조선해안경비국을 설치하였다. 미·소공동위원회의 소련대표단과 소련군사령부는 남한에 군사지휘기관이 조직되었고, 그 명칭이 정규군의 지휘기관과 같은 "국방부"라는 사실을 포착하였다. 미국이 남한지역에 군사지휘기관을 설치하자, 소련은 이에 발맞추어 북한에도 국방부와 동일한 군사지휘기관의 설치를 계획하였고, 북한정치세력도 군사지휘기관의 창설을 적극적으로 요청하였다. 소련은 이미 1946년 2월 8일에 북조선임시인민위원회에 보안무력을 총괄·지휘하는 보안국의 설치를 허용했으며, 1946년 3월 1일에 북·소 합동회의를 개최해서 철도경비대·보안간부훈련소의 설립 등 창군계획을 확정하였다.

보안간부훈련대대부의 창설 : 군사지휘기관의 출현

미국이 남한지역에 군사지휘기관을 창설하려는 움직임을 보이자, 소련공산당 중앙위원회는 연해주군관구가 제출한 창군계획을 실행에 옮기라고 지시하였다. 소련공산당의 지시는 인민군의 창설과정에 결정적 영향을 끼쳤다. 제1차 미·소공동위원회 결렬 이후에 창군계획이 승인됨에 따라 북한정치세력은 1946년 6월부터 창군사업에 박차를 가하기 시작했다. 그리고 소련 군사고문은

23 백기인, 『建軍史』, 103~105쪽.

북한의 창군사업을 지원했다. 그들은 소련 국방성 조직체계를 그대로 모방해 장차 중앙군사기구로서 임시인민위원회 보안국을 재편했다. 그리고 조선의용군 간부와 강건 등이 1946년 6~7월에 중국에서 대거 귀국해 창군사업에 참여했다. 임시인민위원회는 1946년 7월 8일에 초급 병종군관 양성기관인 북조선중앙보안간부학교를 창설하기로 결정했다. 중앙보안간부학교는 슈티코프의 원안대로 도·시·군·면 인민위원회의 추천을 거쳐 500명을 선발해 7월 20일에 개교했다.[24]

모스크바에서 군대창설계획을 승인함에 따라 기존에 창설된 보안기구에 대한 지휘문제가 대두되었다. 이 당시 북한지역의 보안기구는 임시인민위원회 보안국에서 지휘하고 있었다. 그러나 각종 경비대와 군관학교가 창설됨에 따라 보안기구를 통합적으로 관할할 지휘기관이 필요했다. 이에 따라 북한정치세력은 1946년 8월 15일에 '보안간부훈련대대부(保安幹部訓練大隊部, 이하 대대부)'를 창설하였다. 대대부는 북한지역의 모든 보안기구를 통합지휘하기 위해 조직된 최고지휘기관이었다.[25] 창설일을 8월 15일로 결정한 것은 이날이 바로 해방 1주년이었기 때문이다. 북한정치세력은 해방 이후에 1년 동안 공산당과 임시정권기관을 창설하고 사회개혁을 실행하였다. 그리고 해방 1주년에 군사지휘기관을 창설해 인민민주주의혁명을 본격적으로 추진하기 시작했다.

북한정치세력은 향후 "조선자주독립국가" 건설을 염두에 두고 보안간부훈련대대부를 창설하였다. 대대부 창설의 정치적 배경은 북조선로동당의 창립대회에서 표출되었다. 북한정치세력은 대대부가 창설된 지 13일 뒤인 8월 28일부터 8월 30일까지 북조선로동당 창립대회를 개최하였다. 이 대회는 북조선공산당과 조선신민당의 합당대회였다. 김일성은 이 대회에서 「조선정치형세」를 설명하면서 "해방이래 우리 조선정책은 근본적으로 달라졌"으며, "오늘 북조선

---

24 안승환, 「주북한 소련군사고문단」, 405쪽.

25 국방부 전사편찬위원회, 『한국전쟁사』1, 680~682쪽.

〈그림 26〉 8·15해방 1주년기념 경축대회(1946.8.15)

비고 경축대회의 표어: "김일성위원장이 발표한 20개 정강을 기초로 한 임시정부 수립 만세." 마이크 앞에 김일성. 김일성의 왼쪽부터 1-로마넨코 소장, 3-치스차코프 상장, 4-레베데프 소장.

은 조선의 민주주의 개혁의 책원지(策源地)가 될 뿐만 아니라 전 동방에 있어서 민주주의 발원지의 역할을 하고 있는 것"이라고 발언했다.[26]

이 발언은 단순한 수사가 아니라 북한이 사회개혁을 통해 한반도의 '민주기지(民主基地)'로 변모했다는 정세인식이다. 북한정치세력은 창립대회를 통해 민주기지를 전체 한반도로 확장시켜 단일국가를 건설하겠다는 정치적 입장을 천명하였다. 이 같은 구상은 노동당의 강령에 그대로 표출되었다. 노동당은 강령 제3조에서 토지에 대한 무상몰수 무상분배 원칙과 함께 "북조선에 토지개혁의 성과를 더욱 공고히 하고 전조선에 토지개혁을 실시할 것"을 천명하였다.[27] 한반도에 근대적 단일국가를 건설하기 위한 북한정치세력의 정치노선은 1946년 8월 말에 북조선로동당 창립대회를 통해 '민주기지론(民主基地論)'으로 공식화되었다.

북조선로동당이 1946년 8월 말에 민주기지론을 당의 공식적인 정치노선으로 채택한 이유는 1946년에 들어서 각 정당의 당세와 영향력이 근본적으로

---

26 『북조선로동당 창립대회 회의록』, 북조선로동당 중앙위원회, 1947, 17~18쪽.

27 『북조선로동당 창립대회 회의록』, 70쪽.

변화했기 때문이다. 1946년 3월 16일 당시 소련군사령부에 등록된 정당의 당원수를 보면, 조선공산당 북조선분국은 약 30,000명, 조선신민당은 11,000명, 천도교청우당은 52,959명, 조선민주당은 141,806명이었다.[28] 그런데 1946년 9월 1일 당시에 등록된 정당의 당원수를 보면, 북조선로동당(공산당+신민당)은 372,804명, 천도교청우당은 116,738명, 조선민주당은 80,500명이었다.[29] 공산당과 신민당의 합계 당원수는 3월 당시 41,000명에 불과했는데, 6개월도 안되어 372,804명으로 약 9배 이상 급증하였다. 반면에 조만식이 지도하던 민족주의정당인 조선민주당의 당원은 141,806명에서 6개월도 안되어 80,500명으로 약 45%나 감소하였다. 즉 노동당은 8월 말에 민족주의세력을 압도하는 최대 규모의 지도적 정치세력으로 확고히 자리잡았다.

북조선로동당은 강령 제1조에서 "민주주의 조선자주독립국가를 건설할 것"을 천명하였다. 그리고 강령 제12조에서 "민족군대 조직과 의무적 군사징병제를 실시할 것"을 명시했다.[30] 강령에 등장하는 "민족군대"는 향후 수립될 독립국가에서 창설할 군대를 의미했다. 그러나 민족군대의 창설은 단일국가 수립 이후로 연기되지 않았다. 북한정치세력은 토지개혁과 마찬가지로 먼저 북한에 조직된 군대를 더욱 공고히 육성하고, 이를 토대로 한반도 차원의 민족군대를 창설하려고 구상했다. 북한지역은 곧 민족군대의 민주기지였다. 결국 북한정치세력은 대대부 창설 직후에 노동당 강령에 군대 창설을 공식적으로 채택했고, 한반도의 단일국가 수립을 천명하였다.

보안간부훈련대대부를 창설한 주체는 북한의 공산주의자들과 소련군사령부였다. 특히 북조선분국 책임비서 김일성이 주도적으로 소련군 군사고문과

---

28 「〈극비〉 소련군사령부에 등록된 북조선 정당·사회단체 명부」(1946.3.16), ЦАМО, ф. 172, оп. 614631, д. 18, лл. 5~6.

29 행정부장 대리 이그나치예프 대좌, 「1946년 9월 1일 기준 북조선 정당 및 사회단체 회원 수」(1946.9.9), ЦАМО, ф. 172, оп. 614631, д. 25, л. 15.

30 『북조선로동당 창립대회 회의록』, 70쪽.

협의해서 대대부를 창설하였다. 소련군사령부는 단기간에 인민정권의 기틀을 갖추기 위해 무엇보다 먼저 '권력의 총알'인 군대가 필요하다고 판단했다. 김일성 또한 남한보다 먼저 강한 군대를 보유해야 한다고 판단하고 있었다.[31]

대대부의 창설요원으로는 동북항일연군 출신, 조선의용군 출신, 고려인 등 40여 명이 참여했다. 항일연군 출신은 최용건, 안길, 림춘추(林春秋), 박성철, 김일, 전문섭, 전문욱, 오백룡(吳白龍), 리을설(李乙雪), 김용연, 리두익, 김익현(金益鉉), 김성국, 오진우(吳振宇), 최광, 리봉수(李鳳洙) 등 30여 명이 참여했다. 고려인은 김봉률, 김창국, 김파, 김빠베르, 리동화, 리종인, 리청송, 문일, 박길남, 유성철, 전학준 등 11명이 참여했다. 의용군 출신은 창설 당시 무정, 박효삼, 최인, 왕련 등 4명이 참여했다. 창설된 이후에는 리익성, 방호산, 장평산, 리림, 박송파 등이 대대부에 참여했다고 한다.[32]

항일연군 출신은 평양학원 원장을 맡고 있던 김책, 만주에서 7월에 입북한 강건, 동북지방에 남아 있던 김광협을 제외하고 핵심인물이 거의 다 투입되었다. 강건과 김광협은 일부 항일연군 출신과 함께 해방 직후에 바로 만주로 파견된 바 있다. 이들은 1945년 9월 18일과 9월 15일에 각각 연변과 목단강에 도착해서 중국공산당의 건당사업과 건군사업을 주도하였다.[33]

대대부 창설에 참여한 고려인들은 모두 소련 극동군 제88독립여단에 있던 인물들이다.[34] 이들은 입북 전에 소련에서 항일연군 출신과 함께 활동했었다. 조선의용군 출신은 의용군의 총사령관과 부사령관을 역임한 무정과 박효

---

31 「유성철의 증언」, 김국후, 『평양의 카레이스키 엘리트들』, 125쪽.

32 중앙일보특별취재반, 「유성철의 증언」, 『秘錄 조선민주주의인민공화국』상, 70쪽; 김국후, 『평양의 카레이스키 엘리트들』, 124~125쪽.

33 강건은 중국공산당 연변위원회 위원장, 김광협은 중국공산당 목단강지구위원회 서기 겸 목단강지구사령부 정치위원으로 활동했다. 廉仁鎬, 「中國內戰期 滿洲地方 朝鮮義勇軍部隊의 活動-牧丹江地區의 초기 朝鮮人部隊 活動을 中心으로」, 『역사교육』86, 역사교육연구회, 2003.6, 150~152쪽.

34 김국후, 『평양의 카레이스키 엘리트들』, 36~38쪽.

삼이 참여했고, 입북 이후에 평양학원 비행과장을 맡고 있던 왕련이 참여하였다. 의용군의 3대 지휘관 중 한명인 박일우가 참여하지 않은 것은 의외다. 그는 1946년 초부터 북조선분국 간부부장을 맡았기 때문에 참여하지 못한 것으로 보인다.[35] 창설요원 명단에 있는 최인(崔仁)은 1948년 봄에 입북했으므로 창설요원이 아니다.[36]

대대부 창설과정에는 남한에서 여운형이 월북시킨 만주군 출신 장교들도 참여했다. 핵심인물은 박승환이다. 그는 봉천군관학교[37] 제7기생으로 졸업 후에 만주군 공군에서 조종사로 근무했는데, 1944년 10월에 여운형과 선이 닿아 조선건국동맹에 가입했다. 그는 건국동맹에서 군사조직을 담당했다.[38] 박승환은 1945년 8월 17일에 서울에 도착해 여운형의 지시에 따라 만주군 출신들을 규합했다.[39] 그는 1946년 2월 12일경 신경군관학교 제1기생 방원철(方圓哲)과 최창륜(崔昌崙)을 데리고 서울시 계동을 찾아가서 여운형과 면담했다. 여운형은 이 자리에서 남북 간의 전쟁을 방지하기 위해 건국동맹과 연계된 만주군 출신들이 월북해서 북한의 군대 창설에 참여할 필요가 있다고 역설했다. 만약 전쟁이 발발한다고 해도 건국동맹계열의 장교들이 몇 개 사단을 장악하고 있으면 전쟁을 막을 수 있다는 취지였다.[40]

---

35 김광운, 『북한정치사연구』1, 384쪽.

36 김중생, 『조선의용군의 밀입북』, 135쪽.

37 봉천군관학교는 만주국군 장교를 양성하기 위해 1932년 11월 1일에 만주국 봉천(奉天)에 설립된 군사학교로, 정식명칭은 "중앙육군훈련처"이다. 봉천군관학교는 제9기생(日系는 제10기생)까지 배출하고, 1939년 3월에 신경에 "육군군관학교"가 설립되면서 폐지되었다. 丁一權 · 金錫範, 『滿洲國軍誌』, 41~42쪽.

38 정병준, 「朝鮮建國同盟의 조직과 활동」, 『한국사연구』80, 한국사연구회, 1993, 105; 107~108; 127쪽.

39 한국정신문화연구원 편, 『내가 겪은 한국전쟁과 박정희정부』, 283~293쪽. 이 책의 내용은 방원철의 증언이다.

40 한국정신문화연구원 편, 『내가 겪은 한국전쟁과 박정희정부』, 283~293쪽. 군사경력은 앞의 책과 다음 책을 참고했다. 丁一權 · 金錫範, 『滿洲國軍誌』, 37; 51쪽.

박승환과 방원철은 1946년 2월 20일에 여운형이 김일성에게 보내는 밀서를 가지고 먼저 월북했다. 1주일 뒤에 8명의 만주군 출신 장교들이 월북했다. 이들은 김영택(金永澤, 신경1기), 김인기, 박임항(朴林恒, 신경1기), 박준호(朴俊鎬, 신경1기), 박창암(朴蒼岩, 간도특설대), 이재기(李再起, 신경2기), 최재환(崔在桓, 간도특설대), 최창륜(신경1기) 등으로 모두 신경군관학교 제1기생과 제2기생이었다. 이때 신경군관학교 제1·2기생인 조선인장교 중 절반 이상이 월북했다.[41] 여운형은 1946년 2월 11일에 평양에서 김일성을 만나서 남북의 정치정세를 의논한 바 있다.[42] 신경군관학교 제1·2기생들의 월북은 이 회담의 결과였다. 이들과 별도로 이미 1945년 10월에 여운형이 월북시킨 만주군 장교가 있다. 리기건(李奇建)은 신경군관학교 제1기생으로[43] 1945년 9월 하순에 서울에 도착해서 여운형을 보좌하고 있었다. 여운형은 10월 초순에 리기건을 불러서 김일성에게 밀서를 전달하라는 임무를 맡겨 월북시켰다.[44] 이들은 모두 여운형의 지시에 따라 월북했으므로 '여운형그룹'이라 부르기로 한다.

여운형그룹은 1946년 8월 13일에 최용건·김책·무정과 회의를 가졌다. 이 회의에서 인민군 창설에 관한 문제가 논의되었다. 논의된 내용은 "2개 보병사단과 인민군총사령부"의 조직에 관한 것이었다. 이후 이들은 인민군총사령부와 제1보병사단·제2보병사단의 부대편제를 만드는 작업에 투입되었다. 여운형그룹이 작성한 창설계획과 편제표는 상부의 결제를 받은 후에 최종적으로 슈티코프 상장의 결제를 받았다.[45] 월북장교들이 관여한 "인민군총사령부"는 바로 이틀 뒤에 창설된 보안간부훈련대대부를 뜻했다.

---

41 한국정신문화연구원 편, 『내가 겪은 한국전쟁과 박정희정부』, 284~291; 295; 302~303; 317쪽.

42 김일성, 「조선인민당 위원장 려운형과 한 담화」(1946.2.11), 『김일성전집』3권, 105쪽.

43 신경군관학교는 만주국군 장교를 양성하기 위해 1939년 3월에 신경(新京)에 설립된 군사학교이다. 봉천군관학교의 후신이며, 정식명칭은 "육군군관학교"이다. 丁一權·金錫範, 『滿洲國軍誌』, 42; 51쪽.

44 리기건 증언, 「南北의 對話47: 괴뢰金日成의 登場(6)-굳혀지는 金日成體制」, 『동아일보』1972.1.27.

45 한국정신문화연구원 편, 『내가 겪은 한국전쟁과 박정희정부』, 291~292; 295~297; 299; 301쪽.

이상의 내용을 정리해 보면, 대대부 창설과정에는 동북항일연군 출신, 조선의용군 출신, 고려인, 여운형그룹 등 당시 북한에 있던 군사간부가 대부분 투입되었다. 항일연군 출신은 약 30명, 의용군 출신은 약 8명, 고려인은 11명, 여운형그룹은 10명이 참여했다. 대대부 창설을 주도한 세력은 사실상 항일연군 출신이라고 볼 수 있다. 그들은 무엇보다 가장 많은 인원을 투입했다. 고려인들은 모두 항일연군 출신과 함께 제88독립여단에서 활동한 사람들이 투입되었다. 이들은 독자적인 세력을 구축하지 못하고, 입북 이후 소련군사령부에 배치되었던 인물들이다. 조선의용군 출신은 의용군에서 최고위급 군사간부를 맡았던 인물들이 투입되었다. 여운형그룹은 모두 신경군관학교 제1·2기생이었다.

보안간부훈련대대부의 간부 : 동북항일연군·조선의용군·고려인

다양한 군사경력자들이 투입된 가운데, 인민군 창설작업은 1946년 8월에 들어서 윤곽을 드러내기 시작했다. 보안간부훈련대대부는 1946년 8월 15일 평양시 서기산(瑞氣山)에 있는 무덕전(武德殿)에 설립되었다.[46] 대대부 산하에는 총참모부·문화부·포병사령부·후방부가 설치되었다. 총참모부는 작전과·대열과·통신과·간부과·정찰과·공병과로 구성되었다.[47] 대대부 직속으로는 교도중대, 위생소대, 경위대가 있었다. 대대부 예하에는 "훈련 제1소(개천), 훈련 제2소(나남), 훈련 제3소(원산), 평양학원, 북조선중앙보안간부학교"가 배속되었다.[48]

---

46 佐佐木春隆, 『韓國戰秘史』中卷, 28쪽.

47 한상구, 「최태환의 증언」, 374쪽.

48 佐佐木春隆, 『韓國戰秘史』中卷, 28쪽.

대대부의 간부로는 항일연군 출신, 의용군 출신, 고려인이 모두 배치되었다. 대대부 간부를 살펴보면, 사령관 최용건, 부사령관 겸 문화부사령관 김일(金一), 포병부사령관 무정(武亭), 총참모장 안길(安吉),[49] 후방부사령관 최홍극(崔弘極)[50] 작전부장 류신(柳新), 간부부장 리림(李林),[51] 통신부장 박영순(朴英順), 통신부부장 리청송(李青松),[52] 공병부장 황호림(黃虎林),[53] 공병부부장 박길남(朴吉南),[54] 정찰부장 최원(崔遠),[55] 대열부장 문종목(文宗穆),[56] 검찰소장 김학인(金學仁),[57] 정치보위부장 박응익(朴應翼)[58] 등이 임명되었다. 또한 사령관 총고문은 소련군 스미르노프(Смирнов) 소장이 맡았다.[59] 부부장 이하의 간부는 거의 알 수 없는데, 후방사령부 후방과장은 노정섭(盧正燮)이었다.[60] 대대부 예하부대의 교

---

49 다음 자료에 안길이 "보안간부훈련대대부 참모장"을 역임했다고 서술되어 있다. 『력사사전』, 사회과학출판사, 1971, 1181쪽.

50 주영복은 "崔弘一"이라고 증언하였으나 최홍극이 맞다. 장준익, 『북한인민군대사』, 53~54쪽.

51 주영복은 "趙勳"이라고 증언하였으나 리림이 맞다. 최태환, 『젊은 혁명가의 초상』, 44쪽.

52 주영복, 『내가 겪은 조선전쟁』1, 73쪽.

53 최태환은 황호림의 직책이 부참모장이라고 증언하였으나, 공병부에서 근무한 주영복은 황호림이 공병부장이라고 증언하였다. 이 책에서는 공병부에서 근무한 주영복의 견해를 따랐다. 주영복, 『내가 겪은 조선전쟁』1, 73쪽.

54 최태환은 공병부장이 박길남이었다고 증언하였으나, 공병부에서 근무한 주영복의 견해를 따랐다. 주영복, 『내가 겪은 조선전쟁』1, 73쪽.

55 주영복은 최원이 "정보부장"이었다고 증언했으나 정찰부장이 맞다. 최태환, 『젊은 혁명가의 초상』, 45쪽.

56 최태환, 『젊은 혁명가의 초상』, 45쪽.

57 원문에는 "검찰조장"으로 기록되어 있으나, 검찰소장의 오기이다. 최태환, 『젊은 혁명가의 초상』, 45쪽.

58 최태환, 『젊은 혁명가의 초상』, 45쪽.

59 佐佐木春隆, 『韓國戰秘史』中卷, 29쪽; 장준익, 『북한인민군대사』, 53~54쪽; 주영복, 『내가 겪은 조선전쟁』1, 73쪽. 주한미군은 대대부의 초대 사령관이 김무정이었고, 1946년 12월에 최용건으로 교체되었다고 잘못 파악하고 있었다. HQ, FECOM, *History of the North Korean Army*, p.13.

60 최태환, 『젊은 혁명가의 초상』, 45쪽.

원은 고려인과 의용군 출신이 많았고, 훈련교관은 항일연군 출신이 많았다.[61]

〈도표 3〉 보안간부훈련대대부의 조직

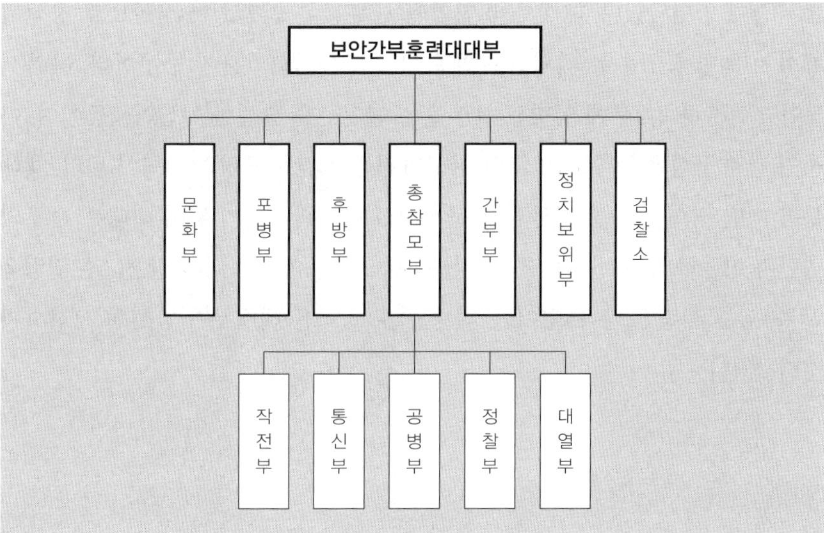

대대부 직책의 가장 큰 특징은 북한에서 처음으로 부사령관제도가 도입되었다는 점이다. 부사령관은 김일이며, 그는 문화부사령관을 겸임하였다. 또한 다른 부문과 달리 포병부문과 후방부문의 책임자에게도 '부사령관'이라는 직명이 부여되었다. 북한의 병종별 부사령관제도는 소련군의 군사제도에서 차용한 것이다. 소련지도부는 독소전쟁 개전 직후인 1941년 6월에 병과지휘기관을 강화하기 위해 적군(赤軍) 포병사령관 직책을 부활시켰고, 소련 방위인민위원회는 1941년 8월에 후방조직에 대한 지휘권을 일원화하기 위해 후방사령관

61 김국후, 『평양의 카레이스키 엘리트들』, 125쪽.

직책을 도입하였다.[62] 즉, 북한정치세력은 창군 초기부터 소련군의 군사제도를 적극 도입하였다.

대대부에는 총사령관, 총참모장, 부사령관과 함께 군대창설에 필요한 여러 부서장이 임명되었다. 대대부에 임명된 간부들은 인민군이 정식으로 창설될 때까지 특별한 경우를 제외하고 계속해서 군사지휘기관에 근무한다. 따라서 보안간부훈련대대부에 임명된 간부들은 인민군을 창설한 핵심인물들이며, 이 시기 간부구성은 향후 인민군의 창설과정에서 간부구성의 원형이 된다. 대대부가 어떤 경력을 가진 인물들로 구성되었는지 확인하기 위해 대대부 간부의 명단과 이들의 해방 전·후 경력을 살펴보자. 간부의 이름과 해방 전·후 경력을 알 수 있는 사람은 총 15명이다. 해방 이후 경력은 대대부가 창설된 시점까지 정리하였다.

62 이재훈, 『蘇聯軍事政策』, 國防軍史研究所, 1997, 272; 288쪽.

〈표 4〉 보안간부훈련대대부의 간부구성과 간부경력[63]

직책	이름	해방 이전 경력	해방 이후 경력
총사령관	최용건	1900년 평북 용천 출생. 오산학교 졸업. 1924년 중국 운남강무학교 졸업. 1925년 황포군관학교 교관 역임. 1926년 중국공산당 입당. 1927년 광주봉기 참가. 1928년 만주로 이동. 조선공산당 만주총국(화요파)에 입당하여 군사부장과 중공 빈현지부 서기 역임. 1933년 4월 요하공농병반일유격대 창설 및 유격대장 역임. 1936년 동북인민혁명군 제4군 제2사 정치위원. 1938년 1월 동북항일연군 제7군 대리군장, 1940년 4월 동북항일연군 제2로군 총참모장 역임. 1940년 11월 소련 영내로 이동. 1942년 7월 동북항일연군교도려(소련극동군 제88독립여단) 부참모장 역임. 1945년 7월 항일연군교도려 조선공작위원회 당책임자로 임명.	1945년 9월에 동북지방으로 파견되었다가 10월에 입북. 1945년 12월 조선공산당 북조선분국 상무집행위원, 1946년 2월 조선민주당 위원장 역임. 북조선행정국 · 북조선임시인민위원회 보안국장 역임.
총참모장	안길	1907년 함북 경원 출생. 길림성 용정 대성중학 중퇴. 1927년 조선공산당 만주총국에 입당. 1932년 중국공산당에 입당. 1933년 5월 중공 금구구위원회 서기 역임. 훈춘현 항일유격대 입대. 1939년 동북항일연군 제1로군 제3방면군 제14단 정치위원, 1940년 10월 제1로군 제3방면군 참모장 역임. 1940년 11월 소련 영내로 이동. 1942년 동북항일연군교도려 제1영 정치위원 역임.	1945년 9월 입북. 북조선분국 함북도책 · 평남도책, 평양정치학원 원장 역임.
문화부 사령관	김일 (金一)	1910년 함북 경성 출생. 1931년 동만주의 항일유격대 입대. 1935년 2월 중국공산주의청년단 연길현위원회 서기 역임. 1938년 11월 동북항일연군 제1로군 제2방면군 제8단 정치위원 역임. 1940년 11월 소련 영내로 이동. 1941년 동북항일연군 남야영임시당위원회 위원 역임. 1942년 7월 동북항일연군교도려 당서기, 1945년 7월 동북항일연군교도려 조선공작위원회 간부 역임.	1945년 9월 입북. 1945년 11월 북조선분국 평북도책, 1946년 8월 보안간부훈련소 문화부소장, 북조선로동당 중앙위원 역임.
포병부 사령관	무정	1905년 함북 경성 출생. 서울 중앙고보 중퇴. 1924년 중국 보정군관학교 포병과 입학. 졸업후 국민당군 포병장교로 활동. 1925년 중국공산당 입당. 1929년 상해폭동 책임자로 활동. 1934년 대장정에 참여. 1937년 팔로군총사령부 작전과장, 1938년 팔로군 초대 포병단장 역임. 1941년 화북조선청년연합회 회장, 1942년 화북조선독립동맹 중앙집행위원 역임. 해방 당시 조선의용군 총사령관 겸 조선독립동맹 중앙집행위원.	1945년 12월 입북. 북조선분국 간부부장 · 집행위원, 1946년 2월 북조선임시인민위원회 중앙위원, 1946년 7월 북조선중앙보안간부학교 학생심사위원 역임.

63 대대부 간부들의 경력에 관한 출처는 다음과 같다. 김일 · 리림 · 무정 · 최용건(강만길 · 성대경, 『사회주의 인명사전』, 109; 172; 329; 497~498쪽), 리림 · 류신(김중생, 『조선의용군의 밀입북』, 124쪽), 최용건(『正路』1946.2.21), 김일 · 박영순 · 박응익(김광운, 『북한정치사연구』1, 121~122; 372; 380~381쪽), 황호림(한국일보 편, 『[證言] 金日成을 말한다』, 72쪽), 리청송(최태환, 『젊은 혁명가의 초상』, 53~54쪽), 박길남 · 리청송(김국후, 『평양의 소련군정』, 65쪽), 박길남 · 황호림(Д. В. ШИН, Б. Д. ПАК, В. В. ЦОЙ, *СОВЕТСКИЕ КОРЕЙЦЫ НА ФРОНТАХ ВЕЛИКОЙ ОТЕЧЕСТВЕННОЙ ВОЙНЫ 1941-1945*, Институт Востоковедения РАН, 2011, л.383; 516); 최원(장학봉 외, 『북조선을 만든 고려인이야기』, 254쪽; 육군정보국, 『人民軍特報』, 253; 260쪽), 문종목(『동아일보』1932.1.12; 1.30; 『북한관계사료집』9권, 260쪽; 『북한정보요약』2, 211쪽), 김학인 · 최홍극(장학봉, 『피와 눈물로써 씌여진 우리들의 력사』, 미국 의회도서관 소장 미간행원고, 2000.1.12; Ж. Г. Сон, *Советские корейцы и КНДР*(1946-1948)).

후방부 사령관	최홍극	본명 최아나똘리. 1941년 소련군 총정치국이 조직한 레닌그라드의 조선인 특별조에 배치. 강미하일 · 최종학 · 임봉길 · 조기천과 학습. 조선어신문 발간 준비.	해방 직후 입북해 『쏘베트신보』사에서 근무.
간부부장	리림	1914년 함북 출생. 중국 동북지방으로 이주. 1930년대 동북항일연군에 입대. 1937년 모스크바 식민지반식민지이익연구반 조선반에서 유학. 1939년 9월 말 연안에 도착. 1943년 연안에서 조선혁명군정학교 조직과장 역임.	1945년 12월 조선의용군 1진으로 입북.
작전부장	류신	일명 김용섭. 1915년 황해도 출생. 중국 관내 조선민족혁명당 내 전위동맹계열. 조선의용대에 초기 참가. 화북청년연합회 정치간부.	1945년 12월 입북.
통신부장	박영순	1905년 함북 경성 출생. 1927년부터 팔도구광산에서 지하활동을 하다 1930년 일제에 투옥. 석방후 화룡현적위대 입대. 1940년 6월 김일성부대에 합류. 소련극동군 첩보부대에 배속되어 첩보활동.	철도경비대 창설에 참여. 1946년 청진시인민위원회 부위원장 역임.
통신 부부장	리청송	1912년 소련 연해주 출생. 소련군통신학교 졸업. 소련공산당에 입당. 1942년 소련극동군 제88독립여단에 파견. 1945년 8월 제88독립여단 서기. 소련군 상사.	1945년 9월 김일성과 함께 입북. 중앙보안간부학교 경리부장 역임.
공병부장	황호림	본명 황알렉산드르 그리고리예비치. 1909년 연해주 출생. 1929~1930년 블라디보스톡 수이푼구역 꼴호즈 대표회 비서. 1933년 노농적군 징집. 1937년 레닌그라드 전투공병학교 졸업. 1939년 쿠이비셰프시 제259공병대대 군사학교 교장. 1942년 제12독립예비부교대대 부대대장. 1943년 4월~1945년 4월 싸라토프스크 군사보병학교 공병과목 교수. 1945년 4~6월 소련군 대위로 제1벨로루시전선군 제1근위탱크군 제8기계화사단 제21기계화여단 공병지뢰매설중대를 이끌고 베를린전투에 참전.	1945년 9월~1946년 6월 제1근위탱크군 제8기계화사단 제21기계화여단 공병연대장. 1946년 11월 소련극동군 제25군에 배속되어 입북.
공병 부부장	박길남	본명 박니꼴라이. 1911년 연해주 출생. 소련군사관학교 졸업. 1934년 9월부터 1936년 10월까지 노농적군 복무. 1938년 재징집. 1942년 소련극동군 제88독립여단 파견. 1945년 8월 제88독립여단 소대장 역임. 소련공산당원이며 소련군 특무상사.	1945년 9월 김일성과 함께 입북. 레베데프 소장 통역관 역임.
정찰부장	최원	출생년도 미상. 고려인. 1930년대 말 소련군에 입대하여 유성철 · 전학준 · 김창국과 함께 소련군 정찰학교 졸업. 한반도 정찰활동에 종사.	해방 이후 입북.
대열부장	문종목	본명 文善哉. 1912년 평양 출생. 중국 광동군사정치학교 졸업. 졸업 이후 남경사령부 헌병대 정치부 대원과 국민당 당무과원으로 활동. 1928년 상해에서 항일운동에 투신. 중국공산당에 입당해 동방피압박민족연합회 반제동맹에서 활동. 1931년 6월 전중국소비에트대회에 조선대표로 참석. 상해에서 체포되어 치안유지법 위반으로 2년형 선고.	1946년 북조선임시인민위원회 보안국 경비부장, 초대 철도경비사령부 부사령관, 제2기 철도경비대 대장 역임.
정치보위 부장	박응익	1913년 출생. 빈농 출신. 1936~1942년 모스크바공산대학 재학. 1943~1945년 투옥.	1946년 북로당 황해도당 해주시당 위원장 역임.
검찰소장	김학인	본명 김바실리 이바노비치. 1917년 연해주 출생. 1937년 카자흐스탄으로 강제이주. 1941년 카자흐스탄국립종합대학 법학부 졸업. 1941년부터 크질오르다시검찰소 예심원, 알마타주검찰청 형사소송과 검사 역임. 소련공산당원.	1946년 10월 입북.

대대부 사령관은 항일연군 출신인 최용건이 임명되었다. 그는 항일연군 출신 중에 유일하게 정규 군관학교를 졸업하고 황포군관학교 교관으로 근무한 인물이다. 또한 그는 만주에서 요하반일유격대(遼河反日遊擊隊)를 직접 창설했고, 이 유격대를 기반으로 조직된 동북항일연군 제7군에서 대리군장을 역임한 최고위급 조선인 군사간부였다.[64] 그는 소련 극동군 제88독립여단시절에도 조선인 대원들 중에서 연령·투쟁경력·여단장과의 관계 측면에서 단연 최고의 실력자였다.[65] 군사경력면에서 그와 견줄만한 인물은 팔로군 작전과장을 역임한 무정 밖에 없었다. 최용건은 해방 직후부터 북한지역의 무력을 총괄하는 보안국장을 맡아왔기 때문에 사령관으로 임명되었다. 총참모장은 항일연군 출신인 안길이 맡았다. 그는 동북항일연군에서 주로 정치간부로 활동한 인물이다. 안길은 제88독립여단시절에 극동군사령부로부터 군사능력을 인정받아 김일성·김책과 함께 대위계급을 받은 실력자였다.[66] 그는 1945년 11월에 평양학원 창설에 투입되면서 군사부문에 참여하였다.

문화부사령관은 항일연군 출신 김일이 맡았다. 그는 동북항일연군에서 주로 정치위원과 당서기를 맡아 군대의 당사업·지하당사업·반일부대공작에 많은 경험을 가지고 있었다.[67] 특히 그는 군사간부로도 활약했는데, 1937년 보천보전투 당시 지휘관으로 참전했고, 1938년 '고난의 행군' 때는 동북항일연군

---

64 「北朝鮮臨時人民委員會 委員 崔庸健氏 談: 略歷」, 『正路』1946.2.21. 이 자료에 최용건의 약력이 다음과 같이 기록되어 있다. "최용건 장군"은 "운남군관학교를 졸업하고 황포군관학교 교관으로 수많은 애국청년들을 길러냈"으며, "저 유명한 廣州起義에 참가 正指揮하야 대활약"하였고, "권총 한 자루를 가지고 遼河反日遊擊隊를 조직"하였으며, 이 유격대가 "확대되야 동북항일연군 第七軍으로 개편되고 또 그 軍長의 직을 맡게 되었다."

65 와다 하루끼, 『김일성과 만주항일전쟁』, 278쪽.

66 와다 하루끼, 『북조선』, 65~67쪽.

67 김일은 안도현·화룡현을 중심으로 간도일대에서 지하당사업과 반일부대공작을 전개했기 때문에 풍부한 정치사업경험을 가지고 있었다. 그는 김일성이 "나의 오른팔"이라고 부를만큼 김일성의 직계인물이었다. 김일성, 『세기와 더불어』6권, 261~269쪽.

제2방면군 제8연대와 독립대대를 단독으로 지휘했다.[68] 또한 그는 제88독립여단시절에 소련 극동군사령부로부터 군사능력을 인정받아 상위계급으로 참모장을 보좌했던 대표적인 중간간부였다.[69] 해방 이후에도 창당사업에 투입되어 북조선분국 평북도당 책임비서를 맡았다. 그는 보안간부훈련소에서 문화부소장으로 임명되었는데, 이때부터 군대의 정치사상부문을 전담해 왔다.

포병부사령관은 의용군 출신 무정이 임명되었다. 그는 중국 보정군관학교 포병과를 졸업하고 팔로군총사령부 초대 포병부대장을 역임한 저명한 포병지휘관이다. 무정은 조선의용군 총사령관으로 입북해서 조선공산당 북조선분국의 간부부장을 맡았는데, 정치적 능력이 부족해서 곧 교체되었다. 그는 대대부가 창설되면서 처음으로 군사부문에 들어왔지만, 해방 이전 경력에 비해 낮은 직책에 임명되었다.

후방부사령관[70]은 고려인 최홍극이 임명되었다. 그는 군사경력이 없고 입북 직후부터 『쏘베트신보』 신문사에서 활동했다. 그는 후방부문에 근무한 경력이 없는 인물로, 소련군사령부에서 대대부로 파견된 인물이다. 간부부장은 의용군 출신 리림이 맡았다. 그는 1930년대에 동북항일연군에서 활동하였고, 모스크바 공산대학을 졸업한 이후 1939년부터 중국 연안에서 활동한 인물이다. 리림은 1945년 연안의 조선인 200여 명에 대한 밀정색출 겸 간부심사때 심사총책임 박일우의 지휘 아래 문정일(文正一)·서휘(徐輝)·주혁(朱革)와 함께 간부심사의 실무를 맡았던 인물이다.[71] 리림의 입북 직후 활동내역은 알려진 바

---

68 림춘추, 『항일무장투쟁시기를 회상하여』, 175; 233쪽.

69 와다 하루끼, 『북조선』, 65쪽.

70 인민군의 후방부는 국군의 군수처에 해당하는 부서이다. 군사정보부대 편, 『북괴군사술어집』, 군사정보부대, 1965, 111쪽.

71 이들이 심사 실무자로 배치된 이유는 리림은 소련에서 온 사람들의 내부사정을 잘 알고, 주혁은 조선민족혁명당에서 올라온 사람들의 사정을 잘 알며, 문정일은 조선청년전위동맹 출신을 잘 알았기 때문이다. 염인호, 『조선의용군의 독립운동』, 304쪽 각주 67번.

없다. 그가 간부부장에 임명된 것은 소련유학 경험이 있고, 동북항일연군과 조선의용군에서 두루 활동해서 양측의 인물을 잘 알고 있었기 때문이다. 또한 연안시절에 간부심사를 통해 독립동맹·의용군 출신들의 과거 경력을 상세히 파악하고 있었다는 점도 고려되었다.

작전부장은 의용군 출신 류신이 임명되었다. 그는 조선의용대 초기 대원으로 입대해 오랫동안 대일전에 참전했고, 화북청년연합회(華北青年聯合會)에서 정치간부로 활동했다. 그가 작전부장에 임명된 것은 오랫동안 대일전에 직접 참전한 경력을 고려한 것으로 보인다. 통신부장은 항일연군 출신 박영순이 맡았다. 그가 통신부장에 임명된 것은 소련군 첩보부대에서 통신교육을 받았고, 첩보활동을 수행하면서 소련군 통신체계에 익숙한 인물이었기 때문이다. 통신부부장은 고려인 리청송이 맡았다. 그는 제88독립여단에서 소련군 상사로 복무하면서 항일연군 출신들과 긴밀한 관계를 형성했다. 통신부부장에 임명된 것은 그가 소련군 통신학교 출신이기 때문이다. 그는 대대부 창설과정에서 처음으로 군사부문에 투입되었다.

공병부장은 고려인 황호림이 맡았다. 그는 레닌그라드전투공병학교를 졸업했고, 그후 소련군 군사보병학교 공병과목 교수와 공병부대 부대대장으로 근무했다. 대대부 창설 당시에는 이 같은 공병장교 경력 때문에 공병부장으로 임명되었다. 공병부부장 박길남도 고려인이다. 그는 소련군 사관학교를 졸업하고 2년간 노농적군에서 근무한 경력을 가지고 있다. 박길남은 극동군사령부로부터 군사능력을 인정받아 제88독립여단의 고려인 중에서 리동화 소좌 다음으로 높은 계급인 특무상사로서 소대장을 맡았다.[72] 그는 입북 직후에 레베데프 소장의 통역관으로 활동하다가 대대부가 창설되자 처음으로 군사부문에 투입되었다. 박길남은 공병에서 근무한 경력은 없지만, 러시아어가 가능했기 때문

72 제88특별정찰여단장 저우바오중(周保中), 참모장 치린스키, 「조선에서의 사업을 위해 브야츠크촌 제88특별정찰여단에 있는 소련 출신 조선인 명단」(1945.8.31), ЦАМО, ф. 2, оп. 1921, д. 2, л. 15, 김국후, 『평양의 소련군정』, 65쪽에서 재인용.

에 소련군의 공병체계를 도입하는 데 무리가 없었을 것이다. 정찰부장은 고려인 최원이 임명되었다. 그가 정찰부장에 임명된 것은 소련군 정찰학교를 졸업한 정찰요원 출신이기 때문이다.

대열부장[73]은 문종목이 맡았다. 그는 황포군관학교의 후신인 광동군사정치학교(廣東軍事政治學校)를 졸업하고 중국국민당에서 활동하다가 중국공산당에 입당해서 상해를 무대로 반제동맹 활동을 펼쳤다.[74] 문종목은 정규 군관학교를 졸업했으며, 조선공산당이나 연안에서 활동하지 않아 뚜렷한 파벌이 없는 인물이었다. 대열부문과 관련해서는 국민당에서 당무과원으로 근무한 경력이 있다. 정치보위부장 박응익은 모스크바공산대학을 졸업한 투철한 공산주의자였기 때문에 이 직책에 임명되었다. 검찰소장 김학인은 고려인이다. 그는 카자흐스탄종합대학 법학부를 졸업하고 알마타주검찰청에서 형사소송과 검사로 근무한 소련 검찰 출신이다. 그는 북조선임시인민위원회의 요청에 따라 1946년 9월 10일에 소련공산당 정치국에서 파견한 전문가 37명 중 한 명이었다.[75] 그는 소련공산당원으로 카자흐스탄 국가안전성(MGB)의 엄격한 검열을 거쳐서 10월 24일에 북한에 파견되었다.[76] 그가 검찰소장에 임명된 것은 종합대학 법학부를 졸업했고 소련 검찰에서 근무했기 때문이다.

대대부의 간부는 고려인이 6명, 항일연군 출신이 4명, 의용군 출신이 3명, 국내공산주의자가 2명이다. 대대부 간부 중에는 고려인이 가장 많았다. 특히

---

73 인민군의 대열부는 연대급 이상 참모부에 있는 사병 인사업무 처리부서이다. 군사정보부대 편, 『북괴군사술어집』, 39쪽.

74 「全中國쏘베트大會 朝鮮代表公判廻附」, 『동아일보』1932.1.12; 「中國勞農代表 文宗穆公判」, 『동아일보』1932.1.30.

75 「소비에트사회주의공화국연방 국적의 조선인 전문가들의 북조선임시인민위원회 파견에 대하여」(1946.9.10), 러시아연방국립사회정치사문서보관소(РГАСПИ), ф. 17, оп. 162, д. 38, л. 137.

76 장학봉의 미간행 원고에는 김학인의 출생년도가 1913년으로 기록되어 있으나, 러시아연방국립사회정치사문서보관소(РГАСПИ)의 파견명단에는 1917년으로 기록되어 있다. Ж. Г. Сон, *Советские корейцы и КНДР*(1946-1948).

통신부부장 리청송, 공병부부장 박길남은 항일연군 출신과 함께 소련 극동군 제88독립여단에서 활동한 인물이며, 둘 다 중졸 학력을 가진 소련공산당원이었다.[77] 이처럼 제88독립여단 출신의 고려인들은 다른 고려인과 달리 창설 초기부터 군사지휘기관에 적극적으로 인입되었다.

대대부에 임명된 고려인들은 북한정치세력이 독자적으로 임명한 것이 아니라 소련군이 대대부로 파견한 인물이다. 당시 고려인들은 모두 제25군에 소속되어 있었기 때문에 제25군사령부의 명령없이 북한측 군사지휘기관이나 부대에 배치될 수 없었다. 예를 들어 황호림은 소련군 제1근위탱크군 제8기계화사단 제21기계화여단 공병연대장으로 근무하다가 11월에 제25군에 배속되어 대대부 공병부장으로 임명되었다. 박길남은 입북 이후에 제25군 군사위원 레베데프 소장의 통역관으로 근무하다가 대대부로 파견되어 공병부부장에 임명되었다. 소련군사령부는 대대부에 고려인을 파견해 군사지휘기관 구축을 지원했을 뿐 아니라 고려인들을 통해 대대부를 간접적으로 통제하고자 했다. 이와 함께 북한정치세력의 입장에서도 소련군사령부의 지지를 받는 고려인들은 창군사업에 중요한 인재였다.

대대부 간부의 정치적 경력을 살펴보면, 항일연군 출신, 의용군 출신, 고려인, 국내공산주의자가 모두 임명되었다. 그러나 임명된 직책을 세밀히 살펴보면 이들 사이에 역할분담이 있었다는 사실을 알 수 있다. 항일연군 출신은 총사령관, 문화부사령관, 총참모장, 통신부장을 맡았다. 의용군 출신은 포병부사령관, 간부부장, 작전부장을 맡았다. 고려인은 후방부사령관, 부총참모장, 공병부장, 정찰부장, 공병부부장, 통신부부장, 검찰소장을 맡았다. 국내공산주의자는 대열부문과 방첩부문을 맡았다. 항일연군 출신은 인민군을 총지휘하는 사령관과 총참모장, 인민군의 정치문화사업을 맡았고, 통신부는 박영순의 개인

---

77 제88특별정찰여단장 저우바오중(周保中), 참모장 치린스키, 「조선에서의 사업을 위해 브야츠크촌 제88특별정찰여단에 있는 소련 출신 조선인 명단」(1945.8.31), 김국후, 『평양의 소련군정』, 65쪽에서 재인용.

적 경력이 반영되었다. 의용군 출신은 개인적 경력이 반영되어 포병부문과 작전부문을 맡았고, 인사권을 담당하는 간부부장을 맡았다. 고려인들은 개인적 경력이 반영되어 공병부장, 정찰부장, 공병부부장, 통신부부장, 검찰소장을 맡았다. 이에 비해 후방부사령관과 부총참모장은 관련 부문의 경력이 없는 인물들이 배치되었다.

대대부 간부구성의 가장 큰 특징은 항일연군 출신이 대대부의 핵심직책인 총사령관·총참모장·문화부사령관을 모두 담당했다는 점이다. 항일연군 출신은 이를 통해 제1단계 창군과정부터 군대의 지휘권과 정치사상사업을 장악하였다. 이와 함께 조직운영의 실권 중 하나인 인사권은 의용군 출신이 담당했다. 이는 당시 보안기구에 중국에서 입북한 조선인들이 많았고, 향후에도 만주에서 조선인병력이 입북할 가능성이 높았기 때문에 이들과 인적 연결망을 가지고 있는 의용군 출신이 간부부장을 맡은 것이다. 또한 의용군 출신이 인사권을 담당함으로써 자기세력의 인물을 군대의 요직에 배치할 가능성도 있었다. 그러나 대대부의 상급간부에 대한 인사권은 북조선로동당이 보유하고 있었기 때문에 대대부 간부부장의 인사권은 제한적이었다.

고려인들은 대대부의 최대세력이었다. 이들은 소련군 신분으로 제25군사령부에 의해 대대부에 파견되었기 때문에 정치세력으로서 결집력이 약했다. 또한 고려인들은 소련군 군인이자 대대부 간부라는 이중적 지위를 가지고 있었기 때문에 군대의 지휘권에 접근할 수 없었다. 이들의 군사적 지위는 향후 북·소관계의 변화에 따라 변동될 가능성이 높았다.

당·군의 정치연합체제 출현과 군사적 요소

대대부의 간부는 여러 정치세력으로 구분할 수 있지만, 이들은 모두 공산주의자 또는 친소세력이었다. 항일연군 출신·의용군 출신·국내공산주의자들은 해방 이전부터 대부분 공산주의자였고, 고려인들은 소련군사령부에 소속되어 있었다. 고려인 중 박길남·리청송은 소련공산당원이었다.[78] 물론 최용건은 조선민주당 당원이었으나 그의 정체성은 공산당에 있었다. 북한정치세력은 대대부 창설 당시에 임시인민위원회를 수립하고 토지개혁을 통해 제1단계 인민민주주의혁명을 추진하고 있었다. 이들은 토지개혁을 통해 친일파와 지주계급을 제거했지만, 1946년 7월 22일에 북조선민주주의민족통일전선을 결성해 오히려 통일전선의 외연을 확장하였다.[79] 그러나 군사지휘기관인 대대부는 친소·친공세력이 확고히 장악하고 있었다. 보안국시기부터 시작된 공산주의자들의 군사지휘기관 장악은 대대부에서도 계속 관철되었다. 이들이 군사지휘기관을 계속 장악한 것은 군대의 장악이 인민민주주의혁명을 프롤레타리아 독재로 발전시킬 수 있는 주요요소 중 하나였기 때문이다.[80] 북한정치세력은 1946년 7월 시점에 전체적으로 통일전선의 외연을 확장했으나, 군사지휘기관에 구현된 통일전선은 공산주의자와 친소·친공세력으로 협소화되어 있었다. 이들은 군대를 확고히 장악함으로써 인민민주주의혁명을 제2단계로 발전시키려고 하였다.

대대부 창설 이후 북조선로동당은 군사간부 배치와 관련해 중요한 결정을 내렸다. 북조선로동당 중앙상무위원회는 1946년 10월 21일에 제9차 회의를 개최해서 「간부배치 및 이동에 관하여」라는 결정서를 채택했다. 이 결정서의 내용은 "각급 당단체 및 사회단체에서 로동당원으로서 활동하는 간부들의 공작배치 및 이동에 관한 규정"이었다. 중앙상무위원회는 당단체와 사회단체별로 중앙당 간부부와 도당 간부부에서 취급해야 할 간부를 구분했다. 이중에

---

78 김국후, 『평양의 소련군정』, 65쪽.

79 북조선민주주의민족통일전선에는 북조선공산당·조선민주당·조선신민당·천도교청우당 등 북한 지역의 모든 정당과 13개 사회단체가 가입했다. 「해방 이후 4년간의 국내외중요일지」, 『북한관계사료집』 7권, 632쪽.

80 그밖의 요소는 공산당의 지도적 역할, 공산당의 정부 참가, 산업의 국유화, 낡은 국가기관의 분쇄와 프롤레타리아로 구성된 새로운 국가기관의 창설 등이다. 소볼레프·콘스탄티노프 외, 『반제민족통일전선 연구』, 184쪽.

서 "군대기관에서 일하는 간부들은 하급당부에서 취급하지 못한다"라고 규정했다.[81] 이 결정에 따라 군대 간부의 배치와 이동은 오직 중앙당 간부부에서만 취급할 수 있었다.

간부취급규정은 군사지휘기관이 창설된 이후, 노동당이 군사간부를 장악하고 인물의 경력·능력에 따라 전체 군사부문에 효율적으로 배치하기 위한 조치였다. 또한 이 규정은 군대에 노동당의 영향력을 강화하기 위한 조치였다. 노동당은 이 결정을 통해 군대·당·사회단체의 인사권을 장악했다. 그 결과 노동당은 정권기관·사회단체 간부의 인사권을 장악해 당의 영향력을 강화하는 초보적인 형태의 소련식 '노멘클라투라(Nomenclatura)' 시스템을 구축했다.[82] 노동당은 특히 군사간부를 중앙당에서만 취급하도록 규정함으로써 군대에 노멘클라투라 시스템을 강화했다. 이를 통해 북조선로동당은 국가건설과정에서 1946년 10월 시점에 '당=국가체제'의 초보적 형태를 구축하였다.

노동당의 군대에 대한 영향력은 군사간부들이 노동당 중앙당의 간부로 선출되면서 더욱 강화되었다. 북한지역에서는 1946년 8월 28~30일까지 북조선로동당 창립대회가 개최되었다.[83] 노동당 위원장은 김두봉, 부위원장은 김일성과 주녕하(朱寧河)가 임명되었다. 당의 최고지도기구인 당정치위원회 정치위원은 김두봉, 김일성, 주녕하, 허가이(許哥而), 최창익으로 구성되었다. 또한 13명의 상무위원이 선출되었다. 상무위원을 경력별로 구분해보면, 항일연군 출신은 김일성, 김책 2명이 선출되었다. 의용군 출신은 김두봉, 최창익, 김교영(金敎英), 박일우, 김창만(金昌滿), 박효삼 등 6명이 선출되었다. 고려인은 허가이, 태성

---

81 「간부배치 및 이동에 관하여-북조선로동당 중앙상무위원회 제9차 회의 결정서」(1946.10.21), 『북한관계사료집』30권, 36~37쪽.

82 노멘클라투라는 소련공산당에서 각급 당의 모든 관직을 임명하는 원칙을 담고 있는 목록(List)을 뜻한다. 노멘클라투라에는 각급 관직을 임명하는 데 어떤 사람의 동의가 필요한지 기록되어 있다. 소련공산당은 노멘클라투라 시스템에 따른 임명권을 가지고 당기구의 핵심부를 포함해서 광범위한 영역에 걸쳐 통제력을 장악했다. 레오날드 샤피로 저, 양흥모 역, 『蘇聯共産黨史』, 문학예술사, 1986, 529쪽.

83 金柱炫, 「北朝鮮勞動黨의 誕生」, 『근로자』창간호, 로동신문사, 1946.10.25, 38쪽.

수(太成洙) 2명이 선출되었고, 국내공산주의자는 주녕하, 박정애(朴正愛), 오기섭 등 3명이 선출되었다.[84]

노동당 수뇌부는 전 조선신민당 당수 김두봉을 위원장으로 하고, 전 조선공산당 북조선분국 책임비서 김일성과 북조선분국 조직부장 주녕하를 부위원장으로 해서 구성되었다. 노동당의 정치위원회는 항일연군 출신 1명(김일성), 의용군 출신 2명(김두봉·최창익), 고려인 1명(허가이), 국내공산주의자 1명(주녕하)으로 구성되었다. 노동당의 상무위원회는 의용군 출신 6명, 국내공산주의자 3명, 항일연군 출신·고려인 각 2명으로 구성되었다. 당정치위원회는 당의 정책과 노선을 결정하고 일상적인 정치지도를 담당하는 최고지도기관이었고, 당상무위원회는 일상적인 당사업을 주관하고 집행하는 기관이었다. 당중앙위원회는 당대회 휴회기간 중 노동당의 최고기관이었다.[85]

창립대회에서는 43명의 당중앙위원이 선출되었다. 중앙위원을 정치세력별로 구분하면, 항일연군 출신은 김일성, 김책, 안길, 김일 등 4명이 선출되었다. 독립동맹·의용군 출신은 김두봉, 최창익, 김창만, 허정숙, 무정, 리춘암, 김려필, 박효삼, 윤공흠, 김민산, 박훈일, 박일우, 김교영, 명희조, 한빈, 림해, 리종익, 김월송, 임도준 등 19명이 선출되었다. 고려인은 허가이, 박창식, 김영태, 김렬, 김재욱, 한일무, 태성수, 전성화 등 8명이 선출되었다. 국내공산주의자는 주녕하, 박정애, 장순명, 한설야, 최경덕, 강진건, 장시우, 오기섭, 리순근, 장종식, 정두

---

84 金柱炫, 「北朝鮮勞動黨의 誕生」, 『근로자』 창간호, 47~48쪽; 「북조선로동당 창립대회 회의록」, 『북한관계사료집』 1권, 176쪽.

85 북조선로동당중앙본부, 『북조선로동당 강령·규약』, 북조선로동당, 1948, 47~48쪽, NARA, RG 242, SA 2010, Box 5, Item 177.

현, 김욱진 등 12명이 선출되었다.[86] 중앙위원은 의용군 출신이 가장 많았는데, 항일연군 출신의 5배, 고려인의 2배에 달했다. 다음으로 국내공산주의자와 고려인이 많았으며 항일연군 출신이 가장 적었다.

따라서 1946년 8월 당시 북조선로동당의 지도기관·집행기관·최고기관은 모두 항일연군 출신·의용군 출신·고려인·국내공산주의자로 구성되어 있었다. 노동당의 위원장은 김두봉이었지만, 그는 당의 실질적인 지도자가 아니었다. 노동당 창립대회에 참가한 당대표들은 창립보고가 끝난 후 "로동당의 주위에, 김일성 동지의 주위에 더욱 튼튼히 뭉치자"라고 맹세했다.[87] 그러나 창당 당시 노동당의 세력구성을 보면, 당정치위원회·당상무위원회·당중앙위원회는 의용군 출신이 가장 많았고, 항일연군 출신이 가장 적었다. 그러므로 북조선로동당은 창당 당시에 김일성이 최고지도자로 추대된 가운데, 항일연군 출신·의용군 출신·고려인·국내공산주의자로 구성된 정치연합체제였다. 이들 중에서 노동당의 정치지도기관·사업집행기관·최고기관에서 최대의 정치세력은 의용군 출신이었다.

중앙당 간부 중에서 당의 인사권을 담당하는 간부부장은 의용군 출신 박일우가 맡았다. 그후 박일우는 임시인민위원회 보안국장으로 임명되었는데, 후

---

86 「북조선로동당 창립대회 회의록」, 『북한관계사료집』1권, 176쪽. 정치세력별 분류는 다음 책을 참고하였다(와다 하루끼, 『김일성과 만주항일전쟁』, 305~306쪽; 서동만, 『북조선사회주의체제성립사』, 178~179쪽). 와다 하루끼는 정두현·임도준·김욱진·리종익·김월송을 정치세력 불명으로 분류했고, 서동만은 임도준을 의용군 출신으로 분류하고 정두현과 김욱진을 불명으로 분류했다. 김월송과 리종익은 신민당 중앙집행위원이었다(「朝鮮新民黨 中央執行委員 名單」(1946.6.26), 『북한관계사료집』26권, 51~53쪽). 김욱진은 해방 직후에 현준혁과 함께 평남에서 활동을 재개한 국내공산주의자이다. 김욱진은 1945년 10월 20일에 북조선분국에서 청년부장으로 임명되었다(김광운, 『북한정치사연구』1, 95~96; 169쪽). 정두현은 대만의 臺北帝國大學 의학과를 졸업한 생리학 의사로, 3·1운동에 참여했다가 투옥되었고 반일단체인 평양청년회 회장을 역임했다. 그는 해방 직후부터 평양의학전문학교 교장으로 재직했다(정두현, 「리력서·자서전」(1948.10.23), 평양의학대학, 『평양의학대학 교직원이력서』, 평양의학대학, 1949, 국사편찬위원회 소장 노획문서).

87 金柱炫, 「北朝鮮勞動黨의 誕生」, 『근로자』창간호, 44쪽.

임 중앙당 간부부장도 독립동맹 출신 허정숙이 임명되었다.[88] 당시 군사지휘기관인 대대부의 간부부장은 의용군 출신 리림이 맡고 있었다. 따라서 조선의용군 출신은 1946년 8월부터 노동당의 최대정치세력이었을 뿐만 아니라 당과 군대의 인사권을 모두 장악하였다. 이를 기반으로 의용군 출신은 자신들의 세력을 당과 군대에 급속히 확산시켰다.

북조선로동당 창립대회에서는 군사간부들도 중앙위원으로 선출되었다. 중앙위원으로 선출된 군사간부는 당서열 11위 김책(평양학원 원장), 12위 무정(대대부 포병부사령관), 14위 안길(대대부 총참모장), 16위 김일(대대부 문화부사령관), 17위 박효삼(중앙보안간부학교 교장), 33위 림해(문화부사단장) 등 6명이다.[89] 후에 내무국장에 임명되는 박일우는 당서열 25위로 선출되었지만, 당시에는 군사분야에 들어오지 않고 노동당 간부부장을 맡고 있었다.[90] 그는 창립대회에서 대표심사위원회 위원장을 맡아 당대표 심사결과를 보고하였다.[91] 대대부 사령관인 최용건은 1946년 2월 24일부터 조선민주당 당수를 맡고 있었으므로 이 명단에 없다.[92]

중앙위원의 명단을 보면 당서열 20위 안에 군사간부가 5명이나 포함되어

---

88 북조선인민회의 상임위원회, 『北朝鮮人民會議 第一次會議 會議錄』, 48쪽; 「강계군 당단체의 사업 정형에 대하여-북조선로동당 중앙상무위원회 제15차 회의 결정서」(1946.12.4), 『북한관계사료집』30권, 63쪽.

89 「북조선로동당 창립대회 회의록」, 『북한관계사료집』1권, 176쪽. 서동만은 중앙위원 중에 리춘암과 김려필을 군사간부로 분류했다(서동만, 『북조선사회주의체제성립사』, 183쪽). 그러나 리춘암은 1947년 2월 내무국이 창설된 이후에 경비처장을 맡으면서 군사부문에 들어왔다(HQ, USAFIK, *ISNK*, No.47(1947.10.15~10.30), 『북한정보요약』2, 462쪽). 김려필은 일제시기에 학교 교장을 역임했고 해방 이후에도 평양시 종로인민학교 교장으로 활동한 인물이다. 그는 조선신민당 중앙집행위원을 맡은 이래 당간부로 활동했으며 군사간부로 임명된 적이 없다(「朝鮮新民黨 中央執行委員 名單」(1946.6.26), 『북한관계사료집』26권, 52쪽).

90 북조선인민회의 상임위원회, 『北朝鮮人民會議 第一次會議 會議錄』, 48쪽.

91 金柱炫, 「北朝鮮勞動黨의 誕生」, 『근로자』창간호, 43쪽.

92 「해방 이후 4년간의 국내외중요일지」, 『북한관계사료집』7권, 594; 598쪽.

있다. 이것은 당과 군대가 창설 당시부터 밀접히 연결되어 있었다는 사실과, 중앙위원인 군사간부를 통해 군대를 통제하려는 노동당의 의도를 보여준다. 중앙위원으로 선출된 군사간부는 대대부 부사령관 이상급과 군사학교의 교장이다. 반면에 북조선임시인민위원회 보안국 간부는 한명도 중앙위원으로 선출되지 못했다. 창당 당시 노동당은 군사지휘기관과 군관양성기관에 대한 당적 통제를 중시했다. 이에 비해 경찰업무와 군사업무를 수행하는 보안국에 대한 당적 통제는 상대적으로 미약했다.

중앙위원으로 선출된 군사간부는 항일연군 출신 3명(김책·안길·김일), 의용군 출신 3명(무정·박효삼·림해)이다. 그러나 항일연군 출신의 당서열이 의용군 출신보다 높았다. 이것은 군사간부에 대한 노동당의 평가에서 항일연군 출신이 우위를 점하고 있다는 사실을 보여준다. 이에 비해 군사간부로 있던 고려인들은 한명도 중앙위원으로 진출하지 못했다. 군사간부 중에 항일연군 출신의 제1인자는 최용건이었고 제2인자는 김책이었다. 최용건은 민주당원이므로 노동당 내부에 국한하면, 항일연군 출신의 제1인자는 김책, 제2인자는 안길이었다. 군사간부 중 의용군 출신의 제1인자는 무정이었고 제2인자는 박효삼이었다.

창당 당시 북조선로동당 중앙당은 항일연군 출신·의용군 출신·고려인·국내공산주의자들의 정치연합체제였으며, 의용군 출신이 가장 많았고, 항일연군 출신이 가장 적었다. 앞에서 확인한 대대부의 간부는 고려인이 6명, 항일연군 출신이 4명, 의용군 출신이 3명, 국내공산주의자가 2명이었다. 그러나 중앙당에 진출한 군사간부는 항일연군 출신 3명과 의용군 출신 2명뿐이었고, 이 가운데 항일연군 출신의 당서열이 더 높았다. 군대는 중앙당과 달리 항일연군 출신의 당적 지위가 가장 높았고, 중앙당의 정책과 노선은 모두 항일연군 출신과 의용군 출신의 중앙위원을 통해 군대에 관철되었다. 이에 비해 북조선로동당 창당 당시 고려인과 국내출신의 군사간부들은 중앙당에 진출하지 못하면서 당군관계의 중심에서 제외되었다. 당과 군대의 정치세력관계를 정리해 보면, 창당 당시 북조선로동당 중앙당과 군대는 모두 다양한 정치세력으로 구성된 정치연합체제였다. 이들 중에서 항일연군 출신은 노동당이 아니라 바로

군대에서 당적·군사적 우위를 확보하고 있었다. 이들은 군대에서 확보한 당적·군사적 우위를 토대로 정치질서의 헤게모니를 장악해 나갔다.

대대부가 창설될 당시 군대에는 여러 국가의 군사적 요소가 혼재되어 있었다. 대대부시기에 북한정치세력 내부에서는 군사교육방식을 둘러싸고 상당한 논쟁이 전개되었다. 항일연군 출신은 당시 평양학원·중앙보안간부학교·수상보안간부학교 등 "군사교육기관에 기여든 사대주의, 교조주의에 물젖은 종파분자들이 '일본식'이요, '연안식'이요 하면서 학교교수사업에 적지않은 혼란을 조성하고 있었"으며, "남의 리론과 경험을 군사학교의 교육사업에 통째로 옮겨놓으려 하였다"라고 회고하였다. 또한 구령까지도 '기척, 우향우, 좌향좌하면서 일본군에서 쓰던 것을 그대로 직역해 쓰고 있었다'라고 비판하였다.[93] 이들이 언급한 일본식은 일본군·만주군 출신들이 주장한 군사교육방식, 연안식은 조선의용군 출신들이 주장한 군사교육방식을 말한다. 이것은 반대로 창군 초기에 군대 내부에서 일본군·만주군 출신과 조선의용군 출신이 상당한 영향을 끼치고 있었다는 사실을 증명한다.

이와 함께 중앙보안간부학교 창설 당시에 학교에서 만든 교육강령에는 학생들의 교육기간이 3년으로 설정되어 있었다. 그러나 김일성은 이 교육강령이 다른 나라의 것을 그대로 도입한 것이기 때문에 우리나라의 실정에 맞지 않는다면서 3년의 교육기간을 1년으로 변경하였다. 그 이유는 남북이 분할 점령된 상태에서 군사간부를 양성하는 데 3년이란 기간이 지나치게 길다는 판단 때문이었다. 김일성을 비롯한 항일연군 출신은 중앙보안간부학교의 교육기간을 1년으로 관철시켰다.[94] 여기서 말하는 '다른 나라'는 3년제로 군사아카데미를 운영하는 소련이었다. 3년제를 주장한 사람들은 소련에서 입북한 고려인들이었을 것이다.

---

93 김일 외, 『붉은 해발아래 창조와 건설의 40년』1, 360쪽.

94 김일 외, 『붉은 해발아래 창조와 건설의 40년』1, 361~362쪽.

대대부시기 군사교육방식을 둘러싼 논쟁은 몇 가지 중요한 시사점을 보여준다. 창군 초기에 북한정치세력 내부에서는 인민군의 군사교육방식을 둘러싸고 일본군식, 중국군식, 소련군식을 채택하자는 주장들이 표출되었다. 이 논쟁은 후대까지 회고될 만큼 상호 간의 인식에 있어서 큰 견해차가 있었다. 그리고 당시까지 일본군·만주군 출신, 의용군 출신, 고려인들은 대대부 내부에서 각각 상당한 발언권을 행사하고 있었다.

군사교육방식은 대대부시기에 일차적으로 결정되었다. 기존에 쓰여온 일본군식 구령은 비판받았고, 중앙보안간부학교의 교육기간은 소련군사아카데미의 교육기간이 아닌 새로운 1년제 교육기간이 채택되었다. 소련군이 점령하고 있음에도 불구하고 북한의 군대에는 소련식 군사문화가 일방적으로 이식되지 않았으며, 이것이 북한식으로 변화되었다. 일본군의 군사문화는 대대부시기에도 여전히 남아 있었지만, 점차 군대 내부에서 제거되기 시작했다. 항일연군 출신은 의용군 출신과 고려인들의 이견에도 불구하고, 북한식 군사교육방식을 관철시켰다. 이것이 가능했던 이유는 항일연군 출신이 창군사업의 주도권과 대대부의 최고지휘권을 장악하고 있었기 때문이다.

1946년 8월 15일에 보안간부훈련대대부가 창설되면서 인민군의 군사적 특징은 첫 번째 전환점을 맞게 되었다. 무엇보다 1946년 9월부터 대대부에 소련 군사고문이 배치되면서 소련군의 군사적 요소가 본격적으로 도입되기 시작하였다. 대대부에는 2명의 장군을 포함해 총 343명의 소련 장교가 군사고문으로 배치되었다. 대대부 초기에는 연대와 대대급에 군사고문이 배치되었고, 이후 점차 중대에도 군사고문이 배치되기 시작했다.[95] 군사고문은 부대에서 소련군의 군사교리에 입각해 이론교육과 군사훈련을 실시함으로써 인민군을 소련군의 체계로 육성하였다. 또한 보안간부훈련소에는 소련군의 문서양식과 군사교재가 번역되어 공식적인 문서와 교재로 활용되었으며, 12월부터 소련제무기

---

95 신범식, 「소련의 북한 군사지원」, 569쪽; 안승환, 「주북한 소련군사고문단」, 368; 370; 406쪽.

가 양도되었다. 이후 보안간부훈련소의 편제와 운영, 교육과 훈련은 점차 소련군체계와 유사한 형태를 띄게 되었다.

대대부시기에 들어오면서 중국군·일본군의 군사적 요소는 점차 제거되었고, 이를 대신해 소련군의 군사적 요소가 채워졌다. 먼저 대대부는 부대에서 사용해온 일본제무기를 회수하기 시작했다. 그리고 기존에 일본군의 군사교범을 토대로 만들어진 기초훈련교범·군사용어·구령법·병기명칭을 소련군 방식을 토대로 새롭게 제정하였다. 다음으로 대대부는 부대의 내무근무표·훈련계획표·위병근무·각종 공병학·각종 통계표도 소련군의 교재·교범을 토대로 우리말로 번역해 사용하였다.[96] 예를 들어, 대대부는 1947년 1월에 소련군의 『내무규정』·『교육제강』을 번역해 2월부터 각 보안간부훈련소·군사학교·기관에 지급했다. 다만, 대대부는 이 교재에 대해 "번역의 부정확 급 인쇄의 오쇄(誤刷) 등이 있을 것을 면치 못할 것이니 단지 참고재료로 제출"한다는 단서를 붙였다.[97] 또한 월북한 여운형그룹이 대대부 창설과정에 참여해 일본 전범령(典範令)을 기초로 소련식 약식교범을 제정했고, 중국군·소련군·독일군·일본군·프랑스군의 제복을 참고해 새로운 인민군 장교제복을 도안했다.[98]

한편 대대부는 중국군 방식으로 부대를 운영하던 의용군 출신 간부들을 정책적으로 중앙보안간부학교에 입학시켜 소련식 군사교리를 학습하도록 조치했다. 이들은 평양학원에서 번역한 소련군사교범에 근거해 제식·체육·창병·전술학·지형학 등을 모두 소련식으로 학습받았다. 또한 정치사상교육도 소련공산당사 등 완전히 소련식 정치사상을 학습받았다. 교관은 주로 소련에서 훈련받은 고려인들이었다. 의용군 출신 간부들은 중앙보안간부학교에서 재

---

96 주영복, 『내가 겪은 조선전쟁』1, 84~86쪽.

97 保安幹部訓練大隊部 參謀部, 「序言」, 『內務規定·教育提綱綴』, 保安幹部訓練大隊部, 1947.1, NARA, RG 242, SA 2009, Box 2, Item 40.

98 방원철, 『방원철회고록-人民軍 創設에 참여한 前後이야기』, 미간행원고, 1987, 193~199쪽.

〈그림 27〉 보안간부훈련대대부의 구령법 개정(1947.1)

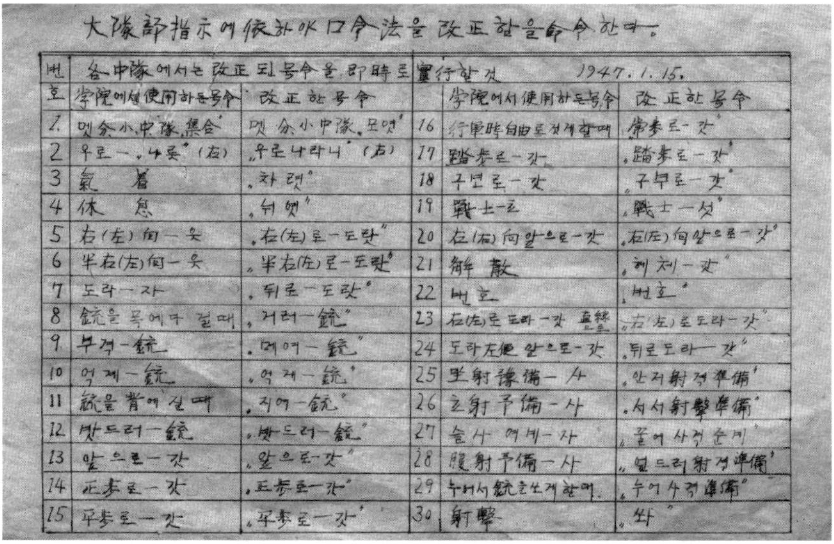

大隊部指示에 依하야 口令法을 改正함을 命令한다.

各中隊에서는 改正된 號令을 即時로 實行할 것 1947. 1. 15.

번호	學院에서 使用하든 號令	改正한 號令	번호	學院에서 使用하든 號令	改正한 號令
1	멫 分 小中隊 集合	멫 分 小中隊 모엿	16	行軍時 自由로 걸게 할때	常步로-갓
2	우로-나룻(右)	우로 나라니(右)	17	踏步로-갓	踏步로-갓
3	氣 着	차렷	18	구보로-갓	구보로-갓
4	休 息	쉬엿	19	戰士-立	戰士-섯
5	右(左) 向-웃	右(左)로-도랏	20	右(左) 向 앞으로-갓	右(左) 向 앞으로-갓
6	半右(左)向-웃	半右(左)로-도랏	21	解 散	헤처-갓
7	도라-자	뒤로-도랏	22	번호	번호
8	銃을 목에다 걸때	거러-銃	23	右(左)로 도라-갓 直線으로	右(左)로 도라-갓
9	부격-銃	메여-銃	24	도라 左便 앞으로-갓	뒤로 도라-갓
10	억제-銃	억게-銃	25	坐射豫備-사	안저 射격準備
11	銃을 背에 실때	지여-銃	26	立射予備-사	서서 射擊準備
12	밧드러-銃	밧드러-銃	27	슬사 예비-자	꿀어 사격 준비
13	앞으로-갓	앞으로-갓	28	腹射予備-사	엎드려 射격準備
14	正步로-갓	正步로-갓	29	누어서 銃을 쏘게 할때	누어 사격準備
15	平步로-갓	平步로-갓	30	射擊	쏴

비고 평양학원에서 1947년 1월 15일에 보안간부훈련대대부의 지시에 따라 개정된 구령법을 각 중대에서 즉시 실행하라고 명령한 문서이다.

출처 朴英根, 『各個敎鍊號令』, 無線中隊 第3小隊, 1947.1.15, NARA, RG 242, SA 2009, Box 2, Item 126.

교육을 완료한 다음에 일선 부대에 재배치되었다.[99]

당시 중앙보안간부학교 교장은 의용군 출신 박효삼이었지만, 중국에서 입북한 간부들은 중앙보안간부학교에서 정치사상부터 군사교리까지 모두 소련군 방식으로 재교육되었다. 이것은 제1단계 창군과정부터 향후 정규군의 모델이 소련군으로 설정되었고, 이 같은 창군 목표가 각 정치세력에게 공통적으로 인정되었음을 의미한다. 정규군의 모델이 소련군으로 설정된 근본적인 이유는 당시 북한지역을 소련군이 점령하고 있었기 때문이다. 또한 3대 창군세력 중 항일연군 출신과 고려인들은 모두 소련군체계에 익숙한 인물들이었다. 대대부 시기에 의용군 출신 간부들이 소련군 방식으로 재교육됨으로써 인민군에서

99 정현수 외, 『중국조선족 증언으로 본 한국전쟁』, 208~209쪽.

중국군 방식의 부대운영은 점차 사라지게 되었고, 이들이 기존에 부대에서 적용해온 중국군의 군사적 문화도 점차 축소되었다.

대대부 창설이 창군과정에서 가지는 가장 중요한 점은 1946년 중반 시점에 군대창설의 3단계 결정과정이 일반화되기 시작했다는 사실이다. 이 세 가지 단계는 군대창설방안에 대한 북한정치세력의 구상과 요청, 제25군사령부·연해주군관구의 조정과 보고, 모스크바지도부의 검토와 결정이다. 북한지역의 군대창설은 북한정치세력, 현지와 연해주의 소련군지휘부, 모스크바지도부라는 3개 주체를 통해, 세 가지 단계를 거치면서 추진되었다. 북한정치세력·소련군지휘부·모스크바지도부는 누구도 일방적·독자적으로 군대창설을 주도하지 않았다. 북한정치세력과 소련은 각각의 이해와 필요성에 따라 군대창설을 추진하였고, 군대창설은 양측의 이해와 필요성이 합치되는 방향으로 결정되었다. 이 같은 군대창설의 3단계 결정과정은 1946년 8월에 보안간부훈련대대부가 창설되면서 점차 일반화되었다.

2. 보병부대의 창설과 8월질서의 형성

소련식 보병부대의 출현과 간부

북한지역의 보안기구와 군관양성기관은 대대부가 창설되면서 그 예하로 편제되었다. 대대부에는 대대부본부와 경위대가 설치되었고, 평양학원, 중앙보안간부학교, 철도경비대(개천훈련소·나남훈련소·13개 중대), 보안간부훈련소(제1·2·3소)는 모두 대대부 예하로 편입되었다. 모든 기구는 총사령관 최용건이 직접 지휘하였다.[100] 보안간부훈련소 예하에는 평양, 개천, 회령, 나남, 청진 등 총 7개 지역에 보안간부훈련소의 '분소'가 배속되었고, 분소 밑에 대대, 중대, 소대, 분대가 편성되었다.[101] 보안간부훈련소의 명칭은 대대부 창설 이후에 "보안간부훈련대대부 제1·2·3소"로 개칭되었으며, 내무국 문서에는 소장이 '사령관'으로 기재되었다.[102] 그런데 군관들의 『간부이력서』를 보면, 이 시기에 '보병사단' 이란 명칭을 동시에 사용하고 있다. 제1보병사단은 "제1보병국방사단" 또는 "국방제1사단"으로 기재했다.[103] 보안간부훈련소는 내부적으로 이미 보병사단으로 개편되었지만, 공문에서는 비밀노출을 우려해 제1·2·3소로 기재한 것이다.

보안간부훈련소는 대대부가 창설된 이후에 한차례 개편되었다. 1946년

---

100 장준익, 『북한인민군대사』, 53~54쪽.

101 사회과학원 력사연구소, 『조선전사』24권, 128쪽.

102 내무국장 박일우→보안간부훈련대대부 제3소 사령관, 「가옥명도중지에 관하여」(1947.9.18), 『북한관계사료집』9권, 381쪽.

103 인민군 하사관 김수산은 1946년 12월 10일부터 1947년 3월 1일까지 평북 강계군 강계면에 위치한 "제1보병국방사단 제3보병연대 2대대 6중대 3소대 2분대 부분대장"을 역임했다. 인민군 전사 김상학은 1947년 8월 23일부터 1948년 3월 24일까지 평남 안주에 위치한 "국방제一사단 교도大대 전사"로 복무했다. 김수산, 『幹部履歷書』, 민족보위성, 1950; 김상학, 『幹部履歷書』, 민족보위성, 1950, NARA, RG 242, SA 2009, Box 6, Item 110.

8월 하순에 철도경비대의 보병부대가 보안간부훈련소로 이전되었다.[104] 그리고 1947년 3월에 철도경비대를 주축으로 평양에 편성된 보안간부훈련소 제3소는 해체되었고, 제3소 본부는 대대부 본부로 통합되었다. 그리고 해체된 평양의 보안간부훈련소 제3소 대신 원산에 새로운 '보안간부훈련대대부 제3소'가 신설되었다.[105] 1947년 이후에 보안간부훈련소(보병부대)의 편제와 위치는 다음과 같다. 제1소는 개천에 사령부를 두고, 예하에 제1연대(신의주), 제2연대(정주→평양), 제3연대(강계), 포병연대(개천)[106], 교도대대(안주)[107]를 두었다. 제2연대의 주둔지는 기존에 재령으로 알려져 왔지만,[108] 사실은 1947년 4월까지 평북 정주에 주둔하고 있다가 1947년 5월에 평양으로 이전했다.[109] 제2소는 나남에 사령부를 두고, 예하에 제4연대(회령), 제5연대(나남), 제6연대(나남), 포병연대(청진군 강덕)를 두었다. 그리고 교도대대·통신대대·정찰대대·대전차대대·공병대대 등의 독립대대를 두었다.[110] 제5연대의 주둔지는 평양으로 알려져 있으나 나남에 주둔해 있었다.[111] 제3소는 원산에 사령부를 두고, 예하에 제1대대(함흥), 제2대대(성진), 제3대대(평양), 포병대대, 박격포대대를 두었다.[112]

대대부의 예하부대는 2개 보병사단과 1개 보병여단으로 편성되었다. 이 같은 편제는 소련 적군에서 보병의 최고전술단위인 보병군단 창설을 목표로

---

104 HQ, USAFIK, *ISNK*, No.39(1947.6.15~6.30), 『북한정보요약』2, 211쪽.

105 장준익, 『북한인민군대사』, 56~57쪽.

106 주영복, 『내가 겪은 조선전쟁』1, 92~93쪽.

107 제1사단 교도대대의 주둔지는 "안주"였다. 김상학, 『幹部履歷書』, 민족보위성, 1950.

108 주영복, 『내가 겪은 조선전쟁』1, 92~93쪽.

109 곽주홍, 『幹部履歷書』, 민족보위성, 1950, NARA, RG 242, SA 2009, Box 6, Item 110.

110 주영복, 『내가 겪은 조선전쟁』1, 92~93쪽.

111 인민군 전사 옥병환은 1946년 12월 11일에 제2보병사단 제5연대 제1대대 제3중대로 입대했는데, 그가 입대할 당시 제5연대는 "라남"에 있었다. 옥병환, 『자서전』, 민족보위성, 1950.2.25, NARA, RG 242, SA 2009, Box 4, Item 111.4.

112 HQ, USAFIK, *ISNK*, No.46(1947.10.1~10.15), 『북한정보요약』2, 440쪽.

설정한 것이다. 소련 적군의 보병군단은 기본적으로 3개 보병사단, 2개 군단포병연대, 1개 고사포대대·공병대대·통신대대, 지원부대로 편성되었다.[113] 북한 정치세력은 보병군단 창설을 목표로 했지만, 간부·병력·무기가 부족했기 때문에 2개 보병사단과 1개 보병여단만 창설한 것이다.

2개 보병사단은 경보병사단으로 편성되었다. 제1경보병사단의 편제상 병력은 9,957명이었고, 제2경보병사단의 편제상 병력은 10,107명이었다. 2개 사단은 모두 3개 보병연대, 1개 포병연대, 특수부대로 편성되었다. 제1경보병사단에는 교도대대가 추가로 편성되었다.[114] 북한의 경보병사단은 1942년 말에 소련군에 새로 도입된 근위(近衛)보병사단을 모델로 창설되었다. 근위보병사단의 편제상 병력은 10,670명으로 사단의 화력을 강화하기 위해 일반보병사단에 비해 자동화기기를 32% 더 배치하였고 포병연대에도 1개 포대를 추가하였다. 또한 소련군은 1944년에 모든 근위보병사단에 고사포대대를 추가로 배치했고, 통신·공병을 강화하기 위해 통신중대를 통신대대로, 2개 중대로 편성된 공병대대를 3개 중대로 확편했다. 소련군이 지상군의 조직을 개편한 것은 1941년부터 독소전쟁을 경험하면서 자동화기·대전차화기·대포·박격포의 증강을 통한 보병화력 강화가 중요하다고 판단했기 때문이다.[115]

보병여단은 독소전쟁 이후에 소련군이 새로 도입한 보병여단을 모델로 창설되었다. 소련군이 이 시기에 새로 보병여단을 설립한 것은 급박한 전선의 요구로 인해 장시간이 소요되는 사단 설립보다 단기간에 조직할 수 있는 여단 설립이 용이했기 때문이다. 소련군 보병여단은 3개 보병대대, 각각 1개 포병대대·박격포대대·기관총중대와 군수지원부대로 편성되었고, 정원은

---

113 이재훈, 『蘇聯軍事政策』, 242~243쪽.

114 「1946년 12월 22~30일 제25군사령관 및 참모부가 수행한 조선군대 경보병사단 검열 결과 총결보고」(1946.12.31), ЦАМО, ф. 379, оп. 166654, д. 1, л. 32; 제25군 참모부 보로브예프 소좌, 「조선군대 제1사단(국경수비보병사단) 검열에 대한 의견」(1946.12.26), ЦАМО, ф. 379, оп. 166654, д. 1, л. 42.

115 이재훈, 『蘇聯軍事政策』, 309; 331쪽.

4,356~6,000명이었다. 소련군은 1942년 4월부터 보병여단의 전력을 강화하기 위해 제4보병대대를 증편하고, 박격포대대 대신 자동화기대대와 무반동총중대를 편성하였다. 이 같은 개편결과 보병여단의 자동화기 보유량은 2배 가량 증가하였다.[116] 북한정치세력이 소련군 편제의 보병여단을 다른 지역이 아닌 원산에 주둔시킨 것은 유사시 38선의 군사활동을 증원하기 위한 조치였다. 원산에서 38선 중부의 거점지역인 철원까지는 기차로 5시간, 연천까지는 기차로 5시간 37분이면 도착할 수 있었다.[117] 군사용 급행열차로 운행한다면 3시간 내외에 38선에 배치될 수 있는 거리였다.

북한정치세력은 소련군이 독소전쟁을 경험하면서 현대적 전면전을 수행할 수 있도록 최적화한 근위보병사단을 모델로 2개 보병사단을 조직하였고, 간부·병력·무기가 부족한 상황에서 정규군을 급속히 창설하고 유사시 38선의 군사활동을 보장하기 위해 1개 보병여단을 조직하였다. 북한정치세력의 1차적 창군목표는 3개 보병사단과 사단직속부대·사단지원부대로 편성된 정규 보병군단의 창설이었다.

보안간부훈련소가 보병사단으로 재편된 이후 각 부대의 지휘관을 사단별로 살펴보자. 첫째, 제1사단장은 항일연군 출신 김일이다. 그는 1947년 2월 4일 당시 제1사단장을 맡고 있었다.[118] 보안간부훈련소시절 제1소장은 김웅, 문화부소장은 서철(徐哲),[119] 참모장은 최광이 맡았다.[120] 제1사단의 초대 문화부사단장과 참모장에 대한 기록은 없다. 그러나 서철과 최광이 다른 직책을 맡았다는 기록도 없으므로 이들이 연임했을 가능성이 높다. 제1사단에는 3개 연대가

---

116 이재훈, 『蘇聯軍事政策』, 275~276쪽.

117 교통성 운수국 렬차부 편, 『기차시간표』, 교통성 공급관리처, 1950.5.30, 24~30쪽, NARA, RG 242, SA 2009, Box 4, Item 129.

118 리종수, 『민족보위성 리력서』, 민족보위성, 1949.7.27, NARA, RG 242, SA 2009, Box 10, Item 22.7.

119 『로동신문』1997.11.5.

120 김일성, 『세기와 더불어』8권(계승본), 293쪽.

있었는데, 연대장들은 알 수 없다. 연대의 간부들은 다음과 같다. 1946년도 제1사단 제1연대 참모장은 김대홍(金大弘)이다.[121] 제1사단 제1연대 제2대대장은 제2대대 창설요원 김우만이었고, 제2대대 참모장도 제2대대 창설요원 김호(金浩)였다. 제1사단 제1연대 제3대대 문화 부대대장은 제3대대 창설요원 한걸이었다.[122] 이들 중 김호는 조선의용군 출신이다. 그는 해방 직후에 조선의용군 압록강지대 지대장을 맡았고, 입북 이후에 평남 내무국장과 황해도 내무국장을 역임했다.[123]

둘째, 제2사단의 지휘관을 알아보자. 제2사단의 초대 지휘관은 보안간부훈련소 제2소시절부터 러시아어 통역으로 근무한 주영복이 증언한 바 있다. 제2사단의 초대 사단장은 항일연군 출신 강건(姜健) 소장, 문화부사단장은 의용군 출신 림해(林海) 대좌, 참모장은 의용군 출신 리익성(李益星) 대좌, 공병참모는 양승환(梁承煥, 1947.5.신규발령) 중좌, 제4연대장은 항일연군 출신 류경수(柳京守) 대좌, 제5연대장은 항일연군 출신 최용진(崔勇進) 대좌, 제6연대장은 항일연군 출신 리영호(李永鎬) 대좌, 포병연대장은 한진덕(韓振德) 대좌였다. 포병연대 제1대대장은 의용군 출신 김용파(金容波) 소좌, 제6연대 통신대대장은 나운혁(羅雲赫) 소좌, 제6연대 공병참모는 김형기(金亨基) 대위였다.[124] 리익성은 해방 후에 만주에서 조선의용군 제5지대장으로 활동하다가 1946년 8월에 입북했다. 그는 입북 직후에 제2사단 참모장으로 임명되었다. 제2사단 후방 부사단장은 만주의 길동보안국 공급부장 출신 김운국이었다. 그는 1946년 8월에 입북해서

---

121 世界政経調査會 編, 『韓國·北朝鮮人名辭典』, 財団法人 世界政経調査會, 1966, 159쪽.

122 HQ, USAFIK, *G-2 Weekly Summary*, No.149(1948.7.16~7.23), 『북한정보요약』4, 23쪽.

123 김중생, 『조선의용군의 밀입북』, 134쪽.

124 나남 보안간부훈련소에서 러시아어 통역으로 근무한 주영복의 증언에 따른다. 그는 참모장이 "李益宣"이었다고 증언했지만, 조선의용군 출신인 리익성이 맞다. 주영복, 『내가 겪은 조선전쟁』1, 72~73; 76; 85; 93; 105; 110; 112쪽.

9월에 제2사단이 창설될 당시부터 후방 부사단장을 맡았다.[125]

제2사단 예하부대 지휘관은 다음과 같다. 제2사단 제4연대 참모장은 1946년 8월 당시 의용군 출신 장평산(張平山)이었다.[126] 제2사단 제4독립대대 대대장은 1947년 2월 4일 당시 리봉근이었다.[127] 제2사단 교도대대장은 의용군 출신 황풍로였고, 교도대대 참모장은 조선의용군 제5지대 출신 홍문일이었다. 포병연대 제1대대 문화 부대대장은 제2사단 창설요원 림인준이었고, 제2사단 교도대대 문화 부대대장은 제2사단 창설요원 김동문이었다. 교도대대 후방 부대대장은 평양학원 제1기생 김희였다.[128]

셋째, 보병여단의 지휘관을 알아보자. 이 부대는 지금까지 '독립혼성여단'으로 알려져 왔으나 정확한 부대명칭은 "보병독립여단"이다.[129] 이 부대의 전신인 보안간부훈련소 제3소의 소장은 최현(崔賢)이었고,[130] 제3소 제3분소장(제3대대장)은 김창봉이었다. 김창봉은 1946년 12월 31일부터 1947년 8월 14일까지 제3대대장으로 근무했다.[131] 보병부대로 전환된 이후에 보병독립여단 여단장은 항일연군 출신 김광협이 맡았다. 김광협은 해방 직후에 만주로 파견되어 목단강(牧丹江)지역에서 활동했다. 그후 동북민주연군 연변군분구 사령원으로 1947년 5월에 "조선 건군절"을 축하하기 위해 부사령 전우(全宇)와 함께 입북했

---

125 HQ, USAFIK, *G-2 Weekly Summary*, No.149(1948.7.16~7.23), 『북한정보요약』4, 20쪽.

126 육군정보국, 『人民軍特報』, 254쪽.

127 김명호, 『민족보위성 리력서』, 민족보위성, 1949.9.6, NARA, RG 242, SA 2009, Box 10, Item 22.8.

128 HQ, USAFIK, *G-2 Weekly Summary*, No.149(1948.7.16~7.23), 『북한정보요약』4, 22쪽.

129 조학범, 『조선인민군대 이력서』, 조선인민군집단군사령부 간부부, 1948.9.25. 조학범의 이력서에 "보병동립여단 3대대장 김창봉"이라고 적혀 있다. 그는 보병독립여단 제3대대에서 박격포중대 소대장으로 근무했다.

130 「강계군 당단체의 사업정형에 대하여-북조선로동당 중앙상무위원회 제15차 회의 결정서」(1946.12.4), 『북한관계사료집』30권, 61쪽. 이 회의 결정서에 최현의 직책이 "강계군 보안간부훈련소 대장"으로 기록되어 있다.

131 조학범, 『조선인민군대 이력서』, 조선인민군집단군사령부 간부부, 1948.9.25.

다가 김일성의 요청으로 잔류했다.[132] 보병독립여단의 초대 문화부여단장은 항일연군 출신 안영(安英)이었다. 전 직위는 내무국 경무부장이다.[133] 2대 문화부여단장은 의용군 출신 주연이며, 그는 1947년 4월에 이 직책에 임명되었다.[134] 보병독립여단 참모장은 고려인이자 소련군 장교 출신인 백락칠이었다.[135]

보병부대의 지휘관을 경력별로 구분해보면 다음과 같다. 항일연군 출신은 제1사단 2대 사단장 김일, 제1사단 초대 문화부사단장 서철, 제1사단 참모장 최광, 제1연대 참모장 김대홍, 제2사단장 강건, 제4연대장 류경수, 제5연대장 최용진, 제6연대장 리영호, 보병독립여단 초대 여단장 최현, 2대 여단장 김광협, 초대 문화부여단장 안영, 보병독립여단 제3대대장 김창봉 등 12명이었다. 보병부대의 부대장은 주로 항일연군 출신이 맡았음을 알 수 있다.

조선의용군 출신은 제1사단 초대 사단장 김웅, 제1연대장 리권무, 제1연대 제2대대 참모장 김호, 제2사단 문화부사단장 림해, 제2사단 후방부사단장 김운국, 제2사단 참모장 리익성, 제4연대 참모장 장평산, 제2사단 포병연대 제1대대장 김용파, 제2사단 교도대대장 황풍로, 교도대대 참모장 홍문일, 보병독립여단 2대 문화부여단장 주연 등 11명이다. 고려인은 보병독립여단 참모장 백락칠 1명이다. 나머지 간부의 경력은 알 수 없다. 대대부 예하 보병부대의 지휘관에는 항일연군 출신·의용군 출신·고려인이 모두 임명되었으며, 이중에서 고려인이 가장 적었다.

보병부대 지휘관 중에서 가장 풍부한 군사경력을 가진 사람들은 단연 조선의용군 출신이었다. 김웅은 남경 중앙육군군관학교 10기생이자 조선의용군 부사령관, 리권무는 모스크바 식민지반식민지이익연구학원(구 동방노력자공

---

132 김형직, 『격정세월: 문정일 일대기(文正一同士回憶录)』, 민족출판사, 2004, 141쪽. 1947년 5월의 "건군절"은 5월 17일에 열린 북조선인민집단군총사령부의 창설식을 의미한다.

133 육군정보국, 『人民軍特報』, 261쪽.

134 HQ, USAFIK, *ISNK*, No.46(1947.10.1~10.15), 『북한정보요약』2, 440쪽.

135 HQ, USAFIK, *G-2 Weekly Summary*, No.132(1948.3.19~3.26), 『북한정보요약』3, 225쪽.

산대학) 졸업생이자 조선의용군 제5지대 참모장, 김호(金浩-蔡國藩)는 팔로군 제359여단 적구공작과장이자 조선의용군 압록강지대장, 리익성은 남경 중앙육군군관학교 10기생이자 조선의용군 제5지대장, 장평산은 낙양군관학교와 중앙육군군관학교 성자분교 졸업생이자 조선독립동맹 무순(撫順)분맹 책임자, 주연은 중앙육군군관학교 성자분교 졸업생이자 조선의용군 제1지대 정치부주임을 역임했다. 특히 리익성은 최창익의 동북노선을 지지해 조선민족혁명당을 탈당하고 조선청년전위동맹에서 활동한 대표적인 북상파였다.[136]

조선의용군 출신에 견줄 수 있는 군사경력을 가진 인물은 강건, 김광협, 최광, 최현 정도였다. 강건은 동북항일연군 제2로군 제3사 제9단 정치위원과 동북민주연군 길동군구 사령원, 김광협은 동북항일연군 제2로군 총지휘부 경위부대 정치위원과 동북민주연군 길동군분구·연변군분구 사령원, 최광은 동북항일연군 제2로군 총지휘부 경위대 제2분대장과 동북인민자치군 연변경비여단 제2연대장, 최현은 동북항일연군 제1로군 제2방면군 제2군 제4사 사장과 소련 극동군 제88독립여단 제1대대 제1중대장을 역임했다.[137] 하지만 동북항일연군 출신을 통틀어 정규군관학교를 졸업한 인물은 운남강무학교를 졸업한 총사령관 최용건 밖에 없었다.[138] 보병부대 지휘관 중 조선의용군 출신은 대부분 군관학교·공산대학을 졸업하고 직접 민족부대를 지휘한 군사간부들이었으며, 국민당지역에서 올라온 북상파로써 무정과는 정치적 거리가 있던 인물들이었다.

보병부대의 간부구성은 북조선임시인민위원회 보안국이 관할하는 보안무력의 간부구성과 유사하다. 철도경비사령관은 항일연군 출신 김성국, 2기 철도경비대 대장은 국내공산주의자 문종목, 철도경비대 정치부장은 항일연군

136 강만길·성대경, 『사회주의인명사전』, 102; 318; 361~362; 420; 469~470쪽.

137 강만길·성대경, 『사회주의인명사전』, 5; 46; 509쪽.

138 「北朝鮮臨時人民委員會 委員 崔庸健氏 談: 略歷」, 『正路』1946.2.21.

출신 안영이었다. 38경비보안대 초대 대장은 항일연군 출신 김창봉이었다. 북조선수상경비대대부 사령관은 항일연군 출신 김성국, 동해수상보안대대 초대 대대장은 의용군 출신 진국화,[139] 서해수상보안대대 초대 대대장은 고려인 차영도였다.[140] 각 보안부대와 보안무력의 최고지휘관은 모두 항일연군 출신이었으며, 간부는 항일연군 출신·의용군 출신·고려인·국내공산주의자가 고루 임명되었다.

창군사업에 투입된 정치세력 중에서 조선의용군 출신이 가장 풍부한 군사경력을 보유하고 있었음에도 불구하고, 보병부대·보안무력의 지휘관은 항일연군 출신이 가장 많이 임명되었다. 그 이유는 최용건·김일·김성국을 비롯한 항일연군 출신이 창군과정의 제1단계부터 창군사업을 주도하였기 때문이다. 항일연군 출신의 핵심인물들은 대부분 창군사업에 투입되었다. 보병부대의 지휘관에서 보이지 않는 핵심인물인 최용건은 대대부 사령관, 안길은 총참모장을 맡고 있었다. 김책은 1946년 8월 북조선로동당이 창립된 이후에 중앙당 상무위원 겸 중앙위원으로서 김일성과 함께 당사업에 전념하고 있었다.

그런데 지휘관의 범주를 넘어서면, 보병부대 전체의 간부구성은 이와 다를 가능성이 높다. 주한미군 정보참모부는 1947년 2월 당시 북한지역 보병부대의 간부구성을 분석했는데, 조선의용군에서 활동한 조선인들이 적어도 보병부대 간부의 80%를 차지하고 있다고 보고했다. 예를 들어 제3사단 지휘부의 간부들은 중국공산당 연안군정대학 졸업생들이었고, 제3연대 연대장과 참모간부, 모든 중대장은 의용군 출신이었다. 또한 보병부대 병사의 50% 이상이 조선의용군 출신이었다.[141] 조선의용군과 직·간접적으로 관련된 병력은 1945년

---

139 김중생, 『조선의용군의 밀입북』, 125~126쪽.

140 HQ, USAFIK, *ISNK*, No.36(1947.5.1~5.15), 『북한정보요약』2, 48쪽.

141 HQ, USAFIK, *ISNK*, No.31(1947.2.15~29), 『북한정보요약』1, 515쪽.

12월부터 1946년 6월까지 4,000여 명이 입북하였다.[142] 의용군 출신은 당시 북한지역에서 단일세력으로 가장 큰 규모의 무장세력이었다. 결국 보병부대의 지휘관은 항일연군 출신이 가장 많았지만, 보병부대 전체 간부는 의용군 출신이 80%를 차지하고 있었다. 제1단계 창군과정에서 군대를 지휘한 것은 주로 항일연군 출신이었고, 군대를 실질적으로 육성한 것은 의용군 출신이었다. 의용군 출신의 숫적 우위는 향후에 이들이 상급 군사간부로 진출할 수 있는 기반이었다.

8월질서의 형성 : 민주기지론

한편 대대부가 창설된 이후 임시인민위원회 보안국과 대대부 사이에 업무분장문제가 발생했다. 보안기구는 창설 이전에 모두 임시인민위원회 보안국이 관할하였다. 보안국은 치안업무와 함께 군사업무도 담당하였다. 대대부가 창설되자 보안국의 군사업무는 대부분 대대부로 이관되었고, 보안국은 경찰업무를 전담하게 되었다. 이후 보안국(후에 내무국)은 38경비보안대, 조·만국경경비대, 수상보안대대 등 경비부대만 관할하게 된다.[143] 보안간부훈련소는 대대부로 편입된 직후에 내부적으로 보병부대로 재편된 바 있다. 그러다가 1947년 3월에 들어서 정식명칭마저 "보안간부훈련대대부 제1·2·3소"로 개칭되었다.[144]

대대부 창설이 갖는 중요한 의미는 처음으로 군대와 경찰이 분리되었다는 점이다. 인민군 창설의 제1단계는 바로 대대부가 창설된 1946년 8월 15일에 시작되었다. 그러나 남한에서는 이미 1945년 11월에 군대와 경찰이 분리되었다.

---

142 김중생, 『조선의용군의 밀입북』, 138~141쪽; 한상구, 「최태환의 증언」, 365쪽.

143 김선호, 「해방직후 북한 보안국의 조직과 활동」, 306~307쪽.

144 김선호, 「해방직후 북한 무력양성기관의 조직과 활동」, 『軍史』82, 국방부 군사편찬연구소, 2012.3, 200~201쪽.

〈그림 28〉 군대와 내무국의 제복 차이

비고 군대의 제복은 왼쪽, 내무국의 제복은 오른쪽이다. 제복의 견장·모자·색상 등이 각각 다르다.

미군정은 11월 13일에 국방기구로 국방사령부를 설치하였고, 국방사령부 내에 군사업무를 담당하는 군무국(軍務局)과 경찰업무를 담당하는 경무국(警務局)을 조직하였다.[145] 그후 미군정은 1946년 3월 29일에 경무국을 분리해 독립시켰고, 국방사령부를 국방부로 개칭하였다. 이로써 경찰업무는 국방부의 업무에서 완전히 분리되었고, 공식적으로 국방과 경찰의 기능이 나누어지게 되었다.[146]

국군은 인민군에 비해 9개월 먼저 경찰과 분리되었고, 인민군보다 5개월 앞서 군사지휘기관인 국방부가 조직되었다. 미군정은 정규군의 군사지휘기관과 군대의 모체를 미군정 안에 조직하는 방식으로 군대를 창설하고자 하였다. 이에 비해 소련군사령부는 조선인들이 군사지휘기관과 군대의 모체를 조직하도록 허용하였다. 국가건설과정에서 남한은 북한보다 9개월 앞서 경찰과 군대

---

145 Robert K. Sawyer, *Military advisors in Korea : KMAG in peace and war*, pp.9~10.

146 백기인, 『建軍史』, 103쪽.

가 분리되었지만, 군대의 지휘권은 미군정에 있었고 지휘관도 미군 장성이었다. 이와 달리 북한은 남한보다 9개월 뒤에 경찰과 군대가 분리되었지만, 군대의 지휘권은 대대부로 이양되었고 지휘관도 조선인이었다. 북한정치세력은 남한정치세력보다 빠른 시점에 군대의 지휘권을 이양받음으로써 군사지휘능력과 군대창설의 주도권을 확보하게 되었다.

보안간부훈련대대부는 군대를 총괄하는 최고지휘기관이었다. 이때부터 인민군 창설과정은 대대부가 맡게 되었고, 보안국은 창군과정에서 분리되었다. 또한 정규군 관련 기관이 대대부로 이관되면서 보안국은 더 이상 군사담당부서로서 기능하지 못했다. 그리고 1947년 2월에 북조선인민위원회가 출범하고, 보안국이 내무국으로 개편되면서 정권기관의 군사담당부서는 공식적으로 사라졌다. 이로써 인민군은 정권기관으로부터 독립해서 독자적인 창설과정을 밟게 된다. 이것은 한반도가 분할점령된 상황에서 미·소관계를 고려해 비밀리에 군대창설을 추진하기 위한 조치였다.

북한지역에 처음 창설된 군사지휘기관이 정권기관에서 독립해 조직된데 비해, 소련 적군에 처음 창설된 군사지휘기관인 전러시아총참모부는 정권기관에 소속되어 있었다. 혁명의 정권기관인 인민위원소비에트는 1918년 3월 4일에 3명의 군사지휘관·정치위원으로 최고군사소비에트를 창설하였고, 그 기능과 권한은 인민위원소비에트의 결정에 의해 확정되었다. 그리고 최고군사소비에트는 5월 8일에 최고군사집행기관으로 전러시아총참모부를 창설하였다.[147] 소련은 1917년 10월에 사회주의혁명을 통해 프롤레타리아적 정권기관을 창설하였고, 이 계급적 주도권을 바탕으로 인민정권 하부에 군사지휘기관을 창설하였다. 그러나 북한은 사회주의혁명의 이전인 인민민주주의혁명단계에 머물러 있었다. 정권기관은 아직 임시적 형태였고, 정권기관의 내부에는 다양한 정치세력·계급·계층이 포함되어 있었다. 이에 따라 북한정치세력은 군사지휘기

147 이재훈, 『蘇聯軍事政策』, 50~51쪽.

관을 정권기관에서 독립시켜 노동자·농민의 계급적 우위를 구축하고, 이를 바탕으로 혁명의 동력을 창출하고자 구상한 것이다. 인민군의 군사지휘기관은 처음부터 정권기관의 외부에서 인민민주주의혁명의 동력으로 창설되었다.

인민군 창설과정에서 보안간부훈련대대부 설립의 가장 큰 의미는 군대창설의 주도권이 소련군사령부에서 북한정치세력으로 이양되었다는 점이다. 1945년 11월 북조선행정국시기와 1946년 2월 북조선임시인민위원회시기에 군대창설의 주도권은 소련군사령부가 가지고 있었다. 소련군사령부는 민정국의 보안·검열지도부를 통해 한편으로는 보안국을 통제하고, 다른 한편으로는 자문하였다. 군대창설의 주도권은 1946년 3월 초에 북·소 간에 군대창설 방향을 결정한 합동회의와 철도경비대 등 보안무력의 창설을 결정한 북조선분국 제5차 확대집행위원회를 계기로 점차 북한정치세력에게 이양되기 시작했다. 임시인민위원회 보안국은 보안무력과 군사학교를 직접 관할하였다. 하지만 여전히 보안·검열지도부장 자그루진 대좌의 통제와 자문을 받았다.

1946년 8월 15일에 보안간부훈련대대부가 창설되면서 보안간부훈련소·평양학원·북조선중앙간부학교의 지휘권은 보안국에서 분리되어 대대부로 이관되었다. 이후부터 대대부는 임시인민위원회의 외부에서 독립적으로 군대를 창설하게 되었다. 또한 대대부에는 각종 참모부서가 설치되어 군대창설의 각종 부문을 전담하게 되었다. 특히 간부부가 설치되면서 대대부가 군사간부에 대한 인사권을 행사하게 되었다.[148] 대대부는 보안간부훈련소를 바탕으로 보병부대를 육성하기 시작했고, 평양학원 항공중대를 바탕으로 항공부대를 육성하기 시작했다. 이와 함께 평양학원과 중앙보안간부학교를 운영해 정치간부·항공간부·군사간부를 양성하였다.

---

148 대대부 간부와 달리 대대부에 파견된 조선인 통역관에 대한 인사권은 부대에 배치된 소련 군사고문이 행사하였다. 가령, 제2보병사단 통신대대 통역관 주영복은 1946년 10월에 제2사단사령부 고문 후르스또노흐 중좌의 명령에 따라 제2사단 제6연대 통역관으로 이동하였다. 주영복, 『내가 겪은 조선전쟁』 1, 80~81쪽.

아울러, 보안간부훈련대대부는 소련군사령부 민정국의 통제와 자문에서 벗어나 소련군사고문단의 지도와 자문을 받게 되었다. 보안국에는 소련 민정국 보안·검열지도부장이 파견되어 일상적으로 보안사업을 통제하고 자문했지만, 대대부는 보안국에서 분리되었기 때문에 민정국의 직접적인 통제에서 벗어나게 되었다. 대대부가 창설되자 대대부와 예하부대에는 처음으로 소련군사고문단이 배치되었다. 초대 군사고문단장 스미르노프 소장은 1946년 9월에 입북해서 인민군 창설을 위해 초급장교의 양성과 부대의 신설·운영을 지원했다. 8월까지 343명의 소련 장교가 대대부와 예하부대에 군사고문으로 배치되었다.[149] 각 부대에 배치된 군사고문들은 조선인 군관과 병사들에 대한 군사훈련(이론교육과 야전훈련)을 담당하였다. 군사고문은 조선인 군관들과 함께 직접 군사훈련에 참가하였다.[150]

결국 대대부는 독자적인 군사지휘기관으로서 임시인민위원회에서 분리되어 군대창설을 주도하게 되었다. 그리고 창군과정에 대한 소련군의 개입방식은 민정국을 통한 통제에서 군사고문단을 통한 지도로 전환되었다. 따라서 대대부 이후 북한의 창군과정은 대대부가 군대창설을 주도하고, 소련군사고문단이 군대창설을 지도하는 형태로 전개되었다.

소련과 북한정치세력은 1946년 8월 이전까지 각 계급을 대표하는 다양한 정당과 사회단체의 존재를 인정하였고, 민족주의세력을 포괄하는 민족통일전선을 추구하였다. 또한 보안기구는 내륙·국경·38선·철도·해안의 치안을 유지하는 경찰 수준이었다. 그러나 1946년 8월에 이르러 소련과 북한정치세력은 공산주의자들이 주도하는 대중정당을 창당하고, 북조선로동당의 국가건설론을 전 부문에 관철시키기 위해 민주주의민족통일전선을 결성했으며, 사회개혁의 성과를 보장하고 국내외의 반란과 침입을 보위할 수 있는 군사지휘기관을

---

149 신범식,「소련의 북한 군사지원」, 569쪽; 안승환,「주북한 소련군사고문단」, 368; 370; 406쪽.

150 주영복,『내가 겪은 조선전쟁』1, 99~101쪽.

조직하였다. 조선인들의 중앙행정기구는 이미 1946년 2월에 임시적 형태로 수립되었다. 따라서 1946년 8월 시점에 북한지역에는 한반도의 단일국가를 수립하기 위한 당·정·군의 토대가 마련되었다. 그리고 북한정치세력은 8월 30일에 북조선로동당 창립대회에서 민주기지론을 공식적인 국가건설론으로 천명하였다.

북한의 당·정·군 가운데 가장 먼저 기본적 형태가 완성된 기구는 1946년 8월에 창당된 북조선로동당이었다. 노동당의 실질적인 지도자는 김일성이었다. 창립대회의 폐회사를 보면, 노동당 위원장인 김두봉에 대한 언급은 없었고, "우리들의 위대한 지도자 김일성 동지 만세!"가 제창되었다.[151] 창립대회를 전후해서 김일성이 당의 안팎에서 노동당의 지도자로 인정된 것은 분명하다. 창립대회가 열리기 4개월 전인 1946년 4월 시점에 북조선공산당 선전부장 김창만을 필두로, 공산당 선전부문에서는 김일성의 영도사상을 주장하는 결정서가 채택된 바 있다. 이날 북조선공산당 각도 선전부장들은 "우리 당과 당 선전공작자들은 우리의 지도자 김일성장군이 영도하는 당 주위에 굳게 뭉치여서 조선 근로대중과 인민의 앞에 서서 조선의 민주주의 건설을 위하야 용감히 투쟁하여야 할 것이다"라고 결정하였다. 그러나 김창만은 이 결정서에서 현재까지 여전히 "김일성, 박헌영, 무정 동지 만세!의 구호를 쓴 곳이 있다. 당의 영도자 문제이지만, 조선에는 아직 당수가 없다. 당의 역사가 불과 1년도 못되는 당에 영수가 생겨날 리 없다. 영수는 인공적으로 만들어지는 것이 아니다"라고 인정하였다. 이 구호가 쓰여진 곳은 평북지역이었다.[152]

당시 평북도당 위원장은 항일연군 출신 김일이었음에도 불구하고, 평북지역에서는 여전히 김일성과 함께 무정과 박헌영이 당의 지도자로 언급되고 있었다. 또한 김창만이 인정했듯 1946년 4월 시점까지 북조선공산당에는 당의 영

---

151 「북조선로동당 창립대회 회의록」, 『북한관계사료집』1권, 176쪽.

152 「북조선공산당 중앙위원회 제2차 각도선전부장회의 결정서」(1946.4), 『黨의 政治路線 及 黨事業 總結과 決定-黨文獻集』1, 67~68; 78쪽.

수, 즉 당의 영도자가 없었다. 물론 이 시점을 필두로 북조선공산당에서 김일성을 당의 영도자이자 독립정부의 지도자로 추대하는 작업을 본격적으로 시작한 것은 분명하다. 그 목적은 독립정부 수립문제를 논의하는 제1차 미·소공동위원회를 앞두고 민족의 최고지도자를 추대할 필요가 있었기 때문이다. 그러나 1946년 4월 시점의 당 결정서는 당의 선전부문에서 채택된 것이지 당 전체의 공식노선으로 채택된 것은 아니었다.

또한 창당 당시 노동당 지도부를 정치세력별로 분석해 보아도, 당시까지 김일성의 지도체제는 창출되지 않았다. 당의 공식노선을 결정하는 정치위원회와 중앙위원회 등 당지도부에는 의용군 출신이 가장 많았고, 항일연군 출신·고려인·국내공산주의자가 비슷한 비율로 선출되었다. 북조선로동당은 창당 이후에 김일성을 당의 지도자로 추대했으나, 당위원장은 신민당 출신인 김두봉이 맡았다. 그리고 항일연군 출신은 당내에서 헤게모니를 장악하지 못했고, 오히려 당내 조직부문과 간부부문 등 핵심부문은 고려인과 의용군 출신이 장악하고 있었다. 따라서 북조선로동당 창당 이후 노동당 지도부는 김일성을 지도자로 추대한 상태에서 항일연군 출신·의용군 출신·고려인·국내공산주의자가 정치연합체제를 형성하고 있었다.

북한정치세력은 대대부를 설립하면서 국가건설의 전체적인 구상 속에서 창군 방향을 결정했다. 이들은 1946년 8월 시점에 단일국가의 무력인 정규군 창설을 목표로 설정하고, 정규군 보병부대의 모체가 될 보안간부훈련소를 보안기구에서 독립시켰다. 그리고 정권기관인 보안국과 내무국에 38경비보안대, 조·만국경경비대, 수상보안대대를 배속해 38선·국경지역·해상에서 발생하는 치안업무와 외부의 공격을 방어하는 경비임무를 전담시켰다. 이와 동시에 군사지휘기관의 모체로 보안간부훈련대대부를 설립해 각 병종부대를 육성하였다. 1946년 8월은 북한의 국가건설과정에서 경찰과 군대가 분리되고, 정규군의 군사지휘기관과 보병부대의 모체가 출현한 시기였다. 이때부터 대대부와 예하부대는 치안유지업무와 경비임무에서 해제되어 본격적으로 군대창설과정에 돌입하였다.

북한정치세력은 1946년 8월 시점에 북한지역에 한반도의 단일국가를 수립하기 위한 당·정·군의 토대를 마련하였다. 북한이 주장하는 이른바 '민주기지'가 형성됨으로써 '8월질서'[153]가 출현한 것이다. 이 8월질서를 통해 정부 수립 이후에 완성되는 당·정권기관·군대의 기본적 형태가 출현하였다. 8월질서 중에서 가장 먼저 기본적 형태가 출현한 기관은 북조선로동당이었다. 노동당은 창당 이후에 기본적 형태가 유지되면서 내부의 조직과 체계가 변화하였다. 북한의 군대는 8월 시점에 경찰에서 분리됨과 동시에 군사지휘기관·보병부대의 모체가 출현하였다. 이후 군대의 기본적 형태는 세 차례에 걸쳐 변화하였다. 정권기관은 1946년 2월에 북조선임시인민위원회가 설립되면서 그 모체가 출현했고, 1947년 2월에 북조선인민위원회가 설립되면서 기본적 형태가 형성되었다. 8월질서가 출현한 이후 북한의 국가건설과정은 8월질서의 기본적 형태가 확장되고 강화되며, 그것에 대표성이 부여되는 과정이었다.

153 이 책에서 '8월질서'라는 용어는 1946년 8월 시점에 북한정부 수립 이후에 완성되는 당·정권기관·군대와 관련한 정치질서가 등장했다는 의미로 사용하였다.

2장

북조선인민집단군총사령부의 창설과 경찰의 군대화

1. 북조선인민집단군총사령부의 창설과 간부 개조

북조선인민위원회의 설립 : 창군결정과정의 변화

1947년 새해가 밝았을 때, 북한지역은 제1단계·제2단계 인민민주주의혁명의 핵심적 개혁이 완료된 상태였다. 1946년 3월 30일에 북한지역에서 제1단계 혁명의 중요과제인 토지개혁이 종결되었고, 7월 30일에는 「북조선 남녀평등에 대한 법령」이 공포되었다. 8월 10일에는 「산업·교통·운수·체신 등의 국유화에 대한 법령」이 발표되어 제2단계 혁명의 출발점인 중요산업에 대한 국유화 조치가 단행되었다. 나아가 북한정치세력은 11월 3일에 북한 전역에서 "북조선 도·시·군 인민위원회 위원 선거"를 실시했다. 선거 결과 각 도에서 주민들을 대표해 총 3,459명의 인민위원회 위원이 선출되었다.[154] 이 선거는 임시적 인민

154 「해방 이후 4년간의 국내외중요일지」, 『북한관계사료집』 7권, 602; 634; 640; 656쪽.

정권인 북조선임시인민위원회에 대표성을 부여하기 위한 첫번째 조치였다. 북한지역은 사회개혁과 인민위원회 선거를 거치면서 한반도의 '민주기지'로 변모하였다.

북조선로동당은 1947년에 들어서 통일전선의 범주를 변화시켰다. 노동당은 '민주주의원칙을 무시한 무조건통일'에 대해, "무조건통일은 우리들의 기본적 투쟁대상 그 자체인 친일파·민족반역자 내지 그들의 온상이며 비호자인 반동적 지주들과의 통일을 긍정하는 것에 불과한 것"이라고 비판하였다. 그리고 "무원칙한 무조건통일전선"은 "외래 변상적(變相的) 제국주의정책을 실현시켜 다시금 조선을 식민지로 만들여는 파시스트 이승만·김구들의 음모"라고 규정하였다.[155] 즉, 노동당은 기존에 통일전선에서 배제한 친일파·민족반역자 외에 "반동적 지주"도 배제해야 하며, 그 배후에 이승만과 김구가 있다고 단정하였다. 이것은 토지개혁과 제1차 미·소공동위원회를 계기로 통일전선의 배제대상에 지주와 남한의 우익정치세력을 새롭게 포함시킨 것이다. 이처럼 1947년에 들어서 통일전선의 범주는 축소되고 있었다. 노동당은 토지개혁과 제1차 미·소공동위원회 이후에 제국주의·봉건세력에 대한 투쟁을 넘어서 인민민주주의혁명을 반대하는 세력에 대한 반혁명투쟁노선을 분명히 선언하였다.

북한정치세력은 1947년 1월부터 정권기관의 정통성을 확보하고 입법기관을 창설하기 위한 조치를 취했다. 북조선임시인민위원회는 1월 7일에 선거를 통해 각 지역인민위원회에서 위원을 선출하고, 이 위원들로 북조선인민회의(北朝鮮人民會議)를 창립하기로 결정하였다. 북조선인민회의는 2월 20일에 창립되었고, 임시인민위원회는 2월 22일에 공식적으로 북조선인민위원회(北朝鮮人民委員會)로 개편되었다. 북조선인민위원회의 위원장은 김일성, 부위원장은 노동당

155 1947년 2월 시점에 북조선로동당이 규정한 통일전선의 정의는 다음과 같다. "통일전선이란 일정한 투쟁대상에 대하야 공통한 이해관계를 가진 계급 또는 단체들의 동맹관계이다." 學民, 「民主主義民族統一戰線과 勞動黨」, 『근로자』3·4호(1947년 1·2월), 『북한관계사료집』42권, 252쪽.

의 김책과 조선민주당의 홍기주(洪箕疇)가 선출되었다.[156] 김일성은 "이 중앙기관의 지도밑에서 우리 북조선인민들은 우리민족의 완전자주독립을 하루 바삐 쟁취하기" 위하여 전진하자[157]라는 발언을 통해 북조선인민위원회가 단일국가의 기반이라는 사실을 드러냈다.

1947년 2월 20일에 창립된 북조선인민회의는 "조선에 민주주의임시정부가 수립되기까지 북조선인민정권의 최고기관"으로 "북조선의 입법권"을 행사했다.[158] 북한지역에서 정권기관에 대한 선거는 1947년 2월 24~25일에 리인민위원회 선거가 실시되고, 3월 5일에 면인민위원회 선거가 실시되면서 완료되었다.[159] 북조선인민위원회는 리단위부터 도단위까지 인민위원회 위원들이 선거로 선출됨에 따라 중앙행정기관으로서 대표성을 갖게 되었다.

북조선인민위원회가 출범하면서 정권기관 내에 군사담당부서가 없어졌지만, 2월 20일에 북조선인민회의가 창립되면서 인민회의에 군사지휘관의 임면권을 부여하는 방안이 검토되었다. 북조선인민회의는 「북조선인민회의에 관한 규정」 초안에서 상임위원회의 임무 중 하나로 "북조선의 군사최고지휘관을 임면 또는 경질한다"라고 규정하였다.[160] 그러나 정식으로 채택된 『북조선인민회의에 관한 규정』에는 이 조항이 삭제되었다.[161] 당시 상임위원회 의장은 김두봉(북조선로동당), 부의장은 최용건(조선민주당)과 김달현(金達鉉, 천도교청우당)이었다.[162]

---

156 「해방 이후 4년간의 국내외중요일지」, 『북한관계사료집』7권, 664; 670~674쪽.

157 金日成, 「北朝鮮 道·市·郡人民委員會大會를 結束하면서」(1947.2.20), 『金日成 重要報告集: 朝鮮民主主義人民共和國 樹立의 길』, 208쪽.

158 北朝鮮人民委員會 司法局 編纂, 『北朝鮮法令集』, 北朝鮮人民委員會, 1947, 1~3쪽, NARA, RG 242, SA 2005, Box 10, Item 54.

159 「北朝鮮臨時人民委員會의 面 及 里(洞) 人民委員會의 委員選擧에 關한 件」(1947.1.7), 『북한관계사료집』5권, 85~86쪽.

160 「北朝鮮 道·市·郡人民委員會大會 會議錄」(1947.2.17), 『북한관계사료집』8권, 141~142쪽.

161 「북조선인민회의에 관한 규정」(1947), 『북한관계사료집』5권, 144~145쪽.

162 북조선인민회의 상임위원회, 『北朝鮮人民會議 第一次 會議 會議錄』, 37쪽.

북한정치세력은 정권기관에 군사담당부서가 없어지자 국회에 해당하는 인민회의 상임위원회에 군사최고지휘관에 대한 임면권을 부여하려고 구상하였다. 보안간부훈련대대부 사령관인 최용건이 상임위원회 부의장에 임명된 것은 그가 민주당원이라는 점도 고려되었지만, 상임위원회를 통해 군대를 관리하려는 의도도 있었다. 그러나 인민회의는 다양한 계급·계층을 대표한 인물들로 구성되었으므로 노동당의 주도권을 보장할 수 없었다. 또한 군사최고지휘관에 대한 규정이 채택될 경우에 군대 창설 사실이 대외적으로 공개될 우려도 있었다. 그 결과 임면권 부여방안은 입안단계에서 폐기되었고, 이로써 군대의 독자성을 더욱 강화되었다.

북조선인민회의와 북조선인민위원회가 창립되자 군대창설과정도 변화하기 시작했다. 북한지역의 군대창설은 1946년 8월 15일 보안간부훈련대대부 설립 이후에 3단계 결정과정에 따라 진행되었다. 이 세 가지 단계는 군대창설방안에 대한 북한정치세력의 구상과 요청, 제25군사령부·연해주군관구의 조정과 보고, 모스크바지도부의 검토와 결정이다. 북한지역의 군대창설은 북한정치세력, 현지·연해주의 소련군지휘부, 모스크바지도부라는 3개 주체를 통해, 세 가지 단계를 거치면서 추진되었다.

그러나 북조선인민회의와 북조선인민위원회가 창립되자 3단계 결정과정을 통해 확정된 군대창설방안은 북한측 입법기관의 승인과 정권기관의 법령 공포를 통해 실현되었다. 기존에는 입법기관이 없었기 때문에 군대창설방안은 모스크바지도부의 허가 이후에 북한 정권기관의 법령 공포를 통해 실현되었다. 그러나 "최고주권기관"인 북조선인민회의가 설립되고 "최고집행기관"인 북조선인민위원회가 설립되면서, 북한지역에는 법률을 제정하고 공포하는 공식적 입법체계가 수립되었다. 법률의 제정과 공포는 일반적으로 북조선인민회의가 행사하였고, 인민회의 휴회기간에는 북조선인민위원회가 행사하였다.[163] 따

163 사회과학원 력사연구소, 『조선전사』24권, 32~36쪽.

〈그림 29〉 북조선인민위원회의 구성

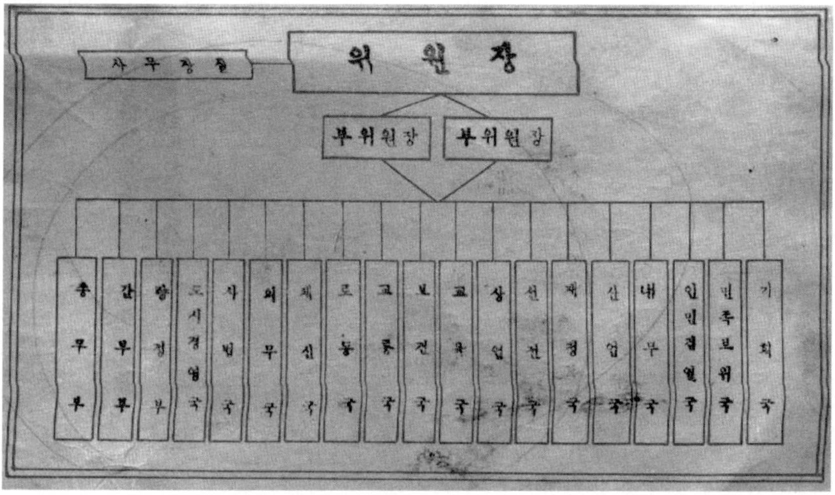

라서 입법체계의 수립 이후 군대창설과정은 모스크바지도부의 결정이 그대로 집행된 것이 아니라 북한측의 공식적인 입법절차를 거쳐 집행되었다. 그 결과, 군대창설의 결정과정에서 북한정치세력의 독자적 영향력이 강화되었다.

북조선인민위원회의 지도부는 모두 22명으로 구성되었다. 지도부로는 위원장 김일성, 부위원장 김책·홍기주, 사무장 한병옥, 기획국장 정준택, 산업국장 리문환, 내무국장 박일우, 외무국장 리강국, 재정국장 리봉수, 교통국장 허남희, 농림국장 리순근, 체신국장 주황섭, 상업국장 장시우, 보건국장 리동영, 교육국장 한설야, 로동국장 오기섭, 사법국장 최용달, 인민검열국장 최창익, 양정부장 송봉욱, 선전부장 허정숙, 간부부장 장종식, 총무부장 김정주가 선출되었다.[164] 이들을 정치세력별로 구분해보면, 항일연군 출신이 2명(김일성·김책)이고, 의용군 출신이 3명(박일우·최창익·허정숙)이다. 나머지 인물들은 리강국과 오기섭을 비롯해 모두 국내공산주의자들이었고, 고려인은 한명도 없었다. 이

164 북조선인민회의 상임위원회, 『北朝鮮人民會議 第1次 會議 會議錄』, 47~50쪽.

들을 정당별로 구분해보면, 민주당원이 2명(홍기주·리동영), 청우당원이 2명(주황섭·김정주), 무소속이 2명(리문환·허남희)이다. 나머지 16명은 모두 노동당원이었다.[165]

북조선인민위원회는 노동당원·민주당원·청우당원·무소속이 모두 포함된 민족통일전선정권이었다. 그리고 북조선인민위원회는 기존의 임시인민위원회와 달리 보통선거를 통해 선출된 위원들을 기초로 성립되었으므로 인민정권으로서 대표성과 합법성을 가지고 있었다. 또한 인민위원회는 국내공산주의자들을 중심으로 항일연군 출신과 의용군 출신이 연합한 연립정권이었다. 그러나 당별로 보면, 북조선인민위원회의 간부 22명 중에서 노동당원이 16명이었다. 북조선인민위원회는 대외적으로는 민족통일전선정권이었지만, 실질적으로는 노동당 우위의 정권이었다. 노동당은 1947년에 들어서 '반동지주'와 남한의 우익세력을 통일전선에서 배제하고, 북조선인민위원회에서 주도권을 장악함으로써 통일전선의 범주를 축소하였다.

각 정치세력 중 항일연군 출신은 위원장 김일성과 부위원장 김책을 통해 북조선인민위원회에 가장 큰 영향력을 행사하였다. 게다가 부위원장 홍기주(洪箕疇)는 조선민주당 부당수 최용건이 조만식을 숙청하면서 등용한 민주당 중앙위원으로[166] 최용건계열의 인물이었다. 의용군 출신은 정권기관의 내무부문·검열부문·선전부문을 장악하였다. 특히 국내치안과 38선·국경·해안의 경비임무를 담당하는 내무국군대는 의용군 출신인 박일우가 장악하였다. 그리고 노동당은 당원인 인민위원회 간부를 통해 중앙정권기관을 확고히 장악하고 통제하였다. 이 당시 군대는 총사령관 최용건이 지휘하는 보안간부훈련대대

---

165 서동만, 『북조선사회주의체제성립사』, 191쪽.

166 홍기주는 감리교 목사로 1946년 1월 5일에 평남인민정치위원회에서 조만식이 의장직을 사퇴하자 임시위원장으로 선출된 인물이다. 그는 1946년 2월 5일에 조선민주당 지도부가 부당수 최용건을 중심으로 재편되었을 때 잔류한 창당 중앙위원 4명 중 한명이었다. 김선호, 「해방직후 조선민주당의 창당과 변화」, 『역사와현실』61, 한국역사연구회, 2006.9, 292; 295~296쪽.

부의 관할 아래 정권기관의 외부에 독립적으로 존재하고 있었다. 북한정치세력은 대대부를 1947년 5월 17일에 북조선인민집단군총사령부로 개편하였고, 총사령관은 항일연군 출신인 최용건이 맡았다.[167] 군대는 계속해서 정권기관의 외부에서 육성되었다.

1947년 2월 22일에 설립된 북조선인민위원회는 대표성을 가진 중앙정권기관이었다. 1946년 2월 8일에 설립된 북조선임시인민위원회는 1년 동안 친일잔재 청산, 토지개혁, 인민의 권리 확보(남녀평등권), 산업 국유화정책 등 주요개혁을 추진하고 지주와 '반동세력'의 저항을 진압하면서 제1단계·2단계 인민민주주의혁명의 중요임무를 완수하고 역사 속으로 사라졌다. 북조선인민위원회는 북조선로동당이 장악하고 있었고, 임시적 성격이 없는 인민정권이었다. 이로써 북한의 인민정권은 인민민주주의혁명의 제2단계인 사회주의혁명의 기초를 건설하기 위한 정책을 추진하기 시작했다.

인민민주주의혁명은 2단계로 발전하지만, 이 두 단계는 뚜렷이 구별되지 않고 서로 뒤섞여 있다. 즉 부르주아민주주의혁명단계에서도 프롤레타리아독재의 요소가 포함되어 있다. 그 대표적인 요소는 공산당의 지도적 역할, 공산당의 정권 참여, 산업의 국유화, 군대의 장악, 구 국가기관의 분쇄와 노동자로 구성된 새로운 국가기관의 형성이다.[168] 군대를 장악하는 것은 바로 제2단계 인민민주주의혁명으로 이행하기 위한 필수요소 중 하나였다.

북한·중국·소련의 군사협력과 확군계획

북조선로동당은 북조선인민위원회의 창설을 전후해서 북한·중국·소련

---

167 장준익, 『북한인민군대사』, 53~54쪽; 주영복, 『내가 겪은 조선전쟁』1, 73쪽.

168 소볼레프·콘스탄티노프 외, 『반제민족통일전선연구』, 184쪽.

사이에 군사협력관계를 구축하고, 기존의 군대를 정규군의 형태로 개편하는 작업에 착수했다. 이 같은 조치는 군대를 보다 확고히 장악하고, 북한지역에 새로운 국가기관을 수립하기 위한 시도였다. 3개 국가 사이의 군사협력체계는 보안간부훈련대대부시기부터 형성되기 시작했다. 주한미군 정보참모부는 조선의용군 리홍광지대(李紅光支隊)와 대대부가 1946년 7월부터 1947년 1월까지 군 고위급 비밀연락체계를 유지했다는 사실을 포착했다.[169] 보안간부훈련소의 발전이 정점을 찍은 시기는 1947년 3~4월이었는데, 주한미군은 보안간부훈련소의 발전에 만주의 중국공산당, 조선의용군·조선독립동맹 출신의 조선인들, 소련군사령부 사이에 긴밀한 협력이 있었다고 분석했다. 상호협력 결과, 조선의용군의 노전사들이 1946년 12월과 1947년 1월에 만주에서 입북했고, 조선의용군의 대규모 입북 계획이 논의되었다.[170]

주한미군의 정보보고서에 따르면, 3개국 간에 군사협력관계가 발전하던 1947년 1월 하순에 평양에서 북한의 군사지도자들과 중국공산당의 장교들, 소련군사령부 대표자들의 연석회의가 개최되었다고 한다. 주한미군은 이 회의에서 북한·중국·소련이 3개 군사사령부의 활동을 협의할 연합군사조직을 설립하기로 결정했고, 그 결과 1947년 2월경에 3국의 연합군사조직으로 "군사합작위원회(軍事合作委員會, Koon Sah Hap Tchak Ui Won Hae)"가 설립되었다고 분석하였다.[171] 이 위원회는 북한에 있는 소련군사령부 대표들과 소련군사령부의 정

---

169 HQ, USAFIK, *G-2 Weekly Summary*, No.132(1948.3.19~3.26), 『북한정보요약』3, 224쪽.

170 HQ, USAFIK, *ISNK*, No.39(1947.6.15~6.30), 『북한정보요약』2, 221쪽.

171 군사합작위원회의 존재는 *ISNK*, No.37(1947.5.15.~5.31), *ISNK*, No.38(1947.6.1.~6.15), *ISNK*, No.39(1947.6.15.~6.30)에 세 차례 보고되었다. 정보의 출처는 각각 다르다. 주한미군 정보참모부는 *ISNK*, No.39(1947.6.15.~6.30)에서 정보의 사실여부를 확인한 결과, "위원회의 존재는 정보원 PUKTo에 의해 확인되었다"라고 기록하였다. 군사합작위원회의 존재를 언급한 또 다른 자료는 미극동군사령부 정보참모부가 1952년 7월 31일에 작성한 *History of the North Korean Army*이다. 그러나 이 자료에는 정보출처가 기록되어 있지 않다. 현재까지 군사합작위원회의 존재는 미군기록 외에는 발견되지 않는다. 이 책에서는 다른 자료가 확인될 때까지 군사합작위원회의 존재를 인정하기로 한다.

치부(Politodyel), 중국공산당과 중국 군사지휘관들, 북조선로동당과 북한 군사 지도자들로 구성되었다.[172] 위원회는 1947년 2월 하순에 운영되기 시작했고, 공식적으로는 3~4월부터 작동하였다. 이 위원회의 임무는 병력의 이전과 군수물자의 이동 등이었다.[173]

군사합작위원회의 설립은 중국내전의 전황(戰況)과 관련 있다. 만주에서는 1946년 6월 초부터 국민당군대가 동북민주연군을 본격적으로 공격하기 시작했다.[174] 국민당군대는 10월과 11월에 각각 조·만국경도시인 안동(安東)과 통화(通化)를 점령했고, 1947년부터는 임강(臨江)에 총공세를 퍼붓고 있었다.[175] 1947년 1월 당시 중국공산당은 만주에서 전략적으로 후퇴하고 있었으며, 주한미군 자료에 기록된 위원회의 임무는 병력과 군수물자의 이동이었다. 따라서 군사합작위원회의 설립목적은 만주의 중국공산당군대와 북한에 창설 중인 군대에 대한 군사적 지원이었을 것이다.

북한과 중국공산당은 1946년 9월부터 공식적인 협정을 체결해 동북지역의 무기와 군수물자를 북한지역을 통해 이동시켰다. 중국공산당 동북국과 북조선임시인민위원회는 9월에 「화물수송협정」을 체결하였다. 북한은 전황이 급박한 경우에는 여객수송을 중지하고 모든 열차를 동원해 중국의 전략물자를 수송하였다.[176] 또한 양측은 1947년에 만주에 있는 물자를 북한지역을 경유해 이동시키기로 합의하였다. 중국 동북행정위원회 교통위원회와 북조선인민위원회 교통국 교통처는 1947년 11월 6일에 「중국동북물자 조선통과 협정서(中國東北物資 朝鮮通過 協定書)」를 체결하였다. 협정서에 따르면, 양측은 1947년 10월 25일부터 1948년 10월 25일까지 북한의 나진항과 웅기항을 통해 동북지역의

---

172 HQ, USAFIK, *ISNK*, No.39(1947.6.15~6.30), 『북한정보요약』2, 221쪽.

173 HQ, FECOM, *History of the North Korean Army*, p.17.

174 延邊朝鮮族自治州檔案館 編, 『延邊大事記』, 延邊大學出版社, 1990, 123쪽.

175 최해암, 『조선의용군 제1지대사』, 료녕민족출판사, 1992, 68~69쪽.

176 길재준·리상전, 『중국동북해방전쟁을 도와』, 107쪽.

물자를 통과시킬 예정이었다. 1년 동안 2개 항을 통해 운반될 중국측 물자는 총 14,354톤이었다. 동북위원회는 물자통과 업무를 직접 취급하기 위해 나진항과 웅기항에 중국측 주임을 배치하였다.[177] 또한 북한과 중국은 1947년 전후에 「우편협정」·「전기협정」 등 양측의 군사·행정협력을 위해 20여 개의 협정을 체결하였다.[178]

중요한 점은 1946년 7월부터 1947년 1월까지 만주의 중국공산당, 북한의 소련군사령부, 북한정치세력 사이에 군사협력문제가 논의되었다는 사실이다. 특히 1946년 봄부터 1947년 1월까지 만주에서 활동하던 항일연군 출신·의용군 출신 간부와 조선인 병력이 입북했는데, 이것은 북·중·소 간의 군사협력관계가 있었기 때문에 가능했다. 따라서 1947년 전후에 북한·중국·소련의 군사협력관계를 바탕으로 만주의 조선인 간부와 병력이 입북하면서 북한의 군대가 확편될 수 있는 군사적 토대가 마련되었다.

군대의 확편에 필요한 물질적 토대는 소련군이 제공하였다. 연해주군관구 군사회의는 1947년 1월 12일에 "조선인민군대"에 필요한 물자를 보장하기 위해 소련군이 보유한 전리품을 양도하기로 결정하였다. 양도될 전리품은 군복(면직) 30,000벌, 가죽구두 16,000켤레, 침대요 25,000개, 모포 10,000개, 속바지(면직) 50,000벌 등 18개 종류의 피복이었다. 1944년도 소련국방위원회 후방국장의 명령과 소련 무역성의 가격산정방식에 따르면, 전리품은 총 8,840,350루블에 달했으며, 북한의 쌀과 교환하는 조건으로 북조선인민위원회에 양도될 예정이었다. 연해주군관구는 1946년 9월 16일자 기준가격인 1톤당 5,510루블로 계산해서 북조선인민위원회로부터 탈곡미 1,604톤을 받기로

177 北朝鮮人民委員會 交通局 交通處, 『中國東北物資 朝鮮通過 協定書의 附件』, 北朝鮮人民委員會 交通局 交通處, 1947.11.6, NARA, RG 242, ATIS Document, No.204559.

178 丁雪松 口述, 楊德華 整理, 『中國第一位女大使 丁雪松 回憶录』, 江蘇人民出版社, 2000, 정률성기념관(http://www.zhenglvcheng.net/ko/books_show.asp?contentid=544).

결정했다.[179]

연해주군관구가 북조선인민위원회에 군수물자를 제공하기로 결정한 시기는 1947년 1월인데, 이때 소련군에는 중요한 조직적 변화가 있었다. 소련군은 1947년 1월에 각급 군의 군사회의를 사령관 산하의 자문기관으로 개편하면서 군사회의의 기능을 분산시켰다. 이에 따라 슈티코프의 직책은 연해주군관구 군사회의 위원에서 군관구 정치담당부사령관으로 변동되었다. 1947년 6월에는 연해주군관구 사령관 메레츠코프가 모스크바군관구 사령관으로 전출되었고, 신임 사령관으로 비류조프(С. С. Бирюзов) 상장이 취임하였다. 이와 함께 제25군사령부의 민정기관(민정부)도 1947년 5월에 공식적으로 "북조선주재 소련 민정국(Управление Советской Гражданской Администрации в Северной Корее)"으로 개편되었다. 민정국의 조직 규모도 13개 부서에 요원 수 74~80명으로 확대·보강되었으며, 정치담당부국장 직책이 신설되었다. 제25군 군사회의 군사위원 레베데프 소장이 민정국장으로 임명되었으며, 이그나치예프 대좌가 정치담당부국장과 총무부장을 겸직하였다. 한편 제25군 사령관도 1947년 4월에 치스차코프 상장에서 코로트코프(Г. П. Коротков) 중장으로 변경되었다.[180]

북조선인민위원회는 1947년도에 군대를 확편하기 위해 전체 예산에서 대규모 금액을 군사부문 예산으로 책정하였다. 1947년도 북한군대의 총병력은 26,362명이었으며, 군대의 유지비와 무기·탄약비로 이루어진 군사예산은 총 11억 9,400만원이었다. 이중에서 군대 유지비는 3억 9,400만원이었고, 무기·탄약비용은 8억원이었다. 1947년도 북조선인민위원회의 총 지출예산은 44억 9,800만원이었으므로, 군사부문 지출비율은 전체 예산의 26.54%에 달

---

179 연해주군관구 군사위원 슈티코프 상장, 「연해주군관구 군사회의 결정」(1947.1.23), ЦАМО, ф. 142, оп. 106479, д. 1, лл. 1~2.

180 기광서, 『북한 국가의 형성과 소련』, 386~388; 585쪽.

했다.[181]

북조선인민위원회는 군사비 증액을 바탕으로 가장 먼저 공군과 해군의 간부를 본격적으로 양성하려는 계획을 수립했다. 김일성은 1947년 4월 13일에 제25군 사령관 코로트코프 중장에게 비행대대의 창설과 해양경찰을 양성하는 수상보안간부학교의 설립을 허용해 줄 것을 요청했다. 당시 평남 진남포시에 위치한 정치학교(평양학원)에는 150명의 조종사와 항공기술자가 교육 중이었는데, 교육을 이수한 조종사들이 사용할 수 있는 훈련용비행기가 없었다. 또한 소련지도부의 동의 아래 수상보안대가 창설되었지만, 해양업무를 잘 아는 간부가 부족해 제 기능을 수행하지 못하고 있었다. 김일성은 소련측에서 비행기를 제공해 줄 것, 300명 정원의 수상보안간부학교 설립을 허용하고 소련 해군장교를 교관으로 차출해 줄 것을 요청하였다. 학교의 설립 예정지는 원산의 북항(北港)이었다.[182] 김일성은 이틀 뒤인 4월 15일에 요청사항을 약간 변경했다. 그는 수상보안간부학교의 정원을 100명으로 축소했고, 학교의 설립 예정지도 청진으로 변경했다. 또한 훈련용비행기도 구체적으로 소련제 "У-2" 비행기를 제공해달라고 요청하였다.[183]

북조선인민집단군총사령부의 창설

북조선인민위원회는 1947년도에 군대를 본격적으로 확편하기 위해 지출예산에 군사비를 대폭으로 증원하였고, 중국과 군사협력을 통해 조선의용군의 병력을 입북시키기로 결정하였다. 또한 소련과 군사협력을 통해 군대 확편

---

181 소련민정국 부국장 이그나치예프 대좌, 「조선군대 지출액에 관한 보고」(1947.7.5), ЦАМО, ф. 379, оп. 166654, д. 1, лл. 74~76.

182 「김일성이 코로트코프에게 보낸 요청서」(1947.4.13), ЦАМО, ф. 379, оп. 166654, д. 1, лл. 81~82.

183 「김일성이 코로트코프에게 보낸 요청서」(1947.4.15), ЦАМО, ф. 379, оп. 166654, д. 1, лл. 59~60.

에 필요한 물자를 확보하는 한편, 공군·해군의 간부를 양성하려고 계획하였다. 병력·예산의 확충과 소련의 지원을 토대로, 북한지역에는 1947년 5월 17일에 "북조선인민집단군총사령부(北朝鮮人民集團軍總司令部, 이하 집단군총사령부)"가 창설되었다. 집단군총사령부는 보안간부훈련대대부의 후신이다.[184]

집단군총사령부는 구 일본군 제79연대[185]가 주둔했던 평양의 해방산에 설치되었다. 같은 날 보안간부훈련대대부 예하의 부대명칭도 변경되었다. 보안간부훈련대대부 제1소(개천)는 "인민집단군 제1경보병사단"으로, 보안간부훈련대대부 제2소(나남)는 "인민집단군 제2경보병사단"으로, 보안간부훈련대대부 제3소(원산)는 "인민집단군 제3독립혼성여단"으로 개칭함과 동시에 부대를 확장하였다. 제3독립혼성여단이라고 명명한 것은 완전한 사단규모였으나 증강된 장비의 보충없이 장비를 혼합편성했기 때문이다. 그리고 대대부 예하 경위대는 "경위연대"로, 대대부 직속 위생소대는 직속 "중앙병원"으로 개칭·확장하였다.[186] 제3독립혼성여단의 정확한 부대명칭은 보병독립여단이다.

집단군총사령부의 출범 당시 인민집단군은 3개 보병부대로 편성되어 있었다. 제1사단은 개천, 제2사단은 나남, 보병독립여단은 원산에 있었다. 각 사단은 3개 보병연대와 1개 포병연대로 편성되었다. 사단본부에는 통신, 공병, 군의 등과 같은 다양한 전문병과·기술병과 부대가 배속되었다. 각 사령부의 참모조직은 부대의 정치분야를 책임지는 부지휘관(문화 부대장)이 있는 소련군 모델

---

184 국방부 전사편찬위원회, 『한국전쟁사』1, 91쪽.

185 국방부의 간행물에는 "97연대 자리"라고 서술되어 있으나, 집단군총사령부에서 근무한 최태환과 군사사학자 사사키는 평양의 해방산에 있는 일본군 제79연대 자리라고 서술하였다. 국방부의 간행물이 誤記된 것이다. 국방부 전사편찬위원회, 『한국전쟁사』1, 682쪽; 최태환, 『젊은 혁명가의 초상』, 46쪽; *佐佐木春隆*, 『韓國戰秘史』中卷, 30쪽.

186 국방부 전사편찬위원회, 『한국전쟁사』1, 682쪽; *佐佐木春隆*, 『韓國戰秘史』中卷, 30~31쪽. 사사키는 같은 날 "평양학원 항공중대와 신의주항공대"가 "비행연대"로 개편되었다고 서술했으나, 비행연대는 1949년도에 창설되었다.

이었다.[187] 보병독립여단 병력은 대부분 철도경비대의 전 대원이었다.[188]

인민집단군의 총병력은 1947년 7월 5일 현재 28,000명이었다. 1947년도 북조선인민위원회 예산안에서 군대 유지비는 3억 9,400만원으로 책정되었는데, 1947년 상반기(1~6월)에 실제로 지출된 유지비는 2억 39,189,000원이었다. 소련군은 군대유지비로 연말까지 총 5억 2,000~4,000만원이 지출될 것으로 예측하였다. 이 금액은 북조선인민위원회 전체 예산의 12%에 달하는 액수였다. 한편 소련은 1947년도에 "조선군대를 위한 특별공급"으로 9,425,000달러에 달하는 소련제 군장비와 탄약을 북한에 제공하였다. 1947년도 인민집단군의 운용비용은 특별공급을 포함해 총 15억원에 달했으며, 북조선인민위원회 예산에서 군사비가 차지하는 비율은 당초 26.54%에서 최종적으로 33.3%로 증가할 것으로 예상되었다.[189]

북한정치세력은 집단군총사령부가 창설된 직후에 보병부대를 완편하고 탱크부대를 신설하려는 창군구상을 추진했다. 김일성은 1947년 7월 22일에 제25군 사령관 코로트코프 중장에게 35~40대의 탱크와 15~20대의 자주포로 구성된 탱크교도연대(700명 정원)와 1개 보병사단(1만명 정원)의 창설을 허가해 줄 것을 요청하였다. 동시에 그는 이에 상응하는 수량의 무기, 제복, 군화, 탄약을 공급해 줄 것을 요청하였다.[190] 김일성은 곧이어 8월 1일에 코로트코프 중장에게 인민집단군의 전체적인 수요, 인민집단군의 정원 확충(3개 보병사단, 1개 비행대대, 수상보안간부학교의 창설), 내무군의 정원 확충(내무연대의 창설)을 감안해 군장비를 추가로 공급해 줄 것을 소련정부에 전달해 달라고 요청하였다. 인

---

187 HQ, USAFIK, *ISNK*, No.36(1947.5.1~5.15), 『북한정보요약』2, 46~47쪽.

188 HQ, USAFIK, *ISNK*, No.45(1947.9.15~9.30), 『북한정보요약』2, 422쪽.

189 소련민정국 부국장 이그나치예프 대좌, 「조선군대 지출액에 관한 보고」(1947.7.5), ЦАМО, ф. 379, оп. 166654, д. 1, лл. 74~76.

190 「김일성이 코로트코프에게 보낸 군사력 증강 지원 요청서」(1947.7.22), ЦАМО, ф. 379, оп. 166654, д. 1, л. 72.

민집단군용 물품은 하절기 하사관·전사용 제복·모자·군화 각각 50,000개, 하절기 군관용 제복·모자·군화 각각 4,000개 등이었다.[191]

김일성의 확군 구상은 1947년 7월 22일 이전에 소련군사령부에 전달된 것으로 보인다. 소련민정국 부국장 이그나치예프 대좌는 7월 5일에 작성한 보고서에 이미 보병사단과 탱크연대를 새로 창설할 경우에 발생하는 연간 유지비용을 계산해 놓았다. 2개 부대의 유지비용은 2억 2,450만원으로, 1만명 정원의 1개 보병사단 유지비는 2억 1,000만원이고, 420명 정원의 1개 탱크연대 유지비는 1,450만원이었다. 이 신편부대를 무장시키기 위해 필요한 특별공급액은 6억 5,000만원이었다. 기존에 편성된 인민집단군과 2개 신편부대의 총 유지비는 7억 8,000만원이었다. 따라서 1947년도 총 군사비는 14억 3,000만원으로 급증했고, 북조선인민위원회 전체 예산의 31.8%에 달했다. 1947년도 무기·장비 구입비는 인민집단군용 특별공급액 942만 5천 달러와 신편부대용 특별공급액 535만 달러를 합해 총 1,477만 5천 미국 달러였다. 소련군사령부는 북조선인민위원회가 1,477만 5천 달러를 1947년부터 3년 동안 농산물로 상환할 수 있다고 판단하였고, 최종적으로 1947년에 2개 신편부대의 창설에 착수하는 것이 가능하다고 모스크바에 보고하였다.[192]

김일성은 보병독립여단을 증편해서 정규 보병사단으로 편성하고 탱크연대를 신설하려고 계획했으며, 소련군사령부도 북조선인민위원회의 지불능력을 계산한 결과 2개 부대를 새로 편성하는 것이 가능하다고 판단하였다. 그러나 모스크바지도부는 김일성의 요청을 수용하지 않았다. 보병독립여단은 1948년 9월 9일에 가서야 제3보병사단으로 승격되었고, 탱크연대는 1948년 12월에 처음 창설되었다.[193] 김일성 등 북한정치세력은 소련측보다 앞서서 정

---

191 「김일성이 코로트코프에게 보낸 요청서」(1947.8.1), ЦАМО, ф. 379, оп. 166654, д. 1, лл. 87~90.

192 소련민정국 부국장 이그나치예프 대좌, 「조선군대 지출액에 관한 보고」(1947.7.5), ЦАМО, ф. 379, оп. 166654, д. 1, лл. 77~80.

193 국방부 전사편찬위원회, 『한국전쟁사』1, 688~689; 692쪽.

규 보병사단과 탱크부대를 창설하려고 계획했지만, 소련은 이 부대의 창설시점을 조절하였다.[194] 소련군이 창설시점을 조절한 이유는 당시에 제2차 미·소공동위원회가 진행 중이었기 때문이다.

북한의 무력 증강에 대한 소련의 속도조절은 1947년 말까지 지속되었다. 김일성은 1947년 11월 13일에 연해주군관구 사령관에게 보낸 서한에서 내무국군대의 열악한 상황을 전달하였다. 당시 내무국의 무장경찰은 총 29,000명이었는데, 이들이 보유한 일본제 소총은 18,000정에 불과했다. 그 결과 경찰 11,000명은 완전히 비무장상태였다. 또한 1947년 7월에 수상보안간부학교가 설립되었지만, 이 학교에는 11월까지 소련고문이나 필수적인 장비가 없었다. 게다가 북한은 자체적으로 군대용·경찰용 모포의 제작능력이 없었기 때문에 소련 외국무역성과 모포 공급 계약을 체결했는데, 11월까지도 모포를 공급받지 못했다. 김일성은 연해주군관구 사령관에게 내무국 경찰을 소련제무기로 재무장시켜주거나 불가능하다면 소총 11,000정과 충분한 탄약을 제공해줄 것, 수상보안간부학교에 군사고문 4~5명을 배치하고 수상보안대를 위해 모터보트 40대를 판매할 것, 모포를 최대한 신속하게 제공해줄 것을 요청하였다.[195]

1947년 5월 17일에 집단군총사령부가 창설되자, 군관양성기관 중 평양학원과 북조선중앙보안간부학교는 대대부에 이어 집단군총사령부 예하에 배속되었으며, 항공부대도 새롭게 재편되었다. 평양학원 비행중대 출신과 북조선인민항공협회 성원을 기간으로 1947년 8월 20일에 "조선항공대(朝鮮航空隊)"가 새로 편성되었다.[196] 조선항공대는 평양학원에서 독립해 집단군총사령부 예하의

---

194 김일성은 1948년 8월 10일에 인민군 제2경보병사단 제4연대장 류경수에게 탱크연대를 창설하라고 지시하였다. 김광운, 『북조선실록』22권, 41쪽.

195 「김일성이 연해주군관구 사령관에게 보낸 군 장비 및 고문 지원 요청 서한」(1947.11.13), ЦАМО, ф. 142, оп. 432241с, д.3, лл. 96~97.

196 기광서, 「북한 무력 형성과 북소관계」, 225쪽. 항공대의 정식명칭은 다음 자료를 참고하였다. 김일성, 「새 조선의 항공대를 결성하자」(1945.11.29), 『김일성전집』2권, 370쪽.

정식 항공부대로 승격되었다.[197]

한편 경비부대는 집단군총사령부가 창설된 이후에도 북조선인민위원회 내무국에 소속되어 있었다. 내무국은 1947년 10월 당시에 독립보안여단, 수상보안대대, 철도보안대대, 제79기마대대, 수상보안간부학교를 관할하고 있었다. 내무국에서는 대대 규모로 편성된 수상보안대대·철도보안대대·제79기마대대를 묶어 "독립대대"라고 불렀다.[198] 조·만국경경비대는 북조선임시인민위원회 보안국에 소속된 이래 계속해서 내무국에 소속되었다.

북한정치세력은 정규군의 최고지휘부로 집단군총사령부를 창설하고, 예하 부대와 기관을 통해 문화군관·통역군관·비행군관·병종군관과, 보병부대·항공부대를 육성하였다. 이와 달리 내무국에는 38경비보안대대·국경경비대대·수상보안대대를 배속해 상시적으로 무력충돌이 발생하는 남북 국경지대와 해안지역의 경비를 전담시켰다. 이 같은 인민군 창설 방향에 따라 향후 해군의 모체가 되는 수상보안대대는 인민군 창설과정에서 분리되어 해안경비부대로 남게 되었다. 그리고 집단군총사령부 예하 부대와 기관은 경비업무에서 해제되어 본격적으로 인민군 창설에 주력하게 되었다.

집단군총사령부가 창설되면서 인민군 창설과정은 제2단계로 들어섰다. 제1단계 창군과정은 1946년 8월 15일에 보안간부훈련대대부가 설립되면서 시작되었다. 북한정치세력은 이 시점에서 군대를 보안기구에서 독립시켰고, 군사지휘기관을 설립해 본격적으로 보병부대와 군사간부를 육성하기 시작했다. 집단군총사령부는 북한지역에서 보안기구라는 위장막을 벗고 군대를 자임한 첫 번째 기구였다. 이것은 사실상 북한지역에 단일국가를 건설하겠다는 의지의 표현이었다. 북한정치세력은 집단군총사령부 창설 이후부터 단일국가 건설을 위한 준비에 착수했다. 집단군총사령부가 창설된 지 한 달 후인 6월 27일에 북

---

197 국방부 군사편찬연구소, 『6·25전쟁사』1권, 289~290쪽.

198 북조선인민위원회 내무국장 박일우, 「제복 및 견장 등급규정에 관한 지시」(1947.10.9), 『북한관계사료집』9권, 90쪽.

〈도표 4〉 북조선인민집단군총사령부와 북조선인민위원회 내무국의 편제

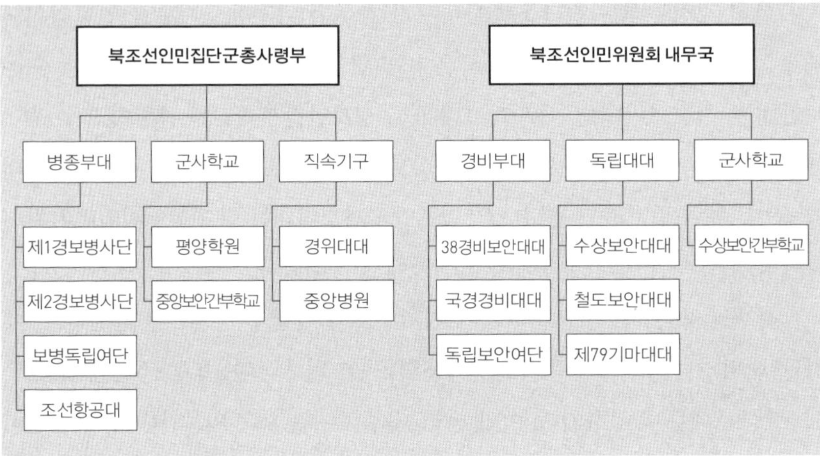

한의 애국가 후보작품에 대한 시청회가 개최되었다. 이날 "아침은 빛나라 이 강산, 은금은 자원도 가득한, 삼천리 아름다운 내조국"으로 시작하는 북한의 애국가가 공식적으로 선정되었다.[199] 이 애국가는 1948년 9월 9일에 수립된 북한 정부에서 공식 국가로 채택되었다.

북조선인민집단군총사령부의 간부와 제1차 숙청사업

집단군 총사령관은 대대부 사령관인 최용건이 임명되었다. 집단군총사령부의 참모진도 대대부의 참모진이 그대로 유임되었다. 총사령부에는 총참모장 안길, 부사령관 겸 문화부사령관 김일, 포병부사령관 무정, 후방부사령관 최홍극, 작전부장 류신, 간부부장 리림, 통신부장 박영순, 통신부 부부장 리청송, 공병부장 황호림, 공병부 부부장 박길남, 정찰부장 최원, 대열부장 문종목, 검찰

199 김일 외, 『붉은 해발아래 창조와 건설의 40년』1, 7쪽.

소장 김학인, 정치보위부장 박응익 등이 임명되었다. 후방부 후방과장은 노정섭(盧正燮)이었다.[200]

집단군총사령부의 참모진은 이후에 일부 변경되었다. 1947년 12월 13일에 총참모장 안길이 병사(病死)하자,[201] 포병부사령관 무정이 총참모장 임시대리로 임명되었다.[202] 그후 제2보병사단장 강건이 중장으로 승진하여 후임 총참모장으로 임명되었다. 이와 동시에 집단군총사령부 통신부 부부장이던 리청송이 소장으로 승진하여 제2사단장으로 발령받았다. 공병부장 황호림은 집단군총사령부 부총참모장으로 승진하였고, 공병부 부부장 박길남은 공병부장으로 임명되었다. 후임 공병부 부부장에는 김선옥(金善玉) 중좌가 새로 부임하였다.[203] 집단군총사령부 체육부장은 천이완이 맡았다. 그는 대대부시기인 1947년 3월 7일부터 체육부장을 맡아왔다.[204] 집단군총사령부 구락부(俱樂部) 부장은 정률성(鄭律成)이 맡았다. 그는 조선의용군 출신으로 1946년 1월에 조선공산당 북조선분국 황해도당위원회 선전부장에 임명되었다. 정률성은 1947년 3월 10일에 "보안간부훈련대대부 구락부장" 겸 "협주단 단장"으로 임명되었고, 집단군총사령부에서도 구락부장 겸 협주단 단장을 맡았다.[205]

집단군총사령부의 간부들은 대부분 보안간부훈련대대부에서 같은 직책

---

200 장준익, 『북한인민군대사』, 53~54쪽; 주영복, 『내가 겪은 조선전쟁』1, 73쪽; 최태환, 『젊은 혁명가의 초상』, 45~46쪽. 최태환은 초기 지도부에서 부참모장이 황호림이었다고 증언했으나, 장준익과 주영복은 모두 황호림이 공병부장이었다고 서술하였다.

201 창군 당시 기록에 안길의 직책이 "보안간부훈련대대본부 참모장 · 북조선로동당 중앙위원"이라고 서술되어 있다. 「해방 이후 4년간의 국내외중요일지」, 『북한관계사료집』7권, 716쪽.

202 최태환은 안길이 병사한 후에 바로 강건이 임명되었다고 증언했으나, 주영복에 따르면 그 사이 무정이 "총참모장 임시대리"로 임명되었다. 한상구, 「최태환의 증언」, 374쪽; 주영복, 『내가 겪은 조선전쟁』1, 110~111쪽.

203 장준익, 『북한인민군대사』, 61~62쪽.

204 장학봉 외, 『북조선을 만든 고려인이야기』, 672쪽.

205 한창희 · 리정문 · 리두만, 「인민의 음악가 정률성」, 총서편집위원회, 『결전』, 459쪽; 정설송 엮음, 『중국인민해방군가의 작곡가 정률성』①, 형상사, 1992, 10; 225~227쪽. 정설송(丁雪松)은 정률성의 아내다.

을 맡았던 인물이다. 집단군총사령부가 출범하면서 군사지휘기관에 새로 들어온 간부는 공병부 부부장 김선옥, 체육부장 천이완, 구락부장 정률성이다. 김선옥은 해방 직후에 적위대 대장으로 활동했고 평양학원 제1기생이다. 졸업 후에는 경비대에서 지휘관으로 근무했다.[206] 천이완은 고려인으로 1946년 5월 3일부터 인민군 포병부문 소련군사고문의 통역으로 활동했다. 1947년 3월 7일부터 대대부·집단군총사령부에서 체육부장을 맡았다.[207] 이상에서 확인한 집단군총사령부의 조직과 간부를 정리하면 다음과 같다.

〈표 5〉 북조선인민집단군총사령부의 조직과 간부[208]

부서	직책	제1대	제2대	대대부 직책과 관계
총사령부	총사령관	최용건(항)	최용건(항)	연임
총참모부	총참모장	안길(항)	강건(항)	교체(안길 사망)
	부총참모장	모름	황호림(고)	승진
문화부	문화부사령관	김일(항)	김일(항)	연임
	체육부장	천이완(고)	천이완(고)	신규
	구락부장	정률성(의)	정률성(의)	연임(협주단장 겸임)
포병부	포병부사령관	무정(의)	무정(의)	연임
후방부	후방부사령관	최홍극(고)	최홍극(고)	연임
	후방부 후방과장	노정섭(의)	노정섭(의)	신규
간부부	간부부장	리림(의)	리림(의)	연임
작전부	작전부장	류신(의)	류신(의)	연임
통신부	통신부장	박영순(항)	박영순(항)	승진
	통신부 부부장	리청송(고)	모름	연임
공병부	공병부장	황호림(고)	박길남(고)	연임 / 승진
	공병부 부부장	박길남(고)	김선옥(평)	연임 / 신규
정찰부	정찰부장	최원(고)	최원(고)	연임
대열부	대열부장	문종목(국)	문종목(국)	연임
정치보위부	정치보위부장	박응익(국)	박응익(국)	연임
최고검찰소	검찰소장	김학인(고)	김학인(고)	연임

---

206 HQ, USAFIK, *G-2 Weekly Summary*, No.138(1948.4.30~5.7), 『북한정보요약』3, 348쪽.

207 장학봉 외, 『북조선을 만든 고려인이야기』, 672쪽.

208 괄호 안은 간부들이 속해 있는 정치세력을 표시한 것이다. (항)은 동북항일연군 출신, (의)는 조선의용군 출신, (고)는 고려인, (국)은 국내공산주의자, (평)은 평양학원 졸업생을 뜻한다.

집단군총사령부 간부구성의 첫 번째 특징은 보안간부훈련대대부의 간부가 대부분 그대로 유임되었다는 점이다. 이것은 창군사업의 연속성을 보장하고, 상급간부의 업무능력을 향상시키기 위한 간부정책이었다. 항일연군 출신은 총사령관, 총참모장, 문화부사령관, 통신부장을 맡았다. 의용군 출신은 포병부사령관, 작전부장, 간부부장, 구락부장을 맡았다. 고려인은 후방부사령관, 검찰소장, 정찰부장, 공병부장, 공병부 부부장, 통신부 부부장을 맡았다. 국내공산주의자는 대열부장과 정치보위부장을 맡았다. 군대의 각 정치세력은 부문별로 역할을 분담하고 있었다. 항일연군 출신은 군대에 대한 지휘권과 정치사상사업, 의용군 출신은 군대의 포병·작전·문화부문과 인사권, 고려인은 기술병종, 국내공산주의자는 총무부문과 방첩부문을 담당하였다. 이중에서 항일연군 출신은 총참모장인 안길이 사망하자 2대 총참모장으로 항일연군 출신 강건을 취임시킴으로써 군대의 참모부문을 확고히 장악하고자 하였다. 또한 집단군총사령부에 조직된 각 부서의 구성도 대대부와 거의 흡사했다. 북한정치세력은 대대부의 편제와 간부를 그대로 옮겨와 집단군총사령부를 조직한 것이다.

각 정치세력은 집단군총사령부 내에서 자신들의 독자적인 세력권을 구축하고 있었다. 특히, 총참모장 임시대리로 임명되었던 무정은 조선의용군 총사령관 출신으로 인민집단군에 있는 의용군 출신의 지도자였다.[209] 만약 그가 정식으로 총참모장에 임명된다면 군대 내의 정치세력관계도 변화할 가능성이 높았다. 대대부 공병부에서 활동한 주영복은 무정이 임시대리에서 물러난 이유

209 특히 무정은 태항산에서 활동한 조선의용군 대원들에게 "위대한 지도자"로 추앙받았다. 엄영식은 해방 직전에 태항산으로 이동한 인물인데, 그가 보기에 태항산의 조선의용군 대원들이 무정에 대해 가지고 있던 존경심은 하나의 종교적 신앙심 같았다고 한다. 그들은 무정을 "위대한 지도자 무정동무"라고 불렀고, 군정학교의 학생들은 매일 「무정동무」라는 노래를 불렀다. 이 노래의 가사는 "무정동무의 가르치는 길은 조국해방독립의 길"이라는 내용이었다. 태항산의 조선의용군 대원들은 무정이 반드시 해방 이후에 정권을 잡을 것이라고 확신하고 있었다(엄영식, 『탈출』, 111; 161; 165쪽). 무정이 해방 이후에도 조선의용군 출신의 지도자로 인식되었다는 사실은 다음을 참고 바람. 최태환, 『젊은 혁명가의 초상』, 67쪽.

에 대해 "김일성과의 상의도 없이 독자적인 지휘방침을 세우기도 하고, 독단적인 지시를 내리기도 해서 김일성의 비위를 거슬렸기" 때문이라고 증언했다.[210] 즉 무정이 임시대리에서 물러난 이유는 군대의 지휘권을 둘러싸고 김일성과 충돌했기 때문이다. 이것은 군대의 지휘권과 군대 내부의 세력권을 둘러싼 충돌이었다. 당시 군대의 지휘권은 총사령관인 항일연군 출신 최용건이 가지고 있었으므로 무정의 독단적 지휘권 행사는 지휘권을 훼손하는 중대한 문제였다. 결국 무정이 임시대리에서 물러난 것을 보면, 대대부에서 항일연군 출신들이 주도권을 가지고 있었음을 알 수 있다.

하지만 집단군총사령부 내부에서 근무한 인물의 증언을 들어보면, 각 세력 간의 권력투쟁은 심각하지 않았던 것으로 보인다. 1947년 6월에 입북한 동북군정대학(東北軍政大學) 졸업생 최태환은 "권력핵심부에서는 권력투쟁의 양상이 있었으리라 짐작되지만, 중견간부급이었던 나의 동료들 중에서는 파벌의식이나 계파적인 관념이 없었다"고 증언하였다. 다만 그는 각 정치세력 중에서 '연안출신은 선비형이 많았고, 소련계는 관료형, 갑산계(항일연군 출신)는 전투적인 투사형'이었다고 회고하였다.[211] 각 정치세력은 군대 내부에서 독자적 세력권을 형성하고 있었지만, 정규군을 창설한다는 공동의 목표를 저해할 만큼 갈등관계를 형성하지 않았다.

간부구성의 두 번째 특징은 조선인민군 창설 이후에 나타나는 간부충원 방식이 집단군총사령부에서 처음으로 등장했다는 점이다. 집단군사령부는 신설된 부서나 공석이 된 부서의 간부를 두 가지 방식으로 충원했다. 첫째, 창군요원과 해방 이후에 육성된 군사간부를 승진시켜 부서장으로 임명하는 방식이다. 먼저 총참모장 안길이 사망하자 포병부사령관 무정이 임시대리로 임명되었고, 이후 제2사단장 강건이 내부에서 승진해 총참모장에 임명되었다. 다음으

---

210 주영복, 『내가 겪은 조선전쟁』1, 110쪽.

211 최태환, 『젊은 혁명가의 초상』, 36쪽.

로 2대 공병부 부부장은 평양학원 졸업생으로 경비대에서 지휘관으로 성장한 김선옥이 임명되었다. 또한 공병부장이 공석이 되자 공병부 부부장 박길남이 내부에서 승진해 공병부장에 임명되었다.

둘째, 당간부와 소련군사령부에 소속된 고려인을 영입하는 방식이다. 집단군총사령부는 구락부가 신설되자 황해도당 선전부장 정률성을 영입해 구락부장에 임명하였다. 또한 대대부 말기에 체육부가 신설되자 포병부문 소련군 사고문의 통역 천이완을 영입해 체육부장에 임명하였다. 두 사람은 공통적으로 배치된 부서와 관련된 경력이 있었다. 정률성은 중국의 노신예술학원(魯迅藝術學院)을 졸업하고 연안(延安)에서 음악지도원과 작곡가로 활동한 경력이 있었고,[212] 천이완은 연해주(沿海州) 한인사범학교에서 배구선수이자 체육단 지도자로 활동한 경력이 있었다.[213] 이 시기까지 외부에서 영입된 간부들은 해당부문과 관련된 경력을 가진 인물이었다. 집단군총사령부시기에는 만주에서 조선인들의 입북이 급격히 줄어들었는데, 그 이유는 1946년 6월부터 만주에서 중국내전이 본격화되었기 때문이다. 이때부터 만주의 조선인들은 중국공산당 길동분성위(吉東分省委)의 지시에 따라 모두 중국내전에 동원되었다.[214]

집단군총사령부의 간부구성은 북한정치세력이 국가건설과정에서 추진한 간부정책의 성격을 잘 보여준다. 북한정치세력은 군대의 신규간부를 내부승진이나 외부영입을 통해 충원하였다. 내부승진은 기존에 군사지휘기관의 간부였거나 해방 이후에 군사부문에서 성장한 인물들이었고, 외부인사는 노동당 간부나 소련군사령부에 소속된 고려인이었다. 따라서 집단군총사령부의 간부원천은 창군요원, 당간부, 소련군사령부 소속 고려인, 군사학교 졸업생이었다. 이

---

212 정설송 엮음, 『중국인민해방군가의 작곡가 정률성』①, 10; 105쪽.

213 장학봉 외, 『북조선을 만든 고려인이야기』, 672쪽.

214 동북전쟁의 전세는 1947년 6월부터 전환되었는데, 중국공산당 동북국은 전면적인 반공격으로 넘어가기 위해 6월 초부터 다시 모든 인적·물적자원을 동원해 전선을 원호하라고 지시하였다. 延邊朝鮮族自治州檔案館 編, 『延邊大事記』, 123쪽; 김동화 외, 『연변당사 사건과 인물』, 280~281; 324쪽.

시기에는 외부영입보다 내부승진이 보편적이었고, 아직까지 정권기관 간부는 영입되지 않았다. 새로 충원된 인물들의 공통점은 모두 소련군사령부와 북한 정치세력이 신뢰할 수 있는 사람들이었다는 점이다. 북한정치세력은 집단군총사령부에 친소·친노동당적 인물을 집중적으로 충원하였다.

그런데 집단군총사령부가 출범하기 이전, 인민군에는 이들과 다른 경력·출신의 간부들도 많았다. 대표적인 집단은 친일파, 지주계급, 조선민주당·천도교청우당 출신 간부들이었다. 집단군총사령부는 출범하기 직전에 이들에 대한 대대적인 숙청을 진행하였다. 이른바 인민군의 '제1차 군관숙청'이다. 앞서 살펴보았듯, 동북항일연군 출신과 조선의용군 출신은 해방 이전에 중국공산당의 당내검열운동인 정풍운동에 대한 지식과 경험을 가지고 있었다. 이들 중에서 조선의용군 출신은 해방 이후에 중국공산당의 정풍운동을 그대로 들여와 북한지역에서 정풍운동을 전개하였다.

대표적으로 1946년 12월부터 1947년 2월 사이에 북조선로동당 평북도당이 운영하는 도당학교에서 정풍운동이 전개되었다. 당시 평북도당위원장 겸 도당학교 교장은 조선의용군 출신 윤공흠이었고, 학교의 교무주임과 교사들도 모두 의용군 출신이었다. 도당학교의 간부들은 학생들 사이에서 자유주의 경향과 부르주아 잔재가 농후하다고 판단하고, "중국에서 사용하던 쩡풍운동"을 학교에서 전개하였다. 도당학교는 14명의 위원을 선발해 정풍집행위원회를 조직하고, 노동계급 출신으로 정풍심사위원을 구성했다.

정풍심사위원들은 학생 중에 해방 이전의 경력이 의심스럽거나 자유주의 경향과 부르주아 잔재가 농후한 학생들을 지명해서 정풍대(整風臺)에 세우고 자아비판과 군중재판을 실시했다. 그 결과 친일혐의가 있거나 자유주의·부르주아 경향을 청산하지 못한 학생은 출당조치와 함께 퇴학당했다. 예를 들어 도당학교 5반의 교원 출신 학생은 정풍운동 결과 일제시기에 헌병보조원이었던 사실이 발각되어 출당되고 퇴학당했다.[215] 평북도당학교 간부들은 중국공산당에서 전개했던 정풍운동을 그대로 들여와 학교에서 실행했다. 평북도당학교가 전개한 정풍운동은 내부에 숨어 있는 '불순분자'를 적발하고 내부의 규율과 당적 영향력을 확고히 수립함으로써 조직을 정예화하기 위한 사상투쟁이었다.

정풍운동은 1947년에 들어서 당기관뿐만 아니라 군대에서도 전개되었다. 제2보병사단은 1947년 3월부터 4월까지 전체 군관을 조사해 "불순분자"를 숙청했다. 제2사단 제4과(인사과) 과장(중좌)은 항일운동 경력이 인정되어 과장에 임명되었는데, 조사결과 일본 당국에 전향한 사실이 밝혀져 파면되었다. 통신대대 나운혁(羅雲赫) 소좌는 연변에서 일본 관헌에 협력한 사실이 폭로되어 추방되었다. 통신대대 참모장 김영주 대위는 지주의 아들이라는 이유로 예편되었고, 공병대대 문화부대대장 강민식(康敏植)은 능력부족으로 좌천되었다. 공병대대 후방부대장은 당시 19살이었는데, 경험부족으로 중위로 강등되어 다른 부대로 전출되었다. 공병대대 의무관은 부르주아지 출신이라는 이유로 파면되었고, 공병대대 소대장 6명 중 2명은 자산가의 아들이라는 이유로 사단에서 추방되었다. 추방된 소대장은 분대장으로 강등되어 군관학교로 보내지기도 하였다. 숙청결과 제2사단 예하에서 100명 이상의 군관이 숙청되었다. 특히 민주당·청우당 출신 군관은 거의 대부분 숙청되었다.[216] 1946년 12월 23일 당시 제2사단의 군관인원은 748명이었다.[217] 3개월 동안 큰 변화가 없었다고 전제하면, 사단 군관 중 약 13.4%를 숙청한 것이다.

제1차 군관 숙청 당시, 해방 이후에 월북했던 여운형그룹도 숙청되었다. 조

---

215 김석형 구술, 이향규 녹취·정리, 『김석형구술자료집: 나는 조선로동당원이오!』, 선인, 2001, 189~191쪽. 구술자인 김석형도 겨울날 세면시간에 "날이 추우니까, 빨리빨리하고 들어가자"라는 발언 때문에 부르주아 잔재가 남아 있다는 이유로 정풍대에 올랐다. 그는 3일 동안 하루에 두 번씩 정풍대에 올라 심사를 받았고 자아비판 후에 정풍심사를 통과하였다.

216 주영복, 『내가 겪은 조선전쟁』1, 104~106쪽.

217 「1946년 12월 22~30일 제25군사령관 및 참모부가 수행한 조선군대 경보병사단 검열 결과 총결보고」(1946.12.31), ЦАМО, ф. 379, оп. 166654, д. 1, лл. 25~32.

선건국동맹의 박승환과 신경군관학교 제1·2기생인 만주군 출신 장교 10명은 1946년 8월 13일부터 12월 말까지 인민군 창군사업에 투입되었다. 그후 창군사업이 일정 궤도에 오르자 사회단체와 학교의 간부로 배치되었다. 그런데 이들은 1947년 4월 초에 보안대원에게 체포되어 평양형무소에 투옥되었다. 여운형그룹의 구속이유는 "사회가입(社會假入)"이었다. 이것은 일종의 예비검속으로, 먼저 투옥한 이후에 죄의 유무를 조사하는 방식이었다. 그들은 평양형무소에서 세 차례에 걸쳐 유죄여부를 조사받았다.[218] 여운형그룹뿐만 아니라, 일본군 출신 군관들에 대한 숙청작업이 1947년도에 대규모로 진행되었다. 이들에 대한 숙청작업은 1947년 말에 완료되었다.[219]

북한정치세력은 정식 군사지휘기관 창설에 앞서 군대 안에 있는 '불순분자' 군관을 적발해서 추방한 것이다. 그러나 1947년의 숙청작업은 1946년에 보안국에서 진행된 숙청작업에 비하면 규모가 작았다. 당시 보안국은 1년 동안에 전체 보안원 17,348명 중에서 4,254명(24.5%)을 숙청했다.[220] 인민군 창설 초기에 이미 보안기구 내에서 대대적으로 친일파와 '불순분자'를 숙청했기 때문에 집단군총사령부시기에 숙청대상이 적었던 것이다. 북한정치세력은 보안국의 검열사업 이후에도 일본군·만주군 출신, 지주계급·부르주아계급, 민주당원·청우당원 등 이질적인 인물들을 존속시켜 창군사업에 활용하였다. 그러나 창군사업이 일정한 궤도에 오르자 군대에서 이질적인 요소를 점차 제거하였다. 제2사단의 경우에는 전체 군관 중 13.4%를 제거했다. 그 결과 북한의 혁명무력 내부에서 통일전선의 범주는 다시 한번 축소되었다. 그러나 보안국시기에 이미 대규모 숙청작업이 있었고 숙청시점이 군사지휘기관을 확장하던 창군과정이었다는 사실을 염두에 두면 숙청규모는 오히려 놀라울 만큼 컸다.

---

218 한국정신문화연구원 편, 『내가 겪은 한국전쟁과 박정희정부』, 285; 301~305; 330쪽.

219 HQ, USAFIK, *G-2 Weekly Summary*, No.147(1948.7.2~7.9), 『북한정보요약』3, 542쪽.

220 북조선인민보안국, 『北朝鮮保安事業總結報告』, 1946.11.19.

창군과정에서 제국주의에 협력했던 군관들을 숙청함으로써 군대를 개편하는 작업은 북한뿐만 아니라 동유럽에서도 진행되었다. 동유럽의 인민민주주의국가는 독일로부터 해방된 이후에 "반동적인 장관들과 군관들에 의하여 령도되고 있던 낡은 군대 대신에 새롭고 완전하게 인민적인 군대를 창설"하려고 계획하였다. 이를 위해 각 국가들은 "반동적인 장관들과 군관들"을 군대에서 축출하였다.[221]

북한과 동유럽은 차이점도 있었는데, 동유럽에서는 해방 이전에 정부군이나 인민군·빨치산부대가 창설되어 있었기 때문에 해방 이후에 정부군을 개혁하거나 인민군·빨치산부대를 기반으로 인민군대를 창설하였다. 예를 들어, 체코슬로바키아에서는 해방 직후에 기존 빨치산부대를 기반으로 새로운 군대를 창설하였고, 이 과정에서 빨치산부대의 일부가 인민군으로 개조되었다. 신규 군대에서는 반역자, 대적협력자, 반민주적·반인민적 인물들이 추방되었고, 민주적·반파쇼적 장교들이 양성되었다. 불가리아에는 1944년 9월 9일에 인민정권이 수립될 당시 45만명의 왕정군대가 존재했는데, 불가리아의 공산주의자들은 군대 안에 조국전선병사위원회를 신설해 군대에서 파시스트를 추방하고 지휘관을 새로 선출했다. 지휘관에는 빨치산과 정치범이 등용되었고, 해방 이전에 조직된 빨치산부대는 인민군에 편입되었다.[222]

그러나 북한은 군대를 창설할 만한 규모의 정부군이나 빨치산부대가 없었다. 이 때문에 북한정치세력은 일제의 군대·경찰에 근무했던 인물들을 창군과정에 참여시킨 뒤에 군대창설이 일정 궤도에 오르자 이들을 축출한 것이다. 군관숙청이 실시된 시점은 1947년 3월의 제2차 미·소공동위원회를 앞둔 시점이었다. 북한정치세력은 미·소 합의에 의한 한반도문제 해결을 앞두고 통일전선의 대상을 축소하였고, 북조선로동당의 지도적 위치를 강화하였다. 북한정

---

221 느·파르베로브, 「인민민주주의 국가들의 사회적 및 국가적 구조」, 『근로자』 제12호, 86쪽.

222 柴田政義, 『東歐政治經濟史』, 215; 292쪽.

치세력은 자신들이 신뢰할 수 있는 당간부, 군사학교 졸업생, 소련군사고문 통역 등을 새로운 군사간부로 등용함과 동시에 친일파와 '불순분자'로 판명된 군사간부를 제거함으로써 간부구성을 인위적으로 개조해 나갔다.

북한의 통일전선은 1947년도에 들어서 군대뿐만 아니라 다른 부문에서도 축소되었다. 인민정권은 이미 1947년 3월 시점에 부르주아지·지주계급을 축소하고 노동자·농민계급 중심으로 재편되어 있었다. 이 같은 사실은 3월 5일까지 선출된 도·시·군·면·리인민위원회 위원의 계급구성을 통해 알 수 있다. 전체 위원 70,235명 중에서, 노동자는 4,140명(5.9%), 농민은 55,305명(78.7%), 사무원은 8,645명(12.3%), 상인은 866명(1.2%), 기업인은 256명(0.4%), 구(舊)지주는 32명이었다.[223]

인민정권의 위원 중에서 노동자·농민은 84.6%를 차지하고 있었고, 사무원은 12.3%를 차지하고 있었다. 인민위원 중에는 노동자보다 사무원이 더 많았는데, 그 이유는 북한정치세력이 해방 직후부터 인텔리를 친일파의 범주에서 제외해 등용하였고, 혁명과정에서 이들이 민주세력으로 변화했다고 인식했기 때문이다. 예를 들어, 김일성은 1946년 8월 28일에 노동당 창립대회에서 '절대다수의 지식분자들이 과거에 일제와 자산계급들에게 복무했지만, 해방 이후 1년 동안 지식분자들이 민주주의 건설사업에 많은 공적을 쌓았고, 인민의 이익을 위해 복무하는 지식분자로 변했다'라고 설명하였다.[224] 또한 그는 '지식인들이 조국부흥사업에 열성적으로 참가하여 우리 조국과 인민을 애호하고 있다'라고 평가하였다.[225] 인민위원 중 노동자·농민·사무원이 96.9%로 절대다수를 차지했던데 비해, 부르주아계급과 지주계급은 거의 없었다. 특히 지주계급은 거의 소멸된 수준이었다. 그러므로 1947년 2월 22일에 성립된 북조선

---

223 전현수 역, 『소련민정청 3개년사업 총결보고』1권(정치편), 27~30쪽.

224 金日成, 「北朝鮮勞動黨創立大會總結에 關한 報告」, 『근로자』창간호(1946년 10월호), 『북한관계사료집』42권, 57쪽.

225 金日成, 「朝鮮人民에게 告함」, 『人民』創刊號(1946.11.28), 『북한관계사료집』13권, 12쪽.

인민위원회는 노동자·농민·사무원을 주축으로 구성된 인민정권이었다.

북조선로동당도 1946년 12월부터 1947년 2월 20일까지 진행한 '유일당증(唯一黨證) 수여사업'을 통해 통일전선을 축소하였다. 노동당은 급속히 확대된 당대열 내에 이색분자와 부적격자가 잠입했다고 판단하고, 7개 부류의 당원을 숙청하기로 결정하였다. 숙청대상은 '착취계급(자본가·기업가·상인 등), 친일파(대화숙·녹기연맹 등), 토지개혁시 숙청 지주, 종교인, 종파주의자, 탐위분자, 법령위반자, 불량분자들'이었다.[226] 노동당의 숙청대상에는 해방 당시 통일전선에서 제외된 친일파 외에 부르주아계급·지주계급·종교인·종파주의자·법령위반자 등이 추가되었다. 새로 배제된 이들은 대부분 인민민주주의혁명을 반대하거나 저해한 세력이었다.

결국 북한정치세력은 1946년에 토지개혁·산업국유화 등 사회개혁과 제1차 미·소공동위원회를 거치면서 인민민주주의혁명을 반대하거나 저해하는 세력을 통일전선에서 배제하고 노동자·농민·사무원을 중심으로 통일전선을 재편하였다. 이들은 반혁명세력인 부르주아계급·지주계급을 배제하고 혁명세력인 노동자·농민·사무원을 끌어들임으로써 인위적으로 계급을 재편하였다. 이들이 통일전선을 재편한 것은 제1차 미·소공동위원회의 결렬 이후에 한반도에서 단일국가 건설이 본격화되었기 때문이다. 북한정치세력은 혁명의 핵심세력인 노동자·농민·사무원을 중심으로 당·정권기관·군대를 개편하고, 이를 통해 북한지역을 단일국가의 '민주기지'로 육성하고자 하였다.

그런데 집단군총사령부와 노동당이 내부숙청을 집행한 시기를 비교해보면 중요한 차이점을 발견할 수 있다. 노동당이 유일당증 수여사업을 시작하자 지방당에서는 입당서류 불명 등 경미한 위반자를 출당시키는 좌경적 오류가 나타났다. 예를 들어, 5개 도의 당증수여사업 통계표에 따르면, 당증수여사업

226 북조선로동당 중앙본부 조직부, 「유일당증수여에 관하야-북조선로동당 제3차 중앙위원회 결정」(1946.11.6), 『북한관계사료집』1권, 178~180쪽.

과정에서 당원의 9%가 출당되었는데, 출당자 중 70%는 "당사업에 태만, 불신임, 우연히 당에 가입한 자"라는 이유로 출당되었다. 당중앙상무위원회는 당증수여사업이 좌경적으로 진행되자 1946년 12월 27일에 제18차 회의를 개최해 당증수여심사를 최대한 신중히 검토하고, 출당심사결과를 재심사해 오류를 조속히 시정하라고 지시하였다.[227]

1947년이 시작되었을 때 북조선로동당은 숙청사업을 신중히 재검토하고 숙청의 폭을 줄이고 있었다. 그러나 집단군총사령부는 오히려 유일당증 수여사업이 종료된 1947년 3월부터 숙청사업을 개시하였고, 사단 군관 중 13.4%를 숙청하였다. 또한 노동당이 2개월 동안 숙청사업을 전개했음에 비해 집단군총사령부는 1947년 말까지 10개월 동안 숙청사업을 지속하였다.[228] 집단군총사령부의 숙청대상은 일본군·만주군 출신, 친일파, 지주·부르주아계급, 민주당원·청우당원이었다. 집단군총사령부의 내부숙청은 반제투쟁(일본군·만주군·친일파)과 반봉건투쟁(지주계급)을 넘어서 부르주아계급과 타 당원에게까지 확대되었다. 그 결과 군대 내에서 통일전선의 범주는 축소되었고, 노동당의 영향력이 확대되었다. 결국 1947년 동안 군대는 노동당에 비해 반제·반봉건투쟁을 더 철저하고 지속적인 방식으로 전개하였다. 북한정치세력은 단일국가 건설이 본격적으로 시작되자, 집단군총사령부의 간부를 친노동당적으로 개조함으로써 인민민주주의혁명을 지속적으로 추진할 수 있는 무력적 기반을 구축하였다.

---

227 「평안남도 및 각도 당단체의 당증수여사업 진행정형에 대하여-북조선로동당 중앙상무위원회 제18차 회의」(1946.12.27), 『북한관계사료집』30권, 93~95쪽.

228 북조선로동당이 다시 입당자격을 엄격히 설정해서 당원을 정예화한 시기는 1948년 3월 27일 제2차 전당대회였다. 노동당은 제2차 당대회에서 당규약을 개정해 입당자격을 강화하였다. 필수적인 2명의 입당보증인은 당년한이 1년 이상이고 피보증인과 적어도 1년 이상 함께 사업하면서 서로 아는 사람이어야 하며, 피보증인에 대해 책임질 것을 요구받았다. 「북조선로동당 규약-북조선로동당 제2차 전당대회 회의록」(1948.3.27), 『북한관계사료집』1권, 467쪽.

2. 수상보안대대의 육성과 경찰의 군대화

수상보안대대의 편제와 간부

북한정치세력은 1947년 5월 17일 집단군총사령부의 창설을 전후해서 본격적으로 병종부대를 육성하기 시작했다. 보안간부훈련대대부시기에는 경보병사단이 창설됨에 따라 육군의 모체가 출현하였다. 그러나 집단군총사령부의 창설 시점까지 정규군의 해군과 공군은 조직되지 않았다. 각종 경비대와 보안대 중에서 해군의 모체가 된 부대는 수상보안대(水上保安隊)이다. 수상보안대는 1946년 8월 15일 보안간부훈련대대부 창설 이후에 군대창설과정에서 분리되어 북조선임시인민위원회 보안국에 배속되었다.[229] 그리고 1947년 5월 17일 집단군총사령부가 창설된 이후에 수상보안대에서 증편된 수상보안대대(水上保安大隊)도 집단군총사령부가 아니라 북조선인민위원회 내무국에 배속되었다.[230]

먼저 수상보안대는 집단군총사령부가 창설되기 직전인 1947년 4월에 들어서 변화하였다. 동해수상보안대와 서해수상보안대는 이 시기에 각각 대대 규모로 증편되었다.[231] 1947년 10월 7일 현재 서해수상보안대의 정식명칭은 "서

---

229 김선호, 「해방직후 북한 무력양성기관의 조직과 운영」, 159~160쪽.

230 「북조선인민위원회 내무국 기구 및 사무분장」, 『북한관계사료집』9권, 65쪽. 미군도 1947년 6월 현재 수상보안대대를 내무국이 지휘하고 있다는 사실을 파악하고 있었다. 그러나 수상보안대대가 대대급이라는 사실은 파악하지 못했다. HQ, FECOM, *History of the North Korean Army*, p.16.

231 기광서, 「북한 무력 형성과 북소관계」, 225쪽.

해수상보안대대"였다.[232] 또한 수상보안대대의 예하부대인 수상보안지대(水上保安支隊)의 명칭도 "수상보안대(水上保安隊)"로 변경되었다. 수상보안대의 부대규모는 중대급이었다. 1947년 10월 5일 현재 서해수상보안대대는 남포(평남) · 몽금포(황해도) · 구미포(황해도) · 해주(황해도)수상보안대 등 총 4개 중대를 두고 있었다. 또한 약칭도 있었는데, 서해수상보안대대는 "서해대대(西海大隊)", 수상보안대는 각각 "남포대(南浦隊) · 몽금포대(夢金浦隊) · 구미포대(九味浦隊) · 해주대(海州隊)"로 불렀다.[233] 수상보안대 예하에는 "파견대"가 조직되었다. 그런데 해주수상보안대는 1947년 5월에 파견대로 처음 발족했다가 9월에 수상보안대로 승격하였다.[234] 즉, 수상파견대는 일정시기 이후에 수상보안대로 승격되기도 하였다.

수상보안대대는 집단군총사령부에 소속된 부대와 다른 조직적 특징을 가지고 있었다. 수상보안대대의 상급기관은 북조선인민위원회 내무국이었으나, 수상보안대대에는 작전을 통제하는 독립적 지휘기관이 설치되었다. 지휘기관의 정식 명칭은 "북조선수상경비대대부(北朝鮮水上警備大隊部)"였고, 평남 진남포에 설치되었다. 대대부 아래에는 서해사령부(서해수상보안대대)와 동해사령부(동해수상보안대대)가 있었다. 서해수상보안대대는 진남포에 주둔했고, 동해수상보안대대는 원산에 주둔했다. 1947년 6월 말 현재, 서해수상보안대대는 평북 신의주 용암포, 평남 진남포, 황해도 해주에 수상보안대를 배치하고 있었다. 동해수상보안대대는 함북 청진, 함남 흥남, 강원도 원산에 수상보안대를 배치하

---

232 장지복, 「중국선박 영흥리호 적재품 불법몰수의 전말보고서(이하 영흥리호 전말보고서)」(1947.10.7), 『북한관계사료집』9권, 409쪽. 한편, 1947년 9월 18일자 내무국 공문에는 "남포수상보안대대"라는 명칭도 등장한다. 이 명칭은 박일우가 작성한 공문 본문에 쓰여 있는데, 정식명칭이라기 보다는 진남포에 위치한 서해수상보안대대를 내무국 내부에서 부르던 명칭으로 보인다. 박일우, 「가옥명도중지에 관하여」(1947.9.18), 『북한관계사료집』9권, 381쪽.

233 「영흥리호 전말보고서」(1947.10.7), 『북한관계사료집』9권, 410쪽; 「서해수상보안대대 각중대 감찰관계사업 검열총결 보고의 건(이하 서해수상보안대대 검열보고)」(1947.11.24), 『북한관계사료집』9권, 410~414쪽.

234 「서해수상보안대대 검열보고」(1947.11.24), 『북한관계사료집』9권, 412쪽.

고 있었다. 각 지방 수상보안대는 1개 수상보안대훈련소와 4개 분대로 편성되었다.[235] 북조선수상경비대대부의 군사고문은 소련 해군 장교인 아이스키얀(Aiskiyan) 대좌였다.[236]

북조선수상경비대대부 사령관은 김성국이었다. 그는 1946년 3~4월부터 1947년 2월까지 사령관을 맡았다. 김성국은 이후에 보안간부훈련대대부 후방부장으로 임명되었다.[237] 그는 동북항일연군 출신으로 소련 극동군 제88독립여단에서 정찰대원으로 활동하였다.[238] 해방 직후에는 조선건국청년학교 교무주임을 역임했고, 북조선임시인민위원회 보안국 특별경비대 대장을 역임했다. 그후 수상경비대대부 사령관으로 임명되었다.[239] 김성국은 1946년 3월 1일에 소련군사령부와 북한정치세력이 군대를 창설하기 위해 개최한 합동회의에 참석했던 5명의 창군요원 중 한명이었다.[240] 북한정치세력은 수상보안대대를 향후에 정규군의 해군으로 육성하기 위해 핵심적인 창군요원을 사령관으로 임명한 것이다.

제1대 동해수상보안대대 대대장은 진국화(陳國華)였다. 그는 1938년에 중국 중앙육군군관학교 성자강릉분교를 졸업한 인물로 조선의용대의 초기 대원이다. 1943년 9월부터 조선의용군 기동부대에서 선전위원으로 활동했다. 그는 해방 직후에 만주로 진출했다가 1945년 말에 조선의용군 제1진으로 입북해

---

235 수상보안대대의 중앙사령부 명칭은 주한미군 자료에 "PukChosun SooSangKyungBi TaeDaeBoo"라고 기록되어 있다. HQ, USAFIK, *ISNK*, No.39(1947.6.15~6.30), 『북한정보요약』2, 220쪽.

236 HQ, USAFIK, *ISNK*, No.36(1947.5.1~5.15), 『북한정보요약』2, 48쪽.

237 HQ, USAFIK, *ISNK*, No.39(1947.6.15~6.30), 『북한정보요약』2, 218쪽.

238 박광선, 『소부대활동의 나날에』, 금성청년출판사, 1991, 116~123쪽.

239 김광운, 『북한정치사연구』1, 53쪽.

240 그 외 참석자는 최용건·김일·무정·김웅이다. HQ, USAFIK, *ISNK*, No.39(1947.6.15~6.30), 『북한정보요약』2, 210쪽.

동해수상보안대대장을 맡았다.[241] 제2대 동해수상보안대대 대대장은 1947년 6월 당시 최인석이었다.[242] 제3대 동해수상보안대대 대대장은 1947년 10월 30일 현재 최덕주였다.[243] 최인석과 최덕주의 경력은 알 수 없다.

제1대 서해수상보안대대 대대장은 리철중(李鐵重)이었다. 그는 서해안에서 해안경비임무를 수행하던 도중 1946년 11월 20일 이전에 순직하였다.[244] 리철중은 남경 육군군관학교 기병과 출신으로 1937년 12월부터 중앙육군군관학교 성자강릉분교 한인반에서 견습사관으로 근무했다. 그는 조선의용대 초기 대원이며, 1942년에 조선의용대 분대장을 역임했다.[245] 제2대 서해수상보안대대 대대장은 1947년 5월 15일 당시 차영도였다.[246] 1947년 5월 18일자 주한미군 정보보고서에는 진남포에 있는 서해수상보안대대의 신임 부대장이 소련 해군에서 근무한 고려인이라고 기록되어 있다.[247] 차영도는 소련 해군에서 근무한 고려인임을 알 수 있다.

차영도의 후임으로 제3대 대대장에 임명된 사람은 장지복(張之福·張志福)이다. 그는 1947년 10월 당시 서해수상보안대대 대대장이었다.[248] 장지복은 1938년에 중국 중앙육군군관학교 성자강릉분교를 졸업하였다. 1938년에 조선의용대에 참가했고, 1939년 봄에 진국화(陳國華)와 함께 호남성 북부의 최전선에서 항일선전활동을 전개했다. 그는 해방 직후에 만주로 진출했다가

---

241 김중생, 『조선의용군의 밀입북』, 125~126쪽; 강만길·성대경, 『사회주의인명사전』, 477쪽.

242 HQ, USAFIK, *ISNK*, No.39(1947.6.15~6.30), 『북한정보요약』2, 220쪽.

243 HQ, USAFIK, *ISNK*, No.47(1947.10.15~10.30), 『북한정보요약』2, 463쪽.

244 김일성, 「검찰, 보안기관 일군들의 당면임무-각 도, 시 검찰소장 및 보안서장련석회의에서 한 연설」(1946.11.20), 『김일성전집』4권, 404쪽.

245 강만길·성대경, 『사회주의인명사전』, 381쪽; 김중생, 『조선의용군의 밀입북』, 125쪽.

246 HQ, USAFIK, *ISNK*, No.36(1947.5.1~5.15), 『북한정보요약』2, 48쪽; HQ, USAFIK, *ISNK*, No.39(1947.6.15~6.30), 『북한정보요약』2, 212쪽.

247 HQ, USAFIK, *ISNK*, No.39(1947.6.15~6.30), 『북한정보요약』2, 220쪽.

248 「영흥리호 전말보고서」(1947.10.7), 『북한관계사료집』9권, 409쪽.

1945년 말에 조선의용군 제1진으로 입북했다.[249]

수상보안대대 간부구성의 첫 번째 특징은 다양한 정치세력으로 구성되었다는 점이다. 사령관은 항일연군 출신, 대대장 중 3명은 조선의용군 출신, 1명은 고려인이었다. 리철중은 남경군관학교 기병과 졸업생으로 진국화와 장지복이 중앙육군군관학교 성자강릉분교에 재학중일 때 견습사관으로 근무했다. 진국화와 장지복은 중앙육군군관학교 동기생이자 1939년부터는 호남성 북부의 최전선에서 함께 항일선전활동을 펼쳤다. 초기 수상보안대대 지휘관은 항일연군 출신·조선의용군 출신·고려인이 함께 맡았으며, 대대장은 주로 중국국민당 군관학교를 졸업한 인물로 조선의용군 출신 중에서도 최창익이 주도한 북상파였다. 이들은 1943년부터 조선의용군에서 전개된 정풍운동 당시 무정의 반대편에 섰던 인물들이었다.[250] 결국 수상보안대대는 항일연군 출신이 지휘하는 가운데, 무정과 대립했던 북상파 조선의용군 출신들이 주로 대대장을 맡았다. 이처럼 군대창설에 참여한 의용군 출신은 해방 이전의 정치노선에 따라 분열되어 있었다.

수상보안대대 간부구성의 두 번째 특징은 간부 중에서 고려인 차영도를 제외하고 과거에 해군에 근무한 경력을 가진 사람이 없었다는 점이다. 그 이유는 항일연군 출신과 의용군 출신이 모두 중국 내륙에서 활동한 관계로 해군 출신이 없었기 때문이다. 북한정치세력은 이를 만회하기 위해 핵심적인 창군요원인 김성국과, 정규군관학교를 졸업하고 일본군과 실전경험을 가진 의용군 출신들을 간부로 배치한 것이다.

수상보안대대의 초기 간부는 평양학원과 북조선중앙보안간부학교의 졸업생을 배치하였다. 그러나 해상근무에 대한 전문지식이 부족해 많은 문제가 발생하였다. 수상보안대대는 이를 해결하기 위해서 1947년에 진남포에 3개월

---

249 김중생, 『조선의용군의 밀입북』, 125~126쪽; 강만길·성대경, 『사회주의인명사전』, 419쪽.

250 조선의용군의 북상파에 해당하는 인물과 정풍운동의 구체적인 내용은 다음 연구를 참고 바람. 염인호, 『조선의용군의 독립운동』, 193~233쪽.

과정의 훈련소를 설치했다. 신병들은 소형선박 조종법, 무선장비 사용법, 소형화기 사용법을 배웠다.[251] 북한정치세력은 1947년 4월 시점에 수상보안대대 간부를 전문적으로 육성하기 위해 간부학교를 창설할 계획을 수립했다. 김일성은 4월 13일에 소련군 제25군사령관 코로트코프 중장에게 현재 북한의 수상보안대대가 해양업무를 잘 아는 간부의 부족으로 제 기능을 수행하지 못하고 있다고 전제하고, 수상보안대대의 간부를 양성할 수 있게 원산의 북항(北港)에 300명 정원의 "해양학교"를 설립하는 것을 허가해 달라고 요청했다. 동시에 소련함대의 해군장교를 이 학교의 교관으로 차출해 줄 것을 요청하였다.[252]

김일성의 요청은 3개월 후에 원산에서 결실을 맺게 되었다. 북조선인민위원회는 1947년 7월 8일에[253] 원산에 300명 정원의 "수상보안간부학교(水上保安幹部學校)"를 창설하였다.[254] 이 학교는 "해군지휘간부를 키워내기 위한" 병종학교였다.[255] 교장은 1947년 10월 중순 당시에 조화철이었고, 학교에는 약 380명의 학생이 소속되어 있었다.[256] 교육과정은 두 가지였다. 수상보안대에서 선발된 학생을 위한 6개월 과정과, 내무국의 다른 부서와 주민 중에서 모집된 학생을 위한 3년 과정이 있었다. 수상보안간부학교의 교육은 내무국 경비처의 명령에 따라 실시되었다.[257] 학교의 교관으로는 일제시기에 상선학교를 졸업하고 일본인 밑에서 선박기술자로 근무한 인물도 배치되었다.[258]

---

251 HQ, USAFIK, *ISNK*, No.36(1947.5.1~5.15), 『북한정보요약』2, 48쪽.

252 「김일성이 코로트코프에게 보낸 요청서」(1947.4.13), ЦАМО, ф. 379, оп. 166654, д. 1, лл. 81~82.

253 창설일은 다음 자료를 참고하였다. 사회과학원 력사연구소, 『조선전사』24권, 127쪽.

254 기광서, 「북한 무력 형성과 북소관계」, 225쪽.

255 사회과학원 력사연구소, 『조선전사』24권, 127쪽.

256 HQ, USAFIK, *ISNK*, No.46(1947.10.1~10.15), 『북한정보요약』2, 441쪽. 원문에는 학생수가 3,800명으로 기록되어 있는데, 380명의 오기로 판단된다.

257 HQ, USAFIK, *ISNK*, No.47(1947.10.15~10.30), 『북한정보요약』2, 463쪽.

258 김일 외, 『붉은 해발아래 창조와 건설의 40년』1, 359쪽.

수상보안간부학교의 학생은 내무국에서 북조선로동당 중앙당 간부부를 통해 모집하였다. 내무국은 1948년 6월 17일에 각 도에 책임자를 파견하여 각 도인민위원회와 도내무부를 통해 수상보안간부학교 제2기생을 모집했다. 북조선로동당 간부부장 진반수(陳斑秀)는 각 도당 간부부장에게 공문을 보내 내무국에서 파견된 책임자를 도와 학생모집에 협조하라고 지시했다.[259] 수상보안간부학교는 해안경비사업의 모태기관으로 규정되었다. 즉, 김일성은 1947년 11월 28일에 내무국 산하 책임자 및 정보과장회의에 참석해서 "수상보안학교를 강화하며, 해항(海港)경비의 철저화를 위하야 그 사업의 모태가 되게 할 것"을 지시하였다.[260]

수상보안간부학교는 학생들에게 항해, 기관, 함상포, 해안포 등에 대한 전문기술을 가르쳤다.[261] 학생들은 주로 어부, 일본 해군 출신, 상선 선원 출신 등 바다와 관련된 일을 해온 사람들이 입학하였다. 이들은 1~3개월 동안 기초군사훈련, 소구경화기 사격술, 이론적인 선박 조종술, 신호와 라디오 조작법 등을 교육받았다. 졸업생들은 30~50명 단위로 수상보안대 분대나 파견대에 배치되었다.[262]

수상보안간부학교가 창설되었지만, 학교의 교관과 장비는 부족했다. 김일성은 1947년 11월에 연해주군관구 사령관에게 보낸 전문에서 "구두 허락에 따라 7월에 조직된 수상보안간부학교가 설립되었지만, 군사고문관도, 소형발동선 등 필수적인 장비도 없다"고 강조하였다. 이에 따라 "수상보안간부학교에 군사고문관 4~5명을 배치해 줄 것, 수상보안대대용 소형발동선 40척을 북한에

---

259 진반수, 「수상보안간부학교(제二기생) 및 대원 모집협조에 관하야」(1948.6.17), 민족보위성, 『〈절대비밀〉 인민군대·내무성철』, 민족보위성, 1950.6, NARA, RG 242, SA 2006, Box 16, Item 46.

260 박일우, 「위원장 훈시 전달의 건」(1947.12.21), 『북한관계사료집』9권, 301~302쪽.

261 사회과학원 력사연구소, 『조선전사』24권, 127쪽.

262 HQ, USAFIK, *ISNK*, No.39(1947.6.15~6.30), 『북한정보요약』2, 220쪽.

판매해줄 것"을 요청하였다.[263] 그 후에 소형발동선이 지원되었는지는 확인되지 않는다. 그러나 소련 군사고문은 배치되었다. 1948년 3월 1일 현재 북한에 배치된 소련 군사고문은 총 379명으로, 이 중에 "수상보안대"에 배치된 고문은 4명이었다.[264] 소련군 아이스키얀(Aiskiyan) 대좌가 수상경비대대부 고문으로 활동하였고, 티막(Timak) 중위가 원산에 있는 수상보안대대의 훈련을 지원하였다. 또한 원산, 청진, 진남포에 주둔 중인 소련 해군부대도 수상보안대대 대원들의 훈련을 원조하였다. 그러나 수상보안대대는 북한의 보안무력 중에서 소련의 원조가 가장 부족한 부대였다.[265]

수상보안대대의 무장수준은 주한미군 정보보고서에서 확인할 수 있다. 1947년 5월 현재, 원산의 동해수상보안대대는 총 1600명의 병력과 38척의 선박(작동하지 않는 6척 포함)을 보유하고 있다. 일부는 일본제 모터보트였고 나머지는 모두 국산 선박이었다.[266] 1947년 11월 당시 몽금포수상보안대(중대 규모)와 구미포수상보안대(중대 규모)에는 전화가 가설되어 있지 않아서 서해수상보안대대와 연락하는 데 평균 2~3일씩 걸렸다. 또한 해주수상보안대가 소유한 경비선은 일제시기에 사용하던 야기다마(燒玉式)엔진을 단 동선(動船, 중유 사용)이었는데, 발동을 거는 데 시간이 많이 걸려 긴급출동이 어려웠다. 이에 따라 각 수상보안대에서는 모터보트(휘발유 사용)를 비치해줄 것을 내무국에 요청하였다.[267]

즉 1947년 11월 24일 시점까지 서해수상보안대대 예하 수상보안대가 보유한 경비선은 일반선박과 일제 동선이었고, 개인화기와 경비전화마저 제대로 보급되지 않았다. 북한정치세력은 이 같은 상황에서 활용할 수 있는 인적·물

---

263 「김일성이 연해주군관구 사령관에게 보낸 군 장비 및 고문 지원 요청 서한」(1947.11.13), ЦАМО, ф. 142, оп. 432241с, д. 3, лл. 96~97.

264 기광서, 「북한 무력 형성과 북소관계」, 231쪽 각주 49번.

265 HQ, USAFIK, *ISNK*, No.39(1947.6.15~6.30), 『북한정보요약』2, 220쪽.

266 HQ, USAFIK, *ISNK*, No.36(1947.5.1~5.15), 『북한정보요약』2, 48쪽.

267 「서해수상보안대대 검열보고」(1947.11.24), 『북한관계사료집』9권, 413쪽.

적 자원을 최대한 동원해서 주요해안지역에 설치된 수상보안대와 수상파견대를 통해 방어적 형태로 해안경비업무를 수행했다. 동시에 소련으로부터 무기가 제공되지 않는 상황에서 먼저 수상보안간부학교를 통해 수상보안간부를 양성하는 데 주력하였다.

수상보안대대의 지휘체계

수상보안대대의 행정적 업무는 북조선인민위원회 내무국에서 관할했으며, 관할부서는 내무국 경비처 경비부 해안경비과였다.[268] 수상보안대대의 일상적인 행정업무는 해상경비과에서 관장했으나, 주요사안은 수상보안대대장이 내무국장에게 직접 공문을 상신하였다.[269] 그리고 수상보안대대의 사업은 내무국 각 해당부처로부터 정기적으로 검열받았다. 예를 들어 수상보안대대 각 중대의 감찰사업은 내무국 보안처 감찰부 감찰과에서 검열받았다.[270] 수상보안대대의 각 부서장은 내무국의 정기회의에 참석해 사업결과를 보고하고 내무국의 지시를 하달받았다. 대표적으로 서해수상보안대대 감찰과장은 1947년 12월 21일에 "제2회 각도 및 특별시·철도·수상 감찰과장회의"에 참석했다.[271] 이처럼 수상보안대대의 모든 사업은 내무국의 관할 아래 진행되었다.

그러나 수상보안대대는 지방인민위원회 내무부와 북조선수상경비대대부라는 두 가지 명령계통으로부터 통제를 받았다. 수상보안대대의 작전통제권은 북조선수상경비대대부가 보유하고 있었다. 작전통제권은 해안감시지역의 약도

---

268 「북조선인민위원회 내무국 기구 및 사무분장」, 『북한관계사료집』9권, 65쪽.

269 「영흥리호 전말보고서」(1947.10.7), 『북한관계사료집』9권, 409쪽.

270 「서해수상보안대대 검열보고」(1947.11.24), 『북한관계사료집』9권, 413쪽.

271 「제2회 감찰과장회의록」(1947.12.21), 『북한관계사료집』9권, 292쪽.

〈그림 30〉 제2회 내무국 감찰과장회의록과 수상보안간부학교 제2기생 모집 공문

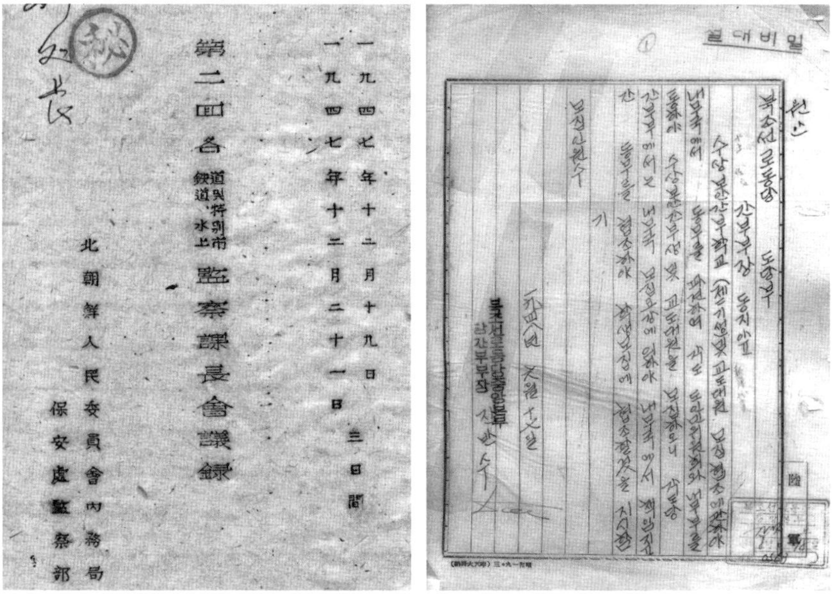
一九四七年十二月十九日
一九四七年十二月二十一日 三日間
第二回各道(鐵道及特別市, 水上)監察課長會議錄
北朝鮮人民委員會內務局
保安處監察部

와 순찰 실시를 포함한 작전상 통제, 그리고 본질적으로 해상에 관련된 사항이었다. 수상보안대대의 법률집행권은 지방인민위원회 내무부가 보유하고 있었다. 법률집행권은 체포된 밀수자와 포획한 선박의 처분처럼 본질적으로 경찰업무에 관한 사항이었다. 수상보안대대에 대한 중앙 차원의 통제는 북조선인민위원회 내무국이 담당하였다. 그리고 1947년 8월에 들어서면서 수상보안대대의 법률집행권과 작전통제권을 명확히 분리하는 경향이 더욱 확대되었다. 수상보안대대의 권한을 두 가지 계통으로 분리한 것은 불법적인 해상활동에 대한 해안경비작전을 원활히 집행하기 위한 조치였다. 예를 들어, 12마일을 넘는 해상작전은 지방적 차원의 작전통제범위를 넘었기 때문에 국제적인 측면에서 문제가 발생할 수 있었다. 따라서 수상보안대대는 작전통제권만 소유하고, 지방인민위원회가 법률집행권을 소유하는 책임 분할을 통해 문제발생을 차단시

켰다.[272]

수상보안대대는 행정적·법률적 측면에서는 북조선인민위원회 내무국의 지휘를 받았고, 작전권의 측면에서는 북조선수상경비대대부의 지휘를 받았다. 수상보안대대와 달리 북조선인민위원회 내무국 소속의 38경비보안대대는 별도의 독립적 지휘기관이 없었다. 38경비보안대대는 1947년 말 현재 제7대대와 제9대대로 편성되어 있었는데, 각 대대장은 내무국장에게 직속되어 있었고, 대대장은 도(道)에 관련되는 전체사업에 대해 도인민위원회 내무부장의 지시를 받았다.[273]

북한정치세력이 수상보안대대의 지휘권을 2중으로 설정한 것은 향후에 독립적 병종으로 해군을 창설하려는 구상 때문이었다. 이 당시 북한지역에서 해상과 해안의 경비임무를 수행할 수 있는 무력은 수상보안대대밖에 없었다. 따라서 이 부대를 내무국에서 독립시켜 군대로 개편할 수는 없었다. 이와 함께 향후 해군을 창설할 경우에 그 모체가 될 수 있는 무력도 수상보안대대밖에 없었다. 이에 따라 북한정치세력은 수상보안대대를 내무국에 배속시킨 상태에서, 향후 군대로 독립할 때 독자적인 작전능력을 가질 수 있도록 북조선수상경비대대부를 조직한 것이다.

그러나 실제 수상보안대대에 대한 행정적 지휘권은 내무국으로 완전히 통일되지 못했다. 수상보안대대는 행정적 지휘권을 둘러싸고 지역 검찰소, 지역 주둔 소련군사령부와 충돌하였다. 몽금포수상보안대는 1947년 10월 2일에 중국선박 영흥리호를 나포했는데, 황해도 장연군 소련군사령부가 몽금포수상보안대에 와서 이를 평양의 제25군사령부로 인계하라고 명령하였고, 장연군 검찰소장도 장연군 소련군사령부로 인계하라고 지시하였다. 이에 대해 서해수상보안대대장 장지복은 내무국장에게 직접 공문을 보내 "지방보안대에 군검찰소

---

272 HQ, USAFIK, *ISNK*, No.43(1947.8.15~8.31), 『북한정보요약』2, 352쪽.

273 「황해도내무부 사업에 대한 諸點」(1947.5.23), 『북한관계사료집』9권, 392쪽.

와 소련사령부에서 간섭하여 오는 현상은 곤란한 점이 막대"하다고 문제를 제기하였다. 그리고 "중앙소련군사령부로부터의 지시여부와 북조선검찰소로부터의 지시여부를 조사하여 소련사령부 및 검찰기관과의 사무적 한계를 명확히 분별해 주고, 본건 또한 어떠한 대책이 있어야 할지 속히 지시를 줄 것"을 요청하였다.[274]

이에 대해 내무국 보안처 감찰부는 장연군 소련군사령부가 중국선박을 인계해간 증빙서류를 첨부하고, 당시 장연군 소련군사령관이 중국선박에서 압수한 물품은 내무국에 운반하라고 지시하였다.[275] 지휘체계 문제가 계속되자, 내무국 보안처 호안부는 1947년 9월 10일자로 서해수상보안대대에 공문 「북내보호(北內保護) 제275호」를 하달해서 검찰기관의 지시를 받지 말라고 지시했다. 그러나 몽금포수상보안대는 여전히 검찰기관의 지시를 받고 있었다.[276]

수상보안대대는 1947년 말까지 지역의 소련군 위수사령부나 지역검찰소와 행정적 지휘권을 둘러싸고 갈등하고 있었다. 이에 대해 서해수상보안대대장은 내무국에 지휘관계를 명확히 판단해 줄 것을 요청하였다. 내무국 보안처는 소련군 위수사령부의 행정명령을 취소하였고, 대대장에게 검찰소의 지시를 거부하라고 지시하였다. 소련군 위수사령부의 행정적 명령은 내무국에서 공식적으로 문제가 될 만큼 예외적 현상이었으나, 역설적으로 집단군총사령부가 출범한 이후인 1947년 10월 시점에도 소련군 위수사령부가 내무국에 배속된 보안기구에 일정한 영향력을 행사하고 있었다는 사실을 보여준다.

소련군 위수사령부와 인민집단군 간의 상하관계는 집단군총사령부에서는 발견되지 않는다. 따라서 내무국 휘하의 보안무력은 집단군총사령부 휘하의 군대보다 상대적으로 소련군 위수사령부의 영향력이 컸고 조선인들의 독자

---

274 「영흥리호 전말보고서」(1947.10.7), 『북한관계사료집』9권, 409쪽.

275 「서해수상보안대대 검열보고」(1947.11.24), 『북한관계사료집』9권, 414쪽.

276 「서해수상보안대대 검열보고」(1947.11.24), 『북한관계사료집』9권, 412쪽.

적 지휘권이 약했다고 볼 수 있다. 그 이유는 내무국 보안무력이 맡은 치안업무와 경비임무가 기본적으로 소련군 위수사령부의 점령통치임무와 중첩되었기 때문이다. 이와 달리 인민집단군은 치안유지와 경비임무에서 해제되었기 때문에 소련군 위수사령부와 기본임무가 중첩되지 않았고 직접적인 상하관계도 없었다. 그러나 영흥리호사건 이후 내무국 회의자료를 검토해 보면 더 이상 지휘체계문제가 제기되지 않았다. 1947년 9월 10일자로 내무국의 공식 지시가 하달되고 북조선인민위원회 업무가 정비되면서 내무국의 행정적 지휘권이 확립된 것으로 판단된다.

수상보안대대의 주요업무는 해상경비업무이며, 이는 기본적으로 경찰업무였다. 그러나 내무국과 수상보안대대는 내부적으로 군사적 요소를 도입하였다. 내무국장 박일우는 1947년 4월 24일에 수상보안대대를 비롯한 산하기구에 「비상소집에 관한 지령」을 하달하였다. 박일우는 지령에서 "(내무)국은 더한층 행정기구의 군사적 소질을 강화시키며 평시·비상시를 막론하고 군기군용(軍紀軍容)을 엄명(嚴明) 정제(整齊)히 하야 정치적 영향을 확대시키며, 사업의 정규화와 비상사태에 적절한 위치를 도모하기 위하야 비상소집에 관한 규정을 제정 발표"한다고 표명하였다.[277] 또한 1947년 12월 21일에는 '제2회 각도 및 특별시·철도·수상 감찰과장회의'가 열렸는데, 서해수상보안대대 감찰과장은 이 회의에서 "종래의 산만한 사업작풍을 일소할 계획으로서 절대통일적인 '군기풍'을 수립하고 사상적으로 무장"시킬 것이라고 보고하였다.[278]

이와 함께 수상보안대대에는 「군대 내무규정」도 도입되었고, 내무국 산하 각 보안대에는 보안원의 복장과 행동을 단속하는 풍기사령(風紀司令)이 임명되었다. 그리고 제복을 착용한 보안대원은 "군대 내무규정 제20조"에 따라 하급

---

277 박일우, 「비상소집에 관한 지령」(1947.4.24), 『북한관계사료집』9권, 82~84쪽.

278 「제2회 감찰과장회의록」(1947.12.21), 『북한관계사료집』9권, 292쪽.

이 상급에게, 또는 동급 간에 행례(行禮)를 하도록 규정되었다.[279] 즉, 내무국은 1947년 4월 시점에 수상보안대대를 비롯한 보안무력에 행정기구의 군사적 특징을 강화하고, 군대규율과 군대위용을 정돈할 것을 지시하였고, 수상보안대대에 통일적인 군기풍을 수립하였다. 내무국의 지시에 따라 수상보안대대에도 「군대 내무규정」이 도입되었다. 보안국시기에는 수상보안대에 이 같은 군대 규율과 「군대 내무규정」이 도입되지 않았다. 내무국이 출범하면서 행정기구의 군대화가 강화되고, 이에 따라 수상보안대대에도 내무국의 군사적 요소가 도입된 것이다. 그러나 수상보안대대의 실제 무기현황이나 업무내용은 여전히 경찰 수준에 머물러 있었다.

수상보안기구는 시기별로 몇 차례 재편되면서 점차 정규군대로 육성되었다. 이 수상보안기구가 인민군 해군의 모체이다. 북한지역 수상보안기구의 창설 과정은 남한지역과 다르다. 남한지역에서 최초로 조직된 수상보안기구는 해사대(海事隊)이다. 해사대는 1945년 8월 21일에 해군 출신 손원일(孫元一)과 정긍모(鄭兢謨)가 자체적으로 조직한 군사단체였다. 이후 남한의 해군 출신은 해안경비와 해양발전을 목표로 군사단체를 편성하기 위해 9월 30일에 조선해사협회(朝鮮海事協會)를 창설하였다. 조선해사협회는 미군정청에 해사국이 설치되자 미군정과 협의를 거친 이후에 11월 11일에 약 200명 규모의 해안경비대인 해방병단(海防兵團)을 창설하였다. 해방병단은 1946년 1월 14일에 미군정 국방사령부로 편입되었다. 이 해방병단을 기반으로 1946년 6월 16일에 조선해안경비대와 조선해안경비대총사령부가 창설되었다. 그리고 이 조선해안경비대를 모체로 1948년 9월 5일에 국군 해군이 창설되었다.[280]

남한의 해사대와 조선해사협회는 무장부대가 아니라 해군 출신자들이 집결한 군사단체였다. 그리고 조선해사협회는 미군정 해사국의 지원에 따라 무

---

279 박일우, 「제복착용규정에 관한 지시」(1947.5), 『북한관계사료집』9권, 61쪽.

280 국방부 군사편찬연구소, 『6·25전쟁사』1권, 352~354쪽.

장부대인 해방병단으로 재편되었고, 다시 조선해안경비대로 재편되었다. 이에 비해 북한의 수상보안기구는 처음부터 무장부대인 수상경비대로 조직되었고, 각 지역에 조직된 수상경비대가 발전하여 동해·서해수상보안대와 수상보안대대로 확편되었다. 북한의 수상보안기구는 육지에 창설된 보안기구와 마찬가지로 지방을 기반으로 조직되어 중앙으로 확대되는 방식으로 창설되었다.

북한의 수상보안대와 남한의 해안경비대는 비슷한 시기인 1946년 중반에 창설되었다. 그러나 부대규모는 해안경비대가 압도적으로 컸다. 1946년 11월 19일 당시 수상보안대의 총병력은 111명이었다.[281] 이에 비해 남한의 해안경비대는 1946년 11월 30일 당시 장교 165명, 사병 1,026명으로 총 1,191명의 병력을 보유하고 있었다.[282] 조선해안경비대가 이처럼 급속히 발전할 수 있었던 것은 미군정의 군사지원 때문이다. 미군정은 1946년 9월 1일에 수석고문관 맥케이브(George E. McCabe)를 비롯해 15명으로 구성된 군사고문단을 조선해안경비대에 배치하였다. 미군 군사고문들은 서울과 진해에서 해안경비대 육성을 지원하였다. 또한 해안경비대는 군사고문의 협조를 얻어서 9월 15일에 미 해군으로부터 상륙정(LCI) 2척을 인수했다. 그리고 진해기지, 인천기지, 묵호기지에서 디젤함과 증기함 수 척을 인수해 본격적인 교육훈련을 실시하였다.[283]

이에 비해 북한 수상보안대에는 소련 군사고문이 배치되지 않았고, 함정도 없었다. 소련 군사고문은 1947년 4월에 수상보안대대가 창설되면서 처음 배치되었고 인원도 4명에 불과했다. 1947년 5월 당시 동해수상보안대대는 38척의 선박을 보유하고 있었지만, 선박은 일본제 모터보트나 국산 선박이었고, 이 중 6척은 고장난 상태였다. 또한 수상보안간부학교에는 1947년 11월까지 소련 군사고문이 배치되지 않았고 해안방어용 모터보트도 없었다. 북한의 수상경비

---

281 북조선인민보안국,『北朝鮮保安事業總結報告』, 1946.11.19.

282 국방부 군사편찬연구소,『6·25전쟁사』1권, 357쪽.

283 국방부 군사편찬연구소,『6·25전쟁사』1권, 355쪽.

대는 남한보다 빨리 조직되었지만, 소련의 군사지원이 지연되면서 부대를 확장하지 못했다. 이에 따라 북한 해군의 창설도 지연되었다.

3. 항공부대의 육성과 일본군 요소의 잔존

평양학원 비행과와 일본군 출신

북한정치세력은 해방 직후에 공군을 창설하기 위해 항공단체와 항공간부 양성기관을 조직한 바 있다. 북한지역에서는 1945년 12월 15일에 조선공산당 북조선분국의 주도 아래 항공기술 보급을 목적으로 '조선항공협회(朝鮮航空協會)'가 결성되었다.[284] 이 협회는 민간항공단체였지만, 회장에는 2일 뒤에 북조선분국 책임비서로 선출되는 김일성이 취임하였다. 결성식에는 소련항공군 대표를 비롯해 평남인민정치위원회 등 평양의 핵심적인 정치세력이 모두 참석하였다.[285] 조선항공협회는 향후에 창설될 '조선항공대'의 기간요원을 양성하기 위한 단체였다.[286] 이와 별도로 1945년 10월 25일에 신의주에서 항공경력자들이 자발적으로 '신의주항공대(新義州航空隊)'를 결성하였다. 이 항공대는 일본군 출신 리활(李濶)이 대장을 맡았고, 그와 조선의용군 출신 왕련(王連)의 주도로 창설되었다.[287]

북한정치세력은 항공단체의 조직과 함께 항공간부를 양성하는 군사학급을 설치하였다. 북조선공산당은 1946년 3월에 평양학원에 항공반(航空班)을 신설했다.[288] 평양학원 항공반의 학생은 각 지방의 항공협회에 가입해 있는 항공기술자 중에서 우수한 인물을 선발해 충원하였다. 항공반 학생들은 노동자·농민의 자녀 중에서 사상이 투철한 청년들이 엄선되었다. 아울러 평양학

---

284 「해방 이후 4년간의 국내외중요일지」, 『북한관계사료집』7권, 584쪽.

285 「航空事業에 新牛面, 朝鮮航空協會誕生」, 『正路』1945.12.21.

286 김일성, 「새 조선의 항공대를 결성하자」(1945.11.29), 『김일성전집』2권, 370~371; 373쪽.

287 국방부 전사편찬위원회, 『한국전쟁사』1, 697쪽; 사회과학원 력사연구소, 『조선전사』24권, 131쪽.

288 전영률·김창호·강석희 공편, 『조선통사』하, 354쪽.

원은 일제시기에 일본군대에서 복무한 항공기술자들도 항공반 학생으로 선발하였다.[289]

평양학원에 항공반을 신설한 것은 공군의 기간요원을 양성하기 위한 조치였다. 평양학원 항공반이 신설되자, 신의주항공대는 1946년 3월 17일에 평양학원으로 흡수되었다.[290] 이로써 민간단체였던 신의주항공대는 북조선공산당이 직접 관할하는 군사학교로 개조되었다. 평양학원 항공반은 1946년 6월 26일에 '항공중대(航空中隊)'로 개편되었고,[291] 이에 앞서 6월 7일에는 학원에 '항공과(航空課)'가 신설되었다.[292]

평양학원에서 운영했던 항공조직에 대한 명칭과 설치시기에 대해서는 정리가 필요하다. 평양학원에서 군관으로 근무한 장연진(張然鎭)은 『자서전』에서 당시 자신의 직책을 "비행과 군관(飛行科 軍官)"이라고 기록하였다. 또한 그가 비행과 군관으로 근무할 당시 일본 육군소년비행병학교 동기생인 김승관(金承寬)이 "평양학원 비행중대 소대장"을 맡고 있었다.[293] 이 자료를 분석해보면, 평양학원 '항공과'와 '항공중대'의 정확한 명칭은 "비행과(飛行課)"와 "비행중대(飛行中隊)"였다. 무엇보다 비행과와 비행중대는 같은 시기에 평양학원에 존재했다. 평양학원 비행과는 비행업무와 비행중대를 관할하는 행정부서 겸 지휘부였고, 평양학원 비행중대는 항공부대 겸 항공간부 양성단위였다고 판단된다.

평양학원 비행과의 간부는 네 명이 확인된다. 비행과장은 의용군 출신 왕련이 맡았고, 부과장은 일본군 출신 리활이 맡았다.[294] 그리고 비행과 교관으

---

289 김일성, 「평양학원에 항공반을 내올데 대하여-평양학원 책임일군들과 한 담화」(1946.3.17), 『김일성 전집』3권, 217~218쪽.

290 전영률·김창호·강석희 공편, 『조선통사』하, 675쪽.

291 국방부 군사편찬연구소, 『6·25전쟁사』1권, 289쪽.

292 사회과학원 력사연구소, 『조선전사』24권, 127쪽.

293 張然鎭(飛行科 軍官), 『自敍傳』, 平壤學院, 1946, RG 242, SA 2009, Box 5, Item. 83.

294 중앙일보특별취재반, 『秘錄 조선민주주의인민공화국』하, 75쪽.

〈그림 31〉 비행과 군관 장연진의 『자서전』

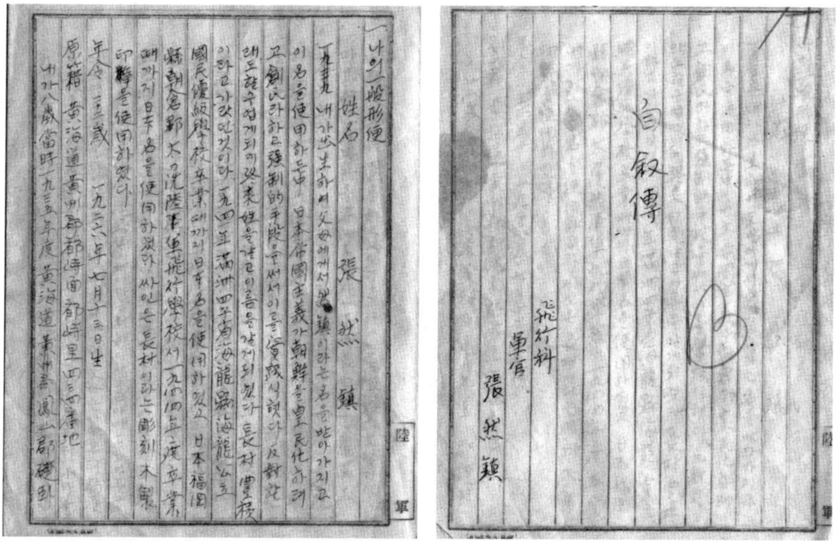

로는 일본 육군소년비행병학교 졸업생 장연진과, 일본 비행학교에서 교관을 역임한 인물도 근무했다.[295] 앞서, 신의주항공대의 대장은 리활이었고, 왕련은 창설요원이었다. 그러나 평양학원 비행과로 흡수되면서 두 사람의 지위는 역전되었다. 왕련이 의용군 출신이라는 사실과, 리활이 일본군 출신이라는 사실이 반영된 결과였을 것이다.[296]

평양학원 비행과는 1946년 6월에 제1기생(신의주항공대 제3기생) 200여 명을 입교시켰고, 이들은 10월에 졸업하였다. 1946년 10월에는 신의주항공대 제1·2기생과 평양학원 비행과 제1기생 중에서 기술과 성적이 우수한 열성분자 약 300명을 선발하여 소련으로 훈련을 보냈다. 1946년 10월에는 평양학원 비행과 제2기생(신의주항공대 제4기생)으로, 중등학교 졸업 이상의 학력을 가진 열

---

295 김일 외, 『붉은 해발아래 창조와 건설의 40년』1, 359쪽.

296 국방부 전사편찬위원회, 『한국전쟁사』1, 697쪽.

성분자 500명을 선발해 입교시켰다.[297] 평양학원 비행과 학생들은 이곳에서 비행기조종술과 정비교육을 받았다.[298]

현재까지 평양학원 비행과의 훈련프로그램은 발견되지 않았다. 그러나 비행과의 조종사 중 다수가 일본군 출신이고, 비행기도 일본제 비행기였으므로 비행과의 훈련프로그램은 일본식으로 진행되었을 것이다. 일본군 출신 비행사들은 이미 일본 공군의 훈련프로그램을 알고 있었고, 일본제 고급연습기로 훈련받은 경험이 있었다. 따라서 이들은 소련군사고문이 배치되지 않은 상황에서 자신들이 교육받은 방식으로 학생들을 가르쳤을 것이다.

평양학원의 학생들은 원래 각 도당에 파견된 항일연군 출신들이 학생모집요강에 따라 엄밀히 선발한 사람들이었다. 이들은 주로 '혁명가유자녀와 노동자, 농민을 비롯한 근로인민의 자녀, 청년학교 학생'이었다.[299] 평양학원 비행과에 입대한 윤응렬에 따르면, 평양학원에 들어온 사람들은 모두 노동당원이었다고 한다.[300] 그러나 실제 평양학원 비행과에는 모집요강과 다른 경력의 학생들도 입학했다. 리활은 신의주항공대의 "활공학생"을 평양학원 비행중대에 추천해서 입학시켰다.[301] 또한 평양학원 비행과에는 일본군 출신도 다수 입학했다. 그중에는 일본 육군소년비행병학교(陸軍少年飛行兵學校, 이하 少飛) 출신도 10명 정도 있었다. 비행과에서 비행경험이 있는 조종사는 윤응렬 등 소년비행병학교 졸업생을 제외하고 몇 명 되지 않았다.[302]

평양학원 비행과에 입학한 일본군 출신들은 대부분 소년비행병학교를 졸업한 인물들이다. 비행과 대원으로는 소비 15기 을(乙) 출신 윤응렬(尹應烈), 리

297 空軍本部 政訓監室, 『空軍史』1, 空軍本部, 1962, 67쪽.

298 국방부 전사편찬위원회, 『한국전쟁사』1, 675쪽.

299 태병렬·오찬복, 『태양을 모시고 60년』, 65쪽.

300 윤응렬, 『상처투성이의 영광』, 황금알, 2010, 79쪽.

301 리히영, 『자서전』, 조선인민군 866군부대, 1949.11, RG 242, SA 2009, Box 4, Item 111.2.

302 윤응렬, 『상처투성이의 영광』, 75쪽.

세영(李世暎), 리흥부(李興富), 최현옥(崔賢玉), 오봉서(吳鳳瑞), 김달현(金達鉉) 등이 입학했다.[303] 소비 14기 을 출신 중에는 신의주항공대에서 활동한 장연진이 입학했다.[304] 또한 평양학원 비행과에서 장연진과 같이 근무한 리영일(李榮一)과 평양학원 비행중대 소대장을 맡은 김승관도 소비 14기 을 출신이었다.[305]

소년비행병제도는 일본 육군성이 1933년 4월 26일에 항공요원을 급속히 양성하기 위해 만든 제도이다.[306] 최종 목적은 소년들을 훈련시켜 전쟁에 바로 투입할 수 있는 비행하사관으로 육성하는 것이었다. 입학연령은 만 15~18세였다가 1943년부터 만 14~20세로 변경되었다. 교육기간은 기초교육 1년과 상급교육(각각 조종 · 정비 · 통신) 1~2년으로 규정되었으나 전쟁 말기에 이를수록 기간이 단축되었다. 일본정부는 1943년에 항공전력을 긴급히 확충하기 위해 1년의 기초교육을 생략하고 바로 상급학교에 입학시키는 '을종생도제도(乙種生徒制度)'를 도입했다.[307] 1943년 3월 31일에 입학한 제14기 을은 총 1,500명이었고, 1943년 10월에 입학한 제15기 을은 총 8,307명으로 가장 많이 모집된 기수였다.[308]

소비 14기 을은 1년 동안 기초교육을 받고 3개월 동안 기본비행훈련을 받았으며, 소비 15기 을은 6개월 간 상급교육을 받고 6개월 간 기본비행훈련을 받았다. 이 가운데 소비 15기 을은 1944년 7월 말에 졸업과 동시에 전투 · 중

---

303 윤웅렬, 『상처투성이의 영광』, 26~88; 119~120; 136; 502~504쪽.

304 張然鎭(飛行科 軍官), 『自敍傳』, 平壤學院, 1946. 소비 14기는 1942년 4월 9일에 도쿄 육군항공학교로 입학했고, 소비 14기 을은 1943년 4월 1일에 후쿠오카현(福岡縣) 타치아라이(太刀洗) 육군소년비행병학교로 입학했다. 少飛會歷史編纂委員會, 『陸軍少年飛行兵史』, 少飛會, 1983, 103; 119쪽. 장연진은 1943년 4월에 "다찌아라이육군비행학교"에 입학했으므로 소비 14기 을이다.

305 張然鎭(飛行科 軍官), 『自敍傳』, 平壤學院, 1946.

306 少飛會歷史編纂委員會, 『陸軍少年飛行兵史』, 23~24쪽.

307 배영미 · 노기카오리(野木香里) · 김은식, 『식민지 소년의 창공에의 꿈』, 국사편찬위원회, 2010, 10~12쪽.

308 少飛會歷史編纂委員會, 『陸軍少年飛行兵史』, 119; 132쪽.

폭격·경폭격·정찰 부문 조교요원으로 동남아전선에 배치되었다. 그리고 소비 14기 을과 소비 15기 을은 1945년에 들어서 가미카제(神風) 특공대원으로 투입되었다.[309] 이들은 비록 2년 미만의 비행교육을 받았지만, 조종사훈련을 완료하고 실전에도 배치되었던 우수한 항공인력이었다. 또한 1946년 당시에 만 17~23세의 청년들로 평양학원에서 비행간부로 육성하기에 적합한 연령이었다.

평양학원에는 소년비행병들과 달리 일본의 민간항공학교 출신들도 있었다. 안광범(安光範)은 평안북도 운산의 부유한 집안 출신으로 일본 민간항공학교를 졸업한 인물이다. 그는 졸업 후에 일본 육군 항공대에서 하사관 조종사로 근무하다가 탈출해 연안(延安)에서 중국공산당에 입당했다. 안광범은 해방 직후에 연안에서 입북해 평양학원 비행과에 입학했다.[310] 고봉록(高奉綠)은 앞서 살펴본 인물들과 다른 경력의 소유자다. 그는 함경남도 함흥 갑부의 아들로서 대학 재학 중에 자비(自費)로 민간에서 비행기 조종술을 배웠다. 고봉록은 해방 직후에 평양학원 비행과에 입학했고 학원에서 비행훈련을 선도하였다.[311]

위에서 살펴본 인물의 경력을 보면, 평양학원 비행과에는 모집요강에 따라 선발된 청년들과 함께 다수의 일본군 조종사들이 입학했음을 알 수 있다. 이들은 일본 육군소년비행병학교와 일본 민간항공학교 출신들로, 일본 공군에서 전투기조종사로 근무했던 인물들이다.

그러나 비행과의 일본군 출신이 아무런 기준없이 등용된 것은 아니다. 평양학원에 입학한 일본군 출신들은 이곳에서 재교육을 받았다. 교육내용은 주로 공산당사, 볼셰비키사 등 사상교육과 러시아어였다.[312] 하지만 모든 일본군

309 少飛會歷史編纂委員會, 『陸軍少年飛行兵史』, 132; 764쪽.

310 윤응렬, 『상처투성이의 영광』, 76~79쪽.

311 윤응렬, 『상처투성이의 영광』, 76~79; 133쪽.

312 윤응렬, 『상처투성이의 영광』, 75~76쪽.

출신들이 사상교육을 순순히 받아들이지는 않았다. 윤응렬은 정치학습을 받으면서 사사건건 "지도원 동무"로 불리는 교관들과 부딪쳤다. 그는 교관들과 계속 충돌한 결과 "사상불순분자"로 분류되어 투옥되었다. 윤응렬은 영창에서 평양학원의 정치보위부 요원에게 1차로 사상검열을 받았고, 인민군 정치보위부 심사과장에게 사상문제에 대한 최종심사를 받았다. 그는 최종심사결과 인민군 조종사로서의 성분과 사상에서 부적격 판정을 받았다. 윤응렬은 조종사 자격을 박탈당하고 평양학원을 나왔다.[313]

위의 사례를 보면, 평양학원에 입학한 일본군 출신들은 모두 사상교육을 통해 재교육되었다. 사상교육과정에서 사상불순분자로 분류된 사람들은 평양학원의 정치보위부 요원에게 검열받았다. 그리고 평양학원 비행과는 조종사들에 대한 최종심사를 통해 적격여부를 판정했으며, 판정은 인민군 정치보위부 심사과장이 담당했다. 중요한 것은 최종심사에서 일본군 경력이 판정기준에 포함되지 않았다는 점이다. 판정의 기준은 사상이었고, 이것은 북조선로동당에 대한 사상적 태도를 의미했다. 1945년 12월부터 개시된 보안국의 검열사업에서도 친일파와 '반동분자'에 대한 판정의 기준은 경력(친일행위)과 태도였다. 이 중에서 친일행위는 번복될 수 없었으므로, 가장 중요한 판정기준은 사상적 태도였다. 보다 구체적으로 말하면, 소련과 북조선로동당에 대한 사상적 태도가 등용과 숙청의 기준이었다. 평양학원의 일본군 출신들은 보안국의 친일경찰과 마찬가지로 친일행위에 대한 자아비판과 소련·북조선로동당에 대한 사상적 지지를 통해 항공부대의 조종사와 간부로 등용되었다.

---

313 윤응렬, 『상처투성이의 영광』, 76~88쪽.

공군 창설의 지연 : 소련의 속도조절

이상에서 살펴보았듯, 평양학원 비행과는 조종사·항공기술자 양성기관이었다. 평양학원의 비행과 대원들은 일본 공군이 사용하던 훈련기로 훈련받았고, 조종사들도 일본군 출신들이 많았다. 그리고 비행과의 조직은 소련군의 편제가 아니었고, 소련군사고문도 파견되지 않았다. 1946년 말부터 1947년 초까지 소련군이 단계적으로 철수하면서 보안간부훈련대대부 예하 부대에는 군사고문이 배치되기 시작했다. 그러나 항공부대에는 군사고문이 공식적으로 배치되지 않았다.[314] 결국 평양학원 비행과에는 소련군의 군사적 요소 도입이 지연되었고, 일본군의 군사적 요소가 그대로 남아 있었다.

평양학원 비행과와 비행중대는 1947년 5월 17일에 북조선인민집단군 총사령부가 출범한 이후에도 조직과 명령계통의 변화가 없었다. 비행중대는 1947년 9월 당시에도 4대의 단발엔진 전투기로 비행훈련을 진행하고 있었다.[315] 그후 평양학원 비행중대의 조직이 변화된 시점은 1948년 1월이다. 비행중대는 1월 24일에 평양학원 제3대대로 증편되었다. 제3대대는 비행사중대, 통신중대, 정비중대로 편성되었다. 비행사중대는 비행사를 양성하는 부대로, 4대의 일본제 비행기를 보유하였다. 통신중대는 공군 통신병을 양성하는 부대였으며, 모두 일본제 송수신장비로 교육하였다. 정비중대는 공군 정비병을 양성하는 부대로, 교육용 항공엔진 20대를 보유하였다. 제3대대에는 인민집단군의 다른 대대와 마찬가지로 소련군 병사가 고문과 교관으로 배치되었다. 제3대대의 병력은 약 500명이었다.[316]

김일성은 항공인력 양성기관인 평양학원 비행과·비행중대와 별도로

---

314 안승환, 「주북한 소련군사고문단」, 406~407쪽.

315 HQ, USAFIK, *G-2 Weekly Summary*, No.121(1948.1.2~1.9), 『북한정보요약』2, 580쪽.

316 HQ, USAFIK, *G-2 Weekly Summary*, No.127(1948.2.13~2.20), 『북한정보요약』3, 102~103쪽.

1947년 2월 22일에 북조선인민위원회가 설립된 이후에 새로운 비행대를 조직할 계획을 구상했다. 그는 1947년 4월 13일에 제25군사령관 코로트코프 중장에게 "(훈련용) 비행대대"의 창설을 허용해 줄 것을 요청했다. 김일성에 따르면, 당시 진남포시에 위치한 정치학교에는 150명의 조종사와 항공기술자가 교육 중이었으며, 그들은 1년 동안 정치교육을 이수한 상태였다. 그러나 이미 교육을 이수한 비행요원들의 실력을 향상시킬 수 있는 "훈련용 비행기"가 없는 상황이었다. 그는 비행대대의 창설과 함께, 항공훈련을 위해 비행기를 제공해줄 것과 평양비행장에 있는 일본 전리품을 양도해 줄 것을 요청했다.[317]

코로트코프 중장은 4월 18일에 연해주군관구 사령관 메레츠코프에게 북한측의 요청에 대한 의견서를 보냈다. 그는 정치학교에 120명 정원의 "교육비행대대"를 창설하는 것이 적절하다는 의견을 제출했다. 그 이유는 북한의 비행사와 항공기술자들이 오랫동안 비행업무에서 배제되면서 전문성이 떨어졌기 때문이었다. 코로트코프는 비행대대를 창설하면 북한에 필요한 비행요원을 양성할 수 있다고 판단했다. 그는 평양에 교육비행대대를 창설하고 여기에 평양지역 소련비행경비대 군관을 차출해서 배치해 줄 것, 몇 대의 비행훈련용 "ПО-2"비행기를 제공해 줄 것을 제의했다.[318] 김일성이 언급한 정치학교는 바로 평양학원이었다. 김일성은 평양학원 비행과에 있는 비행사와 항공기술자를 중심으로 조선인 비행대를 창설하는 방안을 구상하고 제25군사령부에 이에 대한 허가를 요청한 것이다.

그러나 모스크바지도부는 김일성의 요청을 즉각 수용하지 않았다. 김일성은 7월 22일에 코로트코프 중장에게 다시 한번 비행대의 조직문제를 제기하였다. 그는 기존의 "정치학교"에 있는 150명의 비행사, 비행기정비사, 무전병을 기반으로 하는 "비행대대"의 조직을 허가해 줄 것, 훈련용 비행기를 제공해 줄

---

317 「김일성이 코로트코프에게 보낸 요청서」(1947.4.13), ЦАМО, ф. 379, оп. 166654, д. 1, лл. 81~82.

318 「코로트코프와 샤닌이 메레츠코프에게 보낸 의견서」(1947.4.18), ЦАМО, ф. 379, оп. 166654, д. 1, лл. 54~55.

것, 평양비행장에 있는 전리품인 일본제 비행기 2대를 북조선인민위원회에 이양해 줄 것을 요청하였다.[319] 앞의 요청과 비교해보면, 비행대의 정원이 150명으로 증원되었고, 구체적으로 일본제 비행기 2대를 이양해 달라고 요청하고 있다.

모스크바지도부는 7월 22일에 제기된 김일성의 두 번째 요청을 받아들였다. 그 결과 평양학원 비행과를 졸업한 인물과 북조선인민항공협회(北朝鮮人民航空協會)에 소속된 항공기술인력을 기간으로 1947년 8월 20일에 '조선항공대(朝鮮航空隊)'가 조직되었다. 이 항공대는 북한지역에 최초로 창설된 "정규비행대"였다.[320] 조선항공대는 소련 유학을 마치고 귀국한 신의주항공대 출신 300여 명을 기간으로 창설되었고, 평양학원에서 독립해 북조선인민집단군사령부 예하의 정식 항공부대로 승격되었다.[321]

조선항공대가 창설되기 이전에 평양학원 비행중대는 신의주항공대를 흡수해서 항공대의 역할과 비행사·항공기술자를 양성하는 군사학교의 역할을 동시에 수행하였다. 그러나 조선항공대가 독립한 이후부터 평양학원 비행중대는 공군 요원을 양성하는 군사학교의 역할만 수행하였다. 1947년 8월 20일에 창설된 집단군총사령부 조선항공대는 바로 북한 공군의 모체였다.[322]

모스크바지도부가 조선항공대 창설을 3개월 이상 지연시킨 것은 항공대가 공격전을 수행할 수 있는 가장 높은 수준의 무력이었기 때문이다. 또한 항

---

319 「김일성이 코로트코프에게 보낸 요청서」(1947.7.22), ЦАМО, ф. 379, оп. 166654, д. 1, л. 72.

320 기광서, 「북한 무력 형성과 북소관계」, 225쪽; 사회과학원 력사연구소, 『조선전사』24권, 132쪽. 기광서는 민간항공단체 명칭을 '항공건설후원회'라고 서술했으나, 정확한 명칭은 '북조선인민항공협회'이다. 창설된 항공대의 정식명칭은 다음 자료를 참고하였다. 김일성, 「새 조선의 항공대를 결성하자」(1945.11.29), 『김일성전집』2권, 370쪽.

321 국방부 군사편찬연구소, 『6·25전쟁사』1권, 289~290쪽.

322 북한은 이 조선항공대를 최초의 정규비행대이자 인민군 공군의 모체로 평가하고 있다. 그리고 1972년 5월 20일에 최고인민회의 상임위원회 정령으로 조선항공대가 창설된 8월 20일을 공군절로 제정하였다. 「북한의 8월 20일-'공군절'」, 『통일신문』2004.8.17.

공부대의 존재와 활동은 이미 1946년부터 미군의 집중적인 정보탐지 대상이었기 때문에 특별한 주의를 기울일 수밖에 없었다. 주한미군은 이미 1946년 11월 시점에 대북 첩보원을 통해 함흥에서 조선인 비행사들이 항공부대를 창설하기 위해 비행훈련을 받고 있다는 사실을 탐지했다. 주한미군은 특히 이들이 "소비에트 자주독립정부의 기간이 되기로 맹세"했다는 사실을 주목하고 있었다.[323]

김일성이 처음으로 항공대 창설 허가를 요청한 1947년 4월은 제2차 미·소공동위원회와 북조선인민집단군총사령부의 창설을 앞두고 있던 시점이었다. 소련은 미·소공동위원회 재개 직전에 대미관계를 의식해서 항공대 창설을 지연시킨 것이다. 김일성이 재차 항공대 창설을 요청한 것은 7월 22일인데, 이때는 미·소공동위원회가 협의대상단체의 명부작성을 둘러싸고 한달째 공방중이던 시기였다.[324] 모스크바지도부는 제2차 미·소공동위원회가 교착상태에 빠지자 북한지역에 군사적 토대를 강화하기 위해 조선항공대의 창설을 비밀리에 허가한 것이다. 그리고 김일성은 공식적인 군사지휘기관인 집단군총사령부의 창설을 계기로 기존의 보병부대를 넘어서 항공부대까지 보유하려고 구상하였다.

해군의 모체인 수상보안대대가 북조선인민위원회 내무국에 소속되었던데 비해, 공군의 모체인 조선항공대는 집단군총사령부에 소속되었다. 수상보안대와 수상보안대대는 모두 정권기관인 보안국과 내무국의 지휘를 받았다. 이와 달리 평양학원 비행과·비행중대와 조선항공대는 모두 군사지휘기관인 보안간부훈련대대부와 집단군총사령부의 지휘를 받았다. 북한정치세력이 2개 병종의 지휘계통을 다르게 규정한 것은 각 부대의 역할 때문이다. 수상보안대와 수상보안대대는 치안유지의 필요성 때문에 군대의 임무보다 해안을 경비하는 경

---

323 HQ, USAFIK, *ISNK*, No.24(1946.11.1~11.15), 『북한정보요약』1, 373~374쪽.

324 정용욱, 『해방 전후 미국의 대한정책』, 서울대학교출판부, 2003, 408쪽.

찰의 임무를 수행했다. 반면에 당시까지 북한지역에서 방공(防空)의 임무는 제기되지 않았기 때문에 평양학원 비행과·비행중대와 조선항공대는 경비임무에서 제외되었고, 항공병력을 양성하는 임무를 맡았다. 물론, 1947년 2월 22일 북조선인민위원회 내무국이 출범하면서 수상보안대대에도 군사적 요소가 도입되었다. 그러나 수상보안대대의 무기현황이나 업무내용은 여전히 경찰수준에 머물러 있었다. 이에 비해 조선항공대는 경비임무에서 제외되었기 때문에 항공병력의 양성과 부대의 증편에 전념할 수 있었다.

이와 함께 2개 병종의 조직 변화과정도 달랐다. 수상보안대대는 1946년 7월부터 조직된 수상경비대와 수상보안대가 확편된 부대였다. 반면에 조선항공대는 1947년 8월에 처음 조직된 신규부대였다. 따라서 조선항공대는 수상보안대대보다 간부·병사들의 교육·훈련경험, 부대의 운영능력, 무기·장비의 양과 질이 떨어질 수밖에 없었다. 정규군의 창설을 목표로 했을 때, 부대의 임무 측면에서는 조선항공대가 유리했고, 부대의 창설시점 측면에서는 수상보안대대가 유리했다. 그러나 앞에서 살펴보았듯, 해군과 공군의 창설에 가장 큰 영향을 끼친 것은 모스크바지도부의 허가와 지원이었다. 따라서 향후 2개 병종의 창설과정은 모스크바지도부의 허가·지원의 시기와 내용에 달려 있었다.

3장

국가건설기 당군관계와 통일전선의 군대

1. 이중적 당군관계의 출현

소련과 중국의 군대는 창설 초기부터 당의 군대로 규정되었다. 소련 적군은 소련공산당의 군대였으며, 중국 홍군은 중국공산당의 군대였다. 소련공산당과 중국공산당은 군대를 총괄하는 군사담당기구(소련공산당 정치국과 중국공산당 중앙군사위원회)를 조직하였다. 그리고 군대에는 공산당의 노선과 정책을 관철하는 정치지도기관(소련 적군 총정치국과 중국인민해방군 총정치부)이 설치되었고, 부대에는 군사지휘관과 함께 정치지휘관(군사위원과 정치위원)이 별도로 임명되었다.

사회주의국가에서 군대를 당의 군대로 조직한 것은 공산당이 무력을 장악하기 위한 필수조건이었다. 대표적으로 소련공산당은 1917년 12월 26일에 당중앙위원회 산하 군사조직회의에서 새로운 군대를 창설할 계획을 논의했는데, 회의의 쟁점은 향후에 창설될 사회주의군대의 계급적 구성에 관한 결정이었다. 회의 결과, 군대는 "확고한 프롤레타리아 의식을 지닌 노동자, 농민 등 노동계급"을 바탕으로 창설되어야 한다고 결정되었다. 그 이유는 구 제국군대에서 병사들을 충원할 경우에 소비에트공화국이 농민들 손에 넘어가게 될 것이라는 우려 때문이었다. 당과 군대의 대표자들은 1918년 1월에 군대창설 결정 실행회의에서 각급 당위원회 인원을 최소화하고 그 결과 발생하는 당의 잉여 인력을 군대에 투입해 신규부대를 지휘하도록 조치하였다.[325]

그러나 인민군은 소련 적군이나 중국 홍군과 달리 제1단계 창설과정부터 당의 군대로 창설되지 않았다. 그 이유는 해방 당시 북한의 정치정세와 정치세력의 국가건설론 때문이었다. 인민군의 당군관계는 향후 창설될 군대의 성격을 규정하였고, 이것은 북한정치세력의 국가건설론으로부터 직접적인 영향을 받았다. 인민군의 당군관계는 1946년 8월질서를 통해 당·정권기관·군대의 기본적 형태가 출현한 이후부터 형성되기 시작하였다.

북조선로동당이 군대 안의 당조직에 관한 문제를 처음 결정한 시기는 1946년 10월이다. 북조선로동당 중앙상무위원회는 10월 21일에 제9차 회의를 개최해서 보안기구 안의 당조직에 관한 문제를 공식적으로 결정하였다. 이 날 당중앙은 「군대내 당조직에 관하여」라는 결정을 통해 북한지역의 보안기구에 당조직을 결성하기 않기로 결정하였다. 즉, "북조선에 건립되어 있는 보안훈련소, 철도경비대는 북조선 인민의 민주개혁을 보장하는 전 인민의 군대인 바, 이 군대의 당군화(黨軍化)를 방지하고 군대의 통일적 통솔권을 보장하기 위하여 대오 내에 각 정당 조직을 두지 않을 것을 주장하기로" 결정하였다.[326] 여기서 주목해야 할 부분은 군대의 성격에 대한 규정과 당조직을 설립하지 않는 이유이다. 노동당은 군대를 '북조선 인민의 민주개혁을 보장하는 전체 인민의 군대'로 규정하였다. 당조직을 설립하지 않는 이유는 '군대의 당군화를 방지하고 군대의 통일적 통솔권을 보장'하려고 했기 때문이다.

'인민의 군대'라는 개념을 해방 이후에 처음 공식적으로 제기한 주체는 김일성이다. 그는 1946년 5월에 『민주조선』과 가진 인터뷰에서 1934년에 만주에

---

325 이재훈, 『蘇聯軍事政策』, 43~44쪽.

326 「군대내 당조직에 대하여-북조선로동당 중앙상무위원회 제9차 회의 결정서」(1946.10.21), 『북한관계사료집』30권, 37쪽.

서 조직된 "인민혁명군(人民革命軍)"을 "인민의 가운데서 난 인민의 군대"이며 "인민을 위하여 싸우는 군대"라고 설명하였다.[327] 노동당은 김일성이 제기한 '인민의 군대' 개념과 동일하게 군대를 당의 군대가 아닌 인민의 군대로 규정했다. 그리고 인민의 군대를 당의 군대로 변화시키는 것이 아니라 오히려 군대의 당군화를 방지하고 군사지휘관의 통일적 통솔권을 보장하였다. 제9차 회의의 구체적인 결정내용은 다음과 같다.

1. 군대내 각 정당의 조직을 두지 않을 것을 주장하기로 함.
2. 군대 내에 로동당 조직을 두지 않기로 결정함.
3. 군대 내에 있는 당원들의 당증을 회수하고 대신에 당원이라는 증명서를 주기로 함.
4. 군대 내에 있는 당원들의 당비를 납부하지 않기로 함.
5. 군대 내에서 제대한 당원들에게 증명서에 근거하여 당원증을 바꾸어 주기로 함.
6. 대내에 있는 당원으로서 당규률 및 군대규률을 위반한 자에 대하여서는 규약에 제정한 책벌을 적용하기로 하며,
   ㄱ. 대원으로 있는 당원들 책벌은 련대 문화부장이 취급하고 소재 도당부에서 비준하기로 함.
   ㄴ. 군관으로 있는 당원들 책벌은 집단군 문화사령이 취급하고 중앙당부에서 비준하기로 결정함.
7. 증명서를 당증과 교환하여 내주는 사업은 일반 당원들에게 유일당증을 내줄 때에 하고 그 집행은 당중앙조직부와 집단군 정치부사령에게 위임하기로 함.
8. 이 결정서를 군대 내에 있는 당원들에게 해석하는 것은 군대 정치문화책임자에게 위임하고 집행조직과 검열은 김책 동무에게 위임함.

---

327 韓載德,「金日成將軍遊擊隊戰史(抄)」,『金日成將軍凱旋記』, 33; 36쪽. 이 戰史(抄)는 한재덕이 김일성에게 들은 사실을 정리해서 1946년 6월에『民主朝鮮』에 연재한 것이다.

9. 대내 당원들에게 수여할 증명서 양식을 승인하고 인쇄하는 것은 태성수 동무에게 위임한다.[328]

결정은 크게 세 가지로 구분할 수 있다. 첫째, 당조직 설립에 대한 결정이다. 노동당은 군대에 노동당의 조직을 설립하지 않기로 결정하였고, 다른 정당에 당조직을 설립하지 말자고 요청하기로 했다. 이 결정에 따라 군대에는 노동당은 물론, 민주당과 청우당의 당조직도 설립되지 않았다. 둘째, 군대 안의 당원에 대한 결정이다. 당원에게는 당증을 회수하고 당원증명서를 발급하며, 당비를 받지 않기로 결정하였다. 대원 당원의 책벌은 연대 문화부장과 주둔지 도당부가 다루고, 군관 당원의 책벌은 집단군 문화부사령관과 중앙당부에서 다루도록 지시하였다. 셋째, 결정서 집행자에 대한 결정이다. 당원증명서를 당증과 교환하는 사업은 노동당의 일반 당원들에게 유일당증을 발급할 때 실시하기로 하고, 증명서의 발급은 중앙당 조직부와 집단군 문화부사령관에게 맡겼다. 북조선로동당 중앙상무위원회는 이 결정의 집행조직과 검열을 김책에게 위임하고 있다. 당시 군대의 문화부사령관은 동북항일연군 출신 김일이었다. 이처럼 제1단계 창군과정부터 당군관계와 군대 정치사상사업의 집행과 검열은 항일연군 출신이 주도하였다.

제9차 북조선로동당 중앙상무위원회 회의에서는 군대의 당조직 문제와 함께 노동당원 간부들의 배치와 이동에 관한 문제도 결정하였다. 중앙상무위원회는 1946년 10월 21일에 「각급 당단체 및 사회단체에서 로동당원으로서 활동하는 간부들의 공작 배치 및 이동에 관한 규정」을 결정하였다. 이 결정서의 내용은 "각급 당단체 및 사회단체에서 로동당원으로서 활동하는 간부들의 공작배치 및 이동에 관한 규정"이었다. 중앙상무위원회는 당단체와 사회단체별로 중앙당 간부부와 도당 간부부에서 취급해야 할 간부들을 구분했다. 그러

328 「군대내 당조직에 대하여」(1946.10.21), 『북한관계사료집』30권, 37쪽.

나 "군대기관에서 일하는 간부들은 하급당부에서 취급하지 못한다"라고 규정했다.[329] 이 결정에 따라 군대 간부들의 배치와 이동은 오직 중앙당 간부부에서만 취급할 수 있었다.

이것은 군대에 노동당의 영향력을 강화하기 위한 조치였다. 노동당은 이 결정을 통해 군대·당·사회단체의 인사권을 장악했다. 이로써 노동당은 정권기관·사회단체 간부의 인사권을 장악해 당의 영향력을 강화하는 초보적인 형태의 소련식 '노멘클라투라(Nomenclatura)' 시스템을 구축했다.[330] 노동당은 특히 군대 간부를 중앙당에서만 취급하도록 규정함으로써 다른 부문보다 군대에서 노멘클라투라 시스템을 강력히 집행했다.

당군관계를 결정한 단위는 북조선로동당 중앙상무위원회였다. 당시 중앙상무위원은 모두 13명이었다. 상무위원을 정치세력별로 구분해보면, 항일연군 출신은 김일성과 김책이었고, 의용군 출신은 김두봉, 최창익, 김교영, 박일우, 김창만, 박효삼이었다. 고려인은 허가이와 태성수였고, 국내공산주의자는 주녕하, 박정애, 오기섭이었다.[331] 당군관계 결정에는 항일연군 출신의 지도자 김일성, 전 조선독립동맹 주석 김두봉, 고려인 중 최고위급 당관료 허가이, 함흥적색노동조합운동의 지도자 주녕하 등이 모두 참여하였다. 즉, 제1단계 창군과정에서 군대의 당군화를 방지하자는 결정은 항일연군 출신, 의용군 출신, 고려인, 국내공산주의자들이 합의한 결과였다.

그런데 동북항일연군 출신과 조선의용군 출신은 모두 해방 이전에 당단체가 설치된 군대에서 활동했던 인물들이다. 동북항일연군에는 사단과 연대에 당위원회, 중대에 당세포, 소대에 당분조가 설치되었고, 사단당위원회에는 집

---

329 「간부배치 및 이동에 관하여-북조선로동당 중앙상무위원회 제9차 회의 결정서」(1946.10.21), 『북한관계사료집』30권, 36~37쪽.

330 레오날드 샤피로, 『蘇聯共産黨史』, 529쪽.

331 金枉炫, 「北朝鮮勞動黨의 誕生」, 『근로자』창간호, 47~48쪽; 「북조선로동당 창립대회 회의록」, 『북한관계사료집』1권, 176쪽.

행부서로 사단 정치부가 설치되었다.[332] 조선의용군이 조직한 연안군정학교에는 "중국공산당 조선혁명군정학교 당위원회"가 설치되었고, 당서기는 박일우, 위원은 주덕해(朱德海)가 맡았다. 군정학교의 각 구대(區隊)에는 구대장과 함께 정치지도원인 협리원(協理員)이 임명되었다.[333] 이들은 해방 이전에 당의 군대에서 활동했음에도 불구하고, 해방 이후 민족군대에 당단체를 설치하지 않았다.

북한정치세력이 해방 직후에 군대에 당단체를 설치하지 않기로 결정한 것은 이들의 국가건설론 때문이었다. 김일성은 1945년 10월 13일 서북5도당책임자 급 열성자대회에서 "금일의 우리 과업은 쏘베트-국가 건설 안이라 인민공화국 건립이 기초임무라 할 것"이라고 강조했다. 그는 "이 인민공화국을 건립함에는 무산계급 뿐 안이라 자본가·지주 할 것없이 전민족이 다-같이 일치 단결하야 통일전선을 느려야 할 것"이라고 주장했다. 김일성이 민족통일전선을 주장한 이유는 "당의 역량빈약이라는 주관적 조건과, 미·소·영 등 민주주의적 국가의 연합전선이라는 국제관계며, 북위 38도선을 경계로 한 자본주의국가 미국군과 무산계급독재의 나라 소련군이 남북에 진주"해 있기 때문이었다.[334]

북한정치세력은 1945년 10월 10일에 북한지역의 공산당 지도기관으로 조선공산당 북조선분국을 조직한 당시부터 인민민주주의혁명론에 입각해 '인민공화국' 건설을 추구했다. '인민공화국'을 건설하기 위한 핵심과제는 친일파·민족반역자를 제외하고 민족 전체를 대상으로 통일전선을 확장하는 것이었다. 해방 이후 북한에서 조선공산당의 조직기반은 미약했고, 혁명단계도 프롤레타리아혁명이 아니라 인민민주주의혁명으로 규정되었다. 이에 따라 공산당은 신민당과 합당해서 대중정당인 북조선로동당으로 전환하였다. 그리고 인민민주주의혁명의 다당성에 입각해 조선민주당과 천도교청우당도 결성되었다. 이에

332 김일·오진우·림춘추, 『항일무장투쟁경험』1, 조선로동당출판사, 1983, 73쪽.

333 염인호, 『조선의용군의 독립운동』, 299~300쪽.

334 金日成 將軍 述, 『民族大同團結에 對하야』, 10쪽.

따라 노동당은 군대가 당군(黨軍)이 되는 것을 방지하고 '전체 인민의 군대'를 창설하기로 결정한 것이다. 군대는 북한지역의 모든 부문 중에서 당단체가 조직되지 않은 유일한 부문이었다.

군대와 달리 정권기관과 사회단체는 본질적으로 '당의 정권기관'이나 '당의 사회단체'와 같은 개념으로 규정되지 않았다. 인민민주주의국가에서는 공통적으로 '인민정권'이라는 개념을 사용했는데, 인민정권은 노동계급을 필두로 광범위한 대중의 수중에 있는 정권이며, 노동자·농민 등 각계각층의 대표들로 조직된 정권이었다. 또한 사회단체는 일반적으로 사회의 계급과 계층들이 자기의 이익을 옹호하고 동일한 목적을 달성하기 위해 자원적 원칙으로 조직한 단체였다.[335] 즉, 인민정권은 기본적으로 각 계급과 계층의 통일전선에 기초한 정권이었고, 사회단체는 각 계급과 계층이 자발적으로 조직한 단체였다. 인민정권과 사회단체는 공통적으로 각 계급·계층의 통일전선을 정치적 본질로 가지고 있었다. 이와 달리 공산당에서 군대는 당의 군대로 규정되어 있었다.

북한의 공산주의자들은 해방 직후에 당의 군대를 조직하고자 했으나, 북한의 정세와 혁명론으로 인해 당의 군대를 조직할 수 없었다. 이 같은 상황에서 군대에 다른 정당의 당단체가 결성된다면 군대에 대한 노동당의 지도력은 위협받을 수밖에 없었다. 이 때문에 북조선로동당은 군대에 노동당의 당단체를 결성하지 않았을 뿐만 아니라 다른 정당에도 당단체를 결성하지 말자고 제안한 것이다. 그 결과 군대에는 어떤 정당의 당단체도 결성되지 않았다. 바꾸어 말하면, 군대는 정권기관·사회단체 등 다른 부문에 비해 노동당의 당적 통제로부터 상대적으로 독립해 성장하였다.

---

335 『대중정치용어사전』, 조선로동당출판사, 1957, 149; 216쪽.

2. 통일전선의 군대와 인민민주주의혁명

군대와 달리, 보안국 산하의 다른 무력과 군사학교에는 당단체가 결성되었다. 첫째, 보안국 산하의 군사학교를 살펴보자. 북조선로동당 중앙상무위원회는 1946년 10월 8일에 제7차 회의를 개최해서 평양학원과 북조선중앙보안간부학교에 당단체를 설치하기로 결정하였다. 평양학원과 중앙보안간부학교 안의 당단체는 북조선로동당 중앙본부에 직속시키기로 하였다. 기본조직인 세포는 중대에 조직하고, 소대에는 분조를 조직하였다. 당위원장은 각 학교의 정치부교장이 맡고, 교내 당위원회는 당규약 상의 시·군당위원회와 동급 당부로 인정하기로 결정했다.[336] 이 결정은 북조선로동당 중앙당이 군사학교를 직접 장악하기 위한 조치였다. 또한 시·군당위원회와 동급 당위원회로 인정한 것은 군사학교 당단체의 위상을 높여 지방당의 지휘와 간섭으로부터 독립시키기 위한 조치였다. 제7차 회의의 결정으로 평양학원과 중앙보안간부학교에는 당단체가 결성되었다.

둘째, 보안국 산하의 무력에도 당단체가 조직되었다. 먼저, 각 지역인민위원회의 보안부와 보안서에 당단체가 조직되었다. 함북 성진내무서 쌍포분서 분대장 신영일은 1946년 5월 9일에 "조선공산당 성진군당 쌍포보안서세포에서 후보당원으로 입당"하였다. 상급당부는 함경북도 성진군당부였다.[337] 신영일의 사례를 보면, 각 지역에 설치된 도 보안부, 시·군 보안서, 보안분서에도 당세포가 조직되었음을 알 수 있다. 이 시기 보안서에는 당세포가 조직되었고, 당지도기관인 당위원회는 조직되지 않았다.

---

336 「평양학원 및 보안간부학교내 당조직에 대하여-북조선로동당 중앙상무위원회 제7차 회의 결정서」(1946.10.8), 『북한관계사료집』30권, 13쪽.

337 신영일, 『조선인민군대 이력서』, 조선인민군집단군사령부 간부부, 1948.11, NARA, RG 242, SA 2009, Box 10, Item 22.3.

〈그림 32〉 평양학원·북조선중앙보안간부학교의 당조직 결정서

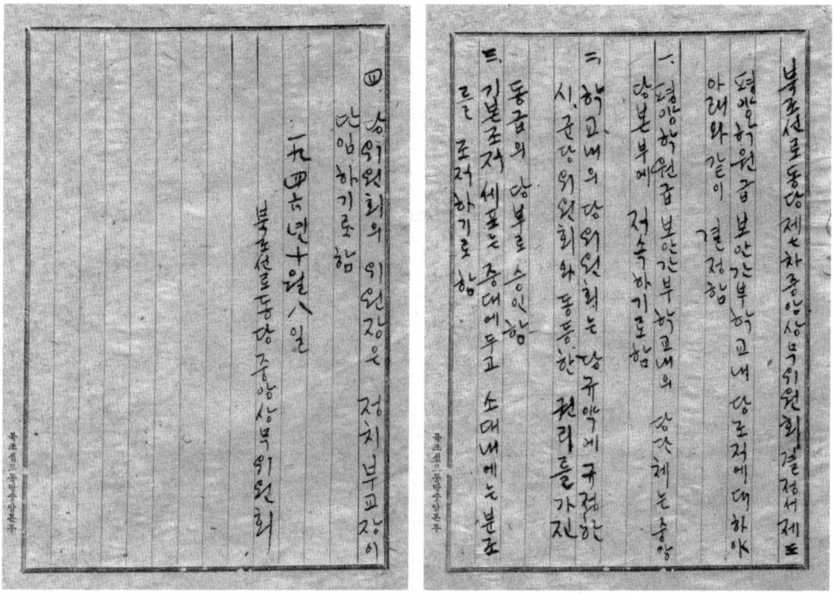

북조선로동당 제七차중앙상무위원회 결정서 제五
평양학원급 보안간부학교내 당조직에 대하야
아래와 같이 결정함
一. 평양학원급 보안간부학교내의 당단체는 중앙
당본부에 직속하기로 함
二. 학교내의 당위원회는 당규약에 규정한
시.군당위원회와 동등한 권리를 가진
동급의 당부로 승인함
三. 기본조직 세포는 중대에 두고 소대내에는 분조
를 조직하기로 함
四. 상위원회의 위원장은 정치부교장이
담임하기로 함
一九四六년十월八일
북조선로동당 중앙상무위원회

보안국에는 독립적인 부대로 철도보안대, 38경비보안대, 수상경비대, 조·만국경경비대가 조직되어 있었다. 추후에 공개된 자료에 따르면, 해방 직후에 창설된 각종 경비대는 창설 당시부터 부대 안에 당단체를 설치하고 당위원회의 지도 아래 활동했다고 한다. 김일성에 따르면, 모든 내무국군대에는 부대 창설 당시부터 당단체가 결성되었다. 김일성은 1948년 10월 21일에 경비대 문화일꾼회의에서 경비대가 '창건되는 첫날부터 부대 안에 당조직을 두고 당위원회의 지도 밑에 자기의 모든 활동을 해왔다'라고 발언했다. 그가 언급한 경비대는 "38선분계선과 해안, 국경, 철도 그리고 국가의 중요기관과 공장, 기업소, 산업시설"에 설치된 모든 경비대와 보안대를 가리키는 용어였다.[338] 따라서 당단

---

338 김일성, 「부대의 당정치사업을 강화하기 위하여-경비대문화일군회의에서 한 연설」(1948.10.21), 『김일성전집』8권, 366~368쪽.

체가 조직된 부대는 38경비보안대, 수상경비대, 조·만국경경비대, 철도보안대, 중요산업시설 경비대이다. 당단체가 조직된 부대에는 소대 단위까지 모두 세포가 조직되었고, 당원들은 세포에 소속되어 당생활을 수행하였다.

이상의 당군관계를 정리하면, 보안간부훈련소를 대표로 하는 군대에는 당단체가 결성되지 않았다. 군대와 달리 평양학원, 중앙보안간부학교, 수상보안간부학교, 철도보안대, 수상경비대, 38경비보안대, 조·만국경경비대, 중요산업시설 경비대, 각 지역의 도 보안부, 시·군 보안서, 보안분서에는 당단체가 결성되었다. 북조선로동당은 1946년 10월 8일 제7차 중앙상무위원회 회의 직전에 보안기구 전체에 대한 당단체 조직문제를 논의한 것으로 보인다. 그 결과 제7차 회의에서 평양학원과 보안간부학교에 당단체를 결성하기로 결정하였고, 제8차 회의에서 군대 안에 당단체를 결성하기 않기로 결정하였다.

보안기구와 내무국군대에는 당단체가 조직되었지만, 당의 지도기관인 당조는 조직되지 않았다. 소련을 필두로 한 사회주의국가에서 '당=국가체제'를 형성하는 데 가장 중요한 조치는 정부기관이나 사회단체 안에 당조(黨組, Fraction)[339]를 설치하는 것이다. 중앙당과 하부당은 해당 기관 내 핵심간부들로 구성된 당조를 움직여서 이 기관을 당의 의사대로 활동하도록 만들었다.[340] 북조선로동당은 1947년 2월 7일에 각급 인민위원회와 근로·사회단체, 기타 선거받은 기관과 임시적 회의체(대회·대표자회·위원회의)에 당조를 조직하기로 결정하였다. 당조는 대표나 위원 중에 노동당원이 3명 이상 있을 때 조직했다. 각종 중앙기관의 당조는 당중앙본부, 각급 도기관의 당조는 도당부, 각 시·군 기관의 당조는 시·군당부의 지도를 받도록 했다. 노동당이 당조를 조직한 것은 해

---

339 당조는 당이 국가 정권기관, 사회단체, 협동단체 등을 지도하기 위해 기관 또는 단체의 대회·협의회·선거기관 안에서 그 기관의 성원인 당원들로 조직하는 당조직이다. 당조의 임무는 해당 기관·단체내에서 당의 정책을 철저히 집행하고 중요문제를 취급하며, 당적 입장에서 모든 기본문제를 해결하는 것이다. 당조는 당조 책임자를 선출하며 해당 당위원회의 지도 아래 사업을 전개한다. 『대중정치용어사전』, 조선로동당출판사, 1957, 73쪽; 『대중정치용어사전』, 조선로동당출판사, 1964, 109쪽.

340 서동만, 『북조선사회주의체제성립사』, 243쪽.

당 기관에서 당규약에 따라 노동당원의 사업을 지도하고 당의 영향을 강화하기 위한 조치였다. 각 당조는 해당 기관의 사업을 지도하기 위해 기관의 책임자를 당조 위원장으로 선출했다.[341]

북조선로동당은 1947년 2월 7일에 북조선인민위원회와 지방인민위원회 등 모든 정권기관과 사회단체에 당조를 설치해 노동당의 정책을 관철시켰다. 그러나 노동당은 군대와 보안기구에는 당의 지도기관인 당조를 조직하지 않았다. 당조는 정권기관, 사회단체, 협동단체의 모든 대회·협의회·선거기관에 일률적으로 조직되는 것이 아니라 해당 기관 내 성원들의 구체적인 구성형편에 따라 조직되었다.[342] 따라서 노동당이 군대와 보안기구에 당조를 조직하지 않은 것은 군대와 보안기구 내 군관·병사들의 구성 때문이다. 보다 근본적인 이유는 제1단계 창군과정부터 군대와 보안기구가 노동당의 군대로 규정된 것이 아니라 "통일전선의 군대"로 규정되었기 때문이었다.[343]

북한정치세력은 해방 이후에 인민민주주혁명을 추구하였고, 이를 위해 민족 전체를 대상으로 민족통일전선을 구축하고자 하였다. 민족통일전선은 단순히 광범위한 계급의 연합이 아니라 노동계급의 헤게모니 하에서 노동계급·농민계급의 동맹을 중심으로 추진되었다. 이를 추진하는 주체는 북조선로동당이었다. 이에 따라 보안기구에서는 친일파와 지주·부르주아계급이 다수 숙청되었고, 노동자와 농민들이 인위적으로 영입되었다. 그러나 민족통일전선은 노동

---

341 「당조 조직에 대하여-북조선로동당 중앙상무위원회 제22차 회의 결정서」(1947.2.7), 『북한관계사료집』30권, 119~120쪽.

342 『대중정치용어사전』, 조선로동당출판사, 1964, 109쪽.

343 "통일전선의 군대"라는 용어는 저자가 만든 것이 아니라 북한이 공식적으로 사용하는 용어이다. 조선로동당은 1989년에 발간한 서적에서 전쟁 이전 인민군의 당군관계에 대해 "한때 우리 당과 인민군대안에 기어들었던 반당혁명종파분자들은 인민군대를 조선로동당의 군대가 아니라《통일전선의 군대》라고 떠벌이면서 군대에 대한 당의 령도를 음으로 양으로 방해하였다"라고 서술했다. 이 같은 서술은 오히려 전쟁 전에 북조선로동당과 군대에서 실제로 인민군을 통일전선의 군대라고 불렀다는 역사적 사실을 반증한다. 『해방 이후 혁명과 건설경험』2, 조선로동당출판사, 1989, 54쪽.

자와 농민만으로 구축할 수 없었으며, 군대와 보안기구에는 노동당원뿐만 아니라 민주당원·청우당원·무소속도 포함되어 있었다. 이로 인해 북조선로동당은 군대를 노동당의 군대로 육성하는 군대의 당군화를 추진하지 않았으며 군대의 통일적 통솔권을 보장하기로 결정한 것이다.

북한정치세력이 해방 이후에 군대의 당군화를 추진하지 않은 또다른 이유는 당시 북한의 정치상황 하에서 군대 내에 노동당의 유일적 영도를 실현할 수 없었기 때문이다. 이 같은 사실은 조선로동당이 1989년 발행한 서적에서 역설적으로 드러난다. 조선로동당은 김일성이 해방 이후 "인민군대안에 오직 조선로동당의 정치조직만을 내오도록" 했다고 주장하였다. 그 이유에 대해서는 "원래 로동계급의 혁명군대는 로동계급의 당의 령도만을 받아야 하며 그것을 옳게 실현하자면 군대안에 로동계급의 당조직과 그에 따르는 정치기관만이 있어야 한다. 만일 인민군대안에 다른 정당의 조직들을 다 내오게 되면 군대안에서 사상과 령도의 유일성을 보장할 수 없고 군대대열의 순결성과 사상의지적 행동의 통일성을 보장할 수 없다"라고 서술하였다.[344] 노동당은 해방 이후에 군대 안에 당단체를 결성하지 않았다는 사실을 은폐하고 있다.

반대로 이 같은 서술은 중앙당이 결론내린 "군대의 당군화를 방지"한다는 결정이 무엇을 의미하는지 역설적으로 보여준다. 즉, 군대는 1946년 10월 시점에 북조선로동당의 영도만을 받을 수도 없었고, 군대 안에서 사상과 영도의 유일성도 보장할 수 없었다. 이에 따라 북조선로동당은 자신들의 당조직뿐만 아니라 다른 정당의 당조직도 설치하지 말자고 주장한 것이다. 그러므로 "당군화"는 군대를 북조선로동당의 군대로 만드는 것을 뜻했다. 군대 안에 노동당의 당조직이 결성되지 않았으므로 군대대열의 순결성과 사상의지적 행동의 통일성도 보장되지 않았다. 바꾸어 말하면, 1946년 10월 당시 군대는 인적 구성과 사상의지적 행동에 있어서 다양성을 가지고 있었다. 이런 점에서 인민군은 제

---

344 『해방 이후 혁명과 건설경험』2, 55쪽.

1단계 창군과정부터 통일전선의 군대로 조직되었다.

그러나 북한정치세력이 전체 부문에서 표방한 통일전선과 군대에 구현된 통일전선의 내용은 달랐다. 이들은 1946년 7월에 북조선민주주의민족통일전선을 결성함으로써 북한지역의 모든 정당과 사회단체를 통일전선체로 결집시켰고, 이를 통해 통일전선의 외연을 확장하였다. 그러나 군사지휘기관인 대대부와 집단군총사령부에 구현된 통일전선은 노동자·농민·사무원·친소세력·친공세력·노동당원으로 협소화되어 있었다. 또한 북한정치세력은 1947년 3~4월에 군대에 있던 친일파·지주계급·부르주아계급·민주당·청우당 출신 간부들을 숙청함으로써 통일전선의 범위를 다시 한번 축소하였다. 숙청사업은 반제투쟁(일본군·만주군·친일파)과 반봉건투쟁(지주계급)을 넘어서 부르주아계급과 타 당원(민주당원·청우당원)에게까지 확대되었다. 제거된 이들을 대신해 충원된 인물들은 친소·친노동당적 인물들이었다. 바꾸어 말하면, 군대에 협소한 통일전선이 구현됨으로써 노동당의 군대에 대한 장악력은 한층 강화되었다.

하지만 유일당이 출현하고 군사지휘기관이 창설된 이후에도 김일성의 지도체제는 구축되지 않았다. 북조선로동당 중앙당과 보안간부훈련대대부는 1946년 8월 시점에 모두 동북항일연군 출신, 조선의용군 출신, 고려인, 국내공산주의자 등 다양한 정치세력으로 구성되었다. 노동당의 최고지도자는 김일성이 추대되었으나, 중앙당 지도부에는 의용군 출신이 가장 많았고 항일연군 출신이 가장 적었다. 또한 대대부와 집단군총사령부에서는 항일연군 출신이 최고지휘관이었으나, 대대부와 집단군총사령부의 간부는 다른 정치세력이 더 많았다. 그리고 인민군을 지휘하는 집단군총사령관은 항일연군 출신인 최용건이 맡고 있었고, 38경비보안대·철도보안대 등 보안기구를 지휘하는 내무국장은 의용군 출신인 박일우가 맡고 있었다. 따라서 창설 이전의 인민군은 협소한 통일전선이 구축된 가운데 정치연합체제를 형성하고 있었다.

북한정치세력은 해방 직후에 인민정권의 성립이 지연되자 동유럽보다 2년 앞서 유일당을 창당함으로써 인민민주주의혁명에 대한 지도력을 압축적으로 강화하고, 지연된 혁명의 과업을 급속히 추진하였다. 또한 1946년 8월에 창설된 노동당과 군대는 모두 항일연군 출신·의용군 출신·고려인·국내공산주의자로 구성된 정치연합체제였다. 항일연군 출신은 제1단계 인민민주주의혁명부터 노동당이 아니라 바로 군대에서 당적·군사적 우위를 확보하고 있었고, 이를 바탕으로 정치질서의 헤게모니를 장악해 나갔다. 무엇보다 항일연군 출신은 보안국시기부터 혁명무력의 지도사상을 김일성의 영도사상으로 규정하였고, 조선민족운동의 정통성을 동북항일연군에 부여하였다.

또한 북한정치세력은 보안간부훈련대대부 설립과정에서 향후 무력 창설 방향을 결정하였다. 이들은 대대부를 향후 정규군의 최고지휘부로 설정하고, 대대부 예하의 기관과 부대를 통해 먼저 군사간부와 보병부대·공군부대를 양성하려고 구상했다. 그리고 보안국에 38경비보안대, 조·만국경경비대, 수상보안대대를 배속해서 상시적으로 무력충돌이 발생하는 38선·국경지대·해안지역의 경비를 전담시켰다.

북한정치세력은 1947년 2월에 북조선인민위원회의 수립으로 창군과정이 제2단계로 접어들자, 노동당보다 더 철저하고 지속적인 방식으로 반제·반봉건 투쟁을 전개하였다. 그리고 집단군총사령부의 간부집단을 친노동당적으로 개조함으로써 인민민주주의혁명을 지속적으로 추진할 수 있는 무력적 기반을 구축하였다. 그리고 이들은 통일전선론과 인민민주주의혁명론에 입각해 군대의 당군화를 추진하지 않았으며, 제1단계 창군과정부터 노동당의 군대가 아니라 통일전선의 군대를 조직하였다.

북한정치세력은 1946년에 제1차 미·소공동위원회가 결렬된 이후에 한반도에서 단일국가 건설이 본격화되자, 반혁명세력인 부르주아계급·지주계급을 배제하고 혁명세력인 노동자·농민·사무원을 끌어들임으로써 인위적으로 계급을 재편하였다. 그리고 이들은 혁명의 핵심세력인 노동자·농민·사무원을 중심으로 당·정권기관·군대를 개편하고, 이를 통해 북한지역을 단일국가의 '민주기지'로 육성하였다.

1946년부터 본격적으로 전개된 인민민주주의혁명의 과정에서 북한정치세력은 통일전선을 축소하고 인위적으로 계급을 재편해 단일국가를 건설하고

자 했지만, 이들의 혁명론은 오히려 한반도의 분단을 촉진하였다. 그 이유는 반혁명세력으로 규정된 계급과 계층이 북한지역에서 인민민주주의혁명에 저항하거나 남한으로 월남했기 때문이다. 반혁명세력은 남과 북에서 반소·반공세력으로 전환되어 한반도 전체의 반공진영을 강화하였다.

먼저 조선민주당의 민족주의세력은 1946년 2월 24일에 최용건이 당수에 취임한 이후부터 남한의 반북세력과 협력해서 조직적으로 저항하였다.[345] 민주당의 민족주의세력은 대한민국임시정부 정치공작대와 연계해 3월 1일부터 12일까지 김일성·김책·최용건·강량욱에 대한 암살을 시도하였다.[346] 임시정부가 북파한 정치공작대 대원들의 활동거점은 바로 반(反)최용건계열의 조선민주당 당원들이었다.[347] 암살작전에는 테러단체인 백의사(白衣社)의 단원들도 투입되었다. 애초에 정치공작대 중앙본부에도 백의사 단원들이 포함되어 있었다.[348] 이 같은 백의사의 대북첩보활동은 1946년 1~9월까지 주한미군 정보참모부(G-2)와 방첩대(CIC)의 지원을 통해 진행되었다.[349] 즉, 3상회의 결정과 인민민주주의혁명을 계기로 북한민족주의세력·임시정부·백의사·미군정의 반소·반공연대가 형성된 것이다.

또한 조선민주당 지방당의 민족주의자들은 각 지역에서 반공활동을 전개하였다. 대표적으로 민족주의자들이 장악하고 있던 조선민주당 황해도 안악

---

345 조선민주당은 1946년 2월 24일에 제1차 전당확대회의를 개최해서 당명을 "북조선민주당"으로 개칭하고 최용건을 당수로 선출하였다. 北韓研究所 編, 『北韓民主統一運動史』2(平安南道篇), 北韓研究所, 1990, 247~248쪽.

346 조선민주당의 중앙간부 중에서 부당수 李允榮과 중앙위원 白南弘·金炳淵·田俊三은 모두 임시정부 정치공작대의 평안남도 요원이었다. 金濟璿, 『大韓民國建國을 爲한 政治工作隊의 活動主史』, 駱山同志會, 1994, 74~76쪽; 北韓研究所 編, 『北韓民主統一運動史』2, 286~287쪽.

347 北韓研究所 編, 『北韓民主統一運動史』2, 283~305쪽; 중앙일보특별취재반 편, 『秘錄 조선민주주의인민공화국』하, 33~37쪽.

348 박진희, 「해방 직후 정치공작대의 조직과 활동」, 『역사와 현실』21, 한국역사연구회, 1996, 182; 194~195쪽.

349 정병준, 「백범 김구 암살배경과 백의사」, 『한국사연구』128, 한국사연구회, 2005, 269~270쪽.

군당은 1946년 가을부터 반공봉기를 모의하였다. 이들은 군내 각 면마다 무기를 입수하여 일제히 봉기를 일으켜 노동당사, 인민위원회, 내무서 등을 점령할 계획이었다. 봉기가 성공한다면 인접지역과 북한 전역에서 봉기와 폭동이 일어날 것으로 예측했다. 그러나 이들의 봉기계획은 1947년 9월에 노동당에 포착되어 실패하였다. 군당의 주동자들은 월남하였고, 군당·면당에서 간부와 당원 등 100여 명이 체포되었다.[350]

다음으로 조선민주당 수준은 아니지만, 천도교청우당의 일부세력도 인민민주주의혁명에 저항하였다. 청우당의 일부 당원들은 1946년 3월의 토지개혁 이후에 임시인민위원회의 농업현물세 징수를 비판하는가 하면, 양곡수매사업을 전적으로 반대하였다. 일부 지역에서는 토지개혁 이후에도 토지를 몰수당한 지주출신 청우당원이 부락단위에서 영도권을 장악하고 있었다. 또한 청우당 평남도당의 일부 지방당은 1946년 11월에 도·시·군인민위원회 선거를 거부하거나 조직적으로 반대투표를 펼쳤다. 평남도당이 1947년 8월 6일에 청우당 중앙위원회 부위원장 박윤길을 초청해 개최한 회의에서는 노동당을 반대하는 견해가 공개적으로 표출되었다.[351]

한편 통일전선에서 배제된 북한의 민족주의세력은 남한으로 월남해서 반소·반공세력으로 변화하였다. 조선민주당의 민족주의세력은 1946년 1월에 조만식이 연금되자 차례로 월남했다. 부당수 이윤영(李允榮)은 2월 7일에 월남했고,[352] 중앙위원 김병연(金炳淵)·이종현(李宗鉉)·백남홍(白南弘)도 이윤영과 비슷한 시기에 월남했다.[353] 중앙당 청소년부장 박재창(朴在昌)은 1947년 5월에 조만식의 밀명을 받고 월남했다.[354] 월남한 중앙위원들은 1946년 여름에 서울에

350 北韓硏究所 編, 『北韓民主統一運動史』5(黃海道篇), 北韓硏究所, 1990, 309~310쪽.

351 「청우당의 일반적 동향」(1947), 『북한관계사료집』1권, 264~267쪽.

352 李允榮, 『白史 李允榮 回顧錄』, 122~126쪽.

353 金炳淵 編, 『平壤誌』, 55쪽; 韓根祖, 『古堂 曺晩植』, 392쪽.

354 고당기념사업회 편, 『고당 조만식 회상록』, 221~222쪽.

서 조선민주당 중앙본부를 재건하고 반북활동을 펼쳤다. 당대표는 이윤영이 맡았고, 이들은 미군정에 정식으로 조선민주당을 등록하였다.[355]

서울에 재건된 조선민주당 중앙본부는 남한의 우익정치세력, 월남한 우익 청년단체과 결합해 반북·반공활동을 전개하였다. 예컨대, 조선민주당 사무차장 백남홍은 1946년 4월에 향후 서북청년회(西北青年會)의 핵심조직이 되는 평남청년회(平南青年會)의 회장을 맡았고, 민주당 사무국장 이종현과 사무차장 백남홍은 8월 중순에 대동신문사 사장 이종영(李鐘榮), 백의사 단장 염동진(廉東振)과 함께 서북청년회 준비위원회를 조직해 북한 출신 청년단체의 통합을 주도하였다. 중앙본부는 이승만(李承晩)·이종영 등 우익정치세력과 함께 북한 출신 우익청년단체의 반공활동에 재정을 지원했으며,[356] 이들과 함께 '38선 철폐 국민대회'를 개최하였다.[357]

북한의 인민민주주의혁명은 한반도의 정치적 대립구도를 변화시켰다. 해방 직후 북한지역의 정치적 대립구도는 친일파·민족반역자를 제외하고 민족 전체가 참여하는 '민족 대 반민족'의 대립구도였다. 그러나 1946년 이후 정치적 대립구도는 반혁명세력을 배제함으로써 '혁명 대 반혁명'의 대립구도로 변화하였다. 같은 시기에 남한의 정치적 대립구도는 해방 직후 '민족 대 반민족'의 대립구도에서 1946년 1월부터 모스크바3상회의 결정을 둘러싸고 '좌익 대 우익'의 대립구도로 변화하였다.[358]

결국 북한의 인민민주주의혁명은 한반도의 정치지형을 변화시킨 분수령이었다. 북한의 정치지형은 혁명을 계기로 '민족 대 반민족'의 대립구도에서 '혁명 대 반혁명'의 대립구도로 변화하였고, 북한정치세력은 부르주아계급·지

---

355 李允榮, 『白史 李允榮 回顧錄』, 129~130쪽.

356 李敬南, 『분단시대의 청년운동』상, 삼성문화개발, 1989, 36; 43; 55쪽.

357 李允榮, 『白史 李允榮 回顧錄』, 130쪽.

358 정용욱, 『해방 전후 미국의 대한정책』, 194~196쪽.

주계급 등 반혁명세력을 배제하고 노동자·농민·사무원을 인입해 당·정권기관·군대를 재편하기 시작했다. 그러나 북한의 반혁명세력은 혁명의 과정에서 월남해 '반소·반공세력'으로 전환되었다. 이들이 남한의 반공진영에 결합하면서 '좌익 대 우익'의 대립구도는 점차 '친소·친공 대 반소·반공'의 대립구도로 확장되었다. 결국 북한의 인민민주주의혁명은 북한지역의 '민주기지'를 강화시켰지만, 동시에 남한지역의 '반공기지(反共基地)'를 확장시켰다.

제4부

—

조선인민군의 창설과 분단체제의 공고화

1장

조선인민군의 창설과 유일군대의 출현

1. 조선인민군의 창설과 정치세력 분포

조선인민군의 창설과 창군이념

제2차 미·소공동위원회는 1947년 10월 8일에 열린 제62차 회의를 마지막으로 결렬되었다. 이로써 미·소 합의에 의한 한반도문제 해결은 최종적으로 무산되었다. 미·소공동위원회 결렬 이후에 미국은 한반도 문제를 유엔에 상정해 해결하고자 했다. 반면에 소련은 한반도문제가 유엔에서 취급될 사항이 아니라는 입장 아래 미·소 양군(兩軍)의 철수와 조선인에 의한 한반도문제의 독립적 해결을 요구하였다.[1] 미·소 합의가 결렬되자 남과 북에서는 단독정부 수립 움직임이 활발해지기 시작했다.

소련은 미·소공동위원회 결렬 이후에 유엔주재 소련대표단을 통해 조선

1 「해방 이후 4년간의 국내외중요일지」, 『북한관계사료집』7권, 709~712쪽.

문제의 유엔 상정을 반대한다는 입장을 발표했다. 그리고 소련대표단은 10월 29일에 개최된 유엔본회의에서 "미국정부에 대하여 쏘·미 양국이 1948년 초에 조선으로부터 철퇴하며, 조선인민에게 그 정부에 관한 문제를 독립적으로 해결할 기회를 부여"할 것을 제안하였다.[2] 소련은 10월에 타스통신을 통해 양군 철수를 공개적으로 제기하였고, 이 사실은 『로동신문』을 통해 북한 전역에 알려졌다.[3]

유엔정치위원회가 열린 10월 29일, 북한에서는 각 도의 소련군 위수사령관과 각 군의 소련군 책임자들의 회의가 개최되었다. 이날 회의의 안건은 미·소공동위원회 결렬 이후 한반도의 정치상황에 대한 평가와 향후 대책이었다. 이날 민정사령관 레베데프는 각 도 위수사령관과 각 군 책임자들에게 기존 업무를 인민군 간부들에 대한 정치사업을 강화하는 방향으로 개편하라고 지시했다.[4] 소련은 미·소 합의가 결렬되자 대외적으로는 미·소 양군의 철수와 조선인들의 독자적 해결을 주장하면서 내부적으로는 소련군의 철수에 대비해 인민군의 간부들을 정치적으로 단련시키는 사업을 강화했다.

미국도 제2차 미·소공동위원회가 결렬되자 소련이 한반도를 독점하지 못하게 하는 동시에 한국에 대한 미국의 개입을 줄일 수 있는 해결책을 모색했다. 그 해결책은 한국문제의 유엔 상정과 주한미군의 철수였다. 미국은 1947년 8월 26일에 소련이 4대국 회담을 거부하자 한국문제를 바로 유엔에 상정하였다. 그리고 미국은 1947년 9월 한국문제의 유엔 이관을 기점으로 주한미군의 철수시한을 1948년 3/4분기로 정하되, 소련의 행동여부와 인민군의 조직 전망 등에 따라 최종 철군시점을 확정하기로 결정하였다. 그리고 철군에 대한 대비책으로 한국군대의 창설과 대한군사원조의 제공을 구체적으로 구상하기 시

---

2 「해방 이후 4년간의 국내외중요일지」, 『북한관계사료집』7권, 709~712쪽.

3 「따쓰의 보도」, 『로동신문』1948.5.30.

4 전현수 역, 『레베제프일기(1947~1948년)』, 37쪽.

작했다.[5]

제2차 미·소공동위원회가 결렬되자, 북한정치세력은 국가 건설 구상을 본격적으로 실행에 옮기기 시작했다. 이들은 통일전선에 기초해 "통일적 중앙정부" 수립을 추진했다. 북조선인민회의는 1947년 11월 18일에 제3차 회의를 개최해 헌법제정기구를 조직하고 헌법초안을 작성하기로 결정했다.[6] 조선임시헌법제정위원회는 12월 20일에 제2차 회의를 개최해 "조선임시헌법초안"을 통과시켰다.[7] 이를 바탕으로 김일성은 1948년 1월 1일에 새해를 맞이해 발표한 신년사에서 1948년도의 목표를 새로운 헌법의 제정과 신헌법에 입각한 통일국가 건설이라고 천명하였다.[8]

북한정치세력은 미·소 합의에 의한 독립국가 건설이 실패하자 독자적으로 한반도의 단일국가를 건설하기 시작했다. 단일국가 건설의 가장 큰 변수는 1947년 10월에 제기된 미·소 양군의 철수문제였다. 북한 주둔 소련군은 해방 이후에 남과 북의 무장력에 균형을 보장하고, 북한지역에서 진행된 인민민주주의혁명과 그 성과를 보위한 결정적 무력이었다. 그러나 미군이 주둔한 상황에서 소련군이 철수할 경우, 북한의 무력은 남한에 비해 압도적 열세로 전환되며, 인민민주주의혁명과 그 성과를 보위할 수도 없었다. 소련군의 철수에 대응하고 한반도의 단일국가를 건설하기 위해서는 무엇보다 남한의 무력에 대응할 수 있는 군사력 강화가 반드시 필요했다. 이와 함께 북한정치세력은 정규군의 창설을 단일국가 건설의 전제조건으로 생각하고 있었다. 즉, "우리조국이 자유

---

5 박동찬, 『주한미군사고문단(KMAG)의 조직과 활동(1948~53)』, 한양대학교 사학과 박사학위논문, 2011, 70~73쪽.

6 북조선인민회의 상임위원회, 『第三次 北朝鮮人民會議 會議錄』, 朝鮮人民出版社, 1948, 117~120; 149~151쪽.

7 「해방 이후 4년간의 국내외중요일지」, 『북한관계사료집』7권, 716쪽.

8 金日成, 「一九四八년도의 신년사」(1948.1.1), 『조국의 통일독립과 민주화를 위하여』2권, 국립인민출판사, 1949.8.5, 1~4쪽.

로운 독립국가로 되기 위하여 무엇보다 무력이 필요"하며, "어떤 나라를 물론하고 군대가 없는 독립국가는 없는 것"이라고 판단했다.[9] 이 같은 정세인식 아래, 북한정치세력은 정규군을 공식적으로 창설하는 작업에 착수하였다.

인민군의 창설식은 모스크바지도부와 소련군사령부에 의해 면밀히 준비되었다. 북·소 양측의 협의 결과, 창설 열병식의 환영사는 북조선인민위원회에서 김일성, 북조선인민회의에서 김두봉, 민주주의민족통일전선에서 김달현이 담당하고, 이에 대한 답사는 총사령관 최용건이 하기로 결정되었다.[10] "조선인민군(朝鮮人民軍)"은 1948년 2월 8일에 공식적으로 창설되었다. 북한정치세력이 인민군을 2월 8일에 창설한 이유는 이 날이 북조선인민위원회 창립 제2주년 기념일이었기 때문이다.[11] 북한정치세력은 국가건설론의 일차적 목표인 인민정권을 창설한 제2주년에 맞추어 인민군을 창설한 것이다. 조선인민군 창설을 선포하는 열병식은 평양역 광장에서 개최되었다.[12]

북한의 인민민주주의혁명은 인민군이 공식적으로 창설되면서 새로운 단계로 접어들었다. 무엇보다 '조선인민군'이라는 명칭은 1948년 2월 당시에 북한정치세력의 한반도에 대한 정세 인식과 관련해 특별한 의미가 있다. 당시 북한에 조직된 지도적 정당의 명칭은 북조선로동당이었고, 정권기관의 명칭은 북조선인민위원회였다. 또한 통일전선체의 명칭은 북조선민주주의민족통일전선이었고, 사회단체의 명칭도 북조선농민동맹·북조선민주청년동맹·북조선민주여성총동맹 등이었다. 1948년 2월 당시에 북조선로동당은 북한지역의 근로인민만을 대표하는 정당이었고, 정권기관도 북한지역만을 관할하고 있었다. 또한

---

9 민족보위성 문화훈련국, 『정치상학교재(49-11): 조선인민군의 조직과 목적 및 과업에 대하여』, 4쪽.

10 전현수 역, 『레베제프일기(1947~1948년)』, 47~48쪽.

11 김일, 「조선인민군 창건 二주년에 제하여」, 『조선인민군 선전원수책』제3호, 민족보위성 문화훈련국, 1950.2.1, 1쪽.

12 김일성, 「조선인민군 열병식에서 진술한 연설」(1948.2.8), 『조국의 통일독립과 민주화를 위하여』2권, 73쪽.

〈그림 33〉 조선인민군 창설 열병식(1948.2.8)

비고 평양역 광장에서 개최된 조선인민군 창설 열병식에서 주석단을 향해 사열하고 있는 인민군 포병부대. 주석단 위에 김일성의 초상화와 함께 태극기가 걸려 있다.

사회단체도 북한지역의 계급과 계층만을 대표하였다. 인민군 창설 당시에 북한의 모든 기구 명칭에는 '북(北)'이라는 글자가 들어 있다. 그러나 군대의 명칭만 '북조선인민군'이 아니라 유일하게 '조선인민군'이라고 명명되었다.

북한의 정치세력이 당·정권기관·통일전선체·사회단체의 명칭에서 '북'자를 빼지 않은 것은 이에 상응하는 기구가 남한에도 존재했거나 존재하고 있었기 때문이다. 남한지역에는 북조선로동당에 상응하는 남조선로동당(南朝鮮勞動黨)과, 북조선민주주의민족통일전선에 상응하는 남조선민주주의민족통일전선(南朝鮮民主主義民族統一戰線)이 존재하고 있었다. 북한정치세력은 남조선민주애국청년동맹(南朝鮮民主愛國青年同盟)과 남조선민주여성동맹(南朝鮮民主女性同盟) 등 남한지역의 사회단체가 이미 미군정에 의해 불법화되어 유명무실해졌음에도 불구하고, 계속해서 북한지역의 사회단체 명칭에서 '북'자를 빼지 않았다.

그 이유는 두 가지였다. 첫째, 미·소의 분할점령에 따른 남과 북의 분리를 현실적 조건으로 받아들인 상태에서, 남한과 북한에 설립된 각 기구의 활동·관할영역을 명확히 구분함으로써 기구의 독자성을 보장하려는 목적이었다. 둘째, 향후 한반도에 단일정부를 수립하는 절차에 착수했을 때, 친북·친소 세력의 규모를 일시에 두 배로 확장하려는 의도였다. 이와 달리, 북한정치세력이 인민군의 명칭에 '북'자를 제외한 것은 이 군대가 북한지역에 한정해 창설된 군대가 아니라, 전체 한반도 차원에서 민족 전체를 대표해 창설된 군대라고 규정했기 때문이다. 즉 조선인민군은 향후 수립될 단일정부의 유일군(唯一軍)으로 창설된 것이다.

조선인민군 창설의 가장 큰 특징은 당·정권기관·통일전선체·사회단체와 달리, 인민군이 해방 이후부터 1948년까지 전체 한반도 차원에서 조직된 최초의 기구였다는 점이다. 다른 기구는 모두 향후에 단일정부의 수립을 염두에 두고 북한지역에 한정해서 조직되었다. 그러나 조선인민군은 북한지역에 국한된 군대가 아니라 한반도 전체 차원에서 인민민주주의혁명의 성과를 보위하고 혁명의 추진을 보장하며 외부의 공격을 방어하는 민족군대로 창설되었다.

북한정치세력이 주장하는 한반도 차원의 단일정부는 1948년 9월 9일에 '조선민주주의인민공화국'이 수립되면서 출현하였다. 한반도 차원의 유일당(唯一黨)은 1949년 6월 30일에 북조선로동당과 남조선로동당이 합당해 '조선로동당 중앙위원회'가 창설되면서 출현하였다.[13] 또한 한반도 차원의 단일한 통일전선체는 1949년 6월 25일에 남·북의 71개 정당·사회단체 대표자 704명이 모여 '조국통일민주주의전선(祖國統一民主主義戰線)'을 결성하면서 출현하였다.[14] 조선인민군은 한반도 차원의 유일성과 통일성의 측면에서 정권기관보다 7개월, 유일당과 단일한 통일전선체 보다 1년 4개월 앞서 창설되었다.

북한정치세력은 단일정부의 정규군으로 인민군을 먼저 창설하고, 이 무력적 기반을 토대로 단일정부, 단일한 통일전선, 한반도의 유일당을 건설하려고

---

13 김일성, 「남북조선로동당을 조선로동당으로 합당할 데 대하여-남북조선로동당중앙위원회 연합전원회의에서 한 보고」(1949.6.30), 『김일성저작집』5권, 조선로동당출판사, 1979, 122쪽.

14 「조국통일민주주의전선자료」, 『북한관계사료집』6권, 311~313쪽.

구상했던 것이다. 1948년에 들어서 북한정치세력의 국가건설노선은 ① 유일군의 창설, ② 단일정부의 수립, ③ 한반도의 단일한 통일전선과 유일당의 창설, ④ 국토완정을 통한 완전한 한반도 단일정부의 수립으로 구체화되었다. 유일적 성격의 인민군은 향후 수립될 통일적 정부·노동당의 기반이자 모델이었다. 북조선로동당이 북한지역의 유일당이었다면, 조선인민군은 한반도의 유일군이었다.

이 같은 조선인민군의 유일적 성격은 조선인민군 창설 열병식에서 대외적으로 공표되었다. 김일성은 축하연설문에서 인민군의 창설목적에 대해 "조선인민군대를 창설하여 불원(不遠)에 건설될 조선민주주의인민공화국 군대의 튼튼한 기초를 닦음으로써 민주주의 완전자주독립국가 건설을 촉진시킬 력사적 과업을 실현"하겠다고 역설하였다. 그리고 김일성은 인민군의 성격에 대해 "로동자·농민 근로인민의 아들·딸로써 조직된 군대이며 인민을 위하여 복무하는 인민의 군대"라고 천명하였다. 이와 함께 인민군대는 '해내·해외에서 수에 넘치는 일제의 군대를 상대로 장구한 유혈의 투쟁을 계속해 온 애국자·혁명가들을 골간으로 하여 창설된 장구한 혁명전통과 투쟁경험과 애국정신으로 빛나는 역사적 군대'라고 주장하였다.[15]

김일성은 인민군이 곧 건설될 '조선민주주의인민공화국' 군대의 기초라고 밝힘으로써 인민군이 단일정부의 유일군이라는 사실을 공표하였다. 그리고 인민군은 국내와 해외에서 항일운동을 전개한 애국자와 혁명가들을 골간으로 창설되었다고 주장하였다. 김일성이 언명한 인민군의 골간에는 동북항일연군뿐만 아니라 연안에서 활동한 조선의용군과 국내공산주의자들까지 모두 망라되어 있다. 그리고 북한정치세력은 스탈린에 대한 감사도 빼놓지 않았다. 인민군은 스탈린을 "천재적 명장이며 위대한 정치가"이고, "당당한 레닌의 위업의

---

15 김일성, 「조선인민군 열병식에서 진술한 연설」(1948.2.8), 『조국의 통일독립과 민주화를 위하여』2권, 73~85쪽. 인민군 창설 열병식에서는 최용건과 김두봉도 공식적으로 연설하였다. 연설문의 내용은 다음 자료를 참고 바람. 김광운, 『북조선실록』17권, 565~570쪽.

후계자이며 금일의 레닌"이라고 설명하였다. 따라서 스탈린이 영도하는 소련군은 "세계에서 일등가는 가장 강력한 군대"라고 평가했다.[16]

하지만 조선인민군의 역사적 기원은 공식적으로 김일성의 항일유격대에서 출발한다고 천명되었다. 항일연군 출신 김일은 "우리 인민군대는 과거 일본 제국주의의 가혹한 탄압아래서 우리조국과 인민의 행복을 위하여 피어린 투쟁을 계속하여 민족적 영예를 고수하여온 김일성장군의 항일 유격대의 빛나는 혁명적 전통과 고상한 애국정신과 백절불굴의 투쟁경험을 계승"했다고 설명하였다.[17] 또한 조선의용군 출신 김웅도 조선인민군의 정체성에 대해 "김일성장군의 영웅적 빨찌산의 산아로서의 자기의 혁명적 전통"을 가지고 있다고 주장하였다.[18] 고려인 리춘백은 "김일성장군의 말씀을 우리인민군대의 법으로 실천해야" 한다고 강조했다.[19] 역사학자 리나영은 "우리 인민군대는 김일성장군 빨찌산부대의 산아로서 직접 김일성 장군에 의하여 창건되였고 지도되고 있다"고 설명하였다.[20]

정규군의 역사적 기원을 빨치산부대에 두고, 군대의 골간을 빨치산부대의 지도자로 설정하는 것은 북한만의 고유한 특징이 아니라 인민민주주의국가의 보편적 현상이었다. 인민민주주의국가의 새로운 정권 앞에는 새로운 국가기구를 창설할 과업이 있었다. 인민정권 강화의 중요한 조건은 새로운 군대를 창건하는 것이었다. 그 중에서 "새로운 군대의 골격은 빨찌잔부대들"이었고, "새로운 지휘간부들은 빨찌잔부대들과 기타 반파시스투쟁에서의 공훈있는 지도자

---

16 「쓰딸린대원수의 간단한 략사」, 『조선인민군 선전원수책』 제8호, 민족보위성 문화훈련국, 1949.12.15, 48~55쪽.

17 김일, 「조선인민군 창건 二주년에 제하여」, 『조선인민군 선전원수책』 제3호, 민족보위성 문화훈련국, 1950.2.1, 7쪽.

18 김웅, 「조선인민군은 공화국의 견고한 성벽이다」, 『조선인민군 선전원수책』 제3호, 29쪽.

19 리춘백, 「혁명적 경각성 제고는 승리의 중요한 담보의 하나이다」, 『조선인민군 선전원수책』 제3호, 120쪽.

20 리나영, 「김일성 장군의 영웅적 빨찌산 투쟁」, 『조선인민군 선전원수책』 제3호, 44쪽.

들 중에서 주로 선발"되었다.[21]

또한 빨치산부대의 지도자에게 혁명운동의 정통성을 부여한 국가는 동유럽에도 있었다. 바로 빨치산 지도자 티토가 수상을 맡은 유고슬라비아이다. 해방 전에 유고슬라비아에는 미하일로비치(Mihailovic)가 이끄는 세르비아 민족주의부대인 자유유고슬라비아군단(체트니크, Chetnik)과 티토가 이끄는 빨치산부대가 있었다. 체트니크가 세르비아 구 왕정의 회복을 목표로 한 반면, 빨치산부대는 사회주의정권 수립을 목표로 했다. 그러나 1943년 이후에 티토의 대독항쟁이 연합국에 널리 알려지면서 빨치산부대가 반파시즘운동의 유일한 합법단체로 인정받았다. 티토는 유고가 해방되자 세르비아에서 활동하던 체트니크를 공격하기 시작했다. 티토의 정부군은 1945년 5월에 체트니크를 상대로 대승을 거두었고, 이로써 미하일로비치와 체트니크는 궤멸되었다. 그후 치뤄진 유고슬라비아 총선거에서 티토는 체트니크가 강세를 보였던 세르비아에서도 절대적인 지지를 받았다.[22]

티토는 해방 직후에 연합국의 제의에 따라 왕정(王政)정부와 임시연립정부를 조직했으나, 1945년 11월에 독자적으로 왕정의 폐지를 선언하고 '유고슬라비아연방인민공화국'을 수립했다. 그는 정부수립 이후에 수상 겸 국방상을 맡으면서 유고슬라비아의 영웅으로 떠올랐다. 유고슬라비아인들은 자국의 해방이 자력에 의한 것이며 소련군이나 미군·영국군에 의한 것이 아니라고 주장하기 시작했다. 게다가 정부수립 이후에 티토와 스탈린은 발칸연방(Balkan Federation) 수립 등 민족주의문제, 부농에 대한 통일전선문제, 소련군사·기술고문단에 대한 문제로 충돌하기 시작했다. 결국 스탈린은 1948년에 티토가 사회주의 연합전선에서 이탈했다고 공식적으로 선언했고, 유고슬라비아공산당은 6월 28일

---

21 느·파르베로브, 「인민민주주의 국가들의 사회적 및 국가적 구조」, 『근로자』제12호, 86쪽.

22 李淑子, 「유고슬라비아의 歷史的 形成과 政治構造」, 金達中 編, 『헝가리·유고슬라비아』, 151~154; 161~162쪽; 재스터 리들리, 『티토』, 330~331쪽.

에 코민포름(Cominform)[23]에서 추방되었다.[24]

유고슬라비아와 북한의 차이점은 해방에 대한 기여도와 소련군·스탈린에 대한 평가에 있었다. 티토는 유고 빨치산부대의 단일한 지도자였지만, 김일성은 여러 빨치산부대 지휘관 중 한명이었다. 또한 티토는 자신의 빨치산부대를 지휘해서 나찌와 체트니크를 몰아냈지만, 김일성은 자신의 부대를 이끌고 대일전에 참전하지 못했다. 나아가 유고슬라비아는 소련군의 '해방자'적 역할을 부정하고 자력으로 조국을 해방시켰다고 주장한 반면, 북한은 소련군을 "조선민족의 해방자이며 은인"이라고 평가하였다. 또한 유고슬라비아에서는 "티토, 스탈린, 디미트로프"[25]가 연호된 반면, 북한에서는 스탈린이 "당당한 레닌의 위업의 후계자이며 금일의 레닌"으로 평가되었고, 김일성은 언제나 자신보다 앞서

---

23 코민포름(Communist Information Bureau)은 1947년 9월에 소련, 헝가리, 폴란드, 불가리아, 체코슬로바키아, 동독, 루마니아, 유고슬라비아 등 사회주의국가와 프랑스공산당·이탈리아공산당을 회원으로 창설되었다. 그 기능은 각국 공산당 간의 정보를 교환하고 협의하는 것이다. 본부는 최초에 유고슬라비아의 베오그라드에 설치되었으나, 유고슬라비아가 코민포름에서 추방된 후에 루마니아의 부쟈레스트로 옮겨졌다. 북한은 코민포름을 "공산당보도국"으로 번역했다. 코민포름은 1956년 4월에 티토의 제의로 해체되었다. 金達中 編, 『헝가리·유고슬라비아』, 161쪽.

24 코민포름의 결의안은 다음과 같다. "정보국은 유고슬라비아공산당이 소련에 대한 비우호적인 정책을 펴고 있음을 잘 알고 있다. 더 이상 코민포름 회원으로 남을 수 없게 되었다. 민족주의와 결별하기 위해 현 공산당 지도자들을 축출하는 것이 유고슬라비아 공산당원들의 임무이다. 만약 현 지도자들이 물러나지 않는다면 국제적인 감각을 가진 지도층을 선발하여 현 지도층을 대체하는 것이 당원들의 의무이기도 하다."(金達中 編, 『헝가리·유고슬라비아』, 155; 161~162쪽; 재스터 리들리, 『티토』, 318; 340~341; 366쪽). 코민포름의 결의문은 곧바로 북조선로동당 기관잡지 『근로자』1948년 7월호에 전문이 게개되었다. 「수개 공산당 보도국회의에 관한 콤뮤니케」, 『근로자』1948년 7월호, 『북한관계사료집』45권, 448~458쪽.

25 게오르기 미하일로프 디미트로프(Георги Михаилов Димитров)는 불가리아의 공산주의자로 적색노동조합인터내셔널(프로핀테른)의 창립위원이다. 그는 1935년 8월에 코민테른 제7차 대회에서 집행위원회를 대표해서 반파시즘 인민전선론을 보고하였고, 이 대회에서 코민테른 집행위원회 서기장으로 선출되었다. 또한 그는 1946년 11월에 불가리아인민공화국 초대 수상으로 선출되었다. 유고슬라비아에서 디미트로프가 연호된 것은 그가 제2차대전 이후에 티토와 함께 발칸연방 수립을 추진했기 때문이다. G. M. 디미트로프, 『통일전선연구』, 396~398쪽; 李貞姬, 『東유럽史』, 483쪽.

"쓰탈린대원수 만세"를 선창하였다.[26]

그러나 양국의 공통점도 있었다. 유고슬라비아가 "민족주의적 립장으로 전환"하고 "민족주의의 길"로 나아갔듯,[27] 북한도 민족주의적 입장에 서 있었다. 김일성은 공개연설에서 늘 '민족'을 강조하였다. 대표적으로 그는 인민군 창설식에서 '민주개혁'을 "장구한 민족적 숙망", 인민경제계획을 "민족자립경제", 자주독립국가 건설을 "민족적 과업"라고 주장했으며, 인민군 창설에 대해 "조선민족의 력사상에 처음으로 인민자신의 군대를 가지게" 되었다고 설명하였다.[28]

유고슬라비아와 북한은 동일하게 빨치산부대의 지도자에게 혁명운동의 정통성을 부여하였고, 민족주의를 강조하였다. 하지만 유고슬라비아가 남슬라브족의 대동단결을 위해서 옛 슬라브족의 역사적 저항운동을 강조했음에 비해,[29] 북한은 민족을 근대의 산물로 간주하는 스탈린의 민족이론을 수용하였다.[30] 또한 티토는 발칸지역에서 소련에 앞서 불가리아·루마니아와 상호원조조약을 체결하고 불가리아와 함께 발칸연방을 구상했으며, 민족주의문제·통

---

26 李貞姬, 『東유럽史』, 483쪽; 재스터 리들리, 『티토』, 341쪽; 「쓰딸린대원수의 간단한 략사」, 『조선인민군 선전원수책』제8호, 55쪽; 김일성, 『조국의 통일독립과 민주화를 위하여』2권, 73~85쪽.

27 「수개 공산당 보도국회의에 관한 콤뮤니케」, 『근로자』1948년 7월호, 『북한관계사료집』45권, 456~457쪽.

28 김일성, 「조선인민군 열병식에서 진술한 연설」(1948.2.8), 『조국의 통일독립과 민주화를 위하여』2권, 73~76쪽.

29 해방 직후 유고슬라비아의 국가적 정체성은 슬라브족의 민족주의에 근거하고 있었다. 대표적으로 유고슬라비아의 국가(國歌)는 옛 슬라브족의 민요를 바탕으로 선조들의 외세에 대한 저항운동정신을 길이 이어받자는 내용이며, 국기(國旗)는 유고슬라비아왕국의 삼색깃발을 개조한 것이다. 또한 유고슬라비아공화국의 박물관이나 유적지에는 주로 제2차대전 당시 빨치산들의 저항운동에 관한 유적들이 전시되었고, 공휴일이나 기념일도 주로 저항운동과 관련되어 있었다. 全炳梓, 「유고슬라비아의 社會構造와 文化政策」, 金達中 編, 『헝가리·유고슬라비아』, 227~228쪽.

30 해방 직후 북한의 스탈린 민족이론 수용과정은 다음 연구를 참고 바람. 김태우, 「북한의 스탈린 민족이론 수용과 이탈 과정」, 『역사와현실』44, 한국역사연구회, 2002.6, 258~261쪽.

일전선문제·소련고문단문제로 스탈린과 충돌했다.[31] 이에 비해 김일성은 전세계 사회주의국가에 대한 스탈린의 영도를 받아들였고 스탈린의 노선에 충실했다.[32] 북한의 공산주의자들은 이미 1946년 2월부터 당원들에게 "레닌·쓰딸린주의에 대한 사상교육"을 전개해 왔다.[33] 스탈린주의는 해방 직후부터 북한지역의 공산주의자들에게 사상적 지침 중 하나였다.

인민군이 창군이념을 김일성의 빨치산부대에 둔 것은 다른 인민민주주의국가의 군대와 유사했다. 그러나 인민군이 일반적인 인민민주주의국가의 군대와 다른 점은 군대의 역사적 기원과 정통성을 반제투쟁을 펼친 빨치산부대 일반이 아니라 김일성이 활동한 빨치산부대에 두고 있었다는 점이다. 북한정치세력은 "인민군 창설에 대한 김일성 장군의 고려는 벌써 과거 만주에서 민족해방투쟁을 진행하던 당시부터 있었던 것"이라고 선전했다. 이들은 인민군의 역사적 기원을 김일성이 만주에서 1932년에 조직한 "조선인민혁명군"과 1935년에 조직한 "조선인조국광복회"의 강령에 두고 있었다. 나아가 이들은 김일성을 "조선인민군의 조직자이시며 지도자"라고 선전하였다.[34]

---

31 티토가 스탈린과 충돌하게 된 이유는 다양하지만 그의 빨치산투쟁과도 관련되어 있다. 티토는 크로아티아인이다. 그는 제2차대전 당시에 애국적 슬로건과 모든 민족에 대한 자결주의원칙을 내세워 이들을 공산주의조직에 끌어들였고, 이를 기반으로 가장 주도적으로 빨치산투쟁을 전개하였다. 즉, 티토는 민족자결주의에 입각한 민족통일전선을 빨치산투쟁의 중심에 두었다. 그가 스탈린과 맞설 수 있었던 정치적 역량은 유고슬라비아공산주의자연맹에서 나왔다. 이 공산주의조직은 1919년에 창당된 후부터 유고슬라비아의 혁명운동을 주도하였고, 유고슬라비아반파쇼국민해방전선과 유고슬라비아임시정부의 모태가 되었다. 金達中 編, 『헝가리·유고슬라비아』, 224~226쪽; 李貞姬, 『東유럽史』, 400; 483쪽.

32 유고슬라비아가 코민포름에서 제명되자, 북한은 티토와 유고슬라비아공산당을 '파시스트'이자 '제국주의의 돌격대'라고 대대적으로 비난하였다. 대표적인 논설은 다음을 참고 바람. 「찌도徒黨의 民族主義는 유고슬라비야를 어데로 끌고가는가?」, 『근로자』제19호(1948.9), 『북한관계사료집』46권, 2005, 348~355쪽; 라꼬시·마티나스, 「유고슬라비야의 뜨로쯔끼스트들은 제국주의의 돌격대이다」, 『근로자』제13호(1949.7.15), 『북한관계사료집』50권, 408~419쪽; 송관철, 「파씨쓰트적 찌도당은 유고슬라비야인민을 노예화한다」, 『인민』1950년 1월호, 『북한관계사료집』39권, 642~657쪽.

33 「'目前 黨內 情勢와 當面課業'에 關한 決定書-朝共北部朝鮮分局 中央第4次擴大執行委員會에서 決定」(1946.2.15), 『북한관계사료집』1권, 32쪽.

34 민족보위성 문화훈련국, 『정치상학교재(49-11): 조선인민군의 조직과 목적 및 과업에 대하여』, 8쪽.

북한정치세력이 언급한 "조선인민혁명군"과 "조선인조국광복회"는 1936년에 코민테른 주재 중국공산당 대표단의 결정에 의해 만주에서 승인된 "한국민족혁명군(韓國民族革命軍)"과 민족통일전선조직인 조국광복회를 뜻하는 것이다.[35] 인민군은 이 민족군대와 조국광복회가 중국공산당의 지시에 따라 추진되었고, 조선인민혁명군이 편성되지 않았다는 사실을 은폐하고 있다. 그러나 중요한 점은 인민군이 자체의 역사적 기원을 김일성의 "민족해방투쟁"과 김일성부대에 두고 있다는 사실이다. 북한의 군대는 이미 북조선임시인민위원회 보안국시기부터 김일성 영도사상을 지도사상으로 채택한 바 있다. 그후 김일성의 영도사상은 항일연군 출신의 총사령관·문화부사령관에 의해 군대에서 지속적으로 관철되었다. 그 결과 인민군의 창군이념은 다른 조선민족운동세력의 항일운동과 조선의용군·한국광복군 등의 군사활동이 부정된 채, 김일성의 항일운동과 항일유격대로 단일화되었다.

인민군이 공식적으로 창설됨에 따라 북한정치세력의 제2단계 창군과정은 종결되었다. 북한정치세력은 제1단계 창군과정에서 군대를 보안기구에서 독립시켰고, 군사지휘기관을 설립해 본격적으로 보병부대와 군사간부를 육성하기 시작했다. 제2단계 창군과정은 1947년 5월 17일에 집단군총사령부가 창립되면서 본격적으로 시작되었다. 북한정치세력은 정규군을 지휘할 수 있도록 군사지휘기관을 확장했고, 2개 보병사단과 1개 보병여단을 확편하였다. 그리고 보병부대를 넘어서 항공부대와 탱크부대 등 병종부대를 창설하기 위한 준비작업에 착수하였다. 이와 같은 창군과정을 거쳐 인민군이 공식적으로 창설되었다.

35 「中共吉東省委致饒河中心縣委及四軍四團的信(節選)-關于建立韓國民族自治區的問題」(1936.3.12), 中共延邊州委黨史研究室 編, 『東滿地區革命歷史文獻匯編』下冊, 1453쪽.

북조선인민위원회 민족보위국의 신설

이와 함께 인민군이 창설되면서 군대를 관할하는 행정부서의 설치문제가 제기되었다. 1946년 8월 15일에 대대부가 설립되면서 인민군 창설과정은 대대부가 맡고, 북조선임시인민위원회 보안국은 인민군 창설과정에서 분리된 바 있다. 그리고 정규군 관련 기관이 대대부로 이관되면서 보안국은 더 이상 군사담당부서로서 기능하지 못했다. 행정기관 안의 군사담당부서는 1947년 2월에 북조선인민위원회가 출범하고 보안국이 내무국으로 개편되면서 공식적으로 사라졌다. 이후부터 인민군은 정권기관에서 독립해 독자적인 창설과정을 밟아 왔다. 그러나 정규무력인 인민군이 공식적으로 창설됨에 따라 이를 관할할 행정부서가 필요하게 되었다.

북한정치세력은 인민군을 창설하기 직전에 정권기관에 군사담당부서를 설립하였다. 북조선인민위원회는 1948년 2월 4일에 제58차 회의를 개최하였다. 회의에서는 「북조선인민위원회의 민족보위국 설치에 관한 결정서」가 채택되었다. 북조선인민위원회는 "우리 강토와 우리 인민의 자유를 보위하는 역사적 임무를 담임"하기 위해 민족보위국을 신설하기로 결정하였다. 민족보위국은 인민군에 대한 "행정적 통제부서"로 규정되었다. 그리고 북조선인민회의 상임위원회는 2월 5일에 제21차 회의를 개최해 북조선인민위원회 부위원장 김책을 민족보위국장으로 선임하였다. 그는 부위원장과 민족보위국장을 겸임하였다.[36] 최종적으로 북조선인민회의는 2월 6~7일에 제4차 회의를 개최해 민족보위국의 창설을 공식적으로 채택하였고, 김책을 민족보위국장으로 임명하였다. 제4차 회의에는 총 228명의 대의원이 참석했는데, 대의원들에게 가장 큰 지지를

---

36 『해방후 10년일지(1945-1955)』, 조선중앙통신사, 1955, 29쪽; 북조선인민회의 상임위원회, 『北朝鮮人民會議 第四次 會議 會議錄』, 朝鮮人民出版社, 1948, 159~168쪽.

받은 안건은 "민족보위국 창설에 관한 결정"이었다.[37]

즉 민족보위국은 2월 7일에 북조선인민위원회의 군사담당부서로 설치되었다. 북조선임시인민위원회 보안국장이 별도로 임명되었던 것에 비해, 북조선인민위원회 민족보위국장은 부위원장 김책이 겸임하였다. 민족보위국의 설립은 주한미군 정보참모부에도 포착되었다. 주한미군이 청취한 평양라디오방송에 따르면, 인민군 총사령관 최용건은 2월 8일에 인민군 창설식의 연설에서 북조선인민위원회가 민족보위국(Department of National Defense)을 조직하기로 결정했으며, 김책(Kim, Tchaik)이 민족보위국장이라고 공개하였다. 주한미군은 민족보위국이 군사담당부서라는 사실을 정확히 파악했다.[38]

민족보위국의 설립은 북한정치세력이 모스크바지도부·소련군사령부와 긴밀히 협의한 결과였다. 북조선인민위원회는 1947년 12월에 개최한 회의에서 1948년 2월에 북조선인민회의를 소집해 임시헌법안을 채택하기로 결정하였다. 북조선인민위원회는 회의 종료 후에 연해주군관구 군사위원 슈티코프에게 북조선인민회의 산하에 "민족보위국"을 설립하는 문제와 인민회의 폐막일에 인민군의 열병식을 개최하는 문제에 대해 모스크바지도부에 허가를 요청해 달라고 부탁하였다. 슈티코프는 북한의 요청을 즉시 몰로토프에게 전달하였다. 그는 1948년 1월에 몰로토프에게 보낸 보고에서 2월 5~8일에 소집될 북조선인민회의 정기회의를 앞두고 북조선인민위원회 안에 민족보위국을 설치할 것을 공식적으로 요청하였다.[39]

소련공산당 중앙위원회는 슈티코프의 보고를 검토한 뒤, 1948년 1월에 북조선인민위원회에 민족보위국을 설치하며, 인민회의 마지막 날에 평양시에

---

37 제25군 사령관 코로트코프 근위중장, 「북조선인민회의 제4차 회의에 관한 보고」(1948.2), ЦАМО, ф. 172, оп. 614633, д. 3, лл. 20~22.

38 HQ, USAFIK, *G-2 Weekly Summary*, No.126(1948.2.6~2.13), 『북한정보요약』3, 84쪽.

39 연해주군관구 군사위원 슈티코프, 「몰로토프에게 보낸 보고」(1948.1), ЦАМО, ф. 172, оп. 614633, д. 3, лл. 1~2.

서 1개 사단과 군관학교의 참가 하에 군중집회와 조선인민군 열병식을 거행하도록 허가하였다.[40] 소련군 제25군사령부 군사위원 레베데프는 모스크바의 지시에 따라 2월 2일에 제25군사령부에 민족보위국 창설에 관한 법령내용을 준비하라고 지시했다. 그는 사령부 장교인 비스팔로프와 카네프스키에게 법령준비에 관한 과제를 부여했고, 자신은 북조선인민회의의 의사일정을 준비하기 시작했다. 그리고 소련공산당 정치국은 최종적으로 2월 3일에 북조선인민회의 회의를 소집하는 데 동의하였고 민족보위국의 창설을 허가하였다. 같은 날, 레베데프는 슈티코프와 툰킨으로부터 "민족보위국을 창설할 것"이라는 지시를 하달받았다. 슈티코프는 2월 5일에 레베데프에게 민족보위국에 관한 지시사항을 다시 한번 하달했다. 그는 "북조선인민위원회가 조선민주주의인민공화국 보위조직과 제반조치를 강구할 목적에서 민족보위국의 창설을 법령으로 선포"하도록 하라고 지시했다.[41]

레베데프의 일기에는 2월 2일 이전에 민족보위국에 관한 검토내용이 없다. 그러나 기존의 군대창설과정을 살펴볼 때, 군사담당부서의 설립문제는 분명 북한정치세력과의 긴밀한 협의를 통해 진행되었을 것이다. 물론 민족보위국 창설을 누가 먼저 제기했는지를 해명할 수 있는 자료는 없다. 그러나 군대창설 문제는 북조선인민위원회 설립 이후에 일반적으로 북한정치세력이 먼저 요청하고 제25군사령부와 연해주군관구의 검토를 거쳐 모스크바지도부가 최종적으로 승인하는 과정을 밟아왔다. 민족보위국의 창설문제도 이와 같았을 것이다. 민족보위국의 창설에 관한 법령은 제25군사령부가 준비했고, 모스크바의 허가에 따라 북조선인민회의의 승인을 거쳐 북조선인민위원회가 선포하였다.

---

40 소련공산당 중앙위원회 정령, 「외무성 소관」, АВПР, ф. 07, оп. 21, п. 22, д. 316, л. 5, 기광서, 「북한 무력 형성과 북소관계」, 228쪽에서 재인용.

41 전현수 역, 『레베제프일기(1947~1948년)』, 46~48쪽; 소련공산당 정치국, 「(북조선에 대한) 소련외무성의 문제(의사록 No.62, 제21항)」(1948.2.3), 기광서, 「소련공산당 정치국의 대한반도 관련 「결정」과 북한정부의 성격 구상(1945-1948)」, 『동방학지』144, 연세대 국학연구원, 2008, 373쪽에서 재인용.

그 결과, 2월 7일에 북조선인민위원회 민족보위국이 설치되었다.

민족보위국이 설치되기 전에 인민군에 대한 지휘권을 가지고 있던 단위는 조선인민군총사령부였다. 그러나 민족보위국은 인민군총사령부와 종적이든 횡적이든, 어떤 지시사항이나 보고사항 등 상호연락관계가 전혀 없었다.[42] 따라서 북조선인민위원회에서 민족보위국을 행정적 통제부서라고 규정했지만, 실제로 민족보위국은 인민군을 행정적으로 통제하는 정권기관의 군사담당부서가 아니었다. 민족보위국이 설치된 이후에도 인민군은 여전히 인민군총사령부가 관할했고 총사령부의 지시를 받았다. 현재까지 민족보위국의 간부와 부서, 활동내용은 북한의 내부문서에서 발견되지 않는다. 북조선로동당 중앙당과 인민군의 극비문서까지 발견되는 현실에 비추어보면 매우 이례적인 현상이다.

민족보위국이 설립될 당시, 최용건·강건·무정을 비롯해 창군사업을 주도해온 인물은 대부분 인민군총사령부에서 간부를 맡고 있었다. 북한정치세력은 인민군 창설을 앞두고 긴급히 군사문제를 취급할 수 있는 담당부서를 설치할 필요성을 느낀 것으로 보인다. 민족보위국은 하루 뒤에 정식으로 창설될 조선인민군과 관련된 행정부서로 조직되었고, 부위원장 김책이 국장을 겸임하였다. 그러나 민족보위국의 다른 간부와 실무부서가 발견되지 않는 것을 보면, 김책은 극소수의 전문인력만을 데리고 활동했던 것 같다. 그는 민족보위국에서 북한정권 수립 뒤에 창설할 군사담당부서를 조직하는 준비업무를 수행한 것으로 보인다.

민족보위국은 북조선인민위원회에 의해 군대를 관장하는 행정적 통제부서로 규정되었지만, 조직과 인원의 미비로 인해 정권기관에서 주로 민족보위성을 창설하는 업무를 전담했던 것으로 보인다. 김책은 당시 북조선로동당 당서열 5위의 고위급 당간부였으므로 민족보위국을 노동당의 노선에 입각해 운영

---

42 「최태환(인민군총사령부 역사기록부장) 증언」, 장준익, 『북한인민군대사』, 75~76쪽.

했을 것이다. 민족보위국이 신설된 1948년 2월 7일부터 정부수립 직전인 9월 8일까지의 기간은 인민군총사령부가 인민군을 지휘하고 민족보위국이 행정적 통제를 준비하는 과도기였다.

조선인민군총사령부의 조직과 간부

북한정치세력과 소련은 1948년 1월부터 정권기관에 군사담당부서를 신설하는 방안을 구체적으로 협의하였다. 이것은 기본적으로 인민군을 공식적으로 창설한다는 전제 아래 추진되었다. 그리고 민족보위국이 신설된 다음 날인 2월 8일에 공식적으로 조선인민군이 창설되었다. 인민군이 창설되자 기존의 집단군총사령부는 "조선인민군총사령부"로 개편되었다.[43] 총사령부는 평양시에 있는 "구 일본군 제44부대 자리"에 설치되었다.[44]

인민군총사령부는 참모부, 문화부, 포병부, 후방부, 정치보위부, 군사최고검찰소, 군사최고재판소로 구성되었다. 참모부는 작전과, 정찰과, 통신과, 간부과, 공병과, 총무과, 기요과로 구성되었다. 문화부는 8개 과로 구성되었고, 후방부는 9개 과로 구성되었다. 포병부는 2부 9과로 구성되었는데, 2부는 간부부와 포병공급부였다. 정치보위부는 인민군에서 방첩대 역할을 수행하는 부서였다. 주한미군에 따르면, 정치보위부는 김일성이 직접 관할했다. 군사최고검찰소는 인민군에서 발생하는 사건에 대한 군사재판에서 기소를 담당하는 부서였고, 군사최고재판소는 인민군에서 군사재판을 담당하는 부서였다.[45]

인민군총사령부에 임명된 간부들을 살펴보면, 보안간부훈련대대부시기

---

43 장준익, 『북한인민군대사』, 87쪽.

44 佐佐木春隆, 『韓國戰秘史』中卷, 31쪽.

45 HQ, USAFIK, *G-2 Weekly Summary*, No.138(1948.4.30~5.7), 『북한정보요약』3, 344~346쪽.

부터 근무했던 간부와 새로 임명된 간부가 있다. 간부들의 경력은 새로 임명된 인물들에 한정해 살펴보겠다. 먼저 인민군 총사령관은 최용건이 맡았다. 다음으로 문화부사령관은 김일(金一), 포병부사령관은 무정, 후방부사령관은 최홍극, 총참모장은 강건, 통신부장은 박영순, 공병부장은 박길남(황호림의 후임)이 맡았다.[46]

총사령관 최용건은 대대부시기부터 군대의 총사령관을 맡아왔다. 특히 최용건은 조선민주당 위원장과 북조선인민회의 부의장을 겸임하면서, 조선민주당원이자 북조선인민회의 서기장인 강량욱과 함께 노동당의 외부에서 북한 정부의 수립을 주도하였다.[47] 총참모장은 강건은 1947년 12월에 안길이 사망한 이후부터 집단군총사령부에서 참모장을 맡아왔다.[48] 포병부 간부부장은 동북항일연군 출신 심태산이다. 그는 1947년 말부터 1948년 초까지 평양학원에서 군사부원장으로 근무했다. 포병부 포병공급부장은 조선의용군 출신 노정섭이었고, 포병부 정보과장은 항일연군 출신 김성국이었다.[49] 문화부장은 고려인 김일(金日)이었다. 그는 1947년도 인민군 창군사업 때부터 군대 내의 문화부사업을 전담했다. 김일은 "군대 내 당 정치사업"이라는 용어를 만든 장본인으로, 이 용어는 이후 인민군 전체에 그대로 보급되었다.[50] 문화부 구락부장 겸 인민군협주단장은 정률성이다. 그는 대대부시기부터 이 직책을 맡아왔다.[51]

후방부 조직계획과장은 이름을 알 수 없는데, 그는 나남의 제2사단에서 근무하다가 1947년 12월에 조직계획과장으로 임명되었다. 조직계획과 부과장

---

46 장준익, 『북한인민군대사』, 87~88쪽.

47 북조선인민회의 상임위원장은 金枓奉이 맡고 있었다. 「北朝鮮人民會議 特別會議 會議錄」(1948.4.28), 『북한관계사료집』8권, 220쪽.

48 HQ, USAFIK, *G-2 Weekly Summary*, No.138(1948.4.30~5.7), 『북한정보요약』3, 346쪽.

49 HQ, USAFIK, *G-2 Weekly Summary*, No.138(1948.4.30~5.7), 『북한정보요약』3, 349쪽.

50 장학봉 외, 『북조선을 만든 고려인이야기』, 98~99쪽.

51 정설송 엮음, 『중국인민해방군가의 작곡가 정률성』①, 227쪽.

은 최홍선이다. 그는 일제시기에 목단강의 특무기관(特務機關)[52]에서 활동했던 인물이다. 후방부 수의과장은 장석호이며, 그는 평북 의주농업중학교와 장춘(長春)의 대동학원(大同學院)을 졸업하고 만주국(滿洲國) 정부에서 관리로 근무했다. 수의과 부과장은 함인복으로 장석호의 친구다. 그는 평북 의주농업중학교를 졸업하고, 평북 희천군 농업협회에서 기술자로 근무했다. 후방부 군의과장은 리동영으로 알려져 있는데,[53] 군의과장의 정확한 이름은 리동화이다. 그는 고려인으로 1947년 2월 22일에 북조선인민위원회에서 초대 보건국 부국장으로 임명되었다.[54] 후방부 자동차관리과장은 만주 출신 김학도이다. 군사최고검찰소장은 한철이며, 군사최고재판소장은 조광렬이다. 최고재판소에는 3명의 판사가 있었는데, 그중 한명은 김광수였다.[55]

총참모부 작전부장은 고려인 황호림이었다. 작전부 체육훈련계장은 고려인 전학준이며, 그는 소련군사고문단장 스미르노프 소장의 통역으로 활동하다가 체육훈련계장을 맡았다. 정찰부장도 고려인인데, 그는 소련군 제25군에서 통역으로 근무하다가 1948년 1월에 정찰부장으로 임명되었다. 정찰부 부부장은 홍세혁이다. 그는 중국 황포군관학교를 졸업하고 반일유격대에서 활동했으며, 해방 직후에 입북해 지방의 보안서장으로 근무했다. 통신부장은 항일연군 출신 박영순이며, 통신부 통신부대장은 중앙보안간부학교 졸업생 리기훈이었다.[56] 정찰부장의 이름은 기록되어 있지 않은데, 대대부와 집단군총사령부의 정찰부장은 계속해서 고려인 최원이 맡았다. 또한 최원은 이후 민족보위성에서

52 주한미군 정보보고서에 "Tokumu Kikan"에서 근무했다고 기록되어 있다. 이 용어는 특무기관(特務機關)의 일본어 발음(とくむきかん)을 영어로 옮긴 것이다. HQ, USAFIK, *G-2 Weekly Summary*, No.138(1948.4.30~5.7), 『북한정보요약』3, 348쪽.

53 HQ, USAFIK, *G-2 Weekly Summary*, No.138(1948.4.30~5.7), 『북한정보요약』3, 348쪽.

54 서동만, 『북조선사회주의체제성립사』, 180; 191쪽.

55 HQ, USAFIK, *G-2 Weekly Summary*, No.138(1948.4.30~5.7), 『북한정보요약』3, 348; 350쪽.

56 HQ, USAFIK, *G-2 Weekly Summary*, No.138(1948.4.30~5.7), 『북한정보요약』3, 347~348쪽.

도 정찰부장을 맡았다.[57] 인민군은 주요부서의 경우, 간부책임제에 따라 간부를 연임시켰으므로 인민군총사령부 정찰부장도 최원이었을 것이다.

총참모부 대열부장은 주한미군 정보보고서에 “문종빈(Moon Chong Bin)”으로 기록되어 있다. 대열부 부부장은 조선의용군 압록강지대 출신 왕성흥이며, 그는 해방 이후 평북 의주에 설립된 조선의용군 의주학원에서 중대장으로 근무했다. 공병부장은 고려인 박길남이고, 공병부 부부장은 평양학원 제1기생 김선옥이다. 총참모부 총무부장은 평양의 지주 아들인 우진우였다.[58] 대열부장 “문종빈”의 정확한 이름은 문종목이다. 그는 대대부시기부터 계속해서 대열부장을 맡았던 인물이다.[59] 문화부 체육부장은 고려인 천이완이다. 그는 1947년 3월 7일부터 대대부와 집단군총사령부에서 체육부장을 맡아왔다.[60] 문화부 신문과장은 “전 투사신문사 주필”로 기록되어 있는데, 그는 북조선기자동맹 부위원장과 『투사신문』 책임주필을 맡았던 한효다.[61]

이상에서 살펴본 인민군총사령부의 부서체계와 간부를 정리하면 다음과 같다.

---

57 장준익, 『북한인민군대사』, 91쪽.

58 HQ, USAFIK, *G-2 Weekly Summary*, No.138(1948.4.30~5.7), 『북한정보요약』3, 348쪽.

59 최태환, 『젊은 혁명가의 초상』, 45쪽.

60 장학봉 외, 『북조선을 만든 고려인이야기』, 672쪽.

61 HQ, USAFIK, *G-2 Weekly Summary*, No.138(1948.4.30~5.7), 『북한정보요약』3, 349쪽. 『투사신문』의 책임주필은 한효였다. 김광운, 『북한정치사연구』1, 224쪽.

〈표 6〉 조선인민군총사령부의 조직과 간부[62]

부서	하부부서	간부
총사령부		총사령관 최용건[항]
총참모부	지휘부	총참모장 강건[항]
	작전부	작전부장 황호림[고], 체육훈련계장 전학준[고]
	정찰부	정찰부장 최원[고], 정찰부 부부장 홍세혁[의]
	통신부	통신부장 박영순[항], 통신부대장 리기훈[보간]
	대열부	대열부장 문종목[국], 대열부 부부장 왕성흥[의]
	공병부	공병부장 박길남[고], 공병부 부부장 김선옥[평양]
	총무부	총무부장 우진우[국]
문화부	문화간부과 · 선전과 · 조직과 · 인쇄과 · 총무과 · 구락부 · 협주단 · 신문사	문화부사령관 김일(金一)[항], 문화부장 김일(金日)[고], 구락부장 정률성[의], 체육부장 천이완[고], 신문과장 한효[국]
포병부	간부부: 작전과 · 정찰과 · 통신과 · 사병인사과 · 군관인사과 · 대공과 포병공급부: 무기수리과 · 탄약과 · 무기연구소	포병부사령관 무정[의], 간부부장 심태산[항], 포병공급부장 노정섭[의], 정보과장 김성국[항]
후방부	후방간부과 · 조직계획과 · 수의과 · 군의과 · 식량과 · 의복과 · 재정과 · 주택과 · 자동차관리과	후방부사령관 최홍극[고], 조직계획과장 미상(중좌), 조직계획과 부과장 최홍선[일특], 수의과장 장석호[만주], 수의과 부과장 함인복[국], 군의과장 리동화[고], 자동차관리과장 김학도
정치보위부	정보소대	정치보위부장(중좌). 정보소대장 등 군관 7명
최고검찰소		최고검찰소장 한철. 군관 6명과 서기참모 1명
최고재판소		최고재판소장 조광렬. 김광 등 판사 3명, 군관 1명, 서기참모 1명

---

62 이 표는 위에서 확인한 자료와 함께 다음의 자료를 종합해서 작성하였다(HQ, USAFIK, *G-2 Weekly Summary*, No.138(1948.4.30~5.7), 『북한정보요약』3, 344~346쪽). 꺽쇠 안은 간부들이 속해 있는 정치세력을 표시한 것이다. [항]은 동북항일연군 출신, [의]는 조선의용군 출신, [고]는 고려인, [국]은 국내공산주의자, [보간]은 북조선중앙보안간부학교 졸업생, [평양]은 평양학원 졸업생, [일특]은 일본 특무기관 출신, [만주]는 만주국 관료 출신을 뜻한다.

인민군총사령부의 간부는 항일연군 출신, 의용군 출신, 고려인, 국내공산주의자가 분점하고 있었다. 항일연군 출신은 총사령관 최용건, 총참모장 강건, 문화부사령관 김일, 통신부장 박영순, 포병부 간부부장 심태산, 포병부 정보과장 김성국 등 6명이었다. 의용군 출신은 포병부사령관 무정, 구락부장 정률성, 정찰부 부부장 홍세혁, 대열부 부부장 왕성흥, 포병부 포병공급부장 노정섭 등 5명이었다. 고려인은 후방부사령관 최홍극, 작전부장 황호림, 문화부장 김일(金日), 정찰부장 최원, 공병부장 박길남, 문화부 체육부장 천이완, 후방부 군의과장 리동화, 작전부 체육훈련계장 전학준 등 8명이었다. 국내공산주의자는 대열부장 문종목이었다. 이들 중에 "작전부장 황호림" 대좌는 1948년 초에 "불량분자"로 판단되어 소련 꼴호즈로 귀국 조치되었다.[63]

인민군총사령부의 간부구성은 몇 가지 특징을 보이고 있다. 첫 번째 특징은 집단군총사령부에 있던 직책에는 그 직책을 맡았던 간부가 그대로 임명되었다는 점이다. 이들은 총사령관 최용건, 총참모장 강건, 문화부사령관 김일, 포병부사령관 무정, 후방부사령관 최홍극, 정찰부장 최원, 대열부장 문종목, 공병부장 박길남, 공병부 부부장 김선옥, 통신부장 박영순 등 10명이다. 인민군총사령부 간부 중에는 집단군총사령부에 있던 간부부장과 정치보위부장이 확인되지 않는다. 그러나 집단군총사령부의 간부가 그대로 인민군총사령부의 간부로 임명된 사실을 볼 때, 이 부서장들도 간부책임제에 따라 그대로 임명되었을 가능성이 높다. 집단군총사령부의 간부부장은 리림, 정치보위부장은 박응익이었다. 북한정치세력이 집단군총사령부의 간부를 인민군총사령부에 계속해서 기용한 것은 창군사업의 지속성을 유지하고 지휘부 간부의 업무능력을 고도화하기 위한 간부정책이었다.

이들과 달리 인민군총사령부시기에 새로 영입된 간부는 최고검찰소장 한철, 최고재판소장 조광렬, 포병부 간부부장 심태산, 포병공급부장 노정섭, 포

---

63 주영복, 「망향5: 중립국행자원한 반공포로의 수기」, 『동아일보』1962.7.7.

병부 정보과장 김성국, 총참모부 총무부장 우진우, 정찰부 부부장 홍세혁, 대열부 부부장 왕성홍, 작전부 체육훈련계장 전학준, 통신부 통신부대장 리기훈, 문화부 신문과장 한효, 후방부 조직계획과 부과장 최홍선, 후방부 수의과장 장석호, 수의과 부과장 함인복, 후방부 자동차관리과장 김학도, 최고재판소 판사 김광수 등 16명이다. 인민군총사령부에 들어와서 신규간부가 처음으로 기존 간부의 규모를 넘어섰다.

인민군총사령부 간부구성의 두 번째 특징은 집단군총사령부시기에 정착된 각 정치세력의 역할분담이 지속되었다는 점이다. 항일연군 출신은 6명으로, 총사령관, 총참모장, 문화부사령관, 통신부장, 포병부 간부부장·정보과장을 맡았다. 의용군 출신은 5명으로, 포병부사령관, 구락부장, 정찰부·대열부 부부장, 포병공급부장을 맡았다. 고려인은 8명으로, 후방부사령관, 작전부장, 문화부장, 정찰부장, 공병부장, 군의과장, 체육부장, 체육훈련계장을 맡았다. 국내공산주의자는 문종목이 유일하게 대열부장을 맡았다.

항일연군 출신은 인민군의 지휘권, 정치사상사업·통신부문 책임자, 포병부문 인사권·정보부문을 담당했다. 의용군 출신은 포병·구락부문 책임자, 정찰·대열부문 부책임자, 포병군수부문을 담당했다. 고려인은 후방·작전·정찰·공병·군의부문 책임자, 문화부문 부책임자, 체육부문을 담당했다. 국내공산주의자는 총무부문 책임자를 맡았다. 집단군총사령부와 비교했을 때 몇 가지 변화도 확인할 수 있다. 항일연군 출신이 포병부문의 인사권·정보부문을 새로 맡았다. 의용군 출신은 새로 정찰·대열부문의 부책임자와 포병군수부문을 맡았다. 고려인은 새로 정치사상사업 부책임자와 군의·체육훈련부문을 맡았다.

새로 충원된 고려인 전학준과 리동화는 둘 다 김일성이 활동한 소련 극동군 제88독립여단 출신이었다. 공병부장 박길남을 포함하면 총사령부의 고려인 간부 8명 중 3명이 제88독립여단 출신이었다. 따라서 인민군총사령부의 간부는 고려인 중에서도 주로 제88독립여단 출신이 충원되었음을 알 수 있다. 이들은 제88독립여단에서 항일연군 출신들과 함께 정찰활동과 부대생활을 하면서 인적 유대감을 형성한 인물들이었다.[64] 따라서 이들은 소련군사령부와 항일연군 출신의 가교역할을 하기에 가장 적합한 간부였다.

간부구성의 세 번째 특징은 항일연군 출신과 고려인에 비해 의용군 출신과 기타 경력자들이 대폭 확대되었다는 점이다. 의용군 출신은 총사령부의 고급간부 외에도 총사령부의 하급간부로도 충원되었다. 총참모부 총무과에는 송두칠 대위가 새로 배치되었다. 그는 조선의용군 압록강지대 출신으로, 입북 이후에 '조선의용군 의주학원(KVA UiJu-Academy)'에서 중대장으로 활동했던 인물이다.[65]

총사령부에는 새로운 경력자들도 간부로 충원되었다. 총참모부 총무과장 우진우는 지주계급 출신이었고, 후방부 조직계획과 부과장 최홍선은 일본 특무기관 출신이었다. 수의과장 장석호는 만주국에서 관리로 일했던 인물이고, 수의과 부과장 함인복은 의주농업학교를 졸업한 사무원 출신이었다. 문화부 신문과장 한효는 북조선기자동맹 부위원장과 『투사신문』 책임주필로 활동한 언론인이었다. 집단군총사령부에 비해 인민군총사령부는 그 조직이 2배 이상 확대되었고, 이에 따라 많은 신규 간부가 필요했다. 인민군은 기존의 정치세력 이외에 지주계급·친일파·사무원·언론인 등 다양한 경력자들을 총사령부 간부로 충원했다. 물론 이들은 북조선로동당에서 사상심사를 받았을 것이다. 다만, 일본 특무였던 최홍선 같은 인물들은 아직 친일경력이 발각되지 않았을 가능성이 높다.

또한 인민군총사령부에도 집단군총사령부와 마찬가지로 해방 이후에 군사부문에서 성장한 인물들이 간부로 임명되었다. 대표적으로 통신부 통신부

---

64 제88독립여단의 고려인들은 항일연군 출신과 부대생활뿐만 아니라 정찰활동도 함께 수행했다. 예를 들어, 안길은 1941년 8월에 30여 명의 소부대를 이끌고 소련에서 만주로 잠입해 왕청현 라자구에서 정찰활동을 펼쳤다. 이 소부대에는 리봉수, 한익수, 김익현, 리을설 등 항일연군뿐만 아니라 고려인 박길남도 포함되어 있었다. 림춘추, 『항일무장투쟁시기를 회상하여』, 295쪽.

65 HQ, USAFIK, *G-2 Weekly Summary*, No.138(1948.4.30~5.7), 『북한정보요약』3, 347쪽.

대장 리기훈은 1948년 초에 북조선중앙보안간부학교를 졸업하고 바로 총사령부에 배치되었다. 아울러 총사령부에는 평양학원 졸업생들도 배치되었다. 총참모부 총무과 러시아어통역(중위)은 총사령관 최용건의 조카로, 그는 평양학원을 졸업했다. 후방부 러시아어통역 서광용 대위는 학도병 출신으로 그 역시 평양학원을 졸업했다. 그리고 문화부에 새로 배치된 강제필 소좌는 일제시기에 일본 아오야마학원(青山學院)을 졸업한 지식인으로 평양학원 러시아어반을 졸업했다.[66] 총사령부 간부 중에는 경력이 확인되지 않는 인물이 많은데, 이들 외에도 군사부문에서 성장한 인물들이 포함되어 있을 것이다.

노동당·인민군의 정치세력 분포

인민군총사령부의 간부는 정치세력에 따라 구분할 수 있지만, 이들은 대부분 항일운동에 참여한 인물들이었다. 제2차대전 이후 동유럽에서도 새로운 군대가 창설되었는데, 군대의 새로운 지휘간부는 '주로 빨찌산부대와 반파쇼투쟁의 지도자들' 중에서 선출되었다. 인민군총사령부의 간부들도 동유럽 군대의 간부와 마찬가지로 항일연군 출신과 의용군 출신 등 대부분 항일운동에 참여한 인물들이었다. 그러나 인민군의 간부는 동유럽 군대의 간부와 다른 점이 있었다. 인민군총사령부에는 항일운동에 참여하지 않은 고려인들이 간부로 임명되었다. 고려인 간부는 8명으로 항일연군·의용군 출신 간부보다 많았다. 그 이유는 동유럽과 달리 한반도가 연합군에 의해 분할점령되었고, 북한에 소련군사령부가 설치되었기 때문이다. 고려인들은 최초에 소련군사령부에 의해 북한의 군대에 파견되었고, 창군사업에 참여하면서 인민군의 상급간부로 성장하였다. 고려인 간부들은 기술병종을 맡아 인민군에 소련군의 군사적 요

---

66 HQ, USAFIK, *G-2 Weekly Summary*, No.138(1948.4.30~5.7), 『북한정보요약』3, 347~349쪽.

소를 이식하였으며, 소련군사령부와 북한정치세력을 연결하는 매개자로 활동했다.

인민군총사령부에 있던 각 정치세력은 단일정부의 정규군을 육성한다는 공동의 목표를 가지고 있었지만, 각 정치세력들은 여전히 자신들의 세력권을 구축하고 있었다. 대표적으로 조선의용군 출신은 "자신의 세력권을 구축하기 위해 암암리에 뭉치고 있었다." 예를 들어 동북군정대학 졸업생들은 인민군총사령부와 내무성에 각각 배치되어 있으면서도 서로 긴밀히 연락하였다. 이들은 포병부사령관 무정을 "우리들의 기둥"이라고 인식하고, 그의 신임을 얻는 것을 중요하게 생각했다. 그러나 인민군총사령부에서 근무한 동북군정대학 졸업생 최태환은 "파벌의식"이 겉으로 드러날 만큼 확대되고 있지는 않았다고 증언하였다.[67] 최태환은 시종일관 파벌의식이 대외적 갈등관계로 표출될 만큼 심각하지 않았다고 회고한 반면, 이 시기에 김일성이 독점적 권력을 장악하고 다른 정치세력을 숙청하거나 탄압했다는 증언도 많다.[68] 어느 쪽이 사실이든, 각 정치세력이 인민군총사령부시기에도 군대에 세력권을 구축하고 있었다는 것은 분명하다.

그러나 조선의용군 출신은 인민군이 창설된 이후에도 분열되어 있었다. 대표적으로 황해도당위원장 박훈일(朴勳一)은 1948년 3월 27~30일에 개최된 북조선로동당 제2차 전당대회에서 공개적으로 무정을 비판하였다. 그는 1946년 3월의 토지개혁 당시 황해도에서 좌경적·우경적 오류가 있었는데, 그 책임을 "그 당시 토지개혁의 책임을 지고 있었던 무정 동무와 당시 도당위원장

---

67 최태환, 『젊은 혁명가의 초상』, 64~67쪽.

68 이 같은 사실을 증언한 인물들은 대부분 북한의 국가건설과정을 '숙청사(肅淸史)'의 시각에서 보고 있다. 이들은 주로 1950년대에 북한의 정치투쟁과정에서 소련·중국으로 망명하거나 월남한 사람들이다. 대표적인 증언자는 고려인 임은(본명 허웅배)과 조선의용군 출신 고봉기, 해방 이후에 북한에서 활동하다가 일본을 거쳐 월남한 국내공산주의자 한재덕이다. 이들은 북한에서 경험한 사실에 대해 다음과 같은 회고록을 남겼다. 林隱, 『北韓 金日成王朝秘史: 金日成 正傳』, 한국양서, 1982; 고봉기, 『조선노동당원의 육필수기』, 시민사회, 1990; 韓載德, 『金日成을 告發한다』, 內外文化社, 1965.

이던 최경덕 동무가 저야" 한다고 비판하였다.[69] 박훈일은 신사군(新四軍)에서 적구공작과(敵區工作課) 과장을 역임했고, 만주에서 조선의용군 제7지대장으로 활동했으므로[70] 최창익 등 북상파와는 거리가 멀고 무정과 가까운 인물이다. 그럼에도 불구하고 박훈일은 전당대회의 공개석상에서 무정에게 당적 책임을 묻고 있다. 1948년 3월 시점에 무정은 더 이상 조선의용군의 지도자로 인정받지 못했고,[71] 조선의용군 출신은 각각의 정치적 위치에 따라 분열되어 있었다.

군사간부들은 인민군이 공식적으로 창설된 이후에 북조선로동당에서 고위급 당간부로 임명되었다. 노동당은 1948년 3월에 개최한 제2차 전당대회에서 당지도부를 전면적으로 개편하였다. 이 개편은 전쟁 전의 마지막 중앙당 간부개편이었다. 북한정치세력이 1948년 3월에 제2차 전당대회를 소집한 이유는 유엔한국임시위원단(UNTCOK)이 활동을 개시함에 따라 한반도의 단일국가 수립문제에 대한 당의 노선을 결정할 필요가 있었기 때문이다. 노동당은 당면과업으로 미국의 팽창정책에 대한 폭로, 북조선민주주의민족통일전선의 강화, 전체 인민의 총선거를 통한 조선민주주의정부의 수립, 민주주의인민공화국 수립의 기초를 공고·확대하기 위한 투쟁을 결정하였다.[72]

제2차 전당대회에서 노동당의 최고결정기구인 정치위원회는 김두봉(위원장), 김일성(부위원장), 주녕하(부위원장), 허가이, 김책, 최창익, 박일우로 구성되었다. 기존 정치위원에서 김책과 박일우가 추가되었다. 노동당 상무위원은 15명

---

69 「북조선로동당 제二차 전당대회 회의록」, 『북한관계사료집』1권, 359~360쪽.

70 박훈일은 해방 이후에 무정과 함께 만주로 진출해서 조선의용군 제7지대장으로 활동하다가 1946년 3월에 입북했다. 그는 바로 조선공산당에 가입해 1946년 8월에 개최된 북조선로동당 창립대회에서 중앙위원으로 선출되었다. 강만길·성대경, 『사회주의인명사전』, 219~220쪽; 김중생, 『조선의용군의 밀입북』, 130쪽.

71 무정은 1946년 8월에 개최된 노동당 창립대회 당시 당서열 11위였으나, 1948년 3월에 개최된 제2차 전당대회에서 36위로 급격히 추락하였다. 반면에 박훈일은 24위에서 22위로 상승했다. 제2차 전당대회에서는 박일우가 당서열 7위에 오르면서 의용군 출신의 새로운 지도자로 부상하였다. 「북조선로동당 창립대회 회의록」·「북조선로동당 제二차 전당대회 회의록」, 『북한관계사료집』1권, 172; 452~453쪽.

72 「북조선로동당 제二차 전당대회 회의록」, 『북한관계사료집』1권, 321~323; 462~463쪽.

으로, 항일연군 출신 3명(김일성·김책·김일), 의용군 출신 4명(김두봉·최창익·박일우·진반수), 고려인 4명(허가이·박창옥·김재욱·기석복), 국내공산주의자 2명(주녕하·박정애), 테크노크라트 2명(정준택·정일룡)이었다. 기존 상무위원에서 김교영·김창만·박효삼(의용군), 태성수(고려인), 오기섭(국내공산주의자)이 탈락하였다. 당부서의 책임자로는 조직부장 허가이, 간부부장 진반수, 선전선동부장 박창옥(朴昌玉), 노동부장 박영성, 농민부장 리유민, 재정경리부장 김교영이 임명되었다.[73]

노동당은 전 신민당 당수 김두봉이 위원장을 맡고, 전 북조선분국 책임비서 김일성과 전 함남적색노동조합운동 책임자 주녕하가 부위원장을 맡았다. 최고결정기구인 정치위원회에는 항일연군 출신(김일성·김책), 의용군 출신(김두봉·최창익·박일우), 고려인(허가이), 국내공산주의자(주녕하)가 고루 망라되었다. 특히 의용군 출신이 7명 중 3명으로 단일 정치세력으로는 가장 많았다. 제2차 당대회부터 항일연군 출신에서는 김책, 의용군 출신에서는 박일우가 중앙당에서 새로운 실력자로 부상하였다. 그러나 항일연군 출신은 당의 실권을 잡지 못했다. 당의 조직부문(허가이)·선전선동부문(박창옥)·노동부문(박영성)은 고려인이 장악하였고, 당의 간부부문(진반수)·재정부문(김교영)·농민부문(리유민)은 의용군 출신이 장악하였다. 이중에서 조직부문·인사권·재정부문은 당을 내부적으로 장악할 수 있는 핵심부문이었다. 제2차 당대회 이후 노동당의 지도부는 항일연군 출신·의용군 출신·고려인·국내공산주의자로 구성되어 있었고, 당의 실권은 고려인과 의용군 출신이 분점하고 있었다. 북조선로동당은 특정 정치세력이 독점하지 못하고 다양한 정치세력이 권력을 분점하고 있는 정치연합적 성격을 띠고 있었다. 당의 지도자는 김일성이었고, 당의 지도부는 정치연합체제였으며, 당의 실권은 고려인·의용군 출신이 분점하고 있었다.

---

73 다음 책에 수록된 중앙위원 명단을 비교해서 종합하였다. 와다 하루끼, 『김일성과 만주항일전쟁』, 306~307쪽; 서동만, 『북조선사회주의체제성립사』, 178~179; 217~219쪽.

북조선로동당 제2차 전당대회에서는 총 67명의 중앙위원이 선출되었다. 중앙위원 중에서 당서열 10위에 오른 인물과 군사간부를 정리하면 다음과 같다.

〈표 7〉 북조선로동당 중앙위원 중 군사간부의 당서열(1948.3.30)[74]

서열	이름	직책	서열	이름	직책
1위	김두봉	노동당 위원장(북조선인위 부위원장)	**36위**	**무정**	인민군총사령부 포병부사령관
2위	김일성	노동당 부위원장(북조선인위 위원장)	**39위**	**박효삼**	북조선중앙보안간부학교 교장
3위	주녕하	노동당 부위원장	**46위**	**김광협**	조선인민군 사단장
4위	허가이	노동당 조직부장	**50위**	**림해**	조선인민군 문화부사단장
5위	**김책**	북조선인민위원회 민족보위국장	**52위**	**방학세**	내무국 정보처장
6위	최창익	북조선인민위원회 인민검열국장	**54위**	**김웅**	조선인민군 사단장
7위	**박일우**	북조선인민위원회 내무국장	**57위**	**장철**	내무국 정보처 부처장
8위	박정애	북조선민주여성동맹 위원장	**59위**	**리권무**	조선인민군 여단장
9위	김교영	노동당 재정부장	**60위**	**김경석**	조선인민군 부사단장
10위	정준택	북조선인민위원회 기획국장	**62위**	**김한중**	내무국 당위원회 위원장
12위	**김일**	인민군총사령부 문화부사령관	**65위**	**김광빈**	해군군관학교 교장
27위	**강건**	인민군총사령부 총참모장	합계		15명

---

74 표에 진하게 표시된 인물들이 군사간부이다. 당서열은 다음 자료를 참고하였다(「북조선로동당 제二차 전당대회 회의록」, 『북한관계사료집』1권, 452~453쪽). 군사간부의 직책은 다음 연구를 대조해서 확인하였다(김광운, 『북한정치사연구』1, 600~601쪽; 서동만, 『북조선사회주의체제성립사』, 942~943쪽). 김광운의 책에는 김책의 직책이 북조선인민위원회 부위원장으로만 서술되어 있는데, 당시 김책은 민족보위국장을 겸임하고 있었다. 서동만의 책에는 림해가 당연락부장, 장철이 황해도당부위원장으로 서술되어 있다. 그러나 서동만의 같은 책에 정리된 황해도당부위원장에는 장철이 없다(서동만, 『북조선사회주의체제성립사』, 939쪽). 이 책에서 군사간부들의 직책은 러시아연방국방성중앙문서보관소 자료를 활용해 직책을 확인한 김광운의 견해를 따랐다.

총 67명의 중앙위원 중 군사간부는 15명이다. 조선인민군 총사령관 최용건은 조선민주당 위원장이었기 때문에 이 명단에 없다. 67명 가운데 1946년 8월의 노동당 창립대회 때부터 중앙위원으로 활동한 인물은 30명이며, 새로 선출된 인물은 37명이다. 창립대회 당시 중앙위원과 비교해보면, 항일연군 출신은 4명에서 6명으로 증가했는데, 사망한 안길 대신 강건이 들어가고 김광협, 김경석이 추가되었다. 의용군 출신은 16명에서 18명으로 증가했는데, 김웅, 김한중, 리권무, 리유민, 박무, 조영, 진반수가 새로 추가되었다. 고려인은 8명에서 17명으로 증가했는데, 김영태가 탈락하고 김광빈, 김승화, 김영수, 김찬, 기석복, 리동화, 리희준, 박영성, 방학세, 장철이 추가되었다. 국내공산주의자는 10명에서 13명으로 증가했다. 특히 제2차 당대회에서 고려인들은 당내 헤게모니를 쥐게 되었다.[75]

제2차 중앙위원으로 선출된 고려인 중에 일부 인물은 전당대회 당시 소련공산당원이었다. 이들은 김승화, 김재욱, 김찬, 박창식, 방학세, 허가이 등 6명으로, 1948년 9월까지 소련공산당 당적을 가지고 있었다.[76] 고려인들은 북한정치세력 중에서 유일하게 이중당적을 보유하고 있었다. 이것은 중국공산당이나 북조선로동당에 비해 소련공산당이 가지는 우월성을 보여주는 것이다. 고려인들은 소련공산당 당적을 보유한 채 노동당 중앙위원으로 활동하면서 소련공산당의 당체제를 노동당에 전파하였다.

제2차 당대회 중앙위원의 특징은 이들이 정권기관인 북조선인민위원회의 주요간부를 겸임하고 있었다는 점이다. 노동당 부위원장 김일성은 북조선인민

---

75 다음 책에 수록된 제1차·제2차 중앙위원 명단을 비교해서 작성하였다(서동만, 『북조선사회주의체제 성립사』, 178~179; 217~219쪽). 서동만은 김광빈을 기타·불명으로 분류했는데, 그는 고려인이다. 김국후, 『평양의 카레이스키 엘리트들』, 111쪽.

76 소련 민정국은 소련군 철수를 앞두고 1948년 9월 초에 고려인들에게 북한 잔류여부와 국적 이적여부를 청취하였다. 레베데프의 일기에 이들의 답변과 당증 소유여부가 기록되어 있다. 레베데프, 「1948년 9월 13일자 일기」, 『레베제프 비망록』, 미간행 번역본, 1995. 이 날짜의 일기는 한국연구재단에서 번역한 『레베제프일기』에 누락되어 있다.

위원회 위원장, 노동당 위원장 김두봉은 북조선인민위원회 부위원장, 김책은 북조선인민위원회 부위원장 겸 민족보위국장, 박일우는 북조선인민위원회 내무국장, 최창익은 북조선인민위원회 인민검열국장, 정준택은 북조선인민위원회 기획국장을 맡고 있었다. 따라서 노동당은 당 중앙위원들을 통해 정권기관을 확고히 장악하고 있었다.

당 중앙위원인 군사간부를 정치세력별로 구분하면, 항일연군 출신은 김책, 김일, 강건, 김광협, 김경석 등 5명이다. 의용군 출신은 무정, 박효삼, 림해, 김웅, 리권무, 김한중 등 6명이다. 고려인은 방학세, 장철, 김광빈 등 3명이다. 제2차 당대회부터 군사간부 가운데 항일연군 출신에서는 총참모장 강건, 사단장 김광협, 부사단장 김경석이 새롭게 부상하였다. 의용군 출신에서는 사단장 김웅, 내무국 당위원장 김한중, 여단장 리권무가 부상하였다.

군사간부 중 항일연군 출신에서는 노동당 창립대회와 마찬가지로 총사령관 최용건이 제1인자, 민족보위국장 김책이 제2인자의 지위를 굳혔다. 다만 최용건은 노동당의 외부에 있었으므로 노동당 내부에서는 김책이 제1인자, 김일이 제2인자였다. 창립대회 당시 항일연군 출신의 제2인자는 안길이었지만, 그가 사망하면서 김일이 제2인자로 올라섰다. 특히 김책의 당내 위상은 창립대회 당시 당서열 11위에서 5위로 상승하였다. 의용군 출신 중에는 박일우가 제1인자로 새롭게 부상했으며, 무정은 제2인자, 박효삼은 제3인자로 물러났다. 조선의용군 사령관이었던 무정은 창립대회 당시 당서열 11위에서 36위로 급격히 추락하였다. 박효삼도 당서열 17위에서 39위로 내려앉았다. 이에 비해 박일우는 창립대회 당시 당서열 25위에서 7위로 급격히 상승하였다. 김책과 박일우는 항일연군 출신과 의용군 출신을 대표해 각각 민족보위국과 내무국을 담당하였다. 당서열을 보면, 항일연군 출신 군사간부는 다른 정치세력보다 높은 서열을 차지하고 있었다. 의용군 출신 군사간부는 당서열에서 고루 분포되어 있었고, 고려인 군사간부는 당서열의 하위그룹에 편재되어 있었다. 또한 고려인들은 정권기관의 수장이나 부대 지휘관을 맡지 못하고, 군대 안에서 정보부문·간부양성부문의 책임자로 활동하였다.

노동당 지도부의 정치세력별 구성과 당중앙위원인 군사간부의 정치세력별 구성은 중요한 차이점이 있다. 노동당의 지도부는 제2차 당대회 이후에 항일연군 출신·의용군 출신·고려인·국내공산주의자가 분점하고 있었고, 당의 실권은 고려인과 의용군 출신이 장악하고 있었다. 당의 지도자는 김일성이었으나, 항일연군 출신은 지도부 내에서 의용군 출신·고려인의 1/3에 불과했고, 당부서의 책임자도 맡지 못했다. 그러나 당중앙위원인 군사간부를 분석해보면, 항일연군 출신은 의용군 출신에 버금가는 인원이었고, 당서열도 다른 정치세력보다 상위에 있었다. 항일연군 출신은 노동당 지도부에서 숫적 우위나 당의 실권을 차지하지 못했지만, 항일연군 출신 군사간부는 다른 정치세력의 군사간부보다 당적 지위와 군사적 지위에서 우위에 있었다. 결국 항일연군 출신은 한국전쟁 전에 노동당이 아니라 인민군에서 정치적·군사적 우위를 확보하고 있었다. 여기에 항일연군 출신인 조선민주당 위원장 최용건이 최고사령관을 맡고 있었으므로 인민군에서 항일연군 출신의 정치적·군사적 우위는 더욱 확고했다. 인민군에서 항일연군 출신들의 우월적 지위는 김일성 중심의 창군이념과 함께 향후 북한의 국가건설과정에서 김일성의 지도체제가 구축될 수 있는 정치적·군사적 기반이었다.

노동당 중앙위원 67명 중 군사간부는 15명으로 단일부문에서 가장 많은 인원이 중앙당 간부로 임명되었다. 군사간부들이 당 중앙위원을 맡으면서 당과 군은 더욱 밀접히 결합되었다. 인민군총사령부를 구성하고 있는 군사간부들은 동시에 당 중앙위원으로 활동하면서 노동당의 정책과 노선을 인민군에 관철하는 역할을 수행했다. 그러나 노동당은 군대를 완전히 장악하거나 통제하지 못했다. 대표적으로 인민군 총사령관 최용건은 노동당원이 아니라 민주당원이었다. 그는 노동당 중앙당의 당회의뿐만 아니라 군대 내의 당회의에도 참석할 수 없었다. 물론 그는 항일연군 동료인 김책이나 김일을 통해 당의 결정을 전달받았지만, 공식적인 노동당의 정책결정과정에서는 제외되었다. 인민군 총사령관이 민주당 위원장이라는 사실은 인민군 내부가 다양한 계급과 정치세력으로 구성되었다는 점을 증명한다.

이것은 북한정치세력이 집단군총사령부시기에 군대 내부의 통일전선을 축소했음에도 불구하고, 군대 내부에서 여전히 통일전선의 원칙을 유지하고 있었다는 사실을 보여준다. 통일전선은 아직 인민민주주의국가가 수립되지 않은 정치상황에서 국가건설을 위해 반드시 필요한 혁명노선이었다. 북한정치세력은 이 같은 정세인식에 따라 기존의 정치세력 이외에 지주계급·친일파·사무원·언론인 등 다양한 경력자들을 인민군총사령부의 간부로 활용하였다. 이로써 통일전선의 외연은 다른 계급과 계층으로 다시 한번 확대되었다.

인민군 창설 이후 통일전선의 특징은 정치연합체제가 유지되고 통일전선의 외연이 확장된 가운데, 항일연군 출신이 인민군을 통해 정치적·군사적 우위를 확보하고 있었다는 점이다. 인민군이 창설되면서 통일전선의 외연은 다시 한번 확대되었지만, 인민군 내부에 실제로 구축된 통일전선에는 노동당과 항일연군 출신의 우월성이 지속되고 있었다.

2. 조선인민군총사령부의 예하부대와 유일군대의 출현

조선인민군 육군의 편제와 간부

1948년 2월 8일에 인민군이 창설되자, 집단군총사령부가 지휘하던 부대는 정규군으로 재편되었다. 인민집단군 제1경보병사단은 '조선인민군 제1보병사단'으로, 인민집단군 제2경보병사단은 '조선인민군 제2보병사단'으로, 인민집단군 보병독립여단은 '조선인민군 제3혼성여단'으로 개편되었다. 집단군총사령부 예하의 비행대대는 항공대대로 증편되었다. 중앙보안간부학교, 중앙직속병원, 평양학원, 경위연대는 그대로 인민군총사령부에 배속되었다.[77] 이 중에서 제3혼성여단은 선행연구에서 부대의 편제와 무기가 여러 병종의 대대·중대로 구성되었기 때문에 붙인 명칭으로, 정식 부대명칭은 집단군총사령부시기와 마찬가지로 여전히 '보병독립여단'이었다.

인민군이 공식적으로 창설되자, 보병부대의 지휘부도 변경되었다. 인민군 제1사단을 보면, 사단장은 김웅, 참모장은 최광이 맡았고, 제3연대장은 최현, 포병연대장은 리기건(李奇建)이 맡았다. 사단사령부는 평남 개천에 있었고, 예하부대로는 제1연대가 신의주, 제2연대가 재령, 제3연대가 강계, 포병연대가 신의주에 주둔했다. 인민군 제2사단을 보면, 사단장은 리청송, 참모장은 리익성이 맡았고, 제5연대장은 최용진, 제6연대장은 리영호, 포병연대장은 한진덕(韓振德)이 맡았다. 사단사령부는 처음에 함북 나남에 있다가 1949년 초에 중국에서 조선인부대가 들어오자 함흥으로 이전하였다. 예하부대로는 제4연대가 회령, 제5연대·제6연대가 나남, 포병연대가 강덕에 주둔했다. 1949년 초에 조선의용군이 입북한 이후에는 나남에 있던 제5연대가 평양시 평천리로 이동했다.

---

77 장준익, 『북한인민군대사』, 87쪽.

인민군 보병독립여단을 보면, 여단장은 김광협, 참모장은 오진우가 맡았다. 예하에는 3개 보병대대와 1개 포병대대를 보유하고 있었다.[78]

그러나 보병부대 지휘부 중에서 제1사단 제3연대장·포병연대장과 제2사단 참모장은 잘못 알려져 있다. 평북 강계군에 있던 제1사단 제3연대의 연대장은 1948년 2월 1일부터 1949년 5월 6일까지 계속해서 항일연군 출신 최춘국이 맡고 있었다. 제1사단 제3연대의 단대호(單隊號)[79]는 제303군부대였다.[80] 제1사단 포병연대장은 1947년 11월 27일 당시 항일연군 출신 허봉학이었다. 1948년 2월 9일 당시에는 항일연군 출신 최현이 제1사단 포병연대장이었다.[81] 제2사단 참모장인 의용군 출신 리익성은 1947년 8월에 내무국 독립여단 여단장으로 전임되었다.[82] 초대 보병독립여단 참모장은 고려인 백락칠(Paik Nak Chil)이 임명되었는데, 그는 1947년 10월에 군사계통이 변경되어 내무국 용성간부학교 교장으로 전임되었다.[83]

인민군이 정식으로 창설되기 이전에 제1사단의 일부 간부는 개인적 문제 때문에 직책을 이동했다. 제1연대장 리권무는 1947년 말에 소련 고문의 월권행위를 문제삼아 소련 고문과 충돌해서 병사로 강등되었다가 다시 이전 직책으로 복귀하였다.[84] 1946년 8월에 보안간부훈련소 제1소 설립 당시부터 강계의

---

78 장준익, 『북한인민군대사』, 87~88쪽; 국방부 전사편찬위원회, 『한국전쟁사』1, 686쪽.

79 단대호(unit identification)는 숫자상 칭호·병과(兵科)·지휘제대(指揮梯隊)를 나타내는 군사부대의 완전한 명칭을 뜻한다. 이는 전투서열(戰鬪序列)의 구성에서 반드시 고려해야 할 사항이다. 육군본부, 『육군 군사술어사전』, 육군본부, 1973, 222쪽.

80 홍창하, 『민족보위성 리력서』, 포병지휘국 포병간부과, 1949.7.28, NARA, RG 242, SA 2009, Box 10, Item 22.10. 홍창하는 1948년 2월 1일에 제1사단 제3연대에 입대해 76mm포중대에서 전사와 정찰부대장으로 근무한 인물이다. 그의 이력서에 해당시기의 연대장이 "최충국"으로 기록되어 있다.

81 리관호, 『민족보위성 리력서』, 민족보위성, 1950.1.18, NARA, RG 242, SA 2009, Box 10, Item 21.10. 리관호는 제1포병연대에서 소대장으로 근무했다.

82 HQ, USAFIK, *ISNK*, No.49(1947.11.15~11.30), 『북한정보요약』2, 501쪽.

83 HQ, USAFIK, *G-2 Weekly Summary*, No.132(1948.3.19~3.26), 『북한정보요약』3, 225쪽.

84 한상구, 「최태환의 증언」, 377쪽.

제3분소장을 맡아왔던 최현은 즉결총살사건으로 해임되었다. 그는 1947년에 만포제재소에서 화재가 발생했을 때, 제재소 지배인 김복명(金福命)에게 화재사건의 책임을 묻다가 그가 실화(失火)라고 반발하자 권총으로 총살했다.[85] 최현은 이 즉결총살사건으로 제3연대장에서 해임된 후에 한동안 평양에 소환되어 근신하고 있었다.[86]

한편 주한미군 정보참모부는 1948년 4~6월 당시 인민군 보병부대 간부명단을 파악하고 있었다. 제2사단의 간부는 다음과 같다. 사단장은 항일연군 출신 김광협, 참모장은 의용군 출신 류신, 전임 참모장은 의용군 출신 리익성, 문화 부사단장은 의용군 출신 림해, 후방 부사단장은 길동보안국 공급부장 출신 김운국, 사단본부 작전과 부과장은 김동문이었다.[87] 제2사단 예하부대의 간부는 다음과 같다. 제4연대장은 항일연군 출신 류경수,[88] 제4연대 참모장은 의용군 출신 안봉관, 제2사단 교도대대장은 의용군 출신 황풍로, 교도대대 참모장은 의용군 출신 홍문일, 교도대대 후방 부대대장은 평양학원 제1기생 김희였다.[89] 제5연대장은 1948년 3월 17일부터 9월 26일까지 항일연군 출신 최용진이 맡았다.[90]

주한미군이 파악한 제1사단 제1연대와 보병독립여단 간부는 다음과 같다. 제1사단 제1연대 제2대대장은 김우만, 제1사단 제1연대 제2대대 문화 부대대장은 김남학, 보병독립여단의 제1대대장은 항일연군 출신 전문섭, 제2대대장은

---

85 주영복, 『내가 겪은 조선전쟁』1, 133쪽.

86 방원철, 『방원철회고록』, 311~312쪽. 방원철은 이 이야기를 김일성으로부터 직접 들었다. 그는 이 화재사건이 "개천 국영목재소"에서 발생한 사건이라고 회고했다.

87 HQ, USAFIK, *G-2 Weekly Summary*, No.149(1948.7.16~7.23), 『북한정보요약』4, 20쪽.

88 김일성, 「조선인민군 제2경보병사단 4련대장 류경수에게 준 지시」(1948.8.10), 『김일성전집』8권, 204쪽.

89 HQ, USAFIK, *G-2 Weekly Summary*, No.149(1948.7.16~7.23), 『북한정보요약』4, 21~22쪽.

90 황원호, 『민족보위성 리력서』, 민족보위성, 1949.8.25, NARA, RG 242, SA 2009, Box 10, Item 22.12.

일본군 상등병 출신 김태훈이었다.[91] 그러나 주한미군의 정보에는 결정적 오류가 있다. "제2경보병사단 제2포병련대" 출신 군관의 『리력서』에 따르면, 제2사단장은 1947년 12월 27일부터 1949년 1월까지 계속해서 리청송이 맡고 있었다.[92]

또한 인민군총사령부가 창설되기 이전에 인민군 제1사단과 제2사단에 있던 일부 간부들은 인민군에서 나와 내무국으로 이동했다. 보직이 변경된 이유는 1947년 여름에 내무국 독립여단이 신설되어 경험있는 간부가 많이 필요했기 때문이다. 내무국 독립여단이 신설된 이유는 1947년 중반부터 38선에서 남·북 간 무력충돌이 격화된 상황과 직접적으로 연관되어 있다.[93] 제2사단 참모장이던 리익성은 1947년 8월에 인사발령을 받고 내무국 독립여단장으로 임명되었다. 제2사단 문화부 군관이었던 태병렬은 독립여단 문화 부여단장으로 임명되었고, 제1사단 제1연대 참모장이었던 김대홍은 독립여단 참모장으로 임명되었다.[94]

인민군총사령부에는 이상의 부대와 별도로 총사령부를 보위하는 경위부대가 편성되어 있었다. 이 부대의 명칭은 "인민군총사령부 직속 경위대대"이다. 경위대대는 인민군총사령부시기에 처음 창설된 것이 아니라 집단군총사령부시기에 창설되었다. 경위대대장은 1948년 1월 24일 당시 김익현이었다. 인민군총사령부가 출범한 이후인 1948년 4월 30일 시점에 경위대대장은 계속해서 김익현이 맡고 있었고, 8월 15일 시점에는 리을설이 맡고 있었다. 경위대대 문화

---

91 HQ, USAFIK, *G-2 Weekly Summary*, No.149(1948.7.16~7.23), 『북한정보요약』4, 21; 23쪽.

92 리동춘, 『민족보위성 리력서』, 포병지휘국 포병간부과, 1949.7.27, NARA, RG 242, SA 2009, Box 10, Item 22.13. 리동춘은 1947년 2월 4일부터 1949년 5월 13일까지 "제2경보병사단 제2포병련대"에서 묘준수·포장·중대화학지도원으로 근무한 인물이다. 그의 이력서에 해당시기 보직 명령자가 "사단장 리청송"으로 기록되어 있다.

93 정병준, 『한국전쟁』, 196~197쪽; 양영조, 『남북한 군사정책과 한국전쟁, 1945-1950』, 한국학술정보, 2007, 377~381쪽.

94 HQ, USAFIK, *ISNK*, No.50(1947.12.1~12.15), 『북한정보요약』2, 530~531쪽.

공작원은 신영일이다.[95] 김익현과 리을설은 둘 다 김일성이 지휘한 동북항일연군 제2군 제6사의 소년중대 출신이다. 특히 리을설은 김일성부대 경위중대에 배치되어 사령부와 김일성을 보위하는 경위대원으로 활동한 인물이다.[96] 즉, 해방 이전에 김일성부대에서 성장하고 사령부를 경호하던 인물들이 인민군총사령부에서도 사령부를 경호하는 부대장을 맡았다.

이상에서 살펴본 인민군총사령부 예하 보병부대의 간부구성을 정리하면 다음과 같다.

---

95 신영일, 『조선인민군대 이력서』, 조선인민군집단군사령부 간부부, 1948.11. 신영일은 평양학원 제3기생으로, 1947년 12월부터 1948년 9월까지 "총사령부직속경위대대"에서 "대대문화공작원"으로 근무했다. 신영일의 「軍官表彰登錄表」와 「軍官犯罪處罰登錄表」에 "表彰者及職名"과 "執行者及職名"이 기록되어 있는데, 각 시기별로 "대대장 김익현, 대대장 리을설"이라고 기록되어 있다.

96 김일성, 『세기와 더불어』 4권, 226쪽; 김일성, 『세기와 더불어』 6권, 275쪽.

〈표 8〉 조선인민군총사령부 예하 보병부대의 간부구성[97]

상부단위	하부단위	간부
제1보병사단	사단본부(개천)	사단장 김웅[의], 문화부사단장 김봉률[고], 참모장 최광[항]
	제1연대(신의주)	연대장 리권무[의], 참모장 미상(전임 김대홍[항]), 제2대대장 김우만, 제2대대 문화부대대장 김남학, 제2대대 참모장 미상(전임 김호[의]), 제3대대 문화부대대장 한걸
	제2연대(재령)	연대장 미상
	제3연대(강계)	연대장 최춘국[항], 문화부연대장 서철[항]
	포병연대(개천)	연대장 허봉학(47.11.27)[항]→최현(48.2.9)[항]
제2보병사단	사단본부(나남·함흥)	리청송[고], 문화부사단장 림해[의], 참모장 류신[의], 후방부사단장 김운국[의], 작전과 부과장 김동문
	제4연대(회령)	연대장 류경수[항], 참모장 안봉관[의]
	제5연대(나남·평양)	연대장 최용진[항]
	제6연대(나남)	연대장 리영호[항]
	포병연대(강덕)	연대장 한진덕, 참모장 장평산[의], 제1대대장 김용파[의], 제1대대 문화부대대장 림인준
	교도대대, 독립대대	교도대대(대대장 황풍로[의], 참모장 홍문일[의], 후방부대대장 김희[평양], 문화부대대장 김동문, 군사부대대장 리동진), 독립대대장 리봉근
보병독립여단	여단본부(원산)	여단장 김광협[항], 문화부여단장 주연[의], 참모장 오진우[항]
	제1·2·3대대, 2개 포병대대, 박격포대대	제1대대장 전문섭[항], 제2대대장 유용구[의]→김태훈[일본], 제3대대장 김창봉[항], 포병대대장 박우섭[항]→최인덕[항], 박격포대대장 김려중[항]
직속경위대대	대대본부(평양)	김익현(48.4.30)[항]→리을설(48.8.15)[항]

97 기본적으로 〈표〉 위에서 확인한 간부명단을 중심으로 작성했다. 이상의 간부명단에서 확인할 수 없는 인물은 1947년 집단군총사령부시기의 보병부대 간부명단을 토대로 추정하였다. 집단군총사령부 시기의 보병부대 간부명단은 다음 자료를 비교해서 확인하였다(HQ, USAFIK, *ISNK*, No.42(1947.8.1~8.15), 『북한정보요약』2, 318~325쪽; HQ, USAFIK, *G-2 Weekly Summary*, 6-23 July 1948; HQ, USAFIK, *G-2 Weekly Summary*, 6-13 August 1948; 주영복, 『내가 겪은 조선전쟁』1, 72~73; 76; 85; 92~93; 105; 110; 112쪽). 그런데 각 자료마다 연대의 표기가 다르다. 주한미군은 1개 사단을 4개 연대로 서술하였으나, 주영복에 따르면 당시 보병사단은 3개 보병연대와 1개 포병연대로 편성되었다. 주영복의 증언과 비교하여 정정한 내용은 다음과 같다. 제1사단 제4연대→제1사단 포병연대, 제2사단 제1연대→제4연대, 제2사단 제2연대(나남)→제5연대(평양), 제2사단 제3연대→제6연대, 제2사단 제4연대→제2사단 포병연대. 꺽쇠 안은 간부들이 속해 있는 정치세력을 표시한 것이다. [항]은 동북항일연군 출신, [의]는 조선의용군 출신, [고]는 고려인, [평양]은 평양학원 졸업생, [일본]은 일본군 출신을 뜻한다.

보병부대의 간부구성을 정치세력별로 정리해보자. 항일연군 출신은 제1사단 참모장 최광, 제1연대 참모장 김대홍, 제3연대장 최춘국, 제3연대 문화부연대장 서철, 제1사단 1대 포병연대장 허봉학, 제4연대장 류경수, 제5연대장 최용진, 제6연대장 리영호, 독립여단장 김광협, 독립여단 참모장 오진우, 독립여단 제1대대장 전문섭, 제3대대장 김창봉, 포병대대장 박우섭·최인덕, 박격포대대장 김려중, 총사령부 직속 경위대대장 김익현·리을설 등 17명이다. 의용군 출신은 제1사단장 김웅, 제1연대장 리권무, 제1연대 제2대대 참모장 김호, 제2사단 문화부사단장 림해, 제2사단 후방부사단장 김운국, 제2사단 제4연대 참모장 안봉관, 제2사단 포병연대 참모장 장평산, 제2사단 포병연대 제1대대장 김용파, 제2사단 교도대대장 황풍로, 제2사단 교도대대 참모장 홍문일, 보병독립여단 문화부여단장 주연, 독립여단 제2대대장 유용구 등 12명이다. 고려인은 제1사단 문화부사단장 김봉률, 2대 제2사단장 리청송 등 2명이다. 보병부대의 간부는 항일연군 출신이 17명, 의용군 출신이 12명, 고려인이 2명이었다. 항일연군 출신은 집단군총사령부에 이어서 인민군총사령부에서도 보병부대 간부로 가장 많이 임명되었다.

직급을 보면, 제1사단장은 의용군 출신 김웅, 제2사단장은 고려인 리청송, 보병독립여단장은 항일연군 출신 김광협이 맡았다. 사단과 여단의 부대장은 항일연군 출신·의용군 출신·고려인이 각각 1명씩 안배되었다. 제1사단은 고려인 김봉률, 제2사단 문화부사단장은 의용군 출신 림해, 보병독립여단 문화부여단장은 의용군 출신 주연이 맡았다. 문화부대장은 항일연군 출신 없이 의용군 출신과 고려인으로 구성되었다. 즉 인민군총사령부시기부터 의용군 출신과 고려인은 사단·연대·대대의 문화부대장으로 본격적으로 진출하였다.

사단사령부 간부의 특징은 각 사단마다 사단장·문화부사단장·참모장 직책에 항일연군 출신·의용군 출신·고려인이 고루 포함되었다는 점이다. 예를 들어, 제1사단 사단장은 의용군 출신 김웅, 문화부사단장은 고려인 김봉률, 참모장은 항일연군 출신 최광이 임명되었다. 북한정치세력은 각 보병부대의 지휘부를 구성하면서 인민군의 3대 창군세력을 동일한 사단에 안배해서 구성하였다.

2개 보병사단은 총 8개 연대, 보병독립여단은 총 6개 대대로 편성되었다. 보병사단에 임명된 8명의 연대장 중 항일연군 출신은 5명, 의용군 출신은 1명이었다. 보병독립여단에 임명된 6명의 대대장 중 항일연군 출신은 5명, 의용군 출신은 1명이었다. 고려인은 제2사단장 리청송을 제외하고 한명도 부대장으로 임명되지 않았다. 항일연군 출신은 연대장과 대대장의 62.5%를 장악하고 있었다.

인민군총사령부 보병부대의 간부구성에는 몇 가지 특징이 드러난다. 첫째, 보병부대 간부는 항일연군 출신·의용군 출신·고려인이 분점하고 있었지만, 보병부대 간부는 항일연군 출신이 가장 많았고 고려인이 가장 적었다. 항일연군 출신은 연대장·대대장의 62.5%와 보병독립여단의 주요지휘관, 총사령부 직속 경위대대장을 장악했다. 의용군 출신은 다른 보병부대에 비해 제1사단에서 영향력이 높았고, 고려인은 보병부대에서 영향력이 현저히 떨어졌다. 그리고 북한정치세력은 각 보병부대의 지휘부를 구성하면서 인민군의 3대 정치세력을 철저히 안배해 구성했다. 이것은 특정 정치세력이 사단이나 여단을 독점적으로 지휘하는 것을 방지하기 위한 간부배치였다. 반면에 항일연군 출신들이 장악한 군대의 지휘권과 정치사상사업은 정치세력 중에서 최대인원인 보병부대 지휘관을 통해 뒷받침되었다.

둘째, 인민군 간부의 임명계통은 인민군총사령부와 내무국의 계통간·병종간 경계를 넘어섰다. 대표적으로 인민군 제1사단·제2사단의 간부가 신설된 내무국 독립여단의 간부로 전환 배치되었고, 보병독립여단 참모장 백락칠도 내무국 용성간부학교 교장으로 전임되었다. 반대로, 내무국 함흥철도경비대대장 전문섭은 제2사단 제4연대 참모장으로 임명되었고, 함흥철도경비대대 소대장 김태훈도 보병독립여단 제2대대장으로 임명되었다. 이와 함께 보병부대 지휘관이 포병부대 지휘관으로 전임되기도 했다. 예를 들어, 제1사단 제3연대장 최현이 제1사단 포병연대장으로 전임되었다. 이 당시까지 보병부대 지휘관이 해군의 전신인 수상보안대대나 비행사단의 전신인 항공대대로 임명된 사례는 없다. 이때까지는 공식적으로 해군과 비행사단이 창설되지 않았기 때문에 병종간 간부 이동은 보병사단 내부의 병종들 사이에서만 이루어졌다.

조선인민군의 제2차 숙청사업과 유일군대

북한정치세력은 인민군이 공식적으로 창설되자 내부승진과 계통·병종간 이동을 통해 군대에 새로운 간부들을 대폭 충원하였다. 그러나 이와 함께 인민군 창설을 전후해서 다시 한번 군대 내부의 세력을 재편했다. 즉 북한정치세력은 인민군 군관들에 대한 제2차 숙청사업을 전개하였다. 이것은 정규군이 창설됨에 따라 인민민주주의혁명이 새로운 단계로 접어들었기 때문이다. 토지개혁과 산업국유화 과정에서 많은 지주·자본가들이 월남하고 '반혁명세력'이 적발되었음에도 불구하고, 1947년 당시 북한지역에는 정치범죄가 오히려 확산되고 있었다. 북한지역에서 발생한 정치범죄는 주로 간첩·테러·반역·반소·반북행위였다. 이 중에서 간첩·테러행위는 대부분 남한과 미군이 펼친 대북 첩보활동의 결과였다. 1947년 상반기에 미국 첩보원 61명이 북한에서 체포되었다. 1947년 하반기에는 더욱 늘어나 6월부터 9월까지 외국 스파이 94명이 체포되었다.[98]

정치범죄의 전체적인 규모는 1946년도에 비해 1947년도에 더욱 증가하였다. 1946년도에 적발된 정치범죄자는 8,926명이었다. 이들 중에 1,927명(21.6%)이 남한에서 직접 지령을 받은 것으로 밝혀졌다. 그런데 1947년도의 정치범죄자는 12,838명으로 1946년도에 비해 약 4,000명이 증가했다. 정치범죄자의 죄목도 다양했는데, 간첩죄가 336명, 테러죄가 564명, 인민권력반역죄가 881명, 반북선동행위죄가 520명, 적대행위죄가 48명이었다. 소련 민정국은 북

---

98 전현수 역, 『레베제프일기(1947~1948년)』, 38쪽.

한지역의 '반동세력'이 테러와 교란행위를 일으켜 북한의 인민민주주의체제를 파괴하고 주민들 사이에 반소·반북감정을 유발시키려 한다고 분석하였다. 특히 "반동세력의 적대행위"는 제2차 미·소공동위원회가 결렬된 직후인 1947년 7~8월에 급격히 증가하였다. 그 이유는 미·소공동위원회의 결렬로 한반도의 통일문제가 첨예하게 대두되었기 때문이다.[99]

북한정치세력이 집단군총사령부시기에 제1차 군관 숙청을 실시했음에도 불구하고, 군대 내부에 간첩이나 '반동분자'가 침투했거나 잠복해 있을 가능성은 여전히 높았다. 이에 따라 북한정치세력은 1948년에 들어서 군대 내의 '불순분자'를 다시 색출하기 시작했다. 인민군 창설 전후에 숙청대상은 "좋지못한 전력이 탄로된 군관, 일본군에 협력했던 자, 태만·반당분자, 지주·자본가의 자녀"들이었다. 조사결과 적발된 군관들은 군대 내의 "군관명예심판"[100]을 거쳐 인민군에서 추방되었다. 나아가 "반동간첩자"로 적발된 군관은 비밀재판을 거쳐 투옥되거나 사형에 처해졌다. 그 결과 집단군총사령부 작전부장 류신 대좌는 제2사단 참모장으로 좌천되었다. 인민군총사령부 작전부장 황호림 대좌는 "불량분자"로 판단되어 소련 꼴호즈로 귀국조치되었다. 제2사단 문화부사단장 림해 대좌는 "반당불평분자"로 몰려 강등되었다. 제2사단 포병연대 제1대대장 김용파 소좌는 의용군 출신이었으나 아버지가 간도성 집단부락 자위대장이었다는 이유로 추방되었다. 제1사단 내과과장은 해방 직후 월남해서 서북청년회(西北青年會)에 가입했던 전력이 드러나 체포되어 사형당했다.[101] 인민군 제4사단 통계과장 한태윤은 동북군정대학 길림분교 졸업생이었다. 그는 군관 검열과정에서 해방 이전에 일본경찰보습학교를 졸업하고 경찰로 근무했던 전력이 발

---

99 전현수 역, 『소련민정청 3개년사업 총결보고』1권(정치편), 131~132쪽.

100 軍官名譽審判은 인민군이 군관의 위신과 명예를 보존하기 위해 설립한 재판과정이다. 군관명예심판에서는 군관의 위신을 저락시키는 행위와 군대의 명예를 손상하는 행위 및 도덕성에 위배되는 행위를 심의한다. 군사정보부대 편, 『북괴군사술어집』, 24쪽.

101 주영복, 「망향5: 중립국행자원한 반공포로의 수기」, 『동아일보』1962.7.7.

각되어 예편당했다.[102]

인민군의 군관 숙청은 주한미군의 정보망에도 포착되었다. 미군 첩보요원은 1948년 6월에 평양의 인민군총사령부 참모부의 군관으로부터 군관 숙청에 대한 정보를 입수했다. 이 정보에 따르면, 1948년에 들어서 인민군에서는 과거 일본군에서 복무한 형태가 지원이든 징병이든 불문하고, 일본군 출신 군관들이 대대적으로 제거되었다. 일본군 출신 군관들에 대한 제1차 숙청은 이미 창군 초기부터 대규모로 진행되었고, 1947년에 완료된 바 있다. 그럼에도 불구하고, 인민군이 창설된 지 4개월이 지난 1948년 6월에 일본군 출신에 대한 숙청 작업은 다시 개시되었고, 1948년 7월 초까지 지속적으로 전개되었다.[103]

집단군총사령부시기 숙청사업에도 불구하고 군대 안에 이질적 인물들이 남아 있던 이유는 북한을 비롯한 인민민주주의국가의 나찌·일제 잔재 청산과정이 소련의 반동 청산과정과 달랐기 때문이다. 인민민주주의국가에서 식민통치기관의 청산과정은 소련의 10월혁명 직후와 같이 급속히 전개되지 않았다. 그 이유는 10월혁명 직후와 달리 인민민주주의국가에는 제2차대전 직후에 소련군이 진주하면서 부르주아지들이 국내전쟁을 일으키거나 구 통치기관을 반혁명에 이용할 수 없었기 때문이다. 따라서 인민민주주의국가에는 부르주아지들이 계속 남아 있었고 인민전선에도 참여하였다. 인민민주주의국가의 공산당과 노동당은 "인민민주주의적 과업을 보장할 능력이 있는 새 간부를 진출시키는 방법과 기관으로부터 반동적 요소를 제거"하는 방법으로 나찌 잔재를 청산하였다. 그 과정도 각 국가마다 달랐다. 일부 국가는 나찌 잔재를 완전히 숙청하였고, 일부 국가는 점진적으로 개편하였다. 그 결과 새로운 군대, 보안기관, 기타 관리기관들이 창설되었다.[104]

---

102 최태환, 『젊은 혁명가의 초상』, 138~139쪽.

103 HQ, USAFIK, *G-2 Weekly Summary*, No.147(1948.7.2~7.9), 『북한정보요약』3, 542쪽.

104 브·쓰·마니꼽쓰끼, 「인민민주주의 국가의 계급적 본질」, 『근로자』제22호, 64~66쪽.

북한정치세력은 해방 직후부터 친일파·'반동분자'·지주계급·부르주아 계급에 대한 청산 방식 중에서 급속하고 완전한 숙청보다 점진적이고 실용적인 개혁의 방식을 선택했다. 또한 인민민주주의혁명론에 따라 대외적으로 폭넓은 통일전선을 구상하였고, 광범위한 계급을 아우르는 계급연합을 표방하였다. 그러나 1946년 토지개혁과 산업국유화를 통해 인민민주주의혁명의 주요 과제를 완수하고 1947년에 인민정권이 성립되자, 노동당의 주도권을 강화하기 위해 통일전선의 범주를 축소하였다. 그리고 1948년 2월에 인민군이 창설되고 인민민주주의국가와 국토완정의 무력적 기반이 확보되자, 노동당의 장악력을 강화하기 위해 다시 한번 통일전선의 범주를 축소하였다.

그러나 집단군총사령부와 인민군총사령부에서 실시한 두 차례의 숙청사업에도 불구하고, 인민군에는 일본군 출신과 다른 계급·계층·당원들이 남아 있었다. 가령, 1948년 2월에 인민군이 창설된 이후에도 인민군총사령부 참모부 작전과에는 일본군 출신이 군관으로 근무하고 있었다. 그는 서태영으로 "일본군 특설부대 출신"이었고, 참모부 작전과에서 중위계급(소성 2)을 달고 제도수(지도 등을 제작)로 근무하고 있었다.[105] 일본군 특설부대는 1938년 9월 15일에 일제가 만주의 항일세력을 토벌하기 위해 명월구(明月溝)에서 창설한 간도특설대(間島特設隊)를 뜻한다. 간도특설대는 1939년 12월부터 1943년 말까지 간도성(間島省)에서 항일무장부대를 토벌했다.[106] 그럼에도 불구하고 북한정치세력은 간도특설대 출신을 총참모부 군관으로 활용하였다. 이것은 북한정치세력이 해방 이전의 군사경력(만주군·일본군)이 아니라 혁명에 대한 태도(친소련·친노동당)를 기준으로 간부를 등용했다는 사실을 다시 한번 증명해준다.

일본군 출신이 가장 많이 남아 있던 부대는 항공부대였다. 인민군이 창설

---

105 최태환, 『젊은 혁명가의 초상』, 60쪽.

106 간도특설대는 제1~7期兵까지 입대했으며, 창설 이후부터 1945년 8월 31일 부대해산 때까지 입대한 사병은 총 2,100명이다. 군관은 일본인이었고, 위관·하사관은 조선인이었으며, 사병은 모두 조선인이었다. 車相勛, 「間島特設部隊始末」, 孫邦 主編, 『僞滿軍事』, 582쪽; 丁一權·金錫範, 『滿洲國軍誌』, 36쪽.

된 이후인 1948년 11월 1일에 민족보위성 비행대대는 항공연대로 증편되었는데, 이 부대의 주요지휘관은 일본군 출신이 맡고 있었다. 예를 들어 기술부연대장 리활, 제1대대장 허민국, 습격기대대장 최현옥, 비행교관 현용서 등이 모두 일본군 출신이었다.[107] 인민군은 일본군 출신 중에서 비행기조종사나 제도수 등 전문기술을 가진 인물들을 활용해 기술병종의 간부부족문제를 해결하고자 하였다.[108]

인민군이 공식적으로 창설된 이후에 군대에는 일본군 출신뿐만 아니라 민주당원과 청우당원도 남아 있었다. 다음은 상급부대를 알 수 없는 제2대대 문화부에서 작성한 「민주당·청우당원명단」과 제1대대 문화부에서 작성한 「로동당원명단」이다. 두 명단은 문서양식과 글씨체가 동일하다. 2개 대대가 동일한 연대에 소속된 부대였음을 알 수 있다. 이 명단은 연대 문화부에서 예하대대의 당원현황을 파악하기 위해 작성한 것으로 보인다. 작성시점은 1950년 4월이며, 작성자는 제2대대 문화부대대장 유준기와 제1대대 문화부이다. 이 명단에 기록되어 있는 노동당원·민주당원·청우당원의 본인성분·학력·당원수는 다음과 같다.

---

107 기술부연대장 리활은 다음 문서철의 1949년 5월 20일자 문서, 제1대대장 허민국은 1949년 7월 22일과 12월 22일자 문서에 기록된 직책과 성명을 참고했다(대열과, 『제반신청서철』, 항공사단, 1949, NARA, RG 242, SA 2009, Box 2, Item 157). 습격기대대장 최현옥과 비행교관 현용서는 다음 자료를 참고했다(국방부 전사편찬위원회, 『한국전쟁사』1, 698쪽; 飛行敎官 玄龍瑞, 『黨課』, 국립중앙도서관 소장 노획문서).

108 소련군사령부와 북한정치세력은 해방 직후부터 기술인력에 대해서는 민족과 경력을 넘어서 적극적으로 활용하는 정책을 펼쳐왔다. 이들은 북한지역에 억류된 일본인 기술자들을 산업재건과 기술자양성업무에 투입하였다. 또한 북한정치세력은 과거 조선총독부에서 근무했거나 일본의 연구소·공장에서 활동한 조선인 기술간부들을 사상적으로 재교육해 흥남공업대학·평양공업대학 등의 교수로 활용하였다. 김태윤, 「해방직후 북한 과학기술 교육체계의 형성과 성격(1945-1950)」, 서울시립대 국사학과 석사학위논문, 2016, 27~44쪽.

〈표 9〉 제2대대 민주당원·청우당원과 제1대대 노동당원 명단(1950년 4월 현재, 단위: 명)[109]

소속·당적	본인성분					학력					당원수
	빈농	로동	중농	학생	누락	국해	소졸	중2	문맹	누락	
제2대대 민주당원	9	0	0			6	3	0	0		9
제2대대 청우당원	22	1	1			9	14	0	1		24
제1대대 노동당원	110	2	2	1	3	55	58	1	0	4	118

제2대대의 민주당원과 청우당원의 직위는 모두 "전사"이며, 인원은 총 33명이다. 이중 민주당원은 9명, 청우당원은 24명이다. 인민군의 보병대대의 편제상 병력은 694명이었다.[110] 민주당원과 청우당원은 합해서 33명이었으므로 제2대대에서 차지하는 비율은 대대편제병력의 4.7%에 불과하다. 반면에 제1대대의 노동당원은 118명이었으므로 대대편제병력의 17%를 차지했다. 이처럼 인민군에서 민주당원과 청우당원은 소수만 남아 있었고, 민주당원은 가장 적었다. 또한 제1대대의 대대장과 문화부대대장은 둘 다 노동당원이었으며, 소대장·특무장·분대장 등에도 노동당원이 많았다.[111] 노동당은 1950년 4월 시점에 인민군에서 최대의 정당이었고, 주요 직책도 노동당원이 장악하고 있었다.

민주당원과 청우당원의 계급구성을 보면, 94%가 빈농이었고, 노동계급과 중농계급은 각각 1명이었다. 인민군에 있는 민주당원·청우당원의 계급구성은 북한지역의 일반적인 민주당원·청우당원의 계급구성과 다르다. 1947년 당시 평남 강동군의 민주당원은 총 867명이었다. 이들의 성분을 보면, 노동자는

---

109 제2대대 문화부대대장 유준기, 『민주당·청우당원 명단』, 제2대대, 1950.4.4, NARA, RG 242, SA 2009, Box 7, Item 86; 제1대대 문화부, 『로동당원명단』, 제1대대, 1950.4, NARA, RG 242, SA 2009, Box 7, Item 91.

110 민족보위성 전투훈련국(추정), 「步兵聯隊戰鬪成員統計表」, 『〈秘密〉 步兵聯隊組織編制表』, 민족보위성, 1950, 국립중앙도서관 소장 노획문서.

111 제1대대 문화부, 『로동당원명단』, 제1대대, 1950.4.

93명(10.7%), 농민은 664명(76.6%), 사무원은 50명(5.8%), 기타(상인·기업자·의사 등)는 60명(6.9%)이었다. 강동군의 청우당원은 총 3,206명이었다. 이들 중 노동자는 212명(6.6%), 농민은 2,565명(80%), 사무원은 248명(7.7%), 기타는 181명(5.4%)이었다.[112] 강동군 민주당원과 청우당원의 성분은 노동자가 6.6~10.7%, 농민이 76.6~80%, 사무원이 5.8~7.7%, 기타가 5.4~6.9%를 차지하고 있다. 일반당원에 비해 인민군의 민주당원·청우당원은 농민의 비율이 압도적으로 높고, 노동자는 거의 없다. 더구나 사무원과 기타성분은 한명도 없다.

민주당원과 청우당원의 학력을 보면, 국문해독이 45%, 소학교 졸업이 51%였다. 노동당원의 학력을 보면 국문해독이 46.6%, 소졸이 49.2%였다. 대대에 있는 노동당원·민주당원·청우당원의 약 96%는 겨우 한글을 읽거나 소학교를 졸업한 저학력자들이었다. 민주당원·청우당원의 계급구성을 보면, 94%가 빈농이었고, 로동계급과 중농계급은 각각 1명이었다. 제1대대 노동당원은 95.6%가 빈농이었고, 노동계급은 2명, 중농계급은 2명, 학생은 1명이었다. 민주당원과 청우당원의 계급구성은 노동당원의 계급구성과 비슷했다. 이것은 인민군의 민주당과 청우당이 계급구성에 있어서 완전히 노동당의 우당(友黨)으로 전환되어 있었다는 사실을 보여준다.

인민군 내 노동당원의 빈농중심 계급구성은 북한의 공산주의자들이 해방 직후부터 추진해온 인위적 계급재편의 결과였다. 조선공산당 북조선분국은 창당한지 한달도 안된 1945년 11월부터 "동요없는 강철같은 볼세비키당"을 조직하기 위해 "노동자·농민(빈농)을 당대열 내에 다수 인입"하기로 결정하였다.[113] 북조선분국이 시작한 노동자·빈농 중심의 당원정책은 북조선로동당으로 계승되었다. 노동당은 1947년 2월 22일에 전체 당원들에게 유일당증을 수여하는 사업을 총결하면서 전체 당단체에 "로동자 및 빈농 성분을 높이도록 할

---

112 북조선로동당 평남 순천군당부, 「강동군」, 『〈極秘〉 천도교청우당 순천군당부 간부명부』, 북조선로동당 평남 순천군당부, 1947.2.10, NARA, RG 242, SA 2009, Box 14, Item 9.

113 「中央의 指시를 爲한 鬪爭」, 『正路』1945.11.7.

것"을 지시하였다.[114] 이 같은 당원정책의 결과, 인민군에서는 1950년의 시점에 노동자·빈농 중심의 계급재편이 완료되었다.

북한정치세력은 해방 이후 친일파를 제외한 민족 전체의 통일전선을 주장했지만, 실질적으로는 노동자·빈농 중심의 계급재편을 추진해 왔다. 그 결과 인민군은 대외적으로 모든 계급과 계층으로 구성된 인민의 군대를 표명했지만, 실질적으로는 노동자·농민 중심의 계급적 군대로 창설되었다. 또한 인민군의 민주당·청우당은 완전히 노동당의 우당으로 전환되어 있었으므로, 노동당은 인민군에서 진정한 유일당의 지위를 차지하고 있었다. 인민군은 노동당의 우월한 지위와 노동자·농민 중심의 계급구성을 통해 한반도의 유일군으로 창설되었다.

김일성은 인민군이 공식적으로 창설된 이후에 인민군 간부들에게 군대에서 노동당원의 선봉적 역할을 더욱 높이라고 강조하였다. 그는 인민군에 있는 노동당원들에게 당의 혁명임무를 충실히 수행하고 군사복무와 군사활동의 모든 면에서 모범이 되어야 한다고 지적하였다. 또한 군대의 노동당원들이 군인들을 노동당의 주위에 결집시키고 그들이 노동당의 혁명임무를 충실히 수행하도록 견인하라고 지시하였다.[115] 인민군이 창설되기 전까지 통일전선 속에서 노동당의 지도적 역할은 내부적으로 강조되었지만, 인민군이 창설된 이후에 노동당의 지도적 역할은 공개적으로 강조되었다. 김일성은 인민민주주의혁명을 보위하고 추진하는 무력인 인민군이 창설되자, 군대 내부에서 노동당의 지도적 역할을 공식적으로 관철시키라고 지시했던 것이다.

---

114 「유일당증 수여사업 완필에 관하여-북조선로동당 중앙상무위원회 제24차 회의 결정서」(1947.2.22), 『북한관계사료집』30권, 128~129쪽.

115 김일성, 「군인들을 백발백중의 명포수로 키우자-조선인민군 제395군부대 포병구분대 군관들 앞에서 한 연설」(1948.2.20), 『김일성전집』7권, 212쪽.

2장

민족보위성의 조직과 계급적 통일전선

1. 민족보위성의 조직과 정치연합체제의 확립

북한정부의 수립과 국토완정론

1948년 2월 8일에 조선인민군이 공식적으로 창설된 이후, 남과 북은 분단정부 수립으로 치닫기 시작했다. 유엔소총회는 1948년 2월에 미국 국무장관 마샬(George Marshall)이 제출한 단독선거 실시에 대한 결정을 채택하였다. 북조선민주주의민족통일전선은 3월 9일에 중앙위원회 회의를 개최해서 유엔소총회의 단독선거 결정을 반대하고, 유엔한국임시위원단을 비판했다. 이날 김일성은 북조선민전 회의에 참석해 유엔소총회의 결정이 "우리조국을 경제적으로, 정치적으로 완전히 분렬하려는 목적을 가진 것"이라고 비판했다.[116]

116 金日成, 「남조선 반동적 단독정부선거를 반대하며 조선의 통일과 자주독립을 위하여-1948년 3월 9일 북조선민전 중앙위원회에서 진술한 연설」, 『조국의 통일독립과 민주화를 위하여』2권, 93~110쪽.

단독선거가 가시화되자 북한정치세력은 두 가지 방식으로 대응하였다. 첫째, 북한정치세력은 단독선거를 반대하는 김구(金九)·김규식(金奎植) 등 남한의 정치세력과 남북협상을 추진했다. 북조선민전은 3월 25일에 제26차 중앙위원회 회의를 개최하고, 남북 정당·사회단체 대표자회의를 평양에서 개최하자고 제의하였다. '남북조선 제정당·사회단체 대표자연석회의'는 4월 19일에 평양에서 개막하였고, '남북조선 제정당·사회단체 지도자협의회'는 6월 29일에 평양에서 개최되었다.[117] 김일성은 지도자협의회에서 "남북조선 인민들을 대표한 전조선 최고립법기관을 수립하고 조선민주주의인민공화국 헌법을 실시함으로써 전조선정부를 수립"하자고 제안했다.[118] 둘째, 북한정치세력은 북한지역에 중앙정부를 수립하기 위한 절차에 돌입하였다. 1948년 4월 28~29일에 헌법을 제정하기 위해 북조선인민회의 특별회의가 개최되었고, 회의 둘째 날인 4월 29일에 "조선민주주의인민공화국 헌법초안"이 통과되었다.[119]

그런데 북한정치세력이 단독정부의 수립 절차에 본격적으로 착수한 시점은 이보다 앞선 1948년 2월이다. 북조선인민회의는 2월 6~7일에 개최한 제4차 회의에서 3월 중순에 임시회의를 소집해 "조선의 임시헌법을 확정한다"라고 결정하였다.[120] 이들은 2월 6~7일에 단일정부의 헌법을 만들기로 결정하였고, 2월 8일에 한반도의 유일군(唯一軍)으로 조선인민군을 창설하였다. 그 이유는 단일정부, 즉 한반도 차원의 인민민주주의국가를 수립하기 위해 무력적 기

---

117 「해방 이후 4년간의 국내외중요일지」, 『북한관계사료집』7권, 734; 738; 742~743; 758쪽.

118 金日成, 「남조선단독선거와 관련하여 우리조국에 조성된 정치정세와 조국통일을 위한 장래투쟁대책-1948년 6월 29일 남북조선제정당사회단체 지도자협의회에서」, 『조국의 통일독립과 민주화를 위하여』2권, 161쪽.

119 「해방 이후 4년간의 국내외중요일지」, 『북한관계사료집』7권, 738쪽. 북한의 헌법 제정과정과 그 성격은 다음 연구를 참고 바람. 김광운, 『북한정치사연구』1, 614~639쪽; 기광서, 『북한 국가의 형성과 소련』, 472~485쪽.

120 제25군 정치담당부사령관 레베데프, 「북조선인민회의 회의 소집에 관한 보고」(1948.2.9), ЦАМО, ф.172, оп. 614633, д. 3, л. 19.

반이 필요했기 때문이다. 그리고 이 인민민주주의혁명의 무력을 기반으로 3월부터 남북협상을 추진하였고, 4월부터 통일헌법 제정에 착수하였다.

이와 함께 북한정치세력과 남북협상에 참여한 남한정치세력은 한반도의 단일정부 수립에 착수하면서 미국정부와 소련정부에 한반도에서 미·소 양군을 철수해 줄 것을 공식적으로 요청하였다. 철수요청은 4월 30일에 "남북조선 제정당·사회단체 지도자협의회"의 공동성명서를 통해 공식 발표되었다. 지도자협의회는 양군의 동시 철수가 "우리 조국에 조성된 현하 정세하에서 조선문제를 해결하는 가장 정당하고 유일한 방법"이라고 주장하였다. 이들의 단일정부 수립계획은 '외국군대의 동시 철수 → 전조선정치회의 소집 → 임시정부 수립 → 조선입법기관선거 실시 → 헌법 제정 → 단일정부 수립'이었다. 주목할 점은 지도자협의회가 "우리 강토에서 외국군대가 철거한 이후에 내전이 발생할 수 있다는 것"을 예상했다는 점이다.[121]

북한정치세력에게 미·소 양군의 철수는 단일정부 수립의 첫 단계였다. 그러나 양군의 철수 이후에 내전이 발생할 가능성이 높았다. 따라서 무엇보다 중요한 것은 미·소 양군의 철수 이후에 군사력의 공백을 만회할 수 있는 강력한 인민군의 육성이었다. 그리고 소련군의 철수는 이미 1948년 초부터 기정사실이었다. 인민군에 배치된 군사고문은 인민군이 창설된 1948년 2월에 470명으로 정점을 찍은 후, 3월 1일에는 379명, 3월 16일에는 195명으로 감축되었다.[122] 또한 소련군의 철수는 1948년 6월 시점에 이미 북한주민들에게 대대적으로 홍보되었다. 노동당 기관지 『로동신문』은 1948년 6월부터 특집기사로 "북조선의 쏘련군대축소"에 대한 각계와 주민들의 반향을 취재해 보도하였다. 북한의 주민들은 소련군 철수 소식을 듣고 "조선자주독립을 진심으로 원조"한 것과 "쏘

---

121 「해방 이후 4년간의 국내외중요일지」, 『북한관계사료집』7권, 741~743쪽.

122 「한국전쟁의 각 단계에서 전투에 참여한 소련군 부대 및 장비 구성」(미발간논문), ЦАМО, лл, 3~4; 「제2차세계대전후 소련의 대북한 군사원조(1946~1953)」(미발간논문), ЦАМО, л. 7, 기광서, 「북한 무력형성과 북소관계」, 230~231쪽에서 재인용.

련의 우의적 정책에 끝없는 감사"를 표했다.[123]

미국도 1948년 2월에 이미 합동참모본부에서 미군 철수문제를 확정했다. 철수 결정은 「한국에 관한 미국의 입장(NSC8)」으로 채택되어 4월 8일에 트루먼(Harry S. Truman) 대통령으로부터 승인을 얻었다. 미국은 1948년 12월 31일까지 주한미군의 철수를 완료하기로 결정하고, 이를 위해 국방경비대의 증강과 훈련, 무기·장비 지원, 계획 중인 1949회계연도 원조계획의 조속한 집행 등을 실행방침으로 정했다. 이와 함께 주한미군 철수 후에 남한지역에 적정 규모의 군사고문단을 설치하기로 결정했다.[124]

1948년 2월에 시작된 단일정부 수립과정은 인민군이 육성되고 소련군이 철수를 개시하면서 본궤도에 오르기 시작했다. 북조선인민회의는 7월 9~10일에 제5차 회의를 개최하고 선거를 통해 최고인민회의를 구성하기로 결정하였다. 이에 따라 8월 25일에 "전(全)북조선지역"에서 조선최고인민회의 대의원 선거가 실시되었다. 조선최고인민회의는 9월 8일에 공식적으로 헌법을 채택하였다.[125] 북조선인민위원회 위원장 김일성은 9월 8일에 북조선인민위원회의 정권과 권한을 최고인민회의에 이양하였다.[126]

그 결과 1948년 9월 9일에 "조선민주주의인민공화국 정부"가 수립되었다. 조선의 공산주의자들이 일제시기부터 추구해온 인민정부와, 해방 이후에 추구해온 "인민공화국, 신조선민주공화국, 민주주의적 인민공화주권"은 '조선민주주의인민공화국'의 수립으로 완성되었다. 인민공화국의 국가형태는 민족 전

---

123 「북조선의 쏘련군대축소에 대한 인민들의 반향」, 『로동신문』1948.6.22; 「북조선주둔 쏘련군대축소에 대한 각계의 반향」, 『로동신문』1948.6.24.

124 박동찬, 『주한미군사고문단 KMAG-한국군 건설의 기획자』, 한양대학교출판부, 2016, 128~129쪽.

125 「해방 이후 4년간의 국내외중요일지」, 『북한관계사료집』7권, 760; 769~770; 773~774쪽.

126 金日成, 「정권위양에 관한 성명-1948년 9월 8일 조선최고인민회의 제1차회의에서」, 『조국의 통일독립과 민주화를 위하여』2권, 256쪽.

체를 대표하는 민족통일전선정권으로 규정되었다. 즉, 노동당은 "조선민주주의 인민공화국 중앙정부가 련립내각으로 구성"되었으며, "우리정부는 한 계급의 리해나 한 당의 리해를 대표하여 구성된 것이 아니라 전조선인민의 각계·각층과 각당·각파들의 대표들로서 구성"되었다고 밝혔다.[127] 인민공화국의 수립은 동북항일연군·조선독립동맹(조선의용군)·국내공산주의자들이 일제시기부터 추구해온 민족통일전선론의 완성이었다.

그러나 인민공화국에 구현된 민족통일전선의 정통성은 민족운동세력 전체가 아니라 김일성에게 부여되었다. 조선신민당 선전부장 출신[128]인 윤세평(尹世平)은 인민공화국을 성립시킨 민족통일전선의 역사적 기원에 대해 "이미 해방전에 있어서 강도일본제국주의의 야만적인 통치를 반대하는 투쟁에 있어서 공산주의자를 선두로 한 모든 선진적·애국적 인사들은 그의 계급적 립장과 의견의 차이에도 불구하고 민족통일전선을 형성하였든 것"이라고 인정하였다. 하지만 해방 이전에 공산주의자들이 형성한 민족통일전선 중에서도 "특히 1935년 김일성 장군이 조직·령도한 만주에 있어서의 조국광복회는 일체의 반일력량을 한곳에 집결시킨 광범한 반일민족통일전선조직체였다"라고 주장하였다.[129] 결국 인민공화국이 수립됨으로써 일제시기부터 조선인 공산주의자들이 추구해온 민족통일전선론은 완수되었지만, 민족통일전선론의 정통성은 김일성의 조국광복회에 부여되었다.

북조선로동당은 북한정부를 연립정권이라고 주장했는데, 그 본질은 정부

---

127 許가이, 「北朝鮮勞動黨中央委員會 第3次會議에서 陳述한 朝鮮民主主義人民共和國 最高人民會議 選擧總和와 黨團體들의 當面課業에 對한 報告」, 『근로자』제20호(1948년 10월호), 『북한관계사료집』46권, 308쪽.

128 윤세평은 조선독립동맹이나 조선의용군 출신이 아니다. 그는 일제시기에 『문예평론』에서 활동했고, 해방 직후에 조선신민당에 가입해서 선전부장을 맡은 인물이다. 「朝鮮新民黨 中央本部 組織部 統計」, 『북한관계사료집』26권, 52쪽.

129 尹世平, 「朝鮮民主主義人民共和國의 人民的 性格」, 『人民』1948년 10월호, 『북한관계사료집』14권, 443쪽.

성원(成員)을 통해 확인할 수 있다. 조선최고인민회의는 9월 9일에 정부 성원을 발표하였다. 북한정부는 수상 김일성, 부수상 박헌영(외무상 겸임)·홍명희·김책(산업상 겸임), 국가계획위원장 정준택, 민족보위상 최용건, 국가검열상 김원봉, 내무상 박일우, 농림상 박문규, 상업상 장시우, 교통상 주녕하, 재정상 최창익, 교육상 백남운, 체신상 김정주, 사법상 리승엽, 문화선전상 허정숙, 로동상 허성택, 보건상 리병남, 도시경영상 리용, 무임소상 리극로로 구성되었다.[130]

북한정부의 성원 20명은 다양한 정치세력으로 구성되었다. 항일연군 출신은 수상 김일성, 부수상 겸 산업상 김책, 민족보위상 최용건 등 3명이었고, 의용군·신민당 출신은 내무상 박일우, 재정상 최창익, 교육상 백남운 등 3명이었다. 고려인은 내각의 상(相)으로 한명도 임명되지 않았다. 정부 성원을 당별로 분류해보면, 노동당원은 김일성, 김책, 정준택, 박일우, 장시우, 주녕하, 최창익, 허정숙 등 8명이다. 민주당원은 최용건, 청우당원은 김정주가 유일했다. 남로당원은 부수상 박헌영, 농림상 박문규, 사법상 리승엽, 로동상 허성택, 보건상 리병남 등 5명이었다. 그 외 남조선민주주의민족통일전선을 구성했던 우당(友黨) 출신은 홍명희(민주독립당), 김원봉(인민공화당), 백남운(근로인민당), 리용(신진당), 리극로(건민회) 등 5명이다. 북한정부는 남한의 정치세력과 북한의 정치세력이 각각 절반을 차지하는 연립정부로 구성되었다. 그러나 정당을 고려하면 북한정부의 최대 당파는 북조선로동당이었고, 초대 내각은 노동당 우위의 정권이었다.[131]

항일연군 출신은 수상·부수상·산업상·민족보위상을 맡음으로써 내각과 산업부문·군대를 장악하였다. 의용군·신민당 출신은 내무상·재정상·교육상·문화선전상을 맡음으로써 경찰·재정·교육·선전부문을 장악하였다. 이들과 달리 고려인들은 내각과 군대의 책임자를 맡지 못했다. 특히 항일연군 출

---

130 「해방 이후 4년간의 국내외중요일지」, 『북한관계사료집』7권, 774~775쪽.

131 초대 내각의 성격은 다음 연구를 참고 바람. 서동만, 『북조선사회주의체제성립사』, 225~228쪽; 기광서, 『북한 국가의 형성과 소련』, 517~521쪽.

〈그림 34〉 북한의 초대 내각(1948.9.9)

비고 북한정부의 공식 각료단체사진(왼쪽부터). 제1열 1-국가계획위원장 정준택, 2-부수상 겸 산업상 김책, 3-부수상 홍명희, 4-수상 김일성, 5-부수상 겸 외무상 박헌영, 6-민족보위상 최용건, 7-문화선전상 허정숙. 제2열 1-보건상 리병남, 2-국가검열상 김원봉, 3-교육상 백남운, 4-교통상 주녕하, 5-상업상 장시우, 6-재정상 최창익, 7-내무상 박일우. 제3열 1-농업상 박문규, 2-무임소상 리극노, 3-도시경영상 리용, 4-체신상 김정주, 5-사법상 리승엽, 6-로동상 허성택.

신 최용건은 보안간부훈련대대부시기 이래 계속해서 인민군의 최고지휘관을 맡아왔으며, 의용군 출신 박일우는 북조선임시인민위원회 2대 보안국장 이래 계속해서 보안기구와 내무국군대의 수장을 맡아왔다. 정부수립 이후에도 인민군은 최용건이 관할하고 내무성군대는 박일우가 관할하는 방식으로 군부의 권력분립은 계속 유지되었다.

내각의 상과 달리 부상(副相)은 거의 전원이 북로당과 남로당 출신이었다. 특히 부상 중에는 고려인이 가장 많았다. 이들은 민족보위부상 한일무, 내무부상 방학세, 산업부상 고히만, 농림부상 김재욱, 교통부상 박의완, 재정부상 김찬, 교육부상 남일(南日) 등 7명이다. 다음으로 남로당 출신은 외무부상 권오직, 상업부상 김광수, 체신부상 박세영, 사법부상 리종갑, 문화선전부상 김오성 등 5명이었다. 고려인이 가장 많았던 것은 내각의 상이 국내공산주의자 우선원칙으로 배치되어 그 대신 고려인에게 부상직이 주어졌기 때문이다. 내각의 부상 중 군사부문을 보면, 민족보위부상에 김일(항일연군)·무정(의용군)·한일무(고려인)가 임명되었고, 내무부상에 리필규(국내)·방학세(고려인)가 임명되었다.[132] 내각의 상(相)과 함께 고려해보면, 민족보위성은 항일연군 출신이 상을 맡았고, 항일연군 출신·의용군 출신·고려인이 부상을 맡았다. 내무성은 의용군 출신이 상을 맡았고, 국내공산주의자와 고려인이 부상을 맡았다. 즉 민족보위성의 수뇌부는 항일연군 출신이 장악하였고, 내무성의 수뇌부는 의용군 출신이 장악하였다.

북한정부는 정부수립 이후에 정강(政綱)을 통해 한반도의 통일방법을 공식적으로 발표하였다. 김일성은 정강의 첫 번째로, "남북조선인민의 총의에 의하여 수립된 중앙정부는 전조선인민들을 정부주위에 튼튼히 단결시켜가지고 통일된 민주주의자주독립국가를 급속히 건설하기 위하여 전력을 다할 것이며, 국토의 완정(完整)과 민족의 통일을 보장하는 가장 절박한 조건으로 되는 량군동시철거에 대한 쏘련정부의 제의를 실천시키기 위하여 전력을 다할 것"이라고 천명하였다. 김일성은 정강을 실현하기 위한 8대 대책 중 하나로 "민주주의인민공화국정부는 조국을 보위하며 인민군대를 백방으로 강화시키는 사업에 최대의 노력을 다할 것"이라고 공표하였다.[133] 즉, 북한정부는 정강을 통해 모든 방법을 동원해서 인민군을 강화하고, 인민군의 무력에 근거해서 한반도를 통일하겠다는 국토완정론(國土完整論)을 대외적으로 천명하였다.

북한정부와 마찬가지로 한국정부도 1948년 8월 15일 정부수립 이후에 '우리강토를 회복하자'는 "실지회복론(失地回復論)"에 근거해 "북진통일론(北進統一論)"을 적극적으로 주장하였다. 한국정부는 1949년 1월부터 국군을 북진시켜 '미회복지(未回復地)를 회복하여 조국강토를 통일'하겠다는 의사를 수차례 공개적으로 표명하였다. 한국정부의 북진통일론은 본질적으로 미군철수에 대비해

---

132 서동만, 『북조선사회주의체제성립사』, 227쪽.

133 金日成, 「조선민주주의인민공화국정부의 정강발표-1948년 9월 10일 조선최고인민회의 제1차회의에서」, 『조국의 통일독립과 민주화를 위하여』2권, 257~264쪽.

미국의 군사안보공약을 확보하려는 의도였다.[134] 1948년 8~9월에 각각 수립된 북한·한국정부는 모두 상대정부를 인정하지 않고 상대지역을 반드시 점령해야 할 '국토'와 '실지'로 설정하였다. 두 정부는 모두 무력으로 한반도를 통일하겠다는 통일정책에 근거해 인민군·국군의 전력을 본격적으로 증강하였다.

북한정부의 국가적 성격은 인민민주주의국가로 규정되었다.[135] 인민민주주의국가는 일반적으로 세 가지 기능을 가지고 있다. 첫 번째 기능이자 가장 중요한 기능은 국내에서 전복된 계급들의 반항을 진압하는 것이다. 두 번째 기능은 외부의 침공으로부터 국가를 보위하는 것이다. 세 번째 기능은 국가기관의 경제적·조직적·문화교양적 수준을 발전시켜 사회주의의 토대를 건설하는 것이다. 앞의 두 가지 기능을 위협하는 존재는 '국내의 전복된 착취계급'과 '냉전전쟁을 진행하는 제국주의진영'이었다. 인민민주주의국가는 독립·자주권·자유를 지키기 위해서 "반드시 자기의 위력을 백방으로 강화"할 필요가 있었다.[136] 인민민주주의국가는 국내의 반란을 진압하고 국가를 보위하며 사회주의의 토대를 건설하기 위해 반드시 군대를 강화할 필요가 있었다. 북한정부도 정부수립과 동시에 인민민주주의국가로서 군대를 강화하는 일련의 조치를 단행했다.

민족보위성의 설립과 간부

북조선인민위원회 민족보위국은 북한정부가 수립된 당일인 9월 9일에 "조

134 양영조, 『남북한 군사정책과 한국전쟁』, 55~70쪽.

135 '인민공화국'은 인민민주주의혁명론에서 인민민주주의국가의 정치적 형태를 뜻하는 용어이다. 그·아·그마나베로브, 「인민민주주의 제국가에 있어서의 국가와 법에 대한 제문제」, 『인민』1950년 1월호, 『북한관계사료집』39권, 628쪽.

136 브·쓰·마니꼽쓰끼, 「인민민주주의 국가의 계급적 본질」, 『근로자』제22호, 66~67쪽.

선민주주의인민공화국 민족보위성"으로 개편되었다.[137] 민족보위성은 인민군 총사령부와 달리, 내각에 소속된 군대에 대한 행정적 통제부서였다. 즉 민족보위성은 내각의 집행기관이었다. 내각에는 12개 임무가 부여되었는데, 그 중 하나로 조선인민군 편성에 관한 지도와 조선인민군 고급장관의 임면권한이 부여되었다. 민족보위성은 "내각이 처리할 문제 가운데서 민족보위에 관한 문제를 처리하는 최고집행기관"이었다.[138]

민족보위성이 설립되면서 나타난 가장 큰 변화는 해방 이후에 소련이 북한지역에 설치한 통치기구가 철거되고 소련군이 철수하기 시작했다는 점이다. 1948년 9월 15일 현재, 마지막으로 남아 있던 제25군사령부의 민정국 요원 80명과 위수사령부 관련 인원 1,154명은 1948년 12월 말까지 철수하도록 결정되었다.[139] 소련군은 1948년 12월 16일자로 북한에서 공식적으로 철수를 완료하였다. 그리고 연해주군관구 군사위원이던 슈티코프가 1949년 1월 12일에 "조선주차 쏘련특명전권대사"로 부임하였다. 북한정부는 슈티코프 대사가 부임하자 이례적으로 1949년 3월에 노동성 기관잡지 『로동』 창간호를 통해 「위대한 쏘베트동맹 특명전권대사 쓰띠꼬브씨를 열렬히 환영한다」라는 논설을 게재하였다.[140]

북한에서 소련군의 통치기구가 철거된 것은 북한정부가 수립되었기 때문이다. 소련군 통치기구는 북한정부가 수립되면서 그 사명을 완료하였다. 이에 따라 모스크바지도부는 통치기구를 철거시키고, 대신 슈티코프를 북한주재 소련대사로 임명해서 공식적인 외교관계를 수립하였다. 결국 북한정부가 수립

---

137 장준익, 『북한인민군대사』, 90~91쪽.

138 민족보위성 문화훈련국, 『정치상학교재(49-12): 조선민주주의인민공화국의 사회 및 국가기구』, 민족보위성 문화훈련국, 1949.2, 37~42쪽.

139 러시아연방국방성중앙문서보관소(ЦАМО), ф. 40, оп. 178427, д. 90, лл. 137~138, 기광서, 「북한 무력 형성과 북소관계」, 231쪽에서 재인용.

140 勞動省, 『로동』 제1호, 개벽新報社, 1949.3.15, 44~49쪽.

〈그림 35〉 소련군의 철수(지방)

되고 소련군 통치기구가 철거되면서, 인민군에 대한 소련의 직접적인 영향력은 약화되었고 북한정부의 장악력은 강화되었다.

민족보위성이 창설되면서 나타난 또다른 변화는 인민군을 지휘해온 인민군총사령부가 해소되어 민족보위성으로 완전히 흡수되었다는 점이다. 민족보위성 창설 이전까지 인민군은 정권기관인 민족보위국이 아니라 정권기관의 외부에 있던 인민군총사령부가 지휘했다. 그러나 정부가 수립되고 내각의 군사담당부서로 민족보위성이 창설되자, 인민군총사령부는 내각에 흡수되었다. 또한 민족보위성 고급장관의 임면권도 내각이 보유하였다. 따라서 인민군은 민족보위성이 창설된 이후부터 완전히 내각의 통제를 받게 되었다.

민족보위상(民族保衛相)은 인민군총사령관인 최용건이 맡았다. 민족보위성 총참모장은 강건, 부총참모장은 왕자인(王子仁, 본명 崔仁), 민족보위성 부상(副相) 겸 문화훈련국장은 김일(金一), 문화훈련국 부국장은 김일(金日), 부상 겸 포병지휘국장은 무정, 포병지휘국 부국장은 김봉률(金鳳律), 전투훈련국장은 김웅(전 제1사단장), 후방국장은 최홍극, 작전국장은 유성철(전임 황호림),[141] 작전과장은 리

141 주영복은 작전국장에 金光俠 소장이 임명되었다고 증언했지만, 작전국장을 역임한 유성철의 견해를 따랐다. 주영복, 『내가 겪은 조선전쟁』1, 126쪽; 장학봉 외, 『북조선을 만든 고려인이야기』, 519~520쪽.

학구(李學九), 정찰국장은 최원, 통신국장은 박영순, 공병국장은 박길남, 간부국장은 리림, 군의국장은 리동화, 전투경험연구부장은 류신, 정치보위부장은 석산(石山),[142] 정치보위부 부부장은 박광선(朴光善), 민족보위성 총고문은 스미르노프(Смирнов) 소장이 맡았다.[143] 민족보위성 통신부장은 박명수였다.[144] 포병지휘국의 제1부국장은 김봉률이었고, 제2부국장은 서용선(徐龍先)이었다.[145] 간부국의 정확한 부서명칭은 "간부처"이며, 처장은 리림이 맞다.[146]

1950년 3월 당시, 포병지휘국 참모장은 전학준, 통신국장은 리종인, 작전국장은 유성철, 작전국 부국장은 윤상렬이 맡았다.[147] 제1대 작전국 부국장은 고려인 김원길이다.[148] 민족보위성에는 1949년 8월 20일에 새로운 병종지휘부가 설치되었다. 이날 북한정부는 인민군 해군을 공식적으로 창설하였고, 민족보위성 안에 해군지휘부로 "해군훈련국"을 신설하였다. 해군훈련국장은 한일무(韓一武), 참모장은 김원무(金元武)가 맡았다. 이로써 인민군 해군은 해군훈련

---

142 주영복은 정치보위부장에 金波 총좌가 임명되었다고 증언했지만, 석산이 맞다. 주영복, 『내가 겪은 조선전쟁』1, 126쪽.

143 장준익은 국장급의 계급을 대좌라고 서술하였으나, 정확한 계급은 '총좌'가 맞다. 장준익, 『북한인민군대사』, 90~91쪽; 주영복, 『내가 겪은 조선전쟁』1, 126쪽.

144 제2사단 문화부사단장 최복철의 경력에 입당 보증인이 "보위성 통신부장 박명수"로 기록되어 있다. 「(부대명칭 없음)」, NARA, RG 242, SA 2005, Box 3, Item 7, 박명림, 『한국전쟁의 발발과 기원』Ⅱ, 724쪽에서 재인용.

145 朝鮮人民軍 第531軍部隊 第1副部隊長 金鳳律, 第4部長 리종원, 「指令: 砲兵戰鬪訓練綱領改正에 關하야」(1950.1.30); 朝鮮人民軍 第531軍部隊 部隊長 武亭, 第2副部隊長 徐龍先, 「指令: 도라무容器 및 其他容器 還納에 關하야」(1950.3.13), 砲兵參謀部, 『保衛省接受文件綴』, 民族保衛省 砲兵指揮局, 1950.6.16, NARA, RG 242, SA 2013, Box 1, Item 116.

146 민족보위성 간부처장 리림→북조선로동당중앙본부 당간부부장, 「각 대학 및 전문학교 졸업생 수요인원 보고에 관하야」(1950.5.11), 민족보위성, 『〈절대비밀〉 인민군대·내무성철』, 민족보위성, 1950.6.

147 유성철, 「피바다의 비화」, 장학봉 외, 『북조선을 만든 고려인이야기』, 519~520쪽. 포병지휘국 참모장은 이 책에 정학준으로 기록되어 있으나 정확한 이름은 전학준이다. 그는 고려인이며, 김일성이 활동한 소련 극동군 제88독립여단 출신이다.

148 장학봉 외, 『북조선을 만든 고려인이야기』, 95쪽.

국의 지휘를 받게 되었다.[149]

한편 육군정보국은 한국전쟁 중이던 1952년에 자체적으로 수집한 정보를 바탕으로 민족보위성의 조직체계를 정리하였다. 이 정보에 따르면, 민족보위성은 문화훈련국, 포병지휘국, 해군국, 전투훈련국, 조직보충국, 후방국, 군의국, 간부국, 운수국, 병기국, 보도부(報導部)로 구성되었다.[150] 이 자료를 통해 새로 확인된 부처는 조직보충국, 운수국, 병기국, 보도부다. 또한 민족보위성 총참모부에는 규정부(規程部)가 조직되어 각 국의 군사규정을 전문적으로 취급하고 이를 토대로 인민군의 군사규정과 군사교재를 제작했다.[151] 이상에서 확인한 민족보위성의 조직을 도표화하면 다음과 같다.

〈도표 5〉 민족보위성의 조직

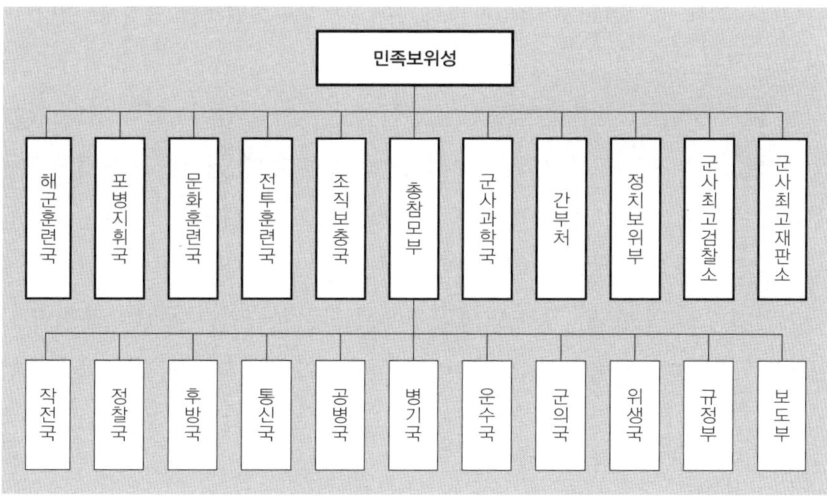

---

149 국방부 전사편찬위원회, 『한국전쟁사』1, 694쪽.

150 그러나 이 정보도 틀린 내용이 많다. 예를 들어, 육군정보국은 총참모부에 속하는 작전국, 정찰국, 통신부, 공병부를 모두 전투훈련군의 산하부서로 분류하였고, 군의국의 산하부서인 수의부를 후방국의 산하부서로 분류하였다. 육군정보국, 『人民軍特報』, 105쪽.

151 民族保衛省總參謀部, 『鬪爭手帖』, 民族保衛省軍事出版部, 1949.2.

민족보위성은 총참모부, 6개 국, 1개 처, 1개 부, 2개 소로 구성되었다. 이중에서 총참모부, 포병훈련국, 문화훈련국, 정치보위부, 군사최고검찰소, 군사최고재판소는 부서의 단위만 일부 변경되었을 뿐, 원래 인민군총사령부에 있던 부서들이다. 민족보위성의 총참모부는 9개 국과 2개 부로 구성되었는데, 작전국·정찰국·통신국·공병국·후방국도 인민군총사령부에 있던 부서들이다.[152] 이상의 부서체계를 통해 민족보위성이 인민군총사령부를 완전히 흡수했다는 사실을 확인할 수 있다. 민족보위성의 해군훈련국과 포병지휘국은 인민군에 총괄적으로 관여하는 다른 부서와 달리, 해군과 포병의 병종지휘부였다.

민족보위성의 간부 중 일부 인명에 대해서는 논란이 있다. 먼저 정치보위부장에 대해, 장준익·최태환은 석산(石山), 주영복은 김파라고 서술하고 있다. 석산은 동북항일연군 출신으로 1945년 10월 10~13일에 서북5도당책임자 급열성자대회에 정식대표로 참석하였고, 1947년 7월 24일에는 함경북도인민위원회 내무부장을 맡고 있었다.[153] 그러나 그는 1948년부터 개전 직전까지 행적을 알 수 없다.[154] 김파는 내무성이 창설되자 내무성 정치보위국 제1처장에 임명되었으므로 민족보위성 정치보위부장이 아니다.[155] 최태환은 1949년 7월부터 민족보위성 정치보위부에서 근무하였으므로, 그의 증언에 따라 정치보위부장을 석산으로 보았다. 정치보위부 부부장은 최용건의 연락병 출신인 박광선인데, 그는 1936년 말까지 북만주에서 활동하다가 최용건의 도움으로 1937년부터 1940년 봄까지 모스크바의 "국제당이 운영하는 학교"에서 유학했

---

152 HQ, USAFIK, *G-2 Weekly Summary*, No.138(1948.4.30~5.7), 『북한정보요약』3, 344~346쪽.

153 김광운, 『북한정치사연구』1, 365쪽; 『북한관계사료집』20권, 121쪽.

154 석산은 개전 직후에 인민군 전선사령부 안전국장으로 임명되었다. 林隱, 『北韓 金日成王朝秘史: 金日成 正傳』, 自由社, 1982, 181쪽.

155 육군정보국, 『人民軍特報』, 252쪽.

다.[156] 그는 소련의 정치사상과 군사교리를 충실히 학습한 인물이었다.

다음으로 작전국장에 대해, 주영복은 김광협, 장준익은 1대 황호림, 2대 유성철이라고 기록하고 있다. 유성철에 따르면, 제1대 작전국장은 황호림 대좌가 맞다. 그는 작전국장에 임명되었다가 총참모장 강건과 충돌해 해임되었다. 그후 황호림은 '불량분자'로 분류되어 소련 꼴호즈로 추방되었다. 유성철은 중앙보안간부학교 군사 부교장을 맡다가 1949년 9월에 2대 작전국장으로 부임하였다.[157] 민족보위성 문화훈련국 간부부장은 항일연군 출신 안영이 맡았다.[158] 정찰국 부국장은 고려인 김창국이 임명되었다. 민족보위성에는 군사과학국이 조직되었는데, 국장은 알 수 없고, 부국장은 고려인 김철운이었다. 문화훈련국 군사번역부 부장은 고려인 림용검이었다.[159]

또한 민족보위성의 간부구성과 관련해, 1950년 2월 23일 당시 인민군에서 활동하고 있던 고려인 명단이 있다. 그들은 "민족보위성 부상(해군훈련국장) 한일무, 포병사령부 참모장(포병지휘국 부국장) 김봉률, 작전국장 유성철, 후방국장 최홍극(최아나똘리 알렉산드르), 후방병참부 부부장(후방국 부국장) 리승권, 통신연대장(통신국장) 리종인, 병기국장(포병지휘국 제2부국장) 서용선, 위생국장 김송남(김니꼴라이 이바노비치), 공병대장(공병국장) 박길남, 교육부 부부장(문화훈련국 부국장)

---

156 최태환, 『젊은 혁명가의 초상』, 79; 96쪽; 박광선, 『소부대활동의 나날에』, 14쪽. 박광선의 소련 유학은 최태환의 회고록과 박광선의 저작에 모두 등장한다. 최태환은 결혼 이후에 박광선의 집에서 신혼생활을 하면서 이 이야기를 직접 들었다. 박광선은 최태환에게 자신과 오진우, 김광협, 석산 등이 소련 타슈켄트에서 유격훈련을 받았다고 이야기했다. 타슈켄트의 유격훈련은 소련 극동군의 첩보훈련을 뜻하는 것으로 보인다. 해방 이후 분위기에서 박광선이 소련 유학과 소련 극동군의 경험을 이야기한 것은 상당히 솔직한 발언으로 주목할 만하다. 동북항일연군의 생존대원 중에 197명은 제88독립보병여단과 별도로 하바로프스크와 보로실로프에 있는 소련 극동군 첩보기관에 배치되었는데, 김광협·박광선·석산·오진우도 이곳에 배치된 것으로 보인다. 周保中, 『東北抗日遊擊日記』, 659~660쪽.

157 한국일보 편, 『(證言) 金日成을 말한다』, 72쪽; 주영복, 「망향5: 중립국행자원한 반공포로의 수기」, 『동아일보』1962.7.7.

158 육군정보국, 『人民軍特報』, 261쪽.

159 장학봉 외, 『북조선을 만든 고려인이야기』, 131; 140; 353쪽.

김일, 문화훈련국 선전선동부장 천률(천유리 알렉산드로비치), 해군 교육부장(해군 훈련국 문화부장) 주청준, 군 군율과장(규정부장) 리허구, 군 총검사(군사최고검찰소장) 김학인, 군 총검열관 허학철" 등이다.[160] 김학인은 민족보위성 최고검찰소장이 아니라 정부수립 이후에 내무성 검찰국장을 맡았다.[161] 인민군총사령부 최고검찰소장이 한철이었고 그가 다른 직책에서 확인되지 않으므로 민족보위성 군사최고검찰소장을 한철로 추정하겠다.

인민군총사령부 직속 경위대대는 민족보위성이 설립되면서 '민족보위성 직속 경위연대'로 증편되었다. 1948년 11월 7일 당시 경위연대장은 강상호였다.[162] 1948년 11월 17일부터 1949년 8월 12일까지 "보위성 직속 경비련대" 연대장은 리동호였다. 직속 경위연대의 단대호는 제571군부대였다.[163] 강상호(姜相鎬)는 항일연군 출신이며, 리동호(李東浩)는 조선민족혁명당과 조선의용군 화북지대 제3대에서 활동한 인물이다.[164] 문화훈련국 구락부장 겸 인민군협주단장은 정률성이 맡았다. 그는 대대부시기부터 구락부장 겸 협주단장으로 활동해온 인물이다.[165]

이상에서 확인한 민족보위성의 조직체계와 간부구성을 정리하면 다음과 같다.

---

160 안승환, 「주북한 소련군사고문단」, 387쪽; 박종효 편역, 『러시아 연방 외무성 대한정책자료』1, 선인, 2010, 448~449쪽. 둘 다 동일한 자료를 활용하였다. 저자가 두 글에 서술된 이름과 직책을 비교해서 확인하였다. 괄호 안이 확인된 직책이다. 민족보위성 규약부장은 두 글에 각각 리허구와 리허규로 서술되어 있는데, 다음 책에서 이름을 확인하였다. 김국후, 『평양의 까레이스키 엘리트들』, 294쪽.

161 최용건, 「내무상 박일우 동지 앞」(1948.10.28), 『북한관계사료집』9권, 430쪽.

162 신영일, 『조선인민군대 간부리력서』, 민족보위성 간부처, 1949.1.8.

163 신영일, 『조선인민군대 이력서』, 조선인민군집단군사령부 간부부, 1948.11. 신영일은 1948년 11월 17일부터 "보위성직속경비련대"에서 민청지도원으로 근무했다.

164 楊昭全·李輔溫, 『朝鮮義勇軍抗日戰史』, 46쪽; 염인호, 『조선의용군의 독립운동』, 170쪽. 해방 이후에 북한에서 활동한 인물 중에 "강상호"라는 이름을 쓴 사람은 2명이다. 姜相鎬는 동북항일연군 출신이고, 姜尙昊는 고려인이다.

165 정설송 엮음, 『중국인민해방군가의 작곡가 정률성』①, 227쪽.

〈표 10〉 민족보위성의 조직과 간부[166]

단위	직책	이름(경력)	단위	직책	이름(경력)
민족보위성	민족보위상	최용건(항)	후방국	후방국장	최홍극(고)
총참모부	총참모장	강건(항)		부국장	리승권(고)
	부총참모장	최인(의)	작전국	작전국장	황호림(고)→유성철(고)
문화훈련국	문화훈련국장	김일(金一)(항)		부국장	김원길(고)→윤상렬(모)
	부국장	김일(金日)(고)	정찰국	정찰국장	최원(고)
	간부부장	안영(항)		부국장	김창국(고)
	선전선동부장	천률(고)	통신국	통신국장	박영순(항)→리종인(고)
	군사번역부장	림용검(고)		통신부장	박명수(모)
	구락부장	정률성(의)	공병국	공병국장	박길남(고)
포병지휘국	포병지휘국장	무정(의)	병기국	병기국장	
	제1부국장	김봉률(고)	운수국	운수국장	
	제2부국장	서용선(고)	군의국	군의국장	리동화(고)
	참모장	전학준(고)	위생국	위생국장	김송남(고)
해군훈련국	해군훈련국장	한일무(고)	규정부	규정부장	리허구(고)
	참모장	김원무(고)	보도부	보도부장	
	문화부장	주청준(고)	정치보위부	정치보위부장	석산(항)
전투훈련국	전투훈련국장	김웅(의)		부부장	박광선(항)
	전투경험연구부장	류신(의)	군사최고검찰소	최고검찰소장	한철(모)
조직보충국	조직보충국장		군사최고재판소	최고재판소장	
군사과학국	부국장	김철운(고)	기타 부서	총검열관	허학철(고)
간부처	간부처장	리림(의)		경위연대장	강상호(항)→리동호(의)

166 괄호 안은 간부들이 속해 있는 정치세력을 표시한 것이다. (항)은 동북항일연군 출신, (의)는 조선의용군 출신, (고)는 고려인, (모)는 경력 모름을 뜻한다.

현재까지 이름과 직책을 알 수 있는 민족보위성의 간부는 총 42명이다. 민족보위성 간부구성의 특징은 인민군총사령부의 간부가 민족보위성으로 그대로 이동했다는 점이다. 인민군 총사령관 최용건은 민족보위상, 총참모장 강건은 총참모장, 문화부사령관 김일(金一)은 부상 겸 문화훈련국장, 포병부사령관 무정은 부상 겸 포병지휘국장에 임명되었다. 총사령부에 있던 각 부서장도 그대로 이동하였고, 일부는 직책명만 변경되었다. 이들은 최홍극(후방부사령관→후방국장), 김일(金日, 문화부장→문화훈련국 부국장), 박영순(통신부장→통신국장), 박길남(공병부장→공병국장), 리동화(군의과장→군의국장), 정률성(구락부장 동일)이다. 민족보위성에서는 후방부사령관이 후방국장으로 강등되었다. 신설된 부서장은 내부승진이나 외부영입으로 충원되었다. 전투훈련국장은 제1사단장 김웅이 승진해 임명되었고, 전투경험연구부장은 제2사단 참모장 류신이 승진해 임명되었다. 민족보위성에 처음 설치된 해군훈련국의 경우, 국장은 강원도당위원장 한일무가 영입되었고, 참모장은 김원무가 영입되었다. 간부처장 리림은 인민군총사령부에서 보이지 않았는데, 그가 인민군총사령부에서도 간부부장을 맡았을 가능성이 높다.

민족보위성의 직책에서 가장 큰 특징은 장관인 민족보위상과 함께 차관에 해당하는 3명의 부상(副相)이 임명되었다는 점이다. 부상은 문화부상 김일(金一), 포병부상 무정, 해군부상 한일무이다. 이 직책은 인민군총사령부에 있던 '부사령관'을 정부수립 이후에 내각의 차관명칭으로 개칭한 것이다. 또한 인민군총사령부에는 '문화부사령관'만 존재했지만, 민족보위성에는 부사령관에 해당하는 부상이 3명으로 확대되었다. 이와 달리 국군 국방부에는 국방부 장관 밑에 1명의 국방부 차관이 임명되었다. 국방부 차관은 국방부 장관을 보좌하고 사고시 그 직무를 대리하였다. 민족보위성의 문화부상과 포병부상은 국방부에는 없는 직책이다. 국방부에는 해군부상보다 낮은 직급으로 해군참모총장이 있었다. 또한 국방부 본부에도 문화훈련국에 해당하는 정훈국이 조직되었지만, 정훈국장은 국방부차관의 지휘를 받는 부서장이었다.[167] 부상의 특징을 보면, 북한지도부가 인민군의 정치사상사업과 포병·해군을 다른 병종보다 중요하게 인식해서 차관급부서로 운영했음을 알 수 있다. 인민군의 공군은 육군·해군과 달리 독립병종이 아니라 민족보위성의 직속 사단으로 존재했고, 포병처럼 독자적인 병종지휘부도 없었다.

북한정치세력은 1946년 8월에 보안간부훈련대대부를 설립한 이후부터 군사지휘기관의 간부를 연임시키는 간부정책을 지향해왔다. 이것은 특정 인물에게 해당부문을 책임지우는 간부책임제(幹部責任制)이다. 북한정치세력이 간부책임제를 지향한 이유는 창군사업의 연속성을 견지하고 지휘부 간부들의 업무능력을 전문화·고도화하기 위한 것이었다. 민족보위성의 간부 중 일부 인물은 간부책임제에 따라 1946년 8월 보안간부훈련대대부시기부터 해당부문을 육성해온 창군요원이었다. 이들은 민족보위상 최용건, 총참모장 강건, 문화훈련국장 김일, 포병지휘국장 무정, 후방국장 최홍극, 간부처장 리림, 통신국장 박영순, 공병국장 박길남, 정찰국장 최원이다. 이들을 정치세력별로 분류하면, 항일연군 출신은 총사령관과 정치사상부문·통신부문 책임자를 맡아왔고, 의용군 출신은 포병부문·간부부문 책임자를 맡아왔으며, 고려인은 후방부문·공병부문·정찰부문 책임자를 맡아왔다. 이 같은 간부책임제에 따라 군대의 정치적·군사적 특징과 업무경험이 민족보위성에 계승되었다.

민족보위성의 정치세력과 당·정·군의 정치연합체제

민족보위성의 간부구성을 정치세력별로 구분해보면 다음과 같다. 경력을 확인할 수 있는 간부는 총 38명이다. 항일연군 출신은 민족보위상 최용건, 총

---

167 백기인, 『建軍史』, 118~121쪽.

참모장 강건, 문화훈련국장 김일(金一), 문화훈련국 간부부장 안영, 1대 통신국장 박영순, 정치보위부장 석산, 정치보위부 부부장 박광선, 1대 경위연대장 강상호 등 8명이다. 의용군 출신은 부총참모장 최인, 포병지휘국장 무정, 전투훈련국장 김웅, 전투경험연구부장 류신, 간부처장 리림, 문화훈련국 구락부장 정률성, 2대 경위연대장 리동호 등 7명이다. 고려인은 문화훈련국 부국장 김일(金日), 문화훈련국 선전선동부장·군사번역부장 천률·림용검, 포병지휘국 부국장·참모장 김봉률·서용선·전학준, 해군훈련국 국장·참모장·문화부장 한일무·김원무·주청준, 군사과학국 부국장 김철운, 1대 후방국장 최홍극, 후방국 부국장 리승권, 1대·2대 작전국장 황호림·유성철, 1대 작전국 부국장 김원길, 정찰국장 최원, 정찰국 부국장 김창국, 2대 통신국장 리종인, 공병국장 박길남, 군의국장 리동화, 위생국장 김송남, 총검열관 허학철, 규정부장 리허구 등 23명이다. 민족보위성 간부 중 항일연군 출신은 21%, 의용군 출신은 18.5%, 고려인은 60.5%였다.

민족보위성의 의용군 출신은 최인을 제외하고 인민군 창설 이전부터 군사지휘기관에서 활동한 인물이며, 항일연군 출신은 석산과 박광선을 제외하고 인민군 창설 이전부터 군사지휘기관에서 활동한 인물이다. 또한 민족보위성의 의용군 출신과 항일연군 출신은 모두 해방 이전부터 군사간부로 활동한 사람들이다. 이에 비해 민족보위성의 고려인 23명 중 천률·림용검·한일무·김원무·주청준·김철운·리승권·김원길·김송남·서용선·허학철·리허구 등 12명은 민족보위성 설립 이전에 군사지휘기관에서 근무한 경력이 없다. 이중에서 서용선(Ше Ён Сен)은 해방 이후에 소련에서 러시아어교원 양성과정을 이수하고 1948년 3월 2일에 처음 북한에 파견된 인물이다. 또한 소련 국방성 작전국 번역원 김철운과 태평양함대 육전대원 한일무[168]를 제외한 나머지 인물들은

168 장학봉 외, 『북조선을 만든 고려인이야기』, 138~139; 724~725쪽.

소련에서 민간 전문가로 활동했으며 소련군 경력이 없었다.[169]

고려인들은 입북 직후에 대부분 군사지휘기관이 아니라 소련군의 민정부서와 위수사령부에 통역으로 배치되었고, 일부만 제25군사령부 정치부 제7국에 배치되었다.[170] 그 후 북한의 창군사업에 간부가 부족하자, 소련군사령부의 명령에 따라 1946~1947년에 군대의 교원과 통역으로 파견되었다. 이들은 1948년 12월에 소련군이 철수할 때 조선인민군 군적(軍籍)과 북한 공민권(公民權)을 취득한 인물들이다. 가령, 김철운은 1946년 말에 소련군사령부 민정국에서 파견되어 정치학원 교원으로 근무하다가 민족보위성 군사과학국 부국장으로 임명되었다. 천률은 1946년 4월에 민정국에서 파견되어 인민군 제3사단 제1연대와 항공부대 교도대대 통역으로 근무하다가 1949년 5월 문화훈련국 선전선동부장으로 임명되었다. 총검열관 허학철은 1948년 12월 20일까지 『조선인민군』신문 출판사 번역원으로 근무하다가 소련군이 철수할 때 소련공산당 중앙위원회의 지시에 따라 인민군 군적과 북한 공민권을 취득하였다.[171]

고려인은 민족보위성 간부 중 60.5%를 차지했다. 이들이 민족보위성에 가장 많이 배치된 이유는 소련군이 철수하면서 이들의 점령통치 보조업무가 종료되었고, 민족보위성이 설립되면서 많은 신규간부가 필요했기 때문이다. 항일연군 출신과 의용군 출신은 이미 제1단계 인민민주주의혁명부터 건당·건군·건국사업에 투입되었다. 따라서 소련군적과 소련공민권을 가지고 있던 고려인은 당시 당·정권기관·군대에 즉시 충원될 수 있는 최대의 간부집단이었

---

169 러시아 학자 송잔나는 러시아연방국립사회정치사문서보관소의 자료를 수집해서 해방 이후 북한에 파견된 고려인들의 경력을 검토한 결과, 이들이 '자신의 주(州)에서 민간전문가들이었고, 붉은 군대와 관련이 없으며, 북한에 군사전문가가 부족했기 때문에 입북 이후 필요에 따라 장교의 직위에 임명되었다'라고 분석하였다. Ж. Г. Сон, *Советские корейцы и КНДР*(1946-1948).

170 제7국은 소련군 총정치국계통의 정치담당부서로, 북한지역에서 소련군사령부의 한글기관지 『조선신문』 발행 등 특수선전활동을 펼쳤다. 제7국에 배치된 대표적인 고려인은 강미하일(강용구) 소좌와 오기찬 대위다. 안드레이 란코프 저, 김광린 역, 『소련의 자료로 본 북한현대정치사』, 오름, 1999, 71; 141쪽.

171 장학봉 외, 『북조선을 만든 고려인이야기』, 140; 655; 757쪽.

다. 또한 민족보위성에 새로 충원된 고려인들은 고학력자들이었다. 예를 들어 김원길은 카자흐스탄사범대학 역사학과, 김철운은 우즈베키스탄대학 법학과, 림용검은 우즈베키스탄 고중학교, 천률은 우즈베키스탄사범대학 역사학과, 한일무는 우즈베키스탄공산대학, 허학철은 우즈베키스탄전문대 자동차학과를 각각 졸업했다. 이 가운데 림용검(1941년 입당)과 천률(1944년 입당)은 소련공산당원이었다.[172] 이들은 항일연군 출신·의용군 출신과 달리 소련의 혁명역사·법률·교육·과학기술과 소련공산당의 조직·체계·노선을 전문적으로 학습하였고, 이 같은 소련의 경험을 인민군에 전파하였다.

그러나 고려인들은 해방 후에 자의로 귀국한 것이 아니라 소련공산당 중앙위원회에서 부여한 임무를 받고 북한에 '파견'된 사람들이었다. 특히 이들 중에 1946년 10월 이후 북한에 파견된 고려인들은 소련 국가보안인민위원회(НКГБ)에서 엄격한 검열을 받은 인물들이며, 소련공산당의 당원·후보당원이거나 콤소몰(Комсомол, 전연방레닌주의청년공산주의자동맹)의 맹원이었다. 특히 소련공산당은 파견대상자로 선발된 고려인 중에서, 당과 정부에 대한 충성심이 검증되지 않은 사람들은 파견대상에서 제외하였다.[173]

그리고 소련군 철수 이후 북한에 남은 고려인 중에 상당수는 본인의 의사가 아니라 소련공산당의 명령에 따라 잔류한 인물이었다.[174] 또한 민족보위성의 고려인 중에 절반은 해방 이전에 군사간부 경력이나 해방 이후에 군사지휘

---

172 우동현, 「1945~1950년 재북 소련계 조선인의 활동과 성격」, 65~74쪽.

173 소련 국가보안인민위원회는 군사정보와 방첩업무를 전담하는 기구이며, 독소전쟁 당시 소련군의 최고방첩국인 스메르쉬(СМЕРШ)의 전신이다. 소련공산당이 1946년 4월부터 북한에 파견하기 위해 검토한 고려인은 총 1,685명인데, 이중에서 실제로 파견된 인원은 500명 미만이다. Ж. Г. Сон, *Советские корейцы и КНДР*(1946-1948).

174 소련 민정국은 고려인 23명에게 소련군 철수 이후 북한 잔류의사를 청취했다. 답변이 기록된 21명 중에서 당이 명령하거나 필요로 할 경우 잔류하겠다는 사람은 10명, 조건부 잔류자(자녀문제 해결시 잔류)는 3명이었다. 이 가운데 문화훈련국 부국장 김일(金日)도 자발적으로 잔류의사를 표명한 것이 아니라 당이 명령한다면 잔류하겠다고 답변했다. 레베데프, 「1948년 9월 13일자 일기」, 『레베제프 비망록』, 미간행 번역본, 1995.

기관에서 근무한 경험이 없었고, 일부 인물은 소련군 철수시 처음으로 인민군 군적을 취득하였다. 소련군사령부에서 북한의 국가기관으로 전출된 고려인들은 1948년까지 소련군의 계급과 소련 공민권을 계속 보유하고 있었다.[175] 고려인은 민족보위성의 최대세력이었으나 군사경력과 군사경험이 가장 적었고, 소련공산당의 명령에 따라 잔류해 간부로 임명된 인물이 많았다. 따라서 이들은 향후 북·소관계의 변화에 따라 인민군에서 정치적·군사적 지위가 변화될 가능성이 높았다.

북한에서 활동한 여러 정치세력은 민족보위성에서 각각 특정한 부문을 장악하고 있었다. 항일연군 출신은 인민군의 지휘권(총사령관·총참모장), 정치사상사업(문화훈련국장·문화훈련국 간부부장), 방첩부문, 통신부문을 장악했다. 의용군 출신은 포병부문 지휘권(포병지휘국장), 전투훈련부문, 전투경험연구부문, 군 전체의 인사권(간부처장)을 장악하였고, 참모부문 부책임자와 문화부문(구락부장)을 담당하였다. 고려인들은 해군사령부, 작전·후방·정찰·공병·군의부문 등 주로 전문기술병종을 장악하였고, 정치문화사업·포병부문·군사과학부문의 부책임자와 선전선동·군사번역부문의 책임자를 맡았다. 특히 인민군의 정치사상부문은 항일연군 출신, 인민군의 전투교육·훈련부문은 의용군 출신, 인민군의 해군·포병·공병은 고려인이 책임지고 육성하였다. 그 이유는 항일연군 출신이 김일성의 '혁명전통'을 독점하고 있었고, 의용군 출신이 가장 전투경험이 풍부했으며, 고려인이 소련군의 전문기술병종을 가장 잘 알고 있었기 때문이다. 민족보위성의 실권은 항일연군 출신과 의용군 출신이 분점하고 있었고, 전문기술병종은 고려인이 장악하고 있었다.

군대의 총사령관·총참모장·정치사상부문 지휘관은 대대부·집단군총사령부·인민군총사령부에서 항일연군 출신들이 독점해왔다. 항일연군 출신은 최용건·강건·김일을 정점으로 인민군에 대한 지휘권과 정치사상사업을 확고

---

175 안드레이 란코프, 『소련의 자료로 본 북한현대정치사』, 142쪽.

히 장악하고 있었다. 이 같은 특징은 민족보위성의 간부들이 작성한 논설에서 확인할 수 있다. 대표적으로 강건은 노동당 당원용 기관잡지에 투고한 논설에서 인민군이 "김일성 장군 항일인민유격대의 고귀한 혁명전통을 토대로 창건되었다"라고 공개적으로 천명하였다.[176] 인민군의 '혁명전통'은 당의 기관잡지에 공개적으로 게재될 만큼 공식적 지위를 획득하고 있었다. 이는 항일연군 출신이 정치사상사업을 장악한 결과, 인민군의 정치사상적 정통성이 김일성부대에 부여된 것이다.

그러나 항일연군 출신은 노동당 내 정치세력의 분포와, 인원·군사경력·전문기술지식의 부족으로 인해 의용군 출신과 고려인들에게 다른 부문·병종의 지휘권을 허용할 수밖에 없었다. 이상의 정치세력과 달리, 군사경력이 없는 국내공산주의자들과 남조선로동당 출신은 인민군에서 자리잡지 못했다. 따라서 인민군을 정치세력별로 분석해보면, 인민군은 항일연군 출신이 주도권을 가진 상태에서, 항일연군 출신·의용군 출신·고려인들이 각각 전문적인 부문을 분점하고 있는 정치연합적 성격을 띠고 있었다.

민족보위성의 간부를 좀 더 확인해보면, 정치연합적 성격은 더욱 확연해진다. 현재까지 인민군부대 간부의 해방 이전 경력을 전체적으로 확인할 수 있는 자료는 없다. 하지만 민족보위성에 소속되어 있는 "문화간부"의 해방 이전 경력은 모두 확인할 수 있다. 1949년 12월 15일 당시 민족보위성에 있는 문화간부는 총 1,881명이었다. 이들 중에서 일제시기에 "혁명군"에 참여한 인물은 442명(23.5%)이었고, 일본군 출신은 169명(9%)이었다. 일본군 경력도 없고 혁명운동 경력도 없는 간부는 1,270명으로 전체의 67.5%를 차지하고 있다. 혁명군에 참여한 인물들을 정치세력별로 나눠보면, "팔로군" 출신이 422명, "항일연

---

176 강건, 「김일성 장군 항일유격부대는 조선인민군의 전투적 골간이다」, 『근로자』1950년 2호, 로동신문사, 1950.1.31, 23쪽.

군" 출신이 5명, "지하운동자"가 9명, "기타"가 6명이다.[177]

문화간부의 67.5%를 차지하는 최대 집단은 해방 이후에 창군과정에서 육성된 인물들이다. 해방 전에 '혁명군'에 복무한 경험이 있는 23.5%의 문화간부를 분석하면, 이중에서 팔로군(八路軍) 출신이 95.5%(전체 문화간부의 22.4%)로 절대 다수를 차지하고 있다. 이들은 해방 이후에 여러 차례에 걸쳐 입북한 조선의용군 출신을 뜻한다. 반면에 동북항일연군(東北抗日聯軍) 출신은 5명, 지하운동 경력자는 9명에 불과했다. 의용군 출신은 여러 정치세력 중에서 문화간부로 가장 많이 진출해 있었다. 또한 통계가 작성된 1949년 12월 이후에도 조선의용군에서 기원한 중국인민해방군의 조선인부대가 계속 입북했기 때문에 그 비율은 더욱 높아졌다. 그러나 이들은 정치사상사업의 총책임자나 문화부사단장 등 상급간부로 진출하지 못하고 주로 중급·하급 문화간부를 맡았기 때문에 창군이념 등 정치사상사업의 핵심을 주도할 수 없었다.

항일연군·의용군 출신과 함께 고려인도 문화간부로 임명되어 중요한 직책을 맡았다. 1950년 2월 23일 당시, 인민군 문화간부로 근무하던 고려인은 문화훈련국 부국장 김일(金日), 문화훈련국 선전선동부장 천률, 해군훈련국 문화부장 주청준, 제1사단 문화부사단장 김태권, 제2사단 김명석, 제3사단 문화부사단장 김학천, 제6사단 문화부사단장 한성천, 제105탱크여단 문화부여단장 안동수 등이 있었다.[178] 고려인들은 민족보위성에서 문화훈련국 부국장·선전선동부장, 해군사령부·보병사단·탱크여단의 문화부책임자 등 주로 상급 문화간부를 맡고 있었다.

특히 고려인 김일(金日)은 소련 국적과 소련공산당 당적을 가진 상태에서

---

177 민족보위성 간부부 부장 안영, 「〈극비〉 문화간부성원통계표」(1949.12.15), 습격기연대 문화부, 『쎄미날제강-국내정세』, 습격기연대, 1950.4.3, NARA, RG 242, SA 2009, Box 5, Item 1.5.

178 안승환, 「주북한 소련군사고문단」, 387쪽; 박종효 편역, 『러시아 연방 외무성 대한정책자료』1, 448~449쪽. 둘 다 동일한 자료를 활용하였다. 저자가 두 글에 서술된 이름과 직책을 비교해서 확인하였다. 박종효의 번역본에는 문화훈련국 부국장이 "교육부 부부장", 문화부사단장·문화부여단장이 "대중교화부 부부장" 등으로 잘못 번역되어 있다.

문화훈련국 부국장으로 활동했다. 김일의 정체성은 북한보다 소련에 있었다. 그는 1948년 9월에 소련 민정국에서 소련군 철수를 앞두고 국적의 이적(移籍) 여부를 물었을 때, 북한 국적을 취득하지 않겠다고 답변했다.[179] 김일 뿐만 아니라 민족보위성과 인민군에 있는 고려인들은 대부분 북한정부 수립 이후에도 소련 국적을 가지고 있었다. 이 때문에 북한정부는 1950년 2월 23일 북한주재 소련대사관에 고려인 174명에 대해 북한 국적 취득을 허용해 달라고 요청하였다. 당시에 대표적으로 소련 국적을 가지고 있던 인물은 민족보위성 부상 한일무, 작전국장 유성철, 후방국장 최홍극, 제2사단장 리청송, 제1사단 문화부사단장 김태권, 해군군관학교 교장 김우현, 비행사단 문화부사단장 유성걸 등이다.[180] 즉 인민군의 고려인 간부들은 소련인과 소련군의 정체성을 유지한 채 인민군에 소련공산당과 소련군의 조직·체계·노선을 전파하였다.

고려인과 달리 중국에서 입북한 조선의용군 출신은 북한 공민권과 인민군 군적을 가지고 있었다. 이 뿐만 아니라 조선의용군 출신은 국적문제에 대해 매우 엄격한 기준을 적용받았다. 대표적으로 문화훈련국 구락부장 정률성은 부인의 국적문제 때문에 인민군에서 예편하고 평양음악대학 작곡부 부장으로 이동했다. 그가 예편한 것은 중국인 아내 정설송(丁雪松)이 정부수립 이후에 중국공산당원 신분으로, 중국 외교관 겸 신화통신사(新華通信社) 평양분사(平壤分社) 사장으로 부임했기 때문이다.[181] 문화훈련국은 군사기밀을 취급하는 부서였기 때문에, 중국 국적의 언론인이자 외교관을 아내로 둔 정률성은 민족보위성에서 계속 근무할 수 없었다. 결국 고려인들은 조선의용군 출신에 비해 국적면에서 우월성을 가지고 있었다.

인민군에서 정치사상사업을 지휘하는 사령관은 민족보위성 문화훈련국

---

179 레베데프, 「1948년 9월 13일자 일기」, 『레베제프 비망록』, 미간행 번역본, 1995.

180 박종효 편역, 『러시아 연방 외무성 대한정책자료』1, 447~453쪽.

181 정설송 엮음, 『중국인민해방군가의 작곡가 정률성』①, 105~108쪽.

장 김일(金一)이었다. 그는 대대부시기부터 동북항일연군 출신을 대표해 인민군 내부에서 김일성의 '혁명전통'을 확립하는 역할을 수행해 왔다. 김일은 이미 해방 전인 1937년 6월에 김일성과 함께 보천보전투에 참가한 이래, 동북항일연군 제2군에서 주로 정치사상사업을 담당했던 인물이다. 특히 그는 김일성이 1938년에 제2방면군 지휘에 임명된 이후부터 제8연대 정치위원으로서 김일성 부대의 당사업·대중단체조직사업·선전선동사업을 책임졌다.[182] 그는 해방 이전부터 김일성부대에서 군사·정치활동을 펼치면서 김일성의 노선에 충실한 인물이었다.

그러나 문화간부로 임명된 정치세력 가운데 95.5%는 조선의용군 출신이었다. 또한 문화훈련국의 실무책임자와 해군·보병사단·탱크여단의 문화부책임자는 모두 고려인이었다. 따라서 정치사상사업의 지휘권은 항일연군 출신이 가지고 있지만, 정치사상사업의 집행권은 고려인과 조선의용군 출신들이 분점하고 있었다. 또한 각 정치세력은 문화훈련국 내에서 정치사상사업의 방향에 대해 이견을 가지고 있었다.[183]

---

182 김일은 1942년 당시 소련 극동군 제88독립여단시절에도 한반도 국경지대에 밀파되어 지방당단체 복구사업과 조국광복회 조직사업을 주관하였다. 림춘추, 『항일무장투쟁시기를 회상하여』, 175; 218; 291쪽.

183 정치사상사업의 지휘권과 집행권이 민족보위성의 규정에 의거해 분리되어 있던 것은 아니다. 그러나 실제로 문화훈련국 내부에서 전개된 정치사상사업은 일률적으로 집행되지 않았다. 문화훈련국에서는 정기적으로 문화부 지도원을 초빙해서 국원들을 대상으로 정치강습을 실시했다. 그런데 민족해방의 주체에 대한 평가를 둘러싸고 정치세력 간에 이견이 있었다. 예를 들어, 문화훈련국의 고려인들은 정치강습시간에 조선의 해방이 오직 "붉은 군대"의 힘에 의해 달성되었다고 주장했다. 이에 비해 조선의용군 출신 등 다른 정치세력은 "붉은 군대"의 역할을 인정하면서도 조선인들의 "항일무장투쟁"을 과소평가하는 것은 문제가 있다고 주장했다. 그러나 당시 문화훈련국 안에서 다른 정치세력의 주장은 고려인들에 의해 "붉은 군대를 비판"했다는 이유로 자아비판의 대상이 되었다. 이것은 문화훈련국 내에서 정치사상사업의 방향이 일원화되지 않았으며, 고려인들이 다른 정치세력에 비해 우월한 지위와 권한을 가지고 있었다는 사실을 보여준다. 그러므로 문화훈련국장 김일이 지시한 정치사상사업은 실제 정치사상사업이 집행되는 과정에서 각 정치세력의 입장에 따라 변화될 여지가 있었다. 하지만 인민군의 역사적 기원을 김일성의 항일투쟁에 두는 창군이념은 모든 정치세력에게 전일적으로 관철되었다. 최태환, 『젊은 혁명가의 초상』, 76~78쪽.

민족보위성의 간부구성은 크게 세 가지 특징을 가지고 있다. 첫 번째 특징은 북조선로동당이나 내각의 간부구성과 달랐다는 점이다. 북조선로동당은 1948년 3월 27~30일까지 제2차 당대회를 개최해 당지도부를 전면 개편하였고, 이때 조직된 당지도부는 민족보위성 설립 이후에도 지속되었다. 위원장은 김두봉(독립동맹), 부위원장은 김일성(항일연군)과 주녕하(국내)가 맡았다. 최고결정기구인 정치위원회는 김일성·김책(항일연군), 김두봉·최창익·박일우(독립동맹·의용군), 허가이(고려인), 주녕하(국내)로 구성되었다. 67명이 선출된 당중앙위원은 독립동맹·의용군 출신 18명(27%), 고려인 17명(25%), 국내공산주의자 13명(19.5%), 항일연군 출신 8명(12%), 모범노동자·농민 8명(12%), 테크노크라트 2명(3%), 기타 1명(1.5%)으로 구성되었다.[184]

북조선로동당의 위원장은 김두봉이었으나, 실질적 지도자는 부위원장 김일성이었다. 노동당이 당의 실질적인 지도자인 김일성을 위원장으로 임명하지 않은 것은 김일성이 노동자·농민의 대표정당인 조선공산당 북조선분국 책임비서 출신이었기 때문이다. 노동당은 유일당 창당 이후부터 당의 노선으로 대중정당을 지향했고 통일전선을 추구해왔다. 당은 이 같은 노선에 따라 인텔리·소시민·자본가의 대표정당인 조선신민당 당수 출신인 김두봉을 위원장으로 임명했다. 바꾸어 말하면, 노동당 지도부는 대중정당이라는 당의 정체성과 통일전선이라는 당의 노선에 따라 김일성을 위원장으로 임명하지 않은 것이다.[185] 이와 함께 당내의 정치세력 분포도 민족보위성과 달랐다. 노동당 지도부의 간부구성을 살펴보면, 독립동맹·의용군 출신이 27%, 고려인이 25%, 국내공산주의자가 19.5%, 항일연군 출신이 12%였다.

---

184 서동만, 『북조선사회주의체제성립사』, 217~218쪽.

185 김일성은 1949년 6월 30일 북조선로동당과 남조선로동당이 합당해 조선로동당 중앙위원회가 창설되면서 처음으로 중앙당 위원장을 맡았다. 부위원장은 박헌영과 허가이가 맡았다. 김일성, 「남북조선로동당을 조선로동당으로 합당할 데 대하여-남북조선로동당중앙위원회 연합전원회의에서 한 보고」(1949.6.30), 『김일성저작집』5권, 122쪽.

북한체제의 정치연합적 성격은 조선로동당의 중앙위원회·정치위원회·조직위원회의 세력 분포에서도 확인할 수 있다. 북조선로동당과 남조선로동당은 1949년 6월 30일에 공식적으로 조선로동당으로 통합되었다. 조선로동당이 출범하면서 남로당 출신이 대거 당중앙에 진출하였다. 그리고 노동당의 내부 권력구조는 남로당의 참여로 인해 정치연합적 성격이 더욱 강화되었다. 김일성이 당위원장에 선출되었지만, 정치위원회의 집단지도적 성격은 더욱 강화되었다. 또한 조선로동당이 창당되면서 당무(黨務) 전반을 총괄하는 당비서직이 신설되었고, 제1비서에 고려인 허가이, 제2비서에 남로당의 리승엽, 제3비서에 남로당의 김삼룡이 선출되었다. 당위원장의 권한은 당무를 총괄하는 비서직이 신설됨으로써 분산되었으며, 당조직위원회도 기존 구성과 달리 정치세력별로 안배되었다.[186]

북조선로동당이 명목상 지도자로 김두봉을 내세웠음에 비해, 민족보위성의 최고지휘관은 항일연군 출신인 최용건이 맡았다. 그는 1945년 11월 19일에 북조선행정국 보안국장에 임명된 이후 군대의 최고지휘관 위치에서 한 번도 내려온 적이 없었다. 민족보위성도 노동당과 유사하게 항일연군 출신·의용군 출신·고려인·국내공산주의자로 구성된 정치연합체제였다. 그러나 민족보위성의 간부는 노동당과 달리 고려인이 60.5%, 항일연군 출신이 21%, 의용군 출신이 18.5%였고, 국내공산주의자는 거의 없었다. 민족보위성에서 항일연군 출신은 노동당과 달리 민족보위성 간부의 21%를 차지하는 2대 정치세력이었다. 이들은 군대의 핵심부문인 지휘권과 정치사상사업을 장악하고 있었다. 조선의용군 출신은 노동당과 달리 민족보위성 간부 중 18.5%에 불과했으며, 군대의 인사권과 포병·전투훈련부문을 장악하고 있었다. 고려인은 민족보위성의 최대 정치세력이었지만, 이들은 군대의 지휘권·인사권·정치사상사업 등 핵심부문의 책임자를 맡지 못했다.

---

186 서동만, 『북조선사회주의체제성립사』, 228~232쪽.

항일연군 출신은 민족보위성에서 명목상으로나 실질적으로 최고지휘권을 장악하고 있었다. 이에 비해 고려인은 군대의 기술부문과 전문부문을 담당하고 있었다. 의용군 출신은 군대의 포병부문과 인사부문을 장악하고 있었고, 군대에서 중급·하급 간부로 진출했다. 항일연군 출신의 최고지휘부·정치사상부문 장악, 고려인의 전문·기술부문 진출, 의용군 출신의 포병·인사부문과 중·하급 간부 진출은 1946년 8월에 시작된 제1단계 창군과정부터 지속되어온 정치세력의 역할분담이다. 이 같은 역할분담은 민족보위성시기에 이르러 확고히 정착되었다. 민족보위성의 가장 큰 특징은 항일연군 출신이 최고지휘권과 정치사상사업을 장악하고 김일성의 영도사상을 군대에 관철시켰다는 점이다.

민족보위성의 간부구성은 내각의 간부구성과도 달랐다. 민족보위성에는 내각과 달리 국내공산주의자나 남로당 출신이 한명도 부장급 이상의 간부로 진출하지 못했다. 국내공산주의자들은 창설과정 초기에 군사지휘기관에서 핵심적 지위를 맡은 적도 있었다. 대표적으로 문종목이 임시인민위원회 보안국 경비부장을 맡아 보안간부훈련소의 모체인 철도경비대 창설작업을 추진하였다.[187] 1947년 5월 집단군총사령부시기에는 국내공산주의자 중에서 문종목이 대열부장, 박웅익이 정치보위부장을 맡았었다. 1948년 2월 인민군총사령부시기에는 유일하게 문종목이 대열부장을 맡았다. 민족보위성에서 대열부장이 누구였는지는 확인되지 않는다. 그러나 정치보위부장은 국내공산주의자 박웅익에서 항일연군 출신 석산으로 교체되었다. 물론 확인되지 않은 부부장 이하의 직책에 국내공산주의자가 임명되었을 수도 있지만, 이들이 부장 이상의 직책에서 축소된 것은 분명하다. 국내공산주의자들은 창설과정이 본궤도에 오르면서 점차 군사지휘기관에서 제외되기 시작했다. 그리고 민족보위성시기에는 부장 이상 직급에 한명도 진출하지 못했다.

이와 함께 민족보위성에는 남로당 출신 간부가 한명도 임명되지 않았다.

---

187 「第2回 各道 保安部長會議錄」(1946.7.3), 『북한관계사료집』9권, 260쪽.

이들은 1946년 8월 대대부시기부터 민족보위성시기까지 한번도 고위급 군사간부로 임명된 적이 없었다. 반면에 1948년 9월 9일 북한정부 수립 당시에 내각성원 20명 중 남로당 출신은 부수상 박헌영, 농림상 박문규, 사법상 리승엽, 노동상 허성택, 보건상 리병남 등 5인이었다.[188] 남로당 출신은 정권기관 책임자의 25%를 차지했음에 비해 군사지휘기관인 민족보위성에는 한명도 진출하지 못했다. 이 같은 결과는 창군과정을 주도해온 3대 정치세력이 남로당 출신의 군사부문 진출을 용인하지 않았기 때문이다. 이에 대한 반대급부로 남로당 출신은 주로 비정규군 분야인 유격부문을 담당하였다.[189] 이 당시 북조선로동당 중앙당에는 부위원장 주녕하를 필두로 국내공산주의자들도 진출해 있었다. 그러나 민족보위성에는 국내공산주의자나 남로당 출신이 진출하지 못했다.

이것은 민족보위성에 구현된 정치연합체제가 노동당이나 내각에 구현된 정치연합체제보다 협소했다는 사실을 보여준다. 3대 정치세력 중 민족보위성에 임명된 주요 간부들은 1946년 8월 보안간부훈련대대부시기부터 간부책임제에 따라 창군사업을 주도해온 인물이었다. 이들은 2년 이상 창군사업을 함께 추진하면서 인적 친밀감을 가지고 있었고, 군대 내부에서 보직을 이동함에 따라 풍부한 사업경험을 축적하고 있었다. 향후 북한의 당·정·군 차원에서 지도체제가 수립될 경우, 민족보위성에 구축된 협소한 정치연합체제는 내부갈등을 약화시킬 수 있는 요인이었고, 간부책임제에 따른 사업·간부의 연속성은 내부소통을 강화할 수 있는 요인이었다. 민족보위성은 노동당과 내각에 비해 내부갈등의 가능성이 적었고 정치연합체제도 협소했다. 그리고 항일연군 출신은 노동당과 내각이 아니라 민족보위성에서 정치적 우위를 확보하고 있었으므로,

---

188 「해방 이후 4년간의 국내외중요일지」, 『북한관계사료집』7권, 774~775쪽.

189 남조선로동당 출신이 진출한 대표적인 유격부문은 강동정치학원이다. 박헌영은 1947년 중반부터 남로당의 당간부를 양성하기 위해 정치군사학교의 창설을 준비했다. 정치군사학교는 학교 부지를 선정하는 문제부터 교수진을 구성하는 문제까지 전적으로 박헌영의 책임 아래 진행되었다. 강동정치학원은 1948년 1월 1일에 개원하였다. 중앙일보특별취재반, 『秘錄 조선민주주의인민공화국』하, 291쪽.

이들이 향후에 김일성의 지도체제를 구축할 수 있는 역량도 인민군에 있었다.

민족보위성 간부구성의 두 번째 특징은 간부들의 임명계통이다. 1949년 9월부터 11월 사이에 민족보위성에서는 인사이동이 심해졌고, 군사간부의 수요도 급증했다. 이 기간동안 북조선로동당 간부국은 약 100여 명의 대좌, 200여 명의 중좌를 새로 임명했다. 그 이유는 1949년 10월 1일에 중국에 중화인민공화국 정부가 수립되었고, 중국에 있던 조선인부대가 귀국했으며, 이에 따라 인민군 육군·해군·공군이 증편을 시작했기 때문이었다. 민족보위성 인사이동의 특징은 임명계통이 동일 병종에 국한된 것이 아니라 병종을 넘나들었다는 점이다. 육군에서 해군으로, 포병에서 탱크병으로, 운수부대에서 자동차부대로 이동하는 것은 예외적 현상이 아니라 보편적 흐름이었다. 예를 들어 공병국 작전과장 양승환 중좌는 대좌로 진급해서 해군 공병부장으로 전임되었고, 제1사단 공병장 박관칠 중좌는 제105탱크여단 공병장으로 임명되었다.[190]

더 나아가 간부들의 임명계통은 민족보위성시기에 들어와 인민군과 내무성 간의 상호 이동을 넘어서 다른 정권기관·노동당으로 확대되었다. 물론 인민군총사령부에서도 노동당 간부가 영입되었지만, 이 같은 영입방식은 극히 일부였다. 민족보위성시기에 노동당 간부로 활동하다가 인민군 간부로 임명된 대표적 인물은 해군부상 한일무다. 그는 1945년 8월 9일에 소련 태평양함대 육전대원으로 청진전투에 참전하였다. 한일무는 1946년 6월까지 북조선분국 원산시당 선전선동부장과 당위원장으로 활동했고, 1949년 8월까지 노동당 강원도당 위원장으로 근무했다. 그는 해방 이후 줄곧 노동당 간부로 활동하다가 해군이 창설되자 사령관으로 임명되었다.[191] 정권기관 간부로 활동하다가 인민군 간부로 임명된 대표적 인물은 해군사령부 군사교통부장 박삼철이다. 그는 교

---

190 주영복, 『내가 겪은 조선전쟁』1, 165~166쪽.

191 장학봉 외, 『북조선을 만든 고려인이야기』, 723~726쪽.

통성 산하 청진철도국 부국장으로 근무하다 해군사령부에 배치되었다.[192]

민족보위성의 간부 임명계통은 인민군총사령부시기에 비해서 더욱 확대되었다. 인민군총사령부시기, 간부의 임명계통은 인민군총사령부와 내무국을 서로 넘나들었다. 하지만 병종 간 임명계통은 보병부대 내부에서만 이루어졌다. 민족보위성의 간부 임명계통에서도 민족보위성 간부가 내무성 간부로 전임되었다. 그러나 병종 간 임명계통은 보병부대 내부를 넘어서 보병계통에서 해군계통으로, 포병계통에서 탱크병계통으로 확대되었다. 이와 함께 다른 정권기관·노동당의 간부로 활동해온 인물이 민족보위성 간부로 임명되기 시작했다. 한국전쟁 당시 인민군에서는 정권기관 간부를 군사간부로 배치하는 사례가 많았는데,[193] 이 전례는 민족보위성시기에 출현하였다.

민족보위성시기에 들어와서 간부의 임명계통이 정권기관·노동당까지 전면적으로 확대된 점은 정부수립 이후에 당·정권기관·군대가 점차 일체화되었다는 것을 의미한다. 당과 정권기관에서 활동해온 간부들은 민족보위성에 배치되어 당과 정권기관에서 축적해온 사업체계와 사업경험을 인민군에 확산시켰다. 반대로 인민군 간부들은 내무성에 배치되어 군대에서 축적해온 창군경험과 인민군의 정치사상적·군사적 특징을 내무성에 확산시켰다. 그러나 한국전쟁 이전까지 당·정·군 사이의 간부이동은 주로 군대와 정권기관 사이에서 진행되었다. 당·군 사이에 간부이동이 적었던 이유는 당시 인민군에 당단체가 조직되지 않아서 당간부가 배치될 보직이 적었기 때문이다. 당·정·군의 일체화는 북한의 사회주의 건설과정에서 수립된 일원적(一元的) 지도체제의 가장 큰 특징이며, 이 일원적 지도체제의 본질은 바로 김일성의 유일(唯一)지도체제

---

192 한일무, 「간부취천의뢰에 대하여」(1950.5.20), 민족보위성, 『〈절대비밀〉 인민군대·내무성철』, 민족보위성, 1950.6.

193 가장 대표적인 인물이 고려인 남일이다. 그는 입북 직후부터 북조선임시인민위원회 교육국 부국장, 교육성 부상을 맡는 등 계속해서 교육부문에 종사하였다. 그러다가 전쟁이 발발하자 1950년 8월에 민족보위성 부상으로 임명되었고, 휴전협정 당시에는 군사정전위원회 조선인민군 수석대표를 맡았다. 김광운, 『북한정치사연구』1, 684쪽.

이다. 민족보위성에는 한국전쟁 이후에 수립된 김일성 유일지도체제의 맹아가 출현하고 있었다. 그러나 아직까지 항일연군 출신이 당·정·군을 유일하게 장악하는 형태의 일원적 지도체제는 등장하지 않았다.[194]

민족보위성 간부구성의 세 번째 특징은 간부들의 충원경로이다. 민족보위성은 부족한 간부를 자체적으로 충원한 것이 아니라 북조선로동당을 통해 충원했으며, 민족보위성에 필요한 간부는 주로 민족보위성 간부처장이 노동당 중앙본부 간부부장에게 공문을 보내 충원하였다. 그러나 간혹 민족보위상이 직접 중앙당 간부부장에게 공문을 보내기도 했다. 민족보위상 최용건은 1950년 4월 10일에 "북조선로동당 중앙본부 간부부장"에게 「자동차 기술간부 소환의뢰에 관하여」라는 공문을 보냈다. 당시 민족보위성에는 "포견인 자동차 및 뜨락도루"를 관리하는 부서는 있었으나 기술간부가 없어서 관리를 못하고 있었다. 최용건은 중앙당 간부부장에게 "정치수준이 높고 사상의식이 견실한 자로서 로동당원인 자"이자 "자동차의 5년이상의 경력이 있는 자로서 자기가 기술적 상학제강을 작성하여 강의할만한 자"를 소환해 3명을 보내줄 것을 요청했다.[195] 또한 민족보위성 간부처장 리림은 1950년 5월 11일자로 중앙당 간부부장에게 6월 말에 각 대학 및 전문학교를 졸업하는 졸업생 중에서 민족보위성에 필요한 인원을 파견해 달라고 요청했다. 이날 민족보위성이 요청한 졸업생은 총 550명이었다.[196]

그런데 민족보위성은 군관학교 학생의 경우에는 노동당이 아니라 다른 기관에 모집을 요청해 충원했다. 조선인민군 제2중앙정치학교는 민족보위성 문

---

194 한국전쟁 이후에 구축된 김일성 유일지도체제의 내용과 특징은 다음 연구를 참고 바람. 서동만, 『북조선사회주의체제성립사』, 913~921쪽.

195 민족보위상 최용건→북조선로동당중앙본부 간부부장, 「自動車 技術幹部 召喚依賴에 關하여」(1950.4.10), 민족보위성, 『〈절대비밀〉 인민군대·내무성철』, 민족보위성, 1950.6.

196 민족보위성 간부처장 리림→북조선로동당중앙본부 당간부부장, 「각 대학 및 전문학교 졸업생 수요인원 보고에 관하야」(1950.5.11), 민족보위성, 『〈절대비밀〉 인민군대·내무성철』, 민족보위성, 1950.6.

화훈련국에서 관할했다. 문화훈련국은 1950년 5월 25일 무렵에 내무성에 "조선인민군 제2정치학교"에 입학할 학생을 추천해 달라고 의뢰했다. 이 학생들은 제2중앙정치학교의 "1년반"에 소속될 예정이었다. 내무성은 민족보위성의 의뢰에 따라 1950년 5월 25일에 「내성1처 제626호」와 6월 2일에 「내성1처 제676호」를 하달해 군무자들의 응모를 받았다. 내무성 제1처장 위대성은 6월 11일에 제2중앙정치학교 학생 선발자 110명의 명단을 중앙당 간부부장에게 발송했다.[197]

민족보위성이 노동당을 통해 간부를 충원한 것은 북조선로동당이 도입한 소련식 '당=국가체제' 때문이다. 노동당은 북한정부가 수립된 이후에 정권기관·부문기관·협동단체·사회단체·군대의 간부에 대한 당의 인사권을 확대하였다. 즉 모든 부문의 간부에 대한 인사권을 당이 장악하는 소련식 '노멘클라투라' 시스템을 전면적으로 도입하였다.

민족보위성은 기존에 인민군에서 활동해온 간부를 새로운 병종과 부대에 배치함으로써 인민군 전체에 창설경험과 운용방식을 전파하였다. 이를 통해 인민군의 전체 병종·부대는 창설경험·운용방식과 정치사상적·군사적 특징을 급속하게 공유하였다. 또한 민족보위성은 간부를 자체적으로 충원한 것이 아니라 북조선로동당을 통해 충원하였다. 그 결과 인민군은 창설 이후 2년여 만에 노동당의 지도 아래 현대적인 전면전을 수행할 수 있는 정규군으로 변모하였다. 이 같은 결과가 가능했던 것은 군대의 각 정치세력이 창군 이후에 권력의 갈등과 충돌보다 권한의 분담과 분점을 통해 무력에 의한 한반도 통일이라는 공동의 목표를 추구했기 때문이다.

북조선로동당은 1949년에 「간부배치 및 이동에 대한 규정(이하 간부취급규정)」을 채택하고, 해당기관 당원인 책임자와 간부취급 담당자 이외에는 절대 비

---

197 내무성 제1처장 위대성→북조선로동당중앙본부 당간부부장, 「(내성1처 제742호) 인민군제二정치학교 학생취천에 대하여(11인반)」, 내무성, 1950.6.11, RG 242, SA 2006, Box 16, Item 47.

밀로 취급했다. 북조선로동당은 이 규정에서 당단체, 정권기관, 교육·문화·보건기관, 경리기관·협동단체, 사회단체, 인민군대·경비대·보안대 간부에 대한 인사권을 모두 중앙당과 지방당에서 행사하라고 지시하였다. 간부취급규정에 따르면, "각급 지도기관 책임간부"는 선거로 선발되지만 상급기관, 즉 노동당의 비준을 받아 임명되었다. 이들 중에 선거로 선출하는 간부는 "취급하는 상급기관의 간부부와의 협의로써 추천하여 선거받은 후, 해당 상급기관의 비준"을 받아야 하며, "선거받지 아니하는 간부에 대하여는 배치·이동 전에 비준"을 받도록 했다. "각급기관 간부들은 규정된 상급기관의 결정과 허락이 없이는 배치, 이동, 해임, 철직시킬 수 없으며 또는 당책벌을 줄수 없다"라고 규정하였다.[198]

이 규정이 채택된 이후, 당·정권기관·부문기관·협동단체·사회단체·군대의 간부는 선출여부를 막론하고 모두 노동당의 비준을 받아야만 임명될 수 있었다. 노동당이 인사권을 장악한 조직은 당단체, 정권기관, 교육·문화·보건·경리기관, 협동·사회단체, 인민군대·경비대·보안대였다. 노동당은 간부취급 단위를 중앙정치위원회, 중앙조직위원회, 중앙당 간부부, 도당위원회, 시(구역)·군당위원회의 순위로 구분하였다. 인민군 간부 중에서 중앙조직위원회에서 인사를 취급하는 간부는 사단·여단의 부부대장 이상, 사단·여단의 정치보위부장·문화부장·작전과장·정찰과장, 연대의 부연대장 이상, 해군사령부의 참모장·부사령관이다. 노동당은 인민군에서 부연대장급 이상의 군사지휘관과 사단·여단에서 방첩임무를 수행하는 정치보위부장을 특히 중시했다. 이와 함께 노동당은 사단·여단의 간부 중에 문화부장·작전과장·정찰과장을 중시했고, 인민군에 있는 상급 문화간부를 중시했다. 노동당이 인사권을 행사한 최하급 군사간부는 대대장과 문화부대대장이었다.[199] 문화부대대장 아래의 군사간

---

198 로동당 중앙본부, 「간부배치 및 이동에 관한 규정」(1949), 『북한관계사료집』1권, 555~556쪽.

199 로동당 중앙본부, 「간부배치 및 이동에 관한 규정」(1949), 『북한관계사료집』1권, 557~559쪽.

부에 대한 인사권은 민족보위성에서 행사했다. 노동당은 문화부대대장 이상 간부에 대해 인사권을 장악함으로써 인민군에 대한 당적 통제를 실현할 수 있었다.

민족보위성과 인민군의 간부에 대한 인사권을 장악하고 있던 단위는 북조선로동당 중앙조직위원회였다. 당중앙조직위원회는 1948년 10월 27일에 중앙정치위원회 제24차 회의에서 처음 설치되었다. 조직위원회 위원장은 허가이, 조직위원은 김일성(항일연군), 허가이·김렬·박창옥·박영성(고려인)으로 구성되었다. 조직위원회는 중앙상무위원 중에서 구성하였다. 조직위원회를 설치한 것은 중앙상무위원회 사업의 일부를 맡김으로써 "집단적 지도원칙을 더욱 강화"하기 위한 조치였다. 조직위원회는 중앙당 간부부에서 취급하는 간부의 비준, 당기관 직원들의 봉급규정·인원·부서 결정, 당재정경리문제, 중앙당 내부의 일상적인 행정문제 등을 취급하였다.[200] 조직위원회에는 당의 인사권·예산권과 당의 일상적 행정문제까지 다루는 강력한 권한이 부여되었고, 조직위원은 김일성을 제외하고 모두 고려인이었다. 북조선로동당은 정부수립 이후에 집단적 지도원칙을 강화하였고, 당조직사업은 고려인들이 장악하고 있었음을 알 수 있다. 이것은 상대적으로 김일성의 당에 대한 장악력을 약화시켰다.

북조선로동당은 중앙조직위원회를 통해 북한지역 모든 부문의 간부에 대한 인사권을 장악했고, 이를 통해 각 부문에 당의 정책을 관철시키고 당의 영향력을 강화했다. 그런데 당시 내무성군대에는 당단체가 조직되었지만, 인민군에는 창설 당시부터 당단체가 조직되지 않았다.[201] 이것은 민족보위성과 인민군 각급 부대·기관의 지휘부를 특정한 정치세력이 장악한 것이 아니라 항일연군 출신·의용군 출신·고려인들이 분점(分點)하고 있었기 때문이다. 인민군은 당의 군대가 아니라 통일전선의 군대였고, 인민군의 지휘부는 정치연합적 성격

---

200 북조선로동당, 「당중앙조직위원회 사업에 대하여-당중앙정치위원회 제24차 회의 결정서」(1948.10.27), 『북한관계사료집』29권, 128~129쪽.

201 북조선로동당, 「군대내 당조직에 대하여」(1946.10.21), 『북한관계사료집』30권, 37쪽.

을 가지고 있었다.

사회주의국가에서 '당=국가체제'의 핵심인 '노멘클라투라' 시스템은 1949년 시기에 북한의 정권기관·부문기관·협동단체·사회단체·군대의 모든 부문에 전면적으로 도입되었다. 인민군에도 노멘클라투라 시스템이 도입되어 노동당이 군대 간부에 대한 인사권을 장악했다. 그러나 '당=국가체제'는 군대의 대대 이하에는 도입되지 않았고, 대대 이하 간부에 대한 인사권은 민족보위성에서 행사하였다. 또한 군대에는 노동당의 당단체가 조직되지 않았으며, 이에 따라 '당=국가체제'는 군대에서 하부단위까지 침투하거나 관철되지 못했다. 바꾸어 말하면, 인민군대는 '당=국가체제'로부터 비교적 자유롭게 창설되었으며, 내부에 다양한 정치세력과 계급들이 존재할 수 있는 열린 공간이 존재하였다. 그러므로 북한의 '당=국가체제'는 한국전쟁 이전까지 구축되지 못했다.

2. 민족보위성의 부대 창설과 계급·당원 구성

국가수립 이후 확군계획

북한지도부는 1948년 9월 9일 정부수립 직후부터 본격적으로 확군계획에 착수했다. 북조선로동당 중앙위원회는 9월 24~25일에 걸쳐 제3차 회의를 개최했고, 9월 25일에는 도·시·군위원회 위원장 연석회의를 개최했다. 이 회의에서 김일성은 미군과 소련군의 동시 철수를 요청했으며, 소련군 철수에 대비해 인민군을 강화할 필요가 있다고 강조했다. 노동당은 이후부터 '인민군대 초모(招募)사업'을 진행하기로 결정하였다. 향후에 진행하는 인민군대 초모사업은 도당위원회가 책임지고 집행하며, 도당위원회에는 10월 15일까지 「인민군대 초모사업규정」에 따라 우수한 노동당원을 선발해서 인민군에 입대시키라는 지시가 하달되었다.[202] 북조선로동당은 1948년 9월 시점에 대대적인 모병사업을 통해 확군계획에 착수하였고, 우수한 노동당원을 조직적으로 입대시켜 인민군에 대한 당적 영향력을 강화하고자 했다.

민족보위성은 확군계획에 따라 충원될 신병과 기간병력을 현대적인 정규군의 군사교리로 무장시키기 위해 1948년 9월부터 소련군의 군사교범을 본격적으로 번역해 출판하였다. 민족보위성 총참모부는 1948년 9월에 소련군의 군사교범 중에 『사격교범(직제료브경기관총)』·『군사지형학』·『강행도하』를 우리말로 번역해 군사출판부에서 출판했으며, 군사기밀 중에 "〈극비〉"와 "〈비밀〉" 등급을 부여해서 관리하였다.[203] 이 교범들은 모두 소련군에서 1945년도에 출판

---

202 김일성, 「현정세의 요구에 맞게 당과 인민군대를 강화하기 위한 몇가지 과업-북조선로동당 도, 시, 군 위원회 위원장련석회의에서 한 연설」(1948.9.25), 『김일성전집』8권, 319~324쪽.

203 조선인민군의 군사기밀 등급은 "절대비밀, 극비, 비밀"로 구분된다. 이것은 미군과 국군의 군사기밀 등급 중에서 각각 "Top Secret(1급비밀), Secret(2급비밀), Confidential(3급비밀)"에 해당한다.

〈그림 36〉 사격교범과 강행도하교범(1948년 9월 출판)

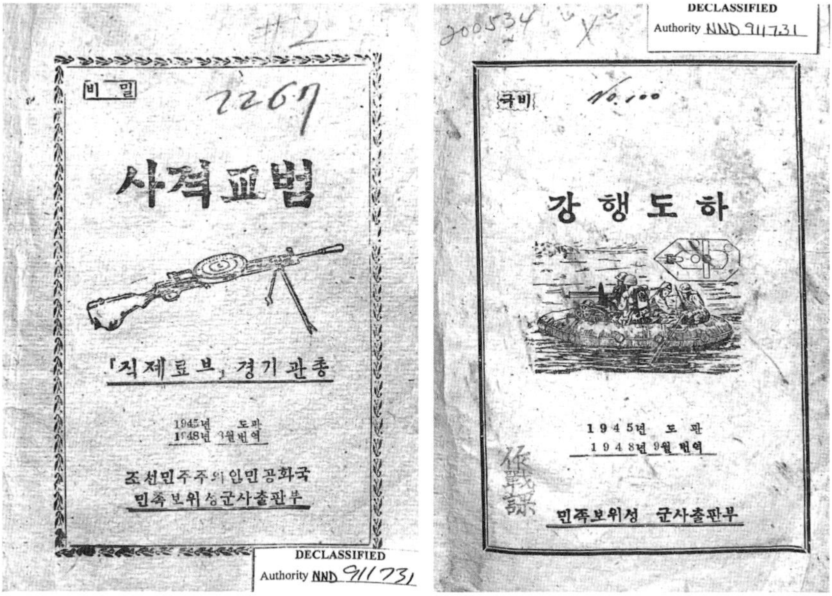

한 교범을 번역한 것으로, 소련군이 제2차 세계대전을 통해 현대화한 군사교리를 담고 있었다.[204] 특히 『강행도하』는 공격군단의 제1제대로 선정된 사단이 적이 방어하고 있는 강을 건너 주력부대를 도하시키고 교두보를 점령해 방어진지를 돌파하는 공격전술을 교육하는 교범이다.[205] 즉 민족보위성은 소련군이 제2차대전을 통해 완성한 현대적인 공격전을 담고 있는 교범들을 출판함으로써 확군계획에 따라 신편되거나 증편되는 부대를 공격형군대로 육성하려고 계획하였다.

---

204 민족보위성총참모부, 『〈비밀〉 사격교범(직제료브경기관총)』, 민족보위성군사출판부, 1948.9, NARA, RG 242, ATIS Document, No.200726; 민족보위성총참모부, 『〈極祕〉 軍事地形學』, 민족보위성군사출판부, 1948.9, NARA, RG 242, ATIS Document, No.200823; 민족보위성총참모부, 『〈극비〉 강행도하』, 민족보위성군사출판부, 1948.9, NARA, RG 242, ATIS Document, No.200534.

205 민족보위성총참모부, 『〈극비〉 강행도하』, 1쪽.

조선인민군에 대한 확군계획은 1948년 12월에 개최된 북한·중국·소련의 군사전략회의를 통해 구체화되었다. 소련 국방상 불가닌(Н. А. Булганин)은 1948년 12월 초순에 북한과 중국의 군사대표를 모스크바로 초청해서 전략회의를 개최하였다. 이 회의는 소련군 철수에 따른 조선인민군의 전력증강문제를 논의하기 위해 마련되었다. 회의에는 북한과 중국의 군사대표들과, 소련 대표로 극동군사령관 말리노프스키 원수, 바실레프스키 원수, 지상군사령관 코네프(И. С. Конев) 원수, 육전대사령부 참모총장 골로우코 제독, 소련정부 제1부수상 말렌코프 등이 참석하였다. 북한·중국·소련은 1948년 12월에 북한에서 철수하는 소련군을 대체할 수 있도록 강력한 인민군을 조직하기로 합의하였다.[206]

3국의 군사대표는 이 회의에서 인민군의 전력을 급속히 증강시키기 위해 소련의 특별군사사절단을 북한에 파견하기로 결정하였다. 이 특별군사사절단의 임무는 1948년 12월 말부터 18개월 안에 인민군의 군사력을 무력공격에 적합하도록 육성하는 것이었다. 소련의 특별군사사절단은 북한주재 소련대사로 임명된 슈티코프 상장을 비롯해 쿠바노프(Kubanov), 카투코프(Katukov), 코로테예프(Koroteyev), 자하로프(Zaharov) 등 5명의 장군, 10명의 대좌, 20명의 중좌·소좌·대위로 구성되었다. 40여 명의 군사사절단원 중에 자하로프 제독은 상륙작전의 전문가였고, 다른 4명의 장군은 기계화전의 권위자들이었다. 대좌들은 대부분 특수정보부문의 전문가였고, 하급장교들은 수송·보급·연락부문의 전문가들이었다. 특별군사사절단은 12월 말에 북한으로 파견되었다.[207]

1948년 12월에 북한·중국·소련이 합의한 조선인민군의 확군계획은 다음과 같다.

---

206 K. 칼리노프, 「소련은 어떻게 북한인민군을 건설했는가」, 『北韓』 1988년 6월호, 북한연구소 1988, 50~51쪽.

207 K. 칼리노프, 「소련은 어떻게 북한인민군을 건설했는가」, 51~52쪽.

1. 기존의 6개 보병사단을 돌격사단으로 재편한다.
1. 돌격사단을 편성하기 위해 중국공산당은 동북지역의 조선인부대 약 20,000~25,000명을 입북시켜 인민군의 기간으로 제공한다.
1. 8개의 전투사단과 8개의 예비사단을 신편해서 총 22개 사단을 편성한다.
1. 인민군의 중추가 될 기갑부대는 약 500대의 전차를 소련이 제공해서 2개 전차사단을 편성한다.
1. 인민군 공군은 국제적인 문제를 고려해 당분간 편성하지 않는다.[208]

1948년 12월 확군계획의 핵심은 공격전의 주공(主攻)이 될 6개 공격형 보병사단을 육성하고 2개 전차사단을 새로 편성하는 것이었다. 그리고 공격전의 조공(助攻)이 될 8개 보병사단과 제2제대(梯隊)가 될 8개 예비사단을 새로 편성함으로써 보병부대의 전력을 총 22개 사단으로 완편하는 것이었다. 인민군 공군의 창설은 12월 확군계획에서 제외되었는데, 이것은 국제적 문제, 즉 한반도를 둘러싼 미·소관계를 고려한 결정이었다. 이 확군계획은 소련이 군사사절단과 무기를 제공하고, 중국이 병력을 제공하는 것을 전제로 수립되었다. 즉 북한·중국·소련은 1948년 12월 시점에 상호 군사협력을 통해 인민군을 확군함으로써 한반도의 무력통일을 위한 기반을 구축하는 데 합의하고 있었다.

그런데 북한지도부의 확군계획은 1949년 3월을 기점으로 새롭게 전환된다. 북한지도부는 이전까지 소련군 철수에 따른 군사적 공백을 메우기 위해 인민군의 증강과 소련군사고문단의 확대, 상호우호원조조약의 체결을 구상했다. 그러나 북한의 확군계획은 3월에 들어서면서 전환되는데, 그 결정적 계기가 된 사건은 1949년 3월에 진행된 스탈린과 북한정부대표단의 회담이었다. 내각수상 김일성 등 7명의 각료로 구성된 북한정부대표단은 스탈린을 비롯해 소련정부와 공식적으로 회담하기 위해 2월 22일에 평양을 출발했고, 3월 3일에 모스

208 국방부 전사편찬위원회, 『한국전쟁사』1, 705쪽.

크바에 도착하였다.[209] 대표단은 3월 3일부터 20일까지 소련에 체류하였다.[210]

김일성은 3월 3일에 모스크바에 도착해 야로쓸라브역 앞에서 공식적인 도착성명을 발표했다. 그는 먼저 조선을 해방시켜준 소련군대와 정부수립에 커다란 원조를 제공한 소련에 감사를 표했다. 김일성은 "조선정부대표단의 금번 모쓰크바 방문"이 "량국간의 정치적·경제적 및 문화적 련락을 일층 확대·강화함에 기여되리라는 것을 확신"한다고 발표하였다.[211] 북한정부대표단은 3월 4일에 먼저 소련의 부수상 겸 외무상 몰로토프를 만나서 스탈린과 면담할 각종 문제를 협의했다. 대표단은 3월 5일에 스탈린과 회담했다. 스탈린은 북한정부대표단이 제출한 문제를 승낙하고, 몰로토프 부수상을 수석으로 하는 위원단을 구성해 북한정부가 제출한 모든 문제를 토의·결정하라고 지시하였다. 이후 양국 간의 경제 및 문화적 협조에 관한 협정을 체결하기 위한 회담은 북한정부대표단과 소련정부위원단 사이에 진행되었다.[212]

러시아외교문서에 따르면, 북한정부대표단은 스탈린과 3월 5일과 3월 7일에 두 차례에 걸쳐 회담하였다. 3월 5일의 첫 번째 회담 주제는 남북의 군사력 현황과 38선 충돌상황이었다.[213] 북한정부대표단은 3월 7일에 스탈린과 두 번째 회담을 진행하였다. 이 회담의 주제는 한반도의 무력통일에 관한 것이었다. 이날 회담에서 김일성은 북한의 군사적 우위와 남한지역의 유격대 활동을 앞

---

209 내각수상 김일성, 「조선민주주의인민공화국정부대표단의 쏘베트사회주의공화국련맹 방문결과보고」, 勞動省, 『로동』제2호, 개벽新報社, 1949.6.15, 5쪽.

210 북한정부대표단의 도착날짜는 기존에 3월 4일로 알려져 있으나, 이날은 소련 타스통신이 대표단의 도착소식을 보도한 날이다. 『解放後四年間의 國內外重要日誌(增補版)』, 民主朝鮮社, 1949, 250; 256쪽.

211 金日成, 「모쓰크바 야로쓸라브 역두에서 진술한 연설」(1949.3.3), 『조국의 통일독립과 민주화를 위하여』2권, 335~336쪽.

212 내각수상 김일성, 「조선민주주의인민공화국정부대표단의 쏘베트사회주의공화국련맹 방문결과보고」, 勞動省, 『로동』제2호, 5~6쪽.

213 「김일성이 지휘하는 북한정부대표단과 스탈린의 대화록」(1949.3.5), 러시아연방대통령문서보관소(АПРФ), 예프게니 바자노프·나딸리아 바자노바 저, 김광린 역, 『소련의 자료로 본 한국전쟁의 전말』, 열림, 1998, 13~14쪽; 토르쿠노프 저, 구종서 역, 『한국전쟁의 진실과 수수께끼』, 에디터, 2003, 41~43쪽.

세워 스탈린에게 무력통일을 허락해 줄 것을 요청하였다. 반면에 스탈린은 세 가지 이유를 들어 현 시점에 무력통일을 시도해서는 안된다고 충고하였다.

스탈린 : 동지는 남침해서는 안된다. 첫째, 무엇보다도 조선인민군은 남조선 군대에 대해 압도적인 우위를 확보하고 있지 못하다. 내가 알기로는 인민군이 숫적으로도 오히려 남조선 군대에 열세다. 둘째, 남조선에는 아직도 미군이 있다. 전쟁이 발발하면 미군이 개입할 것이다. 셋째, 소련과 미국 간의 38선 분할협정이 아직도 유효하다. 이 사실을 잊어서는 안된다. 이 협정이 우리 측에 의해 파기되면, 그것은 미국이 개입할 수 있는 명분이 된다.

김일성 : 그렇다면 가까운 장래에 한반도를 통일할 기회가 없다는 뜻인가? 남조선 인민들은 하루 빨리 통일해서 반동정부와 미제국주의자들의 속박으로부터 벗어나기를 열망하고 있다.

스탈린 : 적이 만약 침략의도를 가지고 있다면 조만간 먼저 공격해올 것이다. 그러면 반격할 수 있는 절호의 기회가 생길 것이다. 그때는 모든 사람이 동지의 행동을 이해하고 지원할 것이다.[214]

위의 대화록을 보면, 스탈린이 1949년 3월 시점에 무력남침을 허락하지 않은 이유는 인민군이 압도적 전력을 확보하지 못한 점과 미군의 개입 가능성 때문이었다. 그러나 대화록의 행간을 자세히 읽어보면, 스탈린은 무력남침을 무조건적으로 반대한 것이 아니라 조건부로 찬성하고 있다. 즉 국군이 먼저 공격했을 경우에는 반격이라는 명목으로 남침을 개시할 수 있으며, 그때에는 남침의 국제적 정당성이 확보될 수 있다는 것이다. 이것은 무력 공격의 의도와 준비를 갖추고 있다가, 남한의 '공격'에 맞춰서 전면적인 반격을 가한다는 '도발받

---

214 「김일성이 지휘하는 북한정부대표단과 스탈린의 대화록」(1949.3.7), АПРФ, 바자노프·바자노바, 『소련의 자료로 본 한국전쟁의 전말』, 27~28쪽; 토르쿠노프, 『한국전쟁의 진실과 수수께끼』, 44~45쪽; 드미트리 볼코고노프, 『스탈린』, 367~368쪽; 「(모스크바 새 증언1) 김일성의 남침 책략」, 『서울신문』1995.5.15.

은 정의의 반공격' 시나리오였다.[215] 중요한 점은 스탈린이 1949년 3월 모스크바 회담에서 무력남침을 사실상 승인했다는 사실이다.

북한정부대표단은 1949년 3월 17일에 모스크바에서 소련정부와 「조쏘량국간의 경제적 및 문화적 협조에 관한 협정(이하 조소경제문화협정)」을 체결했다.[216] 협정 체결식에는 소련측에서 소련 외무상 비신스키(А. Я. Вышинский)와 북한주재 소련대사 슈티코프 등이 참석했다. 북한측에서는 김일성 수상, 박헌영 부수상 겸 외무상, 홍명희 부수상, 정준택 국가계획위원장, 장시우 상업상, 백남운 교육상, 김정주 체신상, 주녕하 소련주재 북한대사 등이 참석했다.[217] 협정문은 3월 17일에 소련 전권대표 비신스키와 북한 전권대표 김일성이 날인하였고, 러시아어와 조선어로 각 2부씩 작성되었다.[218] 김일성은 귀국 후인 4월 7일에 평양비행장에서 개최된 "정부대표단 쏘련방문귀환환영대회"에서 방소 결과를 상세히 설명하였다. 그는 '인민경제발전에 필요한 시설품·기계·부속품·원료 등 중요물자와 차관을 원조받게 되었고, 소련에서 기술자와 전문가가 파견됨으로써 2개년 인민경제계획을 급속히 실현하고, 인민경제를 완전히 복구·발전시킬 수 있게 되었다'라고 보고하였다.[219]

북한과 소련이 1949년 3월에 실제로 체결한 협정은 총 4개였다. 「조소경제문화협정」은 '기본적 협정'과 '부수적 협정'으로 구성되었다. 기본적 협정은 「조

---

215 '도발받은 정의의 반공격전 시나리오'는 정병준이 개념화한 것이다. 자세한 내용은 다음 연구를 참고 바람. 정병준, 『한국전쟁』, 292~295쪽.

216 金日成, 「조선민주주의인민공화국 정부대표단의 쏘베트사회주의공화국련맹 방문사업경과보고-1949년 4월 22일 조선최고인민회의 제3차회의에서」, 『조국의 통일독립과 민주화를 위하여』2권, 349쪽.

217 다음 자료의 사진 설명에 참석자가 기록되어 있다. 북조선사진예술동맹중앙위원회, 「조쏘경제 및 문화협정」, 『빛나는 조국』, 중앙사진보도사, 1949, NARA, RG 242, SA 2007, Box 10, Item 174.

218 『解放後四年間의 國內外重要日誌(增補版)』, 民主朝鮮社, 1949, 258쪽.

219 金日成, 「조선민주주의인민공화국 정부대표단 쏘련방문귀환환영대회에서 진술한 답사」(1949.4.7, 평양비행장), 『조국의 통일독립과 민주화를 위하여』2권, 339~342쪽.

쏘량국간의 경제적 및 문화적 협조에 관한 협정」이었다. 부수적 협정은「량국간의 상품교류와 지불에 관한 협정」(이하 상품교류지불협정),「조선에 제공되는 상품에 대한 지불을 위한 크레딧트를 조선에 허여할 데 관한 협정」,「조선에 기술적 원조를 줄데 관한 협정」이었다.[220] 이상의 협정은 10년을 유효기간으로 체결되었으며, 이 기간이 끝난 후에는 양국 간의 요청에 의해 연장될 수도 있었다.[221]

총 4개 협정 중에서 확군계획과 관련된 협정은 상품교류지불협정이었다. 이 협정의 내용은 표면적으로 양국 간의 상품거래와 지불방법을 약정한 것으로 위장되었다. 북한정부는 1949년 4월에 "조쏘협정에는 어떠한 군사적 문제에 관하여서도 규정되어 있지 않았다. 조쏘협정에는 오로지 경제적 및 문화적 문제에 관하여서만 규정되어 있는 것이다. 위대한 쏘련과 우리공화국 인민들은 다만 평화만을 사랑하며 평화만을 원하고 있기 때문에 군사협정과 같은 것을 체결할 필요가 없는 것이다"라고 선전했다.[222]

그러나 이 협정은 소련이 제공하는 군수물자에 대한 차관거래를 약정한 것으로, 사실상 군사원조협정이었다. 러시아외교문서에 따르면, 협정의 전체 이름은「북한에 공급될 시설물·재료·군사시설의 구입을 위해 소련이 조선민주주의인민공화국에 제공하는 차관에 대한 조·소 정부간의 협정서」이다. 소련정부는 1949년 6월 1일부터 1952년 6월 1일까지 차관액에 해당하는 시설물·재료·군사시설을 매년 같은 금액으로 나누어 제공하기로 합의했다. 이에 대해 북한정부는 1952년 6월 1일부터 3년간 매년 같은 금액으로 차관을 상환하며, 제공된 차관에 대해 6개월마다 연 2%의 이자를 지불하기로 합의했다.

---

220 문화선전성,『선전원』11호, 문화출판사, 1949.4.30, 1~2; 9~11쪽, NARA, RG 242, SA 2009, Box 4, Item 177.

221 金日成,「조선민주주의인민공화국 정부대표단의 쏘베트사회주의공화국련맹 방문사업경과보고」,『조국의 통일독립과 민주화를 위하여』2권, 351쪽.

222 문화선전성,『선전원』11호, 4~5쪽.

북한정부는 차관과 이자를 모두 흑색금속·화학제품·금 등 현물로 상환할 예정이었다.[223]

그런데 러시아외교문서에는 3년 간의 차관 총액이 정확히 기록되어 있지 않으며, 차관제공시기가 잘못 기록되어 있다. 북한정부대표단이 4월 22일에 조선최고인민회의에 보고한 내용에 따르면, 소련은 1949년 6월 1일이 아니라 1949년 7월 1일부터 1952년 7월 1일까지 212,000,000루블의 차관을 매년 등분(等分)해서 제공하기로 합의했다. 차관에 대한 원금은 1952년 7월 1일부터 3년 동안 매년 등분해서 상환하며, 차관에 대한 이자는 연 2%였다.[224] 소련은 군수물자를 북한에 무상으로 원조한 것이 아니라 차관으로 제공하였으며, 매년 2%의 이자를 붙여서 상환받았다. 북한은 군수물자에 대한 차관과 이자를 모두 흑색금속·화학제품·금 등 현물로 갚았는데, 1949년 당시에 공업 재건을 목표로 2개년 인민경제계획을 추진하고 있었다는 사실을 감안하면 북한경제에 상당한 부담이었다.

이 협정에서 중요한 사실은 1949년 7월 1일부터 소련의 군수물자 지원이 시작된다는 점이다. 이 시점은 바로 인민군의 전력이 급격히 확충되는 기준점이었다. 또 한가지 중요한 사실은 소련의 북한에 대한 군사지원이 총 3년으로 계획되었다는 점이다. 이것은 양국이 한반도의 무력통일을 위해 단기적인 전면전을 계획했을 뿐만 아니라, 만일의 경우에 대비해 장기적인 전면전까지 염두에 두었다는 사실을 보여준다. 즉 소련과 북한은 조소경제문화협정을 통해 1949년 7월부터 1952년 7월까지 3년 동안 인민군을 현대적 육군·해군·공군을 보유한 공격형 전력으로 육성함과 동시에, 인민군이 장기전을 수행할 수 있는 전력을 유지할 수 있도록 계획한 것이다.

---

223 「몰로토프→스탈린」(1949.3.11), 외무부 번역, 『한국전쟁관련 러시아외교문서』(기본문헌), 대한민국 외무부, 1994, 12~14쪽.

224 金日成, 「조선민주주의인민공화국 정부대표단의 쏘베트사회주의공화국련맹 방문사업경과보고」, 『조국의 통일독립과 민주화를 위하여』2권, 352~353쪽.

〈그림 37〉 조·소경제문화협정 체결식(1949.3.17, 모스크바)

비고 서명자 소련 외무상 비신스키, 서명자 왼쪽부터 수상 김일성, 부수상 박헌영, 부수상 홍명희, 국가계획위원장 정준택, 상업상 장시우, 교육상 백남운, 한사람 건너 소련주재 북한대사 주녕하, 체신상 김정주. 왼쪽에서 네 번째 북한주재 소련대사 슈티코프.

조소경제문화협정은 무엇보다 북한지도부에게 무력남침에 대한 군사적 역량과 승리에 대한 자신감을 불어넣어 주었다. 문화선전성은 이 협정에 대해, "조쏘협정은 우리공화국의 국토완정과 민주자주독립의 확고부동한 담보"라고 설명하였다.[225] 나아가 '조쏘협정을 체결하게 된 사실은 국토의 완정과 완전자주독립 국가건설을 위한 조선인민의 투쟁에 대하여 쏘련이 앞으로도 계속하여 더욱 적극적인 원조를 줄 것이라는 것을 우리로 하여금 확신케 한다. 이 확신은 우리의 승리에 대한 자신심을 일층 북돋아준다. 또한 이 확신은 물질적 힘으로 전환되어 우리조국 강토로부터 미제국주의 군대를 하루 속히 쫓아내게 하며, 민족의 원수인 리승만도당의 반역 괴뢰정부를 철저히 타도분쇄하게 하는 강유력한 투쟁무기로 되는 것이다'라고 평가했다.[226]

북한지도부는 1949년 3월에 스탈린과 회담을 통해 무력남침에 대한 조건부 승인과 3년 간의 군사지원이라는 중요한 성과를 얻어냈다. 스탈린이 군사지원에 내건 조건은 인민군이 국군에 비해 압도적인 전력을 확보하는 것이었다. 따라서 북한지도부는 3월부터 확군계획을 병종별로 구체화하고, 소련에 요청

225 문화선전성, 『선전원』 11호, 19쪽.

226 문화선전성, 『선전원』 11호, 13~15; 19쪽.

할 군사지원의 세부목록을 작성하기 시작했다. 북한지도부가 자체적으로 입안한 인민군 확군계획에 입각해 소련에 군사지원을 요청한 시점은 1949년 5월이다. 김일성은 5월 1일에 스탈린에게 확군계획에 따라 부대 편성에 필요한 무기를 추가로 제공해 줄 것을 요청하였다. 김일성에 따르면, "공군을 제외한 기계화부대 및 그 외 부대의 편성은 1949년 5월에 완료하고, 공군의 편성은 9월까지 완료할 계획"이었다.[227] 김일성의 군사지원 요청내용을 보면, 북한지도부는 분명히 5월 이전에 확군계획을 구체적으로 결정했다. 5월에 공군을 제외한 기계화부대·보병부대의 편성을 완료할 계획이었으므로, 확군계획이 입안된 시점은 훨씬 빠른 시점이었을 것이다.

북한지도부가 증편하기로 결정한 부대는 1개 기계화여단, 1개 독립탱크연대, 1개 독립탱크교도연대, 1개 항공사단, 각 사단에 추가 배치할 자주포대대, 1개 포병연대, 1개 공병대대였다. 먼저, 기계화여단은 1949년 5월에 편성을 완료하고, 별도로 독립탱크연대를 편성해서 원산에 배치하며, 독립탱크교도연대도 편성할 예정이었다. 민족보위성의 각 사단에는 SU-76형 자주포대대를 신편하고, 보위성 직속으로 포병연대와 공병대대를 편성할 계획이었다. 항공사단은 1949년 9월에 2개 항공연대로 편성하며, 간부양성을 위해 독립비행교도연대를 창설할 예정이었다. 북한정부는 스탈린에게 증편부대에 필요한 무기와 탄약을 제공해 줄 것을 요청하였다. 그리고 북한주재 소련대사 슈티코프는 스탈린에게 보낸 전문에서 북한정부가 보다 많은 장교·조종사·탱크병을 훈련시키고 싶어한다는 사실을 강조하였다.[228]

확군계획의 주요내용은 보병사단의 증강, 기계화부대와 항공사단의 창설

---

227 「김일성이 스탈린에게 보낸 서한」(1949.5.1), АПРФ, 바자노프·바자노바, 『소련의 자료로 본 한국전쟁의 전말』, 69쪽; 토르쿠노프, 『한국전쟁의 진실과 수수께끼』, 134~135쪽.

228 「슈티코프가 스탈린에게 보낸 전문」(1949.5.1), АПРФ, 바자노프·바자노바, 『소련의 자료로 본 한국전쟁의 전말』, 69~70쪽; 토르쿠노프, 『한국전쟁의 진실과 수수께끼』, 134~135쪽. 토르쿠노프의 책에 인용된 전문내용이 더 자세하다.

이다. 그리고 각 보병사단의 화력과 전력을 강화하기 위해 포병연대, 자주포대대, 공병대대를 추가로 배치할 계획이었다. 또한 민족보위성 직속으로 포병연대와 공병대대를 창설해 유사시 공격부대의 전력을 증원할 계획이었다. 항공사단은 2개 항공연대와 1개 독립비행교도연대로 편성할 예정이었다. 보병부대의 증편과 기계화부대의 창설은 5월에 완료하고, 항공사단의 창설은 9월에 완료할 계획이었다.

북한지도부가 1949년에 들어서 인민군 확군계획을 실행에 옮긴 이유는 미·소 양군의 철수와 중국내전의 전황 때문이다. 미군과 소련군은 1948년 12월부터 1949년 1월 사이에 한반도에서 공식적으로 철수하였다. 소련군은 1948년 12월 16일에 북한지역에서 공식적으로 철수를 완료하였다. 그리고 슈티코프가 1949년 1월 12일에 "조선주차 쏘련특명전권대사"로 부임하였다.[229] 미군은 1948년 9월 15일부터 비밀리에 철수하기 시작했다. 이보다 앞선 8월 15일에 국군의 육성을 원조하기 위해 임시군사고문단(PMAG: Provisional Military Advisory Group)을 조직하였다. 미국은 1949년 3월에 최종 철수 시한을 1949년 6월 말로 결정한 뒤, 최종 철수에 앞서 한국의 육군·해안경비대·경찰에 무기와 장비를 이양하고 정식으로 주한미군사고문단(KMAG: Korean Military Advisory Group)을 설치하였다.[230] 북한지도부는 한반도의 군사적 규정력이었던 미·소 양군이 철수하자 무력통일구상을 실행하기 시작했다.

인민군의 확군계획에는 중국내전도 영향을 끼쳤다. 중국공산당이 지도하는 동북인민해방군(東北人民解放軍)은 1948년 11월 2일에 최종적으로 만주의 심장인 심양을 점령하였다. 이로써 중국공산당은 만주 전체지역을 장악하게 되었다.[231] 동북인민해방군은 동북전쟁 승리 이후에 동북야전군(東北野戰軍)

---

229 勞動省, 『로동』 제1호, 44~49쪽.

230 박동찬, 『주한미군사고문단 KMAG』, 130~145쪽.

231 中國共産黨中央委員會, 「中國共産黨中央委員會 全東北解放을 電祝」(1948.11.3), 『延邊文化』 第一期 第二號, 延邊文化雜誌社, 1948.11.20, 3쪽.

으로 개편되어 "전국인민해방전쟁의 최후승리"를 위해 중국 관내로 진격하였다.[232] 중국공산당이 만주를 완전히 장악함으로써 북한은 후방지역의 안전을 보장받게 되었다. 또한 중국공산당의 군사적 승리는 북한지도부의 무력통일론에 자신감을 불어넣어 주었다. 미·소 양군이 철수하고 중국공산당이 동북전쟁에서 승리하자, 북한지도부는 무력으로 한반도를 통일하려는 국토완정론을 본격적으로 실행에 옮기기 시작한 것이다.

확군계획의 내용은 보병사단의 증강, 기계화부대와 항공사단의 창설이었지만, 확군계획의 핵심은 조선인부대의 입북이었다. 1948년 11월에 동북인민해방군이 만주를 완전히 점령한 이후, 2개 조선인사단은 관내로 진출하지 않고 만주에 남아서 위수임무를 수행했다. 동북야전군 제166사(師)는 조선의용군 제1지대를 모체로 증편된 부대인데, 1948년 11월 2일부터 동북군구에 편입되어 심양시 위수임무를 맡았다.[233] 동북야전군 제164사는 조선의용군 제3지대를 모체로 증편된 사단인데, 제3지대는 동북민주연군 독립11사로 개편되어 1948년 4월부터 장춘포위전에 투입되었다. 독립11사는 1948년 10월 19일에 장춘전투가 종료되자 제164사로 개편되어 장춘시 위수임무를 맡았다.[234]

북한정부는 확군계획을 바탕으로 1949년 4월 30일에 중국공산당에 중국인민해방군 내 조선인부대를 인계해 줄 것을 공식적으로 요청하였다. 군사교섭을 위해 중국에 파견된 인물은 바로 문화훈련국장 김일(金一)이었다. 김일은 북한주재 중국 통상대표를 대동하고 4월 28일에 평양을 출발해, 5월 1일에 북경에 도착해서 중국공산당 지도부와 공식 회담을 가졌다. 그는 조선인사단을 북한에 이전시켜 달라는 조선로동당의 요청서한을 모택동에게 제출하였다. 모택동은 3개 사단 중 2개 사단은 심양과 장춘에 주둔하고 있으며, 1개 사단은 공

---

232 東北日報社論, 「瀋陽解放과 東北解放을 慶祝하자」, 『延邊文化』第一期 第二號, 1~2쪽.

233 김중생, 『조선의용군의 밀입북』, 83~88쪽.

234 김창덕, 「제2차 장춘해방전투를 회상하여」, 『중국동북해방전쟁참가자들의 회상기』1, 조선로동당출판사, 2011, 177~187쪽.

격작전에 참가하고 있다고 대답했다. 그는 만주에 배치되어 있는 2개 사단은 완전무장한 상태로 언제든지 북한정부에 이전할 수 있으며, 나머지 1개 사단은 중국내전이 종료된 이후에 이전할 수 있다고 답변했다.[235]

북한지도부는 1948년 12월부터 1949년 1월 사이에 미·소 양군이 철수하고 중국공산당이 동북전쟁에서 승리하자 무력통일구상을 본격적으로 추진한 것이다. 이 무력통일구상에 따라 인민군의 확군계획이 수립되었다. 확군계획의 핵심은 조선인부대의 입북과 보병사단의 증편을 통한 육군의 증강, 새로운 기계화부대와 항공사단의 창설이었다.

육군의 증강과 해군·비행사단의 창설

그러나 북한지도부의 확군계획은 최소한 1948년 8월부터 구상되었다. 1948년 8월 확군계획의 시점과 내용은 민족보위성이 추진한 인민군 보병부대의 증편과 기계화부대의 창설계획에서 확인할 수 있다.

첫째, 민족보위성은 1948년 9월부터 육군을 대폭 증강하였다. 먼저 북한지역에서 기존에 편성된 보병부대를 증편하거나 새로운 보병부대를 창설하였다. 인민군 보병독립여단은 1948년 9월 9일에 인민군 제3보병사단으로 승격되었다고 알려져 있다. 제3사단은 10월에 들어서 제2사단 제6연대가 제3사단에 편입되어 제8연대로 개편되고 장비가 보충되면서 완편사단이 되었다. 제3사단장은 김광협 소장이 맡았고, 사단사령부는 원산에 설치되었다. 제3사단은 예하에 제7연대(덕원), 제8연대(평강), 제9연대(홍남), 포병연대(원산)를 두었고, 화천,

---

235 「슈티코프가 스탈린에게 보낸 전문」(1949.5.15), АПРФ, 바자노프·바자노바, 『소련의 자료로 본 한국전쟁의 전말』, 56~57쪽; 토르쿠노프, 『한국전쟁의 진실과 수수께끼』, 117~118; 120쪽. 부대주둔지에 대해 바자노프·바자노바의 책에는 "목단과 장춘", 토르쿠노프의 책에는 "봉천과 장춘"으로 번역되어 있다. "봉천"은 심양의 일제시기 지명이므로 심양과 장춘이 맞다.

철원, 복계, 양양 등지의 38선 경비임무를 담당하게 되었다.[236] 그러나 보병독립여단이 제3보병사단으로 개편된 시점은 9월 9일이 아니라 10월 16일이다.[237] 보병독립여단 참모장은 창설 당시 오진우(吳振宇)였다.[238] 제3사단으로 증편된 후, 사단 참모장은 장평산(張平山)이 맡았고, 포병부사단장은 박우섭(朴禹燮)이 맡았다.[239]

1948년 10월 당시 제3사단의 사단장은 항일연군 출신 리영호, 제1대대장은 항일연군 출신 김창봉, 제2대대장은 항일연군 출신 전문섭, 대전차대대장은 안평길, 통신대대장은 항일연군 출신 전문욱이었다.[240] 1949년 5월 8일 당시 제3사단 포병연대장은 허봉학(許鳳學)이었고, 포병연대 제1대대장은 최오철이었다.[241] 제3사단 제3연대(인민군 제9연대) 포병 부연대장은 강병찬이었다. 그는 1949년 5월에 민족보위성 직속 제17포병연대장으로 전임되었다.[242] 이 부대는 바로 1949년 3월 확군계획에서 보위성 직속으로 편성하기로 계획되었던 포병연대이다.

또한 민족보위성은 1948년 10월 15일에 평남 대동군 유사리에 인민군 제4독립혼성여단을 창설하였다. 여단장은 리권무(李權武) 소장이 맡았고, 참모장

---

236 국방부 전사편찬위원회, 『한국전쟁사』1, 688~689쪽.

237 보병독립여단 76mm포병대대 체육교원 박순희는 1948년 10월 16일에 제3사단 편성과 동시에 제3사단 제9연대 체육교원으로 임명되었다. 박순히, 『민족보위성 리력서』, 제17포병련대, 1950.1.18, NARA, RG 242, SA 2009, Box 10, Item 21.2.

238 육군정보국, 『人民軍特報』, 254쪽.

239 제395軍部隊 副部隊長 장평산, 「指令: 夏期戰鬪訓練을 爲한 方式上學 組織에 관하야」(1950.4.17); 제395군부대 포병부사단장 박우섭(朴禹燮), 「指令: 1950년도 하기 戰鬪訓練計劃의 一部分 發給에 關하야」(1950.6.6), 砲兵參謀部, 『指令存根綴』, 民族保衛省 砲兵指揮局, 1950.6.15, NARA, RG 242, SA 2013, Box 1, Item 115.

240 HQ, USAFIK, *G-2 Weekly Summary*, No.161(1948.10.8~10.15), 『북한정보요약』4, 426~427쪽.

241 조학범, 『조선인민군대 이력서』, 조선인민군집단군사령부 간부부, 1948.9.25.

242 강병찬, 『민족보위성 리력서』, 제17포련대, 1949.9.12, NARA, RG 242, SA 2009, Box 10, Item 22.17.

은 허봉학 대좌가 맡았으며, 여단사령부는 대동군에 설치되었다. 여단 예하에는 제1대대(진남포), 제2대대(신의주), 제3대대(평양), 포병대대(평양), 5개 직할대대(진남포)를 두었다.[243] 그후 제4독립혼성여단은 1950년 4월에 제2사단에서 1개 연대, 중국에서 1개 조선인 독립연대를 인수받아 진남포에서 제4보병사단으로 승격되었다. 사단장은 의용군 출신 리권무, 참모장은 항일연군 출신 허봉학이 맡았다. 사단은 제16·17·18연대와 포병연대를 보유함으로써 완편사단이 되었다.[244]

1948년 10월 중순에 신편된 제3사단과 제4여단은 모두 소련 적군 근위보병사단을 모델로 창설되었다. 1935년 이후부터 소련군의 기본전술단위인 보병사단은 3개 보병연대, 2개 포병대대, 1개 전차대대·대전차대대·독립정찰대대·독립고사포대대·독립통신대대·공병대대 등으로 편성되었다. 1942년에 소련군에 도입된 근위보병사단은 10,670명으로 편제되었으며, 사단의 화력을 강화하기 위해 일반 보병사단에 비해 자동화기기를 32% 더 배치하였고 포병연대에도 1개 포대를 추가하였다. 또한 소련군은 1944년에 모든 근위보병사단에 고사포대대를 추가로 배치했고, 통신·공병을 강화하기 위해 통신중대를 통신대대로, 2개 중대로 편성된 공병대대를 3개 중대로 확편했다.[245] 제4여단은 직속부대의 단위가 사단보다 낮지만 직속부대의 병종은 근위보병사단과 유사하다. 민족보위성은 소련군이 독소전쟁을 치루면서 현대적인 전격전에 적합하도록 보병부대 화력을 강화한 근위보병사단을 모델로 2개 보병부대를 창설한 것이다.

확편계획의 핵심인 중국인민해방군 소속 조선인부대의 입북은 1949년 7월부터 실현되었다. 심양 위수임무를 수행하고 있던 제166사는 1949년 7월

---

243 장준익, 『북한인민군대사』, 103쪽.

244 국방부 군사편찬연구소, 『6·25전쟁사』1권, 279쪽.

245 이재훈, 『蘇聯軍事政策』, 211; 309; 331쪽.

〈그림 38〉 조선인민군 보병부대의 주둔지(1948년 10월 현재)

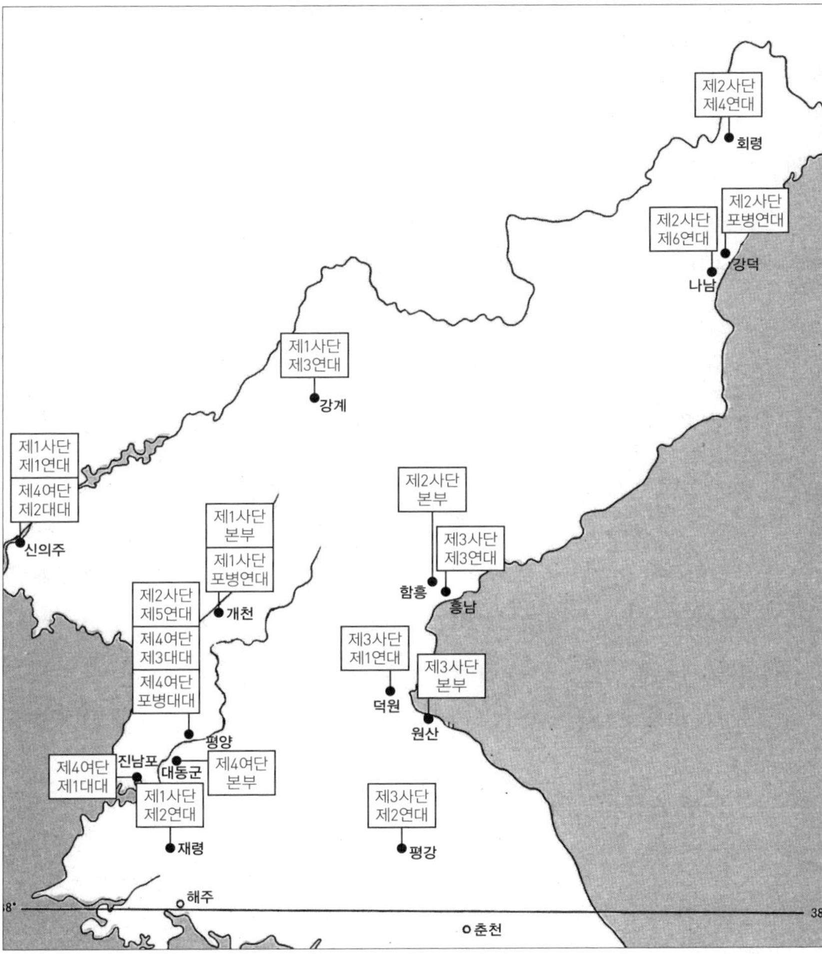

출처 국방부 군사편찬연구소, 『6·25전쟁사』1권, 국방부 군사편찬연구소, 2004, 302쪽.

20일에 심양을 출발했다. 부대병력은 사단직할대 2,810명, 제496단(團, 연대) 2,541명, 제497단 2,402명, 제498단 2,402명으로 총병력은 10,321명이었다. 그 외 1개 중대 129명이 1949년 9월 28일에 심양을 출발했다. 입북한 제166사단의 총병력은 10,450명이었다.[246] 제166사는 신의주에 도착한 직후에 정식으로 인민군 제6사단으로 전환되었다. 제166사 예하의 제496단은 제13연대로, 제497단은 제14연대로, 제498단은 제15연대로 개편되었다. 제6사단은 1949년 10월에 남쪽으로 이전했으며, 사단본부와 제13연대는 황해도 사리원시, 제14연대는 해주시, 제15연대는 재령군에 각각 주둔하였다.[247]

장춘 위수임무를 수행하고 있던 제164사는 1949년 7월 23일에 장춘을 출발했다. 부대병력은 사단직할대 2,389명, 제490단 2,610명, 제491단 2,679명, 제492단 2,528명, 포병단 615명으로 총병력은 10,821명이었다.[248] 사단은 단(團)별로 하루의 시차를 두고 화물열차로 이동하였다. 제164사는 기차를 타고 도문(圖們)을 거쳐 남양으로 입북하였다. 그후 나남으로 이동해 군기수여식을 마치고 인민군 제5사단으로 개편되었고, 사단 예하의 제490·491·492단은 각각 제10·11·12연대로 전환되었다.[249]

중국인민해방군 제164사가 공식적으로 조선인민군 제5사단으로 개편된 날짜는 1949년 7월 25일이다. 김정남은 1949년 7월 24일까지 "중국인민해방군 164사 491단"에 소속되어 있다가, 7월 25일자로 "조선인민군 5사단 11련대"에 소속되었다.[250] 제164사가 7월 24일에 북한지역의 주둔지에 도착한 사실을 감안하면, 중국인민해방군 소속 조선인부대는 북한에 도착한 다음날에 바로

---

246 염인호, 『또하나의 한국전쟁』, 479~480쪽. 중국군의 부대단위를 우리말로 옮기면 다음과 같다. 병단(兵團-군), 군(軍-군단), 사(師-사단), 단(團-연대), 영(營-대대), 련(連-중대), 패(排-소대), 반(班-분대).

247 김중생, 『조선의용군의 밀입북』, 144~146; 174~175쪽.

248 염인호, 『또하나의 한국전쟁』, 479쪽.

249 김중생, 『조선의용군의 밀입북』, 146~147쪽; 림용기, 「제1차 장춘해방전투와 박락권련대장」, 『중국동북해방전쟁참가자들의 회상기』1, 173쪽. 림용기는 이 부대에서 중대정치지도원이었다. 그는 입북 이후에 새로 조직된 사단에서 정찰중대장으로 임명되었다.

250 김정남의 「군인복무관계」에도 "조선군에(해방후) 참가 유무"에 "1949.7.25. 조선인민군 편입"이라고 기록되어 있다. 13사단 21련대, 『간부리력서(김정남)』, 13사단 21련대, 1951, NARA, RG 242, ATIS Document, No.203790.

조선인민군에 편입되었음을 알 수 있다. 조선인부대의 병사들은 입북 직후에 인민군의 내무규정과 규율규정을 새로 학습하면서 인민군 병사로 재교육되었다.[251]

1949년 7월에 입북한 2개 사단은 모두 3개 보병연대와 1개 포병연대로 편성되어 있었고, 병력은 10,450~10,821명이었다. 이 2개 사단은 편제와 병력규모가 소련군 근위보병사단 및 인민군 보병사단과 유사했기 때문에 별도의 부대 개편이나 병력의 증원 없이 즉시 인민군으로 전환될 수 있었다.[252]

조선인부대의 입북은 제164사의 입북 이후에 잠시 중지되었다. 그리고 1949년 10월 1일에 중국공산당이 최종적으로 중국내전에서 승리해 중화인민공화국이 수립되면서 다시 재개되었다. 민족보위성 장성 김광협은 1950년 1월 중순에 직접 중국으로 건너가 중국군에 있는 조선인병사들을 전원 입북시켜 줄 것을 요청하였다. 중국인민해방군 총참모부는 2월 초에 제4야전군 지휘부에 조선인 병사들을 집결시키라고 지시하였다. 제4야전군 제12병단 제43군 제156사는 강서군구(江西軍區)의 지시에 따라 하남성(河南省) 정주(鄭州)로 북상해서 1950년 2월 22일에 독립15사로 개편되었다. 사단장은 전우(全宇), 참모장은 지병학(池炳學)이 맡았으며, 총병력은 12,000명이었다.[253] 독립15사단 사단장 전우는 중국정부가 수립된 직후인 1949년 11월 4일에 이미 조선인 병사들에게 공개적으로 '조국으로 돌아가서 조선의 반동파를 타도하고 조선 인민을 해방하기 위해 분투해야 한다'라고 호소하였다. 이들의 입장에서 입북은 중국공산

---

251 김정곤, 「태백산맥에 휘뿌린 피」, 정협 연변조선족자치주 문사자료위원회 편, 『(연변문사자료 제10집) 돌아보는 력사』, 료녕민족출판사, 2002, 250~251쪽. 김정곤은 제4야전군 제72사 제12단 제2영 제4련에서 복무하다가 1949년 7월에 입북해 나남에서 인민군 제5사단 제12연대 제2대대 제4중대에 편입되었다.

252 미군도 중국인민해방군의 제164사와 제166사가 1949년 7~8월에 입북해서 인민군 제5사단과 제6사단으로 재편된 사실을 정확히 파악하고 있었다. HQ, FECOM, *History of the North Korean Army*, pp.23~24.

253 김중생, 『조선의용군의 밀입북』, 150~152쪽; 156사실전록 편집위원회, 「156사의 만리진군로선 및 주변 전쟁형세 략도」, 『156사 실전록』, 연변교육출판사, 2002, 103~104; 345쪽.

당에 의한 파병이 아니라 조국으로의 귀환이었다.[254] 조선인 병사들은 스스로 "우리는 그 누가 강박하여 간 것이 아니"라 "조선북부의 민주정권을 보위하기 위한 동정심에서 자각적으로 행동한 것"이라고 인식하였다.[255]

독립15사는 1950년 4월 15일을 전후해 하남성 정주에서 직행열차를 타고 입북했다.[256] 독립15사는 4월 18일에 원산에 도착했고, 4월 25일에 민족보위상 최용건이 참석한 가운데, 인민군 제12사단으로 개편되었다. 독립15사단 제1단은 제30연대, 제2단은 제31연대, 제3단은 제32연대, 포병단은 제12포병연대로 개편되었다. 이로써 1949년 7월부터 1950년 4월까지 인민군에 3개 보병사단이 신설되었고, 33,000명 이상의 병력이 새로 충원되었다.[257] 그 결과 민족보위성은 1950년 4월 현재 총 7개 보병사단을 보유하게 되었다. 인민군은 1948년 2월 8일 창설 당시 2개 보병사단과 1개 보병여단을 보유한 방어형 군대에서 1950년 4월에 이르러 7개의 완편된 보병사단을 보유한 공격형 군대로 재편되었다.

북한지도부는 1950년 3월부터 앞의 보병사단과 다른 수준의 예비보병사단을 창설하기 시작했다. 인민군은 1949년 10월부터 평북 신의주, 평남 숙천,

---

254 廉仁鎬, 「中國 國共內戰期의 滿洲 朝鮮人部隊에 關한 硏究(1948~1950)-中國人民解放軍 第4野戰軍 獨立15師團을 中心으로」, 『한국독립운동사연구』22, 독립기념관 한국독립운동사연구소, 2004.8, 222~223쪽.

255 김재만 구술, 한태악 정리, 「빛나는 전투일생」, 정협 연변조선족자치주 문사자료위원회 편, 『(연변문사자료 제10집) 돌아보는 력사』, 134~141쪽. 김재만은 제4야전군 제14병단 제42군에서 기포련 제1패장으로 복무하다가 1950년 5월 25일 원산에 도착해 인민군 제5사단 제11연대 제3대대 기포중대(9중대) 제1소대장으로 임명되었다.

256 길재준·리상전, 『중국동북해방전쟁을 도와』, 303~304쪽.

257 장준익, 『북한인민군대사』, 458쪽; HQ, FECOM, *History of the North Korean Army*, p.24. 미군은 중국인민해방군 제156사가 입북한 사실을 파악하고 있었으나, 정보의 내용은 정확하지 못했다. 미군은 제156사와 제15사를 별개의 부대로 인식해서 2개 사단이 입북했다고 분석했고, 이 부대가 최초에 인민군 제7사단으로 개편되었다가 그후에 제12사단으로 변경되었다고 분석했다. 그러나 독립15사는 제7사단으로 개편된 적이 없고, 입북 직후에 바로 제12사단으로 개편되었다. 또한 미군은 1949~1950년에 입북한 조선인부대의 병력을 실제보다 10,000명 이상 적은 20,000~22,000명 규모로 파악하고 있었다. HQ, FECOM, *History of the North Korean Army*, p.24.

〈그림 39〉 1950년 4월에 입북한 중국인민해방군의 조선인부대

비고 1950년 2월 8일, 호남성(湖南省) 형산(衡山)에 주둔하던 중국인민해방군 소속 조선인과 중국인의 이별 기념사진. 이들은 3월에 하남성(河南省) 정주(鄭州)에 집결해서 제4야전군 독립 제15사에 편입된 뒤, 4월 18일에 원산에 도착해서 조선인민군 제12사단으로 재편되었다.

함북 회령에 3개 민청훈련소를 설치하고, 17~30세의 청년들을 입대시켜 신병훈련을 시작했다. 3개 민청훈련소는 1950년 6월 중순에 사단 편성을 완료하고 보병사단으로 개편되었다. 제1민청훈련소는 제13보병사단으로 개편되었고, 사단장은 항일연군 출신 최용진(崔勇進)이 맡았다. 제2민청훈련소는 제10보병사단으로 개편되었고, 사단장은 의용군 출신 리방남(李芳南)이 맡았다. 제3민청훈련소는 제15보병사단으로 개편되었고, 사단장은 항일연군 출신 박성철(朴成哲)이 맡았다. 민청훈련소를 모체로 편성된 인민군 제10·13·15사단은 다른 사단과 마찬가지로 예하에 각각 3개 보병연대와 1개 포병연대, 직속부대를 둔 완편사단이었다. 그러나 장비와 병력수, 훈련수준이 다른 사단에 비해 떨어지는 예비사단이었다.[258]

---

258 장준익, 『북한인민군대사』, 118~119쪽.

둘째, 민족보위성은 1948년 8월부터 기계화부대의 창설을 계획하였다. 김일성은 1948년 8월 10일에 제2사단 제4연대장으로 근무하던 류경수를 불러서 탱크연대 창설임무를 부여하였다. 김일성이 류경수를 탱크연대 창설 책임자로 배치한 이유는 류경수가 해방 직후에 철도경비사령관으로 철도경비대를 창설한 경험이 있기 때문이다. 탱크연대에 근무할 병력은 인민군총사령부가 신편부대에 보내기 위해 선발한 군관·하사관·전사 중에서 배치하기로 결정했다. 김일성은 류경수에게 새로 배치되는 군인들을 대상으로 2~3개월 동안 탱크의 구조, 작용원리, 사격원리, 운전법, 전투방법을 가르쳐서 탱크병으로 육성하라고 지시하였다. 민족보위성은 새로 창설되는 탱크연대를 모체로 향후에 대규모 기계화부대를 편성할 계획이었다.[259]

이 같은 준비과정을 거쳐 1948년 10월 말에 인민군 탱크요원과 탱크학생 400명을 기간으로 "제105땅크대대"가 창설되었다.[260] 그리고 북한에 잔류했던 소련전차연대가 1948년 12월 3일에 최종 철수하면서 제105탱크대대에 T-34 탱크 60대, SU-76 자주포(СУ-76, Самоходная установка-76) 30문, 모터찌크(Мотоцикл) 60대, 차량 40대를 인계하였다. 이때 최표덕(崔表德) 중좌 등 소련군 탱크장교 15명이 소련군사고문단에 포함되어 잔류하였다. 제105탱크대대는 소련군으로부터 인계받은 장비를 기반으로 1948년 12월에 "제105땅크연대"로 증편되었다. 연대장은 항일연군 출신 류경수 중좌가 맡았으며, 예하에 2개 탱크대대, 1개 자주포대대, 공병중대, 통신중대, 전차수리중대, 군의소를 두었다.[261] 인민군 탱크부대는 최표덕처럼 기갑전과 탱크병교육 경험이 풍부한 군사

---

259 김일성, 「조선인민군 제2경보병사단 4련대장 류경수에게 준 지시」(1948.8.10), 『김일성전집』 8권, 204~205쪽.

260 국방부 전사편찬위원회, 『한국전쟁사연구』 제1집, 국방부 전사편찬위원회, 1966, 31쪽.

261 국방부 전사편찬위원회, 『한국전쟁사』 1, 692쪽.

고문단에 의해 육성되었다.[262]

탱크연대는 1948년 말에 연대 안에 군관강습소와 전사강습소를 개설해 탱크군관과 탱크병을 양성하여 1949년 5월 초에 졸업시켰다. 또한 1945년 말에 소련의 군사학교로 유학보낸 1,000여 명의 학생들이 1948년 말 귀국하자 이들을 탱크연대의 기간요원으로 배치하였다. 민족보위성은 1949년 5월 16일에 탱크연대를 "인민군 제105땅크여단"으로 증편하였다. 탱크여단은 예하에 T-34 탱크 40대씩을 보유한 "제107땅크연대·제109땅크연대·제203땅크연대"와, 2,500명의 병력과 차량으로 구성된 제206기동화연대, SU-76 자주포 64대로 구성된 자주포대대, 200대의 모터찌크로 구성된 제303기동정찰대대, 제506통신대대, 공병대대, 운수대대, 전차수리소, 군의소를 두었다. 탱크여단은 총 120대의 T-34 탱크를 보유하였고, 총병력은 6,000여 명에 달하였다. 여단사령부·직할대대·제206기동화연대·제208교도연대·제107탱크연대는 평양 사동에 주둔하였고, 제109탱크연대는 황해도 남천에, 제203탱크연대는 강원도 철원에 주둔하였다. 여단장은 류경수 소장이 맡았다.[263] 탱크여단의 문화부여단장은 고려인 안동수, 기술부여단장은 고려인 박일무, 참모장은 고려인 천이완이 맡았다.[264] 제2탱크연대장은 일제시기에 철도 역원과 탄광 임금계산원으로 활동한 김태련이 맡았다. 제2탱크연대 참모장은 의용군 출신 정강이 맡았고, 제

---

262 선행연구에는 최표덕이 한국전쟁 전에 인민군 전차사령관이었다고 서술되어 있지만, 그는 인민군 군관이 아니라 소련군사고문단원으로 '인민군 탱크장갑차병 총고문'이었다. 본명은 최뾰뜨르 이바노비치이며 고려인이다. 최표덕은 대일전·독소전쟁에 소련군 탱크부대 중대장·대대장으로 참전했으며, 1943년부터 탱크학교와 탱크훈련연대에서 대대장·연대장으로 근무하면서 직접 탱크병을 양성했다. 소련군 전투영웅이며, 북조선로동당 조직부장 허가이(許哥而)의 장인이다. 장준익, 『북한인민군대사』, 26쪽; Д.В. ШИН, Б. Д. ПАК, В. В. ЦОЙ, *СОВЕТСКИЕ КОРЕЙЦЫ НА ФРОНТАХ ВЕЛИКОЙ ОТЕЧЕСТВЕННОЙ ВОЙНЫ 1941-1945*, л.557(우동현 번역).

263 장준익, 『북한인민군대사』, 125~126쪽.

264 장학봉 외, 『북조선을 만든 고려인이야기』, 389~393; 672쪽.

1탱크연대 기술부연대장은 일본군에서 운전수로 근무했던 리상권이 맡았다.[265]

셋째, 민족보위성은 1949년 8월 28일에 해군을 공식적으로 창설하였다. 그리고 민족보위성은 해군의 지휘부로 "해군훈련국"을 신설하였다. 해군훈련국장은 고려인 한일무(韓一武), 참모장은 고려인 김원무(金元武)가 맡았다. 이로써 인민군 해군은 해군훈련국의 지휘를 받게 되었다.[266] 해군훈련국 작전부장은 고려인 김칠성(金七星)이 맡았고,[267] 해군훈련국 문화부장은 고려인 주청준이 맡았다.[268] 민족보위성 해군훈련국은 인민군 내부에서 "해군사령부"로 불렸다.[269] 사령부는 문화부, 정치보위부, 통신부, 공병부, 정보부, 전투훈련부, 기전부, 간부부, 재정부, 수로부, 대열부, 작전부, 방위사령부, 군의부, 후방부로 구성된 것으로 알려져 있다.[270] 해군사령부는 예하에 3개 위수사령부와 해군군관학교, 해군기술훈련소를 설치했다.[271] 해군훈련국 간부구성의 특징은 주요간부가 모두 고려인들로 구성되었고, 항일연군 출신이나 의용군 출신이 없었다는 점이다.

인민군의 해군은 해군군관학교에서 졸업한 200여 명의 기간장교를 바탕으로 청진기지에서 발족하였다. 창설요원들은 발족 이후에 지리적 사정으로

---

265 「(부대명칭 없음)」, NARA, RG 242, SA 2005, Box 3, Item 7, 박명림, 『한국전쟁의 발발과 기원』Ⅱ, 724~725쪽.

266 국방부 간행물에는 인민군 해군의 관할권 이전일이 1949년 12월로 서술되어 있으나, 인민군 해군의 공식 창설일은 1949년 8월 28일이다. 북한은 지금도 이날을 '해군절'로 기념하고 있다. 국방부 전사편찬위원회, 『한국전쟁사』1, 694쪽; 「북한, 해군절 맞아 '잠수함 탄도탄' 발사 성공 선전」, 『연합뉴스』 2015.8.28.

267 장학봉 외, 『북조선을 만든 고려인이야기』, 145~146쪽. 이 책에는 김칠성이 1948년 10월 1일에 작전부장으로 임명되었다고 기록되어 있으나, 날짜가 잘못되었다.

268 박종효 편역, 『러시아 연방 외무성 대한정책자료』1, 449쪽. 이 책에는 주청준의 직책이 교육부장으로 잘못 번역되어 있다.

269 장준익, 『북한인민군대사』, 130쪽.

270 국방부 군사편찬연구소, 『6·25전쟁사』1권, 290~291쪽.

271 장준익, 『북한인민군대사』, 130쪽.

〈도표 6〉 조선인민군 해군의 편성

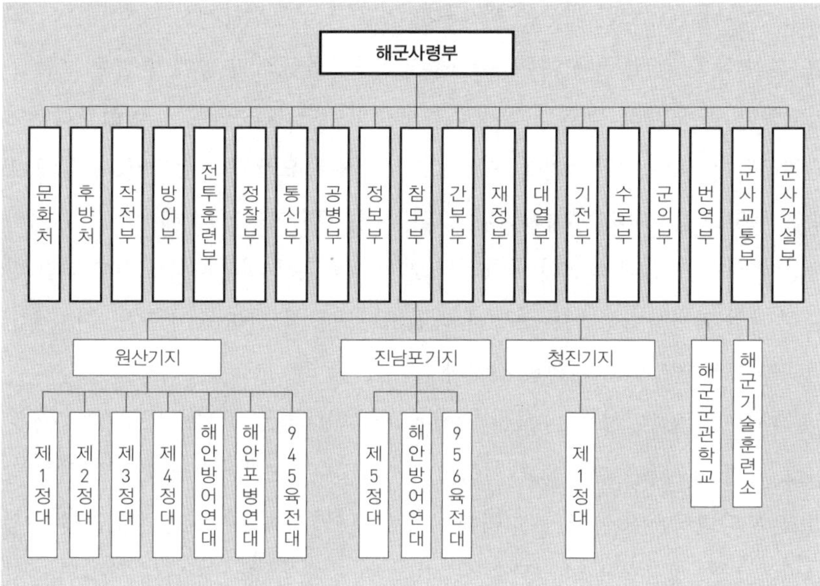

비고 청진기지의 제1정대는 1950년 2월에 원산기지 예하로 이동.

청진에 설치했던 중앙기지를 원산으로 이전하였고, 원산에 정대(艇隊)를 편성하였다. 그리고 청진·원산·진남포기지에 각각 위수사령부를 설치하였다. 청진기지는 제1위수사령부, 원산기지는 제2위수사령부, 진남포기지는 제3위수사령부로 불렸다. 해군의 중앙기지였던 원산기지는 4개 정대, 해안방어연대, 해안포병연대, 육전대[272]로 편성되었다. 정대는 제1·2·3·4정대로 편성되었고, 해안포병연대는 3개 대대로 편성되었으며, 육전대는 연대급이었다.[273]

---

272 인민군의 육전대는 "해병대 및 공수병(락하산병)의 통칭"이다. 군사정보부대 편, 『북괴군사술어집』, 80쪽.

273 국방부 군사편찬연구소, 『6·25전쟁사』2권, 국방부 군사편찬연구소, 2005, 711~712쪽. 이 책에는 원산기지에 육전대인 제956군부대도 배속되었다고 서술되어 있으나, 제956군부대는 진남포기지 예하에 있었다.

인민군 해군은 1941년 독소전쟁 이후에 소련군이 도입한 해군 편제를 모델로 창설되었다. 소련 해군은 제2차대전시기에 군사전략에서 적 함대와의 교전, 적의 상륙 저지, 적에 대한 함포 공격, 병력·화물의 수송에 중점을 두고 조직되었다. 이에 따라 각 함대에 새로운 구축함여단, 잠수함여단, 어뢰정여단이 배치되었다. 또한 연안방어를 목적으로 연안방위요새가 건설되었고, 각 요새에는 해안포병부대가 배치되었다. 그리고 1941년 여름부터 해군기지 방어와 지상군 강화를 위해 육전대가 창설되었다.[274] 인민군 해군에서 도입한 연안 항만 중심의 위수사령부, 어뢰정부대, 해안포병부대, 육전대는 이 같은 소련 해군의 부대구성을 모델로 편성된 것이다.

넷째, 민족보위성은 1949년 12월에 항공연대를 증편해서 병종부대 중 하나로 "항공사단(航空師團)"을 창설하였다. 사단장은 조선의용군 출신 왕련이 맡았고, 부사단장은 일본군 출신 리활이 맡았다.[275] 문화부사단장은 고려인 유성걸이었고,[276] 참모장은 의용군 출신 김만영이었다.[277] 항공사단이 창설된 정확한 날짜는 알 수 없다. 김일성은 1949년 12월 18일에 '제867군부대' 비행사 및 근무원반 졸업식 연설에서 항공대를 확대·강화하기 위해 앞으로 항공교도대와 항공전투부대를 별도로 편성하겠다고 밝혔다.[278] 따라서 항공사단은 12월 상순에 창설되었음을 알 수 있다. 항공사단의 부대명칭은 1950년 1월 17일에

---

274 이재훈, 『蘇聯軍事政策』, 252~253; 287쪽.

275 국방부 전사편찬위원회, 『한국전쟁사』1, 699쪽; 제855군부대, 『〈비밀〉 개인비행수첩: 최현옥』, 제855군부대, 1950, NARA, RG 242, SA 2007, Box 8, Item 13E. 리활의 직책은 『개인비행수첩』을 참고했다.

276 장학봉 외, 『북조선을 만든 고려인이야기』, 500쪽; 박종효, 『러시아 연방 외무성 대한정책자료』1, 448쪽.

277 제855군부대, 『〈비밀〉 개인비행수첩: 최현옥』, 제855군부대, 1950.

278 김일성, 「항공대를 확대강화하기 위하여-조선인민군 제867군부대 비행사 및 기술근무원반 졸업식에서 군인들과 한 담화」(1949.12.18), 『김일성전집』10권, 조선로동당출판사, 1994, 407~409쪽.

"제11비행사단"으로 공식적으로 변경되었다.[279]

비행사단은 창설 직후인 1950년 1월 25일 당시에 3개 연대와 2개 직속대대로 편성되었다. 예하연대로는 "추격기연대, 습격기연대, 교도연대"가 있었고, 직속대대로는 "제1기술대대, 제2기술대대"가 있었다.[280] 비행사단은 1950년 1월 26~28일 사이에 부대를 대폭 증편하였다. 1월 28일 당시 비행사단은 여전히 "추격연대, 습격연대, 교도연대"와 직속대대로 편성되었지만, 습격기연대는 "습격기1연대, 습격기2연대"로 증편되었고, 직속대대도 "제1기술대대, 제2기술대대, 제3기술대대"로 증편되었다.[281]

비행사단은 한국전쟁 직전까지 4,135명의 병력, 180명의 비행사, 226대의 비행기를 보유했다. 그러나 비행사단은 정규군이 아니라 정규군으로 창설되는 과정에 있었기 때문에 전력이 불완전했다. 대표적으로 83%의 비행사는 속성과정을 졸업한 병력이었고, 이들을 대체할 수 있는 예비비행사도 없었다. 또한 비행사단이 보유한 비행기의 약 27%는 고장이 잦은 소련제 노후기종이었고, 비행기의 예비부품은 15~50%만 확보된 상태였다. 비행사단의 전투력을 감안하면, 북한지도부는 장기전이 아니라 선제타격을 통한 단기전을 계획한 후, 비행사단을 주력이 아닌 보조전력으로 설정하고 있었다.[282]

민족보위성의 비행사단은 1938년 이후에 소련군 공군에 정착된 편제를 모델로 창설되었다. 소련군은 1938년부터 공군의 기본전술단위를 항공중대에서 항공연대로 변경하였다. 그리고 소련지도부는 1940년부터 공군이 지상군

---

279 제56추격기련대 참모부, 「번호 및 대호규정에 관하여」(1950.1.17), 제二대대, 『〈극비〉 상부지시문철』, 제56추격기련대, 1950.5, NARA, RG 242, SA 2010, Box 3, Item 164.

280 「人員統計表」(1950.1.25), 師團대열과, 『日報』, 飛行師團, 1950.2.28, NARA, RG 242, SA 2009, Box 2, Item 117.

281 「간부부족 병종별 통계표」(1950.1.28), 師團대열과, 『日報』, 飛行師團, 1950.2.28.

282 김선호, 「한국전쟁 직전 북한공군의 실제전력 연구-비행사단의 병력과 무기 현황을 중심으로」, 『軍史』89, 국방부 군사편찬연구소, 2013.12, 165~172; 191~192쪽.

부대 지원, 후방 공격, 적의 기동·확산 제압, 제공권 장악 등 독자적인 작전을 수행할 수 있도록 편제를 확대·개편했다. 소련군은 기존의 항공여단을 해체하고 4~6개의 항공연대를 기본으로 하는 항공사단을 창설하였다. 연대는 수행임무에 따라 전투항공연대, 강습항공연대, 폭격항공연대로 구분되었다.[283] 따라서 비행사단은 1940년 이후에 소련군이 공군에 독자적인 작전수행능력을 부여하기 위해 도입한 항공사단을 모델로 창설되었음을 알 수 있다.

한국전쟁 직전까지 인민군에 정규 공군이 창설되지 않은 것은 북한과 소련의 서로 다른 정세인식 때문이었다. 북한지도부의 입장에서 정규 공군은 전면전을 일으키는 데 필수적인 무력이었다. 그러나 소련은 인민군이 강력한 공군을 보유하는 것을 바라지 않았다. 1948년 12월에 소련특별군사사절단의 일원으로 입북한 자하로프(M. B. Захаров) 장군은 소련이 인민군 공군의 창설을 지연시킨 이유에 대해 다음과 같이 증언했다. '인민군이 강력한 공군과 우수한 기계화부대를 함께 보유한다면, 신속히 부산을 점령하고 대마도를 경유해 시모노세키(下關)와 사세보(佐世保)까지 공격할 것이다. 이것은 미국과의 전쟁을 뜻하는 것이며, 소련은 결코 미국과의 전쟁을 원하지 않는다.'[284] 소련측은 미국과의 전면전을 피하기 위해 공격전의 핵심인 공군의 창설을 지연시킨 것이다. 소련과 북한은 정규 공군 창설을 두고 이견이 있었지만, 북한지도부는 개전의 열쇠를 쥐고 있던 모스크바의 지시를 벗어나지 않았다.

비행사단의 특징은 주요지휘관이 대부분 일본군 출신이었다는 점이다. 추격기연대 연대장은 서주필이었고, 참모장은 김남학이었다. 예하부대의 경우, 제1대대장은 현용서, 제2대대장은 박경옥, 제3대대장은 안성득이었다.[285] 습격

283 이재훈, 『蘇聯軍事政策』, 217; 249쪽.

284 K. 칼리노프, 「소련은 어떻게 북한인민군을 건설했는가」, 58쪽. 칼리노프 중령은 소련특별군사사절단의 일원으로 북한에 파견되었던 인물이다.

285 추격기련대, 『〈극비〉 련대간부명단』, 추격기련대, 1950.1.1, NARA, RG 242, SA 2010, Box 2, Item 47.4.

기연대 연대장은 최현옥이었다. 예하부대의 경우, 제1대대장은 리영일, 제2대대장은 강대용, 제3대대장은 장연진이었다.[286] 교도연대 연대장은 허민국이었고,[287] 참모장은 김한욱이었다.[288] 예하부대를 보면, 제1대대장은 리흥부였으며, 제2대대장은 알 수 없고, 제3대대장은 김영곤이었다.[289]

비행사단의 지휘관 중에 추격기연대장 서주필, 습격기연대장 최현옥, 교도연대장 허민국은 모두 일본군 출신이었다. 또한 추격기연대 제1대대장 현용서, 제2대대장 박경옥, 습격기연대 제1대대장 리영일, 제2대대장 강대용, 제3대대장 장연진, 교도연대 제1대대장 리흥부도 모두 일본군 출신이었다.[290] 즉, 비행사단에 있는 3명의 연대장 전원과 9명의 대대장 중에 6명의 대대장이 일본군 출신이었다. 반면에 항일연군 출신·고려인·국내공산주의자는 비행사단에서 연대장 이상의 지휘관을 맡지 못했다.

조선인민군의 전투서열과 정치세력의 변화

인민군은 민족보위성이 창설되기 이전에 이미 편성을 완료한 제1사단과 제2사단을 보유하고 있었다. 1948년 10월 당시 인민군 제1사단과 제2사단의 편제와 간부구성은 다음과 같다. 제1사단을 보면, 사단장은 최광(崔光), 참모

---

286 정중우, 「군관상학조 명단 제출에 대하여」(1950.1.7), 조선인민군 861군부대 문화부, 『잡서류철』, 제861군부대, 1950.5, 국립중앙도서관 소장 노획문서.

287 항공사단 교도연대, 『렬락병명단』, 항공사단, 1950, NARA, RG 242, SA 2009, Box 2, Item 133.

288 허민국·김한욱, 「일보표」(1950.2.2), 師團대열과, 『日報』, 飛行師團, 1950.2.28.

289 허민국·최희훈, 『〈비밀〉 명령 제248호: 군관들에 대한 군사귀정 및 제식체육훈련 실시에 관하여』, 제567군부대 참모부, 1950.6.10, NARA, RG 242, SA 2007, Box 10, Item 39. 부부대장의 이름은 '최희춘'이 맞다.

290 윤응렬, 『상처투성이의 영광』, 78; 120; 136쪽; 玄龍瑞, 『黨課』, 국립중앙도서관 소장 노획문서; 張然鎭(飛行科 軍官), 『自敍傳』, 平壤學院, 1946.

장·제1연대장·제2연대장·포병연대장은 미상, 제3연대장 최현이다. 사단사령부는 평북 개천, 제1연대는 평북 신의주, 제2연대는 황해도 재령, 제3연대는 평북 강계, 포병연대는 평북 개천에 주둔하고 있었다. 제2사단을 보면, 사단장은 리청송(李青松),[291] 제4연대장은 류경수, 제5연대장은 최용진, 제6연대장은 리영호, 포병연대장은 미상이다. 사단사령부는 함남 함흥, 제4연대는 함남 회령, 제5연대는 평양, 제6연대는 함남 나남, 포병연대는 함남 강덕에 주둔하고 있었다.[292]

그런데 선행연구에서 파악된 인민군 보병사단의 전투서열에는 오류가 있다. 위의 기록과 달리 최현은 1948년 8월 초에 38경비보안대가 38경비여단으로 개편되자 여단장에 임명되었다.[293] 정부수립 이후 제1사단 제3연대장은 알 수 없다. 제2사단 제5연대장은 1948년 3월 17일부터 9월 26일까지 최용진이 맡았으며, 1949년 1월에는 정병갑이 맡았다.[294] 이후 최용진은 잠시 제2연대장을 맡다가 1948년 12월 초에 북조선중앙보안간부학교의 후신인 제1중앙군관학교 교장으로 취임했다.[295] 제1연대장 리권무는 1947년 말에 소련고문의 월권행위를 문제삼아 충돌했다가 병사로 강등된 후 다시 복직하였다.[296] 그는 신설된 제4독립혼성여단장에 임명되었다. 리권무가 강등된 후에는 제2사단 제6연대장 리영호가 제1사단 제1연대장을 맡았다가 다시 제3사단장으로 임명되었

---

291 한상구, 「최태환의 증언」, 377쪽; 최태환, 『젊은 혁명가의 초상』, 56쪽.

292 최태환, 『젊은 혁명가의 초상』, 58~59쪽. 이 책에는 제1사단 제2연대장이 김웅이라고 기록되어 있으나, 김웅은 민족보위성 전투훈련국장으로 이동하였다. 제1사단 포병연대장은 리기건이라고 기록되어 있으나, 그는 1948년 5월에 월남하였다. 「以北人民軍第一師 李參謀長逃走越南」, 『경향신문』1948.5.7.

293 HQ, USAFIK, *G-2 Weekly Summary*, No.157(1948.9.10~9.17), 『북한정보요약』4, 249~250쪽.

294 황원호, 『민족보위성 리력서』, 민족보위성, 1949.8.25, NARA, RG 242, SA 2009, Box 10, Item 22.12.

295 육군정보국, 『人民軍特報』, 256쪽.

296 한상구, 「최태환의 증언」, 377쪽.

다.[297]

최춘국은 제1사단 제3연대장으로 근무하다가 내무성 경비처 해안경비국장으로 발령받았다.[298] 제2사단 제4연대장 류경수는 민족보위성 창설 이후에 제4연대장으로 있다가 1948년 12월에 제105탱크여단장으로 임명되었다. 류경수의 후임으로는 의용군 출신 리호(李虎)가 임명되었다.[299] 주한미군 정보보고서에 따르면, 1948년 6월 현재 제1사단 참모장은 의용군 출신 한경(韓璟)이었다.[300] 1948년 7월 초순 현재, 제2사단 제4연대장은 의용군 출신 장평산, 제1사단 제1연대 참모장은 고려인 리동호, 전임 제1사단 제1연대 참모장은 항일연군 출신 김대홍이었다고 한다.[301] 주한미군의 정보는 착오가 있는데, 장평산은 1950년 3월 23일 당시 제2사단 제4연대 참모장이었으며,[302] 1948년 11월 20일 당시 제3사단 포병연대 제1대대장은 최오철이었다.[303]

한편, 민족보위성이 창설되면서 보직이 변경된 지휘관들이 있다. 제1사단장 김웅은 민족보위성 전투훈련국장으로 이동하였고, 후임 제1사단장으로는 제1사단 참모장 최광이 부임하였다. 제1사단 문화부사단장 김봉률은 민족보위성 포병지휘국 부국장으로 이동하였다. 제1사단 제1연대장 리권무는 1948년 10월 신설된 제4독립혼성여단 여단장으로 이동하였다. 제1사단 제2연대장 최원은 민족보위성 정찰국장으로 이동하였고, 제1사단 포병연대장 리기건은

---

297 육군정보국, 『人民軍特報』, 256쪽.

298 육군정보국, 『人民軍特報』, 258쪽.

299 육군정보국, 『人民軍特報』, 257쪽.

300 육군정보국, 『人民軍特報』, 257쪽.

301 HQ, USAFIK, *G-2 Weekly Summary*, No.147(1948.7.2~7.9), 『북한정보요약』3, 539쪽.

302 第三九五軍部隊 副部隊長 張平산, 「指令: 機關短銃 및 實彈射擊에 消비할 彈丸割당에 關하야」(1950.3.23), 砲兵參謀部, 『指令存根綴』, 民族保衛省 砲兵指揮局, 1950.

303 조학범, 『조선인민군대 이력서』, 조선인민군집단군사령부 간부부, 1948.9.25. 조학범의 이력서에 제1대대장이 "최오철"로 기록되어 있다.

1948년 5월에 월남하였다.[304] 제2사단 제4연대장 류경수는 제105탱크여단장으로 이동하였다. 제4독립혼성여단 참모장 허봉학은 1949년 5월 제3사단 포병연대장으로 이동하였다가 다시 제4사단 참모장으로 복귀하였다. 보병부대 일부 지휘관은 내무성군대 부대장으로 전임되었다. 제1사단 제3연대장 최현은 1948년 8월에 38경비여단 여단장으로 부임했다. 제2사단 참모장 리익성은 이미 1947년 8월에 내무국 독립여단장으로 전임된 바 있다.[305]

민족보위성이 창설된 이후에 보직 이동이 잦아짐에 따라 현재까지 확인할 수 없는 지휘관이 많다. 그러나 전임된 사실이 명확하지 않은 지휘관들은 간부책임제에 따라 보직에 계속 재임하고 있었을 것이다. 제2사단 문화부사단장은 림해, 제3사단 문화부사단장은 주연, 제3사단 제7연대장은 전문섭, 제8연대장은 유용구, 제9연대장은 김창봉으로 추정된다. 이중에서 림해는 1948년 여름에 소련 방문 군사사절단의 일원으로 모스크바를 방문했다. 그는 1948년 후반기에 개인적 문제로 군대에서 퇴역당했다. 그후 민간인 신분으로 있다가, 1950년 6월 11일에 다시 복권·복직되었다.[306] 림해의 후임 문화부사단장은 확인할 수 없다.

또한 1950년 2월 23일 당시 인민군에서 활동하던 고려인들의 직책과 명단을 통해서도 인민군의 간부구성을 확인할 수 있다. 이들 중 보병부대 지휘관은 "제2사단 사령관 리청송, 군사정치학교 교장 최종학, 제1사단 대중교화사업 부부장 김태권, 제2사단 대중교화사업 부부장 김명석, 제3사단 대중교화사업 부부장 김학천, 제6사단 대중교화사업단 부단장 한성천" 등이다. 직책명 중에 "대중교화사업 부부장"은 문화부사단장을 오역한 것이다.[307] 따라서 문화부사단

---

304 「以北人民軍第一師 李參謀長逃走越南」, 『경향신문』1948.5.7.

305 육군정보국, 『人民軍特報』, 257쪽.

306 주영복, 『내가 겪은 조선전쟁』1, 227쪽.

307 박종효, 『러시아 연방 외무성 대한정책자료』1, 448~449쪽. 이 책에는 인민군 제105탱크여단 문화부여단장 안동수의 직책이 "탱크여단 대중교화부 부부장"으로 잘못 번역되어 있다.

장은 제1사단 김태권, 제2사단 김명석, 제3사단 김학천, 제6사단 한성천이다.

이상에서 확인한 민족보위성 창설 이후 인민군 병종부대의 편제와 간부를 정리하면 다음과 같다.

〈표 11〉 민족보위성 병종부대의 편제와 간부(1950년 5월 현재)[308]

상급부대	하급부대(주둔지)	지휘관
제1사단	사단본부(개천)	사단장 최광[항], 문화부사단장 김태권[고](전임 김봉률[고]), 참모장 한경[의](전임 최광[항])
	제1연대(신의주)	연대장 미상(전임 리권무[의]→리영호[항])
	제2연대(평양)	연대장 미상(전임 최원[고])
	제3연대(강계)	연대장 미상(전임 최현[항])
	포병연대(신의주)	연대장 미상(전임 리기건[만])
제2사단	사단본부(나남)	사단장 리청송[고], 문화부사단장 김명석[고](전임 림해[의]), 참모장 미상(전임 류신[의])
	제4연대(회령)	연대장 류경수[항]→리호[의]
	제5연대(나남)	연대장 최용진[항]→정병갑[항]
	제6연대(나남)	연대장 리영호[항]→후임 미상
	포병연대(강덕)	연대장 한진덕
제3사단	사단본부(원산)	사단장 김광협[항]→리영호[항], 문화부사단장 김학천[고](전임 주연[의]), 포병부사단장 박우섭[항], 참모장 오진우[항]→장평산[의], 포병참모장 김봉기(金鳳基)
	제7연대(덕원)	연대장 미상(전임 전문섭[항])
	제8연대(평강)	연대장 김증동[항](전임 유용구[의])
	제9연대(흥남)	연대장 미상(전임 김창봉[항])
	포병연대(원산)	연대장 허봉학(49.5.8)[항]

308 꺾쇠 안은 간부들이 속해 있는 정치세력을 표시한 것이다. [항]은 동북항일연군 출신, [의]는 조선의용군 출신, [고]는 고려인, [만]은 만주군 출신, [국]은 국내 출신, [일]은 일본군 출신을 뜻한다. 제5사단과 제6사단의 편제와 간부는 다음 책을 참고했다. 이들은 모두 조선의용군 출신이다. 김중생, 『조선의용군의 밀입북』, 146~148쪽.

상급부대	하급부대(주둔지)	지휘관
제4사단	사단본부(진남포), 직속부대(평양)	사단장 리권무[의], 문화부사단장 미상, 참모장 허봉학(50.4)[항]
	제16·17·18연대·포병연대	
제5사단	사단본부(나남)	사단장 김창덕, 참모장 겸 포병부사단장 박송파, 문화부사단장 장복(張福), 후방부사단장 관건(關鍵)→김립(金粒)
	제10연대(나남)	연대장 박정덕, 참모장 계우섭(桂宇燮), 문화부연대장 정길운(鄭吉雲)
	제11연대(나남)	연대장 김봉문, 참모장 정범(鄭範)
	제12연대(나남)	연대장 왕휘, 참모장 윤명환(尹明煥), 문화부연대장 김도룡(金道龍)
제6사단	사단본부(신의주)	사단장 방호산, 참모장 노철룡, 문화부사단장 홍림(洪林), 포병부사단장 심청(沈靑), 후방부사단장 박민(朴民)
	제13연대(재령)	연대장 한일해, 참모장 장훈(張勳), 문화부연대장 최진작(崔進作)
	제14연대(사리원)	연대장 황석, 참모장 김성일(金成日), 문화부연대장 주룡
	제15연대(신의주)	연대장 조관, 참모장 현파(玄波), 문화부연대장 지기철→신학균, 포병부연대장 리빈(李賓), 후방부연대장 김성춘, 사단포연대장 장우철(張宇哲)
제12사단	사단본부(원산)	사단장 전우, 참모장 지병학, 문화부사단장 김강(金剛), 포병부사단장 최아립(崔亞立), 후방부사단장 김윤식(金潤植), 작전과장 최봉준
	제30연대(원산)	연대장 최학훈(崔學勳), 참모장 리모출(李謀出), 문화부연대장 계홍(桂弘)
	ㅍ(원산)	연대장 리원성(李原城), 참모장 김철(金哲), 문화부연대장 리성진(李成進)
	제32연대(원산)	연대장 황동화(黃東華), 참모장 장준(張俊), 문화부연대장 김하석(金夏錫)
제10사단	사단본부(숙천)	사단장 리익성[의]
제13사단	사단본부(신의주)	사단장 최용진[항]
제15사단	사단본부(회령)	사단장 박성철[항]
제105탱크 여단	본부·직속부대(평양)	여단장 류경수[항], 문화부여단장 안동수[고], 기술부여단장 박일무[고], 참모장 천이완[고]
	제107탱크연대(평양)	기술부연대장 리상권[일]
	제109탱크연대(남천)	연대장 김태련[국], 참모장 정강[의]→후임 미상
	제203탱크연대(철원)	
	교도연대	연대장 정강[의]
해군	해군사령부(평양)	사령관 한일무[고], 참모장 김원무[고], 문화부장 주청준[고], 작전부장 김칠성[고]
	원산기지(원산)	제1·2·3·4정대, 해안방어연대, 해안포병연대, 제945육전대
	진남포기지(진남포)	제5정대, 해안방어연대, 제956육전대
	청진기지(청진)	제1정대(청진→원산), 해안방어부대

상급부대	하급부대(주둔지)	지휘관
비행사단	사단본부(평양)	사단장 왕련[의], 부사단장 리활[일], 문화부사단장 유성걸[고], 참모장 김만영[의]
	추격기연대(평양)	연대장 서주필[일], 참모장 김남학[모름], 제1대대장 현용서[일], 제2대대장 박경옥[일], 제3대대장 안성득[모름]
	습격기연대(함주)	연대장 최현옥[일], 제1대대장 리영일[일], 제2대대장 강대용[일], 제3대대장 장연진[일]
	교도연대(함주)	연대장 허민국[일], 제1대대장 리흥부[일], 제3대대장 김영곤[모름]

1948년 9월부터 시작된 확군사업의 결과, 1950년 5월 현재 인민군은 7개 보병사단, 3개 예비보병사단, 1개 기계화여단(탱크여단), 해군, 공군부대(비행사단), 직속부대를 보유한 소련식 정규군으로 완성되었다. 소련군의 일반적인 보병군단은 1941년 이후에 3개 보병사단, 2개 군단포병연대, 고사포대대, 공병대대, 통신대대, 지원부대로 편성되었다. 그리고 지상군의 최고편성단위인 군(Armiya)은 2~3개 보병군단, 1개 기계화군단, 항공·공병·통신·지원 등 특수임무부대로 편성되었다.[309] 인민군은 보병의 최고전술단위인 2개 군단과 예비부대를 편성할 수 있는 전력으로 완성되었고, 소련 지상군의 1개 군에 항공부대가 증편되고 해군이 결합되는 방식으로 편성되었다. 그러나 소련 지상군의 군과 비교하면 기계화부대의 전력이 미약했다.

민족보위성 예하부대의 지휘관 중에서 연대장·문화부사단장 이상의 간부를 정치세력별로 구분하면 다음과 같다. 이름과 경력을 확인할 수 있는 인물은 총 54명이다. 항일연군 출신은 제1사단장 최광, 제13사단장 최용진, 제15사단장 박성철, 제3연대장 최춘국, 1대 제4연대장이자 제105탱크여단장 류경수, 제5연대장 최용진·정병갑, 제3사단장 김광협·리영호, 1대 제3사단 참모장 오진우, 제7연대장 김창봉, 제8연대장 전문섭, 제4사단 참모장 허봉학, 제12사단

---

309 이재훈, 『蘇聯軍事政策』, 242~243쪽.

참모장 지병학[310] 등 14명이었다.

의용군 출신은 제1사단 참모장 한경, 2대 제4연대장 리호, 2대 제3사단 참모장 장평산, 제4사단장 리권무, 제5사단장 김창덕, 제5사단 참모장 박송파, 제5사단 문화부사단장 장복, 제5사단 제10·11·12연대장 박정덕·김봉문·왕휘, 제6사단장 방호산, 제6사단 참모장 노철룡, 문화부사단장 홍림, 제6사단 제13·14·15연대장 한일해·황석·조관, 제10사단장 리익성, 제12사단장 전우, 제12사단 문화부사단장 김강, 제12사단 제30·31·32연대장 최학훈·리원성·황동화, 제105탱크여단 교도연대장 정강, 비행사단장 왕련, 비행사단 참모장 김만영 등 25명이었다.

고려인은 제1사단 문화부사단장 김태권, 제2사단장 리청송, 제2사단 문화부사단장 김명석, 제3사단 문화부사단장 김학천, 제105탱크여단 문화부여단장 안동수, 제105탱크여단 기술부여단장 박일무, 제105탱크여단 참모장 천이완, 해군사령부 참모장 김원무, 해군사령부 문화부장 주청준, 해군사령부 작전부장 김칠성, 비행사단 문화부사단장 유성걸 등 11명이었다. 일본군 출신은 비행사단 부사단장 리활, 추격기연대장 서주필, 습격기연대장 최현옥, 교도연대장 허민국 등 4명이다.

인민군총사령부시기 보병부대의 간부는 항일연군 출신이 17명, 의용군 출신이 12명, 고려인이 2명으로 항일연군 출신이 가장 많았고 고려인이 가장 적었다. 항일연군 출신은 집단군총사령부에 이어서 인민군총사령부에서도 보병부대 간부로 가장 많이 임명되었다. 인민군총사령부의 임명비율은 집단군총사령부와 유사했다. 그러나 민족보위성이 설립된 후 병종부대 간부 54명 중에서

---

310 지병학은 1950년 4월에 제4야전군 독립15사 참모장으로 입북했지만, 원래 동북항일연군 출신이다. 그는 동북항일연군 제2군의 김일성부대 출신으로 1935년 6월 제2차 북만원정에 참가한 인물이다. 그는 소련 극동군 제88독립여단에 있다가 해방 이후에 연변으로 파견되었다. 그후 훈춘현 경비대 대대장, 길동분구사령부 보안대 제5연대장, 제4야전군 제156사 제16연대 부연대장으로 활동했다. 김일성, 『세기와 더불어』 4권, 169쪽; 길재준·리상전, 『중국동북해방전쟁을 도와』, 273쪽.

의용군 출신은 25명(46.3%), 항일연군 출신은 14명(26%), 고려인은 11명(20.3%), 일본군 출신은 4명(7.4%)이다. 조선의용군 출신은 인민군 병종부대 지휘관 중 46.3%를 차지해 항일연군 출신을 제치고 최대세력으로 부상하였다.

인민군총사령부시기와 비교해 보면, 병종부대 간부 가운데 항일연군 출신은 3명이 감소했고, 고려인은 9명이 증가했다. 의용군 출신은 13명이 증가했고, 일본군 출신은 4명이 새로 임명되었다. 새로 임명된 고려인은 보병사단·탱크여단·해군사령부·비행사단의 문화부대장, 해군사령부 참모장·작전부장, 탱크여단 기술부연대장·참모장을 맡았다. 새로 임명된 의용군 출신은 보병사단 사단장·참모장·연대장, 탱크여단 교도연대장, 비행사단 사단장·참모장을 맡았다. 의용군 출신 25명 중에 17명은 1949년 7월과 1950년 4월에 입북한 중국인민해방군의 조선인부대 지휘관이었다. 새로 임명된 일본군 출신은 비행사단의 부사단장·연대장을 맡았다. 고려인은 주로 병종부대 문화부대장과 해군사령부 지휘부로 충원되었다. 의용군 출신은 병종부대 사단장·참모장·연대장과 비행사단 지휘부로 충원되었다. 일본군 출신은 비행사단 부부대장과 연대장으로 충원되었다.

민족보위성 지휘부의 간부 중 항일연군 출신은 8명(21%), 의용군 출신은 7명(18.5%), 고려인은 23명(60.5%)였다. 이에 비해 민족보위성 병종부대의 간부 중 항일연군 출신은 14명(26%), 의용군 출신은 25명(46.3%), 고려인은 11명(20.3%), 일본군 출신은 4명(7.4%)이다. 민족보위성 지휘부의 최대 정치세력은 고려인이었고, 병종부대의 최대 정치세력은 의용군 출신이었다. 이로써 고려인과 의용군 출신은 민족보위성의 양대 정치세력으로 자리잡았다.

민족보위성에서 고려인과 의용군 출신이 급격히 증가한 첫 번째 이유는 1948년 12월에 소련군이 철수하고 1949년 7월부터 중국인민해방군의 조선인부대가 입북했기 때문이다. 고려인들은 북한정부가 수립되기 이전까지 대부분 소련군사령부에 소속되어 활동하였고, 중국내전에 참전한 조선인들은 중국공산당에 소속되어 중국혁명에 동원되었다. 그러나 북한에 인민민주주의국가가 수립되고 중국혁명이 최종적 승리를 앞두게 되면서 소련군사령부와 중국인민해방군에 소속되어 있던 간부들이 인민군에 급속히 유입되었다. 그 결과 항일연군 출신은 인민군에서 상대적으로 감소하였다. 이처럼 민족보위성의 간부구성은 북·소관계와 중국혁명의 변화로부터 직접적인 영향을 받았다.

민족보위성에서 고려인과 의용군 출신이 급격히 증가한 두 번째 이유는 아직까지 해방 이후에 군사부문에서 육성된 인물들이 상급간부로 성장하지 못했기 때문이다. 해방 이후에 육성된 인물들은 민족보위성에서 연대장 이하 직급까지 진급해 있었다. 예를 들어 민족보위성 직속 제17포병연대장 강병찬과 제1대대장 정정환은 평양학원 제2기 졸업생으로 보안간부훈련소 제1소 제4중대(포병과)에서 포병간부로 성장한 인물이다. 제17연대 제3대대 통신군관 김기봉은 제1사단 포병연대 전화수로 근무하다 인민군 제1중앙군관학교를 졸업한 인물이다. 해방 이후에 군사부문에서 성장한 인물들이 민족보위성에서 임명된 최고 직급은 직속 연대장이다. 이처럼 민족보위성은 창군과정에서 육성된 간부의 직급이 낮았기 때문에 군사경력이 없는 인물들도 군사간부로 등용하였다. 대표적으로 탱크여단 제2탱크연대장 김태련은 일제시기 철도 역원과 탄광 임금계산원으로 활동한 인물로 군사부문과는 전혀 관련이 없었다. 제1탱크연대 기술부연대장 리상권도 일제시기 일본군부대에서 운전수로 근무한 인물이었다.

민족보위성 예하부대의 연대장 이상 직급은 대부분 해방 이전부터 정치·군사부문에서 활동했고, 창군과정을 주도해온 3대 정치세력이 맡았다. 반면에 민족보위성 예하부대의 연대장 이하 직급은 해방 이후에 평양학원과 북조선중앙보안간부학교 등 군사부문에서 배출된 인물들이 담당하였다. 이와 달리 해방 전에 군사경력이 없었지만, 국가건설과정에서 능력과 사상이 검증된 새로운 인물들이 발탁되어 인민군의 연대장과 기술부연대장으로 임명되었다. 결국 민족보위성 간부충원은 창설간부·육성간부·영입간부를 통해 이루어졌으며, 이 같은 간부충원방식은 인민군 간부충원의 대표적인 세 가지 경로였다.

민족보위성 병종부대의 각 부대장을 보면, 제1사단장은 항일연군 출신 최광, 제2사단장은 고려인 리청송, 제3사단장은 항일연군 출신 김광협·리영호, 제4사단장은 의용군 출신 리권무, 제5사단장은 의용군 출신 김창덕, 제6사단장은 의용군 출신 방호산, 제12사단장은 의용군 출신 전우, 제105탱크여단장은 항일연군 출신 류경수, 해군사령관은 고려인 한일무, 비행사단장은 의용군 출신 왕련이 임명되었다. 부대장에는 3대 정치세력이 모두 임명되었다. 항일연군 출신은 4명으로 제1사단장·제3사단장·탱크여단장을 맡았다. 고려인은 2명으로 제2사단장과 해군사령관을 맡았다. 의용군 출신은 5명으로 제4사단장·제5사단장·제6사단장·제12사단장·비행사단장을 맡았다. 이에 비해 일본군 출신은 한명도 병종부대 부대장으로 임명되지 않았다. 병종부대에서 각 정치세력의 역할분담을 보면, 보병부대는 항일연군 출신과 의용군 출신이 부대장을 분점하고 있었다.

흥미로운 점은 각 부대 부대장의 변화과정이다. 제1사단장은 부대 창설 이래 의용군 출신 김웅이 담당하다가 그가 민족보위성 전투훈련국장에 임명되자 항일연군 출신 최광으로 변경되었다. 제2사단장은 부대 창설 이래 항일연군 출신 강건이 담당하다가 그가 1947년 12월 총참모장에 임명되자 고려인 리청송으로 변경되었다. 이와 달리 제3사단장은 보안간부훈련소 제3소 창설 당시에 항일연군 출신 리영호가 담당하다가 집단군총사령부시기에 항일연군 출신 김광협으로 변경되었고, 그가 민족보위성에 임명되자 다시 리영호가 맡게 되었다. 신편부대인 제4사단장·제5사단장·제6사단장은 리권무·김창덕·방호산 등 모두 의용군 출신이 맡았다.

민족보위성 병종부대의 간부구성은 세 가지 특징을 보여주고 있다. 첫째, 제1단계 창설과정부터 육성된 보병부대의 부대장은 동북항일연군 출신이 맡았고, 새로 편성된 보병부대의 부대장은 조선의용군 출신이 맡았다. 항일연군 출신은 1946년 8월부터 소련식 경보병사단으로 창설된 부대를 맡아서 이 부대를 전면전이 가능한 완편사단으로 육성하였다. 의용군 출신은 1948년 10월부터 1950년 4월까지 신편된 부대를 맡아서 중국식 인민전쟁형의 부대를 전면전을 수행할 수 있는 소련식 정규사단으로 개편하였다.[311] 둘째, 각 정치세력은 기계화부대·해군·항공부대별로 책임을 분담해 각각의 병종부대를 육성하였다. 기계화부대는 항일연군 출신에 의해 육성되었고, 해군은 완전히 고려인들에 의해 육성되었으며, 비행사단은 의용군 출신의 지휘 아래 일본군 출신들에 의해 육성되었다. 셋째, 각 병종부대에서 정치사상사업을 담당하는 문화부대장은 모두 고려인이 맡았다. 이들은 문화훈련국장 김일(金一)의 지휘 아래 각 병종부대에 소련군의 정치사상체계를 도입하는 역할을 수행했다.

결국 민족보위성이 수립된 이후 인민군 병종부대의 간부구성을 살펴보면 기존의 정치연합체제는 더욱 확대되었다. 병종부대 간부 중 의용군 출신은 46.3%, 항일연군 출신은 26%, 고려인은 20.3%, 일본군 출신은 7.4%였다. 특히 의용군 출신이 대폭 증가해 병종부대 간부의 절반을 차지했다. 또한 정치연합체제는 인민군의 간부구성을 통해 더욱 전문화되었다. 각 정치세력은 창군부대와 신편부대, 기계화부대·해군·항공부대별로 각각 부대장을 맡아 병종부대를 전문적으로 육성하였다. 조선의용군 출신은 한국전쟁 직전까지 군대의 인사권을 장악하고 있었고 인민군부대 지휘관의 절반을 차지하고 있었다. 이 같은 군사적 이점은 정치질서와 전황의 전개에 따라 조선의용군 출신이 인민군에서 급부상할 수 있는 배경으로 작용하였다.

중요한 점은 인민군의 문화간부가 다양한 세력과 집단으로 구성되었다는 사실이다. 1949년 12월 15일 당시 민족보위성과 인민군에 근무하는 문화간부는 총 1,881명이었는데, 이 중에서 일제시기에 "혁명군"에 참여한 인물은 442명(23.5%), 일본군 출신은 169명(9%), 경력이 없는 간부는 1,270명(67.5%)이었

---

311 북한주재 소련대사 슈티코프는 1949년 5월에 중국에서 입북한 조선인부대의 군사적 특징에 대해 다음과 같이 평가하였다. 그는 조선인부대가 중국내전에 참가해 풍부한 전투경험을 쌓았다고 긍정적으로 평가했지만, 조선인부대의 지휘관에 대해서는 전투경험은 풍부하나 전술과 전역(戰役)에 대한 훈련이 부족하다고 평가하였다(「슈티코프가 스탈린에게 보낸 남북한 상황 및 향후 대책에 관한 전문」(1949.9.15), 러시아연방대통령문서보관소(АПРФ), ф. 3, оп. 65, д. 776, лл. 1~21). 슈티코프가 언급한 '전술과 전역'은 바로 소련군의 군사교리를 뜻한다.

다. 혁명군에 참여한 인물들을 정치세력별로 나눠보면, "팔로군" 출신이 422명(22.4%), "항일연군" 출신이 5명, "지하운동자"가 9명, "기타"가 6명이었다.[312]

문화간부의 67.5%를 차지하는 최대 집단은 해방 이후에 창군과정에서 육성된 인물들이었다. 인민군 제1중앙군관학교의 전신인 북조선중앙보안간부학교에서 정치사상사업을 담당하는 정치 부교장은 원래 의용군 출신 김웅이었으나 이후에 항일연군 출신 김경석으로 교체되었다.[313] 평양학원에서 정치사상사업을 책임지는 초대 정치 부원장은 항일연군 출신 조정철(趙正哲)이었다.[314] 2대 평양학원 정치 부교장과 인민군 제2중앙정치학교 정치 부교장은 1947년 3월부터 1949년 7월까지 항일연군 출신인 전창철이 맡았다.[315] 따라서 창군과정에서 육성된 문화간부의 상당수는 항일연군 출신 정치 부교장의 영향력 아래에서 군대의 정치사상사업을 교육받은 인물들이었다. 이들은 보안국시기부터 보안무력에 도입된 김일성 영도사상을 체화한 인물들이었다.

이와 달리 문화간부를 일제시기에 혁명군에 복무한 사람으로 한정해 분석하면, 팔로군 출신이 95.5%로 절대 다수를 차지하고 있다. 이들은 바로 해방 이후 입북한 조선의용군 출신이며, 전체 문화간부의 22.4%를 차지하고 있었다. 반면에 동북항일연군 출신은 5명, 국내공산주의자는 9명에 불과했다. 김일성의 영도사상을 인민군에 집행하는 일선 부대·기관의 문화간부는 항일연군 출신이 아니라 거의 대부분 조선의용군 출신이었다. 또한 병종부대의 문화부사단장과 문화부여단장 등 상급 문화간부는 모두 고려인이었다. 따라서 군대에서 당사업의 지휘권은 항일연군 출신이 가지고 있지만, 당사업의 집행권은 조선의용군 출신과 고려인이 분점하고 있었다. 이 같은 당사업의 권한 분리는

---

312 민족보위성 간부부 부장 안영, 「〈극비〉 문화간부성원통계표」(1949.12.15), 습격기연대 문화부, 『쎄미날제강-국내정세』, 습격기연대, 1950.4.3.

313 최봉식, 『대성산혁명렬사릉』, 31쪽.

314 김광운, 『북한정치사연구』1, 474쪽.

315 평양학원, 『새三千里』2·3월호, 185~186쪽; 최봉식, 『대성산혁명렬사릉』, 72쪽.

인민군에서 당사업의 지휘권이 변화되었을 경우, 군대에 구축된 김일성 영도사상에도 변화를 가져올 가능성이 높았다.[316]

이와 함께 인민군의 문화간부 중에는 군관학교에서 항일연군 출신인 정치부교장의 영향력 아래 문화간부로 성장한 인물들이 67.5%를 차지하고 있었다. 군관학교 졸업생들은 북한정부 수립 이후에 인민군에서 문화부중대장 등 하급 문화간부로 진출해 있었다. 그러나 이들은 인민군에서 최대의 문화간부 집단이었고, 향후에 인민군에서 중급 문화간부로 성장할 간부원천이었다. 그리고 의용군 출신과 고려인은 향후에 인민군에서 상급 문화간부로 성장할 간부기반이었다. 결국 인민군에 구축된 김일성의 영도사상은 당사업 지휘권의 변화, 의용군 출신·고려인·제2중앙정치학교 출신 문화간부의 진급속도에 따라 변화할 가능성이 높았다. 단기적으로는 의용군 출신과 고려인이 상급 문화간부로 임명될 가능성이 높았고, 장기적으로는 제2중앙정치학교 졸업생이 상급 문화간부로 충원될 가능성이 많았다.

---

316 인민군이 전면적으로 후퇴하던 1950년 10월 21일, 조선로동당 중앙위원회와 정치위원회는 인민군에 전체적으로 노동당의 당단체를 조직하기로 결정하였다. 이 결정에 따라 민족보위성 문화훈련국은 조선인민군 총정치국으로 개편되었다(김일성, 「인민군대 내에 조선로동당단체를 마련할데 대하여-조선로동당 중앙위원회·정치위원회에서의 결어」(1950.10.21), 『김일성저작집』6권, 조선로동당출판사, 1980, 145~151쪽). 중앙당 회의 직전에 문화훈련국장 김일이 실각하였고, 초대 총정치국장에는 남로당의 지도자 박헌영이 임명되었다(조선인민군 최고사령관 김일성, 조선인민군 총정치국장 박헌영, 「조선인민군 최고사령관 명령 제0070호」, 1950.10.14, 국사편찬위원회 소장 노획문서). 그리고 당회의가 개최된 10월 21일을 전후해서 조중연합사령부의 창설이 구체화되었다. 이로써 인민군의 지휘권은 조중연합사령관 팽덕회와 인민군 최고사령관 김일성이 이중적으로 보유하게 되었고, 김일성의 지도체제는 약화되었다. 박헌영이 총정치국장이었다는 사실은 이후에 북한역사에서 삭제되었는데, 그 이유는 김일성의 지도체제가 균열된 증거였기 때문이다.

3. 계급적 통일전선과 분단체제

조선인민군 군인의 경력·계급·정당

1948년 2월 8일에 공식적으로 창설된 조선인민군은 북한의 주민들로 구성된 정규군이었다.[317] 북한지도부가 정규군을 창설하면서 '조선인민군(朝鮮人民軍)'이라는 용어를 부여한 이유는 자신들의 군대를 '전체 인민의 군대'라고 규정했기 때문이다. 북조선로동당은 창군 초기인 1946년 10월에 이미 자체적으로 북한지역에 창설하고 있는 군대를 "북조선 인민의 민주개혁을 보장하는 전인민의 군대"라고 규정하였다.[318]

사회주의국가에서 군대의 성격은 국가의 성격을 반영하고 있다. 북한이 정규군을 인민의 군대로 규정한 것은 그들이 국가의 성격을 인민민주주의혁명을 통해 수립하는 '인민공화국'으로 규정했기 때문이다. 소련은 인민민주주의혁명을 추구한 북한과 달리 프롤레타리아혁명을 추구했기 때문에, 적군(Красная Армия)을 인민의 군대가 아니라 프롤레타리아독재의 무기이자 노동자·농민으로만 구성된 계급적 군대라고 규정하였다.[319]

즉 북한지도부가 규정한 인민의 군대라는 개념에는 소련 적군과 달리 기본계급인 노동자·농민뿐만 아니라 부르주아지·인텔리·지주·상인·수공업자·소시민·종교인 등 다양한 계급과 계층이 포괄되어 있다. 그렇다면 민족보위성 창설 이후에 인민군에서 근무한 군인들은 실제로 어떤 사람들이었으

---

317 인민군은 크게 나누어 북한에 거주하는 주민들과 중국에서 입북한 조선인들로 구성되었다. 중국에서 입북한 조선인들은 입북 직후에 공민증(公民證)을 발급받아 북한의 주민으로 편입되었다.

318 「군대내 당조직에 대하여」(1946. 10. 21), 『북한관계사료집』 30권, 37쪽.

319 이재훈 역, 「당프로그램」(1919.3), 『蘇聯軍 創設期 軍事關係文書選集』, 국방군사연구소, 1998, 57~58; 65쪽.

며, 이들은 전체 인민을 대표하거나 포괄하는 계급과 계층으로 구성되어 있었을까?

먼저, 인민군의 인적 구성은 조선인민군 창설 열병식에서 대외적으로 공표되었다. 김일성은 인민군의 성격에 대해 "로동자·농민 근로인민의 아들·딸로써 조직된 군대"이며 "북조선 인민의 민주개혁을 보장하는 전 인민의 군대"라고 천명하였다. 이와 함께 인민군대는 "해내·해외에서 수에 넘치는 일제의 군대를 상대로 장구한 류혈의 투쟁"을 전개해 온 애국자와 혁명가들을 골간으로 창설된 역사적 군대라고 주장하였다.[320] 북한지도부는 공식적으로 인민군이 반일운동가를 주축으로 노동자와 농민 등 근로인민의 자녀들로 구성된 전체 인민의 군대라는 입장을 표명하였다.

현재까지 인민군 군인들의 사회적 계급과 경력을 전체적으로 파악 수 있는 자료는 발견되지 않았다. 그런데 인민군은 각종 명부를 통해 군인들의 개인정보를 체계적으로 생산해 관리했다. 특히 북한정치세력은 해방 직후부터 간부의 교양·선택·배치를 "조선인민을 위한 정치·경제·문화 각 부문에서의 위대한 과업을 성과있게 완수하는 중요조건"[321]으로 인식하고 있었다. 그들은 이 같은 문제의식에 따라 각 부문별로 간부들의 개인정보를 체계적으로 수집하였고, 이를 교양·선택·배치의 기본자료로 활용하였다.

그러므로 인민군의 통계와 명부 중에서 군인들의 인원이 많고 개인정보가 상세히 기록되어 있는 표본집단을 뽑아 그들의 사회적 계급과 경력을 분석해 보자. 저자가 새로 발굴한 자료는 2개 연대와 3개 대대의 통계표와 간부명부이며, 분석 인원은 군관 310명, 하사관 270명, 전사 1,515명, 합계 2,095명이다. 물론 개전 당시 인민군의 병력이 10만명 이상이라는 점을 생각하면, 인민군의 특징을 보편적으로 입증하기에는 표본집단의 규모가 작다. 그러나 이 표본집단

---

320 金日成, 「조선인민군 열병식에서 진술한 연설」(1948.2.8), 『조국의 통일독립과 민주화를 위하여』2권, 79~85쪽.

321 金承塡, 「幹部政策에 對하여」, 『人民』1947년 신년호, 『북한관계사료집』13권, 185쪽.

을 통해 인민군 군인들의 사회적 계급과 경력이 한국전쟁 직전에 어떤 경향성을 띠고 있었는지 분석하는 것은 전쟁 당시 인민군의 정체성을 이해하는 데 기반이 될 수 있을 것이다.

첫 번째 자료는 조선인민군 제599군부대에서 1950년 3월 23일에 작성한 『조직통계표』이다. 이 부대의 규모는 연대(聯隊)이다. 이 자료에는 이 부대에 소속된 1,081명의 복무연한·본인성분·소속정당이 기록되어 있다. 제599군부대는 부대원을 직위에 따라 군관·하사관·전사로 구분하고, 각 직위별로 통계를 작성하였다. 『조직통계표』의 구체적인 내용은 다음과 같다.

〈표 12〉 제599군부대 조직통계표(1950년 3월 23일 현재, 단위: 명, 비율: %)[322]

직위	복무년한						본인성분							소속정당					합계
	1년 이하	1년반 이하	2년 이하	2년반 이하	3년 이하	3년 이상	로동자	빈농	중농	부농	사무원	학생	기타	로동당	민주당	청우당	중공당원	무소속	
군관	48	7	6	17	12	53	77	21	1	1	29	14	0	107	0	0	3	33	143
비율	33.6	4.9	4.2	11.9	8.4	37.0	53.8	14.7	0.7	0.7	20.3	9.8	0	74.8	0	0	2.1	23.1	100
하사관	54	65	21	13	14	30	91	76	3	1	9	17	0	65	0	0	0	132	197
비율	27.4	33.0	10.7	6.6	7.1	15.2	46.2	38.6	1.5	0.5	4.6	8.6	0	33.0	0	0	0	67.0	100
전사	663	23	35	4	7	9	199	238	2	0	48	252	2	175	0	0	0	566	741
비율	89.5	3.1	4.7	0.6	0.9	1.2	26.8	32.1	0.3	0	6.5	34.0	0.3	23.6	0	0	0	76.4	100
합계	765	95	62	34	33	92	367	335	6	2	86	283	2	347	0	0	3	731	1,081
비율	70.8	8.8	5.8	3.1	3.0	8.5	34.0	31.0	0.6	0.1	7.9	26.3	0.1	32.1	0	0	0.3	67.6	100

322 제599군부대 대열과, 『각구분대 조직통계표』, 제599군부대, 1950.3, NARA, RG 242, ATIS Document, No.200903.

제599군부대에서 군관은 143명, 하사관은 197명, 전사는 741명이다. 먼저 군인들의 복무기간을 살펴보자. 이 군인들은 70.8%가 1949년 3월 이후에 입대한 사람들이다. 그런데 직위별로 가장 많이 입대한 시기가 다르다. 37%의 군관은 1947년 3월 이전에 입대한 사람들이며, 33%의 하사관은 1948년 9월부터 1949년 3월 사이에 입대한 사람들이다. 반면에 89.5%의 전사는 1949년 3월 이후에 입대한 사람들이다. 이처럼 군관들의 입대시기가 빠른 이유는 북한지도부가 오랫동안 전문훈련을 받아야 할 군관들을 먼저 육성한 후, 이들을 바탕으로 군대를 조직했기 때문이다.[323]

다음으로 제599군부대 군인들의 입대 이전 성분을 정리하면, 34%는 노동자였고, 31%는 농민이었으며, 26.3%는 학생이었고, 7.9%는 사무원이었다. 반면에 중농과 부농은 1,081명 중에서 각각 6명과 2명으로 거의 없었으며, 지주·상인·기업가 등은 존재하지 않았다. 군인들의 성분도 직위별로 다른 양상을 보이고 있다. 군관은 53.8%가 노동자, 20.3%가 사무원, 14.7%가 빈농이다. 하사관은 46.2%가 노동자, 38.6%가 빈농, 8.6%가 학생이다. 전사는 34%가 학생, 32.1%가 빈농, 26.8%가 노동자이다. 군관은 노동자와 사무원의 비율이 상대적으로 높고, 하사관은 빈농의 비율이 상대적으로 높으며, 전사는 학생의 비율이 상대적으로 높다.

마지막으로 군인들의 소속정당을 보면, 32.1%가 노동당원이고 67.6%가 무소속이며, 민주당원과 청우당원은 없다. 노동당원의 비율을 직위별로 비교해 보면, 군관은 74.8%, 하사관은 33%, 전사는 23.6%이다. 군관들의 노동당원 비율은 하사관이나 전사에 비해 압도적으로 높다. 그 이유는 군관을 양성한 군사학교의 학생구성과 관련 있다. 예를 들어, 고급 정치·군사간부를 양성한 평양학원의 학생들은 대부분 노동당원이었다.[324] 또한 군관 중에는 중국공

---

323 김광운, 「전쟁 이전 북한 인민군의 창설과정」, 25~26쪽.

324 윤응렬, 『상처투성이의 영광』, 79쪽. 윤응렬은 평양학원 비행과 학생이었다.

산당 당원도 3명이 있는데, 이것은 이 군관들이 중국에서 입북한지 얼마 되지 않아 전당(轉黨)처리가 완료되지 않았기 때문이다.

두 번째 자료는 상급부대를 알 수 없는 인민군 제2대대에서 1950년 2월에 작성한 『제2대대 간부명부』이다. 이 명부에는 군관 27명의 이름, 직위, 생년, 출생지, 출신성분·본인성분, 당적, 학력, 입대정보가 기록되어 있다. 전쟁 이전 인민군 간부들의 명부는 적지 않지만, 간부들의 개인정보가 상세히 기록된 자료는 거의 없다. 이 명부를 통해 인민군부대에 있던 일반 간부들의 경향성을 추론해 보자.

〈표 13〉 제2대대 간부명부(1950년 2월 현재)[325]

직무	성명	급위	생년	출생 지명	성분		당별 (입당 시기)	학력		입대지명 (시기)
					출신	본인		일반학교	군사학교(졸업)	
대대장 (1대)	김양춘	7급	1921	함북 명천	빈농	사무원	로동당 (1943)			개천 (46.9)
대대장 (2대)	김 택		1917	황해 안악	중농	로동	로동당 (46.8.28)	서하보통학교 6년졸업		(46.5.4)
부대대장	최덕무	5급	1919		빈농	로동	무소속	왕청공입학교 수업		
군사부대대장	최학길	6급	1922		빈농	사무원	무소속	연길구 경만소학교 6년		
문화부 대대장(1대)	리봉술	6급	1922	함남 정평	빈농	사무원	로동당 (46.8.28)	경성전기학교 3년 필업		(46.10.13)
문화부 대대장(2대)	박인서	6급	1917	황해 옹진	중농	사무원	로동당 (46.8.28)	사리원농업학교 1년퇴		안주 (46.10.10)
상급부관 (1대)	김연명	5급	1927	평북 정주	빈농	학생	무소속	오산중학 2년중퇴	제1군교 1년 (46.11.18~)	(46.11.18)
상급부관 (2대)	최 담	6급	1924		로동	사무원	무소속	연길사립학교 졸		

---

325 제2대대 대열과, 『제2대대 간부명부』, 제2대대, 1950.2, NARA, RG 242, SA 2009, Box 6, Item 102. 생산시기는 기록되어 있지 않지만, "급위 명령년월일" 중에서 가장 늦은 시기가 1950년 1월 25일(제4중대 제2소대장 김상학)이다.

직무	성명	급위	생년	출생 지명	성분		당별 (입당 시기)	학력		입대지명 (시기)
					출신	본인		일반학교	군사학교(졸업)	
대대 문화공작원	리정빈	5급	1926	전남 남원	로동	로동	로동당 (46.8.28)	남원보통학교 6년졸		개천 (46.9.18)
대대 문화공작원	리정성	5급	1925	함북 길주	빈농	사무원	로동당 (46.8.28)	웅평보통학교 6년		개천 (48.2.3)
대대 선전원	황충효	4급	1927	강원 안변	빈농	로동	로동당 (46.8.28)	청진수원소학교 졸업	제2정치학교 졸업 (49.8.1)	(49.5.6)
중기중대 문화부 중대장	최인술	4급	1922		빈농	로동	로동당 (47.8.14)	국해	제2정치학교 7개월졸업 (49.5~12)	
제4중대장 (1대)	리세길	5급	1926	평북 삭주	빈농	사무원	무소속	영구고등소학교 2년졸업		개천 (46.9.9)
제4중대장 (2대)	한윤준	3급	1925	평남 안주	빈농	빈농	로동당 (46.6.26)	유신보통학교 6년졸	제1군관학교 (47.10)	평양 (46.11.9)
제5중대장	허원칠	4급	1927	함북 학성	빈농	빈농	로동당 (47.4.15)	상포중학교 2년퇴	제1군관학교 (47.10.26)	평양 (46.11)
제6중대장	김홍범	3급	1924	함북 명천	빈농	사무원	무소속	장춘실무중학교 4년졸		(46.8.28)
중기중대장 (1대)	박철호	5급	1924	강원 통천	빈농	사무원	로동당 (46.8.28)	통천보통학교 6년	제1군관학교 (47.10)	평양 (46.6.29)
중기중대장 (2대)	박승규	4급	1927	함북 경성	빈농	빈농	무소속	매전초등학교 6년졸		(46.9.9)
박격포 중대장(1대)	김병석	5급	1920	평북 구성	빈농	빈농	로동당 (46.7.18)	흥안남선 사범학교 5년졸	제1군관학교 (1946.6.27~)	평양 (46.6.27)
박격포 중대장(2대)	계호남	4급	1926	황해 평산	빈농	빈농	로동당 (45.12.12)	창신보통학교 6년졸업	제1군관학교 (47.11.18)	(46.11.18)
제4중대 부중대장	김병식	4급	1928	함남 북청	빈농	빈농	로동당 (49.5.26)	북청소학교 6년졸	제2정치학교 6개월졸업 (49.6.12)	(46.12.3)
제6중대 부중대장	방히준	4급	1926	함북 길주	빈농	로동	로동당 (46.8.28)	동해심상소학교	제2정치학교 (48.11~49.6)	(48.9.29)
제2대대 반총소대장	김진선	4급	1925	함남 풍산	로동	사무원	무소속	천남보통학교 6년졸		개천 (46.9.10)
반포소대장	한연주	4급	1924	함남 신흥	로동	로동	로동당 (46.4.9)	원천보통학교 6년졸	제1군관학교 포병과(47.10.26)	평양 (46.6.28)
통신소대장	리대준	4급	1927	평남 양덕	빈농	로동	무소속	온정보통학교 6년		개천 (46.9.5)
공급소대장 (1대)	리윤화	3급	1921	황해 벽성	빈농	빈농	로동당 (46.7.18)	한문학습 2년		(46.9.24)
공급소대장 (2대)	박원히	4급	1928		로동	로동	로동당 (46.8.24)	웅기사립 중앙학원 6년		개천 (46.9.16)

제2대대 간부의 특징을 살펴보면 다음과 같다. 제2대대 간부들의 평균연령은 27세였다. 부모의 성분은 빈농 20명(74%), 로동 5명(18.5%), 중농 2명(7.5%)이다. 본인의 성분은 사무원 10명(37%), 로동 9명(33%), 빈농 7명(26%), 학생 1명(4%)이다. 제2대대 간부는 92.5%가 빈농과 노동자의 자녀였고, 이중에서 74%는 빈농의 자녀였다. 이에 비해 간부 본인의 입대 이전 성분은 노동자가 33%, 빈농이 25%, 사무원이 37%였다. 앞에서 확인한 제599군부대 간부의 성분은 노동자가 53.8%, 빈농이 14.7%, 사무원이 20.3%, 학생이 9.8%였다. 두 집단의 평균은 노동자가 43%, 사무원이 29%, 빈농이 20%, 학생이 6.9%이다. 빈농이 압도적으로 많았던 부모의 성분에 비해, 인민군 간부들의 성분은 완전히 역전되어 노동자와 사무원이 다수를 차지하고 있었다. 그리고 인민군의 간부는 노동자·빈농·사무원이 전체의 92%에 달했다.

군관들의 성분을 정권기관·입법기관 간부들의 성분과 비교해보면 몇 가지 특징을 알 수 있다. 1947년 3월 현재 북조선 도·시·군인민위원회 위원들의 성분은 노동자 510명(14.5%), 농민 1,256명(36.4%), 사무원 1,056명(30.6%)이었고, 그외 상인, 기업인, 지식인, 종교인, 문화인, 구 지주들도 있었다. 1948년 8월 28일에 선출된 최고인민회의 대의원들의 성분은 노동자 120명(20.9%), 농민 194명(34.4%), 사무원 152명(26.7%)였고, 수공업자, 상인, 기업인, 종교인, 문화인, 구 지주들이 있었다.[326]

조선인민군 간부들은 정권기관·입법기관 간부들에 비해 노동자 비율이 22~29%가 높았고, 사무원 비율은 비슷했다. 농민 비율은 14~16%가 낮았으나 빈농 외에 중농·부농·지주는 거의 없었다. 반면에 인민위원의 경우, 주민들의 선거에 의해 선출되었음에도 불구하고 14명의 지주(0.4%), 73명의 기업인(2.1%), 94명의 종교인(2.7%)이 존재했다. 특히 소련군사령부는 인민위원회 선거

---

326 УСГАСК, *Доклад об итогах работы Управления Советской Гражданской Администрации в Северной Корее за три года*, АВПР, ф. 0480, оп. 4, п. 14, д. 46, лл. 23~26.

의 결과에 대해 각 지방인민위원회에 북한의 모든 계급과 사회계층이 포괄되었다는 점에 가장 큰 의미를 부여했다.[327] 또한 최고인민회의 대의원 중에도 1명의 지주(0.02%), 29명의 기업인(5.1%), 14명의 종교인(2.4%)이 존재했다.[328]

하지만 인민군의 간부는 정권기관·입법기관보다 노동자의 비율이 높았으며, 농민 중에서는 빈농이 핵심세력이었다. 더구나 부농·지주·기업인 등은 정권기관·입법기관과 비교해보면 거의 소멸된 수준이었다. 이것은 북조선로동당이 추진해온 노동자·농민·사무원 중심의 계급재편이 정권기관·입법기관보다 인민군에서 더 철저하게 관철되었다는 사실을 보여준다.

제2대대 간부들의 소속정당을 보면, 노동당원이 18명(67%), 무소속이 9명(33%)이다. 제2대대는 노동당원들이 이끌고 있었고, 간부 중에 민주당원이나 청우당원은 한 명도 없었다. 그런데 인민군 간부들의 당원비율은 국가 전체의 당원비율과 전혀 다르다. 1947년 3월 시점에 북조선 도·시·군인민위원회 위원들의 정당별 분포를 보면, 총인원 2,879명 중에 노동당원이 1,102명(31.8%), 민주당원이 351명(10%), 청우당원이 253명(8.1%), 무소속이 1,753명(50.1%)이었다.[329] 1948년 8월 28일에 선출된 최고인민회의 대의원들의 정당별 분포를 보면, 총인원 212명 중에서 노동당원이 102명(48.5%), 민주당원이 35명(16.4%), 청우당원이 35명(16.4%), 무소속이 40명(18.7%)이었다.[330]

인민군 간부의 노동당원 비율은 인민위원회 위원이나 최고인민회의 대의원에 비해 23~39%가 높다. 인민위원과 대의원의 1947년도와 1948년도의 민

---

327 북조선 주둔 제25군 민정담당 부사령관 로마넨코 소장, 「북조선 도·시·군인민위원회 선거 총괄보고서」(1946.11.14), ЦАМО, ф. 172, оп. 614631, д. 19, л. 23.

328 연해주군관구 정치담당부사령관 슈티코프 상장, 「조선최고인민회의 선거 결과 보고」(1948.9.6), РГАСПИ, ф. 17, оп. 128, д. 617, л. 50.

329 УСГАСК, *Доклад об итогах работы Управления Советской Гражданской Администрации в Северной Корее за три года*, АВПР, ф. 0480, оп. 4, п. 14, д. 46, л. 23.

330 연해주군관구 정치담당부사령관 슈티코프 상장, 「조선최고인민회의 선거 결과 보고」(1948.9.6), РГАСПИ, ф. 17, оп. 128, д. 617, л. 46.

주당원·청우당원 비율을 비교해보면, 오히려 1948년도에 민주당원·청우당원의 비율이 높아졌다. 그러나 이와 반대로 인민군의 간부에서는 민주당원과 청우당원이 거의 사라졌다. 북조선로동당이 정권기관이나 입법기관에 비해 더 많은 노동당원을 인민군의 간부로 기용해 노동당의 영도력을 강화했음을 알 수 있다.

제2대대의 대대장과 문화부대대장은 모두 노동당원이 맡았고, 대대 문화공작원·선전원·문화부중대장 등 문화간부도 모두 노동당원이었다. 반면에 부대대장(참모장)·군사부대대장·상급부관은 무소속인 인물들이 배치되었다. 노동당원의 입당시기를 보면, 1943년에 입당한 사람이 1명, 1945년 12월에 입당한 사람이 1명, 1946년 4~8월에 입당한 사람이 13명, 1947년 4~8월에 입당한 사람이 2명, 1949년 5월에 입당한 사람이 1명이다. 특히 초대 2대대장 김양춘은 해방 이전인 1943년에 조선공산당에 입당한 노당원이고, 박격포중대장 계호남은 1945년 12월에 북조선분국에 입당한 인물이었다. 즉 2대대의 노동당원 간부는 대부분 1946년 4~8월에 입당한 인물들이었다.

입당날짜를 보면, 1946년 8월 28일에 입당한 사람이 9명이다. 이 날은 조선신민당과 북조선공산당이 합당해 북조선로동당이 창당된 날이다. 이전에 북조선분국이나 북조선공산당에서 활동해왔던 간부들의 입당시기를 노동당 창당 전에 가입한 날짜로 역산해 놓은 것이다. 따라서 8월 28일에 입당했다고 기록된 사람들은 북조선분국이나 북조선공산당에서 활동한 사람이 아니라 북조선로동당 창당일에 노동당원이 된 사람들이다. 그러므로 이들은 전(前) 조선신민당 당원이다. 전 신민당원이었던 간부들이 맡은 직책은 2대 대대장, 1대·2대 문화부대대장, 대대 문화공작원·선전원, 1대 중기중대장, 6중대 부중대장, 2대 공급소대장이다. 대대의 문화간부는 대부분 예전 신민당원들이 맡았음을 알 수 있다. 이들 중에 대대 선전원과 중기중대 문화부중대장은 평양학원의 후신인 인민군 제2중앙정치학교를 졸업한 인물들이다. 따라서 제2중앙정치학교를 졸업한 인물도 인민군의 문화간부로 진출했음을 알 수 있다.

학력이 기록되어 있는 사람은 26명이다. 그중 국문해독자가 2명(국문해

득·한문학습, 7.7%), 소학교 졸업자가 17명(65.4%), 중학교 중퇴자가 2명(오산중학교·상포중학교), 중학교 졸업자가 1명(장춘실무중학교), 중학교 졸업 이상 학력자가 2명(사리원농업학교·영구고등소학교), 전문학교 졸업자가 2명(경성전기학교·남선사범학교)이다. 비율로 정리하면, 국문해독자가 7.7%, 소학교 졸업자가 65.4%, 중학교 중퇴 이상 학력자가 19.2%, 전문학교 졸업자가 7.7%였다. 인민군 일반 간부의 73.1%는 소학교 졸업 이하의 학력을 가지고 있었고, 26.9%는 중학교 졸업 이상의 학력을 가지고 있었다. 문맹자는 한명도 없었다.

제2대대 간부 중 군사학교를 졸업한 사람은 27명 중 11명으로, 제1군관학교 졸업생이 7명, 제2정치학교 졸업생이 4명이었다. 제1군관학교 졸업생들의 졸업시기는 1947년 6월이 1명(김병석), 10월이 4명(한윤준·허원칠·박철호·한연주), 11월이 2명(김연명·계호남)이다. 인민군 제1중앙군관학교는 1948년 12월 초에 북조선중앙보안간부학교의 후신으로 설립되었다.[331] 중앙보안간부학교의 교육기간은 1년이었으므로 제2대대의 제1중앙군관학교 졸업생은 모두 중앙보안간부학교시기에 졸업한 사람들이다. 이들은 1948년 6~11월에 학교를 졸업하고, 1년 넘는 부대생활을 통해 대대의 상급부관·중대장으로 진급하였다.

제2정치학교 졸업생의 졸업시기는 1949년 6월이 2명(김병식·방히준), 8월이 1명(황충효), 12월이 1명(최인술)이다. 이들 중 최인술은 7개월반을 졸업했고, 김병식과 방히준은 6개월반을 졸업했다. 제2정치학교를 졸업한 간부는 대대선전원, 중기중대 문화부중대장, 4중대 부중대장, 6중대 부중대장을 맡았다. 이 명부에 따로 예하중대 문화부중대장이 기록되어 있지 않는 것으로 보아 4중대·6중대 부중대장은 문화부중대장을 뜻하는 것으로 보인다. 이로 미루어보면, 제2중앙정치학교 졸업생은 제2대대에서 모두 문화간부로 배치된 것으로 추정된다. 제1중앙군관학교·제2중앙정치학교 졸업생들은 항일연군 출신 정치부교장의 영향력 아래 정치·군사간부로 성장한 인물이었다.

---

331 국방부 전사편찬위원회, 『한국전쟁사』1, 678쪽.

입대시기를 보면, 제2대대 간부들은 1948년 2월 3일에 입대한 대대 문화공작원 리정성과 1948년 9월 10일에 입대한 6중대 부중대장 방히준을 제외하고, 모두 1946년 4~8월에 입대한 사람들이다. 입대장소는 개천 7명, 평양 5명, 안주 1명이다. 이들은 개천의 보안간부훈련소 제1소, 평양의 보안간부훈련소 제3소, 안주의 보안간부훈련소 제1소 분소에서 군생활을 시작한 사람들이다. 따라서 제2대대 간부는 거의 대부분 제1단계 창군과정부터 보안간부훈련소에 입대해 군관으로 성장한 인물들이었다.

이상에서 살펴본 제599군부대와 제2대대 간부의 특징은 다음과 같다. 인민군은 정권기관·입법기관보다 노동자와 사무원 성분을 간부로 더 많이 충원했으며, 노동당원을 주로 기용해 북조선로동당의 영도력을 강화했다. 대대의 문화간부는 대부분 예전 조선신민당 당원들이 맡았다. 간부들은 국문해독자와 소학교 졸업자가 전체의 73.1%를 차지하고 있었다. 간부 중 항일연군 출신 정치 부교장의 영향을 받으면서 군사학교를 졸업한 사람은 40.7%였고, 제2중앙정치학교 졸업생들은 모두 대대에서 문화간부로 배치되었다. 간부들은 2명을 제외하고 모두 1946년 4~8월에 제1단계 창군과정에서 군대에 입대한 사람들이었다. 제2대대 간부의 일반적 특징을 정리하면, 간부들은 국문해독과 소학교 졸업의 학력을 가진 노동당원로, 노동자·농민·사무원으로 일하다가 1946년 4~8월에 입대하였으며, 문화간부는 전 신민당 당원이자 제2중앙정치학교 졸업생들이었다.

다음으로 인민군의 병사들이 어떤 인물로 구성되었는지 확인해 보자. 아래의 표는 인민군 제249군부대 제6대대의 「대원구성통계표」의 일부이다. 이 통계표가 생산된 시기는 1950년 9월 10일이다. 개전 이후이기 때문에 부대원이 변화했을 가능성이 높다. 그런데 이 문서에는 「구대원 성분구성통계표」도 들어있으며, 구대원의 총인원은 412명이다. 「구대원 성분구성통계표」에는 구대원들의 고향이 기록되어 있는데, 이들의 고향은 "평남·평북·함남·함북·황해·강원·자강"이다. 구대원들이 모두 북한출신 청년임을 알 수 있다. 특히 제6대대 병사 412명 중에는 함경북도 출신이 207명으로 거의 절반을 차지하고 있었다.

통계표에는 "외국군대 참가유무"도 기록되어 있는데, 해방 이전 외국군대에 참가한 사람은 단 1명이다. 따라서 제6대대는 해방 이후에 함경북도에서 북한 청년들을 모병해 편성되었고, 여기에 다른 지방의 청년들이 전입되어 참전했음을 알 수 있다. 따라서 「구대원 성분구성통계표」를 통해 전쟁 이전에 인민군부대 병사들의 특징을 파악할 수 있을 것이다. 「구대원 성분구성통계표」의 내용은 다음과 같다.

〈표 14〉 제249군부대 제6대대 구대원 성분구성통계표(단위: 명)[332]

소속	성분별										지식별							정당별			년령별			총원
	로동자					농민		사무원	학생	소시민	문맹	국해	소학3년이상	소졸	중퇴	중졸	전문	로동당	민주당	청우당	18-23	24-26	27이상	
	철공	전기	목수	채광공	자유로동	토지분배	토지미분배																	
1중대					12	41	1	1	29			10		37	12	20	5	20			72	10	2	84
2중대	1			1	4	52			14			7		25	31	4	5	7			51	16	5	72
3중대			3	2		54	2	17	7			17	20	32	12	4		12			62	17	6	85
증기중대	1				1	23			0			3		21		1		8			19	4	2	25
45mm중대	1				4	8			1	1				9	5		1	3			13	2		15
82mm중대	1	1	1		6	12			1			2	5	11	3	1		4			18	3	1	22
정찰소대	1			1	3	18			12			1	1	12	1	12	8	7			29	4	2	35
반총소대	1					5		1				1		5	1			1			6		1	7
공급소대	1		1		3	14						10		9				5	1		8	9	2	19
통신소대	1	4		1	2	1			2			1		5	4	1		2			8	2	1	11
위생소대					1	1		1		1				2	1		1	2			2	2		4
대대본부	1				2	24		3	3			2		20	5	4	2	18			16	13	4	33
합계	9	5	5	5	38	253	3	23	69	2	0	54	26	188	75	47	22	89	1	0	304	82	26	412

332 표의 내용은 원문을 그대로 옮긴 것이다. 第六대대 문화부대대장 홍성현, 「구대원 성분구성통계표」(1950.9.10), 조선인민군 제249군부대 제6대대 문화부, 『규률통계 및 비상사고보고서철』, 제249군부대, 1950, NARA, RG 242, SA 2009, Box 8, Item 30.

제6대대는 대대본부, 3개 보병중대, 3개 직속중대, 5개 직속소대로 편성되었다. 이 통계표에 있는 인원은 제6대대의 군관·하사관을 제외한 병사들이며, 총인원은 412명이다. 제6대대의 병사들은 18~23살의 청년이 73.8%였고, 27살 이상의 청년은 6.3%에 불과했다. 앞에서 살펴본 제2대대 간부의 평균연령은 27살이었다. 인민군의 병사들이 군관에 비해 4~9살 정도 어렸음을 알 수 있다.

병사들의 본인성분을 보면, 412명 중에 노동자가 62명(15%), 농민이 256명(62%), 사무원이 23명(5.6%), 학생이 69명(16.7%), 소시민이 2명(0.7%)이다. 병사들은 농민이 가장 많고, 다음으로 노동자, 학생, 사무원, 소시민 순이다. 이 통계표에는 성분종류가 매우 상세히 기록되어 있다. 노동자출신 병사 62명 중 38명(61%)은 자유로동에 종사했고, 39%는 공장과 탄광에서 노동했다. 그리고 농민출신 병사의 99%는 1946년 3월 토지개혁 당시에 "토지분여받은 농민"들이다. 토지개혁 당시 "토지 분여 안받은 농민"은 3명이고, "토지 몰수당한 사람"은 전혀 없다. 23명의 사무원을 직업별로 세분해보면, "생산직장"이 18명, "행정기관"이 2명, "사회단체"가 1명, "당기관"이 1명, "교원"이 1명이다. 69명의 학생을 세분해보면, 소학교 학생이 4명, 중학교 학생이 59명, 전문학교 학생이 6명이다.[333]

병사들의 성분을 구체적으로 정리해보면, 노동자 출신 병사들은 주로 자유노동자로 근무했던 사람들이며, 나머지는 공장과 탄광에서 노동한 사람들이다. 농민 출신 병사들은 3명을 제외하고 모두 토지개혁으로 토지를 분배받은 고농·빈농·소농이다. 사무원 출신 병사들은 대부분 생산직장에서 사무원으로 근무하다가 입대한 사람들이며, 학생 출신 병사들은 대부분 중학교를 다니다가 입대한 사람들이다. 병사는 주로 농민과 학생층에서 충원되었으며, 병사의 82.6%는 노동자·농민·사무원이었다.

다음으로 병사들의 당적을 보면, 노동당원이 21.6%이며, 무소속이 78%

---

333 제六대대 문화부대대장 홍성현, 「구대원 성분구성통계표」(1950.9.10), 조선인민군 제249군부대 제6대대 문화부, 『규률통계 및 비상사고보고서철』, 제249군부대, 1950.

이다. 민주당원은 1명이며 청우당원은 전혀 없다. 412명의 병사 중에 민주당원·청우당원은 1명에 불과했으므로, 북조선로동당의 지도력은 병사계급에서도 관철되었다. 부대별 노동당원의 비율을 보면, 3개 보병중대 병력 241명 중에 노동당원은 39명(16%)이다. 직속중대와 직속소대의 노동당원 비율도 보병중대와 크게 다르지 않다. 이와 달리 대대본부는 33명 중 노동당원이 16명(55%)이다. 인민군은 전투부대에 비해 대대본부에 노동당원을 많이 배치해 북조선로동당의 지도력을 관철시켰음을 알 수 있다.

그런데 병사들의 정당원 비율은 북한 전체의 정당원 비율과 다른 양상을 띠고 있다. 1948년 2월 1일 현재 북한지역에서 정당에 가입한 사람은 총 1,238,406명이었다. 이들 중에 노동당원은 771,306명(62.3%), 민주당원은 184,357명(14.9%), 청우당원은 282,743명(22.8%)이었다.[334] 정당에 가입한 북한 주민들 중에는 평균적으로 약 15%에 달하는 민주당원과 약 23%에 달하는 청우당원이 존재했다. 그러나 인민군 병사 중에는 민주당원과 청우당원이 거의 없었다. 따라서 이것은 인민군이 내부에서 민주당원과 청우당원을 정책적으로 제거한 결과로 이해해야 할 것이다.

이상에서 살펴본 인민군 간부와 병사의 특징을 종합하면 다음과 같다. 병사의 성분은 노동자가 15%, 학생이 16.7%, 농민이 62%, 사무원이 5.6%였다. 간부의 본인성분은 노동자가 43%, 사무원이 29%, 빈농이 20%, 학생이 6.9%였다. 간부에 비해 병사들은 농민의 비율이 42%가 높고, 학생의 비율이 9.8%가 높으며, 반대로 사무원의 비율이 23.4%가 낮고, 노동자의 비율이 28%가 낮다. 병사는 노동자·농민·학생에서 주로 충원되었으며, 간부는 노동자·빈농·사무원에서 주로 충원되었음을 알 수 있다. 인민군의 간부와 병사 중 82~92%는 노동자·농민·사무원이었고, 최대계급은 농민이었다. 농민 출신 병

---

334 УСГАСК, *Доклад об итогах работы Управления Советской Гражданской Администрации в Северной Корее за три года*, АВПР, ф. 0480, оп. 4, п. 14, д. 46, лл. 34~35.

사들의 99%는 토지개혁으로 경제적·사회적 혜택을 받은 사람들이었다. 특징적인 것은 인민군 간부와 병사 중에서 지주·부르주아계급이 거의 사라졌다는 점이다.

군대의 유일당과 계급적 통일전선

인민군의 계급구성은 북조선로동당이 추진한 계급정책·통일전선의 목표와 일치했다. 북조선로동당은 당규약 제3조에서 당원으로 가입시킬 계급에 대해 "북조선로동당은 자기의 대렬에 로동자·농민·로력인테리겐챠들을 가입"시킨다고 규정하였다.[335] 노동당이 노동자·농민·사무원을 당의 핵심세력으로 육성한 것은 1946년 8월 28일 창당대회 때부터 농민과 인텔리가 해방 이후에 인민국가 건설을 위해 복무하는 '민주주의적 농민·인텔리'로 변화했다고 인식했기 때문이다.[336] 노동당은 스스로 "노동자, 농민, 근로인테리의 선봉대"라고 규정하였고, "노동자, 농민, 근로인테리의 동맹은 민주주의적 통일전선의 가장 튼튼한 기초"라고 선언하였다.[337]

인텔리에 대한 북한정치세력의 인식 전환은 그들의 계급관에도 영향을 끼쳤다. 이들이 인텔리를 노동당의 중심세력 중 하나로 설정한 것은 '인민민주주의 혁명의 긴박한 정세'가 "노동자, 농민, 지식분자 등의 광범한 근로대중"의 단결과 통일을 요구했기 때문이다.[338] 북한정치세력은 이 같은 정세인식에 따라 인텔리

---

335 북조선로동당중앙본부, 『북조선로동당 강령·규약』, 북조선로동당, 1948.

336 金日成, 「北朝鮮勞動黨創立大會總結에 關한 報告」, 『근로자』창간호(1946년 10월호), 『북한관계사료집』42권, 56~57쪽.

337 英煥, 「勞動黨의 創立과 當面한 諸課業에 對하야」, 『근로자』창간호(1946년 10월호), 『북한관계사료집』42권, 65~66쪽.

338 「북조선로동당 창립대회 회의록」(1946.8.30), 『북한관계사료집』1권, 124쪽.

를 혁명에 끌어들이기 위해 "사무원"이라는 새로운 성분(成分)을 만들어냈다.[339] 사무원은 정신노동자로 분류되었으며,[340] 노동자계급과 동등한 성분으로 설정되었다.[341] 「구대원 성분구성통계표」에서도 사무원 출신 병사들은 대부분 생산직장에서 근무하던 인물들이었다. 북한에서 성분은 "노동자, 빈농민, 부농민, 지주, 기업주, 수공업자, 사업원, 자유직업자, 상인, 기타"로 규성되었으므로,[342] 성분은 곧 계급이다. 이 같은 계급관은 노동자·농민계급만을 인정하는 스탈린의 계급관과 다른 인식이었다.[343] 이후 북한에서 사무원은 항상 노동자계급·농민계급과 함께 혁명을 주도하는 3대 중심세력으로 설정되었다. 그리고 노동당은 "근로인민의 당으로서 로동자와 농민 급(及) 노력지식분자들에 요구

---

339 박일우는 노동당 창립대회에서 당대표의 사회성분을 발표하면서 사무원에 대해 "박사, 학사, 기술원 등까지 포함되었고 이상과 같은 사회성분을 가진 대표동무들이 농촌, 직장, 철도, 광산, 공장, 사무기관, 공공단체 등에서 사업하고 있다"라고 설명하였다. 「북조선로동당 창립대회 회의록」(1946.8.30), 『북한관계사료집』1권, 110쪽.

340 북한정치세력은 "일반사무원, 교원, 기술자, 기자, 기타 정신노동으로서 고용관계를 맺인 사람"을 모두 묶어서 "事業員"으로 분류하였다. 北朝鮮臨時人民委員會 司法局·保安局 監察部, 「保安例規-自敍傳作成要綱」(1946.9.20), 『북한관계사료집』9권, 95쪽.

341 예를 들어, 북한정치세력은 노동법령에 관한 결정에서 늘 노동자와 사무원을 동급으로 취급하였다. 또한 경제개발계획에서도 사무원은 노동자와 함께 "從業員"으로 분류되었다. 「第九次 北朝鮮臨時人民委員會의 北朝鮮勞動者 및 事務員에 對한 勞動法令에 對한 決定書」(1946.6.24), 『북한관계사료집』5권, 685쪽; 「勞動者·事務員 生活必需品配給規定」(1949.2.25), 『북한관계사료집』8권, 560~570쪽; 北朝鮮人民委員會 企劃局, 「1948年度 北朝鮮人民經濟復興發展에 關한 對策」, 한림대 아시아문화연구소 편, 『北韓經濟統計資料集』, 한림대학교출판부, 1994, 229쪽.

342 北朝鮮臨時人民委員會 司法局·保安局 監察部, 「保安例規-自敍傳作成要綱」(1946.9.20), 『북한관계사료집』9권, 95쪽.

343 스탈린은 인텔리의 역할과 계급적 성격을 적극적으로 평가하지 않았고, 소련에는 오직 노동자계급과 농민계급만 존재한다고 주장했다. 스탈린이 가지고 있던 노동자·농민·인텔리에 대한 계급관은 다음과 같다. "소련에서는 오직 두 개의 계급, 이해관계가 적대적이기는 커녕, 우호적일 뿐인 노동자와 농민이 존재할 뿐이다. 그러므로 소련에서는 당이 몇 개씩이나 되고 그들을 위한 자유가 존재해야 할 하등의 근거가 없다. … 인텔리겐차는 결코 하나의 계급이었던 적이 없으며, 또 결코 하나의 계급일 수 없다. 인텔리겐차는 그 구성원이 사회의 모든 계급들 사이에서 충원되는 하나의 계층이었고, 또 지금도 하나의 계층으로 남아 있다." 스탈린, 「USSR 헌법 초안에 관하여」, 스탈린 지음, 서중건 옮김, 『스탈린선집』2(1932-1952), 전진, 1990, 110~114쪽.

와 권리를 진실로 대표"해야 한다고 강조하였다.[344]

또한 북조선로동당은 1946년 11월부터 유일당증 수여사업을 전개해 전당 차원에서 당원들의 계급구성을 인위적으로 재편한 바 있다. 노동당은 재편과정에서 자본가·기업가·상인 등 "착취계급"과 친일파, "토지개혁에 숙청당한 지주계급", 종교단체 신도와 간부를 숙청하라고 지시하였다.[345] 그 결과 1948년 3월에 선출된 북조선로동당 제2차 전당대회의 당대표자 990명 가운데, 노동자가 46.6%(461명), 농민이 27%(269명), 사무원이 23.4%(232명), 기타가 3%(28명)를 차지하게 되었다.[346] 그러나 전체 노동당원의 계급구성을 보면, 1947년 8월 시점에 창당 당시보다 상인은 30%, 기업가성분은 27%, 기타성분은 59%가 증가하였다.[347] 노동당에는 여전히 소수의 상인·기업가·기타성분이 남아 있었다.

북조선로동당은 1946년 8월 창당 이래 노동자·농민·사무원을 인민국가 건설의 핵심세력을 규정하고, 이들을 당에 적극적으로 받아들였다. 통일전선은 바로 이들의 동맹을 토대로 추진되었다. 반면에 노동당은 친일파·지주계급·부르주아계급·종교인을 인민국가 건설의 반혁명세력으로 규정하고, 이들을 당내에서 제거하였다. 인민군의 계급구성은 이 같은 통일전선정책의 영향으로 인해 노동자·농민·사무원으로 계급화·고착화되어 있었고, 군대 내부에서 지주와 부르주아지는 거의 사라졌다.

다음으로 간부와 병사의 당적을 비교해 그 특징을 분석해 보자. 병사의 당

---

344 노동당은 주요 당회의마다 항상 "근로인민"의 대표를 "로동자·농민·로력지식분자"로 규정하였다. 허가이, 「黨長成과 黨組織 及 黨政治事業에 對한 諸課業-북조선로동당 제3차 중앙위원회에서 보고」, 『북한관계사료집』34권, 331~332쪽.

345 북조선로동당중앙본부 조직부, 「유일당증수여에 관하여」(1946.11.6), 『북한관계사료집』1권, 179~180쪽.

346 「북조선로동당 제2차 전당대회회의록」(1948.3.27~30), 『북한관계사료집』1권, 421쪽.

347 「북조선로동당 당원 성원에 관한 1947년 8월 1일 현재 통계에 관하여-북조선로동당 중앙상무위원회 제41차 회의 결정서」(1947.8.21), 『북한관계사료집』30권, 251쪽.

적을 보면, 노동당원이 21.6%이며, 무소속이 78%이다. 민주당원은 1명이며 청우당원은 전혀 없다. 제2대대 간부의 당적을 보면, 노동당원이 67%, 무소속이 33%였고, 민주당원이나 청우당원은 한 명도 없었다. 간부에 비해 병사 중에서 노동당원의 비율은 45.4%나 적다. 북조선로동당은 인민군부대 병사계급에서는 간부에 비해 상대적으로 장악력이 약했다. 그러나 412명의 병사 중에 민주당원·청우당원은 1명에 불과했으므로, 병사계급에서도 북조선로동당의 우위는 확보되었다.

이 같은 인민군의 당원구성은 다른 부대에서도 확인할 수 있다. 1950년 6월 9일 당시 인민군 제861군부대 대열참모 김리탁은 사단 대열과에 정당별 통계를 제출하였다. 제861군부대의 규모는 연대이며, 군관이 139명, 하사관이 69명, 전사가 120명, 총인원은 328명이다. "련대통계"를 보면, 군관 중 노동당원은 63명(45%), 무소속은 76명(55%)이었고, 하사관 중 노동당원은 28명(40%), 무소속은 41명(60%)이었으며, 전사 중 노동당원은 26명(22%), 무소속은 94명(78%)이었다.[348] 인민군의 노동당원 비율은 '군관〉하사관〉병사'의 순이었다. 또한 이 연대에는 민주당원과 청우당원이 한명도 없었다. 인민군은 한국전쟁 직전에 완전히 노동당원들이 장악하고 있었다. 중요한 점은 1948년 당시 북한에서 정당에 가입한 주민 중에는 평균적으로 약 15%에 달하는 민주당원과 약 23%에 달하는 청우당원이 존재했지만, 인민군의 간부와 병사 중에는 민주당원과 청우당원이 거의 없었다는 사실이다.[349] 그러므로 북조선로동당은 인민군에서

---

348 조선인민군 제861군부대 대열참모 김리탁, 「보고-정당별 통계 제출에 관하야」(1950.6.9), 국사편찬위원회 소장 노획문서.

349 물론 북한정부 수립 이전에 이미 조선민주당과 천도교청우당은 북조선로동당의 우당(友黨)으로 개조되었다. 조선민주당은 1946년 2월 24일에 보안국장 최용건이 당수에 취임한 이후부터 친소·친공적으로 개편되었다. 그리고 천도교청우당에서는 당수 김달현(金達鉉)이 대대적인 반우익투쟁을 전개하였다. 청우당의 우익세력은 1949년 1월까지 당내에서 완전히 제거되었고, 김달현은 대외적으로 당내 우익세력이 붕괴되었다는 성명을 발표했다. 김선호, 「해방직후 조선민주당의 창당과 변화」, 291~299쪽; 「이그나치예프와 김달현(金達鉉)의 회담 기록」(1949.1.26), 沈志華 編譯, 『朝鮮戰爭-俄國檔案館的解密文件』(上), 中華民國 中央研究院 近代史研究所, 2003, 47쪽.

진정한 유일당이었다.

인민군은 정권기관이나 입법기관에 비해 더 많은 노동당원들을 간부와 병사로 기용함으로써 북조선로동당의 지도력을 강화했다. 나아가 노동당의 군대에 대한 지도력 강화는 동시에 군대에 김일성의 영도사상을 강화하는 기반으로 작용하였다. 항일연군 출신 김일은 인민군의 정치사상사업을 총괄 지휘함으로써 인민군 내부에 김일성의 영도사상을 확립하는 역할을 수행하였다. 결국 인민군은 북조선로동당의 계급정책과 노동당의 지도력이 관철됨으로써 유일당의 노선과 김일성의 영도사상이 가장 원형적으로 구축된 기구로 확립되었다.

인민군의 계급구성과 당원구성은 통일전선의 범위와 관련해 중요한 특징을 가지고 있다. 인민군은 노동자·농민·사무원으로 계급재편이 완료되었고, 지주·부르주아계급이 제거되었다. 북한의 공산주의자들은 해방 직후에 민족적 부르주아지와 자경지주(自耕地主)를 포함한 통일전선을 추진했으나,[350] 인민군에서는 통일전선의 계급적 범주가 노동자·농민·사무원 등 근로계급으로 고착되었다. 또한 간부와 병사 중에는 정권기관·입법기관과 달리 민주당원과 청우당원이 거의 없었다. 이것은 인민군에 구현된 통일전선이 해방 직후에 표방된 민족 전체의 통일전선이나 정권기관·입법기관에 구축된 통일전선보다 그 폭이 협소했다는 사실을 보여준다. 반대로, 이것은 북조선로동당이 추진해온 근로계급 중심의 계급재편이 정권기관·입법기관보다 인민군에 더 철저하게 관철되었다는 것을 의미한다. 민족보위성은 이 같은 계급구성을 근거로 군인들에게 "우리 인민군은 장교나 병사나 할것없이 모두 같은 근로계급의 출신"이라

---

350 1946년 3월에 추진된 토지개혁 당시, 몰수대상은 5정보(町步) 이상을 소유한 지주의 토지와 자경(自耕)하지 않고 전부 또는 계속 소작주는 토지였다. 그런데 5정보를 초과하는 지주의 경우에도, 토지의 일부를 자경하고 일부를 소작줄 때에는 소작주는 토지만 몰수하였다. 즉, 자경하는 지주는 토지개혁의 대상이 아니었다. 北朝鮮人民委員會 司法局 編纂, 『北朝鮮法令集』, 北朝鮮人民委員會, 1947, 59~61쪽.

고 교육하였다.[351]

해방 이후에 북한의 공산주의자들이 추구한 인민민주주의혁명의 기본적 속성 중 하나는 여러 정당이 존재하는 다당성(多黨性)이다. 다당성이 인정된 가운데 공산당의 지도적 역할은 인민민주주의전선에 의해 보장된다.[352] 1950년 당시에도 북한의 정치공간에는 다당성이 보장되어 있었다. 1949년 6월 말에 북조선로동당·남조선로동당을 필두로 남·북의 71개 정당·사회단체는 조국통일민주주의전선(이하 조국전선)을 결성하였다.[353] 이로써 인민민주주의국가의 다당성과 통일전선의 범주는 2배 이상 확장되었다. 그러나 1950년 당시 인민군에서 노동당은 유일당으로 존재했고, 인민군의 통일전선은 노동자·농민·사무원으로 계급화·고착화되어 있었다.

따라서 북한정부와 조국전선이 표방하는 인민민주주의국가의 다당성·통일전선과 실제 인민군에 구축된 다당성·통일전선은 달랐다. 북한의 공산주의자들은 인민민주주의혁명을 통해 형식적으로 다당성의 인정과 폭넓은 통일전선의 구축을 표방했으며, 내용적으로 노동당의 유일성과 노동자·농민·사무원이 주도하는 통일전선의 구축을 추구하였다. 인민민주주의혁명을 완수하기 위한 가장 중요한 조건은 국가건설과정에서 유일당의 지도적 역할을 강화하는 것이었다.[354]

북한의 국가건설과정에서 정치의 다당성과 노동당의 유일성은 모순적으로 공존하고 있었다. 그러나 1949년부터 북한에 보편화된 후기 인민민주주의

---

351 민족보위성 문화훈련국, 『정치상학교재(49-11): 조선인민군의 조직과 목적 및 과업에 대하여』, 17~18쪽.

352 브·쓰·마니꼽쓰끼, 「인민민주주의 국가의 계급적 본질」, 『근로자』제22호, 69~71쪽.

353 조선인민군 528군부대, 『(학습재료) 당건설』 제4부, 제528군부대, 1950.5, 9쪽, NARA, RG 242, SA 2009, Box 3, Item 125.

354 느·쁘·파르베로브, 「중앙 및 동남 구라파 인민민주주의」, 『근로자』제5호, 109~110쪽; 브·쓰·마니꼽쓰끼, 「인민민주주의 국가의 계급적 본질」, 『근로자』제22호, 71쪽.

론에 따르면, 인민민주주의국가의 "다당성은 어떠한 고정적인, 불변적인 것"이 아니다. 인민민주주의국가 내에서 사회주의적 요소가 발전하면 공산당(노동당)의 대중적 지도력이 더욱 강화될 예정이었고, 향후 인민민주주의제도가 강화되면 "다당성을 산출시키는 조건"은 점차 소멸될 예정이었다.[355] 그리고 정치의 다당성이 약화되면 노동당의 유일성은 강화될 수밖에 없었다.

북한정치세력은 정치의 다당성이 인정된 가운데, 통일전선 내부에서 노동당의 지도력을 관철시키는 방식으로 인민민주주의혁명을 달성하고자 하였다. 이 과정에서 노동당은 노동자·농민·사무원의 선봉대로 규정되었다. 그리고 노동당이 지도력을 관철하고 통일전선을 구축한 토대는 노동자·농민·사무원 등 근로계급의 동맹이었다. 북조선로동당이 소련공산당이나 중국공산당과 달리 당의 상징에 망치(노동자)와 낫(농민) 외에 붓(사무원)을 추가한 것은 바로 이 같은 혁명론에 근거한 것이다.[356] 북한정치세력은 해방 직후에 계급보다 민족을 중시해 자경지주와 민족자본가를 포함하는 민족통일전선을 주장했지만, 미·소 합의에 의한 단일국가 건설이 무산되자 통일전선에서 자경지주와 민족자본가를 제거하고 인위적으로 노동자·농민·사무원을 충원하였다.

앞서 살펴보았듯, 노동당은 1946년 8월 창당 이후부터 노동자·농민·인텔리를 적극적으로 가입시켰고, 그 결과 북조선로동당 당대표 중에 노동자·농민·사무원이 97%로 절대 다수를 차지하게 되었다. 그리고 북조선인민위원회에서도 위원 중 노동자·농민·사무원이 96.9%로 절대 다수를 차지하고 있었다. 또한 인민군은 창군단계별로 지주·부르주아지를 제거하고 노동자·농민·인텔리를 인위적으로 입대시켰다. 그 결과 인민군 군인 중에 노동자·농민·사무원이 82~92%를 차지하게 되었다.

북한정치세력은 인민민주주의혁명을 추진하면서 민족중심의 통일전선을

---

355 브·쓰·마니꼽쓰끼, 「인민민주주의 국가의 계급적 본질」, 『근로자』제22호, 68~69쪽.

356 북조선로동당중앙위원회, 「표지」, 『북조선로동당 제二차 전당대회 회의록』, 북조선로동당중앙위원회, 1948.

〈그림 40〉 북조선로동당과 소련공산당의 상징

비고 북조선로동당 회의록의 중앙에 당의 상징이 상세하게 그려져 있는데, 망치는 노동자를, 낫은 농민을, 붓은 사무원을 상징한다. 노동당의 계급정책이 당의 상징에 정확히 투영되어 있다. 소련공산당과 중국공산당의 상징에는 망치와 낫만 그려져 있고, 붓이 없다(오른쪽 책표지 별 안에 있는 것이 소련공산당의 상징이다).

계급중심의 통일전선으로 전환하였다. 그 이유는 국가건설과정에서 민족 전체가 혁명에 대한 입장을 둘러싸고 혁명세력과 반혁명세력으로 분리되었기 때문이다. 북한정치세력은 친일파·민족반역자, 반소·반공세력, 지주·부르주아지, 남한의 우익세력 등을 반혁명세력으로 규정하였고, 친소·친공세력, 노동자·농민·사무원, 남한의 좌익세력 등을 혁명세력으로 규정하였다. 이들 중에 반혁명세력의 중심계급은 지주·부르주아지였고, 혁명세력의 중심계급은 노동자·농민·사무원이었다.

북한의 인민민주주의혁명은 한반도의 정치지형을 근본적으로 변화시켰다. 해방 직후에 민족을 중시하는 '민족 대 반민족'의 대립구도는 혁명과정에서 계급을 중시하는 '혁명 대 반혁명'의 대립구도로 전환되었다. 결국 북한정치세력이 추구한 통일전선의 본질은 혁명세력의 중심계급인 노동자·농민·사무원의 동맹을 통해 완성되는 '계급적 통일전선'이었다. 계급적 통일전선은 혁명의 동력을 창출하는 방식에 있어서 통일전선적 성격을 가지고 있었고, 혁명의 주도세력을 창출하는 방식에 있어서 계급적 성격을 가지고 있었다.

그러나 북한정치세력의 계급적 통일전선은 해방 이전에 코민테른과 공산주의자들이 지향한 계급투쟁론이나 인민전선론과 본질적으로 다르다. 코민테른의 계급투쟁론은 '노동자·자본가 간의 투쟁, 농민·지주 간의 투쟁, 병사·장교 간의 분쟁' 등 계급적 충돌을 격화시켜 소비에트권력을 수립하고자 하였다.[357] 그리고 코민테른의 인민전선론은 민족부르주아지를 포함해 반제투쟁을 펼칠 수 있는 모든 세력을 결집시킨 반제국주의통일전선을 통해 인민전선정부를 수립하고자 하였다.[358]

하지만 북한정치세력의 계급적 통일전선은 계급 간의 투쟁을 중심에 둔 것이 아니라 혁명에 대한 태도를 중심에 두었고, 혁명을 지지하는 모든 세력을 결집시킨 것이 아니라 지주·부르주아지 등 반혁명세력을 인위적으로 배제하였다. 북한정치세력은 해방 직후에 소극적이며 생계형인 친일파와 인텔리를 친일파에서 제외하였고, 그들의 정치적 태도에 따라 등용될 수 있는 길을 열어두었다. 대표적으로 인민군의 일본군·만주군 출신은 친일여부가 아니라 소련과 공산당·노동당에 대한 정치적 태도에 따라 등용되거나 배제되었다.

또한 북한정치세력은 창군과정에서 단계적으로 계급적 통일전선을 관철시켰다. 이들은 보안국의 검열사업 당시 검열의 기준을 계급이 아니라 혁명에 대한 태도에 두었다. 그 결과 해방 직후에 보안원으로 근무했던 친일파, 반소·반공세력, 지주·부르주아지는 배제되었고, 사상심사 통과자, 친소·친공세력, 노동자·농민은 새롭게 통일전선에 포함되었다. 나아가 북한정치세력은 대대부·집단군총사령부·인민군총사령부 내부에서 단계적으로 지주·부르주아

357 편집부 엮음, 「식민지·반식민지 국가의 혁명운동에 대하여」(1928.9.1), 『코민테른자료선집』3, 315~316쪽.

358 김성윤 엮음, 『코민테른과 세계혁명』Ⅱ, 118~127쪽.

지·반소세력·반공세력·민주당원·청우당원을 숙청하고, 노동자·농민·사무원·친소세력·친공세력·노동당원을 인위적으로 영입하였다.

북한정치세력이 인민주주의혁명과정에서 일제와 부르주아계급에 협력한 인텔리를 인민의 이익을 위해 복무하는 지식분자로 변했다고 인정한 것[359]은 바로 혁명에 대한 태도에 근거한 것이었다. 그리고 이들이 혁명과정에서 민족 전체의 통일전선을 "무원칙한 무조건통일전선"이라고 비판한 것은 인민민주주의혁명과정에서 자경지주들이 "반동적 지주"[360]로 전환해 친일파·민족반역자들의 온상이며 비호자가 되었다고 인식했기 때문이다.[361] 결국 북한정치세력이 추구한 계급적 통일전선의 본질은 인민민주주의혁명에 대한 태도(지지·반대)였다.

인민군의 월남과 분단체제의 강화

북한의 인민민주주의혁명과정에서 친일파와 민족반역자는 일차적으로 '반혁명세력'으로 규정되어 통일전선에서 배제되었다. 그리고 북한정치세력은 인민군 창설과정의 각 단계별로 통일전선의 배제대상을 친일파·민족반역자·지주·부르주아지·일본군 출신·만주군 출신·종교인·민주당원·청우당원 등으로 확장하였다. 그리고 통일전선에서 배제된 '반혁명세력'은 일부를 제외

---

359 金日成, 「北朝鮮勞動黨創立大會總結에 關한 報告」, 『근로자』1946년 10월호, 『북한관계사료집』 42권, 57쪽.

360 북한에서 "반동·반동분자·반동파" 등의 용어는 정치적으로 "혁명에 패배한 계급이 자기들의 위치를 회복하려는 반혁명활동"을 가리키는 말이다. 군사정보부대 편, 『북괴군사술어집』, 150쪽.

361 學民, 「民主主義民族統一戰線과 勞動黨」, 『근로자』1947년 1·2월호, 『북한관계사료집』42권, 253~254쪽.

하고 대부분 저항하기보다 38선을 넘어 남한으로 내려갔다.[362]

해방 이후 월남민의 추이는 북한에서 전개된 인민민주주의혁명과 밀접히 연관되어 있었다. 미군정이 조사한 바에 따르면, 1946년도 한 해 동안 북한에서 월남한 인구는 총 185,536명이다. 이 가운데 1월 월남민은 15,940명, 2월 월남민은 21,252명이었다. 그런데 3월 월남민은 39,921명, 4월 월남민은 41,740명, 5월 월남민은 30,292명으로 급증하였다. 또한 1947년도 한 해 동안 월남한 인구는 149,816명이다. 이 중에서 1월 월남민은 1,280명, 2월 월남민은 1,278명, 3월 월남민은 3,713명이었다. 그런데 4월 월남민은 25,109명, 5월 월남민은 39,952명, 6월 월남민은 24,286명, 7월 월남민은 12,886명으로 급증하였다. 1945년 8월부터 1947년 12월까지 월남한 인구는 총 545,821명이었다.[363] 1946년 12월 31일 현재 북한의 인구가 9,257,317명이었으므로,[364] 1946년도 월남인구를 감안하더라도 1947년 12월까지 북한 주민의 약 6%가 월남한 것이다.

월남민의 추이를 보면, 1946년 3월에 토지개혁이 시작되면서 월남민이 급증하였고, 1947년 2월 22일에 북조선인민위원회가 수립되고 제2단계 인민민주주의혁명이 본격적으로 추진되면서 월남민이 급증했음을 알 수 있다. 즉, 북한정치세력이 제1단계와 제2단계 혁명을 본격적으로 추진하자 북한의 혁명에 반대하거나 혁명으로 인해 정치적·경제적·사회적 지위를 박탈당한 사람들이

---

362 황해도의 경우, 월남자들은 대부분 대지주·대상업가·친일파였다. 북한지역 중에서도 특히 38선과 가까운 황해도와 강원도에서 토지를 몰수당하고 월남한 사람들이 많았다. 김성보, 『남북한 경제구조의 기원과 전개』, 159쪽.

363 이용기·김영미, 「주한미군 정보보고서(G-2보고서)에 나타난 미군정기 귀환·월남민의 인구이동 규모와 추세」, 『한국역사연구회회보』32, 한국역사연구회, 1998.5, 21쪽.

364 한림대 아시아문화연구소 편, 『北韓經濟統計資料集』, 19쪽.

집중적으로 월남했던 것으로 보인다.[365] 결국 북한지역에 인민민주주의혁명이 추진되면서 해방 이후부터 1947년 12월까지 북한에 거주하던 약 54만명의 주민이 38선을 넘어 남한으로 내려왔다.

월남하는 사람은 인민군에서도 발생했다.[366] 1948년 2월 8일에 인민군이 창설된 이후부터 인민군의 간부와 병사들이 본격적으로 월남하였다. 이중에서 일부 군인들은 집단적으로 월남했는데, 대표적인 세력이 해방 직후에 월북했던 여운형그룹이다. 1948년 5월 초에 인민군 제1사단 포병연대장 리기건 소좌가 월남했다.[367] 리기건은 신경군관학교 제1기생으로[368] 1945년 10월 초에 여운형의 지시로 월북했던 인물이다.[369] 1948년 9월에는 보안간부훈련대대부 창설에 참여했던 여운형그룹 10명 중 6명이 함께 월남했다. 이들은 중앙경위대 대대장 방원철, 보병공급부장 최창륜, 작전과장 박준호, 포병공급부 부부장 이재기, 김영택, 박창암이다. 이들은 모두 신경군관학교 제1·2기생으로, 1947년 4월에 평양형무소에 투옥되었다가 1948년 5월 4일에 출소해 9월 23일에 집단적으로 월남하였다.[370] 여운형그룹 중 최재환은 월북 직후에 간도특설대 출신이라는 이유로 남한으로 보내졌고, 박임항은 1947년 말에 밀항교역선을 타고 먼저 월남했다. 박승환은 평양형무소에 투옥되었다가 수감 중에 사망하였고,

---

365 강원도 인제군의 월남자를 분석한 연구에 따르면, 이들의 월남 이유는 토지개혁 등 각종 정책에 대한 불만, 당이나 정권기관에서 처벌을 받았거나 처벌받을 것에 대한 두려움, 38선 이남에 거주하는 연고자, 생활고 등이었다. 한모니까, 『한국전쟁과 수복지구』, 185~186쪽.

366 월남병(越南兵)에 대한 보다 자세한 내용은 다음 연구를 참고 바람. 김선호, 「인민군 병사들의 경계넘기-월남병과 분단체제」, 김성보 편, 『분단시대 월남민의 사회사: 정착, 자원, 사회의식』, 혜안, 2019.

367 「以北人民軍第一師 李參謀長逃走越南」, 『경향신문』1948.5.7.

368 丁一權·金錫範, 『滿洲國軍誌』, 51쪽.

369 리기건 증언, 「南北의 對話47: 괴뢰金日成의 登場(6)-굳혀지는 金日成體制」, 『동아일보』1972.1.27.

370 각 인물의 직책은 월남 당시 신문에 보도된 것이며, 월남자 명단은 방원철이 증언한 것이다. 「北韓人民軍將校 脫走入京」, 『동아일보』1948.10.28; 한국정신문화연구원 편, 『내가 겪은 한국전쟁과 박정희정부』, 301~305쪽.

김인기는 북한에 잔류하였다.[371] 여운형그룹이 집단 월남함으로써 인민군 내부의 만주군 장교들은 대폭 감소되었다.

1948년 12월 24일에는 일본육군사관학교 출신인 방온양(方溫陽) 대위가 월남했다. 그는 12월 31일 기자회견에서 인민군의 파벌투쟁을 비판했다.[372] 군관뿐만 아니라 병사들도 월남했다. 강원도 인제군 서화면 주민 이도현은 1948년 4월에 인민군에 입대했는데, 군대에서 탈영해 월남했다. 그는 빈농 출신으로 1946년 6월에 입당한 조선신민당 당원이었다. 북조선로동당 인제군당은 이도현의 월남이 확인되자, 1949년 9월에 그를 출당시켜 당적을 완전히 제거하였다.[373]

1948년까지 월남한 인민군의 특징을 분석해보면, 이들은 주로 38선 후방지역에서 나왔고, 만주군·일본군 출신 장교들이 많았다. 그러나 월남병(越南兵)의 양상은 1949년에 들어서면서 변화한다. 1949년 봄부터 38선 접경지역에 배치된 인민군과 내무성군대에서 월남병이 발생하기 시작했다. 그 이유는 1949년부터 남·북 간의 38선 충돌 양상이 달라졌기 때문이다. 38선 충돌은 1948년까지 38선 월경과 총격전 수준에 그쳤다. 동원된 병력은 대부분 경찰에 해당하는 북한의 경비대와 한국의 경찰·청년단 등이었으며, 병력도 소규모에 불과했다. 충돌의 성격 역시 현지의 사정에 따른 우발적인 충돌이 많았다. 그러나 1949년의 38선 충돌은 이전처럼 자연발생적인 충돌이 아니었으며, 정규군이 투입되었고, 연대급 병력까지 동원되었다. 또한 화력의 측면에서도 소총뿐만 아니라, 기관총·박격포·대구경포 등 군이 보유하고 있던 모든 중화기가 사

371 한국정신문화연구원 편, 『내가 겪은 한국전쟁과 박정희 정부』, 286; 304쪽; 친일인명사전편찬위원회, 『친일인명사전』2권, 민족문제연구소, 2009, 96쪽.

372 「人民軍內部動搖」, 『경향신문』1949.1.1.

373 「북조선로동당 강원도 인제군당 상무위원회 회의록 제60호」(1949.9.10), 『북한관계사료집』3권, 587쪽.

용되었다. 이는 실질적으로 '교전행위'였다.[374]

대표적으로 1949년 5월 19일에 황해도 배천군 우포리에서 인민군이 38선을 넘어와 남한 군·경을 공격했다. 이날 교전은 대규모로 전개되어 새벽부터 오후 8시까지 지속되었고, 인민군이 38선 이북으로 퇴각하면서 종료되었다. 교전 결과 인민군은 11명이 전사했고, 상당수가 부상당했다. 국군과 경찰은 각각 1명씩 전사했다. 이날 군·경은 인민군 하사 2명, 병사 3명, 정보원 4명을 포로로 잡았다.[375] 이처럼 1949년도의 38선 충돌은 전쟁상황과 마찬가지로 전선이 이동하고, 전사자와 포로가 발생했다. 교전에 투입된 인민군들은 남한의 군·경을 직접적으로 접했고, 전투의 참상을 목격하였다. 그리고 전선이 남·북으로 이동함에 따라 월남을 계획한 병사들은 1949년 이전보다 손쉽게 목적을 달성할 수 있었다.

예를 들어, 1949년 5월 30일 황해도 연백군 제1889부대 제163중대 이등병 김달수가 오현(五峴)지서를 거쳐 월남하였다. 그는 월남이유를 다음과 같이 말했다. "나는 석달동안 38선경비대에 복무하였는데, 그간 이북군이 38선에서 유격전투를 시작한 이후 전일 백천지구전투에 참가하여 이남의 무기 우수성과 전술이 탁월함을 목격하고, 이북의 허위와 형세 불리함을 통절히 느끼고 월남하였다."[376] 김달수는 바로 앞에서 살펴본 배천전투에 참전한 병사다. 1949년부터 38선 충돌이 준전시상태로 격화되면서 전투지역에서 월남병들이 발생했음을 알 수 있다.

1949년 8월에도 38선 인근의 인민군 병사와 하사관들이 월남하였다. 8월 9일에는 상등병 김오봉(金五鳳)이 양양에서 월남했고, 8월 21일에는 하사 이익선(李益善)과 중사 이성국(李成國)이 철원에서 월남했다. 8월 31일에는 중사 이경

---

374 정병준, 『한국전쟁』, 258~259쪽.

375 「所謂人民軍越南事件續報 第二次國防部發表」, 『경향신문』1949.5.22.

376 「國軍의 威容에 感服, 以北軍人 越南歸順」, 『동아일보』1949.6.13; 「以北歸順兵 國軍再教育訓練」, 『경향신문』1949.1.15.

섭(李景燮)이 황해도 평산에서 자동기관총 1정을 들고 월남하였다. 이들은 월남 이유에 대해 "북한은 억압정책으로써 우리를 끄러 인민군에 편입시켰다"라고 진술했다.[377] 월남병은 1949년 여름부터 병사에서 하사관으로 확대되었고, 이들은 주로 북한체제를 반대하는 인물들이었다.

1949년 가을에는 인민군에서 요시찰을 담당하는 정치보위부 군관이 월남했다. 육군본부 보도과는 9월 10일에 38정치보위부장 이창옥(李昌玉) 소좌가 월남했다고 보도했다.[378] "38정치보위부장"은 내무성 38경비여단에 소속된 정치보위부 장교로 판단된다. 또한 1950년 2월을 전후해 인민군 "정치보위국 직속 특수 제51부대 부대장 장인철(張仁哲) 소좌"가 월남했다.[379] 월남병은 1949년 가을부터 병사·하사관에서 군관으로 확대되었고, 군대의 당사업·민청사업, 군인들의 동향 감시 등 정치사상사업을 책임지는 정치보위부 군관까지 월남했다.

한편 인민군 육군뿐만 아니라 공군에서도 월남병이 발생하기 시작했다. 현재까지 인민군 조종사 중에서 월남한 것으로 확인된 인물은 4명이다. 가장 먼저 월남한 인물은 평양학원 조종사 윤응렬이다. 그는 일본 소년비행병학교 15기 을(乙) 출신으로, 1947년 봄에 평양학원 비행과에 입학했다. 윤응렬은 평양학원에서 정치교육을 받았으나, 사상의 차이로 "지도원 동무"로 불리는 교관들과 부딪쳤다. 그리고 사상불순을 이유로 영창에 투옥되었다. 그후 인민군 정치보위부 심사과장에게 최종심사를 받았는데, 성분과 사상에서 부적격 판정을 받았다. 윤응렬은 평양학원을 나온 이후, 1948년 6월 6일에 월남했다.[380]

평양학원 조종사 이세영(李世暎)도 월남했다. 그는 지주의 아들이었고, 소

---

377 「人民軍歸順」, 『경향신문』1949.9.4.

378 「傀儡以北軍속에 南韓憧憬者많다」, 『동아일보』1949.9.11.

379 「越南軍人 오늘歡迎會」, 『동아일보』1950.2.26; 「北韓의 腐敗相을 痛擊, 義擧部隊의 歡迎大會盛況」, 『경향신문』1950.2.28.

380 윤응렬, 『상처투성이의 영광』, 26~88쪽.

년비행병학교 15기 을 출신이었다. 이세영은 1946년에 평양학원 항공대에 입대했는데, 1948년 7월경에 윤응렬의 부모님을 찾아왔다고 한다. 그는 자신이 숙청을 당하게 되었다면서 월남을 부탁했고, 1948년 8월에 월남했다.[381] 평양학원 조종사 고봉록(高奉綠)도 월남했다. 그는 함경남도 함흥에서 갑부의 아들로 태어났고, 대학 재학 중에 자비로 조종술을 배웠다. 고봉록은 해방 식후에 평양학원 항공대에 입대했으나, 출신성분 때문에 견디지 못하고 월남했다.[382]

인민군 조종사 중에서 한국전쟁 전에 마지막으로 월남한 사람은 이건순(李建淳) 중위다. 그의 형·누나·처남은 이미 월남해 있었다. 이건순은 오래전부터 처남에게 월남계획을 전달했다. 그는 인민군에서 천주교 신자라는 이유로 탄압받았고, 월남자의 가족이었기 때문에 진급도 어려웠다. 이건순은 1950년 4월 28일 아침에 정비병의 식사시간을 틈타서 전투기를 몰고 함남 연포비행장을 이륙했다. 그는 고사포 사격과 추격해온 전투기를 회피해 38선을 넘어서 경남 김해비행장에 착륙했다. 그는 소련제 전투기를 몰고 월남한 공로를 인정받아 5월 17일에 이승만 대통령으로부터 상금 100만원을 수여받았다.[383] 4명의 사례를 보면, 인민군 공군의 월남병은 주로 출신성분·사상·종교·가족(월남자) 등의 문제로 월남한 사람들이었다.

현재까지 한국전쟁 이전 월남병의 규모를 알 수 있는 통계는 없다. 다만, 1949년도에 국방부에서 언론에 발표한 인원이 있다. 국방부 정훈감은 7월 23일에 월남군인환영대회에서 "사선을 돌파하고 월남한 2천여명의 새가족을 마음으로부터 맞는다"라고 발언했다.[384] 1949년 7월까지 내무성군대와 인민군

---

381 윤응렬, 『상처투성이의 영광』, 502~504쪽; 「4월의 6·25전쟁영웅, 이세영 공군 소령」, 『중앙일보』 2012.3.30.

382 윤응렬, 『상처투성이의 영광』, 133쪽.

383 「食事時間을 틈타 高射砲集中射擊을 무릅쓰고」·「歸順飛機의 脫出經緯」, 『경향신문』 1950.4.30; 「飛機越南事件眞相」, 『동아일보』 1950.4.30; 「賞金百萬圓授與」, 『경향신문』 1950.5.18.

384 「自由와 平和의 祖國은 그대들을 질겁게 맞는다」, 『동아일보』 1949.7.24.

에서 월남한 병사는 총 2,000여 명임을 알 수 있다. 그 이후의 월남병 규모는 알 수 없다. 2,000여 명 중에는 38선에서 교전 중에 포로가 된 인민군도 포함되어 있을 것이다.

그렇다면 인민군의 군인들이 월남한 이유는 무엇일까? 주한미군 정보참모부는 월남병을 직접 조사해 이들의 월남 이유를 분석했다. 정보참모부가 파악한 결과, 월남 이유는 복무조건에 대한 불만, 1년 동안 진행된 끊임없는 훈련, 학교진학·장교훈련 기회의 박탈, 부양가족에 대한 특별배급의 중지, 전사(戰士) 가족들에 대한 토지개혁의 영향, 일본군 출신에 대한 차별 등이었다.[385]

특히 인민군은 군인들의 개인경력과 가족·친척관계를 파악해 인사배치와 진급에 활용했다. 인민군은 이력서를 통해 군인들의 사회성분·출신성분, 혼인관계, 직업경력, 학력, 혁명활동, 외국 거주·이동경력, 외국군 복무경력, 민청활동, 정당활동, 부모의 직업경력, 부인·자식·부양가족에 관한 개인정보, 부모·친척의 선거권 박탈경력, 외국·남한에 있는 친척에 관한 사항 등을 면밀히 파악했다.[386] 따라서 한번 "불순분자"로 낙인찍힌 군인들은 군대 내에서 일상적으로 사찰을 당했고, 진급에서도 불이익을 받았다.

월남한 인민군은 만주군·일본군 출신이거나 부르주아계급·지주계급 등이었다. 윤응렬의 사례에서 보이듯, 노동당의 사상에 반대하는 인물들도 군대에서 제거되었다. 또한 월남한 인민군 2,000여 명 중에는 북한정치세력이 통일전선에서 배제한 민주당원·청우당원과 이른바 '반혁명세력'도 포함되어 있을 것이다. 북한정치세력이 군대에서 '반혁명세력'을 제거함으로써 인민군의 계급적·혁명적 성격은 한층 강화되었다.

월남병의 양상은 1949년부터 변화했는데, 월남양상이 변화한 이유는

---

385 HQ, USAFIK, *G-2 Weekly Summary*, No.147(1948.7.2~7.9), 『북한정보요약』3, 542쪽; HQ, USAFIK, *G-2 Weekly Summary*, No.152(1948.8.6~8.13), 『북한정보요약』4, 102쪽.

386 조선인민군총사령부 간부부, 『조선인민군대간부 개인요항(김세찬)』, 조선인민군총사령부, 1948.9.25.

1948년 8~9월에 한반도에 분단체제(分斷體制)가 출현했기 때문이다. 분단체제가 출현하면서, 38선은 미국과 소련의 군사적 분할선에서 한국정부와 북한정부의 체제적 국경선으로 전환되었다. 분단체제 출현 이전에 북한의 노선을 반대하는 것은 정치적 문제였으나, 분단체제 출현 이후에 북한의 노선을 반대하는 것은 체제의 문제였다.

반대로 분단체제가 출현하자, 국군의 군인들도 개인적·집단적으로 월북했다. 대표적으로 1949년 5월 5일에 춘천의 제6여단 제8연대 소속 강태무(姜太武)·표무원(表武遠) 소령이 지휘하는 2개 대대가 월북했다. 1주일 뒤인 5월 12일에는 제2특무정대 기함 제508호가 월북했고, 9월 22일에는 1,900톤급 전(前) 미 해군 함정 킴볼스미스호(USS Kimbal Smith)가 월북했다. 공군의 경우, 9월 24일에 이명호 등 공군조종사 2명이 L-5 정찰기를 타고 월북했다. 또한 국군의 병사들도 개별적으로 탈영해 월북했다. 1948년 9월 1일부터 1949년 8월 말까지 총 5,268명의 병사가 국군에서 탈영했는데, 주한미대사관은 이들 중 상당수가 월북한 것으로 추정했다.[387]

1948년 9월에 분단체제가 출현하면서 월남병의 양상은 '반혁명세력'에서 '반체제세력'으로 변화하였다. 분단체제 출현 이후 월남병들은 북한의 혁명과정에서 제거되거나 혁명을 반대하는 세력이 아니라 북한체제를 반대하는 세력이었다. 반대로 국군의 월북자들은 남한체제를 거부하고 북한체제를 선택한 세력이었다. 국가의 군대로서 인민군의 목적은 "조선민주주의인민공화국을 보위"하는 것이며 인민군에 복무하는 것은 "공민의 국가적 의무"였다.[388] 월남병들은 북한정부를 보위하는 임무와 북한공민으로서 국가적 의무를 거부하고

---

387 북한 정부는 1949년 5월 7일에 평양역에서 강태무·표무원 부대에 대한 월북 환영대회를 대대적으로 개최하였다. 2개 대대 장병들은 7월 11일에 개최된 "인민군대 편입식"에서 민족보위상의 명령에 따라 공식적으로 조선인민군에 편입되었다. 정병준, 『한국전쟁』, 346~347; 436~439쪽; 김광운, 『북조선실록』 29권, 284; 329쪽; 「소위 '국방군' 의거부대장병들 조선인민군에 편입」, 『로동신문』1949.7.13.

388 민족보위성 문화훈련국, 『정치상학교재(49-11): 조선인민군의 조직과 목적 및 과업에 대하여』, 21~23쪽.

〈그림 41〉 강태무·표무원 소령

비고 1949년 5월, 북한정부의 월북 환영대회에 등장한 강태무(왼쪽)와 표무원(오른쪽).

남한체제를 선택하였다. 이들에게 남은 문제는 남한체제 편입여부였다.

그렇다면 월남병은 남한에서 어떻게 취급되었을까? 월남병은 가장 먼저 38선 접경지역 이남에 위치한 수용소에 수용되었다. 월남병 수용소가 있던 대표적인 지역은 경기도 개성·옹진·포천, 강원도 강릉·춘천 등 5개 지역이다. 이들은 각 수용소에 거주하다가 중요행사가 있을 때 서울에 집결했다. 예를 들어, 1949년 7월 23일에 열린 월남군인 환영대회에 참석하기 위해 5개 지역에서 출발한 월남병들이 서울로 올라왔다.[389]

월남병은 남한에 도착한 직후에 미군과 국군의 정보기관에서 조사를 받았다. 월남병에 대한 조사과정은 윤응렬의 사례를 통해 구체적으로 확인할 수

389 「越南軍人 歡迎의 意氣衝天」, 『경향신문』 1949.7.24.

있다. 윤응렬은 먼저 경기도 연백에 파견된 미군 첩보대의 한국인 첩보대원에게 간단한 신상을 진술했다. 그는 연백경찰서를 거치지 않고 첩보대원을 따라 개성에 주둔한 미군 첩보대로 인계되었다. 윤응렬은 이곳에서 미군 중위에게 북한 공군과 평양학원에 관한 정보를 진술했다. 윤응렬은 기초조사가 끝난 후에 용산의 미군 제7사단 정보처 정보참모부로 보내졌고, 이곳에서 다시 북한의 사정과 항공대의 상황을 진술했다. 그는 진술 이후에 종로에 있는 HID에 보내져 휘태커(Whitaker)와 고정훈(高貞勳)으로부터 조사받았다. HID의 조사가 끝난 뒤에는 "미 공군 전략정보 한국지부"에서 재조사를 받았다. 그는 도널드 니콜스(Donald Nichols)에게 북한 공군에 관한 모든 정보를 제공한 후에 비로소 풀려났다.[390]

1948년 5월에 월남한 이세영도 미군 첩보대에서 조사받았다. 윤응렬은 이세영에 대해 "월남한 후에 그는 미국 정보대에서 나와 비슷한 일을 겪고 나서 자유의 몸"이 되었다고 증언하였다.[391] 38선 접경지역에서 월남한 보안대원들도 미군정 경찰에게 조사받았다. 1948년 6월 28일에 경기도 개성에서 여현철도보안대 분대장 현희선(玄熙善)과 부분대장 이관평(李觀平)이 월남해 개성경찰서를 찾아갔다. 그런데 개성경찰서에서는 이들이 "혹 모종의 모략성을 가진 것이 아닌가 하여 엄중 조사"하였다.[392] 1948년 9월에 집단 월남한 여운형그룹은 육군본부를 직접 찾아가서 정보국장을 면담하고 모두 「귀순자술서」를 작성했다.[393]

월남병들이 조사받은 기관은 미군·국군·경찰이었다. 윤응렬이 처음 조사받은 개성의 미군첩보대와 세번째로 조사받은 "HID"는 사실 동일한 기관이다. 이 기관의 정확한 명칭은 "미군 제24군단 제971 CIC파견대(Detachment)"였

---

390 윤응렬, 『상처투성이의 영광』, 88~90쪽.

391 윤응렬, 『상처투성이의 영광』, 133쪽.

392 「以北鐵道保安分隊長 脫出越南, 開城署에 自首」, 『동아일보』1948.7.2.

393 한국정신문화연구원 편, 『내가 겪은 한국전쟁과 박정희정부』, 310쪽.

다. 미군은 1945년 9월에 제224 CIC파견대를 남한에 배치하였고, 제224 CIC파견대는 1946년 4월 1일에 제971 CIC파견대(이하 방첩대)로 교체되었다. 미군 방첩대는 1947년 이후에 대북정보를 수집하기 위해 개성, 옹진, 삼척 등지에 방첩대 지부나 분소를 설치했다.[394] 윤응렬은 1차로 방첩대 개성지부에서 조사받고, 3차로 방첩대 서울본부에서 조사받은 것이다.

미군 방첩대는 1945년 11월부터 첩보수집 업무에 참여했고, 수집한 대북첩보를 주한미군사령부 정보참모부에 보고하였다. 그후 미군 방첩대는 1947년 3월 23일부터 공식적으로 대북첩보 수집업무를 맡게 되었고, 전담부서로 첩보과가 설치되었다. 신설된 첩보과의 책임자는 위트워(Wallace K. Wittwer) 중위가 맡았고, 그와 함께 미 육군부 관리인 휘태커(Donald P. Whitaker)가 비공식 공동책임자로 배치되었다. 첩보과는 초기에 주요 대북정보를 월남민으로부터 얻었다. 그들은 윤응렬의 사례처럼 월남민 중에 중요인물의 경우, 심문을 위해 방첩대 서울본부로 보냈다.[395]

윤응렬이 두 번째로 조사받은 기관인 미군 제7사단 정보처 정보참모부(G-2)는 주한미군의 사단급에 설치된 정보부서를 뜻한다. 미군 제24군단은 남한 진주 이후에 사단의 정보참모부를 활용해 남한지역에서 각종 정보를 입수했다. 미군 G-2는 남한지역뿐만 아니라 월남민을 면담해서 북한지역의 소련군과 인민군에 대한 정보를 입수했다. 예를 들어 1948년 3월, 미군 G-2는 1주일 전에 38선을 넘어온 월남민을 조사한 결과, 북한지역에서 18~25세의 청년들을 인민군으로 모병하고 있다는 사실을 알아냈다.[396]

윤응렬이 조사받은 또다른 미군 정보기관인 "미 공군 전략정보 한국지부"의 정식 명칭은 "미 공군 인간첩보대(USAF HUMINT: Human Intelligence)"이다. 공

---

394 정용욱, 「해방 직후 주한미군 방첩대의 조직 체계와 활동」, 『한국사론』53, 서울대학교 국사학과, 2007, 445~448; 477~478쪽.

395 정용욱, 「해방 직후 주한미군 방첩대의 조직 체계와 활동」, 473~476쪽.

396 HQ, USAFIK, *G-2 Weekly Summary*, No.130(1948.3.5~3.12), 『북한정보요약』3, 180쪽.

군 첩보대의 책임자는 해방 후에 도쿄의 CIC훈련학교를 수석으로 졸업한 도널드 니콜스(Donald Nichols) 상사였다. 니콜스는 1946년 9월에 동경주재 극동공군사령부 607파견대 산하 한국분견대인 K분견대 책임자로 임명되었다. 그는 미 공군의 방첩임무를 맡아 남로당에 스파이를 침투시켰으며, 38선을 거쳐 월남하는 피난민과 망명자들을 심문해 북한정보를 수집했다.[397]

이상에서 살펴본 것처럼, 미군이 월남병을 몇 단계에 걸쳐 엄격하게 조사한 이유는 두 가지였다. 첫째는 윤응렬의 사례처럼 이들로부터 북한지역과 인민군에 대한 최신정보를 입수하려는 목적이었다. 둘째는 이들 중에 일부가 간첩일 가능성이 있기 때문이었다. 주한미군 G-2는 1948년 8월 13일자 「주한미군 북한정보요약(*ISNK*)」에서 미군에 정보를 제공한 월남병 중 일부가 미군·국군의 군사시설·준군사시설의 정보를 탐지하기 위해 남파되었을 것이라고 분석했다. 또한 일부 월남병은 향후에 인민군이 남침할 때 인민군에 호응하기 위해 남파된 고정간첩일 가능성이 있다고 의심했다.[398]

월남병은 미군의 조사가 끝나면 다시 국방부에서 조사받았다. 국군에서 월남병을 조사한 기관은 육군본부 정보국과 방첩대였다. 정부는 1948년 12월 7일자로 국방부 본부에 정보국을 신설하였다. 정보국은 적극적인 대북첩보활동과 탐색공작을 위해 설치된 특수부서였다.[399] 정보국은 미군 제24군단 정보참모부의 정보장교들에게 미군의 정보업무를 교육받았다. 정보국과 각 연대의 정보장교들은 정보교육을 완료한 후, 38선의 주요지점인 청단, 연안, 개성, 동두천, 춘천, 자은리, 주문진 등지에 파견되었다. 정보국은 주요지점에 "피난민 신문반"을 편성해서 북한지역에서 월남하는 인물들을 조사해 북한에 대한 정보를 수집했다. 또한 정보국은 육군사관학교 제8기생 중 성적우수자 30명을

---

397 양정심, 「한국전쟁기 미 공군의 대북첩보활동-도널드 니콜스를 중심으로」, 『史林』46, 수선사학회, 2013, 418~420쪽.

398 HQ, USAFIK, *G-2 Weekly Summary*, No.152(1948.8.6~8.13), 『북한정보요약』4, 102쪽.

399 백기인, 『建軍史』, 120~121쪽.

선발해서 군대 내부의 좌익세력을 조사하고 적발하기 위해 방첩대를 창설했다.[400]

월남병에 대한 한국정부의 처리방침은 1949년 1월 14일에 발표되었다. 국방부는 월남병 중에서 "모략적인 분자들을 엄중 조사하여 처단하는 동시에 개선의 여지가 있는 장병들은 포섭하여 철저한 교육과 훈련을 시키고 있다"라고 발표하였다. 이승만 대통령도 이들 중에 가장 사상이 온전한 자들을 교육·지도할 것이라는 입장을 밝혔다.[401]

국방부가 1949년 1월 시점에 월남병에 대한 처리방침으로 '모략분자의 처단과 귀순(歸順)장병의 포섭'이라는 양면책을 표명한 직접적인 이유는 1948년 10월 19일에 발생한 여순사건 때문이다. 여순사건으로 전남 동부지방이 순식간에 좌익의 수중에 넘어가자, 정부와 국군은 내부의 좌익에 대한 숙청을 시작했다. 11월 11일, 육군사관학교 졸업식에 참석한 이범석 국방부장관은 "과거에 공산분자가 군에 잠입해 청년군인을 감염시켰다"고 보고, "금후에도 인재 보충에 각별 유의해 불순분자의 유입을 방지"하겠다고 발언했다.[402]

한국정부가 일부 월남병을 '모략분자'로 판단한 이유는 실제로 북한정치세력이 월남하는 사람들 안에 첩보원을 침투시켰기 때문이다. 이 때문에 미군장교들과 남한 경찰은 북한 첩보원을 색출하기 위해 월남민을 끊임없이 조사했다.[403] 또한 북조선로동당과 내무성 정치보위국은 대남공작을 위해 많은 공작원을 남파했다. 북조선로동당은 1947년 5월에 성시백(成始伯)을 남파해 군대·정계·경제계·문화계 등에 비밀공작원을 침투시켰고, 내무성 정치보위국은 국군 내부에서 봉기를 일으키기 위해 1949년 10월에 최영추(崔永推)를 남파

400 白善燁, 『軍과 나』, 대륙연구소출판부, 1989, 334~335쪽.

401 「歸順以北軍激增, 國防部서 再教育實施」, 『동아일보』1949.1.15.

402 『독립신문』1949.11.13.

403 브루스 커밍스, 『한국전쟁의 기원』下, 312쪽.

해 육군·해군·공군에 침투시켰다. 육군본부 정보국은 여순사건을 계기로 수사반을 편성해서 내사를 진행했고, 정보국 방첩대는 군·검·경 합동수사진을 조직해서 관련자들에 대한 증거자료를 수집했다. 남파 공작원과 첩보원들은 대부분 군·검·경 합동수사진에 의해 검거되었고, 조사 이후 군법회의에 회부되었다.[404]

미군과 국군의 거듭된 심문과 조사를 통과해 '귀순자'로 판명된 월남병은 정부로부터 대대적으로 환영받았다. 육군본부는 1949년 7월 23일에 서울운동장에서 "월남군인환영대회"를 거행했다. 이 대회에는 123명의 월남병 대표가 참가했다. 환영대회에는 국방부장관, 국방부차관, 육군총참모장, 해군총참모장, 경무과장, 대한청년단 부단장, 대한부인회 회장, 황해도지사가 참석했다. 월남병 육군 대표는 안병식(安炳植), 해군 대표는 김승찬 소좌, 장교 대표는 김성록(金成綠) 소좌였다.[405] 국방부는 1950년 2월 26일에 다시 "월남 의거부대 환영대회"를 개최했다. 이 대회는 "월남한 인민군 장인철(張仁哲) 외 26명에 대한 군당국의 환영대회"였고, 국방부 정훈국과 육군본부 정보국이 주최했다. 대회에는 정일권 준장, 이선근 정훈국장, 장도영 정보국장이 참석했다. 월남병들은 대회가 끝난 후에 을지로에서 남대문까지 시가행진을 벌였다.[406]

'귀순자'로 판명된 월남병들은 정부의 대국민·대북 선전활동에 투입되었다. 첫째, 월남병들은 국군이 후원한 각종 반공강연회에 연사로 참여했다. 가령, 인민군 육군 소좌 강창남, 인민군 육군 대위 김영수(金英洙), 인민군 공군 중위 이건순은 1950년 6월 9일에 국군 제5202부대가 후원하고 경기도 양주군 민운이사회(民運理事會)가 주최한 "북한의 실정보고 강연회"에 연사로 등단하였

404 國軍保安司令部, 『對共三十年史』, 高麗書籍, 1978, 57~58; 69~71쪽.

405 「越南軍人 歡迎의 意氣衝天」, 『경향신문』1949.7.24; 「越南軍人歡迎大會盛況」, 『동아일보』1949.7.24.

406 「越南軍人 오늘歡迎會」, 『동아일보』1950.2.26; 「北韓의 腐敗相을 痛擊, 義擧部隊의 歡迎大會盛況」, 『경향신문』1950.2.28.

다.[407] 둘째, 월남병들은 대북심리전에 동원되어 선전물을 작성했다. 예를 들어, 전 38경비대 제3여단 분대 정찰장 신용섭 등은 대북삐라에 "그놈들은 우리들을 속여서 언제까지나 부려먹다가 제1선으로 내몰아 개죽엄을 당하게 할려는 것이다. 이제는 더 속지 말고 용기를 내어 월남 귀순하라!"라고 썼다. 정부는 인민군의 월남을 촉진하기 위해 대북삐라에 상세한 "귀순방법"을 병기했는데, 암호는 "이승만박사 만세"였다.[408]

북한체제에 적합하지 않거나 이를 반대하는 군인들이 월남하면서, 한국전쟁 직전에 북한의 계급적·혁명적 성격은 한층 강화되었다. 그러나 인민군의 월남은 동시에 남한의 반공진영에 직접적인 영향을 끼쳤다. 월남병은 미군과 국군의 수차례에 걸친 조사와 검증을 통해 '모략분자'와 '귀순자'로 구분되었다. 이들 중에 '모략분자'는 정부의 발표대로 군법회의 등을 거쳐 법에 따라 처벌되었을 것이다. 그러나 '귀순자'로 판명된 월남병은 남한체제에 편입되었다. 이들을 남한체제에 편입하는 절차와 방법은 국방부에서 입안하고 결정하였다.

국방부는 1949년 7월 25일에 월남병에 대한 편입방침을 발표하였고, 월남병에게 두 가지 선택지를 제시했다. 먼저 국방부는 "월남군인 전원을 우리 국군의 일원으로 편입·포섭하게 되었으며, 특히 공산군 계급에 해당하는 원 계급 그대로 부여"하기로 결정했다. 이와 함께 "그들의 의사를 존중하여 원하는 자에게는 타방면으로 진출하는 것도 허용하여 직업·기타도 군에서 알선"해 주기로 결정했다.[409] 이에 따라 월남병 중 일부는 국군에 편입되었고, 일부는 경찰에 입문하거나 사회로 진출했다. 경찰에 입문한 대표적인 월남병은 한태윤

---

407 「越南軍人講演盛況」, 『경향신문』1950.6.12.

408 이 선전삐라는 1949년 10월 25일에 국군 비행기에 의해 해주시내 상공에 뿌려졌다. "귀순방법"은 다음과 같다. "국방군 전방 五十메-터 지점까지 와서 총을 땅에 놓고 두손을 들고 「이승만박사 만세」하고 큰 고함으로 국군이 알어들을 때까지 부르고 국군이 나오면 그 호령대로 움지기라! 귀순후에는 현재 계급에 따라 영예롭게 국군에 편입될 것이다." 북조선로동당 황해도당 선전선동부장 서필석, 「최근의 군중 여론 보고에 관하여」(1949.10.29), 『북한관계사료집』9권, 694~696쪽.

409 「越南共産軍 國軍에 編入」, 『경향신문』1949.7.26.

이다. 그는 인민군 제4사단 통계과장으로 근무하다가 1950년 4월에 월남했고, 경찰에 입문해서 인천해안부두파출소 소장으로 근무했다.[410]

월남병이 처음으로 국군에 편입된 시기는 1949년 9월 23일이다. 이날 제1차 국군 편입식, 즉 "월남군인 제1차 육군 전입과 계급 수여식"이 국방부에서 개최되었다. 편입식에는 신성모 국방부장관, 채병덕 총참모장, 이북5도지사 등이 참석했다. 국방부는 69명의 월남병에게 인민군 계급 그대로 국군 계급장을 수여했다. 이날 국군에 편입된 월남병은 안병식 소좌, 이한종(李漢鍾) 등 대위 3명, 이종복(李鍾福) 등 중위 6명, 김용성(金龍成) 등 소위 20명, 특무상사 3명, 일등상사 10명, 이등상사 1명, 일·이등중사, 하사관, 이등병 등이었다.[411]

월남병의 제2차 국군 편입식은 1949년 11월 24일에 단행되었다. 국방부는 이날 72명의 월남군인에 대한 "제2차 국군 편입임관 급(及) 계급장 수여식"을 거행하였다. 제2차 국군 편입식에는 신성모 국방부장관이 참석해 월남병들에게 훈시했다.[412] 1950년 4월 28일에 월남한 이건순 중위도 5월 12일에 국군 공군 중위로 편입되었다.[413] 제1차·제2차 편입식을 통해 공식적으로 국군에 편입된 월남병은 총 141명이었다.

그런데 국방부는 월남병을 각 부대에 분산·배치한 것이 아니라 독립부대로 편성했다. 육군본부 정보국은 1949년 8월 5일에 월남병을 모아서 정보국 첩보과 직속부대로 육군보국대대(陸軍報國大隊, 제803독립대대)를 창설했다.[414] 육군본부는 월남병들이 전국을 순회·선전하면 인민군의 '귀순'과 남한 민심의

---

410 최태환, 『젊은 혁명가의 초상』, 138쪽.

411 「아름다운同胞愛, 68名에 階級章을 授與」, 『경향신문』1949.9.24.

412 「歸順越南軍人 第二次國軍編入式」, 『경향신문』1949.11.24.

413 「越南歸順한 李健淳君 國軍空軍中尉로 編入」, 『동아일보』1950.5.13.

414 보국대대에 배치된 월남병들은 제1차 국군 편입식 이전에 이미 국군에 편입되었다. 이들에게는 부대 창설과 함께 군복이 지급되었지만, 무기지급이나 군사훈련은 실시되지 않았다. 방원철, 『방원철회고록』, 586~587쪽.

〈그림 42〉 제2차 월남군인 국군편입식(1949.11.24)

출처 『漢城日報』1949.11.25.

수습에 기여할 것으로 판단했다. 보국대대는 인민군에서 "월남귀순한 장병" 550여 명(장교 52명, 사병 500여 명)으로 편성되었다. 초대 대대장은 월남 군관인 안병식이 맡았다. 정보국은 1949년 12월 9일에 여운형그룹의 방원철을 소령으로 특채해서 제2대 대대장으로 임명했다. 이후 보국대대 대원들은 전국순회강연을 시작했다.[415] 보국대대의 장교·하사관·병사들은 "전원 북한 인민군대 출신"이었다.[416]

방원철은 대대장으로 취임한 즉시 보국대대를 재편했다. 그가 보기에 보국대대는 "매우 위험스러운 부대"였다. 그 이유는 부대원 중에 '진짜 귀순한 사람도 있고, 할 수 없어 귀순한 사람도 있으며, 위장귀순한 사람도 있고, 귀순한 후 심리적 변동이 생긴 사람도 있기' 때문이었다. 방원철은 여운형그룹의 박창암을 작전주임으로 배치하고, 전체 부대원을 A·B·C 집단으로 분류해 내무반을 재편성했다. 100% 믿을 수 있는 자는 A집단, 애매모호한 자는 B집단,

---

415 국방부 군사편찬연구소, 『한국전쟁의 유격전사』, 국방부 군사편찬연구소, 2003, 69~70쪽; 국방부 전사편찬위원회, 『한국전쟁사』1, 334~335쪽.

416 방원철, 『방원철회고록』, 647쪽.

100% 믿을 수 없는 자는 C집단으로 분류했다. 그후 방원철은 작전참모·정보참모·인사참모와 협력해서 보국대대를 장악해 나갔다.[417]

그런데 방원철은 월남병을 진정한 "대한민국 사람"으로 만들기 위해 보국대대를 "빨갱이를 잡는 토벌부대"로 만들자고 육군본부에 제안했다.[418] 이 제안이 받아들여진 결과, 보국대대는 1950년 1~2월경 제3사단에 편입되어 영남지구에서 공비토벌작전과 대민심리전을 전개했다.[419] 또한 여운형그룹의 박임항 중령도 육군 제211부대를 이끌고 1948년 11월부터 1950년 1월까지 여순사건 진압작전과 지리산 공비토벌작전을 수행하였다.[420]

보국대대와 별도로, 월남한 군관들은 대부분 육군사관학교에 입학하거나 특채되어 장교로 육성되었다. 윤응렬은 육군사관학교 제7기 정규반에 입학했고, 김영택과 이기건은 육군사관학교 제7기 특별반에 입학했다. 월남한 윤응렬을 조사했던 고정훈도 육사 제7기 특별반에 입학했다.[421] 박임항은 월남 직후 조선민족청년단에 입단해 교무처장으로 근무하다 1948년 8월에 육사 제7기 특별반에 입학했다. 그는 졸업과 동시에 대위로 임관해 육군본부 작전국에 배치되었다.[422] 이건순도 5월 12일에 공군 현역 중위로 특채되었다.[423]

육군사관학교 제7기 특별반을 졸업한 월남병 중에는 한국전쟁 이전에 38선 전투에 참가했다가 전사한 장교가 있다. 이중호(李重浩)는 해방 전에 '중국 연안에서 중국공산당 산하 조선인부대의 장교로 활동했으며, 해방 후에 북한 인민군 장교로 근무하다가 공산주의를 청산하고 월남했던' 인물이다. 그는 고

---

417 방원철, 『방원철회고록』, 595~598쪽.

418 한국정신문화연구원 편, 『내가 겪은 한국전쟁과 박정희정부』, 2004, 324~325쪽.

419 국방부 군사편찬연구소, 『한국전쟁의 유격전사』, 69~70쪽.

420 「李大統領 親히部隊訪問」, 『경향신문』1950.1.30.

421 張昌國, 『陸士卒業生』, 中央日報社, 1984, 182~183; 185; 197~198쪽.

422 佐佐木春隆 著, 姜昶求 譯, 『韓國戰秘史』上卷, 兵學社, 1977, 42쪽.

423 「越南歸順한 李健淳君 國軍空軍中尉로 編入」, 『동아일보』1950.5.13.

정훈과 함께 육사 정규 제7기로 입교한 후 월반(越班)해서 제7기 특별반으로 편입되었다. 이중호는 장교로 임관한 다음 한국전쟁 직전에 옹진전투에 참전해서 인민군 선봉부대와 육박전을 벌이다가 전사했다.[424]

월남민과 월남병의 양상을 종합해 보면, 해방 이후부터 1947년 12월까지 북한에서 거주하던 주민 중에 약 54만명이 월남하였다. 그리고 1948년 2월 8일에 인민군이 창설된 이후에는 인민군의 간부와 병사들이 월남하였다. 대한민국 공보처가 1950년에 조사한 바에 따르면, 월남민은 주로 "북한당국의 정치적·경제적·사회적·종교적 탄압에 불만을 품고 남하 피난하는 자, 토지개혁으로 인하여 토지 및 사재(私財)는 몰수되고 추방당하여 남하하는 자, 식량부족 및 실직으로 남하 이동하는 자"였다.[425] 그리고 월남한 인민군은 주로 만주군·일본군 출신, 부르주아계급·지주계급, 민주당원·청우당원 등이었다. 즉 월남민들은 북한의 인민민주주의혁명과정에서 '반혁명세력'으로 규정되어 억압받거나 배제된 사람들이었다. '반혁명세력'이 북한에 거주하지 않고 월남함으로써, 북한의 인민민주주의혁명은 동유럽과 달리 구지배계급이나 '반동세력'의 격렬한 저항이나 쿠데타 음모의 과정을 거치지 않았다.[426]

그러나 '반혁명세력'은 사라진 것이 아니라 단지 남한으로 옮겨갔을 뿐이다. 이들이 남한의 반소·반공세력과 결합하면서 남한의 반공진영은 더욱 공

---

424 이중호는 38선 전투에서 영웅이 된 "육탄용사"의 대표적 사례지만, 그에 관한 자료는 고정훈의 책 이외에 발견되지 않는다. 高貞勳, 『(秘錄) 軍』上, 東方書苑, 1967, 43쪽.

425 공보처는 해방 직후부터 1947년 8월 25일까지 월남한 인구를 총 3,283,364명으로 추산하였다. 미군정이 조사한 월남민 통계가 545,821명이므로 6배 이상 많다. 大韓民國 公報處 編, 「北韓實情에 關한 調査報告書」, 『蘇聯軍政의 始末-北韓分割과 赤化陰謀의 正體』, 大韓民國 公報處, 1950, 55쪽.

426 동유럽의 경우, 폴란드에서는 토지개혁과 공업·은행·철도의 국유화과정에서 부르주아·지주계급의 반혁명활동이 광범위하게 전개되었다. 체코슬로바키아에서는 1947년 토지개혁과정에서 지주·부농들이 격렬히 저항하였고, 부르주아정당인 민주당 지도자의 원조로 체코슬로바키아 농업성이 토지개혁 실시를 사보타지하였다. 헝가리에서는 1947년 9월 신연합정부 수립 이후에 소련군 철수를 계기로 부르주아 반혁명세력의 중심인 헝가리독립당이 반혁명쿠데타를 계획했다. 柴田政義, 『東歐政治經濟史』, 126~128; 309~311; 400쪽.

고히 구축되었다. 그리고 북한의 '반혁명세력'은 38선을 넘어와 '반소·반공세력'으로 전환되었다. 북한에서 내려온 가장 대표적인 반공세력은 1946년 11월 30일에 발족한 '서북청년회(西北青年會)'이다. 서북청년회의 회원 중에는 북한에서 친일파 척결, 토지개혁 등의 조치로 월남한 청년들이 많았고, 이들은 좌익에 대해 강렬한 적대감을 가지고 있었다.[427] 서북청년회와 북한 출신 청년단체들은 반탁(反託)과 반공(反共)을 기치로 내걸고 미군정·우익정치세력과 결합해 북한과 남한에서 각종 테러를 실행하고 좌익세력을 진압하였다. 1946년 10월 대구사건과 1948년 4·3사건을 진압한 주체 중 하나가 바로 그들이었다.[428]

또한 많은 월남 청년들이 국군에 입대해 군대의 반공화(反共化)를 위해 분투했다. 서북청년회 중앙본부의 입대지시에 따라 국군에 입대한 서북청년회 회원은 5,000여 명에 달했다. 특히 육군사관학교 제5기로 입학한 월남 청년의 대다수는 서북청년회 회원이었다.[429] 서북청년회 회원뿐만 아니라 많은 월남 청년들이 육군사관학교에 입학해 국군 장교가 되었다. 육사 제5기생 380명 중 2/3은 월남 청년, 육사 제6기생 277명과 제7기생 279명 중 대다수는 "북한에서 공산당의 박해를 받다가 남하한 우익청년들"이었다. 이들은 전체적으로 반공의식이 투철했으며, 1948년 5월부터 9월까지 훈련을 완료하고 국군 장교로 임관하였다. 특히 1948년 10월 여순사건 이후에 숙군(肅軍)작업을 주도한 육군본부 정보국 조사반의 조사반장 빈철현(賓哲顯) 대위와 조사반원 김창룡(金昌龍)·이희영(李熙永) 대위는 모두 월남민이었다. 1949년도에 진행된 군대 내부의 좌익숙청작업 결과, 장교 중 248명이 파면되었고 사병 중 2,440명이 불명예 제

---

427 서중석, 『한국현대민족운동연구』, 563~564쪽.

428 金平善, 「西北青年團의 暴力行爲 研究-濟州4·3事件을 중심으로」, 제주대학교 정치외교학과 석사학위논문, 2009, 87쪽.

429 李敬南, 『분단시대의 청년운동』상, 120쪽; 鮮于基聖, 『韓國青年運動史』, 錦文社, 1976, 729쪽.

대하였다. 숙청된 군인은 국군 전체 병력의 5%에 해당했다.[430] 이로써 국군은 한국전쟁 직전에 완전히 반공무력으로 재편되었다.

반공세력으로 전환한 월남민·월남병들은 남한의 우익세력과 결합해 좌익 '척결'의 선봉대로 활동했다. 또한 이들은 국군에 입대해 장교로 임명되었고, 군대 내부에서 좌익세력의 숙청을 주도하였다. 남한의 우익세력이 이데올로기적 반공세력이었다면, 월남민과 월남병은 북한의 혁명과정에서 정치적·경제적·사회적 억압을 직접 겪은 체험적 반공세력이었다. 이데올로기적 반공세력과 체험적 반공세력이 결합해 강고한 반공진영을 구축한 결과, 정부수립 이후 한국사회에는 반공주의가 확고히 자리잡았다. 즉, 공산주의자와 공산주의 집단(북한)은 '악마'이자 전멸시켜야 할 존재로 규정되었고, 반공은 민족을 초월하는 지상과제가 되었다. 이로써 한국은 반공국가로 건설되었다.[431] 결국 월남민과 월남병은 북한의 친공진영과 남한의 반공진영을 동시에 강화함으로써 한국전쟁 직전에 분단체제를 공고화하였다.

1948년 8~9월에 남과 북에 각각 정부가 수립되면서 38선은 미·소의 분할선에서 남·북의 국경선으로 전환되었다. 그러나 북한은 한국정부를 국가로 인정하지 않았다. 북한은 38선 이북이 인민민주주의혁명의 '민주기지'로 변모하는 동안, 38선 이남은 '제국주의의 반동기지'로 전락했다고 인식했다. 북한은 미국을 "미제국주의"로 규정했고, 한국정부를 "조국과 인민의 리익을 미제국주의자들에게 팔아먹은 리승만매국도당"이라고 비난하였다.[432] 그리고 스스로 "남북조선인민의 총의에 의하여 수립된 중앙정부"라고 자임했으며, 국가의 임

---

430 張昌國, 『陸士卒業生』, 134; 152~154; 182; 218쪽; 노영기, 「국방경비대·육군의 세력 분포와 숙군」, 『史林』33, 수선사학회, 2009, 272; 286~288쪽.

431 김득중, 『빨갱이의 탄생: 여순사건과 반공국가의 형성』, 선인, 2009, 601~610쪽.

432 김일성, 『수개국 공산당 보도국회의 총결에 관하여』, 로동당출판사, 1950, 34쪽, NARA, RG 242, SA 2009, Box 3, Item 13-Copy 1.

무를 "국토의 완정"으로 규정했다.[433] 한국정부도 38선을 국경선으로 인정하지 않았고 북한을 국가로 인정하지 않았다. 북한은 "38이북괴뢰집단"으로 규정되었으며, 국가의 임무는 "국토귀원(國土歸元)"을 통해 "괴뢰집단 장막속에 신음하는 애국동포를 조속히 구출"하는 것이었다.[434] 즉 두 국가는 모두 상대지역을 반드시 회복해야 할 '국토'로 인식했고, 상대정부를 반드시 제거해야 할 미국과 소련의 대리정부로 규정했다.

북한정치세력이 인민군을 창설한 이유는 바로 제국주의세력과 '반동세력'에 대한 인식 때문이었다. 그들은 "어떤 국가·인민이든지 자기군대를 가지지 못하면 제국주의자들의 침략대상을 면할 수 없을 것이며, 따라서 자유와 독립을 보존하는 강한 민주국가를 수립할 수 없"다고 인식했다. 그리고 "지금 국내국외의 반동파와 견결한 투쟁을 전개하는 마당에서 민주조국을 건설하고 있는 조선인민이 자기의 무장력인 인민군대를 소유하고 못하는 것은 생사에 관한 중요한 문제"라고 판단하였다.[435] 북한정치세력은 제국주의의 공격으로부터 인민주주의국가를 보위하고, 북한·한국의 '반동세력'과 투쟁해 통일정부를 수립하기 위해 인민군을 창설하였다. 강력한 인민군의 보유는 바로 국가와 주민의 생사를 결정짓는 절대적 과제였다.

한반도의 분단은 북한의 인민민주주의국가가 수행해야 할 혁명의 과제를 전환시켰다. 북한이 사회주의로 이행하기 위해서는 북한 내부의 '반혁명세력'을 타도하는 것이 아니라 반드시 한국정부를 전복할 필요가 있었다. 그 이유는 인민민주주의혁명과정에서 북한에 있던 '반혁명세력'이 월남해 남한의 '반공세력'과 결합했기 때문이다. 북한은 한국 주민들이 "지주의 압박과 매국도당들

---

433 金日成, 「조선민주주의인민공화국정부의 정강발표-1948년 9월 10일 조선최고인민회의 제1차회의에서」, 『조국의 통일독립과 민주화를 위하여』2권, 257~264쪽.

434 「國土를歸元, 李國務總理談」, 『경향신문』1950.3.1.

435 朝鮮人民軍 文化部, 「보충(병사·하사조)-조선인민군대는 왜 창설되었는가?」, 『軍官·下士官·戰士試驗問題 問答集』, 朝鮮人民軍, 1948.5.9, NARA, RG 242, SA 2009, Box 5, Item 113.

의 탄압에서 신음하는 비참한 처지"에 처해 있으며, 한국정부를 "리승만을 두목으로 하는 반동역량"이라고 인식하였다.[436] 그러므로 북한이 보기에 한국정부는 '미국의 반동기지'이자 '반혁명세력의 총체(總體)'였다. 따라서 전쟁을 통해 한국정부를 전복하고 한반도를 통일하는 것은 인민민주주의국가가 반드시 수행해야 할 반제국주의·반봉건혁명의 역사적 과제였다.

---

436 김일성, 『수개국 공산당 보도국회의 총결에 관하여』, 26; 34쪽.

3장

한국전쟁 직전 당군관계와 김일성지도체제

1. 한국전쟁 직전 조선인민군의 당군관계

조선인민군은 북한정부가 수립되기 이전까지 노동당의 군대가 아니라 통일전선의 군대로 창설되었다. 군대의 당단체는 1946년 10월 21일에 북조선로동당 제8차 중앙상무위원회에서 당단체를 조직하지 않기로 결정한 이후뿐만 아니라 인민군이 창설된 이후에도 설치되지 않았다. 1949년 당시 인민군 내에는 조선민주당 당원도 있었고, 조선로동당 당원도 있었다. 이들은 인민군에 입대한 직후에 자신의 당원증을 부대 문화부에 반납해야 했으며, 보안간부훈련대대부뿐만 아니라 민족보위성에서도 당원활동이나 당조직생활 자체가 없었다.[437] 반면에 인민군 창설 이후에도 군사학교에는 당조직이 그대로 유지되었다. 북조선중앙보안간부학교의 후신인 인민군 제1중앙군관학교와 평양학원의 후신인 인민군 제2중앙정치학교에는 당세포가 있었다. 제1중앙군관학교와 제2중앙정치학교의 당조직은 민족보위성 문화부 내의 당지도과가 직접 지도하였

437 한상구, 「최태환의 증언」, 375쪽.

다.[438]

이처럼 인민군에는 일부 조직을 제외하고 일반적으로 당단체가 조직되지 않았다. 이 같은 인민군의 당군관계는 소련 적군(Красная Армия)이나 중국 홍군(紅軍)과 근본적으로 달랐다. 소련 적군은 처음부터 "프롤레타리아독재의 무기"로 창설되었다. 소련 적군은 1919년 3월 18~23일에 개최된 소련공산당 제8차 전당대회를 기점으로 "철의 규율에 입각한 정규군"으로 재편되었다. 이 대회에서 "적군은 프롤레타리아독재의 무기로서 반드시 계급적 성격을 지녀야 한다. 즉 적군은 오직 프롤레타리아 및 이와 유사한 반(半)프롤레타리아 농민 계층만으로 조직되어야 한다"라고 규정되었다.[439] 볼셰비키는 전당대회에서 "인민의 군대 혹은 전인민의 군대라는 슬로건"이 짜르(Царь)시대의 "크라스노프와 콜챠크군 창설의 도구"라고 비판하였다. 이들은 현 시기를 "모든 부르주아국가 및 모든 부르주아군대에 대항하는 프롤레타리아의 공공연한 내전시기"라고 규정하였고, "이 내전에서 프롤레타리아가 승리하기 위해서는 계급적 프롤레타리아국가 및 계급적 군대의 창설이 불가피한 것"이라고 결정하였다.[440]

소련 적군의 군대 내부 당세포 조직에 대한 원칙은 이보다 앞선 1918년 12월에 소련공산당 중앙위원회에서 결정되었다. 적군 창설 초기에 당조직은 각 부대에 독립적으로 구성되었으며 당조직의 활동은 해당지역 당기관이 관장하였다. 그러나 내전이 격화되자 더 이상 지역 당기관과 부대 군사위원이 군대의 당조직을 지배하거나 감당할 수 없었고, 전투시 군대의 당조직과 연락이 자주 끊겨 지역 당기관의 지휘권으로부터 벗어나는 현상이 발생했다. 따라서 볼셰비키는 전투시에도 당세포를 지도할 수 있는 정치기관으로 부대 내에 "정치국"을 설립하라고 지시하였다. 각 부대의 정치국은 1918년 말까지 모든 전

---

438 한상구, 「최태환의 증언」, 375쪽.

439 이재훈 역, 「당프로그램」(1919.3), 『蘇聯軍 創設期 軍事關係文書選集』, 57~58; 65쪽.

440 이재훈 역, 「군사문제에 대한 결정」(1919.3), 『蘇聯軍 創設期 軍事關係文書選集』, 80~81쪽.

선·군, 다수의 사단에 설립되었다. 또한 볼셰비키는 군대 내부 정치활동의 지휘를 강화하기 위해 각 중앙군사지휘기관에 산재해 있는 각종 정치기구를 하나로 통합하였다. 당중앙위원회는 1918년 11월에 "군사인민위원회 군정치국, 최고군사감찰국 정치분과, 공화국 혁명군사소비에트 정치국"을 "전러시아 군사위원뷰로"로 통합하였다.[441]

소련공산당은 1919년 3월에 개최한 제8차 전당대회를 통해 "전러시아 군사위원뷰로"를 해체하고 "공화국 혁명군사소비에트 정치국"을 창설하였다. 정치국장은 혁명군사소비에트 위원인 당중앙위원회 위원이 맡았다.[442] 또한 당중앙위원회는 군대 내부 당·정활동의 중심을 각급 부대로 이전하라고 지시하였다. 이에 따라 공화국 혁명군사소비에트는 1919년 10월 14일에 모든 중대급 부대에 "정치지휘관" 직책을 도입하라고 지시하였다. 정치지휘관은 부대 안에서 정치문제에 관한 교양활동을 수행하고 해당 부대 군사위원을 지원하는 역할을 담당하였다.[443]

소련 적군은 프롤레타리아독재의 무기로 창설되었고, 오직 노동자와 농민들로만 조직된 계급적 군대로 규정되었다. 이에 따라 적군의 모든 부대에는 당단체가 조직되었고, 부대에는 당단체의 지도기관인 정치국이 설립되었다. 그리고 적군의 당단체를 총괄적으로 지휘하는 전러시아 군사위원뷰로와 혁명군사소비에트 정치국이 설립되었다. 게다가 소련공산당은 '인민의 군대'가 짜르시대 군대의 모체라고 비판하였다. 스탈린은 전위당(前衛黨)론을 통해 "각 군대에는 자신들의 선두에 서서 나가면서 길을 인도해주는 전위대가 있어야" 하며, "그러므로 이 군대들에게 반드시 적절한 지도자집단, 흔히 말하는 정당이 있어

---

441 이재훈, 『蘇聯軍事政策』, 99~101쪽.

442 이재훈 역, 「군사문제에 대한 결정」(1919.3), 『蘇聯軍 創設期 軍事關係文書選集』, 81쪽.

443 이재훈, 『蘇聯軍事政策』, 133쪽.

야 한다는 것은 명백한 일"이라고 규정하였다.[444]

인민군의 당군관계는 중국 홍군과도 달랐다. 홍군은 공산당의 선동에 의해 농민의 무장투쟁과 근거지 확보가 결합되어 "노농홍군(勞農紅軍)"으로 창설되었다. 중국의 홍군은 계급군으로 탄생하였다. 그러나 홍군은 초기에는 프롤레타리아군대라기 보다는 농민무장군이었다. 이에 따라 군에 대한 당의 우위·지배를 관철시키기 위해 일관되게 당과 군의 단결, 군과 인민의 단결을 강조하였다. 중국군은 적을 격멸하는 군사적 임무만이 아니라 대중을 선동·조직·지원하여 혁명정권을 수립하는 정치적 역할, 생산에 종사하는 경제적 역할, 사회활동에 봉사하는 사회적 역할까지 지니고 있었다. 이러한 인민해방군의 성격은 혁명의 과정을 통해 형성된 모택동의 "인민전쟁론(人民戰爭論)"에 근거를 두고 있다.[445] 모택동의 인민전쟁론은 당의 절대영도, 인적 요소의 중시, 민군일치(民軍一致), 농촌으로 도시를 포위한다는 점이 특징이다. 인민전쟁론의 체계는 인민대중의 힘에 의거해 유격전(遊擊戰)·지구전(持久戰)·섬멸전(殲滅戰)을 펼치는 전술을 핵심으로 하고 있으며, 적과 정면으로 정규전(正規戰)·진지전(陣地戰)을 펴지 않고 적군을 깊숙이 유인한 후에 정규군과 민병(民兵)을 집중하여 적군을 포위·섬멸해 나가는 군사이론이다.[446]

노농홍군으로 출발한 중국공산당군대는 초기부터 군대 안에 당단체를 설치하였다. 중국공산당은 1927년 8월 남창봉기(南昌蜂起) 당시 혁명위원회 아래에 처음으로 총정치부(總政治部)를 설치하였다. 그리고 남창봉기 이후에 중국공산당군대가 재편되면서 노농홍군의 지부에 당대표가 임명되었고, 모택동이 홍사군(紅四軍)의 당대표로 취임하였다. 중국공산당의 정치체계는 1929년 12월에 중국공산당의 고전회의(古田會議)에서 제도화되었다. 모택동은 이 회의

---

444 스탈린, 「프롤레타리아계급과 당」, 강좌편집위원회 엮음, 『마르크시즘3: 볼셰비키-당과 그 조직』, 학민사, 1988, 163쪽.

445 이창형, 『중국의 軍: 중국군의 정치적 역할』, 大韓, 2001, 62~63쪽.

446 백기인, 『中國軍事思想史』, 국방군사연구소, 1996, 286~294쪽.

에서 군사적 관점만을 주장하는 군벌주의를 비판하고 "당은 항상 총구를 통제하여야 한다"고 주장하였다. 정강산(井崗山) 투쟁시기에는 홍사군의 분대단위까지 당지도부가 설치되었고, 당지도부 안에 독립기관으로 군사위원회가 설치되었다. 즉 분대에는 소조, 중대에는 중대지부, 대대에는 대대위원회, 연대에는 연대위원회, 군에는 군위원회가 조직되었다. 이 제도는 대장정(大長征)과 연안(延安)시대에 더욱 발전되어 1937년 8월에 팔로군에 정치부가 창설되었다. 당중앙위원회는 그해 10월에 중앙군사위원회 아래에 총정치부를 재설치하기로 결정하였다. 1945년 10월에는 중국인민해방군 예하에 총정치부를 설치하였고, 유소기(劉少奇)를 총정치부장으로 임명하였다.[447]

중국 홍군은 노동자와 농민으로 구성된 노농홍군으로 창설되었고, 계급군대로 탄생하였다. 이에 따라 홍군의 모든 부대에는 당단체가 조직되었고, 각 부대에는 분대단위까지 당지도부가 설치되었다. 그리고 홍군의 당단체를 총괄적으로 지휘하는 중국인민해방군 총정치부가 설립되었다.

소련 적군과 중국 홍군은 모두 계급적 군대로 창설되었고, 소련공산당과 중국공산당은 모두 계급적 프롤레타리아국가 수립을 지향하였다. 또한 소련에서 "인민의 군대"는 짜르시대의 유물로 간주되었다. 이에 따라 군대에는 초기부터 공산당의 당단체와 당지도기관이 설치되었고, 중앙에는 당단체를 총괄 지휘하는 정치국과 총정치부가 설립되었다. 적군과 홍군의 당대표와 정치위원·군사위원은 중앙당의 지시에 따라 군에 대한 당적 통제를 실현하였다. 그러나 조선인민군은 "인민의 군대"로 창설되었고, 북조선로동당은 인민민주주의국가 수립을 지향하였다. 이에 따라 인민군 내부에는 노동당의 당단체가 설치되지 않았다.

지금까지 인민군의 당단체는 한국전쟁 당시에 공식 결성된 것으로 알려져 있다. 조선로동당 정치위원회가 1950년 10월 21일자로 인민군에 당단체를 두

447 이창형, 『중국의 軍』, 63~64쪽.

기로 결정한 것은 분명하다.[448] 이 결정에 따라 모든 인민군부대에 당단체가 설치되었다. 그러나 인민군의 당단체는 한국전쟁 이전에도 설치되었다. 조선인민군·내무성군대의 당단체 조직문제에 대해, 내무성이 관할하는 경비대·내무기관과 1949~1950년에 중국에서 입북한 제4사단·제5사단·제6사단·제12사단에 당단체가 조직되었다는 견해가 제출되어 있다.[449] 하지만 전쟁 전에 당단체가 조직된 부대와 기관은 중국에서 입북한 조선인사단에 국한되지 않는다.

인민군에 당단체가 조직된 부대와 기관을 가장 구체적으로 확인할 수 있는 자료는 1950년 2월 25일에 "북조선로동당 중앙본부 조직부장 대리 서용선"이 "민족보위성 김일"에게 보낸 지시문이다. 중앙당 조직부는 2월 18일자 지시문을 통해 "각 도·시(구역)·군당부 조직부장 강습을 3월 7일 10시부터 4일간 시작"하라고 지시하였다. 이에 따라 중앙당 조직부장 대리 서용선은 민족보위성 문화훈련국장 김일에게 "산하 관계일꾼 - 다음 동무들을 본 강습에 참가시킬 것을 지시"하였다. 조직부장 강습에 참가할 인민군의 문화간부 명단은 다음과 같다.

---

448 김일성, 「인민군대 내에 조선로동당 단체를 마련할 데 대하여」(1950.10.21), 『김일성저작집』6권, 145~152쪽.

449 서동만, 『북조선사회주의체제성립사』, 403~405쪽. 서동만은 최소한 이 4개 사단에 당위원회가 조직되었다고 주장하지만 이 견해에도 오류가 있다. 제4사단의 예하부대 중에 중국에서 입북한 부대는 제18연대가 유일하다. 따라서 제4사단 전체부대에 당단체가 조직되었는지, 제18연대에만 당단체가 조직되었는지 여부는 향후에 해명해야 할 연구과제이다.

〈표 15〉 조선인민군 부대·학교·훈련소의 문화간부 명단(1950년 2월 25일 현재)[450]

번호	이름	직무	번호	이름	직무
1	한창근		13	유진화	자동차기술훈련소 당위원장
2	최승현		14	신남용	해군기술훈련소 당위원장
3	최길용		15	조정서	독립정찰대대 당위원장
4	신성택	五사 당위원장	16	김규원	제一사 당지도원
5	신정규	六사 당위원장	17	김재련	제二사 당지도원
6	김경모	정치학교 당위원장	18	공달성	제三사 당지도원
7	김도영	一군관학교 당위원장	19	장익진	제四사 당지도원
8	주종빈	三군관학교 당위원장	20	리향실	해군사령부 당지도원
9	동기훈	해군군관학교 당위원장	21		땅크려단 문화책임자
10	임생락	황공교도련대 당위원장	22		황공사단 문화책임자
11	엄수춘	땅크교도련대 당위원장	23		직속 문화부 문화책임자
12	리정렬	포병기술훈련소 당위원장	합계	23명	

문화간부의 소속 부대·기관은 군부대, 군사학교, 기술훈련소로 구분할 수 있다. 이중에서 "당위원회"가 조직되어 당위원장이 강습에 참석하는 부대·기관은 제5·6보병사단, 항공교도연대, 탱크교도연대, 독립정찰대대, 정치학교, 제1군관학교, 제3군관학교, 해군군관학교, 포병기술훈련소, 해군기술훈련소, 자동차기술훈련소 등 12개 단위이다. 당지도원이 강습에 참석하는 부대·기관은 제1·2·3·4보병사단과 해군사령부이다. 문화책임자가 강습에 참석하는 부대·기관은 탱크여단, 비행사단, 민족보위성 직속 문화부이다. "문화책임자"라는 직책은 각 단위부대에 조직된 문화부의 책임자를 뜻한다. 예를 들어 사단의 문화책임자는 문화부사단장, 여단의 문화책임자는 문화부여단장이다. "당지도원"은 연대급 이상의 부대에 배치된 문화부원이다. 예를 들어 사단 문화부에는 문화부사단장 밑에 당지도원(중성1)이 배치되었다. 당지도원은 "문화부사

450 표의 내용은 원문을 그대로 옮긴 것이다. 당중앙본부 조직부장 대 서용선→민족보위성 김일, 「북조선로동당 중앙본부 조직부 지시문, No.00354(제목없음)」(1950.2.25), 북조선로동당중앙본부 조직부, 『북조선로동당 중앙본부 조직부 지시문철(自 一九四六.九)』, 북조선로동당중앙본부, 1950, NARA, RG 242, ATIS Document, No. 201205(이하 출처 생략).

단장의 지도를 받아 연대내의 부대와 구분대의 지도검열사업"을 담당했다. 대대·중대급 부대에는 당지도원이 배치되지 않았다.[451]

그렇다면 명확히 당단체가 조직된 부대와 기관은 제5·6보병사단, 항공교도연대, 탱크교도연대, 독립정찰대대, 정치학교, 제1군관학교, 제3군관학교, 해군군관학교, 포병기술훈련소, 해군기술훈련소, 자동차기술훈련소 등 12개 단위이다. 이중에서 제1군관학교는 북조선중앙보안간부학교의 후신인 조선인민군 제1중앙군관학교이며, 정치학교는 평양학원의 후신인 조선인민군 제2중앙정치학교이다. 제3군관학교는 1949년 4월에 신설된 인민군 제3군관학교(제766독립보병연대)를 뜻하며, 독립정찰대대는 1949년 5월 16일에 제105탱크여단과 함께 신편된 제303기동정찰대대(모터찌크부대)를 뜻한다.[452] 포병기술훈련소는 1946년도에 "병기기술일군"을 양성하기 위해 설치된 "군사교육기관"이었다.[453] 해군기술훈련소와 자동차기술훈련소는 각각 해군과 자동차에 관한 기술병을 양성하는 군사교육기관이었다.

당단체가 조직된 단위를 성격별로 구분해 보면, 육군 보병부대(제5·6보병사단), 비행사단(항공교도연대), 제105탱크여단(탱크교도연대), 독립정찰대대, 군관학교(제1·3군관학교·제2중앙정치학교·해군군관학교), 기술훈련소(포병·해군·자동차기술훈련소)이다. 이중에서 제1중앙군관학교·제2중앙정치학교에는 인민군 창설 이전인 내무국시절부터 당단체가 조직되어 있었다. 군관학교들을 제외한 나머지 부대와 기관은 모두 정부수립 이후에 조직된 신규부대들이다. 특히 육군 보병부대와 독립정찰대대를 제외한 나머지 부대와 기관들은 군관과 기술병력을 양성하는 단위였다. 북조선로동당은 신규부대와 군관·기술병력을 양성하는 부대·기관에 당단체를 조직함으로써 당적 통제를 강화하고자 했다.

---

451 민족보위성 문화훈련국(추정), 『軍衆工作』, 민족보위성 문화훈련국, 1950.8.5, NARA, RG 242, SA 2009, Box 4, Item 149.

452 장준익, 『북한인민군대사』, 120; 125~126쪽.

453 사회과학원 력사연구소, 『조선전사』24권, 276쪽.

인민군의 부대·군관학교·기술훈련소뿐만 아니라 한국전쟁 직전에 인민군의 또 다른 기관에 당단체가 조직되었다. 북조선로동당 중앙본부 부위원장 허가이(許哥而)는 1950년 4월 30일에 "민족보위성 문화훈련국 김일, 내무성 문화국 김한중, 각 도당부 위원장"에게 공동으로 한통의 지시문을 하달했다. 지시문의 내용은 다음과 같다.

> 인민군대내 검찰기관 및 재판기관들에 당조직 구성과 그 당단체를 지도함에 대하여 당중앙위원회는 다음과 같이 지시한다. 인민군 검찰국 및 산하 검찰소와 인민군 중앙재판소 및 산하 재판소들에 당규약에 근거하여 당조직을 둔다. 인민군 검찰기관 및 재판기관내 당단체의 지도는 다음과 같다. 인민국 검찰국 당원들은 공화국 최고검찰소 당단체에 소속시키며, 인민군 중앙재판소내 당원들은 최고재판소 당단체에 소속시킨다. 인민군 각 사단 검찰소 및 재판소내 당세포에 소속한 당원의 당생활에 대한 지도는 민족보위성 문화훈련국 제2부와 그 위임에 의하여 사단 문화부사단장(해군기지는 문화부기지장)이 한다. 인민군 각 지방 검찰·재판기관내 당원들은 각 소재지 도내무부 당단체에 소속시킨다. 이상 당 조직 구성과 편성을 1950년 5월 10일까지 완결하고 조직경과를 당중앙본부에 보고할 것.[454]

북조선로동당은 1950년 4월 30일에 인민군의 검찰기관과 재판기관에 당단체를 두기로 결정하였다. 당단체의 상급기관은 세 종류였다. 검찰국과 중앙재판소의 당단체는 내각 최고검찰소와 최고재판소 당단체 소속, 사단 검찰소·재판소 당세포는 문화훈련국 제2부 소속, 각 지방에 있는 인민군부대의 검찰·재판기관 당원들은 소재지 도내무부 당단체 소속이다. 이중에서 사단 검찰소·재판소 당세포에 대한 당적 지도는 문화훈련국 제2부의 위임을 받아서 사

---

454 당중앙본부 부위원장 허가이, 「기요부 기시문, No.00698」(1950.4.30), 북조선로동당중앙본부 조직부, 『북조선로동당 중앙본부 조직부 지시문철(自 一九四六.九)』.

단 문화부사단장과 해군기지 문화부기지장이 담당했다. 당단체를 각각 세 개의 상급기관에 소속시킨 것은 인민군의 각 검찰·재판기관이 위치한 지역을 고려한 조치였다. 노동당이 1950년 4월 말에 인민군의 검찰기관과 재판기관에 당단체를 조직한 것은 개전을 앞두고 인민군과 내무성군대의 정치사건·군사사건을 취급하는 이 기관에 당의 지도력을 관철시키기 위한 결정이었다.

이상에서 확인한 부대·기관에 실제로 당단체가 어떤 형태로 조직되었고, 당원들의 입당절차는 어떠했는지 두 가지 사례를 통해 확인해보자. 첫째, 비행사단에 조직된 당단체의 현황과 당원들의 입당절차는 다음과 같다. 1949년 12월 6일에 조선인민군 제866군부대 전사 김기복은 북조선로동당에 가입하기 위해 입당서류를 제출했다. 그가 입당청원서를 제출한 세포명은 "북조선로동당 조선인민군 제866군부대 기술대대 초급당부 제6분세포"였다. 김기복이 제출한 서류는 입당청원서, 이력서, 2명의 입당보증서였다. 그에 대한 입당보증인은 2명이었는데, 모두 기술대대 초급당부 제6분세포 세포원이었다.[455]

"제866군부대"는 비행사단 습격기연대의 단대호(單隊號)이다.[456] 비행사단 습격기연대 기술대대에는 초급당위원회가 결성되어 있었고, 그 아래에는 분세포가 조직되어 있었다. 앞의 사실과 종합해 보면, 1949년 7월경에 인민군 비행연대의 예하대대에는 당세포가 조직되었고, 12월경에 비행사단 습격기연대 기술대대에는 초급당위원회와 분세포가 조직되어 있었다. 따라서 민족보위성 직속 비행사단에는 모두 당단체가 조직되었던 것으로 보인다.

둘째, 중국인민해방군에서 인민군에 편입된 부대의 전당(轉黨) 절차와 당단체 조직 현황은 다음과 같다. 중국인민해방군 제4야전군 독립15사(師)는 1950년 4월 18일에 강원도 원산 갈마반도에 도착해서 인민군 제12사단으로

---

455 김기복, 『입당청원서』, 제866군부대, 1949.12.6, NARA, SA 2009, Box 2, Item 158.

456 다음 명단에 지휘관 성명이 기재되어 있다. 제866군부대 연대장은 최현옥, 문화부연대장은 정중우로 습격기연대 지휘관과 일치한다. 제866군부대 문화부련대장 정중우, 「군관상학조 명단 제출에 대하여」(1950.1.7), 조선인민군 861군부대 문화부, 『잡서류철』, 제861군부대, 1950.5.

재편되었다. 독립15사에 있던 중국공산당원은 입북 직후에 조선로동당원으로 전당되었다. 민족보위상 최용건(崔庸健)과 총참모장 강건(姜健)은 1950년 5월 17일에 전당사업과 관련해 "이번에 중국공산당 당원을 북조선로동당 당원으로 전당시키는 사업에 종사하는 사람들은 다른 일에는 동원하지 말 것이며, 전당 등기사업은 6월 5일까지 완료"하라고 지시했다.[457]

이때는 이미 북조선로동당이 조선로동당으로 개편된 이후였지만, 공식적인 명령서에는 여전히 북조선로동당으로 기재하고 있다. 명령서를 보면, 전당사업은 이미 5월 17일 이전에 시작되었다. 원래 당사업은 민족보위성 문화훈련국의 담당업무이다. 이 명령서 이전에 문화훈련국장 김일 명의로 전당사업 명령서가 하달되었을 것이다. 이 명령서는 그 후속조치로 인민군부대의 행정절차를 지시하고 있다.

제12사단은 민족보위성의 지시에 따라 중국공산당의 당조직을 재편했다. 제12사단 문화부사단장 김강(金剛)은 5월 27일에 예하부대에 당간부를 새로 선출하라고 명령한다. 즉, "당성이 강하고 당사업에 대한 책임감이 높은 사람으로 출신경력 등을 고려하여 한 부대에 한명씩 당서기를 선발"하도록 했다. 이는 중국공산당의 부대당위원회 당서기를 대신해서 조선로동당 부대당위원회 당서기를 선출하라는 지시이다. 김강은 같은 지령에서 "중국공산당에서 로동당으로 전당하는 사업을 통하여 부대 내의 정확한 당원통계를 장악하고, 당원과 당사업을 보장하기 위해 각 연대 및 독립대대에 당서기를 선정할 것"을 지시했다.[458] 제12사단의 사단당위원회 위원은 사단장, 문화부사단장, 참모장 등 총

---

457 민족보위상 최용건, 총참모장 강건, 「명령-중공당원 전당을 위한 당문건 작성 등기원 동원보장에 대하여」(1950.5.17), 고려서림 편집부, 『北韓解放直後極秘資料』3권, 131쪽.

458 제825군부대 문화부 부대장 김강, 「지령-련대 및 독립대대 당서기 선정에 대하여」(1950.5.27), 고려서림 편집부, 『北韓解放直後極秘資料』 3권, 133쪽.

8명이 임명되었다. 8명의 위원 이외에 별도로 당위원장이 임명되었다.[459]

이상의 지령은 중국에서 입북한 조선인부대의 경우, 이미 부대 내에 중국공산당 체제의 당조직이 있었기 때문에 이를 조선로동당 체제로 전환하려는 것이다. 독립15사가 입북하여 인민군 제12사단으로 재편된 것이 1950년 3월 말이었으므로, 2개월 뒤에야 전당사업이 이루어진 것이다. 제12사단의 경우에는 부대 안에 '사단당위원회'가 설치되었고, 각 연대와 독립대대에는 당서기가 선정되었다.

이것은 비단 제12사단에만 국한된 사례가 아니다. 중국인민해방군의 모든 부대에는 당단체가 조직되어 있었으므로, 중국에서 입북한 조선인부대에도 당단체가 있었다. 따라서 조선인부대가 인민군으로 전환된 제5사단(사단장 김창덕)·제6사단(사단장 방호산)·제4사단 제18연대(연대장 장교덕)에는 모두 제12사단과 동일한 사단당위원회와 연대·독립대대 당서기가 조직되었다고 볼 수 있다. 입북한 중국공산당 당원들에게 중국공산당 당적의 포기와 북조선로동당 가입은 선택이 아니라 의무사항이었다.[460]

조선인부대의 당원들이 전당한 시점과 전당 수속현황은 인민군 제6사단의 『로동당원명단』을 통해 확인할 수 있다. 이 명단 안에는 「중국에서 나온 당원명단(1949년 7월후)」이 들어 있다. 이 명단에 있는 당원들은 "동북 리홍강지대"와 "제40야전군 제47군"에서 인민군에 편입된 병사들이다. 분대장 강규석은 "전 소속당부 명칭"이 "동북 리홍강지대 3대대 영당위"이며, 이동년월일은 "1949년 7월 23일"로 기록되어 있다. 리홍광지대(李紅光支隊)는 '중국인민해방군 동북군구 제166사'의 전신이다. 제166사는 1949년 7월 23일에 입북해 인민군 제6사단으로 개편되었다. 즉 강규석은 입북과 동시에 중국공산당에서 북조선로동당으로 전당했음을 알 수 있다. 또한 중국공산당 당원들은 입북 직후에 조

459 제825군부대, 「1950년 6월 14일자 문화부대장의 지령」(1950.6.14), NARA, RG 242, SA 2012, Box 5, 서동만, 『북조선사회주의체제성립사』, 406쪽에서 재인용.

460 한상구, 「최태환의 증언」, 364쪽.

선로동당으로 전당 수속을 완료했다.[461]

이상에서 확인한 한국전쟁 직전까지 당단체가 설치된 조선인민군의 부대와 기관을 정리하면 다음과 같다.

〈표 16〉 한국전쟁 직전까지 당단체가 설치된 조선인민군의 부대·기관[462]

구분	부대 기관 명칭	당단체 설치 결정시기
보병부대	제4보병사단 제18연대, 제5보병사단, 제6보병사단	1949.7(제5·6사단) 1950.3(제4사단 제18연대)
기계화부대	제105탱크여단	1949.5.16
공군	비행사단	1948.11
독립부대	독립정찰대대(제303기동정찰대대)	1949.5.16
군관학교	제1중앙군관학교, 제2중앙정치학교, 제3군관학교, 해군군관학교	1946.10.21(제1·2군관학교) 1949.4(제3군관학교) 1949년(해군군관학교)
기술훈련소	포병기술훈련소, 해군기술훈련소, 자동차기술훈련소	1946년(포병기술훈련소) 1949년(해군·자동차기술훈련소)
검찰	조선인민군 검찰국과 산하 검찰소	1950.4.30
재판소	조선인민군 중앙재판소와 산하 재판소	1950.4.30

한국전쟁 직전까지 당단체가 조직된 부대와 기관은 중국인민해방군에서 이적된 부대, 탱크여단, 비행사단, 독립정찰대대, 군관학교, 기술훈련소, 검찰과 재판소다. 그렇다면 이 부대와 기관에만 특별하게 당단체가 조직된 이유는 무엇일까? 북한지도부가 이 부대·기관에 당단체를 조직한 이유는 기본적으로

---

461 제1중대 문화부중대장 김철산, 『로동당원명단』, 제1중대, 1950.8.6, NARA, RG 242, SA 2009, Box 6, Item 19.2.

462 당중앙본부 조직부장 대 서용선, 「조직부 지시문, No.00354」(1950.2.25), 북조선로동당중앙본부 조직부, 『북조선로동당 중앙본부 조직부 지시문철(自 一九四六.九)』.

노동당의 영향력과 당적 통제를 강화하기 위한 조치였다. 그러나 다른 부대가 아닌 이 부대·기관에 당단체가 조직된 데에는 정치적·군사적 이유가 있다.

첫째, 북한지도부가 비행사단에 당단체를 조직한 것은 비행사단 지휘관의 인적 구성 때문이다. 비행사단에는 상당수의 일본군 출신들이 지휘관으로 충원되어 있었다. 비행사단 부사단장 리활 뿐만 아니라, 추격기연대장, 습격기연대장, 교도연대장, 습격기연대 제2대대장을 비롯해 많은 일본군 출신들이 간부를 맡고 있었다.[463] 원래 인민군 문화간부의 역사적 기원인 정치위원제도는 소련 적군에서 1920년에 적군에 가입한 제정러시아 장교의 충성심을 감시하기 위한 제도적 조치로 도입되었다. 당시 적군에는 약 48,409명의 제정시대 장교들이 적군을 지휘하고 있었다. 이러한 필요성 때문에 도입된 볼셰비키혁명체제의 정치위원은 장교들의 충성심과 정직성을 감시하고 전투적 군대에 높은 사기를 유지하는 기능을 담당하였다.[464] 이 같은 문제의식에 따라 소련 군사인민위원회는 1918년 8월 8일에 적군에 당적 통제를 관철시키기 위해 '전러시아 군사위원뷰로'를 창설하였다.[465] 북한지도부가 비행사단에 당단체를 조직한 것은 사단에서 근무하는 일본군 출신들의 사상적 태도를 감시할 필요가 있었기 때문이다.

둘째, 북한지도부가 중국에서 입북한 부대에 당단체를 조직한 것은 이 부대들이 정규군에 편입된지 얼마 안된 신편부대였기 때문이다. 1950년 4월에 중국에서 입북한 제12사단 문화부사단장 김강은 5월 28일자로 예하부대에 문화훈련국장의 지령을 하달했다. 김강은 이 지령에서 제12사단의 현 상태에 대해 "우리 군부대는 급속한 정규화의 길에 들어서면서 군무자들의 사상적·실천적 혼란을 부분적으로 표현하고 있으며, 정규화된 인민군다운 규률이 아직 확

---

463 김선호, 「북한 공군 창설과정을 통해 본 식민지 유산의 연속과 단절」, 『현대북한연구』15-2, 북한대학원대학교 북한미시연구소, 2012.8, 283~284쪽.

464 이창형, 『중국의 軍』, 82~83쪽.

465 이재훈 역, 「군사문제에 대한 결정」(1919.3), 『蘇聯軍 創設期 軍事關係文書選集』, 81쪽.

립되지 않었다"라고 평가하였다.[466] 북한지도부의 입장에서 조선인부대는 정규군에 갓 편입된 신편부대로서 아직 정규군의 규율과 사상적·실천적 태도를 갖추지 못한 상태였다. 이에 따라 북한지도부는 규율적·사상적 측면에서 이 부대들을 급속히 기존 인민군부대의 수준으로 끌어올리기 위해 당단체를 조직한 것이다. 북한지도부가 새로 창설된 제105탱크여단과 독립정찰대대에 당단체를 조직한 이유도 이 부대들이 신편부대였기 때문이다.

셋째, 북한지도부가 군관학교(제1·3군관학교·제2중앙정치학교·해군군관학교)와 기술훈련소(포병·해군·자동차기술훈련소)에 당단체를 조직한 것은 군관과 기술병을 양성하는 기관을 중시했기 때문이다. 북한정치세력은 이미 해방 직후부터 군관학교를 중시해 1946년 10월 8일에 북조선로동당 제7차 중앙상무위원회 회의에서 평양학원과 북조선중앙보안간부학교에 당조직을 설립하기로 결정한 바 있다. 노동당은 이 2개 군관학교의 당단체를 중앙당에 직속시켰다.[467] 이와 반대로 노동당은 10월 21일 제9차 중앙상무위원회 회의에서 군대의 당군화를 방지하기 위해 군대 안에 당단체를 설치하지 않기로 결정하였다.[468] 노동당은 1946년 10월에 군관학교에 한정해 예외적으로 당단체를 설치하고 이를 중앙당에 직속시켜 직접 지도하였다. 이것은 군관학교가 창군사업의 핵심주체인 군관을 양성하는 기관이었기 때문이다. 북한지도부는 이와 동일한 문제의식에서 전문적인 기술교육이 필요한 기술병 양성기관에도 당단체를 조직한 것이다.

---

466 제825군부대 문화부부대장 김강, 「지령-제528군부대장 지령0348호 의첩에 관하여」(1950.5.28), 제825군부대, 『命令及指令書綴』, 제825군부대, 1950, NARA, RG 242, SA 2010, Box 5, Item 122.

467 「평양학원 및 보안간부학교내 당조직에 대하여」(1946.10.8), 『북한관계사료집』30권, 13쪽.

468 「군대내 당조직에 대하여」(1946.10.21), 『북한관계사료집』30권, 37쪽.

2. 조선인민군의 정치·군사적 성격과 김일성지도체제

이상에서 살펴본 것처럼 노동당의 당단체가 조직된 부대와 기관은 일본군 출신이 주축인 비행사단, 보병·탱크·정찰부문의 신규부대, 군관학교, 기술훈련소, 검찰소, 재판소 등이었다. 비행사단은 일본군 출신 군관에 대한 노동당의 감시가 필요했고, 신규부대는 빠른 시일 안에 소련식 정규군으로 재편하기 위해 노동당의 집중적인 지도가 필요했다. 군관학교와 기술훈련소는 군관과 기술자를 양성하는 단위였기 때문에 중앙당의 직접적인 관리가 필요했다. 그리고 검찰소와 재판소는 군대의 정치사건과 군사사건을 취급하는 기관이었기 때문에 개전을 앞두고 당의 지도력을 강화한 것이다. 이 부대와 기관은 북조선로동당의 입장에서 당적 통제와 지도가 필수적인 단위였다. 그러나 북한지도부는 이상의 부대와 기관을 제외하고, 일반적인 인민군 부대와 기관에는 당단체를 조직하지 않았다. 이것은 인민군이 소련 적군이나 중국 홍군과 달리 계급적 군대가 아니라 인민의 군대로 창설되었고, 공산당의 군대가 아니라 통일전선의 군대로 창설되었기 때문이다.

인민군은 당단체뿐만 아니라 군대를 통제하는 기관과 군대의 지휘체계도 소련 적군이나 중국 홍군과 차이가 있었다. 소련의 경우, 소련공산당 정치국이 국방업무를 관장하는 내각의 국방위원회를 통제했다. 그리고 군대 안의 당단체를 통해 직접적으로 군을 통제했다. 내각 국방위원회는 국방문제의 조정임무를 담당했지만, 실제로는 중앙당 정치국 산하 위원회의 역할을 수행했다. 소련군에서 군대의 당조직을 지도하는 기관은 소련공산당 정치국이었고, 군대 내부 당사업은 당중앙위원회 직속인 소련군 총정치국과 각급 부대 정치부가 담당하였다. 그리고 1918년에는 소련군에 '정치위원제도(政治委員制度)'가 도입되었다. 이후 군 지휘관이 공산당원이 아닌 경우, 정치위원은 부대의 군사적 임무에 대해 군 지휘관과 같이 책임졌으며, 군지휘관과 동일한 권한을 갖고 있었다. 그러나 정치위원은 1942년 이후부터 군사부문이 아닌 당사업만 전담하였고, 이와 동시에 '정치부대장제도'가 도입되면서 정치부대장은 군사지휘관의 지휘를 받게 되었다. 이로써 군에 '일원적(一元的) 지휘체계'가 정착되었다.[469] 즉, 소련 적군은 이원적(二元的) 지휘체계였다가 일원적 지휘체계로 변화하였다.

중국의 경우, 국방업무와 관련해 당기구인 중앙군사위원회와 국가기구인 인민혁명군사위원회가 병존했다. 인민혁명군사위원회는 '전국 무장력의 지도권'을 가지고 있었고, 전국인민대표대회 상무위원회는 '전쟁 및 비상사태를 결정할 권리, 외부침략에 대한 인민군의 보복 여부를 결정할 권리'를 가지고 있었다. 그러나 실질적인 국방권한을 가진 기구는 중국공산당 중앙군사위원회였다. 인민혁명군사위원회는 주석이 모든 중요 결정을 내렸는데, 인민혁명군사위원회 주석은 당중앙군사위원회 주석이 겸직하도록 규정되어 있었다. 중국군에서 군대의 당조직을 지도하는 기관은 중국공산당 중앙위원회였고, 군대의 당사업은 당중앙위원회 직속인 중국군 총정치부가 담당하였다. 군대 내 당사업의 핵심적 역할은 소련과 마찬가지로 '정치위원'이 담당했다. 중국군의 당단체는 1927년에 '당대표'를 파견하면서 시작되었고, 당대표는 1929년에 '정치위원'으로 변경되었다. 중국군에서 당위원회제도가 도입된 것은 1947년이었다.[470] 따라서 중국 홍군은 기본적으로 군사지휘관과 정치위원으로 이원화된 지휘체계를 가지고 있었다.

소련 적군과 중국 홍군은 소련공산당 정치국과 중국공산당 중앙군사위원회가 통제하였다. 또한 군대의 당사업을 총괄하는 기관으로, 소련 적군에는 소련군 총정치국이 설치되었고, 중국 홍군에는 중국인민해방군 총정치부가 설치되었다. 이에 비해 북조선로동당에는 인민군을 통제하거나 군사부문을 담당하는 별도의 부서가 없었다. 인민군은 정권기관인 민족보위성에서 관할하였다. 인민군의 정치사상사업도 북조선로동당 중앙위원회가 지도한 것이 아니라 민족보위성 문화훈련국이 지도하였다. 또한 인민군에는 총정치국처럼 군대의

---

469 정성임, 「조선인민군: 위상 · 편제 · 역할」, 세종연구소 북한연구센터 엮음, 『북한의 당 · 국가기구 · 군대』, 한울, 2007, 471~472쪽.

470 이창형, 『중국의 軍』, 62~64쪽.

당사업을 총괄하는 중앙지도기관이 없었다.

그런데 인민군의 지휘체계는 중국 홍군의 지휘체계 보다 소련 적군의 지휘체계와 유사했다. 중국 홍군은 군대에 대한 당의 통제를 원칙으로 했기 때문에 창설 이후부터 계속해서 이원적 지휘체계를 유지했다. 소련 적군도 창설 당시에는 이원적 지휘체계였다. 그러나 소련 적군의 지휘체계는 그후 여러 차례 변경되었다. 적군은 1940년 8월에 군사위원제도를 폐지하고 일원적 지휘체계를 도입하였다. 그러다가 1941년 6월 독소전쟁이 발발하자, 다시 군사위원제도를 채택하고 이원적 지휘체계를 강화하였다. 적군은 1942년 10월에 공산당의 군대 내부기반이 확고해졌다는 판단 아래 군사위원제도를 폐지하고 "완전한 일원적 지휘제와 정치부문 보좌관(부지휘관)제도를 재도입"하였다.[471]

인민군의 문화간부제도는 1942년 10월에 적군이 다시 채택한 '정치부지휘관제도(政治副指揮官制度)'를 개칭해 도입한 것이며, 이것은 소련 적군의 일원적 지휘체계와 유사하다. 인민군은 이 일원적 지휘체계를 개전 이후에 "군사단일제"라고 명명하였다.[472] 군사단일제는 군사지휘관과 문화간부가 부대를 함께 지휘하는 이원적 지휘체계가 아니라 군사지휘관 아래에서 문화간부가 활동하는 일원적 지휘체계였다. 인민군에 임명된 동북항일연군과 조선의용군 출신 간부들은 해방 이전에 중국공산당군대에서 활동하면서 이원적 지휘체계에 익숙한 인물이었다. 예를 들어, 동북항일연군 제1로군 제2군에는 군사지휘관인 군장(軍長)과 정치지휘관인 정치위원이 각각 배치되었고, 정치사업을 담당하는 정치부주임이 별도로 임명되었다.[473] 사단(師)과 연대(團)에도 정치위원이 임명

---

471 이재훈 역, 「적군 및 해군 내 일원적 지휘제의 강화에 대하여」(1940.8.12), 『蘇聯軍 創設期 軍事關係文書選集』, 316쪽; 이재훈, 『蘇聯軍事政策』, 298~300쪽.

472 김재욱, 『군사단일제를 강화함에 있어서 군대내 로동당 단체들의 제 과업』, 조선인민군 총정치국, 1951.9, 1쪽.

473 霍遼原 編著, 『東北抗日聯軍 第二軍』, 127쪽.

되었으며, 중대(連)에는 중대정치지도원이 임명되었다.[474] 그러나 이들은 해방 이후에 소련 적군이 채택한 정치부지휘관제도와 일원적 지휘체계를 도입하였다. 이것은 북한정치세력이 인민군 지휘체계의 모델을 소련 적군에 두고 있다는 사실을 보여준다.

주목할 점은 소련 적군이 일원적 지휘체계에서 이원적 지휘체계로 변화한 시점이다. 소련 적군이 군사위원제도와 이원적 지휘체계를 도입한 시기는 내전시기와 독소전쟁시기이며, 정치부지휘관제도와 일원적 지휘체계를 도입한 시기는 내전이 종식된 이후와 독소전쟁에서 전세를 역전한 이후였다.[475] 소련 적군이 내전시기와 독소전쟁시기에 이원적 지휘체계를 도입한 이유는 군대 내부에 대한 정치적 통제가 중요했기 때문이다. 대표적으로 적군은 독소전쟁시기에 검증받지 못한 장교와 지휘관이 급격히 증가해서 '계급적 순수성'이 저하되었고, 그 결과 군대 통솔상의 문제가 발생하였다.[476] 소련 적군과 달리 중국 홍군이 계속해서 이원적 지휘체계를 유지한 이유는 국공내전의 발발, 제1차 국공합작, 내전의 재개, 만주사변, 중일전쟁, 제2차 국공합작 등 중국혁명에 대한 대내외적 위협이 계속되었기 때문이다.

결국 북한정치세력이 인민군에 문화간부제도와 일원적 지휘체계를 채택한 이유는 해방 이후 한반도의 정치상황이 내전이나 독소전쟁처럼 혁명의 추진이나 정권의 존립을 본질적으로 위협하는 시기가 아니었기 때문이다. 또 다른 이유는 인민군이 통일전선의 군대로 규정됨에 따라 군대를 정치적으로 통제할 수 있는 노동당의 군사담당부서나 군대의 노동당 당단체가 없었기 때문이다. 인민군의 군사단일제와 당군관계는 한국전쟁 발발 이후에 변화하게 되

---

474 김일·오진우·림춘추, 『항일무장투쟁경험』2, 조선로동당출판사, 1983, 133~134쪽.

475 소련 적군은 1942년 8월부터 시작된 스탈린그라드전투에서 고전하다가 9월부터 전세를 역전했다. 그리고 11월 19일부터 총반격을 개시했다. 드미트리 볼코고노프, 『스탈린』, 218~221쪽.

476 이재훈, 『蘇聯軍事政策』, 298~299쪽.

는데, 그 변화요인도 혁명의 추진이나 정권의 존립과 관련되어 있었다.[477]

이상에서 살펴본 것처럼, 노동당과 인민군은 제도적으로 분리되어 있었다. 이것은 인민군이 정치연합적으로 구성되었고, 군대 내부에 일본군 출신·만주군 출신·민주당원·청우당원·무소속 등 이질적인 요소들이 많았기 때문이다. 인민군의 당군관계가 적군이나 홍군보다 약했던 것은 무엇보다 북한정치세력이 추구한 인민민주주의혁명이 소비에트국가의 프롤레타리아혁명과 정치적 형태가 달랐기 때문이다. 물론 후기 인민민주주의론에 따르면, 인민민주주의국가도 프롤레타리아 독재국가이다. 그러나 인민민주주의국가의 프롤레타리아독재는 "로동계급의 헤게모니 하에 로동계급과 근로농민의 동맹"을 기초로 성립되었다. 이로 인해 나타나는 인민민주주의국가의 또다른 특징은 "다당성(多黨性)"이다. 인민민주주의국가에서 공산당(노동당)의 활동은 여러 당이 있는 가운데 진행되며, 이것은 "인민민주주의국가의 현단계의 특성 중의 하나"였다.[478] 따라서 인민민주주의혁명단계에서는 노동계급의 독재 보다 노동계급을 중심으로 한 노동자·농민의 동맹이 중요했다. 북한정치세력은 이 같은 혁명론에 따라 인민군에 노동당의 당단체를 조직하지 않았고, 인민군은 정권기관에 비해 당의 통제에서 상대적으로 자유롭게 육성되었다.

그러나 중요한 사실은 북한의 공산주의자들이 추구한 국가건설론의 최종목표가 인민민주주의국가의 수립이 아니라 소비에트국가의 수립이었다는 점이다. 이 같은 혁명론은 이미 1945년 10월 10일에 조선공산당 북조선분국이

---

477 한국전쟁 발발 이후 인민군에 처음으로 총정치국과 당단체가 설치된 시점은 인민군이 전면적으로 후퇴하던 11월 시점이며, 인민군에 다시 군사단일제가 강화된 시점은 전선이 38선에서 교착상태에 빠진 1951년 9월이었다. 이처럼 인민군에서 일원적 지휘체계가 약화되거나 강화된 계기는 전쟁상황과 직접적으로 연관되어 있었다. 조선로동당중앙위원회, 「조선인민군내 당단체사업 규정」(1950.11.29), 北韓研究所 編, 『北韓軍事論』, 北韓研究所, 1978, 527~530쪽; 김재욱, 『군사단일제를 강화함에 있어서 군대내 로동당 단체들의 제 과업』, 1~2쪽.

478 브·쓰·마니꼽쓰끼, 「인민민주주의 국가의 계급적 본질」, 『근로자』제22호, 60~61; 69~71쪽.

설립될 당시부터 제시되었다. 서북5도당책임자 급 열성자대회에서 김일성[479]은 정권형태에 대해 "현 계단에 있어서는 자본민주주의정권을 세워야 한다"고 주장하고, "첫째의 임무를 마치고 우리는 둘째의 임무로 들어가야 한다"고 주장하였다.[480] 이 정치노선은 북조선분국에서 정식으로 통과되었다. 여기서 자본민주주의정권은 부르주아민주주의정권을 뜻하며, 첫째 임무는 반제반봉건민주주의혁명을, 둘째 임무는 사회주의혁명을 가리킨다. 즉 해방 이후 북한의 공산주의자들은 부르주아민주주의혁명론에 입각해 반제반봉건민주주의혁명을 거쳐 사회주의혁명을 달성하고자 했다. 이들이 추구한 인민민주주의국가는 소비에트국가로 이행하기 위한 과도기였다.

북한 공산주의자들의 혁명론은 창군과정에 직접적인 영향을 끼쳤다. 이들은 부르주아민주주의혁명론에 입각해 친일파와 민족반역자를 제외한 민족전체의 통일전선을 추구하였다. 인민군은 이 같은 통일전선론과 혁명론에 따라 당의 군대나 계급의 군대가 아닌 통일전선의 군대이자 인민의 군대로 창설된 것이다. 그러나 통일전선의 군대이자 인민의 군대는 제1단계 혁명이 완수되고 사회주의혁명으로 이행한다면 당의 군대이자 계급의 군대로 변화될 예정이었다. 그러므로 통일전선의 군대는 제1단계 혁명을 완수하기 위한 과도기적 성격을 지니고 있었다. 그리고 통일전선군대의 과도기적 성격은 혁명정세의 변화와 사회주의혁명의 달성정도에 따라 변화될 예정이었다.

인민군의 당군관계가 가지는 중요한 의미는 김일성의 지도체제에 결정적 영향을 끼쳤다는 점이다. 군대에 대한 당적 통제의 상대적 자율성은 인민군이 노동당 내부의 파벌주의로부터 상대적으로 자유롭고, 다른 부문보다 먼저 군

---

479 발언자의 이름이 1945년 남한에서 생산된 문헌에는 김ㅁㅁ, 『正路』창간호에는 김영환(金永煥)으로 기록되어 있다. 김광운은 러시아자료를 통해 발언자가 김일성이라는 사실을 밝혀냈다. 朝鮮産業勞動調査所 編, 『옳은 路線』, 民衆新聞社出版部, 1946, 김남식 외 엮음, 『韓國現代史資料叢書』11, 465~466쪽; 「朝鮮共産黨 北部朝鮮分局設置」, 『正路』1945.11.1(창간호); 김광운, 『북한정치사연구』1, 159쪽.

480 김남식 외 엮음, 『韓國現代史資料叢書』11, 465쪽.

대에 김일성의 지도체제가 구축되는 결과를 가져왔다. 그 기원은 두 가지로 나눠볼 수 있다.

첫째, 인민군은 보안국시기부터 다른 부문보다 앞서 김일성의 영도사상과 동북항일연군의 유일적 '혁명전통'을 천명함으로써 김일성의 지도체제를 선도하였다. 보안국에서 일찍부터 김일성의 영도사상이 공식화된 것은 항일연군 출신 최용건이 보안국장을 맡았기 때문이다. 중요한 것은 최용건이 조선민주당 당수였다는 사실이다. 그는 1945년 11월 북조선행정국시기부터 군사부문의 최고책임자였다. 그는 민주당 당수임에도 불구하고 항일연군 출신으로서 김일과 함께 인민군에 김일성의 영도사상을 구축하였다. 이것은 인민군에 구축된 김일성 영도사상이 노동당의 정책에 따라 구축된 것일 뿐만 아니라 항일연군 출신들의 정치적·군사적 의도에 따라 구축되었다는 사실을 뜻한다. 인민군은 다른 기관·단체에 비해 항일연군 출신의 이해관계가 강하게 반영되었고, 이로 인해 김일성의 영도사상과 '혁명전통'도 일찍부터 제기되고 구축되었다.[481]

둘째, 항일연군 출신은 창군과정동안 계속해서 총사령관과 문화부문 부사령관을 전담함으로써 인민군에 김일성의 지도체제를 구축하였다. 인민군 창설과정에서 총사령관과 문화부문 부사령관은 계속해서 최용건과 김일이 전담했다. 민족보위상 최용건은 대대부·집단군총사령부·인민군총사령부 총사령관을 맡아왔고, 문화부상 김일은 대대부·집단군총사령부·인민군총사령부

---

481 일제시기 군사지휘관을 해방 이후 부대의 정신적·실질적 지도자로 삼는 사례는 1948년 이후에 남한에서도 있었다. 대표적 인물이 조선의용대 총대장 김원봉이다. 해방 이후에 남한에서 김원봉이 주도해 창당한 인민공화당은 1948년 4월에 김원봉이 월북한 이후에 평양에 재설치한 당중앙을 통해 남한의 당 조직을 지도하고 활동지침을 하달하였다. 그리고 국가검열상 김원봉은 월북한 인민당원을 만나 남한에서 당재건운동과 인민공화국 수립활동을 전개할 것을 지시하였다. 그후에도 김원봉은 중앙당의 지령이나 자신의 특별지령문을 하달해 남한 내 인민당의 활동을 지도하였다. 이 같은 영향으로 경남 진주의 인민당 간부는 당원들에게 김원봉의 항일투쟁을 담은 『약산과 의열단』을 매입해 탐독할 것을 지시했으며, 인민당의 노선인 '4대 자유'에 대한 학습을 강조하였다. 염인호, 『김원봉연구』, 384~385쪽; 한상도, 「김원봉의 월북 배경과 이후 정치활동 궤적」, 『한국근현대사연구』88, 한국근현대사학회, 2019, 211~225쪽.

문화부사령관을 맡아왔다. 두 인물은 창군과정에서 인민군의 지휘권과 정치사상사업을 독점함으로써 군대에 김일성의 지도체제를 구축하는 역할을 수행했다. 물론 인민군의 다른 부문에는 의용군 출신과 고려인들도 진출했으나, 이들은 한번도 총사령관과 문화부문 부사령관을 맡지 못했다.

또한 병종간부와 문화간부를 양성하는 인민군 제1중앙군관학교와 제2중앙정치학교에서 정치사상사업을 책임지는 문화 부교장과 정치 부교장은 1947년 이후부터 항일연군 출신 김경석과 전창철이 맡았다.[482] 따라서 1947년 이후에 군관학교를 졸업한 병종간부와 문화간부들은 모두 항일연군 출신 문화 부교장과 정치 부교장의 정치사상적 지도 아래 성장한 인물들이었다. 인민군은 이미 보안국시기부터 보안기구에 김일성의 영도사상을 도입한 바 있다. 따라서 군관학교를 졸업한 군사간부들은 김일성의 영도사상을 체화한 인물들이었다. 이들은 한국전쟁 직전까지 인민군에 하급 군사간부로 배치되었지만, 향후 중급·상급 군사간부로 진출할 수 있는 간부원천이었다. 그리고 이들이 중급·상급 군사간부로 진급할 경우, 김일성의 영도사상은 인민군에서 더욱 견고히 구축될 예정이었다.

인민군의 당군관계가 북한식 사회주의 건설과정에서 가지는 가장 중요한 의미는 인민군이 당의 군대로 규정되지 않음으로써 인민군이 정치사상적으로 점차 김일성의 군대로 변화하고 있었다는 점이다. 북한정치세력은 보안국·보안간부훈련대대부·집단군총사령부시기까지 김일성을 군대의 '영도자'라고 표현하고, 군대는 김일성의 영도를 따라야 한다고 규정하였다. 그리고 이들은 정규군이 창설되자 김일성이 이미 일제시기부터 인민군의 창설을 구상했으며, 현재의 인민군은 일제시기에 김일성이 조직한 "조선인민혁명군"을 계승한 군대

---

482 김경석은 해방 이후에 노동당 남포시당 위원장으로 활동하다가 북조선중앙보안간부학교 문화부교장으로 임명되었다. 전창철은 1946년에 평양학원 정치부교장으로 임명되었고, 1949년 8월에 만경대혁명자유가족학원 원장으로 임명되었다. 평양학원, 『새三千里』2·3월호, 185~186쪽; 최봉식, 『대성산혁명렬사릉』, 30~31; 71~72쪽.

라고 선언하였다. 김일성 중심의 창군이념은 한국전쟁 직전까지 다른 정치세력으로부터 부정되거나 훼손되지 않았다.[483]

이것은 단순히 민족운동의 정통성을 어디에 둘 것인가의 문제를 넘어서 민족운동과 인민군의 정통성을 점차 김일성 개인이 독점하게 되었다는 사실을 보여준다. 북한정치세력은 해방 이후에 인민민주주의국가 건설을 위해 친일파와 민족반역자를 제외한 민족 전체의 통일전선을 주장했지만, 인민군의 통일전선은 노동당의 독점적 주도권 아래 구축되었고, 인민군의 정통성은 노동당이 아니라 김일성이 독점하였다. 따라서 인민군 내부에서 김일성의 영도사상이 더욱 견고히 구축된다면, 인민군은 완전히 김일성의 군대, 즉 김일성을 국가체제의 유일한 지도자로 설정하고 이를 보위하는 군대로 변화할 가능성이 높았다.

1948년 2월 8일에 공식적으로 창설된 조선인민군은 전체 한반도 차원에서 조직된 최초의 기구였고, 향후 한반도에 수립될 통일정부의 유일군이었다. 이 유일군의 역사적 기원과 정통성은 전체 민족운동이 아니라 김일성의 항일운동과 빨치산부대에 부여되었다. 그리고 인민군의 지휘권과 정치사상사업을 독점한 항일연군 출신은 노동당 보다 인민군에서 우월한 지위를 확보하고 있었다. 인민군에서 항일연군 출신들의 우월한 지위와 김일성 중심의 창군이념은 향후 북한의 사회주의 건설과정에서 유일체제가 구축될 수 있는 정치적·군사적 기반이었다.

북한정치세력은 해방 이후에 민족 전체의 통일전선을 주장했지만, 실질적으로는 노동자·농민·사무원 중심의 계급재편을 추진해 왔다. 그리고 북조선로동당의 계급재편은 정권기관·입법기관보다 인민군에서 더 철저하게 관철되었다. 1950년 당시 북조선로동당은 인민군에서 유일당으로 존재했고, 인민군의 통일전선은 노동자·농민·사무원으로 계급화·고착화되어 있었다. 인민군

---

483 서동만, 『북조선사회주의체제성립사』, 262~270쪽.

은 북조선로동당의 계급정책과 노동당의 지도력이 관철됨으로써 한국전쟁 이전에 유일당의 노선과 김일성의 영도사상이 가장 원형적으로 구축된 기관으로 확립되었다.

또한 소련 적군과 중국 홍군이 모두 계급적 군대로 창설되었음에 비해, 인민군은 처음부터 통일전선의 군대로 창설되었다. 북한정치세력은 인민군에 노동당의 당단체를 조직하지 않았고, 노동당에 군대를 통제하는 기관도 설치하지 않았다. 북조선로동당과 조선인민군의 상호관계를 종합해보면, 인민군에 대한 노동당의 지도는 본질적으로 조직과 제도가 아니라 간부와 인적 구성을 통해 관철되었다. 따라서 향후에 인민군의 간부구성과 인적 구성이 변화한다면 군대에 대한 노동당의 지도력도 변화할 가능성이 많았다.

인민군은 노동당 내부의 파벌주의로부터 상대적으로 자유롭게 조직되었고, 다른 부문보다 앞서 김일성의 지도체제가 구축되었다. 그리고 인민군의 '혁명전통'은 노동당보다 빠른 시점에 출현했으며, 김일성의 항일무장투쟁으로 단일화되어 있었다. 나아가 인민군의 '혁명전통'은 동북항일연군 출신을 넘어서 조선의용군 출신, 고려인, 남조선로동당 간부에 이르기까지 전일적으로 인정되었다. 결국 인민군에 구축된 김일성의 영도사상과 '혁명전통'은 북한의 사회주의 건설과정에서 유일체제가 출현할 수 있는 역사적 기원이었다.

맺음말

조선의 공산주의자들은 민족운동의 전개과정 속에서 각각의 혁명론을 정립해 나갔다. 동북항일연군은 코민테른·소련공산당·스탈린의 혁명론과 통일전선론을 수용하였고, 국내공산주의자들은 주로 코민테른의 혁명론과 통일전선론을 수용하였다. 반면에 조선독립동맹·조선의용군은 중국 관내 민족운동세력의 조선혁명론과 민족전선론을 수용하였고, 1941년 이후에는 중국공산당의 혁명론과 통일전선론으로부터 영향을 받았다. 이들은 모두 계급투쟁보다 민족통일전선을 우위에 두었고, '민족통일전선정권' 수립을 지향하는 국가건설론을 가지고 있었다.

동북항일연군과 조선의용군은 1940년을 전후해서 그 성격이 변화하였다. 조선독립동맹·조선의용군은 1943년에 진행된 정풍운동의 과정에서 내부적으로 분열되었고 민족통일전선론이 약화되었다. 또한 조선의용군은 1943년부터 민족통일전선의 부대에서 팔로군 부대의 일부로 변화하였다. 이와 달리 동북항일연군은 내부에서 분파투쟁을 전개하지 않았고, 1932년부터 1940년까지 민생단사건과 대토벌을 거치면서 민족의식과 상호 단결력이 강화되었다. 또한 동북항일연군은 1942년부터 중국공산당의 군대에서 소련 극동군의 군대로 변화하였다.

북한지역은 1945년 8월 9일에 소련이 대일전을 개시하면서 제국일본의 지배로부터 해방되었다. 조선의 민족운동세력은 해방과정에서 동유럽과 달리 인민군·빨치산부대를 보유하거나 해방전투에 참전하지 못했다. 그리고 소련지도부와 북한의 공산주의자들은 해방 직후에 모두 친일파·민족반역자를 제외한 민족통일전선의 구축과 이를 통한 부르주아민주주의혁명을 추구하였다. 해방 직후 민족주의세력과 공산주의세력의 접점은 민족통일전선론이었다.

동북항일연군 출신은 해외의 정치세력 중에서 가장 먼저 입북했고, 소련군 위수사령부의 부사령관으로 입북했기 때문에 군대창설의 주도권을 확보하였다. 반면에 조선의용군 출신은 해방 직후에 동북혁명기지론에 입각해 군대를 창설할 계획이었으나, 소련의 지지를 받지 못함으로써 이를 실현하지 못했다. 또한 이들은 북한지역에 새로운 정치질서가 형성된 뒤에 입북했기 때문에 군대창설의 주도권을 장악하지 못했다. 고려인들은 독자적인 창군계획을 가지고 있지 않았고 대부분 소련군사령부에 배치되었기 때문에 창군사업에 가장 늦게 참여하였다.

소련군사령부와 북한정치세력은 해방 직후에 자생적으로 조직된 무장세력을 재편해서 자신들의 목적에 부합하는 보안기구로 육성하기 시작하였다. 소련군사령부는 1945년 10월 12일에 기존에 조직된 북한의 모든 무장세력을 해체하고, 각 지방인민위원회 산하에 새로운 보안대를 조직하였다. 그리고 김일성을 비롯한 북한정치세력은 1945년 말부터 두 가지 방향으로 무력 창설을 준비했다. 먼저 북조선행정국의 행정부서 중 하나로 보안국을 조직하고 육·해·공군의 모체가 되는 각종 보안기구를 육성하기 시작했으며, 다음으로 정규군의 기간이 될 군사간부를 양성하기 시작했다.

소련군사령부와 북한정치세력은 1946년 3월 1일에 합동회의를 통해 먼저 특별경비대를 창설하고, 이를 기반으로 철도경비대를 창설하며, 철도경비대를 확편해서 보안간부훈련소를 조직하기로 결정하였다. 이 합의에 따라 조선공산당 북조선분국은 3월 4일에 제5차 확대집행위원회를 개최해 철도경비대·38경비보안대·국경경비대를 창설하기로 결정하였다. 육상보안기구는 1946년 1월에 철도경비대의 창설을 시작으로 1946년 중반까지 38경비보안대와 국경경비대가 창설되었다. 북한정치세력과 소련군사령부는 3월 20일부터 예정된 제1차 미·소공동위원회에 앞서 토지개혁과 군대창설을 추진함으로써 북한지역을 향후 독립정부의 토대로 만들려고 계획하였다. 인민군의 창설과정은 제1단계 인민민주주의혁명과 동시에 시작되었다.

인민군 보병부대의 모체인 보안간부훈련소는 1946년 8월 말부터 경보병사단의 편제로 창설되었다. 창설 초기에 경비대·보안대·보안간부훈련소의 주요간부는 대부분 항일연군 출신이 맡았다. 그러나 제1단계 창군과정에는 동북항일연군 출신·조선의용군 출신·고려인·국내공산주의자가 모두 참여했다. 북한정치세력 사이에는 창군 초기에 군대건설방식을 둘러싼 관점의 차이가 있었지만, 조선의용군 출신들이 소련군의 군사교리로 재교육되면서 점차 약화되었다. 보안기구를 관할한 지휘기관은 보안국이었으며, 그 상부기구인 북조선임시인민위원회는 최초로 성립된 민족통일전선정권이었다. 군대창설의 주도권은 1946년 2월 8일에 북조선임시인민위원회가 성립되면서 점차 북한정치세력에게 이양되기 시작했다. 그후 보안국에 대한 모든 행정지휘권은 1947년 2월 22일에 북조선인민위원회가 수립되면서부터 북한정치세력에게 양도되었다.

이 보안국시기에 향후 정규군에 성립된 정치사상체계의 원형이 출현했다. 첫째, 보안국은 중국군·소련군의 정치간부제도를 변용해서 문화간부제도를 도입하였다. 북한정치세력은 통일전선론과 인민국가 수립론에 따라 무력분야의 당군화(黨軍化)를 경계하고 군대의 통일적 통솔권을 보장했다. 둘째, 보안국은 북한지역의 모든 기관·단체 중에서 처음으로 1945년 11월부터 검열사업을 통해 반제국주의투쟁을 전개하였다. 북한정치세력은 혁명을 추진하면서 해방직후의 폭넓은 통일전선에서 반혁명세력을 제거함으로써 통일전선의 범주를 축소하였다. 셋째, 보안국은 북한지역에서 처음으로 김일성의 영도사상을 기관의 지도사상으로 채택하였고, 동북항일연군의 유일적 '혁명전통'을 표명하였다. 이것은 향후에 수립될 김일성 유일체제의 역사적 맹아(萌芽)였다.

인민군의 창군과정은 1946년 8월 15일을 기점으로 새로운 단계로 접어들었다. 북한정치세력은 7~8월에 통일전선체·노동당을 조직하고 산업국유화를 추진하면서 제2단계 인민민주주의혁명을 시작하였다. 이들은 동유럽보다 약 2년 앞서 유일당을 창당함으로써 지연된 혁명의 과업을 급속히 추진하고 혁명에 대한 지도력을 압축적으로 강화하였다. 제2단계 혁명의 개시와 함께 8월 15일에 최초의 군사지휘기관인 보안간부훈련대대부가 창설되었다. 항일연군 출신은 총사령관·총참모장·문화부사령관을 모두 담당함으로써 제1단계 창군과정부터 지휘권과 정치사상사업을 장악하였다. 의용군 출신은 포병부문과 인사권을 장악했다. 고려인들은 대대부의 최대세력이었으나, 소련군 군인 신분이었기 때문에 군대의 지휘권에 접근할 수 없었다. 1946년 8월에 창설된 노동당과 군대는 모두 동북항일연군 출신·조선의용군 출신·고려인·국내공산주의자들의 정치연합체제였다.

북한정치세력은 보안간부훈련대대부의 설립과정에서 향후 무력 창설 방향을 결정하였다. 이들은 대대부를 정규군의 최고지휘부로 설정하고, 대대부 예하 기관·부대를 통해 먼저 군사간부와 보병부대·공군부대를 육성하려고 구상했다. 그리고 보안국에 38경비보안대, 조·만국경경비대, 수상보안대를 배속해 상시적으로 무력충돌이 발생하는 38선·국경지대·해안지역의 경비를 전담시켰다. 이로써 대대부 예하의 무력은 경비임무에서 해제되어 군대 창설에 전념하게 되었다.

조선인민군의 창설과정은 1947년 2월에 북조선인민회의·북조선인민위원회가 출범하면서 제2단계로 접어들었다. 1947년 2월에 북한지역에 입법기관이 수립되자, 군대창설방안은 북한측의 입법절차를 거쳐 인민정권에 의해 집행되었다. 북한정치세력은 1947년 5월 17일에 보안간부훈련대대부를 개편해서 북조선인민집단군총사령부를 창설하였다. 그리고 1947년 동안 군대는 당에 비해 더 철저하고 지속적인 방식으로 반제·반봉건투쟁을 전개하였다. 북한정치세력은 한반도에서 단일국가 건설이 본격화되자, 지주·부르주아지를 배제하고 노동자·농민·사무원을 끌어들여 인위적으로 계급을 재편하였다. 그리고 이들은 노동자·농민·사무원을 중심으로 당·정권기관·군대를 개편하고, 이를 통해 북한지역에 단일국가의 '민주기지(民主基地)'를 구축하려고 계획하였다.

1947년 10월에 제2차 미·소공동위원회가 최종적으로 결렬되자, 남과 북은 각각 단독정부 수립을 본격적으로 추진하였다. 북한정치세력은 1948년 2월 8일에 공식적으로 조선인민군을 창설하였다. 인민군은 전체 한반도 차원에서 조직된 최초의 기구였고, 향후 한반도에 수립될 단일정부의 유일군이었다. 인민군의 창군이념은 다른 정치세력의 항일운동과 군사활동이 부정된 채 김일성의 항일운동과 항일유격대로 단일화되었다. 북조선로동당의 지도부는 1948년 3월 이후에 각 정치세력이 분점하고 있었지만, 항일연군 출신 군사간부는 다른 군사간부보다 당적·군사적 지위에서 우위에 있었다. 인민군에서 항일연군 출신들의 우월적 지위와 김일성 중심의 창군이념은 향후 북한의 사회주의 건설과정에서 유일체제가 구축될 수 있는 정치적·군사적 기반이었다.

1948년 9월 9일에 북한지역에는 인민국가가 수립되었고, 군사담당부서인 민족보위성이 조직되었다. 북한정치세력이 추구한 민족통일전선론은 인민국가가 수립됨으로써 완성되었지만, 민족통일전선론의 정통성은 김일성의 조국광복회에 부여되었다. 그러나 민족보위성 지휘부의 최대세력은 고려인이었고, 병종부대의 최대세력은 조선의용군 출신이었다. 따라서 인민군은 한국전쟁 직전까지 항일연군 출신이 주도권을 장악한 가운데, 고려인과 의용군 출신이 민족보위성과 병종부대를 각각 분점하고 있는 정치연합적 성격을 띠고 있었다. 민족보위성에 구현된 정치연합체제는 노동당이나 내각에 구현된 정치연합체제보다 협소했다. 향후 북한의 당·정·군 차원에서 지도체제가 수립될 경우, 민족보위성에 구축된 협소한 정치연합체제는 내부갈등을 약화시킬 수 있는 요인이었고, 간부책임제에 따른 사업·간부의 연속성은 내부소통을 강화할 수 있는 요인이었다.

북한지도부는 1948년 9월 9일 정부수립 이후에 한반도를 무력으로 통일하려는 국토완정론(國土完整論)에 입각해 본격적으로 인민군 확군사업에 착수하였다. 확군계획은 1948년 말부터 1949년 초까지 미군과 소련군이 철수하고 중국공산당이 만주를 최종적으로 점령하자 곧바로 실행에 옮겨졌다. 확군사업 결과, 1950년 6월 당시 인민군은 7개 정규보병사단, 3개 예비보병사단, 1개 기계화여단(탱크여단), 해군, 항공부대(비행사단), 직속부대를 보유한 공격형의 정규군으로 완성되었다.

한국전쟁 직전에 인민군에는 해방 직후부터 북한정치세력이 추구해온 인민민주주의혁명의 결과가 내포되어 있었다. 인민군의 군인 중에서 정당원은 대부분 북조선로동당 당원이었고, 조선민주당 당원과 천도교청우당 당원은 거의 없었다. 노동당은 인민군에서 진정한 유일당이었다. 또한 인민군 군인의 96% 이상은 모두 노동자·농민·사무원 등 근로계급이었고, 지주·부르주아계급은 거의 없었다. 결국 인민군은 북조선로동당의 계급정책과 노동당의 지도력이 관철됨으로써 유일당의 노선과 김일성의 영도사상이 가장 원형적으로 구축된 기관으로 확립되었다.

북한정치세력이 표방한 인민국가의 다당성·통일전선과 실제 인민군에 구축된 다당성·통일전선은 달랐다. 북한정치세력은 인민민주주의혁명과정에서 계급 간의 투쟁을 중심에 둔 것이 아니라 혁명에 대한 태도를 중심에 두었고, 혁명을 지지하는 모든 세력을 결집시킨 것이 아니라 지주·부르주아지 등 반혁명세력을 인위적으로 배제하였다. 이들은 민족 전체를 혁명에 대한 태도를 기준으로 혁명세력과 반혁명세력으로 구분하였다. 그리고 노동자·농민·사무원을 혁명의 중심계급으로 설정하고, 지주·부르주아지 등 반혁명세력을 통일전선에서 배제하였다. 그 결과 조선인민군은 반혁명세력이 배제된 채 노동자·농민·사무원을 중심으로 창설되었다. 따라서 북한정치세력이 추구한 통일전선은 혁명세력의 중심계급인 노동자·농민·사무원의 동맹을 통해 완성되는 계급적 통일전선이었다.

사회주의국가에서 '당=국가체제'의 핵심인 '노멘클라투라' 시스템은 1949년에 인민군에도 도입되었고, 노동당이 군대 간부에 대한 인사권을 장악했다. 그러나 '당=국가체제'는 군대의 대대 이하에는 도입되지 않았고, 대대 이하 간부에 대한 인사권은 민족보위성에서 행사하였다. 또한 군대에는 노동당의 당단체가 조직되지 않았으며, 이에 따라 '당=국가체제'는 군대에서 하부단위까지 침투하거나 관철되지 못했다. 결국 한국전쟁 이전까지 북한에는 노동당이 권력의 중심부터 하부까지 장악하는 방식의 '당=국가체제'가 완성되지 않았다.

인민군의 창설과정에서 군대에는 노동당의 당단체가 조직되지 않았다. 북한정치세력은 해방 이후에 각 계급·계층·당파를 망라한 민족통일전선을 추구하였고, 민족통일전선의 원칙에 따라 군대의 당군화(黨軍化)를 추진하지 않았다. 다만, 북조선로동당은 군대를 급속히 확편·강화하고 내부의 일본군 출신을 감시해서 당의 지도력을 관철하기 위해 비행사단·신규부대·군관학교·기술훈련소·검찰기관·재판기관에 한정해 당단체를 조직하였다. 북한정치세력은 소비에트국가가 아니라 인민국가를 건설하고자 했으며, 이 같은 국가건설론에 따라 처음부터 인민군을 통일전선의 군대로 창설하였다. 또한 북조선노동당에는 소련공산당·중국공산당과 달리 인민군을 통제하는 별도의 부서가 없었다. 이처럼 북조선로동당과 조선인민군은 한국전쟁 이전까지 제도적으로 분리되어 있었다.

조선인민군은 무엇보다 평화기 소련군을 모델로 창설되었고, 소련군처럼 각 병종의 연합작전에 따라 정규전을 통해 최종적 승리를 추구하였다. 그러나 인민군은 소련군처럼 프롤레타리아독재의 무기나 계급적 군대로 창설되지 않았다. 또한 인민군은 중국군처럼 인민대중의 힘에 의거한 인민의 군대로 창설되었다. 그러나 인민군은 중국군처럼 유격전·지구전·섬멸전이 아니라 정규전·진지전을 통해 최종적 승리를 추구하였고, 당의 군대로 창설되지 않았다. 인민군은 소련군과 중국군의 특징이 북한정치세력의 혁명론에 따라 변형됨으로써 계급적 군대나 당의 군대가 아니라 인민의 군대이자 통일전선의 군대로 창설되었다.

인민군의 당군관계와 '혁명전통'은 김일성 지도체제의 형성에 결정적 영향을 끼쳤다. 군대에 대한 당적 통제의 상대적 자율성은 인민군이 노동당 내부의 파벌주의로부터 상대적으로 자유롭고, 다른 부문보다 앞서 김일성의 지도체제가 구축되는 결과를 가져왔다. 또한 인민군의 혁명전통은 노동당보다 빠른 시점에 출현했으며, 김일성의 항일투쟁으로 단일화되었다. 나아가 인민군의 '혁명전통'은 동북항일연군 출신을 넘어서 조선의용군 출신·고려인·남조선로동당 간부에 이르기까지 전일적으로 인정되었다. 결국 인민군에 구축된 김일성의 영도사상과 '혁명전통'은 북한의 사회주의 건설과정에서 유일체제가 출현할 수 있는 역사적 기원이었다.

북한의 인민민주주의혁명은 한반도의 정치지형을 가르는 분수령이었다. 북한의 정치지형은 혁명을 계기로 '민족 대 반민족'의 대립구도에서 '혁명 대 반혁명'의 대립구도로 변화하였다. 북한정치세력은 인민민주주의혁명을 통해 '반혁명세력'을 통일전선에서 배제하고 북한지역을 완전히 친소·친공진영으로 전환시켰다. 이 과정에서 북한의 '반혁명세력'은 월남해 반소·반공세력으로 전환되었고, 남한의 반소·반공세력과 결합함으로써 한반도의 반소·반공진영을 강화시켰다. 이로써 남한의 정치지형은 '좌익 대 우익'의 대립구도에서 '친소·친공 대 반소·반공'의 대립구도로 확장되었다.

1948년 8~9월, 남과 북에 각각 정부가 수립되면서 한반도는 완전히 분단되었다. 한반도의 분단은 내부대립과 남북대립을 진영대결로 전환시켰다. 북한의 혁명은 북한지역의 '민주기지'를 강화시켰지만, 동시에 남한지역의 '반공기지'를 확장시켰다. 조선인민군은 한반도의 근대국가 건설과정에서 '국토완정(國土完整)'을 실현할 '혁명무력'으로 육성되었고, 국군은 '북진통일(北進統一)'을 실현할 '반공무력'으로 육성되었다. 그 결과 북한의 인민민주주의혁명은 북한·남한의 내부대립과 남북대립을 첨예화함으로써 한반도의 민족적 분단을 촉진시켰다.

남과 북은 분단 이후에 공통적으로 상대지역을 반드시 회복해야 할 '국토'로 인식했고, 상대정부를 반드시 제거해야 할 미국과 소련의 대리정부로 규정했다. 한반도의 분단은 북한의 인민민주주의국가가 수행해야 할 혁명과제를 전환시켰다. 북한정부는 남한지역을 남·북의 '반혁명세력'이 결집해 있는 '반혁명세력의 총체(總體)'로 보았고, 한국정부를 '미국의 반동기지'로 인식했다. 따라서 한국정부를 전복하고 한반도를 통일하는 것은 인민민주주의국가가 반드시 수행해야 할 반제국주의·반봉건혁명의 역사적 과제였다. 결국 북한지도부에게 전쟁을 통한 '국토완정'은 해방 이후에 추진해온 인민민주주의혁명을 완수하는 유일한 길이었다.

북한정부와 조선인민군

내각 수상 김일성.

부수상 겸 외무상 박헌영.

부수상 겸 산업상 김책.

부수상 홍명희.

민족보위상 최용건.

내무상 박일우.

재정상 최창익.

사법상 리승엽.

문화선전상 허정숙.

로동상 허성택.

농림상 박문규.

교육상 백남운.

보건상 리병남.

체신상 김정주.

국가검열상 김원봉.

도시경영상 리용.

국가계획위원장 정준택.

무임소상 리극노.

최고인민회의 상임위원회 부위원장 홍남표.

최고인민회의 상임위원 성주식.

최고인민회의 상임위원 김창준.

최고인민회의 상임위원 유영준.

최고인민회의 상임위원 장권.

최고인민회의 상임위원 리승규.

최고인민회의 상임위원 리능종.

최고인민회의 상임위원 조운.

최고인민회의 상임위원 김병제.

최고인민회의 상임위원 강순.

최고인민회의 상임위원 구재수.

최고인민회의 상임위원 리구훈.

민족보위성 총참모장 강건.

민족보위성 포병 부상 무정.

민족보위성 부총참모장 황호림.

민족보위성 경위연대장 강상호.

비행사단 문화부사단장 유성걸.

제105탱크여단 문화부여단장 안동수.

제12사단 참모장 지병학.

해군 제2정대장 김군옥.

추격기연대 제2대대 제3중대장 김기옥.
© NARA; 『로동신문』; 《*СОВЕТСКИЕ КОРЕЙЦЫ*》 *В СЕВЕРНОЙ КОРЕЕ*.

인민군총사령부 구락부장 겸 협주단장 정률성 소좌와 그의 아내 정설송(丁雪松).

내무성 38경비 제3여단장 최현(왼쪽).

조선인민군 창건 열병식에서 사열을 받는 최용건 총사령관과 열병식에 참여한 군인들(1948.2.8).

조선인민군 창건 열병식에서 주석단에 사열 중인 인민군 고사포부대(1948.2.8)

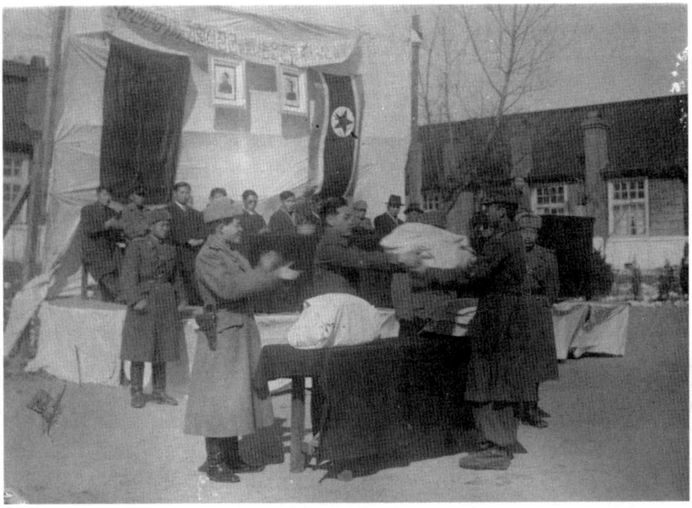

조선인민군 부대의 시상식장에 내걸린 창군이념. "조선인민군대는 김일성장군의 빛나는 인민유격대의 산아이다."

김일성과 조선인민군 주요 군관들의 단체사진(1949년, 영변군 약산).

1948년 8월 21일, 해주에서 개최된 조선최고인민회의 남조선인민대표자대회 대회장.

1948년 8월, 남한에서 지하선거를 통해 올라온 최고인민회의 대의원선거 연판장을 확인하는 남한 대표들 (오른쪽부터). 1-허헌(남로당 위원장), 2-박헌영(남로당 부위원장), 4-김원봉(인민공화당 위원장).

1948년 7월에 평남 강동군 승호(勝湖)선거구에서 최고인민회의 대의원 후보로 나선 김일성의 출마 연설 장면. 현장에 참석한 허정숙(오른쪽 끝)과 박일우(오른쪽 두 번째).

1948년 8월에 민족보위성 관하 선거구에서 개최된 최고인민회의 대의원 선거의 당선자들.

1948년 7월 8일, 북조선인민회의 제5차 회의에서 회의장 정면에 걸린 태극기를 인공기로 교체하고 있는 김두봉. 박수를 치고 있는 김일성(왼쪽 끝)과 최창익(왼쪽 두 번째).

1948년 12월, 북한에서 철수하는 소련군 공군이 인민군에 관할지역을 인계하는 장면.

1948년 12월, 소련군 철수 이후에 조선인민군에 배치된 소련군사고문단과 인민군 여군.

1949년 3월, 정부수립 이후 처음으로 소련을 방문한 북한정부대표단과 소련정부의 환영열병식(오른쪽부터).
제1열 1-부수상 홍명희, 2-부수상 박헌영, 4-소련각료회의 부의장 미코얀, 5-수상 김일성. 제2열 3-상업상 장시우, 4-국가계획위원장 정준택, 5-체신상 김정주.

군인선서

나는 조선민주주의인민공화국 공민으로서 조국앞에 신성한의무를 리행하여 조선인민군에 입대하면서 나의 조국과 인민과 민주주의인민정부에 나의 생명의 마지막순간까지 충실할것을 영예롭고 위대한 선조들의 이름으로 엄숙히 맹서한다

나는 인민의뜻으로 창건된 민주제도를 헌신적으로 충실히 수호하며 나의힘과생명을 아끼지않고 모든적들을 반대하여 손에무기를잡고 나의조국과 민족의자유와 독립을 방위하기위하여 항상 준비되어있을것을 맹서한다

나는 정직하고 용감하고 규률있는 군인이되며 군사비밀과 국가비밀을 엄수하며 모든군사규정과 지휘원과 장관들의명령을 절대적으로 수행하며 군사학을 성실히 연구하며 인민의재산과 군대재산을 백방으로 애호보위할것을 맹서한다

만일 나의 이엄숙한맹서를 고의로 위반하는때에는 나는 인민의 증오와 저주를받을것이며 공정한재판의 엄격하고도 무자비한 처벌을 받을것이다

조선인민군 제546군부대

해군협주단. 기악지도원 박민혁

1950.6.11

조선인민군의 군인선서.

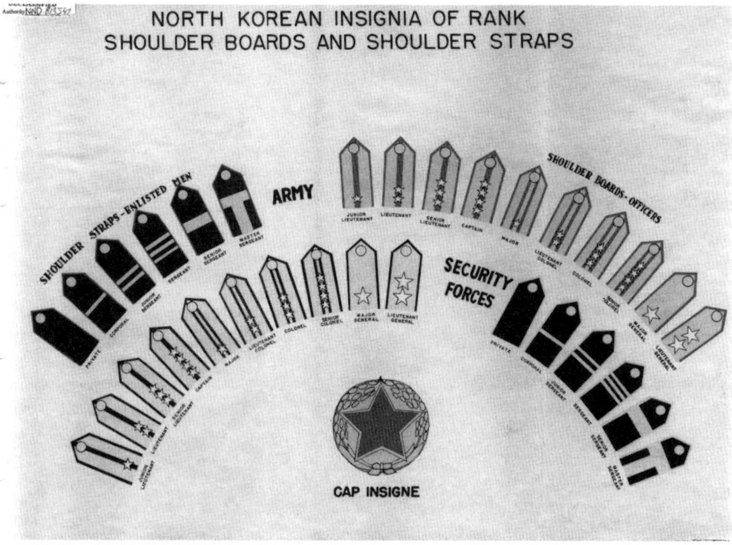

조선인민군과 내무성군대의 휘장(위: 인민군, 아래: 내무성군대).

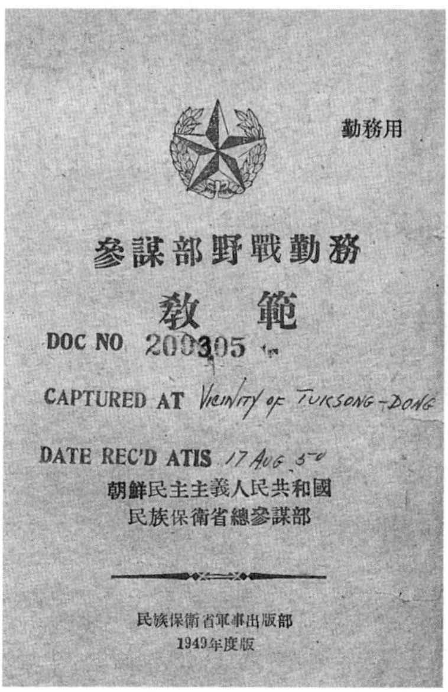

조선인민군의 『참모부야전근무교범』과 『자동포교범』.

勤務用

內務規程

朝鮮民主主義人民共和國
民族保衛省總參謀部

民族保衛省軍事出版部
1949年度版

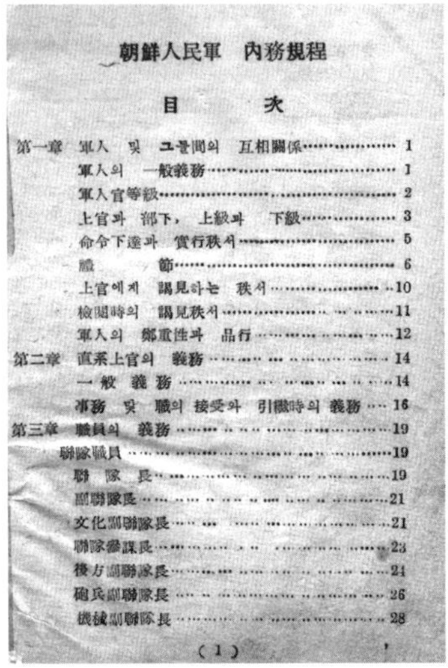

朝鮮人民軍 內務規程

目 次

(1)

조선인민군의 『내무규정』.

조선인민군 군인들의 내무생활 모습. 내무반 정면에 김일성의 초상화와 국기가 걸려 있고, 강의실 뒷면에 군인선서가 붙어 있다.

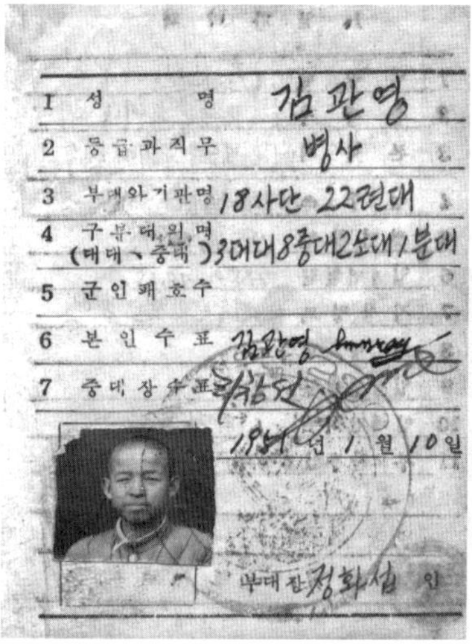

1 성 명 김관영
2 등급과 직무 병사
3 부대와 기관명 18사단 22련대
4 구분대의 명 (대대、중대) 3대대8중대2소대1분대
5 군인패호수
6 본인수표 김관영
7 중대장수표
1951년 1월 10일
부대관 정화섭 인

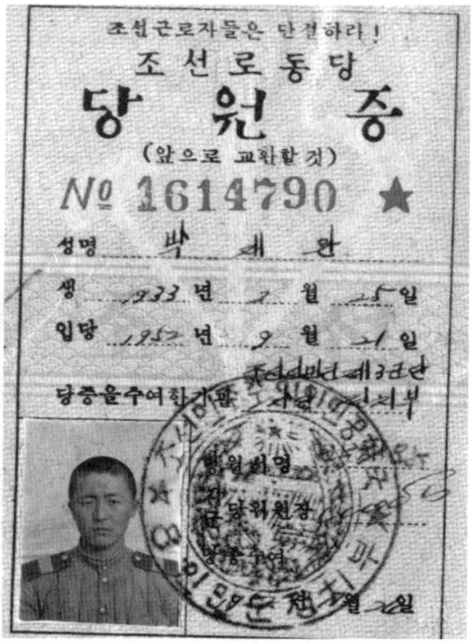

조선근로자들은 단결하라!
조선로동당
당원증
(앞으로 교환할것)
№ 1614790 ★
성명
생 년 월 일
입당 년 월 일
당증을 수여한 기관

조선인민군의 『군인증』과 『조선로동당 당원증』.

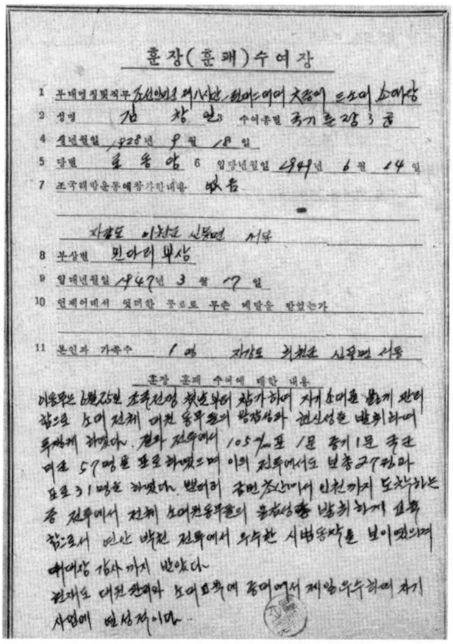

훈장(훈패)수여장

조선인민군의 군공메달과 훈장수여증(국기훈장 3급).

조선인민군 제105탱크여단.

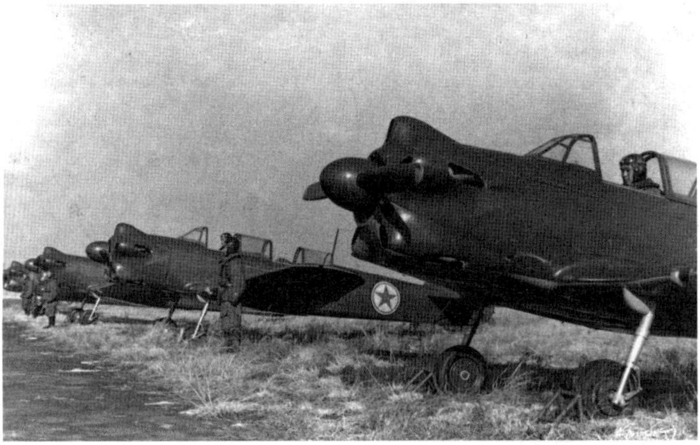

민족보위성 직속 비행사단.

조선인민군 해군의 어뢰정대(원산기지).

조선인민군의 고사포부대.

부록

1. 조선인민군의 부대명과 단대호(1950.6.25)

단위	상급부대	하급부대
민족보위성	총참모부 (525군부대)	
	문화훈련국 (528군부대)	
	포병지휘국 (531군부대)	
	후방국 (534군부대)	
	전투훈련국 (537군부대)	
	조직보충국 (540군부대) ※	
	재정처 (543군부대)	
	해군훈련국 (546군부대)	
	후방사령부 (528군부대, 1950.7.16)	
직속부대	경위연대 (571군부대)	
	통신연대 (573군부대) ※	
	공병연대 (576군부대)	
	제23포병연대 (513군부대)	
	제17포병연대 (582군부대)	
	고사포연대 (586군부대)	
	제1중앙군관학교 (746군부대)	

단위	상급부대	하급부대
육군	제6보병사단 (655군부대)	제1연대 (659군부대)
		제13연대 (657군부대)
		제15연대 (661군부대)
		포병연대 (663군부대)
	제10보병사단 (745군부대)	제25연대 (747군부대)
		제27연대 (749군부대)
		제29연대 (751군부대)
		포병연대 (753군부대)
	제12보병사단 (825군부대)	제30연대 (827군부대)
		제31연대 (829군부대)
		제32연대 (831군부대)
		포병연대 (405군부대)
	제13보병사단 (715군부대)	제19연대 (717군부대)
		제21연대 (719군부대)
		제23연대 (721군부대)
		포병연대 (723군부대)

단위	상급부대	하급부대
	제2중앙정치학교 (756군부대)	
	제3중앙군관학교 (766군부대)	
육군	제1집단군 (566군부대) ※	
	제2집단군 (556군부대)	
	제1보병사단 (115군부대)	제2연대 (127군부대)
		제3연대 (133군부대)
		제14연대 (117군부대)
		포병연대 (139군부대)
	제2보병사단 (235군부대)	제4연대 (238군부대)
		제6연대 (244군부대)
		제17연대 (242군부대)
		포병연대 (247군부대)
	제3보병사단 (395군부대)	제7연대 (389군부대)
		제8연대 (383군부대)
		제9연대 (377군부대)
		포병연대 (371군부대)
	제4보병사단 (485군부대)	제5연대 (241군부대) ※
		제16연대 (466군부대)
		제18연대 (469군부대)
		포병연대 (496군부대)
	제5보병사단 (615군부대)	제10연대 (617군부대)
		제11연대 (619군부대)
		제12연대 (621군부대)
		포병연대 (623군부대)

단위	상급부대	하급부대
육군	제15보병사단 (775군부대)	제45연대 (777군부대)
		제48연대 (779군부대)
		제50연대 (781군부대)
		포병연대 (783군부대)
	땅크여단 (105군부대)	제1땅크연대 (107군부대)
		제2땅크연대 (109군부대)
		제3땅크연대 (203군부대)
		기계화보병연대 (206군부대)
		땅크교도연대 (208군부대)
		모또찌끌연대 (603군부대)
해군	원산기지 (599군부대)	해안방어연대 (968군부대)
		해안포병연대 (588군부대)
		고사포연대 (916군부대)
		육전대 (945군부대)
	진남포기지 (594군부대)	해안방어연대 (226군부대)
		육전대 (956군부대)
	청진기지 (597군부대)	해안방어부대
공군	비행사단 (855군부대)	추격기연대 (887군부대)
	← 항공사단 (845군부대)	제1습격기연대 (861군부대)
	← 항공연대 (8900군부대)	제2습격기연대 (881군부대)
		← 습격기연대 (866군부대)
		교도연대 (867군부대)
		제1기술대대 (871군부대)
		제2기술대대 (873군부대)
		제3기술대대 (877군부대)

비고 인민군의 단대호(單隊號, unit identification)는 민족보위성·집단군(군단)·사단·여단·연대·대대에 부여되었으며, 중대·소대에는 부여되지 않았다. 1948년까지는 네 자리 숫자로 일부 부대에만 부여되었다가, 1949년부터 세 자리 숫자로 전체 부대에 일률적으로 부여되었다. 위 표의 부대명과 단대호는 저자가 발굴한 인민군의 내부문서를 교차 비교해서 종합한 것이며, 제10·13·15사단은 미군 극동군사령부의 자료에서 확인한 것이다. ※ 표시는 추정이다. HQ, FECOM, *History of the North Korean Army*, HQ, FECOM, 1952.7.31, pp.87~89.

2. 조선인민군의 계급제도(1950년)

관등급	칭호	직위	육군 직무	공군 직무	해군 직무
원수	원수	王星1	최고사령관		
장관	대장	國星1	민족보위상, 전선사령관		
	중장	大星2	포병부상(포병부사령관), 문화부상(문화부사령관), 총참모장, 집단군사령관, 독립사단장	항공집단군사령관, 독립항공사단장	해군부상(해군사령관), 함선여단장
	소장	大星1	사단장, 여단장, 독립여단장, 독립연대장	항공사단장, 독립항공연대장	1급함장, 기지장(基地長)
상급 군관	총좌	中星4	부사단장, 사단 참모장	문화부사단장, 기술부사단장, 사단 참모장	부기지장, 문화부기지장, 기지 참모장
	대좌	中星3	연대장, 독립대대장, 독립포병대대장	항공연대장, 독립항공대대장	2급함장, 정대장(艇隊長)
	중좌	中星2	부연대장, 문화부연대장, 연대 참모장	문화부연대장, 기술부연대장, 연대 참모장	부정대장, 문화부정대장, 정대 항해장·포술장·기관장·통신장
	소좌	中星1	보병대대장, 포병대대장, 독립중대장, 독립포병중대장, 독립기병중대장	항공대대장	3급함장, 정장(艇長)
하급 군관	총위	小星4	부대대장, 문화부대대장	문화부대대장, 기술부대대장, 상급부관, 대대 책임기수	부정장, 문화부정장, 정 항해장·포술장·기관장·통신장
	대위	小星3	보병중대장, 포병중대장, 기병중대장, 독립소대장	항공중대장	4급함장, 정장(艇長)
	중위	小星2	부중대장, 문화부중대장	문화부중대장, 중대책임기수, 책임비행사	부정장, 문화부정장, 정 항해장·포술장·기관장·통신장
	소위	小星1	소대장	소대장, 비행사	없음
하사관	특무장	角橫	특무장(보병중대·포병중대·기병중대)	특무장(항공대대), 비행사	특무장(班·群·砲臺·塔·砲大隊·戰鬪部)
	상사	角廣	부소대장	부소대장	없음
	중사	角3	분대장, 포장(砲長)	분대장	분대장
	하사	角2	부분대장	부분대장	부분대장
병사	상등병	角1	상등병	상등병	해군상등병
	병사	戰士	병사	병사	해군병사

출처 민족보위성총참모부, 『內務規定』, 민족보위성군사출판부, 1949, NARA, RG 242, ATIS Document, No.200680; 민족보위성총참모부, 『紀律規定』, 민족보위성군사출판부, 1949, NARA, RG 242, ATIS Document, No.200198; 조선인민군 제599군부대 제1정대, 『〈극비〉 보고서철』, 제599군부대, 1950.5.15, NARA, RG 242, ATIS Document, No.200816; 추격기련대, 『평강이동인원』, 추격기련대, 1950.4, NARA, RG 242, SA 2010, Box 2, Item 47.11; 『(제3대대명부) 적십자회 제4차중앙대회 기념노트』, 제3대대, 1950, NARA, RG 242, ATIS Document, No.202916; 제661군부대 3대대 8중대, 『中隊名簿』, 제661군부대, 1950, NARA, RG 242, ATIS Document, No.200848.

3. 북한 군사지휘기관의 변화과정

4. 조선인민군·내무성군대의 창설과정

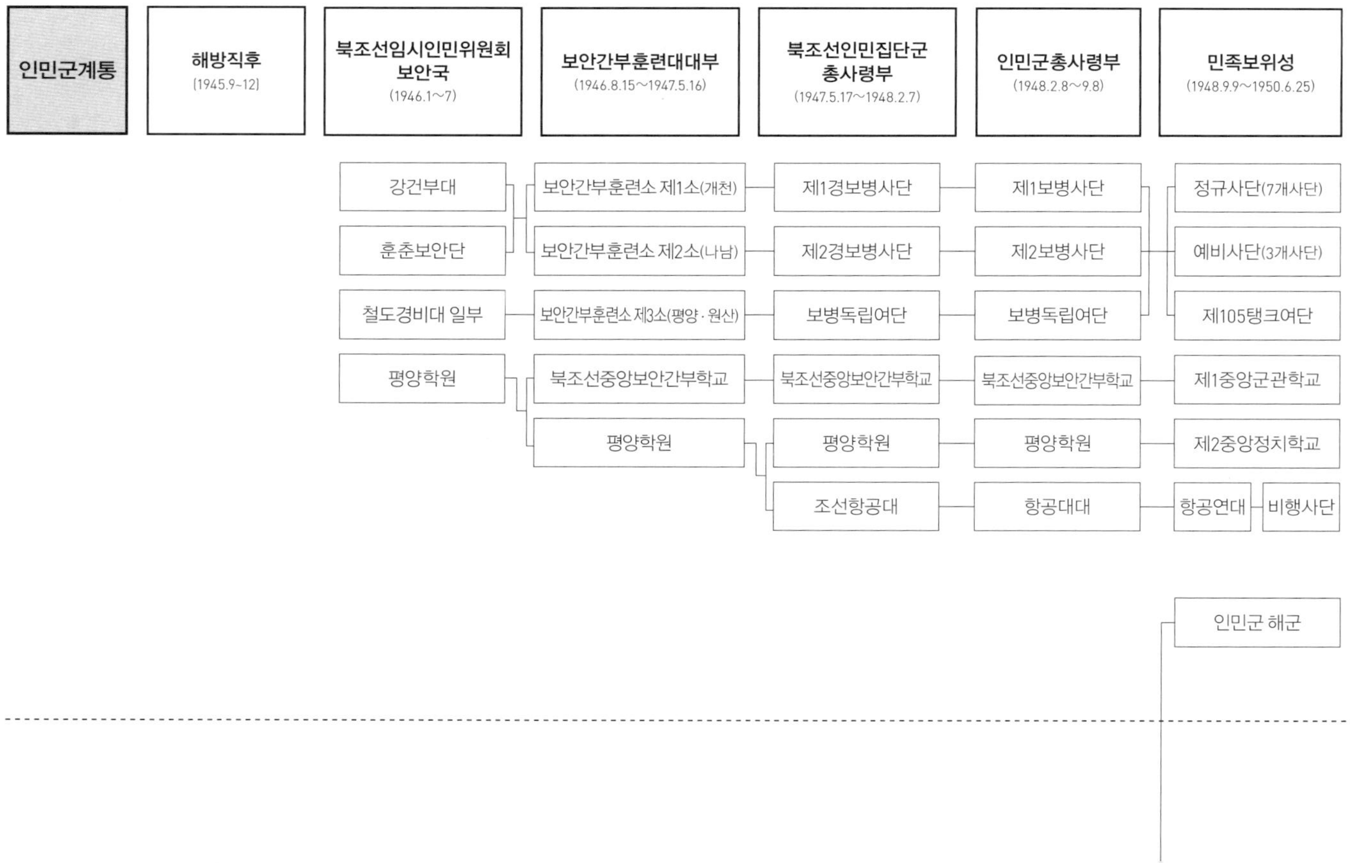

내무성계통
해방직후(1945.9~12)
북조선임시인민위원회 보안국(설립: 1946.2.8)
북조선인민위원회 내무국(설립: 1947.2.22)
내무성(1948.9.9)
자위대
적위대
치안대
보안대
도보안부(부경비대)
시 · 군보안서(서경비대)
동 · 면보안분서(동 · 면경비대)
도내무부(도보안대대)
시 · 군내무서(시 · 군경비대)
동 · 면내무분서(동 · 면경비대)
(내무국~내무성)
(내무국~내무성)
(내무국~내무성)
수상경비대
수상보안대
수상보안대대
특별경비대
철도경비대
철도보안대
철도보안대대
철도경비여단
국경경비대
조 · 만국경경비대
국경경비대대
국경경비여단
38경비보안대
38경비보안대대
38경비여단

참고문헌

Ⅰ. 자료

1. 북한 자료

1) 간행물

『근로자』, 『로동신문』, 『인민』, 『正路』.

『金日成將軍 重要論文集』, 北朝鮮勞動黨出版社, 1948.1.20.

『黨의 政治路線 及 黨事業 總結과 決定-黨文獻集』1, 正路出版社, 1946.

『대중정치용어사전』, 조선로동당출판사, 1957.

『대중정치용어사전』, 조선로동당출판사, 1964.

『력사사전』, 사회과학출판사, 1971.

『戰爭 · 暴動 및 平和에 關한 레닌, 쓰딸린의 著作들中에서』, 勞動黨出版社, 1950.5.10.

『朝鮮中央年鑑』(1949年版), 朝鮮中央通信社, 1949.

『중국동북해방전쟁참가자들의 회상기』1 · 2, 조선로동당출판사, 2011 · 2012.

『칼 · 맑스著作選集』第1卷 第1分冊, 北朝鮮勞動黨出版社, 1949.4.15.

『해방후 10년일지(1945-1955)』, 조선중앙통신사, 1955.

『해방후 혁명과 건설경험』2, 조선로동당출판사, 1989.

金昌滿, 『모든 것은 조국건설에』, 勞動黨出版社, 1947.7.15.

길재준 · 리상전, 『중국동북해방전쟁을 도와』, 과학백과사전출판사, 2008.

김일 외, 『붉은 해발아래 창조와 건설의 40년(1945.8~1950.6)』1, 조선로동당출판사, 1981.

김일 · 오진우 · 림춘추, 『항일무장투쟁경험』1 · 2, 조선로동당출판사, 1983.

김일성, 『김일성선집』1, 조선로동당출판사, 1963.

_____, 『김일성저작집』2 · 5 · 6권, 조선로동당출판사, 1979 · 1980.

_____, 『세기와 더불어』4 · 6권, 조선로동당출판사, 1993 · 1995.

_____, 『세기와 더불어』8권(계승본), 조선로동당출판사, 1998.

_____, 『수개국 공산당 보도국회의 총결에 관하여』, 로동당출판사, 1950.

_____, 『祖國의 統一獨立과 民主化를 爲하여』1 · 2권, 국립인민출판사, 1949.8.5.

勞動省, 『로동』제1호 · 제2호, 개벽新報社, 1949.3.15 · 1949.6.15.

림춘추, 『항일무장투쟁시기를 회상하여』, 조선로동당출판사, 1960.

박광선, 『소부대활동의 나날에』, 금성청년출판사, 1991.

박양엽 · 한수욱, 『항일혁명투쟁주요로정』, 근로단체출판사, 1986.

북조선로동당중앙위원회, 『북조선로동당 제二차 전당대회 회의록』, 북조선로동당중앙위원회, 1948.

_____________________, 『북조선로동당 창립대회 회의록』, 북조선로동당중앙위원회, 1947.

北朝鮮人民委員會 宣傳部, 『金日成 重要報告集: 朝鮮民主主義人民共和國 樹立의 길』, 民主朝鮮出版社, 1947.11.1.

북조선인민회의 상임위원회, 『北朝鮮人民會議 第1次 會議 會議錄』, 勞動新聞社, 1947.

_______________________, 『北朝鮮人民會議 第四次 會議 會議錄』, 朝鮮人民出版社, 1948.

_______________________, 『第三次 北朝鮮人民會議 會議錄』, 朝鮮人民出版社, 1948.

브 · 이 · 레닌, 『국가와 혁명』, 외국문서적출판부(모쓰크바), 1949.

사회과학원 력사연구소, 『조선전사』24권, 과학백과사전종합출판사, 1981.

안룡선, 『위대한 수령님과 전사 강건』, 금성청년출판사, 1998.

전영률·김창호·강석희 공편, 『조선통사』하, 사회과학출판사, 1987.

조선로동당중앙위원회 당력사연구소 편, 『김일성전집』2~10권, 조선로동당출판사, 1992~1994.

__________, 『인민의 자유와 해방을 위하여』2, 조선로동당출판사, 1975.

조선로동당중앙위원회 직속 당력사연구소, 『항일빨치산참가자들의 회상기』1·12, 조선로동당출판사, 1967·1969.

__________, 『혁명의 길에서』2, 조선로동당출판사, 1963.

최봉식, 『대성산혁명렬사릉』, 과학백과사전종합출판사, 1991.

태병렬·오찬복, 『태양을 모시고 60년』, 금성청년출판사, 1997.

韓載德, 『金日成將軍凱旋記』, 民主朝鮮出版社, 1947.11.20.

2) 노획문서

국립중앙도서관 소장 노획문서(홈페이지 공개본).

국사편찬위원회 소장 노획문서(미간행).

통일부 북한자료센터 소장 노획문서(미간행).

『幹部履歷書』, 민족보위성, 1949~1950, NARA, RG 242, SA 2009, Box 6, Item 110.

『자서전』, 민족보위성, 1949~1950, NARA, RG 242, SA 2009, Box 4, Item 111.4.

『解放後四年間의 國內外重要日誌(增補版)』, 民主朝鮮社, 1949.

13사단 21련대, 『간부리력서(김정남)』, 13사단 21련대, 1951, NARA, RG 242, ATIS Document, No.203790.

關東軍司令部(추정), 『極東ニ於ケルソ軍ノ兵力配置表』(1945年 8月 10日 現在), 국립중앙도서관 소장 노획문서.

金日成 將軍 述, 『民族大同團結에 對하야』, 朝鮮共産黨清津市委員會, 1946.3, NARA, RG 242, SA 2010, Box 5, Item 141.

김기복, 『입당청원서』, 제866군부대, 1949.12.6, NARA, SA 2009, Box 2, Item 158.

김세찬, 『조선인민군대 이력서』, 조선인민군집단군사령부 간부부, 1948, NARA, RG 242, SA 2009, Box 10, Item 22.2.

김재욱, 『군사단일제를 강화함에 있어서 군대내 로동당 단체들의 제 과업』, 조선인민군 총정치국, 1951.9.

내무성 제1처장 위대성, 「(내성1처 제742호) 인민군제二정치학교 학생취천에 대하여(11인반)」, 내무성, 1950.6.11, RG 242, SA 2006, Box 16, Item 47.

勞動省, 『로동』제1호, 勞動省, 1949.3.15.

대열과, 『제반신청서철』, 항공사단, 1949, NARA, RG 242, SA 2009, Box 2, Item 157.

리히영, 『자서전』, 조선인민군 866군부대, 1949.11, RG 242, SA 2009, Box 4, Item 111.2.

민족보위성 문화훈련국(추정), 『軍衆工作』, 민족보위성 문화훈련국, 1950.8.5, NARA, RG 242, SA 2009, Box 4, Item 149.

민족보위성 문화훈련국, 『정치상학교재(49-11): 조선인민군의 조직과 목적 및 과업에 대하여』, 민족보위성 문화훈련국, 1949.2, NARA, RG 242, SA 2010, Box 5, Item 101.

____________________, 『정치상학교재(49-12): 조선민주주의인민공화국의 사회 및 국가기구』, 민족보위성 문화훈련국, 1949.2, 국립중앙도서관 소장 노획문서.

____________________, 『조선인민군 선전원수책』제1호, 민족보위성 문화훈련국, 1950.1.1.

____________________, 『조선인민군 선전원수책』제3호, 민족보위성 문화훈련국, 1950.2.1.

민족보위성 전투훈련국(추정), 『〈秘密〉 步兵聯隊組織編制表』, 민족보위성, 1950, 국립중앙도서관 소장 노획문서.

민족보위성, 『〈절대비밀〉 인민군대·내무성철』, 민족보위성, 1950.6, NARA, RG 242, SA 2006, Box 16, Item 46.

__________, 『민족보위성 리력서』, 민족보위성, 1949~1950, NARA, RG 242, SA 2009, Box 10, Item 21.13~22.17.

민족보위성총참모부, 『〈극비〉 강행도하』, 민족보위성군사출판부, 1948.9, NARA, RG 242, ATIS Document, No.200534.

________________, 『〈極祕〉 軍事地形學』, 민족보위성군사출판부, 1948.9, NARA, RG 242, ATIS Document, No.200823.

________________, 『〈비밀〉 사격교범(직제료브경기관총)』, 민족보위성군사출판부, 1948.9, NARA, RG 242, ATIS Document, No.200726.

________________, 『鬪爭手帖』, 民族保衛省軍事出版部, 1949.2.

朴英根, 『各個教鍊號令』, 無線中隊 第三小隊, 1947.1.15, NARA, RG 242, SA 2009, Box 2, Item 126.

保安幹部訓練大隊部 參謀部, 『內務規定·教育提綱綴』, 保安幹部訓練大隊部 參謀部, 1947.1, NARA, RG 242, SA 2009, Box 2, Item 40.

북조선로동당 평남 순천군당부, 『〈極祕〉 천도교청우당 순천군당부 간부명부』, 북조선로동당 평남 순천군당부, 1947.2.10, NARA, RG 242, SA 2009, Box 14, Item 9.

북조선로동당중앙본부 조직부, 『북조선로동당 중앙본부 조직부 지시문철(自 一九四六.九)』, 북조선로동당중앙본부, 1950, NARA, RG 242, ATIS Document, No. 201205.

북조선로동당중앙본부, 『북조선로동당 강령·규약』, 북조선로동당, 1948, NARA, RG 242, SA 2010, Box 5, Item 177.

북조선사진예술동맹중앙위원회, 『빛나는 조국』, 중앙사진보도사, 1949, NARA, RG 242, SA 2007, Box 10, Item 174.

북조선인민보안국, 『北朝鮮保安事業總結報告』, 북조선인민보안국, 1946.11.19, 국립중앙도서관 소장 노획문서.

北朝鮮人民委員會 交通局 交通處, 『中國東北物資 朝鮮通過 協定書의 附件』, 北朝鮮人民委員會 交通局 交通處, 1947.11.6, NARA, RG 242, ATIS Document, No.204559.

北朝鮮人民委員會 司法局 編纂, 『北朝鮮法令集』, 北朝鮮人民委員會, 1947, NARA, RG 242, SA 2005, Box 10, Item 54.

北朝鮮人民委員會 外務局 東亞部, 『〈극비〉 1947年度 중국관계』, 北朝鮮人民委員會 外務局,

1948, 국립중앙도서관 소장 노획문서.

飛行教官 玄龍瑞, 『黨課』, 국립중앙도서관 소장 노획문서.

師團대열과, 『日報』, 飛行師團, 1950.2.28, NARA, RG 242, SA 2009, Box 2, Item 117.

습격기연대 문화부, 『쎄미날제강-국내정세』, 1950.4.3, NARA, RG 242, SA 2009, Box 5, Item 1.5.

작전직일관, 『아침보고서』, 원산기지, 1950.9.28, NARA, RG 242, ATIS Document, No.201140.

張然鎭(飛行科 軍官), 『自敍傳』, 平壤學院, 1946, RG 242, SA 2009, Box 5, Item. 83.

제1대대 문화부, 『로동당원명단』, 제1대대, 1950.4, NARA, RG 242, SA 2009, Box 7, Item 91.

제1중대 문화부중대장 김철산, 『로동당원명단』, 제1중대, 1950.8.6, NARA, RG 242, SA 2009, Box 6, Item 19.2.

제2대대 대열과, 『제2대대 간부명부』, 제2대대, 1950.2, NARA, RG 242, SA 2009, Box 6, Item 102.

제2대대 문화부대대장 유준기, 『민주당·청우당원 명단』, 제2대대, 1950.4.4, NARA, RG 242, SA 2009, Box 7, Item 86.

제599군부대 대열과, 『각구분대 조직통계표』, 제599군부대, 1950.3, NARA, RG 242, ATIS Document, No.200903.

제825군부대 문화부부대장 김강, 『命令及指令書綴』, 제825군부대, 1950, NARA, RG 242, SA 2010, Box 5, Item 122·124.

제二대대, 『〈극비〉 상부지시문철』, 제56추격기련대, 1950.5, NARA, RG 242, SA 2010, Box 3, Item 164.

제一정대, 『제1정대 보고』, 제一정대, 1950, NARA, RG 242, ATIS Document, No.200816.

조선인민군 528군부대, 『(학습재료) 당건설』제3부, 제528군부대, 1950.3, NARA, RG 242, SA 2009, Box 1, Item 136.

__________, 『(학습재료) 당건설』제4부, 제528군부대, 1950.5, NARA, RG

242, SA 2009, Box 3, Item 125.

조선인민군 861군부대 문화부, 『잡서류철』, 제861군부대, 1950.5, 국립중앙도서관 소장 노획문서.

朝鮮人民軍 文化部, 『軍官·下士官·戰士試驗問題 問答集』, 朝鮮人民軍, 1948.5.9, NARA, RG 242, SA 2009, Box 5, Item 113.

조선인민군 제249군부대 제6대대 문화부, 『규률통계 및 비상사고보고서철』, 제249군부대, 1950, NARA, RG 242, SA 2009, Box 8, Item 30.

조선인민군 제855군부대, 『〈비밀〉 개인비행수첩: 최현옥』, 제855군부대, 1950, NARA, RG 242, SA 2007, Box 8, Item 13E.

조선인민군 제861군부대 대열참모 김리탁, 「보고-정당별 통계 제출에 관하야」(1950.6.9), 국사편찬위원회 소장 노획문서.

조선인민군집단군사령부 간부부, 『조선인민군대 이력서』, 조선인민군집단군사령부 간부부, NARA, RG 242, SA 2009, Box 10, Item 21.5~22.3.

조선인민군총사령부 간부부, 『조선인민군대간부 개인요항(김세찬)』, 조선인민군총사령부, 1948.9.25.

崔昌益, 『朝盟報告草案: 華北朝鮮獨立同盟에 對한 一般的 情形』, 1943, NARA, RG 242, ATIS Document, No.201238.

추격기련대, 『〈극비〉 련대간부명단』, 추격기련대, 1950.1.1, NARA, RG 242, SA 2010, Box 2, Item 47.4.

평양의학대학, 『평양의학대학 교직원이력서』, 평양의학대학, 1949, 국사편찬위원회 소장 노획문서.

평양학원, 『새三千里』2·3월호, 평양학원편집부, 1947.3.26, NARA, RG 242, SA 2010, Box 5, Item 137.

포병지휘국 포병간부과, 『민족보위성 리력서』, 포병지휘국 포병간부과, 1949, NARA, RG 242, SA 2009, Box 10, Item 22.10~22.13.

砲兵參謀部, 『保衛省接受文件綴』, 民族保衛省 砲兵指揮局, 1950.6.16, NARA, RG 242, SA 2013, Box 1, Item 116.

________, 『指令存根綴』, 民族保衛省 砲兵指揮局, 1950.6.15, NARA, RG 242, SA 2013, Box 1, Item 115.

항공사단 교도연대, 『렬락병명단』, 항공사단, 1950, NARA, RG 242, SA 2009, Box 2, Item 133.

허민국·최히훈, 『〈비밀〉 명령 제248호: 군관들에 대한 군사귀정 및 제식체육훈련 실시에 관하여』, 제567군부대 참모부, 1950.6.10, NARA, RG 242, SA 2007, Box 10, Item 39.

2. 한국 자료

『경향신문』, 『동아일보』, 『매일신보』, 『중앙일보』, 『통일신문』, 『解放日報』.

K. 칼리노프, 「소련은 어떻게 북한인민군을 건설했는가」, 『北韓』1988년 6월호, 북한연구소, 1988.

고려서림 편집부, 『(미국국립공문서관소장) 北韓解放直後極秘資料』1~3권, 고려서림, 1998.

국사편찬위원회 편, 『북한관계사료집』1·5·6·7·8·9·13·14·20·26·30·37·38·39·42·44·45·46·50권, 국사편찬위원회, 1982~2006.

國土統一院 調査研究室 譯, 『蘇聯과 北韓의 關係: 1945~1980』, 國土統一院, 1987.

군사정보부대 편, 『북괴군사술어집』, 군사정보부대, 1965.

金濟璿, 『大韓民國建國을 爲한 政治工作隊의 活動主史』, 駱山同志會, 1994.

김광운, 『북조선실록: 년표와 사료』1·2·4·17·21·22·29권, 경남대·북한대학원대학, 2018.

김남식 외 엮음, 『韓國現代史資料叢書』7·11, 돌베개, 1986.

김석형 구술, 이향규 녹취·정리, 『김석형구술자료집: 나는 조선로동당원이오!』, 선인, 2001.

大韓民國 公報處 編, 『蘇聯軍政의 始末-北韓分割과 赤化陰謀의 正體』, 大韓民國 公報處, 1950.

民戰事務局 編, 『朝鮮解放年報(1946年版)』, 文友印書館, 1946.

民主主義民族戰線 編輯, 『朝鮮解放一年史』, 文友印書館, 1946.

방원철, 『방원철회고록-人民軍 創設에 참여한 前後이야기』, 미간행원고, 1987.

신주백 편저, 『1930년대 민족해방운동론 연구-만주 항일무장투쟁 자료편』Ⅱ, 새길, 1990.

육군정보국, 『(軍事極秘) 人民軍特報』, 육군본부, 1952.

편집부 엮음, 『코민테른자료선집』1·3, 동녘, 1989.

편집부, 「자료발굴-1942년에 김일성이 육필로 쓴 항일연군 제1로군 약사」, 『역사비평』 1992년 여름호, 역사비평사, 1992.5.

한림대학교 아시아문화연구소 편, 『北韓經濟統計資料集(1946-1948)』, 한림대학교출판부, 1994.

______________________________, 『朝鮮共産黨文件資料集(1945-46)』, 한림대학교출판부, 1993.

한상구, 「팔로군 출신 방호산 사단 정치보위부 최태환의 증언: 6·25전쟁 발발의 실상을 밝힌다」, 『역사비평』 1988년 가을호, 역사비평사, 1988.

3. 러시아 자료

「〈극비〉 소련군사령부에 등록된 북조선 정당·사회단체 명부」(1946.3.16), 러시아연방국방성중앙문서보관소(ЦАМО), ф(문서군). 172, оп(목록). 614631, д(문서철). 18.

「1946년 12월 22~30일 제25군사령관 및 참모부가 수행한 조선군대 경보병사단 검열 결과 총결보고」(1946.12.31), ЦАМО, ф. 379, оп. 166654, д. 1.

「김일성이 로마넨코에게 보낸 조선 청년들의 소련 군사학교 입학 청원 요청서」(1946.6.6), ЦАМО, ф. 379, оп. 166654, д. 1.

「김일성이 연해주군관구 사령관에게 보낸 군 장비 및 고문 지원 요청 서한」(1947.11.13), ЦАМО, ф. 142, оп. 432241с, д. 3.

「김일성이 코로트코프에게 보낸 군사력 증강 지원 요청서」(1947.7.22), ЦАМО, ф. 379, оп. 166654, д. 1.

「김일성이 코로트코프에게 보낸 요청서」(1947.4.13 · 4.15 · 7.22 · 8.1), ЦАМО, ф. 379, оп. 166654, д. 1.

「북한 정치형세에 대한 조사 보고」(1945.12), 러시아연방대외정책문서보관소(АВПР), ф. 013, оп. 7, п. 4, д. 46.

「소비에트사회주의공화국연방 국적의 조선인 전문가들의 북조선임시인민위원회 파견에 대하여」(1946.9.10), 러시아연방국립사회정치사문서보관소(РГАСПИ), ф. 17, оп. 162, д. 38.

「쉬킨이 불가닌에게 보낸 북조선임시인민위원회 창설 관련 보고」(1946.2.11), ЦАМО, ф. 32, оп. 11473, д. 45.

「쉬킨이 쿠즈네초프에게 보낸 전문」(1946.8.2), РГАСПИ, ф. 17, оп. 117, д. 604.

「슈티코프가 몰로토프에게 보낸 보고」(1948.1), ЦАМО, ф. 172, оп. 614633, д. 3.

「슈티코프가 스탈린에게 보낸 남북한 상황 및 향후 대책에 관한 전문」(1949.9.15), 러시아연방대통령문서보관소(АПРФ), ф. 3, оп. 65, д. 776.

「코로트코프와 샤닌이 메레츠코프에게 보낸 의견서」(1947.4.18), ЦАМО, ф. 379, оп. 166654, д. 1.

УСГАСК(Управление Советской Гражданской Администрации в Северной Корее, 북조선주재 소련민정국), *Доклад об Итогах Работы Управления Советсой Гражданской Администрации в Северной Корее за три года*(*Август 1945 года-ноябрь 1948 года*) [북조선주재 소련민정국 3개년사업 총결보고(1945.8~1948.11)], АВПР, ф. 0480, оп. 4, п. 14, д. 46.

북조선 주둔 소련군 제25군 사령관 치스차코프 근위상장, 「북조선 주둔 소련군 제25군 사령관 명령」(1945.10.11), ЦАМО, ф. 379, оп. 11034, д. 22.

북조선 주둔 제25군 민정담당 부사령관 로마넨코 소장, 「북조선 도 · 시 · 군인민위원회 선거 총괄보고서」(1946.11.14), ЦАМО, ф. 172, оп. 614631, д. 19.

소련민정국 부국장 이그나치예프 대좌, 「조선군대 지출액에 관한 보고」(1947.7.5),

ЦАМО, ф. 379, оп. 166654, д. 1.
연해주군관구 군사위원 슈티코프 상장, 「연해주군관구 군사회의 결정」(1947.1.23), ЦАМО, ф. 142, оп. 106479, д. 1.
연해주군관구 군사위원 슈티코프 상장, 「전연방공산당(볼셰비키) 중앙위원회 결정문(안)-조선에서 소미공동위원회 사업에 대하여」(1946.6.12), АВПР, ф. 06, оп. 8, п. 39, д. 638.
연해주군관구 정치담당부사령관 슈티코프 상장, 「조선최고인민회의 선거 결과 보고」(1948.9.6), РГАСПИ, ф. 17, оп. 128, д. 617.
외무부 번역, 『한국전쟁관련 러시아외교문서』(기본문헌), 대한민국 외무부, 1994.
제25군 참모부 보로브예프 소좌, 「조선군대 제1사단(국경수비보병사단) 검열에 대한 의견」(1946.12.26), ЦАМО, ф. 379, оп. 166654, д. 1.
행정부장 대리 이그나치예프 대좌, 「1946년 9월 1일 기준 북조선 정당 및 사회단체 회원 수」(1946.9.9), ЦАМО, ф. 172, оп. 614631, д. 25.
행정정치부장 이그나치예프 대좌, 「북조선공산당 중앙위원회 조직국 확대전원회의 및 신민당 중앙위원회 전원회의 관련 보고서」(1946.7.27), ЦАМО, ф. УСГАСК, оп. 102038, д. 2.
행정정치부장 이그나치예프 대좌, 「북조선공산당 중앙위원회 조직국 회의 관련 보고서」(1946.7.26), ЦАМО, ф. УСГАСК, оп. 102038, д. 2.
행정정치부장 이그나치예프 대좌, 「신민당 중앙위원회 뷰로회의 관련 보고서」(1946.7.23), ЦАМО, ф. УСГАСК, оп. 102038, д. 2.
Д. В. ШИН, Б. Д. ПАК, В. В. ЦОЙ, *СОВЕТСКИЕ КОРЕЙЦЫ НА ФРОНТАХ ВЕЛИКОЙ ОТЕЧЕСТВЕННОЙ ВОЙНЫ 1941-1945*(1941~1945년 위대한 소련조국전쟁 고려인들의 참전록), Институт Востоковедения РАН(러시아 과학아카데미 직속 동방학연구소), 2011.
Ж. Г. Сон, *Советские корейцы и КНДР(1946-1948)*[고려인과 조선민주주의인민공화국], Корё Сарам(http://koryo-saram.ru/sovetskie-korejtsy-i-kndr-1946-1948), 2019.1.1.
И. А. Конорева, И. Н. Селиванов, *《СОВЕТСКИЕ КОРЕЙЦЫ》 В СЕВЕРНОЙ*

KOPEE. Часть 1, Курск. гос. ун-т, 2018.

레베데프, 『레베제프 비망록』, 미간행 번역본, 1995.

박종효 편역, 『러시아 연방 외무성 대한정책자료』1, 선인, 2010.

소련과학아카데미, 『레닌그라드로부터 평양까지-조선해방에 있어 소련장성 11인의 회고록』, 함성, 1989.

이재훈 역, 『蘇聯軍 創設期 軍事關係文書選集』, 국방군사연구소, 1998.

전현수 역, 『레베제프일기(1947~1948년)』, 한국연구재단 기초학문자료센터, 2006.

________, 『북조선주재 소련민정청 3개년사업 총결보고(1945.8~1948.11)』제1권(정치편), 한국연구재단 기초학문자료센터, 2006.

________, 『쉬띄꼬프일기(1946~1948)』, 국사편찬위원회, 2004.

4. 미국 자료

HQ(Headquarter), FECOM(Far East Command), *History of the North Korean Army*, HQ, FECOM, 1952.7.31.

HQ, USAFIK(United States Army Forces in Korea), *Intelligence Summary Northern Korea · G-2 Weekly Summary*, United States Army Forces in Korea, 1946.11-1948.11(한림대 아시아문화연구소 편, 『駐韓美軍北韓情報要約』1~4, 한림대 아시아문화연구소, 1989).

____________, *History of the United States Army Forces in Korea*, Part Ⅰ, United States Army Forces in Korea, 1949(국사편찬위원회 편, 『주한미군사』1, 국사편찬위원회, 2014).

Robert K. Sawyer, *Military advisors in Korea: KMAG in peace and war*, Office of the Chief of Military History, Dept. of the Army, 1962.

장학봉, 『피와 눈물로써 씨여진 우리들의 력사(History written by our blood and tears)』, 미국 의회도서관(https://www.loc.gov) 소장 미간행원고(Keyword: Soviet-Korean Biographies).

5. 중국 자료

『모택동선집』2 · 3(朝鮮文), 민족출판사, 1992.

『延邊文化』第一期 第二號, 延邊文化雜誌社, 1948.11.20.

156사실전록 편집위원회, 『156사 실전록: 장백산기슭으로부터 장강이남의 감강반에 이르기까지』, 연변교육출판사, 2002.

霍遼原 編著, 『東北抗日聯軍軍史叢書: 東北抗日聯軍 第二軍』, 黑龍江人民出版社 , 2005.

軍史科學院 軍史歷史研究部, 『中國抗日戰爭史』上, 解放軍出版社, 1991.

吉林省檔案館 編譯, 『僞滿檔案資料: 東北抗日運動槪況(1938-1942)』, 吉林文史出版社, 1986.

길림성정협문사자료위원회 · 연변조선족자치주정협문사자료위원회 편, 『길림조선족』, 연변인민출판사, 1995.

김동화 외, 『연변당사 사건과 인물』, 연변인민출판사, 1988.

김성호, 『동만항일혁명투쟁특수성연구-1930년대 〈민생단사건〉을 중심으로』, 흑룡강조선민족출판사, 2006.

김양 주편, 『항일투쟁반세기』, 료녕민족출판사, 1995.

김양, 『압록강류역의 조선민족과 반일투쟁』, 료녕민족출판사, 2001.

김우종 주필, 『동북지역조선인항일력사사료집』7권, 흑룡강조선민족출판사, 2004.

김창국, 『남만인민항일투쟁사』, 연변인민출판사, 1986.

______, 『동북항일유격근거지사연구』, 연변인민출판사, 1992.

김형직, 『격정세월: 문정일 일대기(文正一同士回忆录)』, 민족출판사, 2004.

동북군정대학 길림분교 학교력사연구회 편, 『빛뿌리는 발자취』, 연변인민출판사, 2006.

東北抗日聯軍史料 編寫組, 『東北抗日聯軍史料』上 · 下, 中共黨史資料出版社, 1987.

東北抗日聯軍鬪爭史 編寫組, 『東北抗日聯軍鬪爭史』, 人民出版社, 1991.

孙邦 主編, 『僞滿軍事』, 吉林人民出版社, 1993.

沈志華 編譯, 『朝鮮戰爭-俄國档案館的解密文件』(上), 中華民國 中央研究院 近代史研究所, 2003.

楊昭全 等編,『關內地區朝鮮人反日獨立運動資料彙編』下, 遼寧民族出版社, 1987.

楊昭全·李鐵環 編,『東北地區朝鮮人革命鬪爭資料匯編』, 遼寧民族出版社, 1992.

延邊朝鮮族自治州檔案館 編,『延邊大事記』, 延邊大學出版社, 1990.

丁雪松 口述, 杨德华 整理,『中国第一位女大使 丁雪松 回忆录』, 江苏人民出版社, 2000.

정협 연변조선족자치주 문사자료위원회,『(연변문사자료 제10집) 돌아보는 력사』, 료녕민족출판사, 2002.

조선의용군발자취 집필조,『중국의 광활한 대지우에서』, 연변인민출판사, 1987.

周保中,『東北抗日遊擊日記』, 人民出版社, 1991.

중공연변주위 당사연구소,『중공연변당 조직활동년대기(1928.2-1949.9)』, 연변인민출판사, 1989.

중공연변주위조직부·중공연변주위당사연구소·연변조선족자치주당안관,『중국공산당 연변조선족자치주조직사(1928.2-1987.11)』, 연변인민출판사, 1989.

中共延邊州委 黨史研究室 編,『東滿地區革命歷史文獻匯編』上冊·下冊, 中共延邊州委黨史研究室, 1999.

중국조선민족발자취총서편집위원회,『중국조선민족발자취총서3: 봉화』, 민족출판사, 1989.

____________________,『중국조선민족발자취총서4: 결전』, 민족출판사, 1991.

____________________,『중국조선민족발자취총서5: 승리』, 민족출판사, 1992.

최성춘,『연변인민항일투쟁사』, 민족출판사, 1999.

최해암,『조선의용군 제1지대사』, 료녕민족출판사, 1992.

한준광 등 편역,『주보중문선』, 연변인민출판사, 1987.

6. 일본자료

『思想彙報』14·20號, 朝鮮總督府 高等法院 檢察局 思想部, 1938.3·1939.6.

姜德相 編, 『現代史資料』30, みすず書房, 1977.

金正明 編, 『朝鮮獨立運動』V(共産主義運動篇), 原書房, 1967.

蘭星會 編, 『滿洲國軍』, 蘭星會, 1940.

滿洲國 軍政部 軍事調査部, 『滿洲共産匪の硏究』1輯, 軍政部 顧問部, 1936.

森田芳夫, 『朝鮮終戰の記錄: 米ソ兩軍の進駐と日本人の引揚』, 巖南堂書店, 1964.

世界政経調査会 編, 『韓国·北朝鮮人名辞典』, 財団法人 世界政経調査会, 1966.

少飛会歴史編纂委員会, 『陸軍少年飛行兵史』, 少飛会, 1983.

II. 연구성과

1. 단행본

G. M. 디미트로프 지음, 김대건 편역, 『통일전선연구-반파시즘 통일전선에 대하여』, 거름, 1987.

가브릴 코로트코프 지음, 어건주 옮김, 『스탈린과 김일성』1, 동아일보사, 1992.

강만길, 『증보 조선민족혁명당과 통일전선』, 역사비평사, 2003.

강만길·성대경 엮음, 『한국사회주의운동인명사전』, 창작과비평사, 1996.

강좌편집위원회 엮음, 『마르크시즘3: 볼셰비키-당과 그 조직』, 학민사, 1988.

고당기념사업회 편, 『고당 조만식 회상록』, 고당기념사업회, 1995.

고영일 주필 외, 『중국抗日戰爭과 조선민족』, 백암, 2002.

高貞勳, 『(秘錄) 軍』上, 東方書苑, 1967.

고준석 지음, 김영철 옮김, 『조선공산당과 코민테른』, 공동체, 1989.

空軍本部 政訓監室, 『空軍史』1, 空軍本部, 1962.

국방군사연구소 편, 『人民解放軍 關聯事件 풀이』, 국방군사연구소, 1994.

국방부 군사편찬연구소, 『6·25전쟁사』1·2권, 국방부 군사편찬연구소, 2004·2005.

___________________, 『한국전쟁의 유격전사』, 국방부 군사편찬연구소, 2003.

국방부 전사편찬위원회, 『한국전쟁사』1(해방과 건군), 국방부 전사편찬위원회, 1967.

___________________, 『한국전쟁사연구』제1집, 국방부 전사편찬위원회, 1966.

金達中 編, 『헝가리·유고슬라비아-政治·經濟·社會文化 構造와 政策』, 法文社, 1988.

金炳淵 편, 『平壤誌』, 평남민보사 古堂傳·平壤誌刊行會, 1964.

金俊燁·金昌順, 『韓國共産主義運動史』2~5권, 청계연구소, 1986.

기광서, 『북한 국가의 형성과 소련』, 선인, 2018.

김광운, 『북한정치사연구』1, 선인, 2003.

김국후, 『평양의 소련군정』, 한울, 2008.

_____, 『평양의 카레이스키 엘리트들』, 한울, 2013.

김남식, 『남로당연구』, 돌베개, 1984.

김득중, 『빨갱이의 탄생: 여순사건과 반공국가의 형성』, 선인, 2009.

김성보, 『남북한 경제구조의 기원과 전개-북한 농업체제의 형성을 중심으로』, 역사비평사, 2000.

김성윤 엮음, 『코민테른과 세계혁명』Ⅰ·Ⅱ, 거름, 1986.

김재웅, 『북한체제의 기원: 인민 위의 계급, 계급 위의 국가』, 역사비평사, 2018.

김중생, 『조선의용군의 밀입북과 6·25전쟁』, 명지출판사, 2000.

데이비드 글랜츠 지음, 유승현 옮김, 『8월의 폭풍: 1945년 8월 9~16일, 소련의 만주전역 전략 공세』, 길찾기, 2018.

드미트리 볼코고노프 저, 한국전략문제연구소 역, 『스탈린』, 세경사, 1993.

레닌 지음, 문성원·안규남 옮김, 『국가와 혁명』, 돌베개, 1992.

레오날드 샤피로 저, 양흥모 역, 『蘇聯共産黨史』, 문학예술사, 1986.

李桓熙, 『北韓要論: 政治, 外交, 軍事, 經濟』, 文賢社, 1987.

박동찬, 『주한미군사고문단 KMAG-한국군 건설의 기획자』, 한양대학교출판부, 2016.
박명림, 『한국전쟁의 발발과 기원』Ⅱ, 나남, 1996.
박병엽 구술, 유영구·정창현 엮음, 『조선민주주의인민공화국의 탄생』, 선인, 2010.
박영순·한천추 외, 『회상기: 항일유격대원들의 삶과 투쟁』하, 대동, 1990.
배영미·노기카오리(野木香里)·김은식, 『식민지 소년의 창공에의 꿈』, 국사편찬위원회, 2010.
백기인, 『建軍史』, 국방부 군사편찬연구소, 2002.
______, 『中國軍事思想史』, 국방군사연구소, 1996.
白善燁, 『軍과 나』, 대륙연구소출판부, 1989.
北韓研究所 編, 『北韓軍事論』, 北韓研究所, 1978.
____________, 『北韓民主統一運動史』1·2·5, 北韓研究所, 1990.
____________, 『北韓總攬(1945~1982년)』, 北韓研究所, 1983.
브루스 커밍스 지음, 김주환 옮김, 『한국전쟁의 기원』下, 青史, 1986.
서대숙, 『(북한의 지도자) 김일성』, 청계연구소, 1989.
______, 『현대 북한의 지도자-김일성과 김정일』, 을유문화사, 2000.
서동만, 『북조선사회주의체제성립사(1945~1961)』, 선인, 2005.
서중석, 『한국현대민족운동연구-해방후 민족국가 건설운동과 통일전선』, 역사비평사, 1991.
鮮于基聖, 『韓國青年運動史』, 錦文社, 1976.
세종연구소 북한연구센터 엮음, 『북한의 당·국가기구·군대』, 한울, 2007.
소볼레프·콘스탄티노프 외 저, 김영철 역, 『반제민족통일전선연구』, 이성과현실사, 1988.
스칼라피노·이정식 저, 한홍구 역, 『한국공산주의운동사』1~2, 돌베개, 1986.
스탈린 지음, 서중건 옮김, 『스탈린선집』2(1932-1952), 전진, 1990.
柴田政義 지음, 孫學模 옮김, 『東歐政治經濟史』, 인간사랑, 1990.
신주백, 『만주지역 한인의 민족운동사(1920~45)』, 아세아문화사, 1999.
심지연, 『朝鮮新民黨 研究』, 동녘, 1988.

안드레이 란코프 저, 김광린 역, 『소련의 자료로 본 북한현대정치사』, 오름, 1999.

안문석, 『무정 평전(武亭 評傳): 비운의 혁명가 무정의 삶 그리고 생각』, 일조각, 2019.

楊昭全·李輔溫, 『朝鮮義勇軍抗日戰史』, 高句麗, 1995.

양영조, 『남북한 군사정책과 한국전쟁, 1945-1950』, 한국학술정보, 2007.

양호민, 『38선에서 휴전선으로』, 생각의 나무, 2004.

嚴永植, 『아시아近世史』, 미네르바社, 1969.

______, 『탈출-죽어서야 찾은 자유』, 야스미디어, 2005.

염인호, 『김원봉연구』, 창작과비평사, 1993.

______, 『또하나의 한국전쟁: 만주 조선인의 '조국'과 전쟁』, 역사비평사, 2010.

______, 『조선의용군의 독립운동』, 나남출판사, 2001.

예프게니 바자노프·나딸리아 바자노바 저, 김광린 역, 『소련의 자료로 본 한국전쟁의 전말』, 열림, 1998.

吳泳鎭, 『하나의 證言』, 中央文化社, 1952.

와다 하루끼 지음, 서동만·남기정 옮김, 『북조선: 유격대 국가에서 정규군 국가로』, 창작과비평사, 2002.

______________, 이종석 옮김, 『김일성과 만주항일전쟁』, 창작과비평사, 1992.

육군본부, 『육군군사술어사전』, 육군본부, 1973.

윤응렬, 『상처투성이의 영광』, 황금알, 2010.

尹輝鐸, 『日帝下 '滿洲國' 硏究-抗日武裝鬪爭과 治安肅正工作』, 一潮閣, 1996.

李敬南, 『분단시대의 청년운동』상, 삼성문화개발, 1989.

이균영, 『신간회연구』, 역사비평사, 1993.

이소가야 스에지(磯谷季次) 지음, 김계일 옮김, 『우리 청춘의 조선-일제하 노동운동의 기록』, 사계절, 1988.

李允榮, 『白史 李允榮 回顧錄』, 史草, 1984.

이재훈, 『蘇聯軍事政策』, 國防軍史硏究所, 1997.

李貞姬, 『東유럽史』, 대한교과서주식회사, 1987.

이종석, 『북한-중국관계 1945-2000』, 중심, 2000.

이창형, 『중국의 軍: 중국군의 정치적 역할』, 大韓, 2001.

林隱, 『北韓 金日成王朝秘史: 金日成 正傳』, 한국양서, 1982.

임종국, 『日本軍의 朝鮮侵略史』1·2, 일월서각, 1988·1989.

임지현 외 옮김, 『오늘날의 역사학: 쟁점과 전망』, 역사비평사, 1992.

장준익, 『북한인민군대사』, 서문당, 1991.

張昌國, 『陸士卒業生』, 中央日報社, 1984.

장학봉 외, 『북조선을 만든 고려인이야기』, 경인문화사, 2006.

재스터 리들리 지음, 유경찬 옮김, 『티토-위대한 지도자의 초상』, 을유문화사, 2003.

정병일, 『북조선 체제성립과 연안파 역할』, 선인, 2012.

정병준, 『한국전쟁-38선 충돌과 전쟁의 형성』, 돌베개, 2006.

정설송 엮음, 『중국인민해방군가의 작곡가 정률성』①, 형상사, 1992.

정용욱, 『해방 전후 미국의 대한정책』, 서울대학교출판부, 2003.

丁一權·金錫範, 『滿洲國軍誌』, 미간행, 1987.

정창현, 『인물로 본 북한현대사: 김일성에서 김정은까지』, 선인, 2011.

정현수 외, 『중국 조선족 증언으로 본 한국전쟁』, 선인, 2006.

존 킹 페어뱅크 저, 중국사연구회 역, 『新中國史』, 까치, 1995.

佐佐木春隆 著, 姜昶求 譯, 『韓國戰秘史』上卷·中卷, 兵學社, 1977.

주영복, 『내가 겪은 조선전쟁』1, 고려원, 1990.

중앙일보특별취재반 편, 『秘錄 조선민주주의인민공화국』상·하, 중앙일보사, 1992·1993.

최태환 구술, 박혜강 집필, 『젊은 혁명가의 초상-인민군장교 최태환 중좌의 한국전쟁참전기』, 공동체, 1989.

친일인명사전편찬위원회, 『친일인명사전』2권, 민족문제연구소, 2009.

케빈 맥더모트·제레미 애그뉴 지음, 황동하 옮김, 『코민테른-레닌에서 스탈린까지, 국제공산주의운동의 역사』, 서해문집, 2009.

토르쿠노프 저, 구종서 역, 『한국전쟁의 진실과 수수께끼』, 에디터, 2003.

한국일보 편, 『(證言) 金日成을 말한다: 兪成哲·李相朝가 밝힌 北韓政權의 實體』, 한국일보사出版局, 1991.
한국정신문화연구원 편, 『내가 겪은 한국전쟁과 박정희정부』, 선인, 2004.
韓根祖, 『古堂 曺晩植』, 太極出版社, 1975.
한모니까, 『한국전쟁과 수복지구』, 푸른역사, 2017.
한용원, 『남북한의 창군: 미·소의 역할을 중심으로』, 오름, 2008.
______, 『創軍』, 博英社, 1984.

2. 논문

구소영, 「王實味事件을 통해서 본 1942年 延安整風運動」, 『慶北史學』27, 경북사학회, 2004.
金榮範, 「朝鮮義勇隊 硏究」, 『한국독립운동사연구』2, 독립기념관 한국독립운동사연구소, 1988.
金平善, 「西北靑年團의 暴力行爲 硏究-濟州4·3事件을 중심으로」, 제주대학교 정치외교학과 석사학위논문, 2009.
기광서, 「1940년대 전반 소련군 88독립보병여단 내 김일성 그룹의 동향」, 『역사와현실』 28, 한국역사연구회, 1998.6.
______, 「북한 무력 형성과 북소관계」, 『中蘇硏究』28-3, 한양대 아태지역연구센터, 2004.
______, 「소련공산당 정치국의 대한반도 관련 「결정」과 북한정부의 성격 구상(1945-1948)」, 『동방학지』144, 연세대 국학연구원, 2008.
______, 「소련군의 북한 진주와 '부르주아민주주의'노선」, 『통일문제연구』20-1, 조선대 통일문제연구소, 2005.
______, 「소련의 대북한 군사원조와 중·소 군대의 참전 문제-한국전 발발 전후를 중심으로」, 『역사문화연구』25, 한국외국어대 역사문화연구소, 2006.
______, 「소련의 대한반도-북한정책 관련 기구 및 인물 분석」, 『현대북한연구』창간호, 경남대 북한대학원, 1998.

______,「해방후 북한 중앙정권기관의 형성과 변화(1945~1948년)」,『평화연구』19-2, 고려대 평화와민주주의연구소, 2011.

______,「훈령으로 본 소련의 미·소공동위원회 전략」,『역사문제연구』24, 역사문제연구소, 2010.

김광수,『한국전쟁 전반기 북한의 전쟁수행 연구-전략, 작전지휘 및 동맹관계』, 경남대학교 북한대학원 박사학위논문, 2008.

김광운,「전쟁 이전 북한 인민군의 창설과정」,『한국전쟁사의 새로운 연구』1, 국방부 군사편찬연구소, 2001.

______,「해방 직후 북한에서의 통일전선」,『韓國史學報』11, 고려사학회, 2001.

김선호,「북한 공군 창설과정을 통해 본 식민지 유산의 연속과 단절」,『현대북한연구』15-2, 북한대학원대학교 북한미시연구소, 2012.8.

______,「한국전쟁 직전 북한공군의 실제전력 연구-비행사단의 병력과 무기 현황을 중심으로」,『軍史』89, 국방부 군사편찬연구소, 2013.12.

______,「해방 이후 북·중 군사협력관계의 형성과 '혁명'의 경계」,『軍史』102, 국방부 군사편찬연구소, 2017.3.

______,「해방직후 북한 무력양성기관의 조직과 활동」,『軍史』82, 국방부 군사편찬연구소, 2012.3.

______,「해방직후 북한 보안국의 조직과 활동」,『역사와현실』86, 한국역사연구회, 2012.12.

______,「해방직후 조선민주당의 창당과 변화-민족통일전선운동을 중심으로」,『역사와현실』61, 한국역사연구회, 2006.9.

김성보,「1946년 여름 슈티코프 보고서와 북한의 국가 토대 형성」,『역사비평』2015년 여름호, 역사비평사, 2015.8.

______,「북한 정치 엘리트의 충원과정과 경력 분석-정권기관 간부를 중심으로(1945-1950)」,『동북아연구』3, 경남대 극동문제연구소, 1997.

______,「북한과 구동독의 역사 비교-분단 사회주의 국가의 비교 연구」,『역사문제연구』13, 역사문제연구소, 2004.12.

______, 「북한의 민족주의세력과 민족통일전선운동-조선민주당을 중심으로」, 『역사비평』1992년 봄호, 역사문제연구소, 1992.

金成鎬, 「'朝鮮人民革命軍' 호칭에 대한 일검토」, 『한국독립운동사연구』21, 독립기념관 한국독립운동사연구소, 2003.12.

김용복, 「해방 직후 북한 인민위원회의 조직과 활동」, 『해방전후사의 인식』5, 한길사, 1989.

김재웅, 『북한의 인민국가 건설과 계급구조 재편(1945~1950)』, 고려대학교 한국사학과 박사학위논문, 2014.

김태우, 「북한의 스탈린 민족이론 수용과 이탈 과정」, 『역사와현실』44, 한국역사연구회, 2002.6.

김태윤, 「해방직후 북한 과학기술 교육체계의 형성과 성격(1945-1950)」, 서울시립대학교 국사학과 석사학위논문, 2016.

노영기, 「국방경비대·육군의 세력 분포와 숙군」, 『史林』33, 수선사학회, 2009.

______, 『1945~50년 한국군의 형성과 성격』, 성균관대학교 사학과 박사학위논문, 2008.

류한수, 「클레이오와 아테나의 만남-영미권의 군사사 연구동향과 국내 서양사학계의 군사사 연구 활성화를 위한 제언」, 『서양사론』98, 한국서양사학회, 2008.

박동찬, 『주한미군사고문단(KMAG)의 조직과 활동(1948~53)』, 한양대학교 사학과 박사학위논문, 2011.

박진희, 「해방 직후 정치공작대의 조직과 활동」, 『역사와 현실』21, 한국역사연구회, 1996.

신범식, 「소련의 북한 군사지원」, 『한국전쟁사의 새로운 연구』1, 국방부 군사편찬연구소, 2001.

신주백, 「박헌영과 경성콩그룹-재판기록을 통해서 본 경성콩그룹의 조직과 활동」, 『역사비평』1991년 여름호, 역사비평사, 1991.

안드레이 란코프, 「1945-1948년의 북한」, 『한국과 국제정치』10-1, 경남대 극동문제연구소, 1994.

안승환, 「주북한 소련군사고문단의 북한군 지원활동(1946~1953년)」, 『한국전쟁사의 새로운연구』2, 국방부 군사편찬연구소, 2002.

양정심, 「한국전쟁기 미 공군의 대북첩보활동-도널드 니콜스를 중심으로」, 『史林』46, 수선사학회, 2013.

염인호, 「朝鮮義勇隊 華北支隊의 八路軍과의 連帶鬪爭」, 『한국독립운동사연구』10, 독립기념관 한국독립운동사연구소, 1996.12.

______, 「조선의용대의 창설과 한·중연대」, 『한국근현대사연구』11, 한국근현대사학회, 1999.11.

______, 「中國 國共內戰期의 滿洲 朝鮮人部隊에 關한 研究(1948~1950)-中國人民解放軍 第4野戰軍 獨立15師團을 中心으로」, 『한국독립운동사연구』22, 독립기념관 한국독립운동사연구소, 2004.8.

______, 「中國內戰期 滿洲地方 朝鮮義勇軍部隊의 活動-牧丹江地區의 초기 朝鮮人部隊 活動을 中心으로(1945.8~1946.8)」, 『역사교육』86, 역사교육연구회, 2003.6.

______, 「해방후 중국 동북지방 조선인 부대의 활동과 북한입북 - 중국인민해방군 제164사단을 중심으로」, 『한국전쟁사의 새로운 연구』2, 국방부 군사편찬연구소, 2002.

禹東秀, 「1920년대 말~30년대 한국 사회주의자들의 신국가건설론에 관한 연구」, 『한국사연구』72, 한국사연구회, 1991.3.

우동현, 「1945~1950년 재북 소련계 조선인의 활동과 성격」, 서울대학교 국사학과 석사학위논문, 2016.

이내주, 「군 막사의 경계를 넘어서-서양 현대 군사사 연구의 동향과 전망」, 『서양사론』107, 한국서양사학회, 2010.

이용기·김영미, 「주한미군 정보보고서(G-2보고서)에 나타난 미군정기 귀환·월남민의 인구이동 규모와 추세」, 『한국역사연구회회보』32, 한국역사연구회, 1998.5.

林京錫, 「일제하 공산주의자들의 국가건설론」, 『大東文化研究』27, 성균관대학교 대동문화연구원, 1992.

장성진, 『북한군 군사교리의 형성과 운용에 관한 연구, 1945~1950』, 북한대학원대학교

군사안보전공 박사학위논문, 2014.
장세윤, 「조선의용대의 조직편성과 구성원」, 『한국근현대사연구』11, 한국근현대사학회, 1999.
전현수, 「북조선 행정10국의 조직과 활동」, 『大丘史學』123, 대구사학회, 2016.5.
______, 「소련군의 북한 진주와 대북한정책」, 『한국독립운동사연구』9, 독립기념관 한국독립운동사연구소, 1995.
정병준, 「백범 김구 암살배경과 백의사」, 『한국사연구』128, 한국사연구회, 2005.
______, 「朝鮮建國同盟의 조직과 활동」, 『한국사연구』80, 한국사연구회, 1993.
정용욱, 「해방 직후 주한미군 방첩대의 조직 체계와 활동」, 『한국사론』 53, 서울대 국사학과, 2007.
정토웅, 「軍事史 硏究 方法論Ⅰ: 軍事史란 무엇인가」, 『軍史』24, 국방군사연구소, 1992.6.
______, 「軍事史 硏究 方法論Ⅱ: 軍事史란 무엇인가」, 『軍史』25, 국방군사연구소, 1992.12.
한상도, 「김원봉의 월북 배경과 이후 정치활동 궤적」, 『한국근현대사연구』88, 한국근현대사학회, 2019.
______, 「中日戰爭 직후 협동전선운동과 全國聯合陣線協會」, 『한국독립운동사연구』10, 독립기념관 한국독립운동사연구소, 1996.12.

저자 후기

이 책은 저자가 쓴 박사논문 『조선인민군연구』를 수정하고 새로운 내용을 보완해서 펴낸 것이다. 박사논문을 착수할 당시에는 1945년 해방부터 1953년 한국전쟁 종전까지 조선인민군의 역사를 다루려고 구상했다. 그러나 막상 연구에 착수해보니 1945년부터 1950년에 이르는 창군과정에 대한 연구가 부족했다. 모든 일이 그렇듯, 시작을 모르고 본질을 알 수는 없다. 그래서 연구의 기반이 되는 인민군의 창설과정을 주제로 삼았고, 한국전쟁 이후 역사는 연구과제로 남겼다. 저자는 이 책을 집필하면서 인민군 연구의 토대가 미약한 현황을 감안해 새로운 쟁점을 주장하기보다 역사적 사실을 밝히는 데 주력하였다.

이 책에서 다루는 시기와 주제는 1919년 3·1운동부터 1950년 한국전쟁 직전까지 인민군의 창설과정이다. 제1부에는 일제시기 동북항일연군과 조선의용군의 창설과 변화가 포함되어 있는데, 인민군의 전사(前史)를 이해하는 데 도움이 되길 바란다. 이 책은 주로 보안간부훈련대대부와 인민군총사령부 등 군사지휘기관과, 보안대에서 보병사단에 이르는 육군의 역사를 집중적으로 다루고 있다. 그러나 아쉽게도 해군과 공군의 역사는 본격적으로 다루지 못했다. 북한은 한국전쟁 이전부터 인민군과 별도로 정권기관에 38경비여단과 철도경비여단 등 내무군(內務軍)을 편성해서 운용했다. 내무군의 역사도 이 책에 빠져 있다. 저자는 앞으로 이 같은 주제를 연구할 생각이다.

역사학 연구자가 북한사를 연구하는 것은 쉽지 않은 일이며, 인민군을 연구하는 것은 더욱 어렵다. 무엇보다 연구의 토대가 되는 자료를 찾기 어렵다. 다행히 미군이 한국전쟁 당시에 가져간 노획문서(鹵獲文書)가 공개되면서 자료에 대한 갈증이 해소되었다. 또한 1991년에 소련이 붕괴되면서 나온 러시아자료도 객관적인 북한자료의 공백을 채워주었다. 이 책의 근간이 된 자료는 바로 노획문서다. 저자가 활용한 노획문서의 원본은 미국 국립문서기록관리청(NARA)에 소장되어 있는데, 국립중앙도서관과 국사편찬위원회 등 국내의 여러 기관에 복사본이 존재한다. 일부 노획문서는 저자가 NARA에서 직접 수집한 것이다. 지금은 주요 노획문서가 대부분 국내에 입수되어 있다.

이 책의 핵심적인 문제의식을 한 단어로 꼽는다면, 그것은 "통일전선(統一戰線)"이다. 통일전선이란 '동일한 이해관계를 가진 세력의 동맹관계'를 뜻한다. 북한은 잘 알려져 있듯, 조선로동당이 주도하는 국가다. 그런데 북한의 노동당은 다른 사회주의국가의 당과 본질적으로 다르다. 소련공산당과 중국공산당은 노동자와 농민을 혁명의 중심세력으로 설정하고, 공산주의를 지향했다. 그러나 조선노동당은 노동자·농민과 함께 사무원(인텔리)을 혁명의 중심세력으로 설정하고, 인민민주주의혁명과 사회주의혁명을 지향했다. 소련공산당과 중국공산당의 상징이 망치(노동자)와 낫(농민)인데 비해, 조선노동당의 상징이 망치·낫·붓(사무원)인 이유다.

조선인민군도 노동당과 유사했다. 흔히 인민군을 조선로동당의 군대로 알고 있으나, 인민군이 노동당의 군대가 된 것은 한국전쟁이 발발한 이후의 일이다. 인민군은 한국전쟁 이전까지 당의 군대가 아니었다. 대표적으로 조선로동당의 전신인 북조선로동당은 1946년 10월에 군대 안에 노동당의 당단체를 설치하지 않기로 결정했다. 이 결정은 "군대의 당군화(黨軍化)를 방지하고 군대의 통일적 통솔권을 보장"하기 위한 조치였다. 군대의 당군화를 방지한다는 것은 인민군을 노동당의 군대로 만들지 않겠다는 의미이며, 통일적 통솔권을 보장한다는 것은 다른 정치세력의 군사부문 활동을 인정한다는 의미였다. 소련과 중국의 군대는 인민군과 달리 모두 소련공산당과 중국공산당의 군대로 규정되었다.

그렇다면 왜 북한의 지도자들은 소련이나 중국처럼 군대를 당의 군대로 창설하지 않았을까? 해방 직후 북한의 정치세력은 급진적 계급투쟁을 통한 사회주의혁명이 아니라 폭넓은 계급연합을 통한 인민민주주의혁명을 추구했다. 그 이유는 해방 후에 남아 있는 일본제국주의와 봉건제도의 잔재를 청산하기 위해 다양한 계급과 계층을 포괄하는 민족통일전선이 필요했기 때문이다. 해방 당시 북한지역에는 식민통치제도와 소작제도가 광범위하게 남아 있었고, 북한지역의 주민들은 대부분 소작농과 빈농이었기 때문에 사회주의혁명의 기간이 될 노동자들이 많지 않았다. 무엇보다 새로운 국가를 건설할 기술인력이나 지식인이 절대적으로 부족했다.

북한의 정치세력은 신국가 건설을 위해 기술인력이나 지식인이 중요하다는 점을 잘 알고 있었고, 이들을 활용하기 위해 소극적이거나 생계형인 친일파를 숙청대상에서 제외하였다. 그리고 이들 중에서 과거를 반성하고 친소적·친노동당적 정치태도를 표명한 인물들을 적극 기용하였다. 북한정치세력이 이들을 기용하기 위해 새로 고안해서 만든 계층이 바로 "사무원(오랜 인텔리)"이다. 아울러 북한의 국가건설과정에는 민족자본가·중농·부농·지주·상인·소시민·종교인들도 참여했다. 그리고 북한지역에는 이들의 계급적·계층적 입장을 대변할 수 있는 정당도 창당되었다. 조선민주당과 천도교청우당이 그것이다.

북한의 국가와 사회처럼 인민군에도 노동당원뿐만 아니라 민주당원·청우당원이 있었고, 노동자와 농민뿐만 아니라 다양한 계급·계층의 자녀들이 존재했다. 또한 인민군의 군인 중에는 일본군 출신도 적지 않았다. 대표적으로 북한 공군의 모체인 비행사단에는 총 3명의 연대장이 있었는데, 이들은 모두 일본군 출신이었다. 또한 육군과 해군에도 많은 일본군 출신이 군관과 병사로 근무했다. 북한의 정치지도자들은 군대가 다양한 계급·계층·당원으로 구성되어 있다는 사실을 감안해서 인민군을 '당의 군대'가 아니라 '통일전선의 군대'로 창설한 것이다. 북한의 군대가 소련 적군(赤軍)이나 중국 홍군(紅軍)과 달리 인민군(人民軍)이라고 명명된 것은 바로 인민민주주의혁명론에 근거한 것이다.

북한의 당·정권기관·군대의 창설을 주도한 주체는 노동당과 김일성이었다. 그러나 적어도 해방 이후에는 북한의 정치공간에 다당성(多黨性)과 다양성이 있었고, 그것이 노동당이나 김일성으로 획일화되지 않았다. 무엇보다 한국전쟁 이전에는 기술과 능력에 따라 상층부로 올라갈 수 있는 계급상승의 경로와 기회가 존재했다. 북한에서 정치적 다양성과 통일전선의 특징이 축소되고 여러 정치세력의 집단지도체제가 김일성의 유일지도체제로 변화한 시점은 한국전쟁 종전 이후였다. 이 때문에 한국전쟁 당시 북한체제의 상황과 변화는 현대 북한의 본질을 해명하는 데 중요하며, 그런 점에서 향후 북한사 연구의 핵심적인 연구과제다.

사실 현대 북한은 3대에 걸쳐 확립되고 변화한 유일체제를 통해 작동하고 있다. 그렇다면 지금 시점에 유일체제가 확립되지 않은 시기를 연구하는 것은 어떤 의미가 있을까? 현대 북한이 계층적·계급적으로 위계화되고 경직된 체제라면, 한국전쟁 이전 북한은 계층적·계급적으로 열려 있고 상대적으로 유연한 체제였다. 예를 들어, 해방공간에서는 출신성분이 좋지 않은 사람도 고위간부로 진출할 수 있었고, 노동당의 유일적 지도와 함께 다른 계층·계급과 연합하는 문제가 중요하게 취급되었다. 북한사 연구의 핵심 중 하나는 다양하고 유연한 체제가 위계적이고 경직된 체제로 변화한 이유와 시점이다. 반대로 말하면, 현대 북한의 위계화되고 경직된 체제가 미래에 다양하고 유연한 체제로 변화할 수 있는 열쇠도 여기에 있다.

이 책은 많은 분의 헌신과 도움으로 완성되었다. 무엇보다 낳아주고 키워주신 부모님과 사랑하는 아내에게 이 책을 바친다. 그리고 장인어른·장모님 등 처갓집 식구와 형제자매를 비롯한 가족에게 고마운 마음을 전한다. 박사과정에 들어가서 학위를 받기까지 10여 년이 걸렸다. 가족의 지지와 사랑이 없었다면 불가능했을 것이다. 이 책의 성과는 모두 가족들의 몫이다. 저자가 역사학자가 될 수 있었던 것은 스승님들 덕분이었다. 늦깎이를 제자로 받아들여 학자의 길로 이끌어주신 박윤재 교수님과, 열정만 있던 대학생을 연구자로 다듬어

주신 김태영 교수님께 감사드린다. 그리고 학부·석사·박사과정에서 역사학의 지혜와 학문의 자세를 일깨워주신 경희대학교 사학과 교수님들께 지면을 빌어 깊이 감사드린다.

저자는 한국역사연구회를 통해 함께 연구하고 함께 살아가는 의미를 배울 수 있었다. 특히 현대사분과의 선후배와 동학들은 연구자로서 삶과 태도를 알려주었고, 어려울 때마다 기꺼이 물심양면으로 도와주었다. 일일이 거명하지 못해 죄송할 따름이다. 학회 공간에서 함께 공부한 모든 분께 고마움을 전한다. 역사학에 대한 혜안으로 부족한 논문을 충실하게 만들어주신 박사논문 심사위원들께도 늦게나마 감사의 인사를 드린다. 희로애락을 함께 해온 고향과 학교의 친구와 선후배들은 한결같은 지지자이자 삶의 버팀목이었다. 그 고마움은 두고두고 갚겠다.

저자는 한국근현대사를 먼저 연구한 학자들의 연구성과로부터 많은 깨달음을 얻었다. 이 책은 척박한 연구환경 속에서도 묵묵히 연구를 수행해온 선학들 덕분에 나올 수 있었다는 사실을 특별히 밝혀둔다. 이 책에는 처음 활용된 자료와 그것에 근거한 새로운 주장이 포함되어 있다. 그러나 사람의 일이 늘 그렇듯, 이 책에도 많은 오류가 있을 것이다. 그리고 앞으로 저자의 논리를 허무는 새로운 자료가 나오거나, 그 주장을 뒤엎는 새로운 연구성과가 제출될 수도 있다. 그것은 학문의 역사에서 자연스러운 길이며, 오히려 반가운 일이다. 이 책이 향후 북한사와 인민군 연구의 씨알이 된다면, 그것으로 충분하다.

이 책은 '2018년 한양학술총서 출판원고 공모' 선정작으로 뽑혀서 세상에 나오게 되었다. 인문학 도서의 출판이 쉽지 않은 시대상황에서도, 부족한 원고를 선정작으로 뽑아서 지원금을 제공해준 한양대학교 출판부와 심사위원들께 감사를 표한다. 그리고 날것이었던 원고를 일일이 다듬고 고쳐서 좋은 책으로 만들어주신 한양대학교 출판부의 담당자 여러분께도 감사의 마음을 전한다.

2020년 2월 8일

김선호

찾아보기

ㄴ

ㄷ

ㅂ

ㅅ

ㅊ

ㅋ

ㅎ

123

ABC

김선호 경희대학교 사학과를 졸업하고, 같은 학교 대학원에서 석사·박사학위를 받았다. 경희대·한국외국어대·인천가톨릭대에서 강의했고, 경희대학교 인문학연구원 연구원과 한양대학교 HK연구교수로 재직했다. 조선인민군을 주제로 북한식 사회주의체제의 형성과정과 동아시아의 냉전체제를 연구하고 있다. 주요 저서로 『트랜스내셔널 지구공동체를 향하여』(2018, 공저), 『6·25전쟁과 1950년대 서울의 사회변동』(2018, 공저), 『분단시대 월남민의 사회사』(2019, 공저) 등이 있다. 그리고 주요 논문으로 「1945~1947년 북·중관계의 형성과 북·중혈맹의 근원」(2017), 「조선인민군의 군의(軍醫)체계 형성과 군의장교」(2017), 「한국전쟁기 조선인민군의 재편과 북한·중국·소련의 이견과 조율」(2018), 「6·25전쟁기 북한의 서울시민 전출사업 연구」(2019) 등이 있다.

한양학술총서 009

조선인민군 : 북한 무력의 형성과 유일체제의 기원

펴낸날 2020년 3월 25일 초판 1쇄 ● 2022년 3월 25일 초판 3쇄

지은이 김선호 ● **펴낸이** 김우승

펴낸곳 한양대학교출판부 ● **출판등록** 제4-7호(1972.2.29)

주소 서울 성동구 왕십리로 222 ● **전화** 02.2220.1432-4 ● **팩스** 02.2220.1435

홈페이지 press.hanyang.ac.kr ● **이메일** presshy@hanyang.ac.kr

디자인·편집 안광일 ● **인쇄** 네오프린텍

ISBN 978.89.7218.663.2 (94910)

978.89.7218.470.6 (세트)